征收管理应试辅导及模拟试卷

税务干部能力提升编写组 编

中国财经出版传媒集团
中国财政经济出版社
北京

图书在版编目（CIP）数据

征收管理应试辅导及模拟试卷／税务干部能力提升编写组编． -- 北京：中国财政经济出版社，2022.10（2024.10重印）

（税务系统业务能力升级学习辅导丛书）

ISBN 978 - 7 - 5223 - 1719 - 9

Ⅰ.①征… Ⅱ.①税… Ⅲ.①税收管理-中国-干部培训-自学参考资料 Ⅳ.①F812.423

中国版本图书馆 CIP 数据核字（2022）第 197676 号

责任编辑：陈志伟 责任印制：史大鹏
封面设计：卜建辰 责任校对：张 凡

征收管理应试辅导及模拟试卷
ZHENGSHOU GUANLI YINGSHI FUDAO JI MONI SHIJUAN

中国财政经济出版社 出版

URL：http://www.cfeph.cn
E - mail：cfeph@ cfeph.cn

（版权所有 翻印必究）

社址：北京市海淀区阜成路甲 28 号 邮政编码：100142
营销中心电话：010 - 88191522
天猫网店：中国财政经济出版社旗舰店
网址：https://zgczjjcbs.tmall.com
中煤（北京）印务有限公司印刷 各地新华书店经销
成品尺寸：185mm×260mm 16 开 41.5 印张 826 000 字
2022 年 10 月第 1 版 2024 年 10 月北京第 5 次印刷
定价：118.00 元
ISBN 978 - 7 - 5223 - 1719 - 9
（图书出现印装问题，本社负责调换，电话：010 - 88190548）
本社图书质量投诉电话：010 - 88190744
打击盗版举报热线：010 - 88191661 QQ：2242791300

前　言

习近平总书记指出："既要加快干部知识更新、能力培训、实践锻炼，又要把那些能力突出、业绩突出，有专业能力、专业素养、专业精神的优秀干部及时用起来。"根据新时代税收现代化需要，国家税务总局在继承和发扬素质提升"1115"工程的基础上进行提档升级，实施素质提升"2271"工程，结合数字人事考核评价，大力开展税务人才选拔培养，着力构建由200名左右战略人才、2 000名左右领军人才、7万名左右业务标兵、1万名左右青年才俊构成的税务人才队伍新体系。国家税务总局在全国税务系统范围内组织开展"数字人事"业务能力升级测试和领导胜任力测试。为帮助广大税务干部顺利通过测试，我们辅导用书编写组邀约了多名税务系统业务骨干，依据2023年全国税务系统业务能力升级测试大纲，参照2023年总局"数字人事"两测考试题型，精心编写了本套辅导用书，作为广大税务干部复习备考参考资料。

为更好适应2024年"两测"要求，本次在2023年版本的基础上进行了大幅修订调整，并根据全国税务系统业务能力升级测试大纲，依据最新政策文件对试题进行了删改，将过时内容予以剔除，冗繁表述予以精炼，新增内容予以补充，进一步提高了复习的针对性、科学性和有效性。内容上进一步融合了税收新业务、热点税收问题，并对考试要点进行把脉，引导解题思路，提出答题技巧。

本套丛书以章为单元，每个单元包括两个板块。第一板块为：章节知识要点归纳。对每章节的整体知识内容做了系统全面而又详略得当且要点突出的梳理归纳。可使学习者在较短的时间内清晰而迅速地掌握每章的总体知识内容。第二板块为章节同步习题精练，按章设置。同步习题精练按测试大纲的要求，所有试题紧扣测试大纲的内容和体例，试题内容与测试大纲的要求对应一致，并注明试题使用考试等级，方便大家提升做题效果。为帮助大家充分临摹考试效果，进入最佳竞技状态，全书还在最后附有模拟测试卷（含答案解析），可用以检测总体复习情况。建议大家在学习使用时，不限于就题论题，要注重学会举一反三，拓展解题思维，提升解题能力，增强学习效果，最终顺利轻松过关。

本套丛书自推出以来，深受广大读者的支持和厚爱，同时也收到了许多的宝贵意见和建议。书中疏漏之处，恳请各位专家和读者批评指正，便于我们修订再版，以飨读者。预祝大家考试成功，事事顺遂。

税务干部能力提升编写组

2024 年 9 月

目 录

上 篇 应试辅导

第一章 税（费）管理 ... 2
- ★知识要点归纳 ... 2
- 第一节 增值税 ... 2
- 第二节 消费税 ... 37
- 第三节 车辆购置税 ... 43
- 第四节 企业所得税 ... 45
- 第五节 个人所得税 ... 62
- 第六节 土地增值税 ... 78
- 第七节 其他税种 ... 83
- 第八节 非税收入 ... 100
- 第九节 社会保险费 ... 103
- ★习题精练及答案解析 ... 109

第二章 深化税收征管改革 ... 192
- ★知识要点归纳 ... 192
- 第一节 深化税收征管改革总体要求 ... 192
- 第二节 税收征管数字化与智能化改造 ... 193
- 第三节 完善税务执法制度和机制 ... 194
- 第四节 优质高效智能税费服务 ... 195
- 第五节 精准实施税务监管 ... 196
- 第六节 税收共治格局 ... 196
- 第七节 组织保障与贯彻落实 ... 197
- ★习题精练及答案解析 ... 198

第三章　税收征管制度和操作技能 …… 217

★ 知识要点归纳 …… 217
第一节　税收征管制度 …… 217
第二节　税收征管操作技能 …… 229
第三节　法律追责与救济事项 …… 268
第四节　税收征管信息化 …… 278
★ 习题精练及答案解析 …… 283

第四章　税收风险管理 …… 325

★ 知识要点归纳 …… 325
第一节　税收风险管理概述 …… 325
第二节　税收风险管理的内容 …… 330
第三节　税收风险应对方法（纳税评估） …… 337
★ 习题精练及答案解析 …… 343

第五章　大企业税收服务与管理 …… 379

★ 知识要点归纳 …… 379
第一节　大企业税收服务与管理综述 …… 379
第二节　大企业数据管理 …… 382
第三节　大企业个性化纳税服务 …… 383
第四节　大企业税收风险管理 …… 386
第五节　大企业经济分析指标 …… 390
★ 习题精练及答案解析 …… 393

第六章　国际税收 …… 422

★ 知识要点归纳 …… 422
第一节　税收管辖权 …… 422
第二节　非居民企业及个人税收管理 …… 423
第三节　反避税与 BEPS 行动计划 …… 426
第四节　税收协定 …… 429
第五节　国际税收情报交换及 CRS …… 432
第六节　税收服务"一带一路"建设 …… 433
★ 习题精练及答案解析 …… 435

第七章 收入规划核算 ... 473

★知识要点归纳 ... 473
第一节 收入规划 ... 473
第二节 税收分析 ... 475
第三节 税收会计 ... 478
第四节 税收统计 ... 482
第五节 重点税源监控 ... 487
★习题精练及答案解析 ... 489

第八章 信息化管理 ... 511

★知识要点归纳 ... 511
第一节 信息化管理制度 ... 511
第二节 信息化基础知识 ... 516
第三节 计算机终端设备 ... 517
★习题精练及答案解析 ... 520

下 篇 模拟试卷及答案解析

模拟试卷（一） ... 540

模拟试卷（一）参考答案及解析 ... 554

模拟试卷（二） ... 567

模拟试卷（二）参考答案及解析 ... 581

模拟试卷（三） ... 595

模拟试卷（三）参考答案及解析 ... 612

模拟试卷（四） ... 628

模拟试卷（四）参考答案及解析 ... 641

上 篇 应试辅导

第一章 税（费）管理

★知识要点归纳

第一节 增值税

一、增值税的基本要素

（一）增值税纳税人与扣缴义务人

1. 纳税人

凡在中华人民共和国境内销售货物或者提供加工、修理修配劳务（以下简称"劳务"），销售服务、无形资产或者不动产，以及进口货物的单位和个人，为增值税的纳税人。

单位是指一切从事销售或进口货物，提供劳务，销售服务、无形资产或不动产的单位，包括企业、行政单位、事业单位、军事单位、社会团体及其他单位。

个人，是指个体工商户和其他个人。个人包括一般纳税人个体工商户、小规模个体工商户、自然人。

单位以承包、承租、挂靠方式经营的，承包人、承租人、挂靠人以发包人、出租人、被挂靠人名义对外经营并由发包人承担相关法律责任的，以该发包人为纳税人；否则，以承包人为纳税人。

对报关进口的货物，以进口货物的收货人或办理报关手续的单位和个人为进口货物的纳税人。对代理进口货物，以海关开具的完税凭证上的纳税人为增值税纳税人。

资管产品运营过程中发生的增值税应税行为，以资管产品管理人为增值税纳税人。

2. 扣缴义务人

《中华人民共和国增值税暂行条例》第十八条规定："中华人民共和国境外的单位或者个人在境内提供应税劳务，在境内未设有经营机构的，以其境内代理人为扣缴义务人；在境内没有代理人的，以购买方为扣缴义务人。"

《财政部 国家税务总局关于全面推开营业税改征增值税试点的通知》（财税

〔2016〕36号）附件1——《营业税改征增值税试点实施办法》第六条规定："中华人民共和国境外单位或者个人在境内发生应税行为，在境内未设有经营机构的，以购买方为增值税扣缴义务人。财政部和国家税务总局另有规定的除外。"

（二）征税范围

1. 我国现行增值税征税范围的一般规定

（1）销售货物。

销售货物是指有偿转让货物的所有权，即转让方以取得货币、货物或者其他经济利益等为对价，将自己拥有的货物所有权转移给购买方的行为。另外需要注意的是，这里所说的"货物"，是指有形动产，也包括电力、热力、气体等一些肉眼无法识别的货物，但不包括不动产和无形资产。

（2）销售劳务。

销售劳务，是指有偿提供加工和修理修配劳务。但单位或个体工商户聘用的员工为本单位或雇主提供加工、修理修配劳务则不包括在内。

（3）销售服务。

销售服务，是指提供交通运输服务、邮政服务、电信服务、建筑服务、金融服务、现代服务、生活服务。

（4）销售无形资产。

（5）销售不动产。

（6）进口货物。

（7）相关政策。

非营业活动的界定：

一、《中华人民共和国增值税暂行条例》第六条第一款所称价外费用，包括价外向购买方收取的手续费、补贴、基金、集资费、返还利润、奖励费、违约金、滞纳金、延期付款利息、赔偿金、代收款项、代垫款项、包装费、包装物租金、储备费、优质费、运输装卸费以及其他各种性质的价外收费。但下列项目不包括在内：

（一）受托加工应征消费税的消费品所代收代缴的消费税；

（二）同时符合以下条件的代垫运输费用：

1. 承运部门的运输费用发票开具给购买方的；

2. 纳税人将该项发票转交给购买方的。

（三）同时符合以下条件代为收取的政府性基金或者行政事业性收费：

1. 由国务院或者财政部批准设立的政府性基金，由国务院或者省级人民政府及其财政、价格主管部门批准设立的行政事业性收费；

2. 收取时开具省级以上财政部门印制的财政票据；

3. 所收款项全额上缴财政。

（四）销售货物的同时代办保险等而向购买方收取的保险费，以及向购买方收取的代购买方缴纳的车辆购置税、车辆牌照费。

二、销售服务、无形资产或者不动产，是指有偿提供服务、有偿转让无形资产或者不动产，但属于下列非经营活动的情形除外：

（1）行政单位收取的同时满足以下条件的政府性基金或者行政事业性收费。

由国务院或者财政部批准设立的政府性基金，由国务院或者省级人民政府及其财政、价格主管部门批准设立的行政事业性收费；收取时开具省级以上（含省级）财政部门监（印）制的财政票据；所收款项全额上缴财政。

（2）单位或者个体工商户聘用的员工为本单位或者雇主提供取得工资的服务。

（3）单位或者个体工商户为员工提供应税服务。

（4）财政部和国家税务总局规定的其他情形。

各党派、共青团、工会、妇联、中科协、青联、台联、侨联收取党费、团费、会费，以及政府间国际组织收取会费，属于非经营活动，不征收增值税。

三、境内销售服务或无形资产的界定

1. 在境内销售服务或无形资产，是指销售服务或无形资产的提供方或者接受方在境内。

（1）下列情形不属于在境内提供销售服务或无形资产：

①境外单位或者个人向境内单位或者个人销售完全在境外发生的服务。

②境外单位或者个人向境内单位或者个人销售完全在境外使用的无形资产。

③境外单位或者个人向境内单位或者个人出租完全在境外使用的有形动产。

④财政部和国家税务总局规定的其他情形。

（2）境外单位或者个人发生的下列行为不属于在境内销售服务或者无形资产：

①为出境的函件、包裹在境外提供的邮政服务、收派服务。

②向境内单位或者个人提供的工程施工地点在境外的建筑服务、工程监理服务。

③向境内单位或者个人提供的工程、矿产资源在境外的工程勘察勘探服务。

④向境内单位或者个人提供的会议展览地点在境外的会议展览服务。

2. 对视同销售货物行为的征税规定

单位或个体工商户的下列行为，视同销售货物，征收增值税：

（1）将货物交付其他单位或者个人代销。

（2）销售代销货物。

（3）设有两个以上机构并实行统一核算的纳税人，将货物从一个机构移送其他机构用于销售，但相关机构设在同一县（市）的除外。

（4）将自产或委托加工的货物用于非增值税应税项目。

(5) 将自产、委托加工的货物用于集体福利或个人消费。

(6) 将自产、委托加工或购进的货物作为投资,提供给其他单位或个体工商户。

(7) 将自产、委托加工或购进的货物分配给股东或投资者。

(8) 将自产、委托加工或购进的货物无偿赠送给其他单位或者个人。

(9) 营改增试点规定的视同销售服务、无形资产或者不动产。

根据《营业税改征增值税试点实施办法》(财税〔2016〕36号)第十四条的规定,下列情形视同销售服务、无形资产或者不动产:

①单位或者个体工商户向其他单位或者个人无偿提供服务,但用于公益事业或者以社会公众为对象的除外。

②单位或者个人向其他单位或者个人无偿转让无形资产或者不动产,但用于公益事业或者以社会公众为对象的除外。

③财政部和国家税务总局规定的其他情形。

2. 对混合销售行为的征税规定

一项销售行为如果既涉及货物又涉及服务,为混合销售。从事货物的生产、批发或者零售的单位和个体工商户的混合销售行为,按照销售货物缴纳增值税;其他单位和个体工商户的混合销售行为,按照销售服务缴纳增值税。

3. 对兼营的征税规定

纳税人销售货物、加工修理修配劳务、服务、无形资产或者不动产适用不同税率或者征收率的,应当分别核算适用不同税率或者征收率的销售额,未分别核算销售额的,按照以下方法适用税率或者征收率:

(1) 兼有不同税率的销售货物、加工修理修配劳务、服务、无形资产或者不动产,从高适用税率。

(2) 兼有不同征收率的销售货物、加工修理修配劳务、服务、无形资产或者不动产,从高适用征收率。

(三) 税率和征收率

1. 我国增值税的税率

(1) 纳税人销售货物、劳务、有形动产租赁服务或者进口货物,除本条第二项、第四项、第五项另有规定外,税率为13%。

(2) 纳税人提供交通运输、邮政、基础电信、建筑、不动产租赁服务,销售不动产,转让土地使用权,销售或者进口下列货物,税率为9%:

①粮食等农产品、食用植物油、食用盐;

②自来水、暖气、冷气、热水、煤气、石油液化气、天然气、二甲醚、沼气、居民用煤炭制品;

③图书、报纸、杂志、音像制品、电子出版物；

④饲料、化肥、农药、农机、农膜；

⑤国务院规定的其他货物。

(3) 纳税人销售服务、无形资产，除本条第一项、第二项、第五项另有规定外，税率为6%。

(4) 纳税人出口货物，税率为零；但是，国务院另有规定的除外。

(5) 境内单位和个人跨境销售国务院规定范围内的服务、无形资产，税率为零。具体范围由财政部和国家税务总局另行规定（详见应税服务适用零税率的范围）。

税率的调整，由国务院决定。

2. 征收率

(1) 3%征收率的适用范围。

①小规模纳税人。

A. 小规模纳税人在中华人民共和国境内销售货物，销售服务、无形资产或不动产，适用简易方法计税，增值税征收率为3%（适用5%征收率的除外）。

B. 小规模纳税人（除其他个人外，下同）销售自己使用过的固定资产，减按2%的征收率征收增值税，并且只能开具普通发票，不得由税务机关代开增值税专用发票。

C. 小规模纳税人销售自己使用过的除固定资产以外的物品，应按3%的征收率征收增值税。

D. 纳税人销售旧货，按照简易办法依照3%征收率减按2%征收增值税。

E. 自2020年5月1日至2027年12月31日，从事二手车经销的纳税人销售其收购的二手车，由原按照简易办法依3%征收率减按2%征收增值税，改为减按0.5%征收增值税。

②一般纳税人。

对于一般纳税人生产销售的特定货物和应税服务，可以选择适用简易计税方法计税，增值税征收率为3%。

A. 建筑业（清包工、甲供工程、建筑工程老项目），可以选择适用简易计税方法按照3%的征收率计算缴纳增值税。

B. 农村信用社、村镇银行、农村资金互助社、由银行业机构全资发起设立的贷款公司、法人机构在县（县级市、区、旗）及县以下地区的农村合作银行和农村商业银行提供金融服务收入，可以选择适用3%征收率。

C. 劳务派遣，小规模纳税人全额简易计税适用3%征收率；

D. 自2018年1月1日起，资管产品管理人运营资管产品的增值税应税行为，暂按3%征收率。

（2）5%征收率的适用范围。

①小规模纳税人。

小规模纳税人销售2016年4月30日前取得（不含自建）的不动产，减去购置原价或作价，简易计税按5%征收率；

小规模纳税人销售2016年4月30日前自建的不动产，简易计税按5%征收率；

小规模纳税人出租不动产，征收率为5%。

自然人出租住房，按照5%征收率减按1.5%计算应纳税额。自然人出租不动产（不含住房），按照5%征收率计算应纳税额。

个体工商户出租住房，按照5%征收率减按1.5%计算应纳增值税税额。

②一般纳税人。

一般纳税人销售不动产，选择适用简易计税方法，征收率为5%。

房地产开发企业的一般纳税人销售自行开发的房地产老项目，选择适用简易计税方法，征收率为5%。

一般纳税人出租其2016年4月30日前取得的不动产，选择按简易方法计税，征收率为5%。

一般纳税人收取试点前开工的一级公路、二级公路、桥、闸通行费，选择按简易方法计税，征收率为5%。

一般纳税人2016年4月30日前签订的不动产融资租赁合同，或以2016年4月30日前取得不动产提供的融资租赁服务，简易计税按5%征收率。

一般纳税人提供人力资源外包服务，选择简易计税方式计税的，征收率为5%。

以下三种情形，一般纳税人和小规模纳税人可以同时适用：

纳税人提供劳务派遣服务，选择差额纳税的，征收率为5%；

纳税人提供安全保护服务，选择差额纳税的，征收率为5%；

纳税人转让2016年4月30日前取得的土地使用权，减去土地原价后的余额为销售额，简易计税按5%征收率。

3. 预征率

预征率的税率有1%、2%、3%和5%。

（1）自2020年3月1日至2022年3月31日，小规模纳税人适用3%预征率的项目减按1%预征，湖北省执行期限为2021年4月1日至2022年3月31日。

自2023年1月1日至2027年12月31日，增值税小规模纳税人适用3%征收率的应税销售收入，减按1%征收率征收增值税；适用3%预征率的预缴增值税项目，减按1%预征率预缴增值税。《财政部 税务总局关于增值税小规模纳税人减免增值税政策的公告》（财政部 税务总局公告2023年第19号）明确该政策执行至2027年12月31日。

（2）建筑业。

①建筑业一般计税项目，跨省市异地预征 2%，应预缴税款 =（全部价款和价外费用 - 支付的分包款）÷（1 + 税率）× 2%。

②建筑业简易计税项目，跨省市异地预征 3%，应预缴税款 =（全部价款和价外费用 - 支付的分包款）÷（1 + 3%）× 3%。

③自 2017 年 5 月 1 日起，市内跨县不再在建筑服务发生地预缴。

④自 2017 年 7 月 1 日起，收到预收款扣除分包款，一般计税按预征率 2% 预缴、简易计税按预征率 3% 预缴。本地、市内跨县，在机构地预缴、申报、抵缴预缴税款；跨省市，在建筑服务发生地预缴，回机构地申报、抵缴预缴税款。

⑤小规模纳税人，自 2021 年 4 月 1 日至 2022 年 12 月 31 日，预缴地月销售额不超过 15 万元（季度销售额不超过 15 万元），当期无须预缴。已预缴可向预缴地申请退还。自 2023 年 1 月 1 日起，按照现行规定应当预缴增值税税款的小规模纳税人，凡在预缴地实现的月销售额未超过 10 万元的（季度销售额不超过 30 万元），当期无须预缴税款。在预缴地实现的月销售额超过 10 万元的（季度销售额不超过 30 万元），适用 3% 预征率的预缴增值税项目，减按 1% 预征率预缴增值税。

（3）销售不动产［不含销售土地使用权］。

①房地产老项目，选择一般计税，以全部价款和价外费用为销售额，异地预征率 3%。

②房地产项目预收款，预征率为 3%；应预缴税款 = 预收款 ÷（1 + 适用税率或征收率）× 3%。

③销售不动产，外购项目（不包括个人出售二手房），差额异地预征按 5%。

④销售不动产，自建项目（不包括其他个人），全额异地预征按 5%。

⑤除其他个人之外的小规模纳税人转让其取得的不动产，应向不动产所在地预缴税款，向机构所在地申报纳税。国地税合并后同城不动产转让仍需预缴，但 15 万元以下免税、免预缴。2023 年 1 月 1 日起，在预缴地实现的月销售额，未超过 10 万元的，当期无须预缴。

⑥个体工商户转让其购买的住房，应向住房所在地预缴税款，向机构所在地申报纳税。

（4）不动产出租：

不动产出租选择一般计税，按全部价款和价外费用为销售额，异地按 3% 预缴；

不动产出租选择简易计税，全部价款和价外费用为销售额，异地按 5% 预缴；

4. 扣除率（购进农产品、通行费）

（1）农产品加计扣除率。

自 2019 年 4 月 1 日起，原 10% 扣除率降为 9%，用于生产加工 13% 税率货物的扣除率为10%，即9%+1%。

从小规模纳税人取得增值税专用发票，以发票金额乘以扣除率计算应纳税额；取得（开具）农产品销售发票或收购发票的，以农产品买价乘以扣除率计算应纳税额。

购进农产品既用于生产13%税率货物又用于其他的，应当分别核算农产品进项税额。未分别核算的，统一以专票或海关缴款书上注明的增值税额为进项税额，或农产品买价和扣除率计算进项税额。

（2）农产品核定扣除。

①投入产出法：购进农产品生产货物，进项税额＝当期农产品耗用数量×农产品平均购买单价×扣除率÷（1＋扣除率）[扣除率为货物适用税率]。

当期农产品耗用数量＝当期销售货物数量（不含采购除农产品以外的半成品生产的货物数量）×农产品单耗数量

成本法：依据试点纳税人年度会计核算资料，计算确定耗用农产品的外购金额占生产成本的比例（以下简称"农产品耗用率"）。当期允许抵扣农产品增值税进项税额依据当期主营业务成本、农产品耗用率以及扣除率计算。

公式为：当期允许抵扣农产品增值税进项税额＝当期主营业务成本×农产品耗用率×扣除率÷（1＋扣除率）。

农产品耗用率＝上年投入生产的农产品外购金额/上年生产成本

参照法：新办的试点纳税人或者试点纳税人新增产品的，试点纳税人可参照所属行业或者生产结构相近的其他试点纳税人确定农产品单耗数量或者农产品耗用率。次年，试点纳税人向主管税务机关申请核定当期的农产品单耗数量或者农产品耗用率，并据此计算确定当年允许抵扣的农产品增值税进项税额，同时对上一年增值税进项税额进行调整。核定的进项税额超过实际抵扣增值税进项税额的，其差额部分可以结转下期继续抵扣；核定的进项税额低于实际抵扣增值税进项税额的，其差额部分应按现行增值税的有关规定将进项税额做转出处理。

②购进农产品用于生产经营且不构成货物实体的（用于包装物、辅料、燃料、低值易耗品等）。

自2019年4月1日起，进项税额＝当期耗用农产品数量×农产品平均购买单价×（10%或9%）÷[1＋（10%或9%）]。

③购进农产品直接销售的，自2019年4月1日起，进项税额＝当期销售农产品数量÷（1－损耗率）×农产品平均购买单价×9%÷（1＋9%）。

（3）通行费。

①自2016年5月1日起，桥、闸通行费暂凭通行费发票（不含财政票据）计算抵扣，桥、闸通行费可抵扣进项税款＝桥、闸通行费发票上注意的金额÷（1＋5%）×5%。

②自2018年1月1日起，收费公路通行费按其增值税电子普通发票上注明的增值

税额抵扣。2018年1月1日至6月30日，纳税人支付的高速公路通行费，如暂未能取得收费公路通行费增值税电子普通发票，可凭取得的通行费发票（不含财政票据，下同）上注明的收费金额按照下列公式计算可抵扣的进项税额：

高速公路通行费可抵扣进项税额＝高速公路通行费发票上注明的金额÷（1＋3%）×3%

2018年1月1日至12月31日，纳税人支付的一级、二级公路通行费，如暂未能取得收费公路通行费增值税电子普通发票，可凭取得的通行费发票上注明的收费金额按照下列公式计算可抵扣进项税额：

一级、二级公路通行费可抵扣进项税额＝一级、二级公路通行费发票上注明的金额÷（1＋5%）×5%

③自2019年4月1日起，国内旅客运输凭证可以计算抵扣：

取得增值税电子普通发票的，为发票上注明的税额；

取得注明旅客身份信息的航空运输电子客票行程单，进项税额＝（票价＋燃油附加费）÷（1＋9%）×9%；

取得注明旅客身份信息的铁路车票，进项税额＝票面金额÷（1＋9%）×9%；

取得注明旅客身份信息的公路、水路等其他客票，进项税额＝票面金额÷（1＋3%）×3%。

二、增值税税额计算

增值税一般纳税人销售货物、劳务、服务、无形资产、不动产（以下统称"应税销售行为"），采用一般计税方法计税缴纳增值税。

一般计税方法的应纳税额，是指当期销项税额抵扣当期进项税额后的余额。应纳税额计算公式为：当期应纳增值税额＝当期销项税额－当期进项税额，当期销项税额小于当期进项税额不足抵扣时，其不足部分可以结转下期继续抵扣。

（一）销项税额

纳税人销售货物、劳务、服务、无形资产或者不动产，按照销售额和税法规定的税率计算收取的增值税额为销项税额。其计算公式如下：

销项税额＝销售额×税率

或销项税额＝组成计税价格×税率

1. 销售额的一般规定

《中华人民共和国增值税暂行条例》第六条规定：销售额为纳税人发生应税销售行为收取的全部价款和价外费用，但是不包括收取的销项税额。具体来说，应税销售额包括以下内容：

（1）销售货物或提供应税劳务取自购买方的全部价款。

（2）向购买方收取的各种价外费用。具体包括手续费、补贴、基金、集资费、返还利润、奖励费、违约金、延期付款利息、滞纳金、赔偿金、包装费、包装物租金、储备费、优质费、运输装卸费、代收款项、代垫款项及其他各种性质的价外收费。上述价外费用无论其会计制度如何核算，都应并入销售额计税。

2. 特殊销售方式的销售额

（1）以折扣方式销售货物。

按照现行税法规定：纳税人采取折扣方式销售货物，如果销售额和折扣额在同一张发票上并分别注明，可以按折扣后的销售额征收增值税。

（2）以旧换新方式销售货物。

纳税人采取以旧换新方式销售货物的（金银首饰除外），应按新货物的同期销售价格确定销售额。

（3）还本销售方式销售货物。

纳税人采取还本销售货物的，不得从销售额中减除还本支出。

（4）采取以物易物方式销售。

在以物易物活动中，双方应各自开具合法的票据，并计算销项税额，但如果收到货物不能取得相应的增值税专用发票或者其他增值税扣税凭证，则不得抵扣进项税额。

（5）包装物押金计税问题。

根据税法规定，纳税人为销售货物而出租出借包装物收取的押金，单独记账的、时间在1年内又未过期的，不并入销售额征税；但对逾期未收回不再退还的包装物押金，应按所包装货物的适用税率计算纳税。对销售除啤酒、黄酒以外的其他酒类产品收取的包装物押金，无论是否返还以及会计上如何核算，均应并入当期销售额征税。

3. 视同销售行为销售额的确定

视同销售行为，主管税务机关有权按照下列顺序核定其计税销售额：

（1）按纳税人最近时期同类货物的平均销售价格确定。

（2）按其他纳税人最近时期同类货物的平均销售价格确定。

（3）用以上两种方法均不能确定其销售额的情况下，可按组成计税价格确定销售额。计算公式为：组成计税价格 = 成本 × （1 + 成本利润率）。

属于应征消费税的货物，其组成计税价格应加计消费税税额。计算公式为：组成计税价格 = 成本 × （1 + 成本利润率）+ 消费税税额

或：组成计税价格 = 成本 × （1 + 成本利润率）÷ （1 − 消费税税率）

公式中，"成本"分为两种情况：属于销售自产货物的为实际生产成本；属于销售外购货物的为实际采购成本。

"成本利润率"为10%。但属于应从价定率征收消费税的货物，其组成计税价格公式中的成本利润率，为《消费税若干具体问题的规定》（国税发〔1993〕156号）中规

定的成本利润率（5%—10%）。

（二）进项税额

进项税额，是指纳税人购进货物、劳务、服务、无形资产、不动产支付或者负担的增值税额。

1. 准予从销项税额中抵扣的进项税额

（1）从销售方取得的增值税专用发票上注明的增值税额，是指增值税一般纳税人在购进劳务、服务、无形资产或不动产时，取得对方的增值税专用发票已注明的增值税税额。

（2）从海关取得的海关进口增值税专用缴款书上注明的增值税额，是指进口货物报关进口时海关代征进口环节增值税，从海关取得进口增值税专用缴款书上已注明增值税额。

（3）税控机动车销售统一发票上注明的增值税额。

（4）接受境外单位或者个人购进劳务、服务、无形资产或者境内的不动产，从税务机关或者代扣代缴义务人取得的代扣代缴税款的完税凭证上注明的增值税额。纳税人凭完税凭证抵扣进项税额的，应当具备书面合同、付款证明和境外单位的对账单或者发票。资源不全的，其进项税额不得从销项税额中抵扣。

（5）购进农产品，按照农产品收购发票或者销售发票上注明的农产品买价和13%的扣除率计算的进项税额，核定扣除试点除外。自2019年4月1日起，纳税人购进农产品，原适用10%扣除率的，扣除率调整为9%。纳税人购进用于生产或者委托加工13%税率货物的农产品，按照10%的扣除率计算进项税额。

2. 纳税人从批发、零售环节购进适用免征增值税政策的蔬菜、部分鲜活肉蛋而取得的普通发票，不得作为计算抵扣进项税额的凭证。

3. 纳税人购进国内旅客运输服务，其进项税额允许从销项税额中抵扣。

4. 信托融资模式下，项目运营方在建设期内取得的增值税专用发票等，虽然产权属于信托公司但进项税允许按规定抵扣。

5. 纳税人自办理税务登记至认定或登记为一般纳税人期间，未取得生产经营收入，未按照销售额和征收率简易计算应纳税额申报缴纳增值税的，其在此期间取得的增值税扣税凭证，可以在认定或登记为一般纳税人后抵扣进项税额。

6. 无运输工具承运人自行采购并交给实际承运人使用的成品油和支付的道路、桥、闸通行费，同时符合下列条件的，准予抵扣：①成品油和道路、桥、闸通行费，应用于纳税人委托实际承运人完成的运输服务；②取得的增值税扣税凭证符合现行规定。

7. 不动产进项税额的抵扣

自2019年4月1日起，纳税人取得不动产或者不动产在建工程的进项税额不再分

2 年抵扣。在此之前纳税人购进不动产进项税额分 2 年抵扣而尚未抵扣完毕的待抵扣进项税额，可自 2019 年 4 月税款所属期起从销项税额中抵扣。

融资租入的不动产以及在施工现场修建的临时建筑物、构筑物，其进项税额不适用上述分 2 年抵扣的规定。

8. 纳税人未取得增值税专用发票准予扣除的进项税额的确定

自 2019 年 4 月 1 日起，纳税人未取得增值税专用发票，暂按照以下规定确定进项税额：

（1）取得增值税电子普通发票的，为发票上注明的税额。

（2）取得注明旅客身份信息的航空运输电子客票行程单的，为按照下列公式计算的进项税额：航空旅客运输进项税额 =（票价 + 燃油附加费）÷（1 + 9%）× 9%。

（3）取得注明旅客身份信息的铁路车票的，为按照下列公式计算的进项税额：铁路旅客运输进项税额 = 票面金额 ÷（1 + 9%）× 9%。

（4）取得注明旅客身份信息的公路、水路等其他客票的，为按照下列公式计算的进项税额：公路、水路等其他旅客运输进项税额 = 票面金额 ÷（1 + 3%）× 3%。

9. 不得从销项税额中抵扣的进项税额

（1）用于简易计税方法计税项目、免征增值税项目、集体福利或者个人消费的购进货物、劳务、服务、无形资产和不动产。其中涉及的固定资产、无形资产、不动产，仅指专用于上述项目的固定资产、无形资产（不包括其他权益性无形资产）、不动产。

专用于简易计税等的固定资产、无形资产（不包括其他权益性无形资产）、不动产，不得抵扣。

混用项目原可抵扣，后用途改变，用于不得抵扣项目，需要转出的进项税额 =（固定资产、无形资产、不动产）净值 ÷（1 + 适用税率）× 适用税率。

因一般计税兼营简易计税、免税项目而无法划分进项税额的，不可抵扣的进项税额 = 当期无法划分的全部进项税额 ×（当期简易计税方法计税项目销售额 + 免征增值税项目销售额）÷ 当期全部销售额。

（2）非正常损失，是指因管理不善造成货物被盗、丢失、霉烂变质，以及因违法造成货物或者不动产被依法没收、销毁、拆除的情形。

①非正常损失的购进货物，以及相关的加工修理修配劳务和交通运输服务。

②非正常损失的在产品、产成品所耗用的购进货物（不包括固定资产）、加工修理修配劳务和交通运输服务。

③非正常损失的不动产，以及该不动产所耗用的购进货物、设计服务和建筑服务。

④非正常损失的不动产在建工程所耗用的购进货物、设计服务和建筑服务。其中，纳税人新建、改建、扩建、修缮、装饰不动产，均属于不动产在建工程。

（3）购进的贷款服务、餐饮服务、居民日常服务和娱乐服务。

（4）自2017年11月1日起，代办退税专用发票不得作为综服企业的增值税扣税凭证。综服企业向其主管税务机关申报代办退税，应退税额按代办退税专用发票上注明的"金额"和出口货物适用的出口退税率计算。

应退税额＝代办退税专用发票上注明的"金额"×出口货物适用的出口退税率

（5）研发机构采购国产设备，采购国产设备取得的增值税专用发票，已用于抵扣的不得退税；已用于退税的不得抵扣。

（6）纳税人接受贷款服务向贷款方支付的与该笔贷款直接相关的投融资顾问费、手续费、咨询费等费用，其进项税额不得从销项税额中抵扣。

（7）有下列情形之一的，应按销售额乘以增值税税率计算应纳税额，不得抵扣进项税额，也不得使用增值税专用发票：

①一般纳税人会计核算不健全，或者不能够提供准确税务资料的。

②除另有规定的外，纳税人销售额超过小规模纳税人标准，未申请办理一般纳税人认定手续的。

（8）财政部和国家税务总局规定的其他情形。

（三）进项税额的加计扣减政策

1. 生产性及生活性服务业纳税人

①自2019年4月1日至2019年9月30日，允许生产、生活性服务业纳税人按照当期可抵扣进项税额加计10%，抵减应纳税额。自2019年10月1日至2022年12月31日，允许生产、生活性服务业纳税人按照当期可抵扣进项税额加计15%，抵减应纳税额。

自2023年1月1日至2023年12月31日，增值税加计抵减政策按照以下规定执行：允许生产性服务业纳税人按照当期可抵扣进项税额加计5%抵减应纳税额；允许生活性服务业纳税人按照当期可抵扣进项税额加计10%抵减应纳税额。（特别提醒：该项政策2024年没有延期）

②生产性服务业纳税人，是指提供邮政服务、电信服务、现代服务、生活服务（以下简称"四项服务"）取得的销售额占全部销售额的比重超过50%的纳税人。

③2019年4月1日后设立的纳税人，自设立之日起3个月的销售额符合上述规定条件的，自登记为一般纳税人之日起适用加计抵减政策。

纳税人确定适用加计抵减政策后，当年内不再调整，以后年度是否适用，根据上年度销售额计算确定。

纳税人可计提但未计提的加计抵减额，可在确定适用加计抵减政策当期一并计提。

④纳税人应按照当期可抵扣进项税额的5%（或者10%）计提当期加计抵减额。按照现行规定不得从销项税额中抵扣的进项税额，不得计提加计抵减额；已计提加计

抵减额的进项税额，按规定作进项税额转出的，应在进项税额转出当期，相应调减加计抵减额。

计算公式如下：

当期计提加计抵减额 = 当期可抵扣进项税额 × 5%（或者 10%）

当期可抵减加计抵减额 = 上期末加计抵减额余额 + 当期计提加计抵减额 − 当期调减加计抵减额

2. 先进制造业企业

①先进制造业企业是指高新技术企业（含所属的非法人分支机构）中的制造业一般纳税人，高新技术企业是指按照《科技部 财政部 国家税务总局关于修订印发〈高新技术企业认定管理办法〉的通知》（国科发火〔2016〕32号）规定认定的高新技术企业。先进制造业企业具体名单，由各省、自治区、直辖市、计划单列市工业和信息化部门会同同级科技部、财政部、税务部门确定。

2024年度的名单申报确认详见工信厅联财函〔2024〕248号文规定。

②加计抵减比例：加计抵减进项税额的5%

先进制造业企业按照当期可抵扣进项税额的5%计提当期加计抵减额。按照现行规定不得从销项税额中抵扣的进项税额，不得计提加计抵减额；已计提加计抵减额的进项税额，按规定作进项税额转出的，应在进项税额转出当期，相应调减加计抵减额。

③抵减的相关规定。先进制造业企业按照现行规定计算一般计税方法下的应纳税额（以下称"抵减前的应纳税额"）后，区分以下情形加计抵减：

抵减前的应纳税额等于零的，当期可抵减加计抵减额全部结转下期抵减；

抵减前的应纳税额大于零，且大于当期可抵减加计抵减额的，当期可抵减加计抵减额全额从抵减前的应纳税额中抵减；

抵减前的应纳税额大于零，且小于或等于当期可抵减加计抵减额的，以当期可抵减加计抵减额抵减应纳税额至零；未抵减完的当期可抵减加计抵减额，结转下期继续抵减。

注意：先进制造业企业可计提但未计提的加计抵减额，可在确定适用加计抵减政策当期一并计提。先进制造业企业出口货物劳务、发生跨境应税行为不适用加计抵减政策，其对应的进项税额不得计提加计抵减额。

④执行期间：自2023年1月1日至2027年12月31日

3. 集成电路企业

①财税〔2023〕17号允许集成电路设计、生产、封测、装备、材料企业（以下简称"集成电路企业"），按照当期可抵扣进项税额加计15%抵减应纳增值税税额。

对适用加计抵减政策的集成电路企业采取清单管理，具体适用条件、管理方式和企业清单由工业和信息化部会同发展改革委、财政部、税务总局等部门制定。

清单管理详细规定见《财政部 税务总局关于2023年度享受增值税加计抵减政策的集成电路企业清单制定工作有关要求的通知》（工信部联电子函〔2023〕228号）。

②加计抵减比例：加计抵减进项税额的15%，集成电路企业按照当期可抵扣进项税额的15%计提当期加计抵减额。企业外购芯片对应的进项税额，以及按照现行规定不得从销项税额中抵扣的进项税额，不得计提加计抵减额；已计提加计抵减额的进项税额，按规定作进项税额转出的，应在进项税额转出当期，相应调减加计抵减额。

③抵减的相关规定。集成电路企业按照现行规定计算一般计税方法下的应纳税额（以下简称"抵减前的应纳税额"）后，区分以下情形加计抵减：

抵减前的应纳税额等于零的，当期可抵减加计抵减额全部结转下期抵减；

抵减前的应纳税额大于零，且大于当期可抵减加计抵减额的，当期可抵减加计抵减额全额从抵减前的应纳税额中抵减；

抵减前的应纳税额大于零，且小于或等于当期可抵减加计抵减额的，以当期可抵减加计抵减额抵减应纳税额至零；未抵减完的当期可抵减加计抵减额，结转下期继续抵减。

另外，集成电路企业可计提但未计提的加计抵减额，可在确定适用加计抵减政策当期一并计提。集成电路企业货物劳务、发生跨境应税行为不适用加计抵减政策，其对应的进项税额不得计提加计抵减额。

④执行期间：自2023年1月1日至2027年12月31日

4. 工业母机企业

①对生产销售先进工业母机主机、关键功能部件、数控系统（以下简称"先进工业母机产品"）的增值税一般纳税人（以下简称"工业母机企业"），允许按当期可抵扣进项税额加计15%抵减企业应纳增值税税额（以下简称"加计抵减政策"）。上述先进工业母机产品是指符合本通知附件《先进工业母机产品基本标准》规定的产品。

②可以加计抵减政策的工业母机企业需同时符合以下条件：

申请优惠政策的上一年度，企业具有劳动合同关系或劳务派遣、聘用关系的先进工业母机产品研究开发人员月平均人数占企业月平均职工总数的比例不低于15%；

申请优惠政策的上一年度，研究开发费用总额占企业销售（营业）收入（主营业务收入与其他业务收入之和，下同）总额的比例不低于5%；

申请优惠政策的上一年度，生产销售本通知规定的先进工业母机产品收入占企业销售（营业）收入总额的比例不低于60%，且企业收入总额不低于3 000万元（含）。

对适用加计抵减政策的工业母机企业采取清单管理，具体适用条件、管理方式和企业清单由工业和信息化部会同发展改革委、财政部、税务总局等部门制定。

清单管理详细规定见《工信部 财政部 国税总局2023年度享受增值税加计抵减政策的工业母机企业清单制定工作有关事项的通知》（工信部联通装函〔2023〕245号）。

③加计抵减比例：加计抵减进项税额的5%，工业母机企业按照当期可抵扣进项

税额的15%计提当期加计抵减额。企业外购芯片对应的进项税额，以及按照现行规定不得从销项税额中抵扣的进项税额，不得计提加计抵减额；已计提加计抵减额的进项税额，按规定作进项税额转出的，应在进项税额转出当期，相应调减加计抵减额。

④抵减的相关规定。工业母机企业按照现行规定计算一般计税方法下的应纳税额（以下简称"抵减前的应纳税额"）后，区分以下情形加计抵减：

抵减前的应纳税额等于零的，当期可抵减加计抵减额全部结转下期抵减；

抵减前的应纳税额大于零，且大于当期可抵减加计抵减额的，当期可抵减加计抵减额全额从抵减前的应纳税额中抵减；

抵减前的应纳税额大于零，且小于或等于当期可抵减加计抵减额的，以当期可抵减加计抵减额抵减应纳税额至零；未抵减完的当期可抵减加计抵减额，结转下期继续抵减。

另外，工业母机企业可计提但未计提的加计抵减额，可在确定适用加计抵减政策当期一并计提。工业母机企业出口货物劳务、发生跨境应税行为不适用加计抵减政策，其对应的进项税额不得计提加计抵减额。

⑤自2023年1月1日至2027年12月31日。

（四）增值税增量留抵退税

自2019年4月1日起，试行增值税期末留抵税额退税制度。

1. 一般留抵退税

（1）同时符合以下条件的纳税人，可以向主管税务机关申请退还增量留抵税额：

①自2019年4月税款所属期起，连续六个月（按季纳税的，连续两个季度）增量留抵税额均大于零，且第六个月增量留抵税额不低于50万元；

②纳税信用等级为A级或者B级；

③申请退税前36个月未发生骗取留抵退税、出口退税或虚开增值税专用发票情形的；

④申请退税前36个月未因偷税被税务机关处罚两次及以上的；

⑤自2019年4月1日起未享受即征即退、先征后返（退）政策的。

（2）上述增量留抵税额，是指与2019年3月底相比新增加的期末留抵税额。

（3）纳税人当期允许退还的增量留抵税额，按照以下公式计算：

允许退还的增量留抵税额＝增量留抵税额×进项构成比例×60%

进项构成比例，为2019年4月至申请退税前一税款所属期内已抵扣的增值税专用发票（含税控机动车销售统一发票）、海关进口增值税专用缴款书、解缴税款完税凭证注明的增值税额占同期全部已抵扣进项税额的比重。

（4）纳税人应在增值税纳税申报期内，向主管税务机关申请退还留抵税额。

（5）纳税人出口货物劳务、发生跨境应税行为，适用免抵退税办法的，办理免抵退税后，仍符合规定条件的，可以申请退还留抵税额；适用免退税办法的，相关进项税额不得用于退还留抵税额。

（6）纳税人取得退还的留抵税额后，应相应调减当期留抵税额。按照本条规定再次满足退税条件的，可以继续向主管税务机关申请退还留抵税额，但上述第（1）项①点规定的连续期间，不得重复计算。

（7）以虚增进项、虚假申报或其他欺骗手段，骗取留抵退税款的，由税务机关追缴其骗取的退税款，并按照《中华人民共和国税收征收管理法》等有关规定处理。

2. 先进制造业留抵退税

（1）自2019年6月1日起，同时符合以下条件的部分先进制造业纳税人，可以自2019年7月及以后纳税申报期向主管税务机关申请退还增量留抵税额：

①增量留抵税额大于零；[先进制造业可以每月退税，而普通行业只能每6个月一轮退税。财政部、税务总局、海关总署公告2019年第39号规定：自2019年4月税款所属期起，连续6个月（按季纳税的，连续两个季度）增量留抵税额均大于零，且第6个月增量留抵税额不低于50万元]

②纳税信用等级为A级或者B级；

③申请退税前36个月未发生骗取留抵退税、出口退税或虚开增值税专用发票情形；

④申请退税前36个月未因偷税被税务机关处罚两次及以上；

⑤自2019年4月1日起未享受即征即退、先征后返（退）政策。

（2）部分先进制造业纳税人，是指按照《国民经济行业分类》，生产并销售非金属矿物制品、通用设备、专用设备及计算机、通信和其他电子设备销售额占全部销售额的比重超过50%的纳税人。

上述销售额比重根据纳税人申请退税前连续12个月的销售额计算确定；申请退税前经营期不满12个月但满3个月的，按照实际经营期的销售额计算确定。

（3）增量留抵税额，是指与2019年3月31日相比新增加的期末留抵税额。

（4）部分先进制造业纳税人当期允许退还的增量留抵税额，按照以下公式计算：

允许退还的增量留抵税额＝增量留抵税额×进项构成比例

进项构成比例，为2019年4月至申请退税前一税款所属期内已抵扣的增值税专用发票（含税控机动车销售统一发票）、海关进口增值税专用缴款书、解缴税款完税凭证注明的增值税额占同期全部已抵扣进项税额的比重。

3. 进一步加大增值税期末留抵退税政策

（1）加大小微企业增值税期末留抵退税政策力度，将先进制造业按月全额退还增值税增量留抵税额政策范围扩大至符合条件的小微企业（含个体工商户，下同），并一次性退还小微企业存量留抵税额。

符合条件的小微企业,可以自 2022 年 4 月纳税申报期起向主管税务机关申请退还增量留抵税额。(在 2022 年 12 月 31 日前,执行此项政策。)

符合条件的微型企业,可以自 2022 年 4 月纳税申报期起向主管税务机关申请一次性退还存量留抵税额;符合条件的小型企业,可以自 2022 年 5 月纳税申报期起向主管税务机关申请一次性退还存量留抵税额。

(2)加大"制造业""科学研究和技术服务业""电力、热力、燃气及水生产和供应业""软件和信息技术服务业""生态保护和环境治理业"和"交通运输、仓储和邮政业"(以下统称"制造业等行业")增值税期末留抵退税政策力度,将先进制造业按月全额退还增值税增量留抵税额政策范围扩大至符合条件的制造业等行业企业(含个体工商户),并一次性退还制造业等行业企业存量留抵税额。

符合条件的制造业等行业企业,可以自 2022 年 4 月纳税申报期起向主管税务机关申请退还增量留抵税额。

符合条件的制造业等行业中型企业,可以自 2022 年 7 月纳税申报期起向主管税务机关申请一次性退还存量留抵税额。

(3)适用本公告政策的纳税人需同时符合以下条件:

①纳税信用等级为 A 级或者 B 级;

②申请退税前 36 个月未发生骗取留抵退税、骗取出口退税或虚开增值税专用发票情形;

③申请退税前 36 个月未因偷税被税务机关处罚两次及以上。

(4)2019 年 4 月 1 日起未享受即征即退、先征后返(退)政策。

(5)加快小微企业留抵退税政策实施进度,按照《关于进一步加大增值税期末留抵退税政策实施力度的公告》(财政部 税务总局公告 2022 年第 14 号,以下简称"2022 年第 14 号公告")规定,抓紧办理小微企业留抵退税,在纳税人自愿申请的基础上,加快退税进度,积极落实微型企业、小型企业存量留抵税额分别于 2022 年 4 月 30 日前、6 月 30 日前集中退还的退税政策。

提前退还中型企业存量留抵税额,将 2022 年第 14 号公告第二条第二项规定的"符合条件的制造业等行业中型企业,可以自 2022 年 7 月纳税申报期起向主管税务机关申请一次性退还存量留抵税额"调整为"符合条件的制造业等行业中型企业,可以自 2022 年 5 月纳税申报期起向主管税务机关申请一次性退还存量留抵税额"。2022 年 6 月 30 日前,在纳税人自愿申请的基础上,集中退还中型企业存量留抵税额。

(6)留抵退税管理。

在借鉴以往营改增、深化增值税改革等成功经验的基础上,我们贯通从政策制定、落实到完善等各环节的衔接,探索打造了一套管理与服务"五同步"的工作机制。这套机制既是对我们的更高要求，也是对纳税人的更优服务，即：同步制发征管公告，明确涉税操作流程、申报要求等事项，为政策落地提供操作指引。同步升级操作系统，升级电子税务局、税控设备等系统平台，为政策落地提供技术保障。同步推进政策宣传，从"大水漫灌"到"精准滴灌"，由"人找政策"变"政策找人"，积极做好政策解读、舆论引导。同步实施培训辅导，让税务干部"懂政策、能操作、会解释"，让纳税人加深对货物劳务税政策的理解认同，做到依法征收、应收尽收、应享尽享。同步开展问题反馈，树立从开始就把事情办好、把问题找出来，并加以研究和解决的工作理念，重点关注落实中的问题，第一时间研究讨论、统一口径、反馈指导，推动政策不断落实落细。特别是在2022年大规模增值税留抵退税落实中，为保障政策高效高质量落地，总局党委深入研究、统筹谋划，首次创新实施了"快退税款、狠打骗退、严查内错、欢迎外督、持续宣传"的"五措并举"工作策略。（摘自王道树在2023年全国货物劳务税（进出口税收）工作会议上的讲话稿）

4. 向自然人报废产品出售者"反向开票"政策

（1）《国家税务总局关于资源回收企业向自然人报废产品出售者"反向开票"有关事项的公告》（国家税务总局公告2024年第5号）中规定：自2024年4月29日起，自然人报废产品出售者（以下简称"出售者"）向资源回收企业销售报废产品，符合条件的资源回收企业可以向出售者开具发票（以下简称"反向开票"）。

报废产品，是指在社会生产和生活消费过程中产生的，已经失去原有全部或部分使用价值的产品。

出售者，是指销售自己使用过的报废产品或销售收购的报废产品、连续不超过12个月（指自然月，下同）"反向开票"累计销售额不超过500万元（不含增值税，下同）的自然人。

（2）实行"反向开票"的资源回收企业（包括单位和个体工商户，下同），应当符合以下三项条件之一，且实际从事资源回收业务：

从事危险废物收集的，应当符合国家危险废物经营许可证管理办法的要求，取得危险废物经营许可证；

从事报废机动车回收的，应当符合国家商务主管部门出台的报废机动车回收管理办法要求，取得报废机动车回收拆解企业资质认定证书；

除危险废物、报废机动车外，其他资源回收企业应当符合国家商务主管部门出台的再生资源回收管理办法要求，进行经营主体登记，并在商务部门完成再生资源回收经营者备案。

（3）自然人销售报废产品连续12个月"反向开票"累计销售额超过500万元的，资源回收企业不得再向其"反向开票"。资源回收企业应当引导持续从事报废产品出售业务的自然人依法办理经营主体登记，按照规定自行开具发票。

（4）资源回收企业销售报废产品适用增值税简易计税方法的，可以反向开具普通发票，不得反向开具增值税专用发票；适用增值税一般计税方法的，可以反向开具增值税专用发票和普通发票。资源回收企业销售报废产品，增值税计税方法发生变更的，应当申请对"反向开票"的票种进行调整。

资源回收企业可以按规定抵扣反向开具的增值税专用发票上注明的税款。

（5）资源回收企业中的增值税一般纳税人销售报废产品，本公告施行前已按有关规定选择适用增值税简易计税方法的，可以在2024年7月31日前改为选择适用增值税一般计税方法。

除上述情形外，资源回收企业选择增值税简易计税方法计算缴纳增值税后，36个月内不得变更；变更为增值税一般计税方法后，36个月内不得再选择增值税简易计税方法。

5. 研发机构采购国产设备增值税退税

根据《财政部 商务部 税务总局关于研发机构采购设备增值税政策的公告》自2024年1月1日至2027年12月31日，继续对内资研发机构和外资研发中心采购国产设备全额退还增值税。

三、增值税税收优惠

（一）法定免税项目

1. 农业生产者销售的自产农产品

2. 避孕药品和用具

3. 古旧图书

4. 直接用于科学研究、科学试验和教学的进口仪器、设备

5. 外国政府、国际组织无偿援助的进口物资和设备

6. 由残疾人的组织直接进口供残疾人专用的物品

7. 销售的自己使用过的物品（自己使用过的物品是指其他个人使用过的物品）

除上述规定外，增值税的免税、减税项目由国务院规定，任何地区、部门均不得规定免税、减税项目。

纳税人兼营免税、减税项目的，应当分别核算免税、减税项目的销售额；未分别核算销售额的，不得免税、减税。

纳税人销售货物或者应税劳务适用免税规定的，可以放弃免税，依照《中华人民共和国增值税暂行条例》的规定缴纳增值税。放弃免税后，36个月内不得再申请免税。

(二) 其他免税规定

1. 免征增值税的项目

(1) 托儿所、幼儿园提供的保育和教育服务。

托儿所、幼儿园,是指经县级以上教育部门审批成立、取得办园许可证的实施0—6岁学前教育的机构,包括公办和民办的托儿所、幼儿园、学前班、幼儿班、保育院、幼儿园。

(2) 养老机构提供的养老服务。

(3) 残疾人福利机构提供的育养服务。

(4) 婚姻介绍服务。

(5) 殡葬服务。

(6) 残疾人员本人为社会提供的服务。

残疾人个人提供的加工、修理修配劳务,免征增值税。

(7) 医疗机构提供的医疗服务。

(8) 从事教育的学校提供的教育服务。

①提供学历教育的学校提供的教育服务收入免征增值税。

提供教育服务免征增值税的收入,是指对列入规定招生计划的在籍学生提供学历教育服务取得的收入。

②一般纳税人提供非学历教育服务,可以选择适用简易计税方法按照3%征收率计算应纳税额。

(9) 学生勤工俭学提供的服务。

(10) 农业机耕、排灌、病虫害防治、植物保护、农牧保险以及相关技术培训业务,家禽、牲畜、水生动物的配种和疾病防治。

(11) 纪念馆、博物馆、文化馆、文物保护单位管理机构、美术馆、展览馆、书画院、图书馆在自己的场所提供文化体育服务取得的第一道门票收入。

(12) 寺院、宫观、清真寺和教堂举办文化、宗教活动的门票收入。

(13) 行政单位之外的其他单位收取的符合《营业税改征增值税试点实施办法》第十条规定条件的政府性基金和行政事业性收费。

(14) 个人转让著作权。

(15) 个人销售自建自用住房。

(16) 2018年12月31日以前,公共租赁住房经营管理单位出租公共租赁住房。

(17) 台湾航运公司、航空公司从事海峡两岸海上直航、空中直航业务在大陆取得的运输收入。

(18) 纳税人提供的直接或者间接国际货物运输代理服务。

(19) 下列利息收入。

①自 2016 年 1 月 1 日起，中国邮政集团公司及其所属邮政企业为金融机构代办金融保险业务取得的代理收入，在营改增试点期间免征增值税。

该规定发文之日前，已征的按照规定应予免征的营业税，予以退还；已征的应予免征的增值税，可抵减纳税人以后月份应缴纳的增值税或予以退还。

②国家助学贷款。

③国债、地方政府债。

④人民银行对金融机构的贷款。

⑤住房公积金管理中心用住房公积金在指定的委托银行发放的个人住房贷款。

⑥外汇管理部门在从事国家外汇储备经营过程中，委托金融机构发放的外汇贷款。

⑦统借统还业务中，企业集团或企业集团中的核心企业以及集团所属财务公司按不高于支付给金融机构的借款利率水平或者支付的债券票面利率水平，向企业集团或者集团内下属单位收取的利息。

（20）被撤销金融机构以货物、不动产、无形资产、有价证券、票据等财产清偿债务。

（21）保险公司开办的一年期以上人身保险产品取得的保费收入。

（22）下列金融商品转让收入。

①合格境外投资者（QFII）委托境内公司在我国从事证券买卖业务。

②香港市场投资者（包括单位和个人）通过沪港通买卖上海证券交易所上市 A 股。

③香港市场投资者（包括单位和个人）通过基金互认买卖内地基金份额。

④证券投资基金（封闭式证券投资基金，开放式证券投资基金）管理人运用基金买卖股票、债券。

⑤个人从事金融商品转让业务。

（23）金融同业往来利息收入。

（24）自 2018 年 1 月 1 日至 2019 年 12 月 31 日，纳税人为农户、小型企业、微型企业及个体工商户借款、发行债券提供融资担保取得的担保费收入，以及为上述融资担保（以下简称"原担保"）提供再担保取得的再担保费收入，免征增值税。再担保合同对应多个原担保合同的，原担保合同应全部适用免征增值税政策。否则，再担保合同应按规定缴纳增值税。《财政部 税务总局关于延续实施普惠金融有关税收优惠政策的公告》（财政部 税务总局公告 2020 年第 22 号）和《关于延续执行农户、小微企业和个体工商户融资担保增值税政策的公告》（财政部 税务总局公告 2023 年第 18 号）规定，实施期限延长至 2027 年 12 月 31 日。

（25）国家商品储备管理单位及其直属企业承担商品储备任务，从中央或者地方财政取得的利息补贴收入和价差补贴收入。

（26）纳税人提供技术转让、技术开发和与之相关的技术咨询、技术服务。

（27）同时符合下列条件的合同能源管理服务：

①节能服务公司实施合同能源管理项目相关技术，应当符合国家市场监督管理总局和国家标准化管理委员会发布的《合同能源管理技术通则》（GB/T24915-2010）规定的技术要求。

②节能服务公司与用能企业签订节能效益分享型合同，其合同格式和内容，符合《中华人民共和国合同法》和《合同能源管理技术通则》（GB/T24915-2010）等规定。

（28）2017年12月31日以前，科普单位的门票收入，以及县级及以上党政部门和科协开展科普活动的门票收入。

（29）政府举办的从事学历教育的高等、中等和初等学校（不含下属单位），举办进修班、培训班取得的全部归该学校所有的收入。

（30）政府举办的职业学校设立的主要为在校学生提供实习场所，并由学校出资自办、由学校负责经营管理、经营收入归学校所有的企业，从事《销售服务、无形资产、不动产注释》（财税〔2016〕36号附件）中"现代服务"（不含融资租赁服务、广告服务和其他现代服务）、"生活服务"（不含文化体育服务、其他生活服务和桑拿、氧吧）业务活动取得的收入。

（31）家政服务企业由员工制家政服务员提供家政服务取得的收入。

（32）福利彩票、体育彩票的发行收入。

（33）军队空余房产租赁收入。

（34）为了配合国家住房制度改革，企业、行政事业单位按房改成本价、标准价出售住房取得的收入。

（35）将土地使用权转让给农业生产者用于农业生产。

纳税人采取转包、出租、互换、转让、入股等方式将承包地流转给农业生产者用于农业生产取得的收入，免征增值税。

（36）涉及家庭财产分割的个人无偿转让不动产、土地使用权。

（37）土地所有者出让土地使用权和土地使用者将土地使用权归还给土地所有者。

（38）县级以上地方人民政府或自然资源行政主管部门出让、转让或收回自然资源使用权（不含土地使用权）。

（39）至2027年12月31日，金融机构向农户发放小额贷款取得的利息收入，免征增值税。

（40）至2027年12月31日，医疗机构接受其他医疗机构委托，提供规定的服务，免征增值税。

（41）至2027年12月31日，对企业集团单位之间资金无偿借贷行为，免征增值税。

（42）至2027年12月31日，对边销茶生产企业销售自产的边销茶及经销企业销售的边销茶，免征增值税。

2. 增值税即征即退

（1）一般纳税人提供管道运输服务，对其增值税实际税负超过3%的部分实行增值税即征即退政策。

（2）经人民银行、中国银行保险监督管理委员会或者商务部批准从事融资租赁业务的试点纳税人中的一般纳税人，提供有形动产融资租赁服务和有形动产融资性售后回租服务，对其增值税实际税负超过3%的部分实行增值税即征即退政策。

（3）对安置残疾人的单位和个体工商户（以下简称"纳税人"），由税务机关按纳税人安置残疾人的人数，限额实行即征即退增值税。

（4）对纳税人销售自产的列入《享受增值税即征即退政策的新型墙体材料目录》的新型墙体材料，实行增值税即征即退50%的政策。

（5）自2019年9月1日起，纳税人销售自产磷石膏资源综合利用产品，可享受增值税即征即退政策，退税比例为70%。

磷石膏资源综合利用产品，包括墙板、砂浆、砌块、水泥添加剂、建筑石膏、α型高强石膏、Ⅱ型无水石膏、嵌缝石膏、黏结石膏、现浇混凝土空心结构用石膏模盒、抹灰石膏、机械喷涂抹灰石膏、土壤调理剂、喷筑墙体石膏、装饰石膏材料、磷石膏制硫酸，且产品原料40%以上来自磷石膏。

纳税人利用磷石膏生产水泥、水泥熟料，继续按照财政部、国家税务总局关于印发《资源综合利用产品和劳务增值税优惠目录》的通知（财税〔2015〕78号）附件《资源综合利用产品和劳务增值税优惠目录》"废渣"项目执行。纳税人适用磷石膏资源综合利用增值税即征即退政策的其他有关事项，按照财税〔2015〕78号文件执行。

（6）自2019年9月1日起，将财税〔2015〕78号文件附件《资源综合利用产品和劳务增值税优惠目录》"废玻璃"项目退税比例调整为70%。

（三）增值税小规模纳税人减免增值税政策

自2021年4月1日起，小规模纳税人发生增值税应税销售行为，合计月销售额未超过15万元（以1个季度为1个纳税期的，季度销售额未超过45万元）的，免征增值税。小规模纳税人发生增值税应税销售行为，合计月销售额超过15万元，但扣除本期发生的销售不动产的销售额后未超过15万元的，其销售货物、劳务、服务、无形资产取得的销售额免征增值税。

自2022年4月1日至2022年12月31日，增值税小规模纳税人适用3%征收率的应税销售收入，免征增值税；适用3%预征率的预缴增值税项目，暂停预缴增值税。

自2023年1月起，增值税小规模纳税人（以下简称"小规模纳税人"）发生增值税应税销售行为，合计月销售额未超过10万元（以1个季度为1个纳税期的，季度销售额未超过30万元）的，免征增值税。小规模纳税人发生增值税应税销售行为，合计月销售额超过10万元，但扣除本期发生的销售不动产的销售额后未超过10万元的，其销售货物、劳务、服务、无形资产取得的销售额免征增值税。

四、增值税的征收管理

（一）一般纳税人资格登记管理

1. 一般纳税人的登记范围

（1）一般规定。

增值税纳税人年应税销售额超过财政部、国家税务总局规定的小规模纳税人标准的，除第（3）条所述情况外，应当向主管税务机关办理一般纳税人登记。

年应税销售额是指纳税人在连续不超过12个月或4个季度的经营期内累计应征增值税销售额，包括纳税申报销售额、稽查查补销售额、纳税评估调整销售额。

销售服务、无形资产或者不动产（以下简称"应税行为"）有扣除项目的纳税人，其应税行为年应税销售额按未扣除之前的销售额计算。纳税人偶然发生的销售无形资产、转让不动产的销售额，不计入应税行为年应税销售额。

（2）特殊规定。

年应税销售额未超过规定标准的纳税人，会计核算健全，能够提供准确税务资料的，可以向主管税务机关办理一般纳税人登记。

会计核算健全，是指能够按照国家统一的会计制度规定设置账簿，根据合法、有效凭证进行核算。

（3）不需要办理一般纳税人登记的情形。

①年应税销售额超过规定标准但不经常发生应税行为的单位和个体工商户可选择按照小规模纳税人纳税。["不经常发生应税行为"是指不经常发生"服务、销售无形资产、销售不动产"等行为，例如风险投资、天使投资，以增值税非应税项目"投资"为主业，偶然发生应税行为]

年应税销售额超过规定标准的纳税人符合上述规定的，应当向主管税务机关提交书面说明。

②年应税销售额超过规定标准的其他个人不属于一般纳税人。"其他个人"是指自然人。

2. 办理一般纳税人登记的程序

（1）纳税人向主管税务机关填报"增值税一般纳税人登记表"，如实填写固定生产经营场所等信息，并提供税务登记证件（包括纳税人领取的由工商行政管理部门或者其他主管部门核发的加载法人和其他组织统一社会信用代码的相关证件）。

（2）纳税人填报内容与税务登记信息一致的，主管税务机关当场登记。

（3）纳税人填报内容与税务登记信息不一致，或者不符合填列要求的，税务机关应当场告知纳税人需要补正的内容。

3. 办理登记的时限和地点

纳税人在年应税销售额超过规定标准的月份（或季度）的所属申报期结束后 15 日内按照《增值税一般纳税人登记管理办法》第六条或者第七条的规定办理相关手续。未按规定时限办理的，主管税务机关应当在规定时限结束后 5 日内制作《税务事项通知书》，告知纳税人应当在 5 日内向主管税务机关办理相关手续；逾期仍不办理的，次月起按销售额依照增值税税率计算应纳税额，不得抵扣进项税额，直至纳税人办理相关手续为止。

纳税人应当向其机构所在地主管税务机关办理一般纳税人登记手续。

纳税人登记为一般纳税人后，不得转为小规模纳税人，国家税务总局另有规定的除外。

4. 自 2023 年 1 月 1 日至 2027 年 12 月 31 日，自主就业退役士兵从事个体经营的，自办理个体工商户登记当月起，在 3 年（36 个月）内按每户每年 20 000 元为限额依次扣减其当年实际应缴纳的增值税、城市维护建设税、教育费附加、地方教育附加和个人所得税。限额标准最高可上浮 20%，各省、自治区、直辖市人民政府可根据本地区实际情况在此幅度内确定具体限额标准。

纳税人年度应缴纳税款小于上述扣减限额的，减免税额以其实际缴纳的税款为限；大于上述扣减限额的，以上述扣减限额为限。纳税人的实际经营期不足 1 年的，应当按月换算其减免税限额。换算公式为：减免税限额 = 年度减免税限额 ÷ 12 × 实际经营月数。城市维护建设税、教育费附加、地方教育附加的计税依据是享受本项税收优惠政策前的增值税应纳税额。

5. 自 2023 年 1 月 1 日至 2027 年 12 月 31 日，企业招用自主就业退役士兵，与其签订 1 年以上期限劳动合同并依法缴纳社会保险费的，自签订劳动合同并缴纳社会保险当月起，在 3 年内按实际招用人数予以定额依次扣减增值税、城市维护建设税、教育费附加、地方教育附加和企业所得税优惠。定额标准为每人每年 6 000 元，最高可上浮 50%，各省、自治区、直辖市人民政府可根据本地区实际情况在此幅度内确定具体定额标准。

企业按招用人数和签订的劳动合同时间核算企业减免税总额，在核算减免税总额内每月依次扣减增值税、城市维护建设税、教育费附加和地方教育附加。企业实际应缴纳的增值税、城市维护建设税、教育费附加和地方教育附加小于核算减免税总额的，以实际应缴纳的增值税、城市维护建设税、教育费附加和地方教育附加为限；实际应缴纳的增值税、城市维护建设税、教育费附加和地方教育附加大于核算减免税总额的，以核算减免税总额为限。

纳税年度终了，如果企业实际减免的增值税、城市维护建设税、教育费附加和地方教育附加小于核算减免税总额，企业在企业所得税汇算清缴时以差额部分扣减企业所得税。当年扣减不完的，不再结转以后年度扣减。

自主就业退役士兵在企业工作不满1年的，应当按月换算减免税限额。计算公式为：企业核算减免税总额 = $\sum$ 每名自主就业退役士兵本年度在本单位工作月份 ÷ 12 × 具体定额标准。城市维护建设税、教育费附加、地方教育附加的计税依据是享受本项税收优惠政策前的增值税应纳税额。

自2023年1月1日至2027年12月31日，脱贫人口（含防止返贫监测对象，下同）、持《就业创业证》（注明"自主创业税收政策"或"毕业年度内自主创业税收政策"）或《就业失业登记证》（注明"自主创业税收政策"）的人员，从事个体经营的，自办理个体工商户登记当月起，在3年（36个月，下同）内按每户每年20 000元为限额依次扣减其当年实际应缴纳的增值税、城市维护建设税、教育费附加、地方教育附加和个人所得税。限额标准最高可上浮20%，各省、自治区、直辖市人民政府可根据本地区实际情况在此幅度内确定具体限额标准。

纳税人年度应缴纳税款小于上述扣减限额的，减免税额以其实际缴纳的税款为限；大于上述扣减限额的，以上述扣减限额为限。

上述人员具体包括：(1) 纳入全国防止返贫监测和衔接推进乡村振兴信息系统的脱贫人口；(2) 在人力资源社会保障部门公共就业服务机构登记失业半年以上的人员；(3) 零就业家庭、享受城市居民最低生活保障家庭劳动年龄内的登记失业人员；(4) 毕业年度内高校毕业生。高校毕业生是指实施高等学历教育的普通高等学校、成人高等学校应届毕业的学生；毕业年度是指毕业所在自然年，即1月1日至12月31日。

6. 自2023年1月1日至2027年12月31日，企业招用脱贫人口，以及在人力资源社会保障部门公共就业服务机构登记失业半年以上且持《就业创业证》或《就业失业登记证》（注明"企业吸纳税收政策"）的人员，与其签订1年以上期限劳动合同并依法缴纳社会保险费的，自签订劳动合同并缴纳社会保险当月起，在3年内按实际招用人数予以定额依次扣减增值税、城市维护建设税、教育费附加、地方教育附加和企业所得税优惠。定额标准为每人每年6 000元，最高可上浮30%，各省、自治区、直辖市人民政府可根据本地区实际情况在此幅度内确定具体定额标准。城市维护建设税、教育费附加、地方教育附加的计税依据是享受本项税收优惠政策前的增值税应纳税额。

按上述标准计算的税收扣减额应在企业当年实际应缴纳的增值税、城市维护建设税、教育费附加、地方教育附加和企业所得税税额中扣减，当年扣减不完的，不得结转下年使用。

纳税人在2027年12月31日享受本公告规定的税收优惠政策未满3年的，可继续享受至 3 年期满为止。本公告所述人员，以前年度已享受重点群体创业就业税收优惠政策满 3 年的，不得再享受本公告规定的税收优惠政策；以前年度享受重点群体创业就业税收优惠政策未满 3 年且符合规定条件的，可按规定享受优惠至 3 年期满。

（二）增值税的发票管理

1. 增值税专用发票

增值税专用发票（以下简称"专用发票"）是增值税一般纳税人销售或进口货物，提供劳务，销售服务、无形资产或不动产开具的发票，是购买方支付增值税额并可按照增值税有关规定抵扣增值税进项税额的凭证。

（1）专用发票的构成。

专用发票由基本联次或者基本联次附加其他联次构成，基本联次为三联：发票联、抵扣联和记账联。

（2）专用发票的领购。

纳税信用 A 级的纳税人可一次领取不超过 3 个月的增值税发票用量，纳税信用 B 级的纳税人可一次领取不超过 2 个月的增值税发票用量。以上两类纳税人生产经营情况发生变化，需要调整增值税发票用量，手续齐全的，按照规定即时办理。

领购范围。按照规定，增值税专用发票只限于增值税一般纳税人和小规模纳税人（其他个人）领购使用，非增值税纳税人不得领购使用增值税专用发票。

此外，按照规定，纳税人当月购买增值税专用发票而未申报纳税的，不得向其发售增值税专用发票。

（3）专用发票的开具范围。

一般纳税人发生应税销售行为，应向购买方开具专用发票。

一般纳税人有下列销售情形，不得开具专用发票：

①商业企业一般纳税人零售的烟、酒、食品、服装、鞋帽（不包括劳保专用部分）、化妆品等消费品不得开具专用发票。

②销售免税货物不得开具专用发票，法律、法规及国家税务总局另有规定的除外。

③一般纳税人单采血浆站销售非临床用人体血液，可按简易办法按 3% 征收率纳税，但不得对外开具增值税专用发票。

④向消费者个人销售服务、无形资产或者不动产。

⑤适用免征增值税规定的应税行为。

⑥金融商品转让。

⑦经纪代理服务向委托方收取的政府性基金或者行政事业性收费。

⑧有形动产融资性售后回租服务，向承租方收取的有形动产价款本金，不得开具

增值税专用发票。

⑨旅游服务，在销售额中扣除的费用（住宿、餐饮、交通、签证、门票和接团费），不得开具专票。

⑩移动、联通、电信通过手机短信公益特服号接受捐款，扣除支付给公益性机构捐款。接受的捐款，不得开具增值税专用发票。

⑪差额纳税的劳务派遣公司，向用工单位收取用于支付工资、福利、社保及住房公积金的费用，不得开具增值税专用发票。

⑫人力资源外包服务，按照经纪代理服务，其销售额不包括代发工资和代缴社保。代发部分不得开具增值税专用发票。

⑬单用途商业预付卡、支付机构预付卡业务按照以下规定执行：《商品和服务税收分类与编码（试行）》"6 未发生销售行为的不征税项目"下设601"预付卡销售和充值"。发票税率栏应填写"不征税"，不得开具增值税专用发票。

⑭教育部考试中心及其直属单位应以取得的考试费收入扣除支付给境外单位考试费，按提供"教育辅助服务"项目缴纳增值税；代收并支付给境外单位的考试费，不得开具增值税专用发票，可以开具增值税普通发票。

⑮签证代理服务，需扣除支付给外交部和外国驻华使（领）馆的签证费、认证费。签证费、认证费，不得开具增值税专用发票，可以开具增值税普通发票。

⑯代理进口按规定免征进口增值税的货物，其销售额不包括向委托方收取并代为支付的货款。向委托方收取并代为支付的款项，不得开具增值税专用发票，可以开具增值税普通发票。

⑰销售报关出口的货物、在境外销售应税劳务。

⑱将货物无偿赠送他人（如果受赠者为一般纳税人，可根据受赠人的要求开具增值税专用发票）。

⑲向小规模纳税人销售应税项目，可以不开具增值税专用发票。

⑳城镇公共供水企业缴纳的水资源税对应的水费收入，不计征增值税，按"不征税自来水"项目开具增值税普通发票。

（4）专用发票的开具要求。

①项目齐全，与实际交易相符；

②字迹清楚，不得压线、错格；

③发票联和抵扣联加盖发票专用章；

④按照增值税纳税义务的发生时间开具。

对不符合上述要求的专用发票，购买方有权拒收。

一般纳税人销售货物或者提供应税劳务可汇总开具专用发票。汇总开具专用发票的，同时使用增值税发票管理新系统开具"销售货物或者提供应税劳务清单"，并加盖发票专用章。

2. 增值税普通发票

（1）增值税普通发票的格式、字体、栏次、内容与增值税专用发票完全一致，按发票联次分为两联票和五联票两种。基本联次为两联，第一联为记账联，销货方用作记账凭证；第二联为发票联，购货方用作记账凭证。此外为满足部分纳税人的需要，在基本联次后添加了三联的附加联次，即五联票，供企业选择使用。

（2）增值税普通发票代码。2017年12月，税务总局发布公告，自2018年1月1日起，调整增值税普通发票（折叠票）代码从现行的10位到12位。

（3）增值税普通发票第二联（发票联）采用防伪纸张印制。

3. 机动车销售统一发票

机动车发票是指单位和个人销售机动车时开具的增值税专用发票和机动车销售统一发票。向消费者销售机动车，销售方应当开具机动车销售统一发票；其他销售机动车行为，销售方应当开具增值税专用发票。

4. 全面数字化的电子发票（以下简称"数电票"）

（1）中共中央办公厅、国务院办公厅印发《关于进一步深化税收征管改革的意见》提出全面推进税收征管数字化升级和智能化改造，稳步实施发票电子化改革，要求2021年建成全国统一的电子发票服务平台，24小时在线免费为纳税人提供电子发票申领、开具、交付、查验等服务。制定出台电子发票国家标准，有序推进铁路、民航等领域发票电子化，2025年基本实现发票全领域、全环节、全要素电子化，着力降低制度性交易成本。

《中华人民共和国发票管理办法实施细则》（国家税务总局令第56号）规定：电子发票是指在购销商品、提供或者接受服务以及从事其他经营活动中，按照税务机关发票管理规定以数据电文形式开具、收取的收付款凭证。"电子发票与纸质发票的法律效力相同，任何单位和个人不得拒收"。

（2）数电发票和传统发票一样，分为增值税专用发票和普通发票，法律效力、基本用途与现有纸质发票相同。其中，带有"增值税专用发票"字样的数电发票，其法律效力、基本用途与现有增值税专用发票相同；带有"普通发票"字样的全电发票，其法律效力、基本用途与现有普通发票相同。

（3）"数电票"样式与现有发票样式区别在于：一是"数电票"票样将原有发票代码+发票号码变为20位发票号码；取消了校验码、收款人、复核人、销售方（章）；取消了发票密码区。二是"数电票"特定业务会影响发票展示内容，不同的特定业务展示的发票票面内容不同。三是"数电票"将原备注栏中手工填列、无法采集的内容，设置为固定可采集、可使用的数据项，并展示于票面上。

（4）电子发票服务平台。纳税人可以直接使用电子发票服务平台（登录方式及地址由各试点省确定）免费开具数电票，无须使用其他特定开票软件。电子发票服务平台支持开具"数电票"、纸质专票和纸质普票。试点纳税人通过实名验证后，无须使用税控专用设备即可通过电子发票服务平台开具"数电票"、纸质专票和纸质普票，无须进行发票验旧操作。其中，"数电票"无须进行发票票种核定和发票领用。

（5）发票开具。开具数电票主要有以下几个步骤：试点纳税人登录电子发票服务平台后，通过开票业务模块，选择不同的发票类型，录入开具内容，这里需要注意一下：电子发票服务平台对发票开具内容的录入提供页面输入和扫描二维码两种模式。试点纳税人选择页面输入模式进行开票，即进入页面输入内容完成发票开具；试点纳税人选择扫描二维码模式进行开票，可通过扫描二维码的方式完成发票相关信息预采集。接下来，电子发票服务平台校验通过后，自动赋予发票号码并按不同业务类型生成相应的数电票。

"数电票"的载体为电子文件，无最大开票行数限制，交易项目明细能够在"数电票"中全部展示，无须开具销货清单。

发票备注信息是指纳税人根据所属行业特点和生产经营需要，自行额外增加的发票信息。发票备注信息项目可以在电子发票服务平台中"信息维护"模块预设的相应"场景模板"添加或开票时直接选择"附加项目"单个添加编辑，添加相应的"场景模板"；也可以直接在备注信息输入框中填写。

（6）开具金额总额度和剩余可用额度。电子发票服务平台针对存在发票开具"红色"预警情形的试点纳税人、开具发票过程中存在内容校验不通过、发票额度为零等情形会阻断开票，试点纳税人需根据提示进行相应操作。如红色预警需联系主管税务局进行处理，内容校验不通过需更改发票开具内容，发票额度为零可以申请额度调整等。

试点纳税人通过电子发票服务平台开具的"数电票"、纸质专票和纸质普票以及通过增值税发票管理系统开具的纸质专票、纸质普票、卷式发票、增值税电子专用发票和增值税电子普通发票，共用同一个开具金额总额度。但是发票总额度扣除方式与环节不同。通过电子发票服务平台开具的发票，在发票开具时扣除，扣除的是已实际开具发票的金额；通过税控系统开具的发票，在发票领用时扣除，扣除的是发票领用的单张最高开票限额与发票领用份数之积。

（7）调整开具金额总额度有三种方式，包括定期调整、临时调整和人工调整。

定期调整是指电子发票服务平台每月自动对试点纳税人开具金额总额度进行调整。临时调整是指税收风险程度较低的试点纳税人开具发票金额首次达到开具金额总额度一定比例时，电子发票服务平台当月自动为其临时增加一次开具金额总额度。人工调整是指试点纳税人因实际经营情况发生变化申请调整开具金额总额度，主管税务机关依法依规审核未发现异常的，应为纳税人调整开具金额总额度。试点纳税人开具金额总额度不足且系统自动调整后开具金额总额度仍不足的，可向主管税务机关申请调整开具金额总额度，税务机关依据纳税人的风险程度、纳税信用级别、实际经营情况等因素调整其开具金额总额度。

（8）开具红字全面数字化的电子发票。一般情况下，试点纳税人发生销货退回、开票有误、服务中止、销售折让等情形，可以按规定开具红字"数电票"。但以下几种情况下不允许开具红字"数电票"：

蓝字发票已作废、已全额红冲、已被认定异常扣税凭证、已锁定（已发起红字确认单或信息表且未开具红字发票、未撤销红字确认单或信息表）时，不允许发起红冲；

蓝字发票增值税用途为"待退税""已退税""已抵扣（改退）""已代办退税""不予退税且不予抵扣"时，不允许发起红冲；

蓝字发票税收优惠类标签中，"冬奥会退税标签"为"已申请冬奥会退税"时，不允许发起红冲；

发起红冲时，如对方纳税人为"非正常""注销""非正常注销"等状态时，不允许发起红冲。

试点纳税人可登录新版电子税务局，依次选择进入【我要办税】——【发票使用】——【发票开具】——【红字发票开具】——【红字信息确认单录入】，选择对应蓝字发票发起红冲。红冲原因应由纳税人根据业务实际确定。需要注意的是，如原蓝字发票商品服务编码仅为货物或劳务时，红冲原因不允许选择"服务中止"；商品服务编码仅为服务时，红冲原因不允许选择"销货退回"。

（9）推广进程。2020年，以增值税专用发票电子化改革为突破口，打好了"金四"建设的首战，通过将传统纸质专用发票转变为电子形态，实现发票领用、开具等环节线上办理，降低制度性交易成本，节约社会资源。会同国家档案局、财政部有关部门制定电子发票数据标准，扩大发票电子化报销、入账、归档试点范围，推动电子发票社会协同。总结专票电子化改革经验，形成全面数字化电子发票的业务需求，保质保量完成重大业务问题研究，助力税收征管数字化升级和智能化改造。2023年底，全面数字化电子发票全国已经基本全面覆盖。下一步，推进全票种发票数字化。机动车、二手车方面，以打通工信、公安部门数据链路为基础，研究选取部分地区进行机动车销售统一发票、二手车销售统一发票数电票改革试点。通行费方面，实行全环节实人认证，加快试点上线通行费数电票。

（三）增值税出口退（免）税管理

1. 增值税出口退税率

（1）退税率的一般规定。

除财政部和国家税务总局根据国务院决定而明确的增值税出口退税率（以下简称

"退税率")外,出口货物的退税率为其适用税率。

自2019年4月1日起,原适用16%税率且出口退税率为16%的出口货物劳务,出口退税率调整为13%;原适用10%税率且出口退税率为10%的出口货物、跨境应税行为,出口退税率调整为9%。境外旅客购物离境退税物品适用13%、9%税率的,分别调整退税率为11%、8%。

(2)退税率的特殊规定。

①外贸企业购进按简易办法征税的出口货物、从小规模纳税人购进的出口货物,其退税率分别为简易办法实际执行的征收率、小规模纳税人征收率。上述出口货物取得增值税专用发票的,退税率按照增值税专用发票上的税率和出口货物退税率孰低的原则确定。

②出口企业委托加工修理修配货物,其加工修理修配费用的退税率,为出口货物的退税率。

③中标机电产品、出口企业向海关报关进入特殊区域,销售给特殊区域内生产企业生产耗用的列名原材料、输入特殊区域的水电气,其退税率为适用税率。如果国家调整列名原材料的退税率,列名原材料应当自调整之日起按调整后的退税率执行。

④海洋工程结构物退税率的适用。适用不同退税率的货物劳务,应分开报关、核算并申报退(免)税,未分开报关、核算或划分不清的,从低适用退税率。

2.出口货物劳务服务的增值税退(免)税的计税依据,按出口货物劳务的出口发票(外销发票)、其他普通发票或购进出口货物劳务服务的增值税专用发票、海关进口增值税专用缴款书确定。

(四)纳税义务发生时间

1.《中华人民共和国增值税暂行条例》第十九条规定,增值税纳税义务发生时间如下:

①发生应税销售行为,为收讫销售款项或者取得索取销售款项凭据的当天;先开具发票的,为开具发票的当天。

②进口货物,为报关进口的当天。增值税扣缴义务发生时间为纳税人增值税纳税义务发生的当天。

2.《中华人民共和国增值税暂行条例实施细则》第三十八条规定,《中华人民共和国增值税暂行条例》第十九条第一款第(1)项规定的收讫销售款项或者取得索取销售款项凭据的当天,按销售结算方式的不同,具体表现为:

(1)采取直接收款方式销售货物,不论货物是否发出,均为收到销售款或取得索取销售款凭据的当天。

(2)采取托收承付和委托银行收款方式销售货物,为发出货物并办妥托收手续的当天。

（3）采取赊销和分期收款方式销售货物，为书面合同约定收款日期的当天。无书面合同或者书面合同没有约定收款日期的，为货物发出的当天。

（4）采取预收货款方式销售货物，为货物发出的当天。但生产销售、生产工期超过 12 个月的大型机械设备、船舶、飞机等货物，为收到预收款或者书面合同约定的收款日期的当天。

（5）委托其他纳税人代销货物，为收到代销单位销售的代销清单，或者收到全部或者部分货款的当天；未收到代销清单及货款的，其纳税义务发生时间为发出代销货物满 180 日的当天。

（6）销售应税劳务，为提供劳务同时收讫销售款或取得索取销售款项凭据的当天。

（7）纳税人发生视同销售货物行为，为货物移送的当天。

3. 营改增行业增值税纳税义务、扣缴义务发生时间

（1）纳税人发生应税行为并收讫销售款项或者取得索取销售款项凭据的当天；先开具发票的，为开具发票的当天。

收讫销售款项，是指纳税人销售服务、无形资产、不动产过程中或者完成后收到款项。

取得索取销售款项凭据的当天，是指书面合同确定的付款日期；未签订书面合同或者书面合同未确定付款日期的，为服务、无形资产转让完成的当天或者不动产权属变更的当天。

（2）纳税人提供租赁服务采取预收款方式的，其纳税义务发生时间为收到预收款的当天。

（3）纳税人从事金融商品转让的，为金融商品所有权转移的当天。

（4）纳税人发生视同销售服务、无形资产或者不动产情形的，其纳税义务发生时间为服务、无形资产转让完成的当天或者不动产权属变更的当天。

（5）增值税扣缴义务发生时间为纳税人增值税纳税义务发生的当天。

（五）纳税地点

1. 固定业户的纳税地点

（1）固定业户应当向其机构所在地主管税务机关申报纳税。总机构和分支机构不在同一县（市）的，应当分别向各自所在地主管税务机关申报纳税；经国务院财政、税务主管部门或者其授权的财政、税务机关批准，可以由总机构汇总向总机构所在地主管税务机关申报纳税。

（2）固定业户到外县（市）销售货物或者应税劳务的，应当向其机构所在地主管税务机关报告外出经营事项，并向其机构所在地主管税务机关申报纳税。未报告的，

应当向销售地或者劳务发生地主管税务机关申报纳税；未向销售地或者劳务发生地主管税务机关申报纳税的，由其机构所在地主管税务机关补征税款。

（3）固定业户（指增值税一般纳税人）临时到外省、市销售货物的，必须向经营地税务机关出示《外出经营活动税收管理证明》回原经营地纳税；需要向购货方开具专用发票的，也回原经营地补开。

2. 非固定业户增值税纳税地点

非固定业户销售货物或者提供应税劳务和行为，应当向销售地或者劳务和应税行为发生地主管税务机关申报纳税。未向销售地或者劳务和应税行为发生地主管税务机关申报纳税的，由其机构所在地或居住地主管税务机关补征税款。

3. 按照现行规定应在建筑服务发生地预缴增值税的项目，纳税人收到预收款时在建筑劳务发生地预缴增值税。按现行规定无须在建筑服务发生地预缴增值税的项目，纳税人预收款时在机构所在地预缴增值税。

4. 其他个人提供建筑服务，销售或者租赁不动产，转让自然资源使用权，应向建筑服务发生地、不动产所在地、自然资源所在地主管税务机关申报纳税。

5. 纳税人跨县（市）提供建筑服务，在建筑服务发生地预缴税款后，向机构所在地主管税务机关进行纳税申报。自2017年5月1日起，纳税人在同一地级行政区范围内跨县（市、区）提供建筑服务，不再在建筑服务发生地预缴税款。

6. 纳税人销售不动产，在不动产所在地预缴税款后，向机构所在地主管税务机关进行纳税申报。

7. 纳税人租赁不动产，在不动产所在地预缴税款后，向机构所在地主管税务机关进行纳税申报。

一般纳税人跨省（自治区、直辖市或者计划单列市）提供建筑服务或者销售、出租取得的与机构所在地不在同一省（自治区、直辖市或者计划单列市）的不动产，在机构所在地申报纳税时，计算的应纳税额小于已预缴税额，且差额较大的，由国家税务总局通知建筑服务发生地或者不动产所在地省级税务机关，在一定时期内暂停预缴增值税。

8. 进口货物增值税纳税地点

（1）进口货物，应当由进口人或其代理人向报关地海关申报纳税。

（2）扣缴义务人应当向其机构所在地或者居住地的主管税务机关申报缴纳其扣缴的税款。

（六）增值税纳税申报表

1. 增值税一般纳税人纳税申报表

（1）增值税纳税申报表（一般纳税人适用）。

(2) 增值税纳税申报表附列资料（一）（本期销售情况明细）。

(3) 增值税纳税申报表附列资料（二）（本期进项税额明细）。

(4) 增值税纳税申报表附列资料（三）（服务、不动产和无形资产扣除项目明细）。

一般纳税人销售服务、不动产和无形资产，在确定服务、不动产和无形资产销售额时，按照有关规定可以从取得的全部价款和价外费用中扣除价款的，需填报"增值税纳税申报表附列资料（三）"。其他情况不填写该附列资料。

(5) 增值税纳税申报表附列资料（四）（税务抵减情况表）。

(6) 增值税减免税申报明细表。

2. 增值税小规模纳税人纳税申报表

(1) 增值税纳税申报表（小规模纳税人适用）。

(2) 增值税纳税申报表（小规模纳税人适用）附列资料。

(3) 增值税减免税申报明细表。

小规模纳税人销售服务，在确定服务销售额时，按照有关规定可以从取得的全部价款和价外费用中扣除价款的，需填报"增值税纳税申报表（小规模纳税人适用）附列资料"。其他情况不填写该附列资料。

3. 自2021年8月1日起，增值税、消费税分别与城市维护建设税、教育费附加、地方教育附加申报表整合，启用"增值税及附加税费申报表（一般纳税人适用）""增值税及附加税费申报表（小规模纳税人适用）""增值税及附加税费预缴表"及其附列资料和"消费税及附加税费申报表"。

第二节　消费税

一、消费税的基本要素

（一）纳税人

消费税的纳税人，是指在中华人民共和国境内生产、委托加工和进口应税消费品的单位和个人。

（二）税目

现行的消费税税目共有15个，具体征收范围如下：

1. 烟

包括对卷烟、雪茄烟、烟丝、电子烟等在内征收消费税。

自 2022 年 11 月 1 日起,将电子烟纳入消费税征收范围,在烟税目下增设电子烟子目。电子烟实行从价定率的办法计算纳税。生产(进口)环节的税率为 36%,批发环节的税率为 11%。

2. 酒

(1)白酒是指以高粱、玉米、大米、糯米、大麦、小麦、青稞等各种粮食为原料,经过糖化、发酵后,采用蒸馏方法酿制的白酒。

(2)黄酒的征收范围包括各种原料酿制的黄酒和酒度超过 12 度(含 12 度)的土甜酒。

(3)啤酒的征收范围包括各种包装和散装的啤酒。

(4)其他酒是指除白酒、黄酒、啤酒以外,酒度在 1 度以上的各种酒,包括糠麸白酒、其他原料白酒、土甜酒、复制酒、果木酒、汽酒、药酒等。调味料酒不征消费税。

3. 高档化妆品

包括高档美容、修饰类化妆品、高档护肤品和成套化妆品。

4. 贵重首饰及珠宝玉石

包括金银首饰、铂金首饰和钻石及钻石饰品;其他贵重首饰和珠宝玉石。

5. 鞭炮、焰火

体育上用的发令纸、鞭炮引线,不按本税目征收。

6. 成品油

《财政部 税务总局关于部分成品油消费税政策执行口径的公告》(财政部 税务总局公告 2023 年第 11 号)规定:自 2023 年 6 月 30 日起,对烷基化油(异辛烷)按照汽油征收消费税。

对石油醚、粗白油、轻质白油、部分工业白油(5 号、7 号、10 号、15 号、22 号、32 号、46 号)按照溶剂油征收消费税。

对混合芳烃、重芳烃、混合碳八、稳定轻烃、轻油、轻质煤焦油按照石脑油征收消费税。

对航天煤油参照航空煤油暂缓征收消费税。

本税目包括汽油、柴油、石脑油、溶剂油、航空煤油、润滑油、燃料油 7 个子目。

7. 摩托车

汽缸容量 250 毫升及以上的摩托车。

8. 小汽车

(1)本税目包括中巴,但不含大客车、电动车。

(2)自 2016 年 12 月 1 日起,对超豪华小汽车在零售环节加征 10% 的消费税。征收范围为每辆零售价格 130 万元(不含增值税)及以上的乘用车和中轻型商用客车,即乘用车和中轻型商用客车子税目中的超豪华小汽车。对超豪华小汽车，在生产（进口）环节按现行税率征收消费税基础上，在零售环节加征消费税，税率为10%。

9. 高尔夫球及球具

10. 高档手表

是指销售价格（不含增值税）每只在1万元（含）以上的各类手表。

11. 游艇

12. 木制一次性筷子

13. 实木地板

14. 电池

对无汞原电池、金属氢化物镍蓄电池（又称"氢镍蓄电池"或"镍氢蓄电池"）、锂原电池、锂离子蓄电池、太阳能电池、燃料电池和全钒液流电池免征消费税。2015年12月31日前对铅蓄电池缓征消费税；自2016年1月1日起，对铅蓄电池按4%税率征收消费税。

15. 涂料

对施工状态下挥发性有机物（Volatile Organic Compounds，VOC）含量低于420克/升（含）的涂料免征消费税。

（三）税率

消费税的税率有两种形式：一种是比例税率；另一种是定额税率，即单位税额。

一般情况下，对一种消费品只选择一种税率形式，但为了更有效地保全消费税税基，对一些应税消费品如卷烟、白酒，则采用了定额税率和比例税率双重征收形式。

存在下列情况时，应按适用税率中最高税率征税：

（1）纳税人兼营不同税率的应税消费品，即生产销售两种税率以上的应税消费品时，应当分别核算不同税率应税消费品的销售额或销售数量，未分别核算的，按最高税率征税。

（2）纳税人将应税消费品与非应税消费品以及适用税率不同的应税消费品组成成套消费品销售的，应根据组合产制品的销售金额按应税消费品中适用最高税率的消费品税率征税。

二、消费税的税额计算

（一）从价定率计税

在从价定率计算方法下，应纳税额的计算取决于应税消费品的销售额和适用税率两个因素。其基本计算公式为：应纳税额＝应税消费品的销售额×比例税率。

(二) 从量定额计税

在从量定额计算方法下,应纳税额的计算取决于消费品的应税数量和单位税额两个因素。其基本计算公式为:应纳税额=应税消费品的销售数量×定额税率。

(三) 复合计税

现行消费税的征税范围中,只有卷烟、白酒采用复合计算方法。其基本计算公式为:应纳税额=销售数量×定额税率+销售额×比例税率。

(四) 自产自用应税消费品应纳税额的计算

根据《中华人民共和国消费税暂行条例》的规定,纳税人自产自用的应税消费品,凡用于其他方面的,应当纳税。具体分以下两种情况:

(1) 有同类消费品销售价格的,按照纳税人生产的同类消费品销售价格计算纳税;

(2) 没有同类消费品销售价格的,应按组成计税价格计算纳税。

①实行从价定率办法计算纳税的组成计税价格的计算公式是:

组成计税价格=(成本+利润)÷(1-消费税税率)=成本×(1+成本利润率)÷(1-消费税税率)

应纳税额=组成计税价格×适用税率

②实行复合计税办法计算纳税的组成计税价格的计算公式是:

组成计税价格=(成本+利润+自产自用数量×定额税率)÷(1-比例税率)×应纳税额

应纳税额=组成计税价格×比例税率+自产自用数量×定额税率

(五) 委托加工应税消费品应纳税额的计算

1. 委托加工应税消费品的确定

委托加工的应税消费品,是指由委托方提供原料和主要材料,受托方只收取加工费和代垫部分辅助材料加工的应税消费品。对于由受托方提供原材料生产的应税消费品,或者受托方先将原材料卖给委托方,然后再接受加工的应税消费品,以及由受托方以委托方名义购进原材料生产的应税消费品,不论纳税人在财务上是否做销售处理,都不得作为委托加工应税消费品,而应当按照销售自制应税消费品缴纳消费税。

2. 委托加工应税消费品组成计税价格

根据《中华人民共和国消费税暂行条例》的规定,委托加工的应税消费品,按照受托方的同类消费品的销售价格计算纳税;没有同类消费品销售价格的,按照组成计税价格计算纳税。

有同类消费品销售价格的，其应纳税额的计算公式为：

应纳税额＝同类消费品销售单价×委托加工数量×适用税率

没有同类消费品销售价格的，按组成计税价格计税，计算公式为：

组成计税价格＝（材料成本＋加工费）÷（1－比例税率）

自2009年1月1日起，增加了实行复合计税办法计算纳税的组成计税价格计算公式如下：

组成计税价格＝（材料成本＋加工费＋委托加工数量×定额税率）÷（1－比例税率）

应纳税额＝组成计税价格×适用税率

（六）进口应税消费品的管理

1. 纳税义务人

进口或代理进口应税消费品的单位和个人，为进口应税消费品消费税的纳税义务人。

2. 课税对象

进口应税消费品以进口商品总值为课税对象。

3. 进口应税消费品组成计税价格的计算

（1）实行从价定率办法计算应纳税额的，按照组成计税价格计算纳税。计算公式为：

组成计税价格＝（关税完税价格＋关税）÷（1－消费税比例税率）

应纳税额＝组成计税价格×适用税率

（2）实行从量定额办法的应税消费品的应纳税额的计算公式为：

应纳税额＝应税消费品数量×消费税定额税率

（3）实行复合计税办法计算纳税的组成计税价格计算公式为：

组成计税价格＝（完税价格＋关税＋进口数量×消费税定额税率）÷（1－消费税适用比例税率）

应纳消费税税额＝进口应税消费品组成计税价格×消费税适用比例税率＋消费税定额税

（七）出口应税消费品管理

出口应税消费品退（免）消费税在政策上分为以下三种情况：

（1）出口免税并退税。

适用范围：有出口经营权的外贸企业购进应税消费品直接出口，以及外贸企业受其他外贸企业委托代理出口应税消费品。需要注意的是，外贸企业只有受其他外贸企业委托，代理出口应税消费品才可办理退税，外贸企业受其他企业（主要是非生产性的商贸企业）委托，代理出口应税消费品是不予退（免）税的。

(2) 出口免税但不退税。

适用范围：有出口经营权的生产性企业自营出口或生产企业委托外贸企业代理出口自产的应税消费品，依据其实际出口数量免征消费税，不予办理退还消费税。

(3) 出口不免税也不退税。

适用范围：除生产企业、外贸企业外的其他企业，具体是指一般商贸企业，这类企业委托外资企业代理出口应税消费品一律不予退（免）税。

三、申报与缴纳

1. 纳税义务发生时间

（1）纳税人销售的应税消费品，其纳税义务发生的时间分为以下几种情况：

①纳税人采取赊销和分期收款结算方式的，为书面合同约定的收款日期的当天，书面合同没有约定收款日期或者无书面合同的，为发出应税消费品的当天。

②纳税人采取预收货款结算方式的，为发出应税消费品的当天。

③纳税人采取托收承付和委托银行收款方式的，为发出应税消费品并办妥托收手续的当天。

④纳税人采取其他结算方式的，为收讫销售款或者取得索取销售款凭据的当天。

（2）纳税人自产自用的应税消费品，其纳税义务的发生时间，为移送使用的当天。

纳税人生产的应税消费品，于纳税人销售时纳税。纳税人自产自用的应税消费品，用于连续生产应税消费品的，不纳税；用于其他方面的，于移送使用时纳税。

（3）纳税人委托加工的应税消费品，其纳税义务的发生时间，为纳税人提货的当天。

委托加工的应税消费品，除受托方为个人外，由受托方在向委托方交货时代收代缴税款。委托加工的应税消费品，委托方用于连续生产应税消费品的，所纳税款准予按规定抵扣。

（4）纳税人进口的应税消费品，其纳税义务的发生时间，为报关进口的当天。

2. 纳税地点

（1）纳税人销售的应税消费品及自产自用的应税消费品，除国家另有规定外，应当向纳税人机构所在地或者居住地的主管税务机关申报纳税。

纳税人总机构和分支机构不在同一县（市）的，应当分别向各自机构所在地的主管税务机关申报纳税；经财政部、国家税务总局或者授权的财政、税务机关批准，可以由总机构汇总向总机构所在地的主管税务机关申报缴纳消费税。

（2）纳税人到外县（市）销售或委托外县（市）代销自产应税消费品的，于应税消费品销售后，向机构所在地或者居住地主管税务机关申报纳税。

（3）委托加工的应税消费品，受托方为个人的，由委托方向其机构所在地或者居住地主要税务机关申报纳税；受托方为企业等单位的，由受托方向机构所在地或者居住地的主管税务机关报缴税款。

（4）进口的应税消费品，由进口人或由其代理人向报关地海关申报纳税。此外，个人携带或者邮寄进境的应税消费品，连同关税由海关一并计征。具体办法由国务院关税税则委员会会同有关部门制定。

第三节　车辆购置税

（一）纳税人

车辆购置税的纳税人是指在我国境内购置应税车辆的单位和个人。其中购置是指购买、进口、自产、受赠、获奖或者以其他方式取得并自用应税车辆的行为。

（二）征税范围和税率

1. 车辆购置税以列举的车辆作为征税对象。其征税范围包括汽车、有轨电车、汽车挂车、排气量超过150毫升的摩托车。

2. 税率为10%。

3. 购置日期在2022年6月1日至2022年12月31日期间且单车价格（不含增值税）不超过30万元的2.0升及以下排量乘用车，减半征收车辆购置税。

4. 新能源汽车

根据《财政部 税务总局 工业和信息化部关于新能源汽车免征车辆购置税有关政策的公告》（财政部公告2020年第21号）规定：自2021年1月1日至2022年12月31日，对购置的新能源汽车免征车辆购置税。免征车辆购置税的新能源汽车是指纯电动汽车、插电式混合动力（含增程式）汽车、燃料电池汽车。

根据《关于延续和优化新能源汽车车辆购置税减免政策的公告》（财政部 税务总局 工业和信息化部公告2023年第10号）文件规定，对购置日期在2024年1月1日至2025年12月31日期间的新能源汽车免征车辆购置税，其中，每辆新能源乘用车免税额不超过3万元；对购置日期在2026年1月1日至2027年12月31日期间的新能源汽车减半征收车辆购置税，其中，每辆新能源乘用车减税额不超过1.5万元。

购置日期按照机动车销售统一发票或海关关税专用缴款书等有效凭证的开具日期确定。

享受车辆购置税减免政策的新能源汽车，是指符合新能源汽车产品技术要求的纯电动汽车、插电式混合动力（含增程式）汽车、燃料电池汽车。新能源汽车产品技术要求由工业和信息化部会同财政部、税务总局根据新能源汽车技术进步、标准体系发展和车型变化情况制定。新能源乘用车，是指在设计、制造和技术特性上主要用于载运乘客及其随身行李和（或）临时物品，包括驾驶员座位在内最多不超过9个座位的新能源汽车。

（三）计税方法

车辆购置税实行一次性征收。购置已征车辆购置税的车辆，不再征收车辆购置税。

车辆购置税实行从价定率的办法计算应纳税额，计算公式为：

应纳税额 = 计税价格 × 10%。

1. 纳税人购买自用应税车辆的计税价格，为纳税人实际支付给销售者的全部价款，不包括增值税税款。

2. 纳税人进口自用应税车辆的计税价格，为关税完税价格加上关税和消费税。

3. 纳税人自产自用应税车辆的计税价格，按照纳税人生产的同类应税车辆的销售价格确定，不包括增值税税款。

4. 纳税人以受赠、获奖或者其他方式取得自用应税车辆的计税价格，按照购置应税车辆时相关凭证载明的价格确定，不包括增值税税款。

5. 纳税人以外汇结算应税车辆价款的，按照申报纳税之日的人民币汇率中间价折合成人民币计算缴纳税款。

6. 纳税人将已征车辆购置税的车辆退回车辆生产企业或者销售企业的，可以向主管税务机关申请退还车辆购置税。退税额以已缴税款为基准，自缴纳税款之日至申请退税之日，每满一年扣减10%。应退税额计算公式如下：

应退税额 = 已纳税额 × (1 − 使用年限 × 10%)

应退税额不得为负数。

使用年限的计算方法是，自纳税人缴纳税款之日起，至申请退税之日止。

7. 免税、减税车辆因转让、改变用途等原因不再属于免税、减税范围的，纳税人应当在办理车辆转移登记或者变更登记前缴纳车辆购置税。

（1）发生转让行为的，受让人为车辆购置税纳税人；未发生转让行为的，车辆所有人为车辆购置税纳税人。

（2）纳税义务发生时间为车辆转让或者用途改变等情形发生之日。

（3）应纳税额计算公式如下：

应纳税额 = 初次办理纳税申报时确定的计税价格 × (1 − 使用年限 × 10%) × 10% − 已纳税额

应纳税额不得为负数。

使用年限的计算方法是，自纳税人初次办理纳税申报之日起，至不再属于免税、减税范围的情形发生之日止。使用年限取整计算，不满一年的不计算在内。

纳税人申报的应税车辆计税价格明显偏低,又无正当理由的,由税务机关依照《税收征管法》的规定核定其应纳税额。

(四) 纳税时间

纳税人应当自纳税义务发生之日起六十日内申报缴纳车辆购置税。

(五) 纳税地点

纳税人购置应税车辆,应当向车辆登记地的主管税务机关申报缴纳车辆购置税;购置不需要办理车辆登记的应税车辆的,应当向纳税人所在地的主管税务机关申报缴纳车辆购置税。

第四节 企业所得税

一、企业所得税的基本规定

(一) 纳税人

企业所得税的纳税人一般是指在中华人民共和国境内的企业和其他取得收入的组织。个人独资企业、合伙企业不适用《中华人民共和国企业所得税法》。

企业所得税的纳税人分为居民企业和非居民企业。

(二) 扣缴义务人

1. 对非居民企业在中国境内未设立机构、场所,或者虽设立机构、场所但取得的所得与其所设机构、场所没有实际联系的,应缴纳的所得税,实行源泉扣缴,以支付人为扣缴义务人。税款由扣缴义务人在每次支付或者到期应支付时,从支付或者到期应支付的款项中扣缴。

上述所称支付人,是指依照有关法律规定或者合同约定对非居民企业直接负有支付相关款项义务的单位或者个人;所称支付,包括现金支付、汇拨支付、转账支付和权益兑价支付等货币支付和非货币支付;所称到期应支付的款项,是指支付人按照权责发生制原则应当计入相关成本、费用的应付款项。

2. 对非居民企业在中国境内取得工程作业和劳务所得应缴纳的所得税,税务机关可以指定工程价款或者劳务费的支付人为扣缴义务人。

3. 支付人委托代理人或指定第三方代为支付,或者因担保等原因由第三方保证人或担保人支付的,仍由委托人、指定人或被保证人、被担保人承担扣缴义务。

（三）居民企业

居民企业，是指依法在中国境内成立，或者依照外国（地区）法律成立但实际管理机构在中国境内的企业。

（四）非居民企业

非居民企业，是指依照外国（地区）法律成立且实际管理机构不在中国境内，但在中国境内设立机构、场所，或者在中国境内未设立机构、场所，但有来源于中国境内所得的企业。

二、征税对象与基本税率

（一）居民企业的征税对象

企业所得税的征税对象，是指企业取得的生产经营所得、其他所得和清算所得。

1. 居民企业应以来源于中国境内、境外的所得作为征税对象。所得，包括销售货物所得、提供劳务所得、转让财产所得、股息红利等权益性投资所得、利息所得、租金所得、特许权使用费所得、接受捐赠所得和其他所得。

2. 非居民企业在中国境内设立机构、场所的，应当就其所设机构、场所取得的来源于中国境内的所得，以及发生在中国境外但与其所设机构、场所有实际联系的所得，缴纳企业所得税。非居民企业在中国境内未设立机构、场所，或者虽设立机构、场所，但取得的所得与其所设机构、场所没有实际联系的，应当就其来源于中国境内的所得缴纳企业所得税。

上述所称实际联系，是指非居民企业在中国境内设立的机构、场所拥有的据以取得所得的股权、债权，以及拥有、管理、控制据以取得所得的财产。

（二）基本税率

1. 25%的税率

（1）适用于居民企业。

（2）适用于在中国境内设有机构、场所且所得与机构、场所有关联的非居民企业（认定为境内常设机构）。

2. 20%的税率

（1）适用于在中国境内未设立机构、场所，或者虽设立机构、场所但取得的所得与其所设机构、场所没有实际联系的非居民企业。

（2）小型微利企业优惠政策（见表1-1）。

①自2021年1月1日至2022年12月31日，对小型微利企业年应纳税所得额不超

过100万元的部分，减按12.5%计入应纳税所得额，按20%的税率缴纳企业所得税。

②自2022年1月1日至2024年12月31日，对小型微利企业年应纳税所得额超过100万元但不超过300万元的部分，减按25%计入应纳税所得额，按20%的税率缴纳企业所得税。

③自2023年1月1日至2027年12月31日，对小型微利企业年应纳税所得额不超过300万元的部分，减按25%计入应纳税所得额，按20%的税率缴纳企业所得税。

享受上述优惠的小型微利企业是指从事国家非限制和禁止行业，且同时符合年度应纳税所得额不超过300万元、从业人数不超过300人、资产总额不超过5 000万元等三个条件的企业。

表1-1　　　　　　　　　小型微利企业优惠政策

类型	年应纳税所得额	项目	2019年	2020年	2021年	2022年	2023年	2024—2027年
小型微利企业		税率	20%					
	不超过100万元的部分	减按计入应纳税所得额的比例	25%	25%	12.5%	12.5%	25%	25%
		综合税率	5%	5%	2.5%	2.5%	5%	5%
	超过100万元但不超过300万元的部分	减按计入应纳税所得额的比例	50%	50%	50%	25%	25%	25%
		综合税率	10%	10%	10%	5%	5%	5%
	等于300万元	综合税率	8.33%	8.33%	7.50%	4.17%	5%	5%
	超过300万元的情况下，全部年应纳税所得额不再分段计算，税率为25%。							

3. 15%的税率

高新企业、先进集成电路生产企业（2011年起）、技术先进型服务企业（2017年起、服务贸易类2018年起）、西部大开发鼓励类产业（2020—2030年）；第三方污染防治企业（2019—2021年）；海南自贸港鼓励类产业（2020—2014年）；上海自贸试验区临港新片区重点产业（2020年起，设立5年内减按15%的税率）适用于15%的税率。

西部大开发鼓励类产业（2011—2030年）（2011年开始到2020年的税率也是15%，后又从2021年延长至2030年）。

第三方污染防治企业（2019—2023年）（根据财政部 税务总局公告2022年第4号文件延长）。海南自贸港鼓励类产业（2020—2024年）。

三、应纳税所得额的基本构成

（一）一般规定

企业的收入总额包括以货币形式和非货币形式从各种来源取得的收入，具体有：销售货物收入，提供劳务收入，转让财产收入，股息、红利等权益性投资收益，利息收入,租金收入,特许权使用费收入,接受捐赠收入,其他收入。

(二) 收入总额

1. 销售货物收入

销售货物收入是指企业销售商品、产品、原材料、包装物、低值易耗品以及其他存货取得的收入。

2. 提供劳务收入

提供劳务收入是指企业从事建筑安装、修理修配、交通运输、仓储租赁、金融保险、邮电通信、咨询经纪、文化体育、科学研究、技术服务、教育培训、餐饮住宿、中介代理、卫生保健、社区服务、旅游、娱乐、加工以及其他劳务服务活动取得的收入。

3. 转让财产收入

转让财产收入是指企业转让固定资产、生物资产、无形资产、股权、债权等财产取得的收入。

4. 股息、红利等权益性投资收益

权益性投资收益是指企业因权益性投资从被投资方处取得的收入。

5. 利息收入

利息收入是指企业将资金提供给他人使用但不构成权益性投资,或者因他人占用本企业资金取得的收入,包括存款利息、贷款利息、债券利息、欠款利息等收入。

6. 租金收入

租金收入是指企业提供固定资产、包装物或者其他有形资产的使用权取得的收入。

7. 特许权使用费收入

特许权使用费收入是指企业提供专利权、非专利技术、商标权、著作权以及其他特许权的使用权取得的收入。

8. 接受捐赠收入

接受捐赠收入是指企业接受的来自其他企业、组织或者个人无偿给予的货币性资产、非货币性资产。

9. 其他收入

其他收入是指企业取得的除上述收入外的其他收入,包括企业资产溢余收入、逾期未退包装物押金收入、确实无法偿付的应付款项、已作坏账损失处理后又收回的应收款项、债务重组收入、补贴收入、违约金收入、汇兑收益等。

(三) 扣除项目

1. 扣除项目的范围

《中华人民共和国企业所得税法》规定,企业实际发生的与取得收入有关的、合理的支出，包括成本、费用、税金、损失和其他支出，准予在计算应纳税所得额时扣除。

（1）成本。

成本是指企业在生产经营活动中发生的销售成本、销货成本、业务支出以及其他耗费，即企业销售商品（产品、材料、下脚料、废料、废旧物资等），提供劳务，转让固定资产、无形资产（包括技术转让）的成本。

（2）费用。

费用是指企业每一个纳税年度为生产、经营商品和提供劳务等所发生的销售（经营）费用、管理费用和财务费用。已经计入成本的有关费用除外。

（3）税金。

税金是指企业发生的除企业所得税和允许抵扣的增值税以外的企业缴纳的各项税金及其附加，即企业按规定缴纳的消费税、城市维护建设税、关税、资源税、土地增值税、房产税、车船税、城镇土地使用税、印花税、教育费附加等产品的销售税金及附加。

（4）损失。

损失是指企业在生产经营活动中发生的固定资产和存货的盘亏、毁损、报废损失，转让财产损失，呆账损失，坏账损失，自然灾害等不可抗力因素造成的损失以及其他损失。

（5）其他支出。

其他支出是指除成本、费用、税金、损失外，企业在生产经营活动中发生的与生产经营活动有关的合理的支出。

2. 扣除项目及其标准

在计算应纳税所得额时，下列项目可按照实际发生额或规定的标准扣除：

（1）工资、薪金支出。

企业发生的合理的工资、薪金支出准予据实扣除。工资、薪金支出是企业每一纳税年度支付给本企业任职或与其有雇佣关系的员工的所有现金或非现金形式的劳动报酬，包括基本工资、奖金、津贴、补贴、年终加薪、加班工资，以及与任职或者是受雇有关的其他支出。

（2）职工福利费、工会经费、职工教育经费。

企业发生的职工福利费、工会经费、职工教育经费按标准扣除，未超过标准的按实际数扣除，超过标准的当年只能按标准扣除，除职工教育经费外，超出标准的部分不得扣除，也不得在以后年度结转扣除。

①企业发生的职工福利费支出，不超过工资、薪金总额14%的部分准予扣除。

②企业拨缴的工会经费，不超过工资、薪金总额2%的部分准予扣除。

③企业发生的职工教育经费支出，自2018年1月1日起不超过工资、薪金总额

8%的部分，准予在计算企业所得税应纳税所得额时扣除；超过部分，准予在以后纳税年度结转扣除。

（3）社会保险费。

企业依照国务院有关主管部门或者省级人民政府规定的范围和标准为职工缴纳的基本养老保险费、基本医疗保险费、失业保险费、工伤保险费、生育保险费等基本社会保险费和住房公积金，准予扣除。

自2008年1月1日起，企业根据国家有关政策规定，为在本企业任职或者受雇的全体员工支付的补充养老保险费、补充医疗保险费，分别在不超过职工工资总额5%标准内的部分，在计算应纳税所得额时准予扣除；超过的部分，不予扣除。

（4）利息费用。

企业在生产经营活动中发生的利息支出，按下列规定扣除：

①非金融企业向金融企业借款的利息支出、金融企业的各项存款利息支出和同业拆借利息支出、企业经批准发行债券的利息支出可据实扣除。

②非金融企业向非金融企业借款的利息支出，不超过按照金融企业同期同类贷款利率计算的数额的部分可据实扣除，超过部分不允许扣除。

"同期同类贷款利率"是指在贷款期限、贷款金额、贷款担保以及企业信誉等条件基本相同的情况下，金融企业提供贷款的利率。既可以是金融企业公布的同期同类平均利率，也可以是金融企业对某些企业提供的实际贷款利率。

③关联企业利息费用的扣除。

企业从其关联方接受的债权性投资与权益性投资的比例超过规定标准而发生的利息支出，不得在计算应纳税所得额时扣除。金融企业的债权比为5∶1；其他企业的债权比为2∶1。

（5）借款费用。

（6）业务招待费。

①企业发生的与生产经营活动有关的业务招待费支出，按照发生额的60%扣除，但最高不得超过当年销售（营业）收入的5‰。当年销售（营业）收入包括《中华人民共和国企业所得税法实施条例》第二十五条规定的视同销售（营业）收入额。

②企业在筹建期间，发生的与筹办活动有关的业务招待费支出，可按实际发生额的60%计入企业筹办费，并按有关规定在税前扣除。

（7）广告费和业务宣传费。

企业发生的符合条件的广告费和业务宣传费支出，除国务院财政、税务主管部门另有规定外，不超过当年销售（营业）收入15%的部分，准予扣除；超过部分，准予结转以后纳税年度扣除。

对部分行业广告费和业务宣传费税前扣除的特殊规定包括：

①2021年1月1日—2025年12月31日，对化妆品制造与销售、医药制造和饮料制造（不含酒类制造，下同）企业发生的广告费和业务宣传费支出，不超过当年销售（营业）收入30%的部分，准予扣除；超过部分，准予在以后纳税年度结转扣除。

②烟草企业的烟草广告费和业务宣传费支出，一律不得在计算应纳税所得额时扣除。

③企业在筹建期间发生的广告费和业务宣传费，可按实际发生额计入企业筹办费，并按有关规定在税前扣除。

（8）公益性捐赠支出。

企业当年发生以及以前年度结转的公益性捐赠支出，不超过年度利润总额12%的部分，准予扣除。超过年度利润总额12%的部分，准予以后三年内在计算应纳税所得额时结转扣除企业发生的公益性捐赠支出未在当年税前扣除的部分，准予向以后年度结转扣除，但结转年限自捐赠发生年度的次年起计算最长不得超过三年。企业在对公益性捐赠支出计算扣除时，应先扣除以前年度结转的捐赠支出，再扣除当年发生的捐赠支出。

（9）研发费用加计扣除。

研发活动，是指企业为获得科学与技术新知识，创造性运用科学技术新知识，或实质性改进技术、产品（服务）、工艺而持续进行的具有明确目标的系统性活动。

①制造企业研发费用的加计扣除。制造业企业开展研发活动中实际发生的研发费用，未形成无形资产计入当期损益的，在按规定据实扣除的基础上，自2021年1月1日起，再按照实际发生额的100%在税前加计扣除；形成无形资产的，自2021年1月1日起，按照无形资产成本的200%在税前摊销。

所称制造业企业，是指以制造业业务为主营业务，享受优惠当年主营业务收入占收入总额的比例达到50%以上的企业。制造业的范围按照《国民经济行业分类》（GB/T4574——2017）确定，如国家有关部门更新《国民经济行业分类》，从其规定。收入总额按照《企业所得税法》第六条规定执行。

②科技型中小企业研发费用的加计扣除。科技型中小企业开展研发活动中实际发生的研发费用，未形成无形资产计入当期损益的，在按规定据实扣除的基础上，自2022年1月1日起，再按照实际发生额的100%在税前加计扣除；形成无形资产的，自2022年1月1日起，按照无形资产成本的200%在税前摊销。

科技型中小企业是指依托一定数量的科技人员从事科学技术研究开发活动，取得自主知识产权并将其转化为高新技术产品或服务，从而实现可持续发展的中小企业。科技型中小企业条件和管理办法按照《科技型中小企业评价办法》（国科发政〔2017〕115号）执行。

③其他企业研发费用的加计扣除。其他企业（除烟草制造业、住宿和餐饮业、批

发和零售业、房地产业、租赁和商务服务业、娱乐业以及制造业、科技型中小企业以外的企业）开展研发活动中实际发生的研发费用，未形成无形资产计入当期损益的，在按规定据实扣除的基础上，自 2018 年 1 月 1 日至 2023 年 12 月 31 日，再按照实际发生额的 75% 在税前加计扣除；形成无形资产的，在上述期间按照无形资产成本的 175% 在税前摊销。

上述适用研发费用税前加计扣除比例 75% 的企业，自 2022 年 10 月 1 日至 2022 年 12 月 31 日，税前加计扣除比例提高至 100%。

企业在 2022 年度企业所得税汇算清缴计算享受研发费用加计扣除优惠时，四季度研发费用可由企业自行选择按实际发生数计算，或者按全年实际发生的研发费用乘以 2022 年 10 月 1 日后的经营月份数占其 2022 年度实际经营月份数的比例计算。

④自 2023 年 1 月 1 日起，企业开展研发活动中实际发生的研发费用，未形成无形资产计入当期损益的，在按规定据实扣除的基础上，再按照实际发生额的 100% 在税前加计扣除；形成无形资产的，按照无形资产成本的 200% 在税前摊销。

企业享受研发费用税前加计扣除政策的其他政策口径和管理要求，按照《财政部 国家税务总局 科技部关于完善研究开发费用税前加计扣除政策的通知》（财税〔2015〕119 号）、《财政部 税务总局 科技部关于企业委托境外研究开发费用税前加计扣除有关政策问题的通知》（财税〔2018〕64 号）等文件相关规定执行。

⑤集成电路企业和工业母机企业开展研发活动中实际发生的研发费用，未形成无形资产计入当期损益的，在按规定据实扣除的基础上，在 2023 年 1 月 1 日至 2027 年 12 月 31 日，再按照实际发生额的 120% 在税前扣除；形成无形资产的，在上述期间按照无形资产成本的 220% 在税前摊销。

集成电路企业是指国家鼓励的集成电路生产、设计、装备、材料、封装、测试企业；工业母机企业是指生产销售符合本公告附件《先进工业母机产品基本标准》产品的企业，具体适用条件和企业清单由工业和信息化部会同国家发展改革委、财政部、税务总局等部门制定。

⑥研发费用税前加计扣除归集范围。

A. 人员人工费用。人员人工费用包括直接从事研发活动人员的工资、薪金，基本养老保险费，基本医疗保险费，失业保险费，工伤保险费，生育保险费，住房公积金，以及外聘研发人员的劳务费用。

B. 直接投入费用。研发活动直接消耗的材料，燃料和动力费用。用于中间试验和产品试制的模具、工艺装备开发及制造费，不构成固定资产的样品、样机及一般测试手段购置费，试制产品的检验费。用于研发活动的仪器、设备的运行维护、调整、检验、维修等费用，以及通过经营租赁方式租入的用于研发活动的仪器、设备租赁费。

C. 折旧费用。折旧费用包括用于研发活动的仪器、设备的折旧费。

D. 无形资产摊销。无形资产摊销包括用于研发活动的软件、专利权、非专利技术（包括许可证、专有技术、设计和计算方法等）的摊销费用。

E. 新产品设计费、新工艺规程制定费、新药研制的临床试验费、勘探开发技术的现场其他相关费用。包括与研发活动直接相关的其他费用，如技术图书资料费、资料翻译费、专家咨询费、高新科技研发保险费，研发成果的检索、分析、评议、论证、鉴定、评审、评估、验收费用，知识产权的申请费、注册费、代理费，差旅费、会议费等。此项费用总额不得超过可加计扣除研发费用总额的10%。

⑦下列活动不适用税前加计扣除政策：

企业产品（服务）的常规性升级；

对某项科研成果的直接应用，如直接采用公开的新工艺、材料、装置、产品、服务或知识等；

企业在商品化后为顾客提供的技术支持活动；

对现存产品、服务、技术、材料或工艺流程进行重复或简单改变；

市场调查研究、效率调查或管理研究；

作为工业（服务）流程环节或常规的质量控制、测试分析、维修维护；

社会科学、艺术或人文学方面的研究。

（四）资产的税务处理

1. 固定资产的税务处理

固定资产是指企业为生产产品、提供劳务、出租或者经营管理而持有的、使用时间超过12个月的非货币性资产，包括房屋、建筑物、机器、机械、运输工具以及其他与生产经营活动有关的设备、器具、工具等。

（1）固定资产的计税基础。

①外购的固定资产，以购买价款和支付的相关税费以及直接归属于使该资产达到预定用途发生的其他支出为计税基础。

②自行建造的固定资产，以竣工结算前发生的支出为计税基础。

③融资租入的固定资产，以租赁合同约定的付款总额和承租人在签订租赁合同过程中发生的相关费用为计税基础；租赁合同未约定付款总额的，以该资产的公允价值和承租人在签订租赁合同过程中发生的相关费用为计税基础。

④盘盈的固定资产，以同类固定资产的重置完全价值为计税基础。

⑤通过捐赠、投资、非货币性资产交换、债务重组等方式取得的固定资产，以该资产的公允价值和支付的相关税费为计税基础。

⑥改建的固定资产，除已足额提取折旧的固定资产和租入的固定资产以外的其他固定资产，以改建过程中发生的改建支出增加计税基础。

（2）固定资产折旧的范围。

在计算应纳税所得额时，企业按照规定计算的固定资产折旧，准予扣除。下列固定资产不得计算折旧扣除：

①房屋、建筑物以外未投入使用的固定资产；

②以经营租赁方式租入的固定资产；

③以融资租赁方式租出的固定资产；

④已足额提取折旧仍继续使用的固定资产；

⑤与经营活动无关的固定资产；

⑥单独估价作为固定资产入账的土地。

（3）固定资产折旧的计提方法。

①企业应当自固定资产投入使用月份的次月起计算折旧；停止使用的固定资产，应当自停止使用月份的次月起停止计算折旧。

②企业应当根据固定资产的性质和使用情况，合理确定固定资产的预计净残值。固定资产的预计净残值一经确定，不得变更。

固定资产按照直线法计算的折旧，准予扣除。

（4）固定资产折旧的计提年限。

除国务院财政、税务主管部门另有规定外，固定资产计算折旧的最低年限如下：

①房屋、建筑物，为20年；

②飞机、火车、轮船、机器、机械和其他生产设备，为10年；

③与生产经营活动有关的器具、工具、家具等，为5年；

④飞机、火车、轮船以外的运输工具，为4年；

⑤电子设备，为3年。

从事开采石油、天然气等矿产资源的企业，在开始商业性生产前发生的费用和有关固定资产的折耗、折旧方法，由国务院财政、税务主管部门另行规定。

（5）加速折旧。

①自2014年1月1日起，对生物药品制造业，专用设备制造业，铁路、船舶、航空航天和其他运输设备制造业，计算机、通信和其他电子设备制造业，仪器仪表制造业，信息传输、软件和信息技术服务业等6个行业的企业，其新购进的固定资产，可缩短折旧年限或采取加速折旧的方法。对上述6个行业的小型微利企业自2014年1月1日后新购进的研发和生产经营共用的仪器、设备，单位价值不超过100万元的，允许一次性计入当期成本费用在计算应纳税所得额时扣除，不再分年度计算折旧；单位价值超过100万元的，可缩短折旧年限或采取加速折旧方法。

②2014年1月1日后对所有行业企业新购进的专门用于研发的仪器、设备，单位价值不超过100万元的，允许一次性计入当期成本费用在计算应纳税所得额时扣除，不再分

年度计算折旧；单位价值超过100万元的，可缩短折旧年限或采取加速折旧的方法。

③对所有行业企业持有的单位价值不超过5 000元的固定资产，允许一次性计入当期成本费用在计算应纳税所得额时扣除，不再分年度计算折旧。

④自2015年1月1日起，对轻工、纺织、机械、汽车等四个领域重点行业的企业新购进的固定资产，可由企业选择缩短折旧年限或采取加速折旧的方法。对上述行业的小型微利企业自2015年1月1日后新购进的研发和生产经营共用的仪器、设备，单位价值不超过100万元的，允许一次性计入当期成本费用在计算应纳税所得额时扣除，不再分年度计算折旧；单位价值超过100万元的，可由企业选择缩短折旧年限或采取加速折旧的方法。

⑤自2019年1月1日起，适用《财政部 国家税务总局关于完善固定资产加速折旧企业所得税政策的通知》（财税〔2014〕75号）和《财政部 国家税务总局关于进一步完善固定资产加速折旧企业所得税政策的通知》（财税〔2015〕106号）规定固定资产加速折旧优惠的行业范围，扩大至全部制造业领域。

⑥企业在2018年1月1日至2027年12月31日［《关于设备、器具扣除有关企业所得税政策的公告》（财政部 税务总局公告2023年第37号）］期间新购进的设备、器具，单位价值不超过500万元的，允许一次性计入当期成本费用在计算应纳税所得额时扣除，不再分年度计算折旧；单位价值超过500万元的，仍按《中华人民共和国企业所得税法实施条例》《财政部 国家税务总局关于完善固定资产加速折旧企业所得税政策的通知》（财税〔2014〕75号）《财政部 国家税务总局关于进一步完善固定资产加速折旧企业所得税政策的通知》（财税〔2015〕106号）等相关规定执行。所称设备、器具，是指除房屋、建筑物以外的固定资产。

2. 生物资产的税务处理

（1）生物资产的计税基础。

生产性生物资产按照以下方法确定计税基础：

①外购的生产性生物资产，以购买价款和支付的相关税费为计税基础。

②通过捐赠、投资、非货币性资产交换、债务重组等方式取得的生产性生物资产，以该资产的公允价值和支付的相关税费为计税基础。

（2）生物资产的折旧方法和折旧年限。

生产性生物资产按照直线法计算的折旧，准予扣除。企业应当自生产性生物资产投入使用月份的次月起计算折旧；停止使用的生产性生物资产，应当自停止使用月份的次月起停止计算折旧。

企业应当根据生产性生物资产的性质和使用情况，合理确定生产性生物资产的预计净残值。生产性生物资产的预计净残值一经确定，不得变更。

生产性生物资产计算折旧的最低年限如下：

①林木类生产性生物资产，为 10 年；

②畜类生产性生物资产，为 3 年。

3. 无形资产的税务处理

（1）无形资产的计税基础。

无形资产按照以下方法确定计税基础：

①外购的无形资产，以购买价款和支付的相关税费以及直接归属于使该资产达到预定用途发生的其他支出为计税基础。

②自行开发的无形资产，以开发过程中该资产符合资本化条件后至达到预定用途前发生的支出为计税基础。

③通过捐赠、投资、非货币性资产交换、债务重组等方式取得的无形资产，以该资产的公允价值和支付的相关税费为计税基础。

（2）无形资产摊销的范围。

在计算应纳税所得额时，企业按照规定计算的无形资产摊销费用，准予扣除。下列无形资产不得计算摊销费用扣除：

①自行开发的支出已在计算应纳税所得额时扣除的无形资产。

②自创商誉。

③与经营活动无关的无形资产。

（3）无形资产的摊销方法及年限。

无形资产的摊销，采取直线法计算。无形资产的摊销年限不得低于 10 年。

4. 长期待摊费用的税务处理

长期待摊费用是指企业发生的应在一个年度以上或几个年度进行摊销的费用。在计算应纳税所得额时，企业发生的下列支出作为长期待摊费用，按照规定摊销的，准予扣除：

（1）已足额提取折旧的固定资产的改建支出。

（2）租入固定资产的改建支出。

（3）固定资产的大修理支出。

税法所指固定资产的大修理支出，是指同时符合下列条件的支出：

①修理支出达到取得固定资产时的计税基础的 50% 以上；

②修理后固定资产的使用年限延长 2 年以上。

（4）其他应当作为长期待摊费用的支出。

其他应当作为长期待摊费用的支出，自支出发生月份的次月起，分期摊销，摊销年限不得低于 3 年。

5. 存货的税务处理

存货是指企业持有以备出售的产品或者商品、处在生产过程中的在产品、在生产或者提供劳务过程中耗用的材料和物料等。

(1) 存货的计税基础。

存货按照以下方法确定成本：

①通过支付现金方式取得的存货，以购买价款和支付的相关税费为成本。

②通过支付现金以外的方式取得的存货，以该存货的公允价值和支付的相关税费为成本。

③生产性生物资产收获的农产品，以产出或者采收过程中发生的材料费、人工费和分摊的间接费用等必要支出为成本。

(2) 存货的成本计算方法。

企业使用或者销售的存货的成本计算方法，可以在先进先出法、加权平均法、个别计价法中选用一种。计价方法一经选用，不得随意变更。

（五）亏损弥补

1. 税法规定，企业某一纳税年度发生的亏损可以用下一年度的所得弥补，下一年度的所得不足以弥补的，可以逐年延续弥补，但最长不得超过 5 年。而且，企业在汇总计算缴纳企业所得税时，其境外营业机构的亏损不得抵减境内营业机构的盈利。

(1) 自 2018 年 1 月 1 日起，当年具备高新技术企业或科技型中小企业资格（以下统称"资格"）的企业，其具备资格年度之前 5 个年度发生的尚未弥补完的亏损，准予结转以后年度弥补，最长结转年限由 5 年延长至 10 年。

(2) 自 2020 年 1 月 1 日起，国家鼓励的线宽小于 130 纳米（含）的集成电路生产企业，属于国家鼓励的集成电路生产企业清单年度之前 5 个纳税年度发生的尚未弥补完的亏损，准予向以后年度结转，总结转年限最长不得超过 10 年。

(3) 受疫情影响较大的困难行业企业 2020 年度发生的亏损，最长结转年限由 5 年延长至 8 年。困难行业企业，包括交通运输、餐饮、住宿、旅游（指旅行社及相关服务、游览景区管理两类）四大类，具体判断标准按照现行《国民经济行业分类》执行。困难行业企业 2020 年度主营业务收入须占收入总额（剔除不征税收入和投资收益）的 50% 以上。

(4) 对电影行业企业 2020 年度发生的亏损，最长结转年限由 5 年延长至 8 年。电影行业企业限于电影制作、发行和放映等企业，不包括通过互联网、电信网、广播电视网等信息网络传播电影的企业。

2. 企业筹办期间不计算为亏损年度，企业开始生产经营的年度，为开始计算企业损益的年度。

3. 税务机关对企业以前年度纳税情况进行检查时调增的应纳税所得额，凡企业以前年度发生亏损，且该亏损属于《中华人民共和国企业所得税法》规定允许弥补的，应允许调增的应纳税所得额弥补该亏损。

（六）企业清算的所得税处理

1. 企业清算的所得税处理包括以下内容：
（1）全部资产均应按可变现价值或交易价格，确认资产转让所得或损失；
（2）确认债权清理、债务清偿的所得或损失；
（3）改变持续经营核算原则，对预提或待摊性质的费用进行处理；
（4）依法弥补亏损，确定清算所得；
（5）计算并缴纳清算所得税；
（6）确定可向股东分配的剩余财产、应付股息等。

2. 企业的全部资产的可变现价值或交易价格，减除资产的计税基础、清算费用、相关税费，加上债务清偿损益等后的余额，为清算所得。

企业应将整个清算期作为一个独立的纳税年度计算清算所得。

3. 企业全部资产的可变现价值或交易价格减除清算费用，职工的工资、社会保险费用和法定补偿金，结清清算所得税、以前年度欠税等税款，清偿企业债务后的余额，按规定计算可以向所有者分配的剩余资产。

四、应纳税额的计算

（一）居民企业应纳税额的计算

居民企业应缴纳所得税额等于应纳税所得额乘以适用税率，基本计算公式为：
应纳税额 = 应纳税所得额 × 适用税率 - 减免税额 - 抵免税额

在实际过程中，应纳税所得额的计算一般有两种方法。

1. 直接计算法

在直接计算法下，企业每一纳税年度的收入总额减除不征税收入、免税收入、各项扣除以及允许弥补的以前年度亏损后的余额为应纳税所得额。计算公式与前述相同，即：

应纳税所得额 = 收入总额 - 不征税收入 - 免税收入 - 各项扣除金额 - 弥补亏损

2. 间接计算法

在间接计算法下，在会计利润总额的基础上加或减按照税法规定调整的项目金额，即为应纳税所得额。计算公式为：

应纳税所得额 = 会计利润总额 ± 纳税调整项目金额

纳税调整项目金额包括两方面的内容：一是企业财务会计制度规定的项目范围与

税收法规规定的项目范围不一致应予以调整的金额；二是企业财务会计制度规定的扣除标准与税法规定的扣除标准不一致的差异应予以调整的金额。

(二) 境外所得抵扣税额的计算

1. 企业应按照《中华人民共和国企业所得税法》及其实施条例、税收协定以及相关规定，准确计算下列当期与抵免境外所得税有关的项目后，确定当期实际可抵免分国别（地区）的境外所得税税额和抵免限额：

(1) 境内所得的应纳税所得额（以下简称"境内应纳税所得额"）和分国别（地区）的境外所得的应纳税所得额（以下简称"境外应纳税所得额"）；

(2) 分国别（地区）的可抵免境外所得税税额；

(3) 分国别（地区）的境外所得税的抵免限额。

企业不能准确计算上述项目的，在相应国家（地区）缴纳的税收均不得在该企业当期应纳税额中抵免，也不得结转以后年度抵免。

2. 企业应就其按照《中华人民共和国企业所得税法实施条例》第七条规定确定的中国境外所得（境外税前所得），按以下规定计算《中华人民共和国企业所得税法实施条例》第七十八条规定的境外应纳税所得额：

(1) 居民企业在境外投资设立不具有独立纳税地位的分支机构，其来源于境外的所得，以境外收入总额扣除与取得境外收入有关的各项合理支出后的余额为应纳税所得额。各项收入、支出按《中华人民共和国企业所得税法》及其实施条例的有关规定确定。

居民企业在境外设立不具有独立纳税地位的分支机构取得的各项境外所得，无论是否汇回中国境内，均应计入该企业所属纳税年度的境外应纳税所得额。

(2) 居民企业应就其来源于境外的股息、红利等权益性投资收益，以及利息、租金、特许权使用费、转让财产等收入，扣除按照《中华人民共和国企业所得税法》及其实施条例等规定计算的与取得该项收入有关的各项合理支出后的余额为应纳税所得额。

(3) 非居民企业在境内设立机构、场所的，应就其发生在境外但与境内所设机构、场所有实际联系的各项应纳税所得，比照上述第2项的规定计算相应的应纳税所得额。

(4) 在计算境外应纳税所得额时，企业为取得境内、境外所得而在境内、境外发生的共同支出，与取得境外应纳税所得有关的、合理的部分，应在境内、境外〔分国别（地区），下同〕应税所得之间，按照合理比例进行分摊后扣除。

(5) 在汇总计算境外应纳税所得额时，企业在境外同一国家（地区）设立不具有独立纳税地位的分支机构，按照《中华人民共和国企业所得税法》及其实施条例的有关规定计算的亏损，不得抵减其境内或他国（地区）的应纳税所得额，但可以用同一国家（地区）其他项目或以后年度的所得按规定弥补。

3. 可抵免境外所得税税额,是指企业来源于中国境外的所得依照中国境外税收法律以及相关规定应当缴纳并已实际缴纳的企业所得税性质的税款。但不包括:

(1) 按照境外所得税法律及相关规定属于错缴或错征的境外所得税税款。

(2) 按照税收协定规定不应征收的境外所得税税款。

(3) 因少缴或迟缴境外所得税而追加的利息、滞纳金或罚款。

(4) 境外所得税纳税人或者其利害关系人从境外征税主体得到实际返还或补偿的境外所得税税款。

(5) 按照《中华人民共和国企业所得税法》及其实施条例规定,已经免征我国企业所得税的境外所得负担的境外所得税税款。

(6) 按照国务院财政、税务主管部门有关规定已经从企业境外应纳税所得额中扣除的境外所得税税款。

五、税收优惠

税法规定的企业所得税的税收优惠方式包括免税、减税、加计扣除、加速折旧、减计收入、税额抵免等。

(一) 免税收入

企业的下列收入为免税收入:一是国债利息收入;二是符合条件的居民企业之间的股息、红利等权益性投资收益;三是在中国境内设立机构、场所的非居民企业从居民企业取得与该机构、场所有实际联系的股息、红利等权益性投资收益;四是符合条件的非营利组织的收入。

(二) 免征与减征优惠

企业的下列所得项目,可以免征、减征企业所得税;企业如果从事国家限制和禁止发展的项目,不得享受企业所得税优惠。

1. 从事农、林、牧、渔业项目的所得

企业从事农、林、牧、渔业项目的所得,包括免征和减征两部分。

(1) 企业从事下列项目的所得,免征企业所得税:

①蔬菜、谷物、薯类、油料、豆类、棉花、麻类、糖料、水果、坚果的种植;

②农作物新品种的选育;

③中药材的种植;

④林木的培育和种植;

⑤牲畜、家禽的饲养;

⑥林产品的采集；

⑦灌溉、农产品初加工、兽医、农技推广、农机作业和维修等农、林、牧、渔服务业项目；

⑧远洋捕捞。

（2）企业从事下列项目的所得，减半征收企业所得税：

①花卉、茶以及其他饮料作物和香料作物的种植；

②海水养殖、内陆养殖。

2. 从事国家重点扶持的公共基础设施项目投资经营的所得

企业从事国家重点扶持的公共基础设施项目投资经营的所得，自项目取得第一笔生产经营收入所属纳税年度起，第1年至第3年免征企业所得税，第4年至第6年减半征收企业所得税。

3. 从事符合条件的环境保护、节能节水项目的所得

环境保护、节能节水项目的所得，自项目取得第一笔生产经营收入所属纳税年度起，第1年至第3年免征企业所得税，第4年至第6年减半征收企业所得税。

4. 符合条件的技术转让所得

税法所称符合条件的技术转让所得免征、减征企业所得税，是指一个纳税年度内，居民企业转让技术所有权所得不超过500万元的部分，免征企业所得税；超过500万元的部分，减半征收企业所得税。

5. 高新技术企业优惠

国家需要重点扶持的高新技术企业减按15%的税率征收企业所得税。

6. 小型微利企业优惠

小型微利企业减按20%的税率征收企业所得税。

7. 加计扣除优惠

加计扣除优惠包括两项内容：研发费用、企业安置残疾人员所支付的工资。

（1）研发费用加计扣除详细内容见本节（三）扣除项目第2条第9款。

（2）企业安置残疾人员所支付的工资的加计扣除，是指企业安置残疾人员的，在按照支付给残疾职工工资据实扣除的基础上，按照支付给残疾职工工资的100%加计扣除。残疾人员的范围适用《中华人民共和国残疾人保障法》的有关规定。

8. 税额抵免优惠

税额抵免，是指企业购置并实际使用《环境保护专用设备企业所得税优惠目录》《节能节水专用设备企业所得税优惠目录》和《安全生产专用设备企业所得税优惠目录》规定的环境保护、节能节水、安全生产等专用设备的，该专用设备的投资额的10%可以从企业当年的应纳税额中抵免；当年不足抵免的，可以在以后5个纳税年度结转抵免。

9. 非居民企业优惠

非居民企业减按 10% 的税率征收企业所得税。这里的非居民企业是指在中国境内未设立机构、场所，或者虽设立机构、场所但取得的所得与其所设机构、场所没有实际联系的企业。

10. 西部大开发的税收优惠

对设在西部地区的鼓励类产业企业减按 15% 的税率征收企业所得税。

11. 生产装配伤残人员专门用品的企业免征企业所得税。执行至 2027 年 12 月 31 日。

六、源泉扣缴

为规范和加强非居民企业所得税源泉扣缴管理，对非居民企业取得来源于中国境内的股息、红利等权益性投资收益和利息、租金、特许权使用费所得，转让财产所得以及其他所得应当缴纳的企业所得税，实行源泉扣缴。

第五节　个人所得税

一、个人所得税的相关概念

（一）纳税人

个人所得税的纳税人是指在中国境内有住所，或者虽无住所但在境内居住累计满 183 天（一个纳税年度）；以及无住所又不居住或居住不满 183 天但从中国境内取得所得的个人，包括中国公民、个体工商户、外籍个人，以及香港、澳门、台湾同胞等。

（二）扣缴义务人

以支付所得的单位或者个人为扣缴义务人。

（三）居民个人

在中国境内有住所，或者无住所而一个纳税年度内在中国境内居住累计满 183 天的个人，为居民个人。居民个人从中国境内和境外取得的所得，依照规定缴纳个人所得税。

（四）非居民个人

在中国境内无住所又不居住，或者无住所而一个纳税年度内在中国境内居住累计不满183天的个人,为非居民个人。非居民个人从中国境内取得的所得,依照本法规定缴纳个人所得税。

二、征税对象与税率

(一) 征税对象

个人所得税的征税对象是个人取得的应税所得。

1. 工资、薪金所得

工资、薪金所得,是指个人因任职或者受雇而取得的工资、薪金、奖金、年终加薪、劳动分红、津贴、补贴以及与任职或者受雇有关的其他所得。

除工资、薪金以外,奖金、年终加薪、劳动分红、津贴、补贴也被确定为工资、薪金范畴。其中,年终加薪、劳动分红不分种类和取得情况,一律按工资、薪金所得课税;津贴、补贴等则有例外。

根据我国目前个人收入的构成情况,规定对于一些不属于工资、薪金性质的补贴、津贴或者不属于纳税人本人工资、薪金所得项目的收入,不予征税。这些项目包括:(1)独生子女补贴。(2)执行公务员工资制度未纳入基本工资总额的补贴、津贴差额和家属成员的副食品补贴。(3)托儿补助费。(4)差旅费津贴、误餐补助。其中,误餐补助是指按照财政部门规定,个人因公在城区、郊区工作,不能在工作单位或返回就餐,根据实际误餐顿数,按规定的标准领取的误餐费。单位以误餐补助名义发给职工的补助、津贴不包括在内。(5)符合条件的福利费。

2. 劳务报酬所得

劳务报酬所得,是指个人从事设计、装潢、安装、制图、化验、测试、医疗、法律、会计、咨询、讲学、新闻、广播、翻译、审稿、书画、雕刻、影视、录音、录像、演出、表演、广告、展览、技术服务、介绍服务、经纪服务、代办服务以及其他劳务报酬的所得。

3. 稿酬所得

稿酬所得,是指个人因其作品以图书报刊形式出版、发表而取得的所得。这里所说的作品,包括文学作品、书画作品、摄影作品,以及其他作品。

作者去世后,财产继承人取得的遗作稿酬,亦应征收个人所得税。

创作的影视分镜头剧本作为文学创作而在书报杂志上出版、发表取得的所得,应按"稿酬所得"应税项目计征个人所得税。

除报刊、杂志、出版等单位的职员外,其他人员在本单位的报刊、杂志上发表作品取得的所得,应按"稿酬所得"项目征收个人所得税。

出版社的专业作者撰写、编写或翻译的作品,由本社以图书形式出版而取得的稿费收入，应按"稿酬所得"项目计算缴纳个人所得税。

4. 特许权使用费所得

特许权使用费所得，是指个人提供专利权、商标权、著作权、非专利技术以及其他特许权的使用权取得的所得。提供著作权的使用权的所得，不包括稿酬所得。

5. 经营所得

（1）个体工商户从事生产、经营活动取得的所得，个人独资企业投资人、合伙企业的个人合伙人来源于境内注册的个人独资企业、合伙企业生产、经营的所得（不含个人独资企业和合伙企业对外投资分回的利息股息红利）。

（2）个人依法从事办学、医疗、咨询以及其他有偿服务活动取得的所得。

（3）个人对企业、事业单位承包经营、承租经营以及转包、转租取得的所得。

（4）个人从事其他生产、经营活动取得的所得。

6. 利息、股息、红利所得

7. 财产租赁所得

8. 财产转让所得

9. 偶然所得

（二）税率

个人所得税区分不同个人所得项目，规定了超额累进税率和比例税率两种形式。

1. 综合所得（工资薪金所得、劳务报酬所得、稿酬所得、特许权使用费所得），适用3%—45%的七级超额累进税率。

2. 经营所得，适用5%—35%的五级超额累进税率。

3. 财产租赁所得，财产转让所得，利息、股息、红利所得，偶然所得适用20%的比例税率。

三、应纳税所得额的确定

（一）应纳税所得额的一般规定

个人所得税的应纳税所得额是个人取得的各项收入减去税法规定的扣除项目或扣除金额之后的余额。

1. 收入的形式

个人所得的形式，包括现金、实物、有价证券和其他形式的经济利益。纳税人的所得为实物的，应当按照所取得的凭证上注明的价格计算应纳税所得额；无凭证的实物或者凭证上所注明的价格明显偏低的，参照市场价格核定应纳税所得额；纳税人的所得为有价证券的，根据票面价格和市场价格核定应纳税所得额；所得为其他形式的经济利益的,参照市场价格核定应纳税所得额。

2. 费用扣除的方法

在计算应纳税所得额时,除特殊项目外,一般允许从个人的应纳税收入中减去税法规定的扣除项目或扣除金额,包括为取得收入所支出的必要的成本或费用。

(1) 对综合所得(工资、薪金所得,劳务报酬所得,稿酬所得,特许权使用费所得)涉及的个人生计费用,采取定额和定率扣除的办法。

(2) 对经营所得(个体工商户的生产、经营所得和对企事业单位的承包经营、承租经营所得)及财产转让所得,涉及生产、经营有关成本或费用的支出,采取会计核算办法扣除有关成本、费用或规定的必要费用。

(3) 对财产租赁所得,因涉及既要按一定比例合理扣除费用,又要避免扩大征税范围等两个需同时兼顾的因素,故采取定额和定率两种扣除办法。

(4) 利息、股息、红利所得和偶然所得,因不涉及必要费用的支付,所以规定不得扣除任何费用。

(二) 应纳税所得额的特殊规定

1. 个人将其所得通过中国境内的社会团体(公益性社会组织)、国家机关向教育、扶贫、济困等公益慈善事业的捐赠,捐赠额未超过纳税人申报的应纳税所得额30%的部分,可以从应纳税所得额中扣除,超过部分不得扣除。

2. 个人捐赠住房作为公共租赁住房,符合税收法律法规规定的,对其公益性捐赠支出未超过其申报的应纳税所得额30%的部分,准予从其应纳税所得额中扣除。

3. 企业、事业单位、社会团体和个人等社会力量,通过非营利性的社会团体和国家机关(包括中国红十字会)向红十字事业的捐赠,在计算缴纳个人所得税时准予全额扣除。

4. 企业、事业单位、社会团体和个人等社会力量,对公益性青少年活动场所(其中包括新建),农村义务教育,福利性、非营利性的老年服务机构的捐赠,在计算缴纳个人所得税时准予全额扣除。

5. 个人捐赠北京2022年冬奥会、冬残奥会、测试赛的资金和物资支出在计算缴纳个人所得税时准予全额扣除。

四、应纳税额计算

由于个人所得税采取分项计税的办法,每项个人收入的扣除范围和扣除标准不尽相同,应纳税所得额的计算方法存在差异,下面分别介绍应纳税所得额的确定和应纳税所得额的计算方法。

(一) 居民个人预扣预缴办法

扣缴义务人向居民个人支付工资、薪金所得,劳务报酬所得,稿酬所得,特许权使用费所得时,按以下方法预扣预缴个人所得税,并向主管税务机关报送"个人所得税扣缴申报表"。年度预扣预缴税额与年度应纳税额不一致的,由居民个人于次年3月1日至6月30日向主管税务机关办理综合所得年度汇算清缴,税款多退少补。

1. 扣缴义务人向居民个人支付工资、薪金所得时,应当按照累计预扣法计算预扣税款,并按月办理全员全额扣缴申报。对上一完整纳税年度内每月均在同一单位预扣预缴工资、薪金所得个人所得税且全年工资、薪金收入不超过6万元的居民个人,扣缴义务人在预扣预缴本年度工资、薪金所得个人所得税时,累计减除费用自1月起直接按照全年6万元计算扣除。即在纳税人累计收入不超过6万元的月份,暂不预扣预缴个人所得税;在其累计收入超过6万元的当月及年内后续月份,再预扣预缴个人所得税。

累计预扣法,是指扣缴义务人在一个纳税年度内预扣预缴税款时,以纳税人在本单位截至当前月份工资、薪金所得累计收入减除累计免税收入、累计减除费用、累计专项扣除、累计专项附加扣除和累计依法确定的其他扣除后的余额为累计预扣预缴应纳税所得额,适用表1-2所示的预扣率,计算累计应预扣预缴税额,再减除累计减免税额和累计已预扣预缴税额,其余额为本期应预扣预缴税额。余额为负值时,暂不退税。纳税年度终了后余额仍为负值时,由纳税人通过办理综合所得年度汇算清缴,税款多退少补。

表1-2 个人所得税预扣率

(居民个人工资、薪金所得预扣预缴适用)

级数	累计预扣预缴应纳税所得额	预扣率	速算扣除数
1	不超过36 000元的部分	3%	0
2	超过36 000元至144 000元的部分	10%	2 520
3	超过144 000元至300 000元的部分	20%	16 920
4	超过300 000元至420 000元的部分	25%	31 920
5	超过420 000元至660 000元的部分	30%	52 920
6	超过660 000元至960 000元的部分	35%	85 920
7	超过960 000元的部分	45%	181 920

具体计算公式如下:

本期应预扣预缴税额=(累计预扣预缴应纳税所得额×预扣率-速算扣除数)-累计减免税额-累计已预扣预缴税额

累计预扣预缴应纳税所得额=累计收入-累计免税收入-累计减除费用-累计专

项扣除 – 累计专项附加扣除 – 累计依法确定的其他扣除

其中：累计减除费用，按照5 000元/月乘以纳税人当年截至本月在本单位的任职受雇月份数计算。

2. 劳务报酬所得、稿酬所得、特许权使用费所得以收入减除费用后的余额为收入额；其中，稿酬所得的收入额减按70%计算。

①劳务报酬所得：每次收入不超过4 000元的，预扣预缴税额 =（收入 – 800）× 预扣率；

每次收入4 000元以上的，预扣预缴税额 =（1 – 20%）× 预扣率。

②稿酬所得：每次收入不超过4 000元的，预扣预缴税额 =（收入 – 800）× 70% × 20%；

每次收入4 000元以上的，预扣预缴税额 = 收入 ×（1 – 20%）× 70% × 20%。

③特许权使用费：每次收入不超过4 000元的，预扣预缴税额 =（收入 – 800）× 20%；

每次收入4 000元以上的，预扣预缴税额 = 收入 ×（1 – 20%）× 20%。

（二）个人所得税综合所得汇算清缴内容

1. 居民个人取得综合所得，按年计算个人所得税；有扣缴义务人的，由扣缴义务人按月或者按次预扣预缴税款；需要办理汇算清缴的，应当在取得所得的次年3月1日至6月30日办理。

居民个人（以下称"纳税人"）的综合所得，以每一纳税年度的工资薪金、劳务报酬、稿酬、特许权使用费四项所得（以下称"综合所得"）收入额，减除基本费用60 000元以及专项扣除、专项附加扣除、依法确定的其他扣除和符合条件的公益慈善事业捐赠（以下简称"捐赠"）后的余额，为应纳税所得额。计算公式为：

综合所得 = 综合所得收入额 – 60 000元 – "三险一金"等专项扣除 – 子女教育等专项附加扣除 – 依法确定的其他扣除 – 捐赠

以居民个人一个纳税年度的应纳税所得额为限额；一个纳税年度扣除不完的，不结转以后年度扣除。

依据税法规定，年度汇算不涉及财产租赁等分类所得，以及纳税人按规定选择不并入综合所得计算纳税的全年一次性奖金等所得。

2. 无须办理年度汇算的纳税人

依据税法规定，纳税人在纳税年度内已依法预缴个人所得税且符合下列情形之一的，无须办理年度汇算：

（1）年度汇算需补税但综合所得收入全年不超过12万元的；

（2）年度汇算需补税金额不超过400元的；

（3）已预缴税额与年度汇算应纳税额一致的；

（4）符合年度汇算退税条件但不申请退税的。

3. 需要办理年度汇算的纳税人

符合下列情形之一的,纳税人需办理年度汇算:

(1) 已预缴税额大于年度汇算应纳税额且申请退税的;

(2) 纳税年度内取得的综合所得收入超过12万元且需要补税金额超过400元的。

因适用所得项目错误或者扣缴义务人未依法履行扣缴义务,造成纳税年度内少申报或者未申报综合所得的,纳税人应当依法据实办理年度汇算。

4. 可享受的税前扣除

下列在纳税年度内发生的,且未申报扣除或未足额扣除的税前扣除项目,纳税人可在年度汇算期间填报扣除或补充扣除:

(1) 纳税人及其配偶、未成年子女符合条件的大病医疗支出;

(2) 符合条件的3岁以下婴幼儿照护、子女教育、继续教育、住房贷款利息或住房租金、赡养老人等专项附加扣除,以及减除费用、专项扣除、依法确定的其他扣除;

(3) 符合条件的公益慈善事业捐赠;

(4) 符合条件的个人养老金扣除。

同时取得综合所得和经营所得的纳税人,可在综合所得或经营所得中申报减除费用6万元、专项扣除、专项附加扣除以及依法确定的其他扣除,但不得重复申报减除。

5. 受理年度汇算申报的税务机关

按照方便就近原则,纳税人自行办理或受托人为纳税人代为办理年度汇算的,向纳税人任职受雇单位的主管税务机关申报;有两处及以上任职受雇单位的,可自主选择向其中一处申报。

纳税人没有任职受雇单位的,向其户籍所在地、经常居住地或者主要收入来源地的主管税务机关申报。主要收入来源地,是指一个纳税年度内向纳税人累计发放劳务报酬、稿酬及特许权使用费金额最大的扣缴义务人所在地。

单位为纳税人代办年度汇算的,向单位的主管税务机关申报。

为方便纳税服务和征收管理,年度汇算期结束后,税务部门将为尚未办理申报的纳税人确定主管税务机关。

6. 年度汇算的退税、补税

(1) 办理退税。

纳税人申请年度汇算退税,应当提供其在中国境内开设的符合条件的银行账户。税务机关按规定审核后,按照国库管理有关规定办理税款退库。纳税人未提供本人有效银行账户,或者提供的信息资料有误的,税务机关将通知纳税人更正,纳税人按要求更正后依法办理退税。

为方便办理退税,综合所得全年收入额不超过6万元且已预缴个人所得税的纳税人,可选择使用自然人电子税务局App网站提供的简易申报功能,便捷办理年度汇算退税。

申请 2023 年度汇算退税的纳税人,如存在应当办理 2022 年及以前年度汇算补税但未办理,或者经税务机关通知 2022 年及以前年度汇算申报存在疑点但未更正或说明情况的,需在办理 2022 年及以前年度汇算申报补税、更正申报或者说明有关情况后依法申请退税。

(2) 办理补税。

纳税人办理年度汇算补税的,可以通过网上银行、办税服务厅 POS 机刷卡、银行柜台、非银行支付机构等方式缴纳。邮寄申报并补税的,纳税人需通过自然人电子税务局 App 或者主管税务机关办税服务厅及时关注申报进度并缴纳税款。

年度汇算需补税的纳税人,年度汇算期结束后未足额补缴税款的,税务机关将依法加收滞纳金,并在其"个人所得税纳税记录"中予以标注。

纳税人因申报信息填写错误造成年度汇算多退或少缴税款的,纳税人主动或经税务机关提醒后及时改正的,税务机关可以按照"首违不罚"原则免予处罚。

2023 年度终了后,居民个人(以下称"纳税人")需要汇总 2023 年 1 月 1 日至 12 月 31 日取得的工资薪金、劳务报酬、稿酬、特许权使用费等四项综合所得的收入额,减除费用 6 万元以及专项扣除、专项附加扣除、依法确定的其他扣除和符合条件的公益慈善事业捐赠后,适用综合所得个人所得税税率并减去速算扣除数,计算最终应纳税额,再减去 2023 年已预缴税额,得出应退或应补税额,向税务机关申报并办理退税或补税。具体计算公式如下:应退或应补税额 = [(综合所得收入额 − 60 000 元 − "三险一金"等专项扣除 − 子女教育等专项附加扣除 − 依法确定的其他扣除 − 符合条件的公益慈善事业捐赠)×适用税率 − 速算扣除数] − 已预缴税额,汇算不涉及纳税人的财产租赁等分类所得,以及按规定不并入综合所得计算纳税的所得。

2019 年 1 月 1 日至 2027 年 12 月 31 日,纳税人在已依法预缴个人所得税且符合下列情形之一的,无须办理汇算:汇算需补税但综合所得收入全年不超过 12 万元的;汇算需补税金额不超过 400 元的;已预缴税额与汇算应纳税额一致的;符合汇算退税条件但不申请退税的。

符合下列情形之一的,纳税人需办理汇算:已预缴税额大于汇算应纳税额且申请退税的;2023 年取得的综合所得收入超过 12 万元且汇算需要补税金额超过 400 元的。因适用所得项目错误或者扣缴义务人未依法履行扣缴义务,造成 2023 年少申报或者未申报综合所得的,纳税人应当依法据实办理汇算。2023 年度汇算办理时间为 2024 年 3 月 1 日至 6 月 30 日。在中国境内无住所的纳税人在 3 月 1 日前离境的,可以在离境前办理。

至 2027 年 12 月 31 日,居民个人取得全年一次性奖金,符合《国家税务总局关于调整个人取得全年一次性奖金等计算征收个人所得税方法问题的通知》(国税发〔2005〕9 号)规定的,不并入当年综合所得,以全年一次性奖金收入除以 12 个月得到的数额，按照本公告所附按月换算后的综合所得税率表，确定适用税率和速算扣除数，单独计算纳税。计算公式为：应纳税额＝全年一次性奖金收入×适用税率－速算扣除数

居民个人取得全年一次性奖金，也可以选择并入当年综合所得计算纳税。

至2027年12月31日，居民个人取得股票期权、股票增值权、限制性股票、股权奖励等股权激励（以下简称"股权激励"），符合《财政部 国家税务总局关于个人股票期权所得征收个人所得税问题的通知》（财税〔2005〕35号）、《财政部 国家税务总局关于股票增值权所得和限制性股票所得征收个人所得税有关问题的通知》（财税〔2009〕5号）、《财政部 国家税务总局关于将国家自主创新示范区有关税收试点政策推广到全国范围实施的通知》（财税〔2015〕116号）第四条、《财政部 国家税务总局关于完善股权激励和技术入股有关所得税政策的通知》（财税〔2016〕101号）第四条第（一）项规定的相关条件的，不并入当年综合所得，全额单独适用综合所得税率表，计算纳税。计算公式为：应纳税额＝股权激励收入×适用税率－速算扣除数。

（三）经营所得的计税方法

1. 个体工商户的生产、经营所得适用五级超额累进税率，以其应纳税所得额按适用税率计算应纳税额。其计算公式为：

应纳税额＝应纳税所得额×适用税率－速算扣除数

在实际工作中，需要分别计算按月预缴税额和年终汇算清缴税额。

其计算公式为：

本月应预缴税额＝本月累计应纳税所得额×适用税率－速算扣除数－上月累计已预缴税额

全年应纳税额＝全年应纳税所得额×适用税率－速算扣除数汇算清缴税额＝全年应纳税额－全年累计已预缴税额所得

自2023年1月1日至2027年12月31日，对个体工商户年应纳税所得额不超过200万元的部分，在现行优惠政策基础上，再减半征收个人所得税。个体工商户不区分征收方式，均可享受优惠政策。（财政部 国家税务总局公告2023年第12号）

减免税额＝（个体工商户经营所得应纳税所得额不超过200万元部分的应纳税额－其他政策减免税额×个体工商户经营所得应纳税所得额不超过200万元部分÷经营所得应纳税所得额）×（1－50%）。

2. 个人独资企业和合伙企业投资者

（1）投资者兴办两个或两个以上企业应纳税额的计算方法。

应纳税额的具体计算方法为：汇总其投资兴办的所有企业的经营所得作为应纳税所得额，以此确定适用税率，计算出全年经营所得的应纳税额，再根据每个企业的经

营所得占所有企业经营所得的比例,分别计算出每个企业的应纳税额和应补缴税额。

计算公式如下:

应纳税所得额 = ∑各个企业的经营所得

应纳税额 = 应纳税所得额 × 税率 – 速算扣除数

本企业应纳税额 = 应纳税额 × 本企业的经营所得 ÷ ∑各个企业的经营所得

本企业应补缴的税额 = 本企业应纳税额 – 本企业预缴的税额

(2)个人独资企业和合伙企业不允许核定。

(3)企事业单位承包经营、承租经营所得应纳税所得额的计算。

2018年新版个税实施条例将企事业单位承包经营、承租经营所得并入经营所得或综合所得。

应纳税所得额 = 该年度承包、承租经营收入额 –(5 000 × 该年度实际承包、承租经营月份数)

应纳税额 = 应纳税所得额 × 适用税率 – 速算扣除数

(四)利息、股息、红利所得的计税方法

利息、股息、红利所得适用20%的比例税率。其应纳税额的计算公式为:

应纳税额 = 应纳税所得额(每次收入额)× 适用税率

(五)财产租赁所得的计税方法

每次(月)收入不超过4 000元,其计算公式为:

应纳税所得额 = 每次(月)收入额 – 准予扣除项目 – 修缮费用(800元为限)– 800元

每次(月)每次(月)收入超过4 000元,其计算公式为:

应纳税所得额 = 每次(月)收入额 – 准予扣除项目 – 修缮费用(800元为限)×(1 – 20%)

财产租赁所得适用20%的比例税率。

但对个人按市场价格出租的居民住房取得的所得,自2001年1月1日起暂减按10%的税率征收个人所得税。其应纳税额的计算公式为:

应纳税额 = 应纳税所得额 × 适用税率

(六)财产转让所得的计税方法

应纳税所得额 = 每次收入额 – 财产原值 – 合理税费应纳税额

应纳税额 = 应纳税所得额 × 适用税率(六)偶然所得的计税方法

偶然所得适用20%的比例税率,其应纳税额的计算公式为:

应纳税额 = 应纳税所得额(每次收入额)× 适用税率

五、减免税优惠

(一) 免税项目

根据《中华人民共和国个人所得税法》和相关法规、政策,对下列各项个人所得,免征个人所得税:

(1) 省级人民政府、国务院部委和中国人民解放军军级以上单位,以及外国组织、国际组织颁发的科学、教育、技术、文化、卫生、体育、环境保护等方面的奖金;

(2) 国债和国家发行的金融债券利息;

(3) 按照国家统一规定发给的补贴、津贴;

(4) 福利费、抚恤金、救济金;

(5) 保险赔款;

(6) 军人的转业费、复员费、退役金;

(7) 按照国家统一规定发给干部、职工的安家费、退职费、基本养老金或者退休费、离休费、离休生活补助费;

(8) 依照有关法律规定应予免税的各国驻华使馆、领事馆的外交代表、领事官员和其他人员的所得;

(9) 中国政府参加的国际公约、签订的协议中规定免税的所得;

(10) 国务院规定的其他免税所得。

(二) 减税项目

有下列情形之一的,可以减征个人所得税,具体幅度和期限,由省、自治区、直辖市人民政府规定,并报同级人民代表大会常务委员会备案:

(1) 残疾、孤老人员和烈属的所得;

(2) 因严重自然灾害造成重大损失的;

(3) 国务院可以规定其他减税情形,报全国人民代表大会常务委员会备案。

(三) 暂免征税项目

1. 外籍个人以非现金形式或实报实销形式取得的住房补贴、伙食补贴、搬迁费、洗衣费。

2. 外籍个人按合理标准取得的境内、境外出差补贴。

3. 外籍个人取得的探亲费、语言训练费、子女教育费等。

4. 外籍个人从外商投资企业取得的股息、红利所得。

5. 凡符合下列条件之一的外籍专家取得的工资、薪金所得,可免征个人所得税。

（1）根据世界银行专项贷款协议由世界银行直接派往我国工作的外国专家；

（2）联合国组织直接派往我国工作的专家；

（3）为联合国援助项目来华工作的专家；

（4）援助国派往我国专为该国无偿援助项目工作的专家；

（5）根据两国政府签订文化交流项目来华工作两年以内的文教专家，其工资、薪金所得由该国负担的；

（6）根据我国大专院校国际交流项目来华工作两年以内的文教专家，其工资、薪金所得由该国负担的；

（7）通过民间科研协定来华工作的专家，其工资、薪金所得由该国政府机构负担的。

6. 个人举报、协查各种违法、犯罪行为而获得的奖金。

7. 个人办理代扣代缴手续，按规定取得的扣缴手续费。

8. 个人转让自用达5年以上，并且是唯一的家庭生活用房取得的所得。

9. 对个人购买社会福利有奖募捐奖券体育彩票，一次中奖收入在1万元以下（含）的暂免征收个人所得税，超过1万元的，全额征收个人所得税。

10. 达到离休、退休年龄，但确因工作需要，适当延长离休、退休年龄的高级专家（指享受国家发放的政府特殊津贴的专家、学者），其在延长离休、退休期间的工资、薪金所得，视同离休、退休工资免征个人所得税。

11. 企事业单位按照国家或省（自治区、直辖市）人民政府规定的缴费比例或办法实际缴付的基本养老保险费、基本医疗保险费和失业保险费，免予征收个人所得税。

12. 个人领取原提存的住房公积金、医疗保险金、基本养老保险金，以及具备《失业保险条例》规定条件的失业人员领取的失业保险金，免予征收个人所得税。

13. 按照国家或省级地方政府规定的比例缴付的住房公积金、医疗保险金、基本养老保险金、失业保险金存入银行个人账户所取得的利息所得，免予征收个人所得税。

14. 生育妇女按照县级以上人民政府根据国家有关规定制定的生育保险办法，取得的生育津贴、生育医疗费或其他属于生育保险性质的津贴、补贴，免予征收个人所得税。

15. 个人根据国家有关政策规定缴付的年金个人缴费部分，在不超过本人缴费工资计税基数的4%标准内的部分，暂从个人当期的应纳税所得额中扣除。个人达到国家规定的退休年龄，领取的企业年金、职业年金，符合《财政部 人力资源社会保障部 国家税务总局关于企业年金 职业年金个人所得税有关问题的通知》（财税〔2013〕103号）规定的，不并入综合所得，全额单独计算应纳税款。其中按月领取的，适用月度税率表计算纳税；按季领取的，平均分摊计入各月，按每月领取额适用月度税率表计算纳税；按年领取的，适用综合所得税率表计算纳税。

16. 自2024年7月1日起至2027年12月31日。个人持有挂牌公司的股票，持股期限超过1年的，对股息红利所得暂免征收个人所得税。个人持有挂牌公司的股票，持股期限在 1 个月以内（含 1 个月）的，其股息红利所得全额计入应纳税所得额；持股期限在 1 个月以上至 1 年（含 1 年）的，其股息红利所得暂减按 50% 计入应纳税所得额；上述所得统一适用 20% 的税率计征个人所得税。

17. 自 2024 年 1 月 1 日起执行至 2027 年 12 月 31 日，纳税人在此期间行权的，境内上市公司授予个人的股票期权、限制性股票和股权奖励，经向主管税务机关备案，个人可自股票期权行权、限制性股票解禁或取得股权奖励（以下简称"行权"）之日起，在不超过 36 个月的期限内缴纳个人所得税。纳税人在此期间内离职的，应在离职前缴清全部税款。

18. 自 2022 年 10 月 1 日至 2025 年 12 月 31 日，对出售自有住房并在现住房出售后 1 年内在市场重新购买住房的纳税人，对其出售现住房已缴纳的个人所得税予以退税优惠。其中，新购住房金额大于或等于现住房转让金额的，全部退还已缴纳的个人所得税；新购住房金额小于现住房转让金额的，按新购住房金额占现住房转让金额的比例退还出售现住房已缴纳的个人所得税。

19. 自 2023 年 1 月 1 日至 2027 年 12 月 31 日，对个体工商户年应纳税所得额不超过 200 万元的部分，减半征收个人所得税。个体工商户在享受现行其他个人所得税优惠政策的基础上，可叠加享受本条优惠政策。

六、征收管理

（一）申报纳税方式

个人所得税的申报纳税方式主要有三种，即由本人直接申报纳税、委托他人代为申报纳税，以及采用邮寄方式在规定的申报期内申报纳税。其中，采取邮寄申报纳税的，以寄出地的邮戳日期为实际申报日期。

（二）申报纳税地点

申报纳税地点一般应为收入来源地的税务机关。但是，纳税人在两处或两处以上取得工资、薪金所得的，可选择并固定在一地税务机关申报纳税；从境外取得所得的，应向境内户籍所在地或经常居住地税务机关申报纳税。

对在中国境内几地工作或提供劳务的临时来华人员，应以税法所规定的申报纳税日期为准，在某一地区达到申报纳税的日期，即应在该地申报纳税。但为了方便纳税，也可准予个人提出申请，经批准后固定在一地申报纳税。对由在华企业或办事机构发放工资、薪金的外籍纳税人，由在华企业或办事机构集中向当地税务机关申报纳税。

纳税人要求变更申报纳税地点的，须经原主管税务机关备案。

（三）申报纳税期限

1. 居民个人取得综合所得，按年计算个人所得税；有扣缴义务人的，由扣缴义务人按月或者按次预扣预缴税款；需要办理汇算清缴的，应当在取得所得的次年3月1日至6月30日内办理汇算清缴。

居民个人向扣缴义务人提供专项附加扣除信息的，扣缴义务人按月预扣预缴税款时应当按照规定予以扣除，不得拒绝。

非居民个人取得工资、薪金所得，劳务报酬所得，稿酬所得和特许权使用费所得，有扣缴义务人的，由扣缴义务人按月或者按次代扣代缴税款，不办理汇算清缴。

2. 纳税人取得经营所得，按年计算个人所得税，由纳税人在月度或者季度终了后15日内向税务机关报送纳税申报表，并预缴税款；在取得所得的次年3月31日前办理汇算清缴。纳税人取得利息、股息、红利所得，财产租赁所得，财产转让所得和偶然所得，按月或者按次计算个人所得税，有扣缴义务人的，由扣缴义务人按月或者按次代扣代缴税款。

3. 纳税人取得应税所得没有扣缴义务人的，应当在取得所得的次月15日内向税务机关报送纳税申报表，并缴纳税款。

4. 纳税人取得应税所得，扣缴义务人未扣缴税款的，纳税人应当在取得所得的次年6月30日前，缴纳税款；税务机关通知限期缴纳的，纳税人应当按照期限缴纳税款。

5. 居民个人从中国境外取得所得的，应当在取得所得的次年3月1日至6月30日内申报纳税。

6. 非居民个人在中国境内从两处以上取得工资、薪金所得的，应当在取得所得的次月15日内申报纳税。

7. 纳税人因移居境外注销中国户籍的，应当在注销中国户籍前办理税款清算。

8. 扣缴义务人每月或者每次预扣、代扣的税款，应当在次月15日内缴入国库，并向税务机关报送"扣缴个人所得税申报表"。

纳税人办理汇算清缴退税或者扣缴义务人为纳税人办理汇算清缴退税的，税务机关审核后，按照国库管理的有关规定办理退税。

七、专项附加扣除

专项附加扣除，是指《中华人民共和国个人所得税法》规定的子女教育、继续教育、大病医疗、住房贷款利息或者住房租金、赡养老人等专项附加扣除。

（一）子女教育专项附加扣除

1. 纳税人的子女接受全日制学历教育的相关支出，按照每个子女每月1 000元的标准定额扣除。

学历教育包括义务教育（小学、初中教育）、高中阶段教育（普通高中、中等职业、技工教育）、高等教育（大学专科、大学本科、硕士研究生、博士研究生教育）。

年满3岁至小学入学前处于学前教育阶段的子女，按上述的规定执行。

2. 父母可以选择由其中一方按扣除标准的100%扣除，也可以选择由双方分别按扣除标准的50%扣除，具体扣除方式在一个纳税年度内不能变更。

3. 纳税人子女在中国境外接受教育的，纳税人应当留存境外学校录取通知书、留学签证等相关教育的证明资料备查。

4. 自2023年1月1日起，子女教育每月扣除标准由1 000元提高到2 000元。

（二）继续教育专项附加扣除

1. 纳税人在中国境内接受学历（学位）继续教育的支出，在学历（学位）教育期间按照每月400元定额扣除。同一学历（学位）继续教育的扣除期限不能超过48个月。纳税人接受技能人员职业资格继续教育、专业技术人员职业资格继续教育的支出，在取得相关证书的当年，按照3 600元定额扣除。

2. 个人接受本科及以下学历（学位）继续教育，符合规定扣除条件的，可以选择由其父母扣除，也可以选择由本人扣除。

3. 纳税人接受技能人员职业资格继续教育、专业技术人员职业资格继续教育的，应当留存相关证书等资料备查。

（三）大病医疗专项附加扣除

1. 在一个纳税年度内，纳税人发生的与基本医保相关的医药费用支出，扣除医保报销后个人负担（指医保目录范围内的自付部分）累计超过15 000元的部分，由纳税人在办理年度汇算清缴时，在80 000元限额内据实扣除。

2. 纳税人发生的医药费用支出可以选择由本人或者其配偶扣除；未成年子女发生的医药费用支出可以选择由其父母一方扣除。

纳税人及其配偶、未成年子女发生的医药费用支出，按规定分别计算扣除额。

3. 纳税人应当留存医药服务收费及医保报销相关票据原件（或者复印件）等资料备查。医疗保障部门应当向患者提供在医疗保障信息系统记录的本人年度医药费用信息查询服务。

（四）住房贷款利息专项附加扣除

1. 纳税人本人或者配偶单独或者共同使用商业银行或者住房公积金个人住房贷款为本人或者其配偶购买中国境内住房，发生的首套住房贷款利息支出，在实际发生贷款利息的年度，按照每月1 000元的标准定额扣除，扣除期限最长不超过240个月。纳税人只能享受一次首套住房贷款的利息扣除。

上述所称首套住房贷款是指购买住房享受首套住房贷款利率的住房贷款。

2. 经夫妻双方约定，可以选择由其中一方扣除，具体扣除方式在一个纳税年度内不能变更。

夫妻双方婚前分别购买住房发生的首套住房贷款，其贷款利息支出，婚后可以选择其中一套购买的住房，由购买方按扣除标准的100%扣除，也可以由夫妻双方对各自购买的住房分别按扣除标准的50%扣除，具体扣除方式在一个纳税年度内不能变更。

3. 纳税人应当留存住房贷款合同、贷款还款支出凭证备查。

（五）住房租金专项附加扣除

1. 纳税人在主要工作城市没有自有住房而发生的住房租金支出，可以按照以下标准定额扣除：

（1）直辖市、省会（首府）城市、计划单列市以及国务院确定的其他城市，扣除标准为每月1 500元。

（2）除上述（1）所列城市以外，市辖区户籍人口超过100万的城市，扣除标准为每月1 100元；市辖区户籍人口不超过100万的城市，扣除标准为每月800元。

2. 纳税人的配偶在纳税人的主要工作城市有自有住房的，视同纳税人在主要工作城市有自有住房。

市辖区户籍人口，以国家统计局公布的数据为准。

3. 住房租金支出由签订租赁住房合同的承租人扣除。

4. 纳税人及其配偶在一个纳税年度内不能同时分别享受住房贷款利息和住房租金专项附加扣除。

5. 纳税人应当留存住房租赁合同、协议等有关资料备查。

（六）赡养老人专项附加扣除

1. 纳税人赡养一位及以上被赡养人的赡养支出，统一按照以下标准定额扣除：

（1）纳税人为独生子女的，按照每月2 000元的标准定额扣除。

（2）纳税人为非独生子女的，由其与兄弟姐妹分摊每月2 000元的扣除额度，每人分摊的额度不能超过每月1 000元。可以由赡养人均摊或者约定分摊，也可以由被赡养人指定分摊。约定或者指定分摊的须签订书面分摊协议，指定分摊优先于约定分摊。具体分摊方式和额度在一个纳税年度内不能变更。

2. 被赡养人是指年满60岁的父母，以及子女均已去世的年满60岁的祖父母、外祖父母。

专项附加扣除相关信息,包括纳税人本人、配偶、子女、被赡养人等个人身份信息,以及国务院税务主管部门规定的其他与专项附加扣除相关的信息。

规定纳税人需要留存备查的相关资料应当留存5年。

自2023年1月1日起,扣除标准由每月2 000元提高到3 000元,其中,独生子女每月扣除3 000元;非独生子女与兄弟姐妹分摊每月3 000元的扣除额度,每人不超过1 500元。

(七)3岁以下婴幼儿照护专项附加扣除

自2022年1月1日起,纳税人照护3岁以下婴幼儿(子女)的相关支出,按照每个婴幼儿每月1 000元的标准定额扣除。父母可以选择由其中一方按扣除标准的100%扣除,也可以选择由双方分别按扣除标准的50%扣除,具体扣除方式在一个纳税年度内不能变更。

自2023年1月1日起,扣除标准由每个婴幼儿(子女)每月1 000元提高到2 000元。

(八)符合条件的个人养老金扣除

1. 自2022年1月1日起,对个人养老金实施递延纳税优惠政策。在缴费环节,个人向个人养老金资金账户的缴费,按照12 000元/年的限额标准,在综合所得或经营所得中据实扣除;在投资环节,计入个人养老金资金账户的投资收益暂不征收个人所得税;在领取环节,个人领取的个人养老金,不并入综合所得,单独按照3%的税率计算缴纳个人所得税,其缴纳的税款计入"工资、薪金所得"项目。

2. 个人缴费享受税前扣除优惠时,以个人养老金信息管理服务平台出具的扣除凭证为扣税凭据。取得工资薪金所得、按累计预扣法预扣预缴个人所得税劳务报酬所得的,其缴费可以选择在当年预扣预缴或次年汇算清缴时在限额标准内据实扣除。选择在当年预扣预缴的,应及时将相关凭证提供给扣缴单位。扣缴单位应按照本公告有关要求,为纳税人办理税前扣除有关事项。取得其他劳务报酬、稿酬、特许权使用费等所得或经营所得的,其缴费在次年汇算清缴时在限额标准内据实扣除。个人按规定领取个人养老金时,由开立个人养老金资金账户所在市的商业银行机构代扣代缴其应缴的个人所得税。

第六节 土地增值税

一、土地增值税的纳税人、征税范围和税率形式

(一)纳税人

土地增值税的纳税义务人为转让国有土地使用权、地上的建筑物及其附着物并取

得收入的单位和个人。单位,是指各类企业、事业单位、国家机关和社会团体及其他组织。个人,包括个体经营者。

(二) 征税范围

1. 凡转让国有土地使用权、地上建筑物及其附着物并取得收入的行为均属于土地增值税的征税范围。

2. 土地增值税既对转让土地使用权征税,也对转让地上建筑物及其附着物的产权征税。地上的建筑物,是指建于土地上的一切建筑物,包括地上地下的各种附属设施;附着物,是指附着于土地上的不能移动,一经移动即遭损坏的物品。

3. 土地增值税只对有偿转让的房地产征税,对以继承、赠与等方式无偿转让的房地产因未取得收入,则不予征税。但是,不征收土地增值税的房地产赠与行为仅指以下两种情况:

(1) 房产所有人、土地使用权所有人将房屋产权、土地使用权赠与直系亲属或承担直接赡养义务人的;

(2) 房产所有人、土地使用权所有人通过中国境内非营利的社会团体、国家机关将房屋产权、土地使用权赠与教育、民政和其他社会福利、公益事业的。

4. 《财政部 国家税务总局关于调整房地产交易环节税收政策的通知》(财税〔2008〕137号)第三条规定,自2008年11月1日起对个人销售住房暂免征收土地增值税。

5. 村民委员会、村民小组按照农村集体产权制度改革要求,将国有土地使用权、地上建筑物及其附着物转移、变更到农村集体经济组织名下,暂不征收土地增值税。

(三) 税率形式

土地增值税采用最低30%、最高60%的四级超率累进税率。超率累进税率是以征税对象数额的相对率为累进依据,按超率累进方式计算和确定适用税率。在确定适用税率时,要确定征税对象数额的相对率,即以增值额与扣除项目金额的比率(增值率)从低到高划分为4个级次。

(1) 增值额未超过扣除项目金额50%的部分,税率为30%。

(2) 增值额超过扣除项目金额50%、未超过扣除项目金额100%的部分,税率为40%。

(3) 增值额超过扣除项目金额100%、未超过扣除项目金额200%的部分,税率为50%。

(4) 增值额超过扣除项目金额200%的部分,税率为60%。

（四）计税依据及应纳税额的一般计算

1. 计税依据

土地增值税的计税依据是纳税人转让房地产所取得的增值额。转让房地产的增值额，是纳税人转让房地产的收入减除税法规定的扣除项目金额后的余额。

2. 应纳税额的一般计算

应纳土地增值税税额＝转让房地产增值额×适用税率－扣除项目金额×速算扣除系数

具体计算步骤如下：

第一步，确定收入项目及金额；

第二步，确定扣除项目及金额；

第三步，计算土地增值额：土地增值额＝转让房地产的收入－扣除项目金额；

第四步，计算增值比率：增值比率＝土地增值额÷扣除项目金额×100%；

第五步，确定适用税率和速算扣除系数；

第六步，计算应纳税额。

二、征收管理

（一）纳税期限

纳税人应自转让房地产合同签订之日起7日内向房地产所在地主管税务机关办理纳税申报，向税务机关提交房屋及建筑物产权、土地使用权证书，土地使用权转让、房产买卖合同，房地产评估报告及其他与转让房地产有关的资料，并在税务机关核定的期限内缴纳土地增值税。纳税人因经常发生房地产转让而难以在每次转让后申报的，可以定期进行纳税申报，具体期限由税务机关根据情况确定。

（二）纳税地点

土地增值税的纳税地点为房地产所在地。房地产所在地是指房地产的坐落地。纳税人转让房地产坐落在两个或两个以上地区的，应按房地产所在地分别申报纳税。

在实际工作中，纳税地点的确定又可分为以下两种情况：

（1）纳税人是法人的，当转让的房地产坐落地与机构所在地或经营所在地一致时，则向办理税务登记的原管辖税务机关申报纳税；如果转让的房地产坐落地与其机构所在地或经营所在地不一致时，则应向房地产坐落地所管辖的税务机关申报纳税。

（2）纳税人是自然人的，当转让的房地产坐落地与其居住地一致时，则向其居住地税务机关申报纳税；当转让的房地产坐落地与其居住地不一致时，向办理过户手续所在地税务机关申报纳税。

(三) 预征

纳税人在项目全部竣工结算前转让房地产取得的收入,由于涉及成本确定或其他原因,而无法据以计算土地增值税的,可以预征土地增值税,待该项目全部竣工办理结算后再进行清算,多退少补。具体办法由各省、自治区、直辖市税务局根据当地情况制定。除保障性住房外,东部省份预征率不低于2%,中部和东北部不低于1.5%,西部不低于1%。

营改增后,纳税人转让房地产的土地增值税应税收入不含增值税。适用增值税一般计税方法的纳税人,其转让房地产的土地增值税应税收入不含增值税销项税额;适用简易计税方法的纳税人,其转让房地产的土地增值税应税收入不含增值税应纳税额。

为方便纳税人,简化土地增值税预征税款计算,房地产开发企业采取预收款方式销售自行开发的房地产项目的,可按照以下方法计算土地增值税预征计征依据:

土地增值税预征的计征依据 = 预收款 − 应预缴增值税税款

对未按预征规定期限预缴税款的,应根据《中华人民共和国税收征收管理法》及其实施细则的有关规定,从限定的缴纳税款期限届满的次日起,加收滞纳金。

(四) 清算管理

土地增值税的清算是指纳税人在符合土地增值税清算条件后,依照税收法律、法规及土地增值税有关政策规定,计算房地产开发项目应缴纳的土地增值税税额,并填写"土地增值税清算申报表",向主管税务机关提供有关资料,办理土地增值税清算手续,结清该房地产项目应缴纳土地增值税税款的行为。由于取得预售收入的时候,按照预征率计算了土地增值税,所以满足土地增值税清算条件的时候,要按照收入总额减去扣除项目金额计算出增值额,然后计算应纳的土地增值税,减去预缴的土地增值税,多退少补。

1. 清算单位

土地增值税以国家有关部门审批的房地产开发项目为单位进行清算,对于分期开发的项目,以分期项目为单位清算。开发项目中同时包含普通住宅和非普通住宅的,应分别计算增值额。

2. 清算条件

(1) 纳税人符合下列条件之一的,应进行土地增值税的清算:

①房地产开发项目全部竣工、完成销售的;

②整体转让未竣工决算房地产开发项目的;

③直接转让土地使用权的。

纳税人应当在满足条件之日起 90 日内到主管税务机关办理清算手续并提供相应的清算资料。

（2）对符合以下条件之一的，主管税务机关可要求纳税人进行土地增值税清算：

①已竣工验收的房地产开发项目，已转让的房地产建筑面积占整个项目可售建筑面积的比例在 85% 以上，或该比例虽未超过 85%，但剩余的可售建筑面积已经出租或自用的；

②取得销售（预售）许可证满 3 年仍未销售完毕的；

③纳税人申请注销税务登记但未办理土地增值税清算手续的；

④省（自治区、直辖市、计划单列市）税务机关规定的其他情况。

对上述第③项情形，应在办理注销登记前进行土地增值税清算。

对于确定需要进行清算的项目，由主管税务机关下达清算通知，纳税人应当在收到清算通知之日起 90 日内办理清算手续并提供相应的清算资料。

3. 主管税务机关收到纳税人清算资料后，对符合清算条件的项目，且报送的清算资料完备的，予以受理；对纳税人符合清算条件，但报送的清算资料不全的，应要求纳税人在规定限期内补报，纳税人在规定的期限内补齐清算资料后，予以受理；对不符合清算条件的项目，不予受理。上述具体期限由各省、自治区、直辖市、计划单列市税务机关确定。主管税务机关已受理的清算申请，纳税人无正当理由不得撤销。

4. 清算审核

主管税务机关受理纳税人清算资料后，应在一定期限内及时组织清算审核。

清算审核包括案头审核、实地审核。案头审核是指对纳税人报送的清算资料进行数据、逻辑审核，重点审核项目归集的一致性、数据计算准确性等。实地审核是指在案头审核的基础上，通过对房地产开发项目实地查验等方式，对纳税人申报情况的客观性、真实性、合理性进行审核。

税务机关主要审核纳税人清算单位确定情况、收入情况、扣除项目情况、关联方交易行为等内容。清算审核结束，主管税务机关应当将审核结果书面通知纳税人，并确定办理补、退税期限。

5. 核定征收

在清算过程中，发现纳税人符合以下条件之一的，应按核定征收方式对房地产项目进行清算：

（1）依照法律、行政法规的规定应当设置但未设置账簿的；

（2）擅自销毁账簿或者拒不提供纳税资料的；

（3）虽设置账簿，但账目混乱或者成本资料、收入凭证、费用凭证残缺不全，难以确定转让收入或扣除项目金额的；

（4）符合土地增值税清算条件，企业未按照规定的期限办理清算手续，经税务机关责令限期清算，逾期仍不清算的；

(5) 申报的计税依据明显偏低, 又无正当理由的。

符合上述核定征收条件的, 由主管税务机关发出核定征收的税务事项告知书后, 税务人员对房地产项目开展土地增值税核定征收核查, 经主管税务机关审核合议, 通知纳税人申报缴纳应补缴税款或办理退税。

核定征收率原则上不得低于5%, 各省级税务机关要结合本地实际, 区分不同房地产类型制定核定征收率。

6. 清算后再转让房地产的处理

在土地增值税清算时未转让的房地产, 清算后销售或有偿转让的, 纳税人应按规定进行土地增值税的纳税申报, 扣除项目金额按清算时的单位建筑面积成本费用乘以销售或转让面积计算。

单位建筑面积成本费用＝清算时的扣除项目总金额÷清算的总建筑面积

第七节　其他税种

一、资源税

（一）征税范围

《中华人民共和国资源税法》明确规定, 资源税税目为能源矿产、金属矿产、非金属矿产、水气矿产、盐五大类。

（二）纳税人

在中华人民共和国领域和中华人民共和国管辖的其他海域开发应税资源的单位和个人, 为资源税的纳税人, 应当依照《中华人民共和国资源税法》规定缴纳资源税。

自2016年7月1日起, 河北省实施水资源税改革试点。自2017年12月1日起, 在北京、天津、山西、内蒙古、山东、河南、四川、陕西、宁夏9个省（自治区、直辖市）扩大水资源税改革试点。上述改革试点省份直接从江河、湖泊（含水库）和地下水取用地表水、地下水的单位和个人为资源税的纳税义务人。

为促进页岩气开发利用, 有效增加天然气供给, 在2027年12月31日之前, 继续对页岩气资源税（按6%的规定税率）减征30%。

自2023年1月1日至2027年12月31日, 对增值税小规模纳税人、小型微利企业和个体工商户减半征收资源税（不含水资源税）、城市维护建设税、房产税、城镇土地使用税、印花税（不含证券交易印花税）、耕地占用税和教育费附加、地方教育附加。增值税小规模纳税人、小型微利企业和个体工商户已依法享受资源税、城市维护建设税、房产税、城镇土地使用税、印花税、耕地占用税、教育费附加、地方教育附加等其他优惠政策的，可叠加享受此优惠政策。

（三）计税方法

资源税按照《资源税税目税率表》实行从价计征或者从量计征。实行从价计征的，应纳税额按照应税资源产品的销售额乘以具体适用税率计算。实行从量计征的，应纳税额按照应税产品的销售数量乘以具体适用税率计算。《资源税税目税率表》中规定可以选择实行从价计征或者从量计征的，具体计征方式由省、自治区、直辖市人民政府提出，报同级人民代表大会常务委员会决定，并报全国人民代表大会常务委员会和国务院备案。

（四）纳税期限

资源税实行按月或者按季申报缴纳；不能按固定期限计算缴纳的，可以按次申报缴纳。

纳税人按月或者按季申报缴纳的，应当自月度或者季度终了之日起15日内，向税务机关办理纳税申报并缴纳税款；纳税人按次申报缴纳的，应当自纳税义务发生之日起15日内，向税务机关办理纳税申报并缴纳税款。

（五）纳税地点

纳税人应纳的资源税，应当向应税产品的开采或者生产所在地主管税务机关缴纳。

跨省（区、市）水力发电取用水的水资源税在相关省份之间的分配比例，比照《财政部关于跨省区水电项目税收分配的指导意见》（财预〔2008〕84号）明确的增值税、企业所得税等税收分配办法确定。试点省份主管税务机关应当按照前款规定比例分配的水力发电量和税额，分别向跨省（区、市）水电站征收水资源税。除上述情形外，纳税人应当向生产经营所在地的税务机关申报缴纳水资源税。

二、环境保护税

（一）纳税人

在中华人民共和国领域和中华人民共和国管辖的其他海域，直接向环境排放应税污染物的企业事业单位和其他生产经营者为环境保护税的纳税人，应当依法规定缴纳环境保护税。

（二）征税范围

环境保护税的征税对象为应税污染物，是《中华人民共和国环境保护税法》所附《环境保护税税目税额表》《应税污染物和当量值表》规定的大气污染物、水污染物、固体废物和噪声。

（三）计税方法

1. 大气污染物、水污染物

(1) 基本计算方法。

应税大气污染物、水污染物的污染当量数，以该污染物的排放量除以该污染物的污染当量值计算。计算公式为：

大气污染物、水污染物应纳税额＝污染当量数×适用税额

应税大气污染物、水污染物的污染当量数＝该污染物的排放量÷该污染物的污染当量值

(2) 以排放口为单位计算应税污染物排放量。

每一排放口或者没有排放口的应税大气污染物，按照污染当量数从大到小排序，对前三项污染物征收环境保护税。

每一排放口的应税水污染物，按照《中华人民共和国环境保护税法》所附的《应税污染物和当量值表》，区分第一类水污染物和其他类水污染物，按照污染当量数从大到小排序，对第一类水污染物按照前五项征收环境保护税，对其他类水污染物按照前三项征收环境保护税。

2. 固体废物

应税固体废物的排放量为当期应税固体废物的产生量减去当期应税固体废物的贮存量、处置量、综合利用量的余额。

3. 应税噪声

应税噪声的应纳税额为超过国家规定标准的分贝数对应的具体适用税额。

（四）征收机关

纳税人应当向应税污染物排放地的税务机关申报缴纳环境保护税。

（五）纳税地点

纳税人应当向应税污染物排放地的税务机关申报缴纳环境保护税，应税污染物排放地是指：

(1) 应税大气污染物、水污染物排放口所在地；

(2) 应税固体废物产生地；

(3) 应税噪声产生地。

纳税人跨区域排放应税污染物，税务机关对税收征收管辖有争议的，由争议各方按照有利于征收管理的原则协商解决；不能协商一致的，报请共同的上级税务机关

决定。

（六）纳税期限

环境保护税按月计算，按季申报缴纳。不能按固定期限计算缴纳的，可以按次申报缴纳。纳税人按季申报缴纳的，应当自季度终了之日起15日内，向税务机关办理纳税申报并缴纳税款。纳税人按次申报缴纳的，应当自纳税义务发生之日起15日内，向税务机关办理纳税申报并缴纳税款。

三、印花税

（一）纳税人和扣缴义务人

1. 纳税人。在中华人民共和国境内书立应税凭证、进行证券交易的单位和个人，为印花税的纳税人，应当依《中华人民共和国印花税法》规定缴纳印花税。在中华人民共和国境外书立在境内使用的应税凭证的单位和个人，应当依照本法规定缴纳印花税。

应税凭证，是指《印花税税目税率表》列明的合同、产权转移书据和营业账簿。

证券交易，是指转让在依法设立的证券交易所、国务院批准的其他全国性证券交易场所交易的股票和以股票为基础的存托凭证。证券交易印花税对证券交易的出让方征收，不对受让方征收。

单位和个人，是指国内各类企业、事业、机关、团体、部队以及中外合资企业、合作企业、外资企业、外国公司企业和其他经济组织及其在华机构等单位和个人。

2. 扣缴义务人。纳税人为境外单位或者个人，在境内有代理人的，以其境内代理人为扣缴义务人；在境内没有代理人的，由纳税人自行申报缴纳印花税，具体办法由国务院税务主管部门规定。

证券登记结算机构为证券交易印花税的扣缴义务人，应当向其机构所在地的主管税务机关申报解缴税款以及银行结算的利息。

（二）征税范围和税率

1. 依照《印花税税目税率表》执行，共有税目为：合同（书面合同）、产权转移书据、营业账簿、证券交易。

2. 税率依照《印花税税目税率表》执行。

（三）计税依据

1. 应税合同的计税依据，为合同所列的金额，不包括列明的增值税税款。

2. 应税产权转移书据的计税依据，为产权转移书据所列的金额，不包括列明的增值税税款。

3. 应税营业账簿的计税依据，为账簿记载的实收资本（股本）、资本公积合计金额。

4. 证券交易的计税依据，为成交金额。

5. 应税合同、产权转移书据未列明金额的，印花税的计税依据按照实际结算的金额确定；计税依据按照前款规定仍不能确定的，按照书立合同、产权转移书据时的市场价格确定；依法应当执行政府定价或者政府指导价的，按照国家有关规定确定。

6. 证券交易无转让价格的，按照办理过户登记手续时该证券前一个交易日收盘价计算确定计税依据；无收盘价的，按照证券面值计算确定计税依据。

7. 印花税的应纳税额按照计税依据乘以适用税率计算。

8. 同一应税凭证载有两个以上税目事项并分别列明金额的，按照各自适用的税目税率分别计算应纳税额；未分别列明金额的，从高适用税率。

9. 同一应税凭证由两方以上当事人书立的，按照各自涉及的金额分别计算应纳税额。

10. 已缴纳印花税的营业账簿，以后年度记载的实收资本（股本）、资本公积合计金额比已缴纳印花税的实收资本（股本）、资本公积合计金额增加的，按照增加部分计算应纳税额。

（四）纳税时间

1. 印花税的纳税义务发生时间为纳税人书立应税凭证或者完成证券交易的当日。

2. 证券交易印花税扣缴义务发生时间为证券交易完成的当日。

3. 印花税按季、按年或者按次计征。实行按季、按年计征的，纳税人应当自季度、年度终了之日起15日内申报缴纳税款；实行按次计征的，纳税人应当自纳税义务发生之日起15日内申报缴纳税款。

4. 证券交易印花税按周解缴。证券交易印花税扣缴义务人应当自每周终了之日起5日内申报解缴税款以及银行结算的利息。

（五）纳税地点

纳税人为单位的，应当向其机构所在地的主管税务机关申报缴纳印花税；纳税人为个人的，应当向应税凭证书立地或者纳税人居住地的主管税务机关申报缴纳印花税。

不动产产权发生转移的，纳税人应当向不动产所在地的主管税务机关申报缴纳印花税。

（六）征收方式

印花税可以采用粘贴印花税票或者由税务机关依法开具其他完税凭证的方式缴纳。印花税票粘贴在应税凭证上的，由纳税人在每枚税票的骑缝处盖戳注销或者画销。印花税票由国务院税务主管部门监制。

（七）纳税减免

下列凭证免征印花税：

（1）应税凭证的副本或者抄本；

（2）依照法律规定应当予以免税的外国驻华使馆、领事馆和国际组织驻华代表机构为获得馆舍书立的应税凭证；

（3）中国人民解放军、中国人民武装警察部队书立的应税凭证；

（4）农民、家庭农场、农民专业合作社、农村集体经济组织、村民委员会购买农业生产资料或者销售农产品书立的买卖合同和农业保险合同；

（5）无息或者贴息借款合同、国际金融组织向中国提供优惠贷款书立的借款合同；

（6）财产所有权人将财产赠与政府、学校、社会福利机构、慈善组织书立的产权转移书据；

（7）非营利性医疗卫生机构采购药品或者卫生材料书立的买卖合同；

（8）个人与电子商务经营者订立的电子订单；

（9）根据国民经济和社会发展的需要，国务院对居民住房需求保障、企业改制重组、破产、支持小型微型企业发展等情形可以规定减征或者免征印花税，报全国人民代表大会常务委员会备案。

（10）自2023年8月28日起，证券交易印花税实施减半征收。

（11）自2023年10月1日起，对保障性住房经营管理单位与保障性住房相关的印花税，以及保障性住房购买人涉及的印花税予以免征。

四、房产税

（一）征税范围

房产税以房产为征税对象。房产是以房屋形态表现的财产，房屋是指有屋面和围护结构（有墙或两边有柱），能够遮风避雨，可供人们在其中生产、学习、工作、娱乐、居住或储藏物资的场所。

房产税在城市、县城、建制镇和工矿区征收。其中：

（1）城市是指经国务院批准设立的市。城市的征税范围为市区、郊区和市辖县城，不包括农村。

（2）县城是指未设立建制镇的县人民政府所在地。

（3）建制镇是指经省、自治区、直辖市人民政府批准设立的建制镇。征税范围为镇人民政府所在地。不包括所辖的行政村。关于建制镇具体征税范围，由各省、自治区、直辖市税务局提出方案，经省、自治区、直辖市人民政府批准后执行，并报国家税务总局备案。

（4）工矿区是指工商业比较发达，人口比较集中，符合国务院规定的建制镇标准，但尚未设立镇建制的大中型工矿企业所在地。开征房产税的工矿区须经省、自治区、直辖市人民政府批准。

凡在上述开征地区范围内的房产，除另有规定免税外，均应依法缴纳房产税。对不在开征地区范围之内的房产，不征收房产税。

（二）纳税人

房产税的纳税人是指在征税范围内拥有房屋产权的单位和个人。其中：

（1）产权属于全民所有的，由经营管理的单位纳税；产权属于集体和个人所有的，由集体单位和个人纳税。

（2）产权出典的，由承典人纳税。所谓产权出典，是指产权所有人将房屋、生产资料等的产权，在一定期限内典当给他人使用，而取得资金的一种融资业务。由于在房屋出典期间，产权所有人已无权支配房屋，因此，税法规定由对房屋具有支配权的承典人为纳税人。

（3）产权所有人、承典人不在房产所在地的，或者产权未确定及租典纠纷未解决的，由房产代管人或者使用人纳税。

（4）纳税单位和个人无租使用房产管理部门、免税单位及纳税单位的房产，应由使用人代为缴纳房产税；纳税单位将应税房产无租出借给免税单位使用的，应由房产所有人缴纳房产税。

（三）计税方法

1. 自用的房产以房产余值计税，计算公式为：

应纳税额 = 房产余值 × 1.2%

房产余值 = 房产原值 × (1 - 原值减除比例)

2. 出租的房产以房产租金收入计税计算公式为：应纳税额 = 不含增值税的房产租金收入 × 12%（或4%）。

（四）纳税期限

房产税按年征收、分期缴纳。纳税期限由省、自治区、直辖市人民政府规定。

（五）纳税地点

房产税的纳税地点为房产所在地。

（六）纳税义务起止时间

1. 购置新建商品房，自房屋交付使用之次月起计征房产税。

2. 购置存量房，自办理房屋权属转移、变更登记手续，房地产权属登记机关签发房屋权属证书之次月起计征房产税。

3. 出租、出借房产，自交付出租、出借房产之次月起计征房产税。

4. 房地产开发企业自用、出租、出借本企业建造的商品房，自房屋使用或交付之次月起计征房产税。

5. 纳税人将原有房产用于生产经营，从生产经营之月起，计征房产税。

6. 融资租赁的房产，由承租人自融资租赁合同约定开始日的次月起依照房产余值缴纳房产税。合同未约定开始日的，由承租人自合同签订的次月起依照房产余值缴纳房产税。

7. 纳税人自建的房屋，自建成之次月起计征房产税。

8. 纳税人委托施工企业建设的房屋，从办理验收手续之次月起征收房产税。

9. 纳税人在办理验收手续前已使用或出租、出借的新建房屋，应按法规征收房产税。

10. 纳税人因房产、土地的实物或权利状态发生变化而依法终止房产税纳税义务的，其应纳税款的计算应截止到房产、土地的实物或权利状态发生变化的当月末。

11. 《财政部 税务总局关于实施小微企业普惠性税收减免政策的通知》（财税〔2019〕13 号）和《财政部 税务总局关于进一步实施小微企业"六税两费"减免政策的公告》（财政部 税务总局公告 2022 年第 10 号）规定的是对增值税小规模纳税人可以在 50% 的税额幅度内减征资源税、城市维护建设税、房产税、城镇土地使用税、印花税（不含证券交易印花税）、耕地占用税和教育费附加、地方教育附加，执行期限为 2019 年 1 月 1 日至 2024 年 12 月 31 日。

五、城镇土地使用税

（一）征税范围

城镇土地使用税的征税范围，包括在城市、县城、建制镇和工矿区内的国家所有和集体所有的土地。

上述城市、县城、建制镇和工矿区分别按以下标准确认：

(1) 城市是指经国务院批准设立的市,其征税范围包括市区和郊区;

(2) 县城是指县人民政府所在地,其征税范围为县人民政府所在地的城镇;

(3) 建制镇是指经省、自治区、直辖市人民政府批准设立的建制镇;

(4) 工矿区是指工商业比较发达,人口比较集中,符合国务院规定建制镇标准,但尚未设立建制镇的大中型工矿企业所在地。工矿区须经省、自治区、直辖市人民政府批准。

城市、县城、建制镇、工矿区的具体征税范围,由各省、自治区、直辖市人民政府划定。

(二) 纳税人

城镇土地使用税的纳税义务人,是在城市、县城、建制镇和工矿区范围内使用土地的单位和个人。单位包括国有企业、集体企业、私营企业、股份制企业、外商投资企业、外国企业以及其他企业和事业单位、社会团体、国家机关、军队以及其他单位。个人是指个体工商户与其他个人。

城镇土地使用税的纳税人通常包括以下几类:

(1) 城镇土地使用税由拥有土地使用权的单位和个人缴纳;

(2) 拥有土地使用权的纳税人不在土地所在地的,由代管人或实际使用人纳税;

(3) 土地使用权未确定或权属纠纷未解决的,由实际使用人纳税;

(4) 土地使用权共有的,由共有各方分别纳税。

在城镇土地使用税征税范围内,承租集体所有建设用地的,由直接从集体经济组织承租土地的单位和个人缴纳城镇土地使用税。

免税单位无偿使用纳税单位的土地,免征城镇土地使用税。纳税单位无偿使用免税单位的土地,纳税单位应照章缴纳城镇土地使用税。

(三) 税额标准

城镇土地使用税采用定额税率,按大、中、小城市和县城、建制镇、工矿区分别规定每平方米土地使用税年应纳税额。具体标准如下:

(1) 大城市 1.5—30 元;

(2) 中等城市 1.2—24 元;

(3) 小城市 0.9—18 元;

(4) 县城、建制镇、工矿区 0.6—12 元。

经省、自治区、直辖市人民政府批准,经济落后地区的城镇土地使用税适用税额标准可以适当降低,但降低额不得超过规定的最低税额的30%。经济发达地区城镇土地使用税的适用税额标准可以适当提高但须报经财政部批准。

（四）纳税地点和纳税期限

1. 纳税地点

城镇土地使用税的纳税地点为土地所在地，由土地所在地的税务机关负责征收。纳税人使用的土地不属于同一省（自治区、直辖市）管辖范围的，应由纳税人分别向土地所在地的税务机关申报缴纳土地使用税。在同一省（自治区、直辖市）管辖范围内，纳税人跨地区使用的土地，由各省、自治区、直辖市税务局确定纳税地点。

2. 纳税期限

城镇土地使用税按年计算、分期缴纳，具体缴纳期限由省、自治区、直辖市人民政府确定，一般分别确定按月、季、半年或1年等不同的期限缴纳。

（五）减免税

《财政部 税务总局关于实施小微企业普惠性税收减免政策的通知》（财税〔2019〕13号）规定，增值税小规模纳税人可以在50%的税额幅度内减征资源税、城市维护建设税、房产税、城镇土地使用税、印花税（不含证券交易印花税）、耕地占用税和教育费附加、地方教育附加，执行期限为2019年1月1日至2021年12月31日。

《财政部 税务总局关于进一步实施小微企业"六税两费"减免政策的公告》（财政部 税务总局公告2022年第10号）规定，增值税小规模纳税人、小型微利企业和个体工商户均可按规定享受"六税两费"减免政策，享受期限为2022年1月1日至2024年12月31日。

《财政部 税务总局关于继续实施物流企业大宗商品仓储设施用地城镇土地使用税优惠政策的公告》（财政部 税务总局公告2023年第5号）自2023年1月1日起至2027年12月31日止，对物流企业自用（包括自用和出租）或者承租的大宗商品仓储设施用地，减按所属土地等级适用税额标准的50%计征城镇土地使用税。

2023年10月1日起，对保障性住房项目建设用地免征土地使用税。

至2025年12月31日，公租房建设期间用地及公租房建成后，免征城镇土地使用税。

六、车船税

（一）纳税人与扣缴义务人

在中华人民共和国境内属于《中华人民共和国车船税法》所附《车船税税目税额表》规定的车船的所有人或者管理人，为车船税的纳税人。

从事机动车第三者责任强制保险业务的保险机构为机动车车船税的扣缴义务人，

应当在收取保险费时依法代收车船税,并出具代收税款凭证。

(二) 征税范围

车船税的征税范围是《中华人民共和国车船税法》所附《车船税税目税额表》中规定的车辆、船舶。

(1) 依法应当在车船登记管理部门登记的机动车辆和船舶;

(2) 依法不需要在车船登记管理部门登记的在单位内部场所行驶或者作业的机动车辆和船舶。

(三) 计税方法

1. 纳税人购置的新车船,购置当年的应纳税额自取得车船所有权或管理权的当月起按月计算。应纳税额为年应纳税额除以12再乘以应纳税月份数。

计算公式如下:

应纳税额=(年应纳税额÷12)×应纳税月份数

车辆年应纳税额=应纳税车辆数量或者整备质量×年基准税额

船舶年应纳税额=应纳税船舶净吨位或者艇身长度×年基准税额

2. 《中华人民共和国车船税法》及其实施条例所涉及的排气量、整备质量、核定载客人数、净吨位、千瓦、艇身长度,以车船登记管理部门核发的车船登记证书或者行驶证所载数据为准。

3. 依法不需要办理登记的车船和依法应当登记而未办理登记或者不能提供车船登记证书、行驶证的车船,以车船出厂合格证明或者进口凭证标注的技术参数、数据为准;不能提供车船出厂合格证明或者进口凭证的,由主管税务机关参照国家相关标准核定,没有国家相关标准的参照同类车船核定。

4. 在一个纳税年度内,已完税的车船被盗抢、报废、灭失的,纳税人可以凭有关受理机关出具的证明和完税凭证,向纳税所在地的主管税务机关申请退还自被盗抢、报废、灭失月份起至该纳税年度终了期间的税款。

5. 已办理退税的被盗抢车船失而复得的,纳税人应当从公安机关出具相关证明的当月起计算缴纳车船税。

6. 已缴纳车船税的车船在同一纳税年度内办理转让过户的,不另纳税,也不退税。

7. 已经缴纳车船税的车船,因质量原因,车船被退回生产企业或者经销商的,纳税人可以向纳税所在地的主管税务机关申请退还自退货月份起至该纳税年度终了期间的税款。退货月份以退货发票所载日期的当月为准。

(四) 纳税期限

车船税按年申报缴纳。具体申报纳税期限由省、自治区、直辖市人民政府规定。

车船税纳税义务发生时间为取得车船所有权或者管理权的当月。

（五）纳税地点

车船税的纳税地点为车船的登记地或者车船税扣缴义务人所在地。依法不需要办理登记的车船，车船税的纳税地点为车船的所有人或者管理人所在地。保险机构代收代缴车船税的，应在保险机构所在地缴纳车船税。

（六）减免税优惠

下列车船免征车船税：

（1）捕捞、养殖渔船；

（2）军队、武装警察部队专用的车船；

（3）警用车船；

（4）悬挂应急救援专用号牌的国家综合性消防救援车辆和国家综合性消防救援专用船舶；

（5）依照法律规定应当予以免税的外国驻华使领馆、国际组织驻华代表机构及其有关人员的车船。

七、契税

（一）纳税人

契税的纳税人是指在中华人民共和国境内承受土地、房屋权属的单位和个人。

境内是指在中华人民共和国实际税收行政管辖范围内。土地、房屋权属是指土地使用权和房屋所有权。单位是指企业单位、事业单位、国家机关、军事单位和社会团体以及其他组织。个人是指个体经营者及其他个人，包括中国公民和外籍人员。

（二）征税范围

契税的征税对象是承受的土地、房屋权属。包括下列行为：

（1）土地使用权出让，不包括土地承包经营权和土地经营权的转移。

（2）土地使用权转让，包括出售、赠与、互换。土地使用权转让，不包括土地承包经营权和土地经营权的转移。

（3）房屋买卖、赠与、互换。

以作价投资（入股）、偿还债务、划转、奖励等方式转移土地、房屋权属的，应当依法征收契税。

(三) 税率

契税税率为3%至5%。

契税的具体适用税率，由省、自治区、直辖市人民政府在前款规定的税率幅度内提出，报同级人民代表大会常务委员会决定，并报全国人民代表大会常务委员会和国务院备案。省、自治区、直辖市可以依照前款规定的程序对不同主体、不同地区、不同类型的住房的权属转移确定差别税率。

(四) 计税依据

1. 土地使用权出让、出售，房屋买卖，为土地、房屋权属转移合同确定的成交价格，包括应交付的货币以及实物、其他经济利益对应的价款；
2. 土地使用权互换、房屋互换，为所互换的土地使用权、房屋价格的差额；
3. 土地使用权赠与、房屋赠与以及其他没有价格的转移土地、房屋权属行为，为税务机关参照土地使用权出售、房屋买卖的市场价格依法核定的价格。

纳税人申报的成交价格、互换价格差额明显偏低且无正当理由的，由税务机关依照《中华人民共和国税收征收管理法》的规定核定。

(五) 计税方法

契税应纳税额为契税的计税依据乘以适用税率。计算公式为：

应纳税额＝计税依据×税率

应纳税额以人民币计算。转移土地、房屋权属以外汇结算的，按照纳税义务发生之日中国人民银行公布的人民币市场汇率中间价折合成人民币计算。

(六) 纳税期限

1. 契税的纳税义务发生时间，为纳税人签订土地、房屋权属转移合同的当日，或者纳税人取得其他具有土地、房屋权属转移合同性质凭证的当日。
2. 纳税人应当在依法办理土地、房屋权属登记手续前申报缴纳契税。
3. 纳税人应当自纳税义务发生之日起10日内，向土地、房屋所在地的契税征收机关办理纳税申报，并在契税征收机关核定的期限内缴纳税款。

(七) 纳税地点

契税由土地、房屋所在地的税务机关依照《中华人民共和国契税法》和《中华人民共和国税收征收管理法》的规定征收管理。

（八）减免税

有下列情形之一的，免征契税：

（1）国家机关、事业单位、社会团体、军事单位承受土地、房屋权属用于办公、教学、医疗、科研、军事设施；

（2）非营利性的学校、医疗机构、社会福利机构承受土地、房屋权属用于办公、教学、医疗、科研、养老、救助；

（3）承受荒山、荒地、荒滩土地使用权用于农、林、牧、渔业生产；

（4）婚姻关系存续期间夫妻之间变更土地、房屋权属；

（5）法定继承人通过继承承受土地、房屋权属；

（6）依照法律规定应当予以免税的外国驻华使馆、领事馆和国际组织驻华代表机构承受土地、房屋权属。

（7）根据国民经济和社会发展的需要，国务院对居民住房需求保障、企业改制重组、灾后重建等情形可以规定免征或者减征契税，报全国人民代表大会常务委员会备案。

省、自治区、直辖市可以决定对下列情形免征或者减征契税：

①因土地、房屋被县级以上人民政府征收、征用，重新承受土地、房屋权属；

②因不可抗力灭失住房，重新承受住房权属。

规定的免征或者减征契税的具体办法，由省、自治区、直辖市人民政府提出，报同级人民代表大会常务委员会决定，并报全国人民代表大会常务委员会和国务院备案。

（8）《财政部 税务总局关于实施小微企业普惠性税收减免政策的通知》（财税〔2019〕13号）规定，增值税小规模纳税人可以在50%的税额幅度内减征资源税、城市维护建设税、房产税、城镇土地使用税、印花税（不含证券交易印花税）、耕地占用税和教育费附加、地方教育附加，执行期限为2019年1月1日至2021年12月31日。

《财政部 税务总局关于进一步实施小微企业"六税两费"减免政策的公告》（财政部 税务总局公告2022年第10号）规定，增值税小规模纳税人、小型微利企业和个体工商户均可按规定享受"六税两费"减免政策，享受期限为2022年1月1日至2024年12月31日。

（9）对保障性住房经营管理单位回购保障性住房继续作为保障性住房房源的免征契税。对个人购买保障性住房，减按1%的税率征收契税。

八、耕地占用税

（一）纳税人

耕地占用税的纳税人，是指在中华人民共和国境内占用耕地建设建筑物、构筑物或者从事非农业建设的单位和个人。

（二）征税范围

占用耕地建设建筑物、构筑物或者从事非农业建设的行为。

耕地，是指用于种植农作物的土地。占用耕地建设农田水利设施的，不缴纳耕地占用税。

占用园地、林地、草地、农田水利用地、养殖水面、渔业水域滩涂以及其他农用地建设建筑物、构筑物或者从事非农业建设的，比照占用耕地缴纳耕地占用税。占用上述农用地建设直接为农业生产服务的生产设施的，不缴纳耕地占用税。

（三）计税方法

计算公式为：应纳税额＝纳税人实际占用的耕地面积（平方米）×适用税额

耕地占用税的税额如下：

（1）人均耕地不超过一亩的地区（以县、自治县、不设区的市、市辖区为单位，下同），每平方米为十元至五十元；

（2）人均耕地超过一亩但不超过二亩的地区，每平方米为八元至四十元；

（3）人均耕地超过二亩但不超过三亩的地区，每平方米为六元至三十元；

（4）人均耕地超过三亩的地区，每平方米为五元至二十五元。

（四）纳税期限

耕地占用税的纳税义务发生时间为纳税人收到自然资源主管部门办理占用耕地手续的书面通知的当日。纳税人应当自纳税义务发生之日起30日内申报缴纳耕地占用税。自然资源主管部门凭耕地占用税完税凭证或者免税凭证和其他有关文件发放建设用地批准书。

（五）纳税地点

纳税人占用耕地，应当在耕地所在地申报纳税。由税务机关负责征收。

（六）减免税

1. 军事设施、学校、幼儿园、社会福利机构、医疗机构占用耕地，免征耕地占用税。

2. 铁路线路、公路线路、飞机场跑道、停机坪、港口、航道、水利工程占用耕地，减按每平方米二元的税额征收耕地占用税。

3. 农村居民在规定用地标准以内占用耕地新建自用住宅，按照当地适用税额减半征收耕地占用税；其中农村居民经批准搬迁，新建自用住宅占用耕地不超过原宅基地面积的部分，免征耕地占用税。

4. 农村烈士遗属、因公牺牲军人遗属、残疾军人以及符合农村最低生活保障条件的农村居民，在规定用地标准以内新建自用住宅，免征耕地占用税。

根据国民经济和社会发展的需要，国务院可以规定免征或者减征耕地占用税的其他情形，报全国人民代表大会常务委员会备案。

规定免征或者减征耕地占用税后，纳税人改变原占地用途，不再属于免征或者减征耕地占用税情形的，应当按照当地适用税额补缴耕地占用税。

5.《财政部 税务总局关于实施小微企业普惠性税收减免政策的通知》（财税〔2019〕13号）规定，增值税小规模纳税人可以在50%的税额幅度内减征资源税、城市维护建设税、房产税、城镇土地使用税、印花税（不含证券交易印花税）、耕地占用税和教育费附加、地方教育附加，执行期限为2019年1月1日至2021年12月31日。

《财政部 税务总局关于进一步实施小微企业"六税两费"减免政策的公告》（财政部 税务总局公告2022年第10号）规定，增值税小规模纳税人、小型微利企业和个体工商户均可按规定享受"六税两费"减免政策，享受期限为2022年1月1日至2024年12月31日。

九、烟叶税

（一）纳税人

在中华人民共和国境内收购烟叶的单位为烟叶税的纳税人。"收购烟叶的单位"，是指依照《中华人民共和国烟草专卖法》的规定收购烟叶的单位。

（二）计税方法

烟叶税的应纳税额按照纳税人收购烟叶实际支付的价款总额乘以税率计算。

纳税人收购烟叶实际支付的价款总额包括纳税人支付给烟叶生产销售单位和个人的烟叶收购价款和价外补贴。其中，价外补贴统一按烟叶收购价款的10%计算。烟叶收购价款总额＝收购价款＋价外补贴＝收购价款×（1＋10%）

计算公式为：应纳税额＝实际支付的价款总额×20%

（三）纳税期限

烟叶税按月计征，纳税人应当于纳税义务发生月终了之日起15日内申报并缴纳税款。

(四) 纳税地点

纳税人收购烟叶,应当向烟叶收购地的主管税务机关申报纳税。

十、城市维护建设税

(一) 纳税人

凡缴纳增值税、消费税的单位和个人,都是城市维护建设税的纳税人。

城市维护建设税的扣缴义务人为负有增值税、消费税扣缴义务的单位和个人,在扣缴增值税、消费税的同时扣缴城市维护建设税。

(二) 税率

1. 城市维护建设税实行三档差别比例税率,具体规定是:
(1) 纳税人所在地在市区的,税率为7%;
(2) 纳税人所在地在县城、镇的,税率为5%;
(3) 纳税人所在地不在市区、县城或镇的,税率为1%。
2. 城市维护建设税的适用税率,应当按纳税人所在地的规定税率执行。但是对下列两种情况,可按缴纳增值税和消费税的所在地的规定税率就地缴纳城市维护建设税:
(1) 由受托方代征代扣增值税、消费税的单位和个人;
(2) 流动经营等无固定纳税地点的单位和个人。

(三) 计税方法

城市维护建设税以纳税人实际缴纳的增值税、消费税税额为计税依据,应当按照规定扣除期末留抵退税退还的增值税税额。

采用分区域的差别比例税率,计算公式为:

应纳税额 = 纳税人实际缴纳的增值税、消费税税额 × 适用税率

(四) 纳税地点

纳税人缴纳增值税、消费税的地点,就是纳税人缴纳城市维护建设税的地点。下列特殊的纳税地点的规定为:

(1) 代征代扣增值税、消费税的单位和个人,同时也要代征代扣城市维护建设税,其城市维护建设税的纳税地点为代征代扣地。

(2) 对流动经营等无固定纳税地点的单位和个人,其纳税地点为缴纳增值税、消

费税所在地。

（3）纳税人跨地区提供建筑服务、销售和出租不动产的，应在建筑服务发生地、不动产所在地预缴增值税时，以预缴增值税税额为计税依据，并按预缴增值税所在地的城市维护建设税适用税率就地计算缴纳城市维护建设税。

（五）减免税

《财政部 税务总局关于实施小微企业普惠性税收减免政策的通知》（财税〔2019〕13号）规定，增值税小规模纳税人可以在50%的税额幅度内减征资源税、城市维护建设税、房产税、城镇土地使用税、印花税（不含证券交易印花税）、耕地占用税和教育费附加、地方教育附加，执行期限为2019年1月1日至2021年12月31日。

《财政部 税务总局关于进一步实施小微企业"六税两费"减免政策的公告》（财政部 税务总局公告2022年第10号）规定，增值税小规模纳税人、小型微利企业和个体工商户均可按规定享受"六税两费"减免政策，享受期限为2022年1月1日至2024年12月31日。

第八节　非税收入

一、税务机关征收的非税收入的种类

根据2016年《政府非税收入管理办法》分类如下：

（一）行政事业性收费

（二）政府性基金收入

（三）罚没收入

（四）国有资源（资产）有偿使用收入

（五）国有资本收益

（六）彩票公益金收入

（七）特许经营收入

（八）中央银行收入

（九）以政府名义接受的捐赠收入

（十）主管部门集中收入

（十一）政府收入的利息收入

（十二）森林植被恢复费、草原植被恢复费

1. 自2023年1月1日起，将森林植被恢复费、草原植被恢复费划转至税务部门征收。2023年1月1日以前审核（批准）的相关用地申请、应于2023年1月1日（含）

以后缴纳的上述收入，收缴工作继续由原执收（监缴）单位负责。划转以前和以后年度形成的欠缴收入由税务部门负责征缴入库。

2. 缴纳义务人应当依据林草部门核定的费额，按照规定的期限和程序，向税务部门申报和缴纳森林植被恢复费、草原植被恢复费。

3. 税务部门按照属地原则征收森林植被恢复费、草原植被恢复费，并会同林草部门逐项确定职责划转后的征缴流程，按照国库集中收缴制度等有关规定，依法依规开展收入征管工作，确保收入及时足额缴库。

4. 税务部门征收森林植被恢复费、草原植被恢复费应当使用财政部统一监（印）制的非税收入票据，按照税务部门全国统一信息化方式规范管理。

5. 森林植被恢复费、草原植被恢复费入库后需要办理退库的，由缴费人向税务部门申请办理，税务部门经严格审核并由有关财政、林草部门复核同意后，按照财政部门有关退库管理规定办理退付手续。

（十三）其他非税收入

二、非税收入的征收范围

非税收入可以收费、类似税收（如政府性基金收入）、利润收入、租金收入、捐款收入、罚没收入等形式取得。非税收入的概念分为广义和狭义两种。广义的非税收入是指除税收收入以外的财政收入，它包括政府债务收入、社会保险基金、不以政府名义接受的捐赠收入之外的所有财政资金。狭义的非税收入是指除去税收收入、政府债务收入、社保基金收入、不以政府名义接受的捐赠收入之外的财政收入。本书非税收入部分是针对狭义非税收入而言的。

三、非税收入的征收标准

与非税收入相比，税收有多种，但每一种取得方式都是按照税制结构统一设置的；而非税收入取得的形式多种多样，可以是收费，也可以是按照类似税收的方式（如政府性基金），还可以是利润方式、租金方式以及罚没款方式取得收入。税收是凭借国家权力征收的，而非税收入取得的依据可以是凭借政权，也可以是资源（资产）所有权、政府信誉等。

四、教育费附加和地方教育附加

凡缴纳"两税"的单位和个人，除按照《国务院关于筹措农村学校办学经费的通知》（国发〔1984〕174号）的规定，缴纳农村教育事业费附加的单位外，都应当依照规定缴纳教育费附加和地方教育附加。教育费附加和地方教育附加，以各单位和个人实际缴纳的"两税"的税额为依据，教育费附加率为3%，地方教育附加率为2%，与

"两税"同时缴纳。对海关进口的产品征收的"两税",不征教育费附加和地方教育附加。

五、文化事业建设费

在中华人民共和国境内提供广告服务的广告媒介单位和户外广告经营单位,应按照规定缴纳文化事业建设费,缴纳文化事业建设费的单位(以下简称"缴纳义务人")应按照提供广告服务取得的计费销售额和3%的费率计算应缴费额,计算公式如下:应缴费额=计费销售额×3%。计费销售额,为缴纳义务人提供广告服务取得的全部含税价款和价外费用,减除支付给其他广告公司或广告发布者的含税广告发布费后的余额。缴纳义务人减除价款的,应当取得增值税专用发票或国家税务总局规定的其他合法有效凭证,否则,不得减除。

六、废弃电器电子产品处理基金

中华人民共和国境内电器电子产品的生产者,为基金缴纳义务人,应当按照《国家税务总局关于发布〈废弃电器电子产品处理基金征收管理规定〉的公告》缴纳基金。电器电子产品生产者包括自主品牌生产企业和代工生产企业。

自2016年3月1日起,废弃电器电子产品,主要包括电冰箱、空气调节器、吸油烟机、洗衣机、电热水器、燃气热水器、打印机、复印机、传真机、电视机、监视器、微型计算机、移动通信手持机、电话单机等14类产品。

基金缴纳义务人出口电器电子产品,免征基金。应缴纳基金=销售数量(受托加工数量)×征收标准

七、残疾人就业保障金

用人单位安排残疾人就业达不到其所在地省、自治区、直辖市人民政府规定比例的,应当缴纳残疾人就业保障金。用人单位安排残疾人就业的比例不得低于本单位在职职工总数的1.5%。具体比例由各省、自治区、直辖市人民政府根据本地区的实际情况规定。保障金年缴纳额=(上年用人单位在职职工人数×所在地省、自治区、直辖市人民政府规定的安排残疾人就业比例-上年用人单位实际安排的残疾人就业人数)×上年用人单位在职职工年平均工资。自2020年1月1日起至2027年12月31日,残疾人就业保障金实行分档减缴政策。其中:用人单位安排残疾人就业比例达到1%(含)以上,但未达到所在地省、自治区、直辖市人民政府规定比例的,按规定应缴费额的50%缴纳残疾人就业保障金;用人单位安排残疾人就业比例达到1%以下,按规定应缴费额的90%缴纳残疾人就业保障金;在职职工人数在30人(含)以下的企业,暂免征收残疾人就业保障金。

第九节 社会保险费

一、税务机关征收的社会保险费的种类

在我国，国家通过多渠道筹集社会保险资金，社会保险资金主要来源于国家、用人单位和个人的缴费。按照社会保险的险种，社会保险缴费分为基本养老保险费、基本医疗保险费、失业保险费、工伤保险费和生育保险费。2020年1月，生育保险并入基本医疗保险征收。

二、基本养老保险费的缴费基数和比率

(一) 企业职工基本养老保险费

1. 缴费基数
(1) 用人单位的缴费基数。
企业基本养老保险用人单位的缴费基数为国家规定的本单位企业职工工资总额。
(2) 企业职工个人缴费基数。
企业职工个人基本养老保险的缴费基数为本人工资收入，原则上以本人上年度月平均工资为基础。
(3) 无雇工的个体工商户、未在用人单位参加基本养老保险的非全日制从业人员以及其他灵活就业人员参加企业基本养老保险。

2. 缴费比率
(1) 用人单位缴费比例。
根据相关政策规定，用人单位缴纳基本养老保险金比例一般不得超过企业工资总额的20%，具体比例由省、自治区、直辖市人民政府确定。从2019年5月1日降为16%。
(2) 职工个人缴费比例。
职工个人缴纳比例为本人工资收入的8%。
(3) 无雇工的个体工商户、未在用人单位参加基本养老保险的非全日制从业人员以及其他灵活就业人员缴费比例为其缴费基数的20%，其中8%计入个人账户，12%计入统筹基金账户。退休后按企业职工基本养老金计发办法计发基本养老金。

(二) 城乡居民基本养老保险费

缴费标准：城乡居民缴纳养老保险费采取自愿原则。城乡居民缴费标准目前设为

每年 100 元、200 元、300 元、400 元、500 元、600 元、700 元、800 元、900 元、1 000元、1 500 元、2 000 元、3 000 元、4 000 元、5 000 元、6 000 元 16 个档次，省（区、市）人民政府可以根据实际情况增设缴费档次，最高缴费档次标准原则上不超过当地灵活就业人员参加职工基本养老保险的年缴费额，并报人力资源和社会保障部备案。

（三）机关事业单位工作人员基本养老保险费

1. 缴费基数

（1）用人单位缴费基数。

机关事业单位的用人单位缴纳基本养老保险费、职业年金的基数都是本单位的职工工资总额。

（2）编制内的工作人员个人的缴费基数。

机关事业单位编制内工作人员的个人基本养老保险、职业年金的缴费基数都是本人工资，一般以上年度本人月平均工资为个人缴费工资基数。

2. 缴费比例

（1）用人单位缴费比例。

用人单位缴纳基本养老保险金缴费比例为本单位职工工资总额的20%，从2019年5月1日降为16%。职业年金缴费比例为本单位职工工资总额的8%。

（2）机关事业单位编制内工作人员个人缴费比例。

机关事业单位编制内工作人员个人基本养老保险缴费比例为本人缴费基数的8%，个人职业年金缴费比例为本人缴费基数的4%。

三、基本医疗保险费

我国基本医疗保险包括职工基本医疗保险费和城乡居民医疗保险费。

（一）职工基本医疗保险费

1. 缴费基数

（1）用人单位的缴费基数。

用人单位基本医疗保险费的缴费基数为本单位职工工资总额。

（2）职工个人缴费基数。

职工个人缴纳基本医疗保险的缴费基数为本人工资。

（3）无雇工的个体工商户、未在用人单位参加基本医疗保险的非全日制从业人员以及其他灵活就业人员参加基本医疗保险，其缴费基数按照所在统筹地的规定执行。

2. 缴费比例

（1）用人单位缴费比例。

用人单位缴纳基本医疗保险金比例为本单位职工工资总额的6%左右。具体比例以统筹地规定为准。

（2）职工个人缴费比例。

职工个人缴纳比例一般为个人缴费基数的2%。

（3）无雇工的个体工商户、未在用人单位参加基本医疗保险的非全日制从业人员以及其他灵活就业人员缴费比例全国不统一，实际按统筹地具体规定执行。

（二）城乡居民基本医疗保险费

缴费标准：城乡居民基本医疗保险以年为单位，采取定额缴费方式进行缴费。具体要以统筹地规定标准为准。2022年，国家规定城乡居民医疗保险个人缴费标准每人每年350元，各地可根据具体情况增加缴费标准。政府也给予资金补助，2022年，财政对城乡居民财政补助资金每人每年不低于610元，用于分担城乡居民个人的医疗费用。

（三）生育保险费

按照国务院办公厅2019年3月印发的《关于全面推进生育保险和职工基本医疗保险合并实施的意见》，2019年底前实现生育保险和职工基本医疗保险合并实施。

据不完全统计，目前全国已有超过20个省份公布了生育保险和职工基本医疗保险合并实施的方案。这些省份包括广东、广西、山东、山西、河北、甘肃、宁夏、江西、天津、浙江、湖南、湖北、云南、新疆、青海、海南、黑龙江、吉林、江苏、重庆、贵州等。

四、失业保险费

失业保险待遇包括领取失业保险金，接受职业培训、职业介绍的补贴以及其他待遇等。

（一）缴费基数

1. 用人单位的缴费基数

用人单位缴纳失业保险费的缴费基数为国家规定的本单位职工工资总额。

2. 职工个人缴费基数

职工缴纳失业保险的缴费基数为本人工资。

（二）缴费比例

失业保险的缴费人按照本单位职工工资总额的2%缴纳失业保险费。职工个人按照本人工资收入的1%缴纳失业保险费。用人单位和个人失业保险费率总和（失业保险总费率）为3%。

自2015年3月1日起，失业保险费率由3%降至2%，2016年5月降至1.5%，2017年1月1日后降至1%，个人和单位各缴纳0.5%。

自2023年5月1日起，继续实施阶段性降低失业保险费率至1%的政策，实施期限延长至2024年底。在省（区、市）行政区域内，单位及个人的费率应当统一，个人费率不得超过单位费率。

五、工伤保险费

（一）缴费基数

用人单位缴纳工伤保险费的缴费基数为本单位职工工资总额。

（二）缴费比例

根据不同行业的工伤风险程度，由低到高，我国依次将行业工伤风险类别划分为一类至八类。不同工伤风险类别的行业执行不同的工伤保险行业基准费率。各行业工伤风险类别对应的全国工伤保险行业基准费率为：一类至八类分别控制在该行业用人单位职工工资总额的0.2%、0.4%、0.7%、0.9%、1.1%、1.3%、1.6%、1.9%左右。工伤保险在实行行业差别比率费率的基础上，根据用人单位工伤保险出现情况、工伤保险费的使用情况、工伤发生率等因素实行浮动费率。通过费率浮动的办法确定每个行业内的费率档次。一类行业分为三个档次，即在基准费率的基础上，可向上浮动至120%、150%，二类至八类行业分为五个档次，即在基准费率的基础上，可分别向上浮动至120%、150%或向下浮动至80%、50%。全国工伤保险费率原则上控制在1%左右。

自2023年5月1日起，按照《国务院办公厅关于印发降低社会保险费率综合方案的通知》（国办发〔2019〕13号）有关实施条件，继续实施阶段性降低工伤保险费率政策，实施期限延长至2024年底。

六、降低社会保险费率综合方案

（一）关于降低养老保险单位缴费比例

自2019年5月1日起，各地企业职工基本养老保险用人单位的缴费比例高于16%的，可降至16%；低于16%的，要研究提出过渡办法。各地机关事业单位基本养老保险单位缴费比例可降至16%。

（二）关于继续阶段性降低失业保险费率

自 2015 年 3 月 1 日起，失业保险费率暂由总费率的 3% 降至 2%，单位和个人缴费的具体比例由各省、自治区、直辖市人民政府确定。在省、自治区、直辖市行政区域内，单位及职工的费率应当统一。2016 年 5 月 1 日起，失业保险总费率阶段性降为 1.5%，执行期限暂定为两年。2017 年 1 月 1 日起，失业保险费率为 1.5% 的地方，失业保险总费率可以降为 1%，执行期限为两年，到 2019 年 4 月 30 日。从 2019 年 5 月 1 日起，2020 年、2021 年、2022 年期限延长，目前延长至 2023 年 4 月 30 日。

（三）关于继续阶段性降低工伤保险费率

为了减轻企业的负担，国家规定从 2018 年 5 月 1 日起，在保持八类费率总体稳定的基础上，工伤保险基金累计结余可支付月数在 18（含）至 23 个月的统筹地区，可以以现行费率为基础下调 20%；累计结余可支付月数在 24 个月（含）以上的统筹地区，可以以现行费率为基础下调 50%。降低费率的期限执行至 2019 年 4 月 30 日。下调费率期间，统筹地区工伤保险基金累计结余达到合理支付月数范围的，停止下调。具体方案由各省（区、市）研究确定。2019 年继续执行 2018 年的降费政策，期限为一年，即从 2019 年 5 月 1 日至 2020 年 4 月 30 日。2020 年、2021 年继续执行降费政策到 2022 年 4 月 30 日。

（四）延长阶段性减免企业社会保险费政策实施期限

1. 自 2020 年 2 月起，各省、自治区、直辖市及新疆生产建设兵团（以下统称"省"）阶段性减免企业基本养老保险、失业保险、工伤保险（以下统称"三项社会保险"）单位缴费部分。

对中小微企业三项社会保险单位缴费部分免征的政策，执行到 2020 年 12 月底。各省（除湖北省外）对大型企业等其他参保单位（不含机关事业单位，下同）三项社会保险单位缴费部分减半征收的政策，延长执行到 2020 年 6 月底。湖北省对大型企业等其他参保单位三项社会保险单位缴费部分免征的政策，继续执行到 2020 年 6 月底。

2. 受疫情影响生产经营出现严重困难的企业，可继续缓缴社会保险费至 2020 年 12 月底，缓缴期间免收滞纳金。

3. 各省 2020 年社会保险个人缴费基数下限可继续执行 2019 年个人缴费基数下限标准，个人缴费基数上限按规定正常调整。

4. 有雇工的个体工商户以单位方式参加三项社会保险的，继续参照企业办法享受单位缴费减免和缓缴政策。

5. 以个人身份参加企业职工基本养老保险的个体工商户和各类灵活就业人员，2020年缴纳基本养老保险费确有困难的，可自愿暂缓缴费。2021年可继续缴费，缴费年限累计计算；对2020年未缴费月度，可于2021年底前进行补缴，缴费基数在2021年当地个人缴费基数上下限范围内自主选择。

灵活就业人员，可以按月、季、半年、年缴纳企业职工基本养老保险费，不得以事后补缴方式追溯补缴增加缴费年限，灵活就业参保人员2022年度养老保险费未按时缴纳或需补缴差额的，2022年缴费有困难的，可在2023年底前缴纳，逾期未缴纳的，按政策规定不得补缴。

6. 实施缓缴政策的行业从民航、餐饮、住宿、旅游、公路铁路水路运输扩大到汽车制造、医药制造等22个行业，困难行业所属困难企业养老保险缓缴实施期限到2022年底，失业、工伤保险缓缴实施期限到2023年6月底。企业申请缓缴期限不超过一年。原5个困难行业缓缴养老保险期限相应延长到2022年底。

7. 根据《国家税务总局 财政部 人力资源社会保障部 中国人民银行 国家医疗保障局关于印发〈统一社会保险费征收模式实施方案〉的通知》（税总社保发〔2022〕56号）规定："统模式"改革后，在用人单位基本医疗保险、生育保险改为向税务部门自行申报的基础上，现有税务部门征收的其他各类补充医疗保险的险种、范围和渠道保持不变。"统模式"改革后，需纳入税务部门征收的险种范围由各地另行商定。

（1）全员申报规则。原则上用人单位应当一次性申报本单位当期所有参保职工，如申报后当期再增员的，允许补充申报。如遇退休、转移等特殊情形的，可对此部分职工进行分批申报。

（2）险种申报规则。用人单位职工基本医疗保险、生育保险等，同一所属期内按照同一缴费基数一并申报、缴费。其他险种存在依赖关系的，由各地医保部门向本地税务机关提供申报规则，各地税务机关通过金三社保费标准版系统参数配置实现。

（3）基数预填规则。对新入职职工以及一至四级伤残人员的职工，由人社部门将用人单位参保登记时填报的起薪当月工资、伤残津贴实际发放、变更信息一并传递税务部门。该缴费工资适用于医疗保险涉及的所有险种，在用人单位申报时预填。

（4）滞纳金配置规则。"统模式"后非基本医疗保险（含生育保险）滞纳金配置规则由各地另行商定。

（5）其他险种规则。各地医保部门应及时将本地特殊单位、特殊身份人员的计费规则和算法，包括缴费基数确认方式和应缴费额计算方式、费率等完整、准确提供给本地税务机关，各地税务机关做好金三社保费标准版系统参数配置。

★ 习题精练及答案解析

一、单项选择题

1. 按照税收实体法要素的规定，下列表述正确的是（　　）。（用于 8 – 11 级测试）

    A. 价值形态下，课税对象和计税依据一般是不一致的

    B. 税目是一种税区别于另一种税的最主要标志

    C. 从个人所得税来看，其课税对象与税源是不一致的

    D. 税目一般可分为列举税目和概括税目

    【参考答案】D

    【解析】选项 A，价值形态下，课税对象和计税依据一般是一致的；选项 B，课税对象是一种税区别于另一种税的最主要标志；选项 C，从所得税（包括企业所得税和个人所得税）来看，其课税对象与税源是一致的。

2. 下列行为中，属于增值税征税范围的是（　　）。（用于 8 – 11 级测试）

    A. 资产重组过程中，通过合并的方式，将全部实物资产以及与其相关联的债权、负债和劳动力一并转让给其他单位

    B. 个体工商户为聘用的员工提供服务

    C. 银行经办委托贷款业务取得的手续费收入

    D. 老王向好友无偿提供信息咨询服务

    【参考答案】C

    【解析】选项 A，纳税人在资产重组过程中，通过合并、分立、出售、置换等方式，将全部或者部分实物财产以及与其相关联的债权、负债和劳动力一并转让给其他单位和个人，不属于增值税的征税范围，其中涉及的货物转让，不动产、土地使用权转让行为，不征收增值税。选项 B，单位或者个体工商户为聘用的员工提供服务，属于非经营活动，不属于增值税征税范围。选项 D，其他个人无偿提供的服务，无须视同销售。

3. 纳税人提供的下列应税服务中，应按照"其他现代服务"计征增值税的是（　　）。（用于 1 – 7 级测试）

    A. 市场调查服务

    B. 知识产权服务

    C. 对安装运行后的机器设备提供的维护保养服务

    D. 植物养护服务

    【参考答案】C

    【解析】选项 A，按照"鉴证咨询服务"计征增值税；选项 B，按照"文化创意服

务"计征增值税；选项 D，按照"其他生活服务"计征增值税。

4. 甲公司为增值税一般纳税人，2024 年 3 月进口服装一批，关税完税价格为 1000 万元，该批服装已报关，取得海关开具的进口增值税专用缴款书。进口服装的关税税率为 15%。甲公司进口环节应缴纳的关税和增值税合计为（   ）万元。（用于 8－11 级测试）

  A. 149.5   B. 299.5   C. 130   D. 150

【参考答案】B

【解析】应缴纳的关税 = 1 000 × 15% = 150（万元），应缴纳的增值税 = (1 000 + 150) × 13% = 149.5（万元），应缴纳的关税、增值税合计 = 150 + 149.5 = 299.5（万元）。

5. 甲公司为增值税一般纳税人，2024 年 5 月购买一栋 8 层的写字楼，取得增值税专用发票注明金额 5 000 万元，税额 450 万元；该写字楼的 1—6 层为公司管理部门使用，7—8 层用作职工食堂和健身房。另购买电脑 100 台，取得增值税专用发票注明金额 100 万元、税额 13 万元，其中的 20 台用于员工福利，剩余的 80 台用于公司经营使用。甲公司当月允许抵扣的进项税额为（   ）万元。（用于 8－11 级测试）

  A. 347.9   B. 350.5   C. 460.4   D. 463

【参考答案】C

【解析】纳税人购进不动产（写字楼），既用于一般计税方法计税项目，又用于简易计税方法计税项目、免征增值税项目、集体福利或个人消费的，其进项税额准予从销项税额中全额抵扣。购进固定资产，专用于简易计税方法计税项目、免征增值税项目、集体福利（用于员工福利的 20 台电脑）或个人消费的，其进项税额不得从销项税额中抵扣。当月允许抵扣的进项税额 = 450 + 13 × (1 - 20%) = 460.4（万元）。

6. 下列各项的进项税额，准予从销项税额中抵扣的有（   ）。（用于 1－7 级测试）

  A. 购进专门用于非增值税应税项目的专利技术

  B. 购进既用于增值税应税项目又用于非增值税应税项目的固定资产

  C. 非正常损失的购进货物

  D. 接受的餐饮服务

【参考答案】B

【解析】根据《中华人民共和国增值税暂行条例实施细则》的规定。

7. 增值税纳税人年应税销售额超过财政部、国家税务总局规定的小规模纳税人标准的，除另有规定外，应当向主管税务机关办理一般纳税人登记，下列关于年应税销售额的说法正确的是（   ）。（用于 1－7 级测试）

  A. 是指纳税人在连续不超过 12 个月的经营期内累计应征增值税销售额，其中经营期是指在纳税人存续期内的连续经营期间，不包括未取得销售收入的月份，年应税销售额包括纳税申报销售额、稽查查补销售额、纳税评估调整销售额

B. 是指纳税人在连续不超过 12 个月的经营期内累计应征增值税销售额，其中经营期是指在纳税人存续期内的连续经营期间，含未取得销售收入的月份，年应税销售额包括纳税申报销售额、稽查查补销售额、纳税评估调整销售额

C. 是指纳税人在连续不超过 24 个月的经营期内累计应征增值税销售额，其中经营期是指在纳税人存续期内的连续经营期间，不包括未取得销售收入的月份，年应税销售额包括纳税申报销售额、稽查查补销售额、纳税评估调整销售额

D. 是指纳税人在连续不超过 12 个月的经营期内累计应征增值税销售额，其中经营期是指在纳税人存续期内的连续经营期间，含未取得销售收入的月份，年应税销售额只包括纳税申报销售额

【参考答案】B

【解析】增值税纳税人年应税销售额超过财政部、国家税务总局规定的小规模纳税人标准的，除另有规定外，应当向主管税务机关办理一般纳税人资格登记，所称年应税销售额是指纳税人在连续不超过 12 个月或 4 个季度的经营期内累计应征增值税销售额，其中经营期是指在纳税人存续期内的连续经营期间，含未取得销售收入的月份或季度，年应税销售额包括纳税申报销售额、稽查查补销售额、纳税评估调整销售额。

8. 按季度申报缴纳增值税的小规模纳税人 A，在 2024 年 1 月销售货物取得收入 10 万元，2 月提供建筑服务取得收入 30 万元，同时向其他建筑企业支付分包款 12 万元，3 月销售其自建的不动产取得收入 200 万元。以上金额均不含税，则小规模纳税人 A 在 2024 年第一季度应缴纳增值税（ ）万元。（用于 8 – 11 级测试）

   A. 11.5　　　　B. 11.14　　　　C. 0　　　　D. 10

【参考答案】D

【解析】（1）自 2023 年 1 月 1 日至 2027 年 12 月 31 日，小规模纳税人发生增值税应税销售行为，合计月销售额未超过 10 万元（以 1 个季度为 1 个纳税期的，季度销售额未超过 30 万元）的，免征增值税。适用增值税差额征税政策的小规模纳税人，以差额后的销售额确定是否可以享受免征增值税政策。小规模纳税人发生增值税应税销售行为，合计季度销售额超过 30 万元，但扣除本期发生的销售不动产的销售额后未超过 30 万元的，其销售货物、劳务、服务、无形资产取得的销售额免征增值税。（2）小规模纳税人 A 在 2024 年第一季度差额后合计销售额 = 10 + 30 - 12 + 200 = 228（万元），超过 30 万元，但是扣除 200 万元不动产销售额，差额后的销售额 = 10 + 30 - 12 = 28（万元），不超过 30 万元，可以享受小规模纳税人免税政策；同时，小规模纳税人销售不动产收入 200 万元应依法纳税。（3）小规模纳税人 A 在 2024 年第一季度应缴纳增值税 = 200 × 5% = 10（万元）。

9. 根据增值税法律制度的规定，下列各项中，属于增值税混合销售行为的是（ ）。（用于 1 – 7 级测试）

A. 销售自产机器设备的同时提供安装服务，且分别核算机器设备和安装服务的销售额

B. 电信企业既提供通信服务又销售手机

C. KTV 提供娱乐服务的同时销售酒水

D. 大型商场一层至五层销售货物，地下美食城提供餐饮服务

【参考答案】C

【解析】兼营是指经营销售货物，提供应税劳务，销售应税服务、无形资产、不动产等多项业务。混合销售行为是指一项销售行为既涉及服务又涉及货物，只有选项 C 符合条件。选项 ABD 均属于兼营行为。

10. 以下关于符合条件的制造业等行业企业纳税人留抵退税的计算公式正确的是（ ）。（用于 1 - 7 级测试）

　　A. 允许退还的增量留抵税额 = 增量留抵税额 × 进项构成比例 × 100%

　　B. 允许退还的存量留抵税额 = 增量留抵税额 × 进项构成比例 × 100%

　　C. 允许退还的增量留抵税额 = 增量留抵税额 × 进项构成比例 × 60%

　　D. 允许退还的存量留抵税额 = 增量留抵税额 × 进项构成比例 × 60%

【参考答案】A

【解析】根据《关于进一步加大增值税期末留抵退税政策实施力度的公告》（财政部 税务总局公告 2022 年第 14 号）第八条，允许退还的增量留抵税额 = 增量留抵税额 × 进项构成比例 × 100%。

11. 以下小微企业纳税人仍有可能适用增值税期末留抵退税政策的是（ ）。（用于 1 - 7 级测试）

　　A. 甲企业纳税信用等级为 M 级

　　B. 乙企业申请退税前 36 个月曾发生骗取出口退税的情形

　　C. 丙企业申请退税前 36 个月因偷税曾被税务机关处罚过一次

　　D. 丁企业 2019 年 4 月 1 日至今已享受即征即退政策且不退回税款

【参考答案】C

【解析】根据《关于进一步加大增值税期末留抵退税政策实施力度的公告》（财政部 税务总局公告 2022 年第 14 号）第三条，适用本公告政策的纳税人需同时符合以下条件：（1）纳税信用等级为 A 级或者 B 级；（2）申请退税前 36 个月未发生骗取留抵退税、骗取出口退税或虚开增值税专用发票情形；（3）申请退税前 36 个月未因偷税被税务机关处罚两次及以上；（4）2019 年 4 月 1 日起未享受即征即退、先征后返（退）政策。

12. 根据最新的留抵退税政策，下列关于存量留抵税额和增量留抵税额的说法中，正确的是（ ）。（用于 1 - 7 级测试）

　　A. 纳税人申请存量留抵退税前的存量留抵税额是指 2019 年 3 月 31 日期末留抵税额

B. 纳税人获得一次性存量留抵退税后，增量留抵税额为当期期末留抵税额

C. 纳税人不能同时申请增量留抵退税和存量留抵退税

D. 纳税人获得一次性存量留抵退税后，存量留抵税额为当期期末留抵税额

【参考答案】B

【解析】选项A错误，纳税人获得一次性存量留抵退税前，当期期末留抵税额大于或等于2019年3月31日期末留抵税额的，存量留抵税额为2019年3月31日期末留抵税额；当期期末留抵税额小于2019年3月31日期末留抵税额的，存量留抵税额为当期期末留抵税额。选项C错误，纳税人可以在规定期限内同时申请增量留抵退税和存量留抵退税。选项D错误，纳税人获得一次性存量留抵退税后，存量留抵税额为零。

13. 下列有关增值税销售额的说法，不正确的是（　　）。（用于8-11级测试）

A. 销售货物的同时代办保险等而向购买方收取的保险费，以及向购买方收取的代购买方缴纳的车辆购置税、车辆牌照费，不属于价外费用，不计入销售额

B. 纳税人采取还本销售方式销售货物的，可以从销售额中减除还本支出

C. 以销售折扣方式销售货物，折扣额不得从销售额中扣除

D. 贷款服务以提供贷款服务取得的全部利息及利息性质的收入为销售额

【参考答案】B

【解析】选项B，特殊销售方式下的销售额：纳税人采取还本销售方式销售货物的，不得从销售额中减除还本支出。

14. 甲企业为增值税一般纳税人，2024年3月销售自产饮料灌装设备取得收入600万元，同时取得安装费收入30万元。当月另对安装运行后的设备提供维护保养取得收入10万元，提供设备维修取得收入20万元，上述收入均为不含税收入，会计上均分别核算，增值税采用一般计税方法。甲企业当月增值税销项税额是（　　）万元。（用于8-11级测试）

A. 83.90　　　　B. 83.40　　　　C. 85.10　　　　D. 84.60

【参考答案】A

【解析】安装饮料灌装设备，按照建筑服务（9%）缴纳增值税；对安装运行后的设备提供维护保养，按照现代服务——其他现代服务（6%）缴纳增值税；提供设备维修按销售劳务（13%）缴纳增值税。甲企业当月增值税销项税额 = 600×13% + 30×9% + 10×6% + 20×13% = 83.9（万元）。

15. 以下企业中，属于消费税纳税人的是（　　）。（用于8-11级测试）

A. 钻石饰品的进口企业

B. 受托加工高档化妆品的企业

C. 对混合芳烃、重芳烃、混合碳八、稳定轻烃、轻油、轻质煤焦油生产企业。

D. 销售啤酒的零售企业

【参考答案】C

【解析】选项 A，钻石饰品的零售企业是消费税的纳税人，钻石饰品进口环节不缴纳消费税；选项 B，受托加工高档化妆品的企业代收代缴消费税，并不是消费税的纳税人，委托方才是消费税纳税人；选项 C，对混合芳烃、重芳烃、混合碳八、稳定轻烃、轻油、轻质煤焦油按照石脑油征收消费税。选项 D，啤酒在生产销售、委托加工或进口环节缴纳消费税，零售环节不缴纳消费税，啤酒零售企业不属于消费税纳税人。

16. 某化妆品生产企业发生的下列业务，其消费税纳税义务发生时间的表述中，正确的是（　　）。（用于 1－7 级测试）

    A. 将自产香水用于市场推广，纳税义务发生时间为移送使用的当天

    B. 进口一批香水精，纳税义务发生时间为海关审定进口价格的当天

    C. 委托加工厂加工一批香粉，纳税义务发生时间为合同约定支付加工费的当天

    D. 采用预收货款方式销售成套化妆品，纳税义务发生时间为收到预收款的当天

【参考答案】A

【解析】选项 B，纳税人进口的应税消费品，其纳税义务发生时间，为报关进口的当天；选项 C，纳税人委托加工的应税消费品，其纳税义务发生时间，为纳税人提货的当天；选项 D，纳税人采取预收货款结算方式的，其纳税义务发生时间，为发出应税消费品的当天。

17. 纳税人采用以旧换新方式销售金银首饰，征收消费税的计税依据是（　　）。（用于 1－7 级测试）

    A. 销售金银首饰的含增值税全部价款，不扣除换回旧首饰价款

    B. 销售金银首饰的不含增值税全部价款，不扣除换回旧首饰价款

    C. 实际收取的不含增值税全部价款

    D. 实际收取的含增值税全部价款，扣除换回旧首饰价款

【参考答案】C

【解析】《财政部 国家税务总局关于调整金银首饰消费税纳税环节有关问题的通知》（财税字〔1994〕95 号）第七条第四款规定：纳税人采用以旧换新（含翻新改制）方式销售的金银首饰，应按实际收取的不含增值税的全部价款确定计税依据征收消费税。《财政部 国家税务总局关于金银首饰等货物征收增值税管理问题的通知》（财税字〔1996〕74 号）规定：考虑到金银首饰以旧换新业务的特殊情况，对金银首饰以旧换新业务，可以按销售方实际收取的不含增值税的全部价款征收增值税。

18. 某酒厂为增值税一般纳税人，2024 年 5 月销售额及包装物押金收取情况如下：销售 10 吨粮食白酒、5 吨黄酒收取含税销售额分别为 280.8 万元、128.7 万元，当月发出白酒、黄酒包装物收取押金分别为 24.57 万元、11.7 万元，当月白酒、黄酒到期未收回包装物而没收押金分别为 4.68 万元、5.85 万元，则该酒厂当月应纳消费

税税额为（　　）万元。（白酒消费税税率20%加0.5元/500克；黄酒消费税税率240元/吨）（用于8－11级测试）

A．59.50　　　　B．63.50　　　　C．55.17　　　　D．69.50

【参考答案】C

【解析】黄酒从量计征消费税，其包装物押金不缴纳消费税；白酒包装物押金收取时就需要缴纳消费税，到期没收的包装物押金不再计征消费税。销售粮食白酒应纳消费税税额＝[280.8÷(1＋13%)＋24.57÷(1＋13%)]×20%＋10×2 000×0.5÷10 000＝55.05（万元）销售黄酒应纳消费税税额＝5×240÷10 000＝0.12（万元），该酒厂当月应纳消费税税额＝55.05＋0.12＝55.17（万元）。

19．下列关于纳税人提供不动产经营租赁服务增值税征收管理的规定，表述不正确的是（　　）。（用于1－7级测试）

A．属于小规模纳税人的个体工商户出租住房，按照5%的征收率计算应纳税额

B．单位和个体工商户出租不动产，向不动产所在地主管税务机关预缴的增值税款，可以在当期增值税应纳税额中抵减，抵减不完的，结转下期继续抵减

C．一般纳税人出租其2016年4月30日前取得的不动产，可以选择适用简易计税方法，按照5%的征收率计算应纳税额

D．小规模纳税人中的单位和个体工商户出租不动产（不含个体工商户出租住房），按照5%的征收率计算应纳税额

【参考答案】A

【解析】自然人出租住房，按照5%征收率减按1.5%计算应纳税额。自然人出租不动产（不含住房），按照5%征收率计算应纳税额。个体工商户出租住房，按照5%征收率减按1.5%计算应纳增值税税额。

20．下列关于进口环节增值税的税务处理错误的是（　　）。（用于8－11级测试）

A．在计算进口环节的应纳增值税税额时不得抵扣任何税额，即在计算进口环节的应纳增值税税额时，不得抵扣发生在我国境外的各种税金

B．在限值以内进口的跨境电子商务零售进口商品，跨境电子商务零售进口商品的进口环节增值税、消费税取消免征税额，暂按法定应纳税额的80%征收

C．跨境电子商务零售进口商品的单次交易限值为人民币5 000元，个人年度交易限值为人民币26 000元

D．跨境电子商务零售进口商品自海关放行之日起30日内退货的，可申请退税，并相应调整个人年度交易总额

【参考答案】B

【解析】选项B，在限值以内进口的跨境电子商务零售进口商品，进口环节增值税、消费税取消免征税额，暂按法定应纳税额的70%征收。

21. 甲公司（取得烟草专卖生产企业许可证）2024年4月生产持有商标的电子烟产品，销售给电子烟批发企业，不含增值税销售额为90万元；委托经销商乙公司销售同一电子烟产品，经销商销售给电子烟批发企业不含增值税销售额为100万元。甲公司当月应缴纳消费税为（ ）万元。（电子烟消费税税率为36%）（用于8－11级测试）

  A. 32.4　　　　　　B. 36　　　　　　C. 64.8　　　　　　D. 68.4

【参考答案】D

【解析】（1）纳税人生产销售电子烟的，按照生产销售电子烟的销售额计算纳税。电子烟生产环节纳税人采用代销方式销售电子烟的，按照经销商（代理商）销售给电子烟批发企业的销售额计算纳税。（2）甲公司应缴纳消费税 =（90 + 100）× 36% = 68.4（万元）。

22. 下列产品中，在计算缴纳消费税时准许扣除外购应税消费品已纳消费税的是（ ）。（用于1－7级测试）

  A. 外购已税烟丝连续生产的卷烟　　　　B. 外购已税摩托车生产的应税摩托车
  C. 外购已税溶剂油生产的应税涂料　　　D. 外购已税游艇生产的应税游艇

【参考答案】A

【解析】选项BCD，不得扣除外购应税消费品的已纳消费税。

23. 下列关于所得税来源地的确定，符合企业所得税法相关规定的是（ ）。（用于8－11级测试）

  A. 销售货物所得按照销售企业所在地确定
  B. 股息、红利权益性投资所得按照投资所得的企业所在地确定
  C. 特许权使用费所得按照支付、负担所得的企业或者机构所在地确定
  D. 不动产转让所得按照转让不动产的企业所在地确定

【参考答案】C

【解析】选项A，销售货物所得按照交易活动发生地确定；选项B，股息、红利权益性投资所得按照分配所得的企业所在地确定；选项D：不动产转让所得按照不动产所在地确定。

24. 2024年3月甲企业将持有乙企业5%的股权以1 000万元的价格转让，转让价格中包含乙企业未分配利润中归属于该股权的20万元，股权的购置成本为800万元。甲企业应确认的股权转让所得为（ ）万元。

  A. 50　　　　　　B. 180　　　　　　C. 200　　　　　　D. 220

【参考答案】C

【解析】企业在计算股权转让所得时，不得扣除被投资企业未分配利润等股东留存收益中按该项股权所能分配的金额。应确认的股权转让所得 = 1 000 - 800 = 200（万元）。

25. 下列关于企业商品销售收入确认的税务处理中，符合企业所得税法规定的是（　　）。（用于1－7级测试）

　　A. 为促进商品销售提供商业折扣的，按扣除商业折扣前的金额确认销售收入

　　B. 为鼓励债务人在规定期限内付款提供现金折扣的，按扣除现金折扣后的金额确认销售收入

　　C. 因售出商品品种不符合要求发生销售退回的，在发生销售退回的下一期冲减当期销售商品收入

　　D. 因售出商品质量原因提供销售折让并已确认销售收入的，在发生销售折让当期冲减当期销售商品收入

【参考答案】D

【解析】选项A，商品销售涉及商业折扣的，应当按照扣除商业折扣后的金额确定销售商品收入金额；选项B，商品销售涉及现金折扣的，应当按照扣除现金折扣前的金额确定销售商品收入金额；选项C，企业已经确认销售收入的售出商品发生销售折让和销售退回，应当在发生当期冲减当期销售商品收入。

26. 甲是个体工商户，属于按季申报的增值税小规模纳税人。2024年1月5日，自行开具了1张征收率为3%销售额20万元的增值税专用发票，提供给下游客户用于抵扣进项税额，尚未申报纳税。对于这笔销售收入，下列说法正确的是（　　）。（用于1－7级测试）

　　A. 如果追回已开具的征收率为3%的专用发票，可以享受减按1%征收增值税政策

　　B. 无须追回，可以减按1%征收率征收增值税

　　C. 无论是否追回3%的增值税专用发票，均不得减按1%征收率征收增值税

　　D. 无须追回，可以申请免征增值税

【参考答案】A

【解析】自2023年1月1日至2027年12月31日，增值税小规模纳税人适用3%征收率的应税销售收入，减按1%征收率征收增值税。甲取得适用3%征收率的应税销售收入，可以享受减按1%征收率征收增值税政策。但增值税专用发票具有抵扣功能，甲已向购买方开具3%征收率的增值税专用发票，应在增值税专用发票全部联次追回予以作废或者按规定开具红字专用发票后，方可就此笔业务适用减征增值税政策。否则，需要就已开具增值税专用发票的应税销售收入按3%征收率申报缴纳增值税。

27. 2023年1月1日至2024年12月31日，小型微利企业所得税的实际税负是（　　）。（用于1－7级测试）

　　A. 2.5%　　　　B. 5%　　　　C. 10%　　　　D. 25%

【参考答案】B

【解析】根据《财政部 税务总局关于小微企业和个体工商户所得税优惠政策的公

告》(财政部 税务总局公告2023年第6号)第一条的规定,对小型微利企业年应纳税所得额不超过100万元的部分,减按25%计入应纳税所得额,按20%的税率缴纳企业所得税。根据《财政部 税务总局关于进一步实施小微企业所得税优惠政策的公告》(财政部 税务总局公告2022年第13号),第一条的规定,对小型微利企业年应纳税所得额超过100万元但不超过300万元的部分,减按25%计入应纳税所得额,按20%的税率缴纳企业所得税。第二条规定,小型微利企业,是指从事国家非限制和禁止行业,且同时符合年度应纳税所得额不超过300万元、从业人数不超过300人、资产总额不超过5 000万元等三个条件的企业。因此,小型微利企业2023年1月1日至2024年12月31日实际税负为5%。

28. 下列符合企业所得税所得来源地确定原则的是（　　）。（用于1－7级测试）

　　A. 销售货物,按照交易活动发生地确定

　　B. 提供劳务,按照支付所得的企业所在地确定

　　C. 动产转让所得,按照购买方所在地确定

　　D. 股息、红利等权益性投资所得,按照投资方所在地确定

【参考答案】A

【解析】根据《中华人民共和国企业所得税法实施条例》规定,来源于中国境内、境外的所得,按照以下原则确定:销售货物所得,按照交易活动发生地确定;提供劳务所得,按照劳务发生地确定;转让财产所得:不动产转让所得按照不动产所在地确定,动产转让所得按照转让动产的企业或者机构、场所所在地确定,权益性投资资产转让所得按照被投资企业所在地确定;股息、红利等权益性投资所得,按照分配所得的企业所在地确定;利息所得、租金所得、特许权使用费所得,按照负担、支付所得的企业或者机构、场所所在地确定,或者按照负担、支付所得的个人的住所地确定;其他所得,由国务院财政、税务主管部门确定。

29. 下列关于从事污染防治的第三方企业减免企业所得税政策,说法正确的是（　　）。（用于1－7级测试）

　　A. 从事环境保护设施运营服务的年度营业收入占总收入的比例高于60%

　　B. 近三年内纳税信用等级未被评定为D级

　　C. 第三方防治企业,自行判断其是否符合上述条件,符合条件的将相关资料送交主管税务机关备案后,方可申报享受税收优惠

　　D. 自2019年1月1日至2023年12月31日,对符合条件的从事污染防治的第三方企业减按15%的税率征收企业所得税

【参考答案】D

【解析】依据《财政部 税务总局 国家发展改革委 生态环境部关于从事污染防治的第三方企业所得税政策问题的公告》(财政部公告2019年第60号)规定,从事环境保

护设施运营服务的年度营业收入占总收入的比例不低于60%，选项A错误；具有良好的纳税信用，近三年内纳税信用等级未被评定为C级或D级，选项B错误；第三方防治企业，自行判断其是否符合上述条件，符合条件的可以申报享受税收优惠，相关资料留存备查，选项C错误。选项D是文件原文，正确。

30. 某商业企业2023年年均职工人数215人，年均资产总额4 500万元，当年经营收入5 640万元，税前准予扣除项目金额5 400万元。某企业2023年应缴纳企业所得税为（　　）万元。（用于1-7级测试）

    A. 19　　　　　　B. 24　　　　　　C. 16.5　　　　　　D. 12

【参考答案】D

【解析】（1）对于从事国家非限制和禁止行业，且同时符合年度应纳税所得额不超过300万元、从业人数不超过300人、资产总额不超过5 000万元三项条件的企业，属于小型微利企业。该商业企业应纳税所得额=5 640-5 400=240万元，2021年年均职工人数215人，年均资产总额4 500万元，属于小型微利企业。

（2）2023年度对小型微利企业年应纳税所得额不超过100万元的部分，减按25%计入应纳税所得额，按20%的税率缴纳企业所得税；对年应纳税所得额超过100万元但不超过300万元的部分，延续按25%计入应纳税所得额，按20%的税率缴纳企业所得税。

综上，该企业2023年应缴纳企业所得税=（5 640-5 400）×25%×20%=12万元。

31. 乙公司2023年度有A和B两个研发项目。项目A人员人工等五项费用之和为90万元，其他相关费用为12万元；项目B人员人工等五项费用之和为100万元，其他相关费用为8万元。则乙公司可加计扣除的其他相关费用为（　　）。（用于1-7级测试）

    A. 8万元　　　　B. 12万元　　　　C. 18万元　　　　D. 20万元

【参考答案】D

【解析】根据《国家税务总局关于进一步落实研发费用加计扣除政策有关问题的公告》（国家税务总局公告2021年第28号），将其他相关费用限额的计算方法调整为按全部项目统一计算，不再分项目计算。两个项目的其他相关费用限额为21.11万元[（90+100）×10%÷（1-10%）]，可加计扣除的其他相关费用为（12+8）=20万元。

32. 2023年1月1日至2024年12月31日，小型微利企业企业所得税的实际税负是（　　）。（用于1-7级测试）

    A. 2.5%　　　　B. 5%　　　　C. 10%　　　　D. 25%

【参考答案】B

【解析】根据《财政部 税务总局关于小微企业和个体工商户所得税优惠政策的公告》（财政部 税务总局公告2023年第6号）第一条的规定，对小型微利企业年应纳税所得额不超过100万元的部分，减按25%计入应纳税所得额，按20%的税率缴纳企业所得税。根据《财政部 税务总局关于进一步实施小微企业所得税优惠政策的公告》（财政部 税务总局公告2022年第13号），第一条的规定，对小型微利企业年应纳税所得额超过100万元但不超过300万元的部分，减按25%计入应纳税所得额，按20%的税率缴纳企业所得税。根据第二条小型微利企业，是指从事国家非限制和禁止行业，且同时符合年度应纳税所得额不超过300万元、从业人数不超过300人、资产总额不超过5 000万元三个条件的企业。因此，小型微利企业2023年1月1日至2024年12月31日实际税负为5%。

33. 2024年纳税人吴某经营个体工商户D，年应纳税所得额为1 200 000元（适用税率35%，速算扣除数65 500），同时可以享受残疾人政策减免税额6 000元，那么吴某该项政策的减免税额是（　　）。（用于8－11级测试）

　　A. 120 000元　　　B. 139 750元　　　C. 279 500元　　　D. 284 500元

【参考答案】B

【解析】根据《国家税务总局关于落实支持个体工商户发展个人所得税优惠政策有关事项的公告》（国家税务总局公告2023年第5号）第三条的规定，个体工商户按照以下方法计算减免税额：减免税额＝（个体工商户经营所得应纳税所得额不超过100万元部分的应纳税额－其他政策减免税额×个体工商户经营所得应纳税所得额不超过100万元部分÷经营所得应纳税所得额）×（1－50%），那么吴某该项政策的减免税额＝[(1 000 000×35%－65 500)－6 000×1 000 000÷1 200 000]×（1－50%）＝139 750元。

34. 合伙企业的个人投资者以企业资金为本人支付与企业生产经营无关的消费性支出及购买汽车、住房等财产性支出，应按（　　）征收个人所得税。（用于1－7级测试）

　　A. 工资、薪金所得　　　　　　B. 经营所得
　　C. 劳务报酬所得　　　　　　　D. 利息、股息、红利所得

【参考答案】B

【解析】个人独资企业、合伙企业的个人投资者以企业资金为本人、家庭成员及其相关人员支付与企业生产经营无关的消费性支出及购买汽车、住房等财产性支出，视为企业对个人投资者的利润分配，并入投资者个人的生产、经营所得，依照"经营所得"项目计征个人所得税。

35. 中国居民王先生2022年全年发生与基本医保相关的医药费用支出132 000元，按照当地医保报销政策报销费用支出97 550元。王先生在2023年办理2022年度个人所得税汇算清缴时，可以申报扣除（　　）。（用于1－7级测试）

　　A. 19 450元　　　B. 32 450元　　　C. 34 450元　　　D. 80 000元

【参考答案】A

【解析】根据《个人所得税专项附加扣除暂行办法》第十一条规定，在一个纳税年度内，纳税人发生的与基本医保相关的医药费用支出，扣除医保报销后个人负担（指医保目录范围内的自付部分）累计超过 15 000 元的部分，由纳税人在办理年度汇算清缴时，在 80 000 元限额内据实扣除。王先生可以申报扣除 132 000 – 97 550 – 15 000 = 19 450 元。

36. 个体工商户生产经营活动中，应当分别核算生产经营费用和个人、家庭费用。对于生产经营与个人、家庭生活混用难以分清的费用，按照一定比例视为与生产经营有关费用准予扣除。这一比例是（　　）。（用于 1 – 7 级测试）

    A. 10%　　　　B. 20%　　　　C. 30%　　　　D. 40%

    【参考答案】D

    【解析】个体工商户生产经营活动中，应当分别核算生产经营费用和个人、家庭费用。对于生产经营与个人、家庭生活混用难以分清的费用，其 40% 视为与生产经营有关费用，准予扣除。

37. 2023 年纳税人李某经营个体工商户 C，年应纳税所得额为 80 000 元（适用税率 10%，速算扣除数 1 500），同时可以享受残疾人政策减免税额 2 000 元，那么李某该项政策的减免税额是（　　）。（用于 1 – 7 级测试）

    A. 2 000 元　　B. 2 250 元　　C. 4 250 元　　D. 6 500 元

    【参考答案】B

    【解析】根据《国家税务总局关于落实支持个体工商户发展个人所得税优惠政策有关事项的公告》（国家税务总局公告 2023 年第 5 号）第三条的规定，个体工商户按照以下方法计算减免税额：减免税额 =（个体工商户经营所得应纳税所得额不超过 100 万元部分的应纳税额 – 其他政策减免税额 × 个体工商户经营所得应纳税所得额不超过 100 万元部分 ÷ 经营所得应纳税所得额）×（1 – 50%），那么李某该项政策的减免税额 = [（80 000 × 10% – 1 500）– 2 000] ×（1 – 50%）= 2 250 元。

38. 公民张某作为引进人才，2021 年 4 月以 50 万元的价格购买引进单位提供的市场价值为 80 万元的住房，同月以 2 元/股的价格被授予该单位的股票期权 20 000 股，授权日股票的市场价格为 5.6 元/股，行权日为 2022 年 12 月，2021 年张某就以上两项所得缴纳个人所得税（　　）元。（用于 8 – 11 级测试）

    A. 43 080　　B. 58 590　　C. 47 760　　D. 63 270

    【参考答案】B

    【解析】选项 B 当选，具体过程如下：

    (1) 股票期权应在行权时缴纳个人所得税，故 2021 年无须缴纳个人所得税。

    (2) 单位按低于购置或建造成本价格出售住房给职工，职工因此而少支出的差价部分，符合规定的，不并入当年综合所得，以差价收入除以 12 个月得到的数额，按照月度税率表确定适用税率和速算扣除数，单独计算纳税。

本题中差额 = 800 000 - 500 000 = 300 000 元，以 300 000 ÷ 12 = 25 000 元，确定适用 20% 的税率，速算扣除数为 1 410 元。

综上，应纳个人所得税 = 300 000 × 20% - 1 410 = 58 590 元。

选项 A 不当选，在计算低价取得住房应缴纳的个人所得税时，按照少支出的差价部分，全额单独适用综合所得税率表，确定适用税率为 20%，速算扣除数为 16 920，其错误的计算过程为：300 000 × 20% - 16 920 = 43 080 元。

选项 C 不当选，在选项 A 的基础上，另外考虑了股票期权的应纳税额 = (5.6 - 2) × 20 000 × 10% - 2 520 = 4 680 元，即应纳个人所得税 = 43 080 + 4 680 = 47 760 元。

选项 D 不当选，在选项 B 的基础上，另外考虑了股票期权的应纳税额 4 680 元，即应纳个人所得税 = 58 590 + 4 680 = 63 270 元。

39. A 企业 2022 年成立，从事国家非限制和禁止行业，2023 年第 1 季度季初、季末的从业人数分别为 120 人、200 人，第 1 季度季初、季末的资产总额分别为 2 000 万元、4 000 万元，第 1 季度的应纳税所得额为 90 万元。A 企业第 1 季度的应纳税额为（　　）。（用于 1 - 7 级测试）

    A. 2.25 万元　　　　B. 4.5 万元　　　　C. 9 万元　　　　D. 22.5 万元

【参考答案】B

【答案解析】《财政部 税务总局关于小微企业和个体工商户所得税优惠政策的公告》（财政部 税务总局公告 2023 年第 6 号）规定，小型微利企业，是指从事国家非限制和禁止行业，且同时符合年度应纳税所得额不超过 300 万元、从业人数不超过 300 人、资产总额不超过 5 000 万元三个条件的企业。从业人数，包括与企业建立劳动关系的职工人数和企业接受的劳务派遣用工人数。所称从业人数和资产总额指标，应按企业全年的季度平均值确定。具体计算公式如下：季度平均值 =（季初值 + 季末值）÷ 2。

2023 年第 1 季度，A 企业"从业人数"的季度平均值为 160 人，"资产总额"的季度平均值为 3 000 万元，应纳税所得额为 90 万元。符合关于小型微利企业预缴企业所得税时的判断标准——从事国家非限制和禁止行业，且同时符合截至本期预缴申报所属期末资产总额季度平均值不超过 5 000 万元、从业人数季度平均值不超过 300 人、应纳税所得额不超过 300 万元，可以享受优惠政策。

《财政部 税务总局关于小微企业和个体工商户所得税优惠政策的公告》（财政部 税务总局公告 2023 年第 6 号）规定，对小型微利企业年应纳税所得额不超过 100 万元的部分，减按 25% 计入应纳税所得额，按 20% 的税率缴纳企业所得税。因此，A 企业第 1 季度的应纳税额为 90 × 25% × 20% = 4.5 万元。

40. 纳税人转让旧房及建筑物，凡不能取得评估价格，但能提供购房发票的，可按发票所载金额并从购买年度起至转让年度止每年加计扣除的比例为（　　）。（用于 1 -

7级测试)

A. 20%   B. 5%   C. 10%   D. 20%

【参考答案】B

【解析】纳税人转让旧房及建筑物,凡不能取得评估价格,但能提供购房发票的,经当地税务部门确认,取得土地使用权所支付的金额、旧房及建筑物的评估价格,可按发票所载金额并从购买年度起至转让年度止每年加计5%计算扣除。

41. 根据土地增值税相关规定,下列行为中,需要缴纳土地增值税的是( )。(用于1-7级测试)

   A. 某人将自己一套闲置的住房出售
   B. 某人将个人的房产无偿赠与自己的子女
   C. 某房地产开发企业以建造的商品房作价入股进行对外投资
   D. 某企业通过残疾人联合会将一套房产无偿赠与当地一家福利企业

【参考答案】C

【解析】选项A,对居民个人销售住房,一律免征土地增值税;选项B,房产所有人、土地使用权所有人将房屋产权、土地使用权赠与直系亲属或承担直接赡养义务人的,不征收土地增值税;选项D,房产所有人、土地使用权所有人通过中国境内非营利的社会团体、国家机关将房屋产权、土地使用权赠与教育、民政和其他社会福利、公益事业的,不征收土地增值税。

42. 在计算土地增值税时,下列项目属于允许扣除的房地产开发费用的是( )。(用于8-11级测试)

   A. 建筑安装工程费
   B. 支付给回迁户的补差价款
   C. 房地产开发项目未超标且未超期的贷款利息
   D. 逾期开发土地缴纳的土地闲置费

【参考答案】C

【解析】选项AB,属于允许扣除的房地产开发成本;选项D,逾期开发土地缴纳的土地闲置费不得扣除。

43. 《财政部 税务总局 人力资源社会保障部 国务院扶贫办关于进一步支持和促进重点群体创业就业有关税收政策的通知》(财税〔2019〕22号)中重点群体有( )。(用于1-7级测试)

   ①毕业年度内普通高等学校应届毕业的学生
   ②毕业年度内成人高等学校应届毕业的学生
   ③纳入全国扶贫开发信息系统的建档立卡贫困人口
   ④在人力资源社会保障部门公共就业服务机构登记失业1年以上的人员

⑤零就业家庭、享受城市居民最低生活保障家庭劳动年龄内的登记失业人员

A. ①④⑤　　　　B. ①②③⑤　　　　C. ①②④⑤　　　　D. ①③④⑤

【参考答案】B

【解析】根据《财政部 税务总局 人力资源社会保障部 国家乡村振兴局关于延长部分扶贫税收优惠政策执行期限的公告》（财政部 税务总局 人力资源社会保障部 国家乡村振兴局公告2021年第18号）《财政部 税务总局 人力资源社会保障部 国务院扶贫办关于进一步支持和促进重点群体创业就业有关税收政策的通知》（财税〔2019〕22号）的规定。

44. 下列项目中，需要缴纳土地增值税的是（　　）。（用于8－11级测试）

　　A. 房地产开发企业建造普通标准住宅，增值额未超过扣除项目金额之和20%

　　B. 因实施省级人民政府批准的建设项目而进行搬迁，由纳税人自行转让原房地产

　　C. 改制重组后再转让房地产

　　D. 个人销售住房

【参考答案】C

【解析】改制重组后再转让房地产需要计算缴纳土地增值税。申报缴纳土地增值税时，对"取得土地使用权所支付的金额"，按照改制重组前取得该宗国有土地使用权所支付的地价款和按国家统一规定缴纳的有关费用确定。

45. 2024年3月，某贸易公司进口一批货物。合同中约定货物成交价格为人民币800万元，支付境内特许权使用费人民币10万元、卖方佣金人民币5万元、进口后的安装费人民币4万元、境内运费人民币5万元。支付到达我国境内输入地点起卸前的运费折合人民币5万元，保险费无法确定。该货物关税税率20%，该公司应缴纳的关税为（　　）万元。（用于8－11级测试）

　　A. 166.3　　　　B. 162.49　　　　C. 164.49　　　　D. 165.29

【参考答案】C

【解析】进口后的安装费和境内运费不计入关税完税价格。进口货物的保险费无法确定的，按"货价加运费"的3‰计算。关税完税价格 =（800 + 10 + 5 + 5）×（1 + 3‰）= 822.46（万元），应纳关税 = 822.46 × 20% = 164.49（万元）。

46. 按照国办发〔2019〕10号的通知要求，生育保险和（　　）合并实施。（用于1－7级测试）

　　A. 失业保险费　　　　　　　B. 工伤保险费

　　C. 职工基本医疗保险　　　　D. 基本养老保险费

【参考答案】C

【解析】本题考核点是《国务院办公厅关于全面推进生育保险和职工基本医疗保险合并实施的意见》。

47. 工伤保险缴费比例实行（　　）。（用于1-7级测试）

　　A. 固定费率　　　　　　　　　　B. 差别比例费率

　　C. 基准费率和浮动费率相结合　　D. 浮动费率

【参考答案】C

【解析】本题主要考核工伤保险费的缴费比例规定。

48. 下列房产转让的情形中，产权承受方不缴纳契税的是（　　）。（用于1-7级测试）

　　A. 将房产赠与非法定继承人

　　B. 以实物交换方式承受土地、房屋权属

　　C. 以获奖方式承受土地、房屋权属

　　D. 以自有房产投资入股本人独资经营的企业

【参考答案】D

【解析】选项A，法定继承人通过继承承受土地、房屋权属，免征契税；将房产赠与非法定继承人，承受方照章缴纳契税。选项BC，以实物交换方式承受土地、房屋权属；以获奖方式承受土地、房屋权属，均视同土地使用权转让、房屋买卖或赠与需要缴纳契税。

49. 根据财税〔2019〕21号文件，企业招用自主就业退役士兵，可以自签订劳动合同并缴纳社会保险（　　）起，按规定定额依次扣减相应税费，定额标准最高可上浮（　　）。（用于1-7级测试）

　　A. 当月；30%　　　　　　　　　B. 当月；50%

　　C. 次月；30%　　　　　　　　　D. 次月；50%

【参考答案】B

【解析】财税〔2019〕21号文件规定：企业招用自主就业退役士兵，与其签订1年以上期限劳动合同并依法缴纳社会保险费的，自签订劳动合同并缴纳社会保险当月起，在3年内按实际招用人数予以定额依次扣减增值税、城市维护建设税、教育费附加、地方教育附加和企业所得税优惠。定额标准为每人每年6 000元，最高可上浮50%，各省、自治区、直辖市人民政府可根据本地区实际情况在此幅度内确定具体定额标准。

50. G公司于2021年6月成立，从事国家非限制和禁止行业，10月1日登记为增值税一般纳税人。2022年5月底前，G公司未按期办理首次汇算清缴申报，8月，G公司办理汇算清缴申报，确定不属于小型微利企业。G公司根据相关规定，分别于2022年4月和7月征期申报当年1—3月和4—6月的"六税两费"时，按照小型微利企业申报享受了减免优惠。G公司8月办理首次汇算清缴后，以下对"六税两费"纳税申报处理方法正确的是（　　）。（用于8-11级测试）

　　A. 只更正1—3月的"六税两费"

B. 只更正 4—6 月的"六税两费"

C. 应当更正 1—3 月和 4—6 月的"六税两费"

D. 1—3 月和 4—6 月的"六税两费"都不必更正

【参考答案】B

【解析】按照企业所得税有关规定，G 公司应当于 2022 年 5 月底前办理首次汇算清缴，且根据《国家税务总局关于进一步实施小微企业"六税两费"减免政策有关征管问题的公告》（国家税务总局公告 2022 年第 3 号）第一条第（二）项规定，G 公司 7 月征期申报 4—6 月的"六税两费"时，应当依据首次汇算清缴结果确定是否可享受税收优惠。逾期办理首次汇算清缴后，确定 G 公司不属于小型微利企业。因此，G 公司 7 月征期申报的 4—6 月的"六税两费"不能享受减免优惠，应当进行更正申报，补缴减征的税款。根据以上公告第一条第（二）项、第（三）项规定，G 公司在规定的首次汇算清缴期截止时间前于 4 月征期申报 2022 年 1—3 月的"六税两费"不必进行更正。

51. 下列关于城镇土地使用税减免税优惠的说法，错误的有（   ）。（用于 1—7 级测试）

    A. 农产品批发市场餐饮区用地免征城镇土地使用税

    B. 省级科技企业孵化器出租给在孵对象使用的土地，免征城镇土地使用税

    C. 民航机场飞行区场内外通信导航设施用地，免征城镇土地使用税

    D. 民航机场道路中，场外道路用地免征城镇土地使用税

【参考答案】A

【解析】选项 A 当选，农产品批发市场、农贸市场专门用于经营农产品的土地，免征城镇土地使用税，但是其行政办公区、生活区，以及商业餐饮娱乐等非直接为农产品交易提供服务的土地，应照章征收城镇土地使用税。选项 B 不当选，对国家级、省级科技企业孵化器、大学科技园和国家备案的众创空间自用及无偿或通过出租等方式提供给在孵对象使用的土地，免征城镇土地使用税。选项 C 不当选，机场飞行区（包括跑道、滑行道、停机坪、安全带、夜航灯光区）用地、场内外通信导航设施用地和飞行区四周排水防洪设施用地，免征城镇土地使用税。选项 D 不当选，机场道路中，场外道路用地免征城镇土地使用税，场内道路用地照章征收。

52. 下列关于农产品批发市场、农贸市场暂免征收房产税和城镇土地使用税的说法错误的是（   ）。（用于 1—7 级测试）

    A. 享受税收优惠的房产、土地，是指农产品批发市场、农贸市场直接为农产品交易提供服务的房产、土地

    B. 同时经营其他产品的农产品批发市场和农贸市场使用的房产、土地，按其他产品与农产品交易场地面积的比例确定免征房产税和城镇土地使用税

    C. 对农产品批发市场、农贸市场（包括自有和承租，下同）专门用于经营农产品

的房产、土地,暂免征收房产税和城镇土地使用税

  D. 农贸市场的行政办公区、生活区,属于直接为农产品交易提供服务的房产、土地

【参考答案】D

【解析】《财政部 税务总局关于继续实行农产品批发市场农贸市场房产税务城镇土地使用税优惠政策的通知》(财税〔2019〕12号)规定,农贸市场的行政办公区、生活区,以及商业餐饮娱乐等非直接为农产品交易提供服务的房产、土地,不属于本通知规定的优惠范围,应按规定征收房产税和城镇土地使用税。

53. 城镇土地使用税的计税依据是( )。(用于1-7级测试)

  A. 占地面积   B. 建筑面积

  C. 实际占用的土地面积   D. 使用面积

【参考答案】C

【解析】城镇土地使用税以纳税人实际占用的土地面积为计税依据。

54. 下列关于高校学生公寓免征房产税、印花税说法错误的是( )(用于8-11级测试)

  A. 高校学生公寓,是指为高校学生提供住服务,按照国家规定的收费标准收取住宿费的学生公寓

  B. 对与高校学生签订的高校学生公寓租赁合同,免征印花税

  C. 对高校学生公寓免征房产税

  D. 高校享受本通知规定的免税政策,应按规定进行免税备案,并将不动产权属证明、载有房产原值的相关材料、房产用途证明、租赁合同等资料留存备查

【参考答案】D

【解析】《关于高校学生公寓房产税 印花税政策的通知》(财税〔2019〕14号)规定,企业享受本通知规定的免税政策,应按规定进行免税申报,并将不动产权属证明、载有房产原值的相关材料、房产用途证明、租赁合同等资料留存备查。选项D将企业混淆为高校,免税申报混淆为免税备案,表述错误。

55. 甲企业用价值600万元的房产换取乙企业价值800万元的房产,甲企业支付差额200万元。下列对甲、乙应缴纳契税的说法正确的是( )。(用于1-7级测试)

  A. 乙方应缴纳契税   B. 甲方应缴纳契税

  C. 甲、乙双方均应缴纳契税   D. 双方均不缴纳契税

【参考答案】B

【解析】土地使用权交换、房屋交换,其计税依据为所交换的土地使用权、房屋的价格的差额。土地使用权交换、房屋交换,交换价格不相等的,由多交付货币、实物、无形资产或者其他经济利益的一方缴纳税款。

56. 根据印花税相关规定，下列说法错误的有（　　）。（用于1-7级测试）

   A. 应税合同纳税义务发生时间为书立应税合同的当日

   B. 证券交易印花税纳税义务发生时间为证券交易完成的当日

   C. 农牧业保险合同，免征印花税

   D. 房屋建筑物所有权转移书据纳税义务发生时间为办理产权转移手续的当日

   【参考答案】D

   【解析】选项A不当选，选项D当选。合同、产权转移书据、资金账簿，印花税的纳税义务发生时间为书立应税凭证的当日。选项B不当选，证券交易印花税纳税义务发生时间为证券交易完成的当日。选项C不当选，农牧业保险合同免征印花税。

57. 下列业务中，不需要缴纳资源税的是（　　）。（用于8-11级测试）

   A. 将自采原煤加工选煤

   B. 将自采原油加工汽油

   C. 将自采矿泉水用于职工福利

   D. 将自采海盐用于销售

   【参考答案】A

   【解析】纳税人将其开采应税产品用于连续生产应税产品，在移送使用环节不缴纳资源税。

58. 下列情形应缴纳环境保护税的是（　　）。（用于8-11级测试）

   A. 家庭养牛3头排放应税污染物

   B. 存栏10 000羽鸡的养鸡场排放应税污染物

   C. 纳税人综合利用的固体废物，符合国家和地方环境保护标准

   D. 规模化种植蔬菜排放应税污染物

   【参考答案】B

   【解析】选项A，环境保护税的纳税人包括企事业单位和其他生产经营者，一般的家庭即便有排放污染物的行为，也不属于环境保护税的纳税人。选项BD，农业生产（不包括规模化养殖）排放应税污染物的，暂免征收环境保护税；环境保护税对存栏规模大于50头牛、500头猪、5 000羽鸡鸭等的畜禽养殖场征收。选项C，纳税人综合利用的固体废物，符合国家和地方环境保护标准的，暂免征收环境保护税。

59. 某县人民检察院助力税务机关，追缴漏征入库的环境保护税款，人民检察院在履行公益诉讼监督职责中发现下列情形未缴纳环境保护税，其中不属于漏征环境保护税的情形的是（　　）。（用于8-11级测试）

   A. 部分建设工程项目非法倾倒应税固体废物

   B. 规模化畜禽养殖场非法处置畜禽养殖废弃物

   C. 部分医疗机构超标排放污水

D. 机动车、铁路机车等流动污染源排放应税污染物

【参考答案】D

【解析】选项D，机动车、铁路机车、非道路移动机械、船舶和航空器等流动污染源排放应税污染物，暂予免征环境保护税。

60. 下列关于阶段性缓缴养老保险说法正确的是（　　）。（用于1-7级测试）

    A. 餐饮、零售、旅游、民航、公路水路铁路运输等5个特困行业养老保险费缓缴实施期限到2022年年底，缓缴期间免收滞纳金
    B. 缓缴扩围行业所属困难企业的养老保险费缓缴实施期限到2022年年底
    C. 受疫情影响严重地区生产经营出现暂时困难的所有小微企业、个体工商户，可申请缓缴养老保险缴费部分，缓缴实施期限到2022年年底，期间免收滞纳金
    D. 餐饮、零售、旅游、民航、公路水路铁路运输等5个特困行业养老保险费缓缴实施期限到2022年年底，缓缴期间免收滞纳金

【参考答案】C

【解析】《人力资源社会保障部 国家发展改革委 财政部 税务总局关于扩大阶段性缓缴社会保险费政策实施范围等问题的通知》（人社部发〔2022〕31号）规定，受疫情影响严重地区生产经营出现暂时困难的所有中小微企业、以单位方式参保的个体工商户，可申请缓缴三项社保费单位缴费部分，缓缴实施期限到2022年年底，期间免收滞纳金。

61. 下列关于资源税优惠政策的说法中，正确的是（　　）。（用于8-11级测试）

    A. 高凝油减征30%资源税
    B. 煤炭开采企业因安全生产需要抽采的煤成（层）气，减征20%资源税
    C. 纳税人开采共伴生矿、低品位矿、尾矿，免征资源税
    D. 充填开采置换出来的煤炭，减征50%资源税

【参考答案】D

【解析】选项A，稠油、高凝油减征40%资源税；选项B，煤炭开采企业因安全生产需要抽采的煤成（层）气，免征资源税；选项C，属于省、自治区、直辖市决定的减免税项目。

62. 下列各项中，减半征收耕地占用税的是（　　）。（用于1-7级测试）

    A. 纳税人临时占用耕地　　　　　B. 军事设施占用耕地
    C. 农村居民占用耕地新建住宅　　D. 公路线路占用耕地

【参考答案】C

【解析】军事设施占用耕地，免征耕地占用税。纳税人在批准临时占用耕地期满之日起一年内依法复垦，恢复种植条件的，全额退还已经缴纳的耕地占用税。农村居民在规定用地标准以内占用耕地新建自用住宅，按照当地适用税额减半征收耕地占用税。

铁路线路、公路线路、飞机场跑道、停机坪、港口、航道、水利工程占用耕地，减按每平方米2元的税额征收耕地占用税。

63. 某企业2023年6月进口载货汽车1辆，4月在国内市场购置载货汽车2辆，支付价款75万元（不含增值税），另外支付车辆牌照费0.1万元、代办保险费2万元，分别收到车辆管理部门开具的行政事业性收费收据和保险公司开具的保险费发票。5月受赠小汽车1辆，该小汽车受赠时原购置凭证上载明的金额为20万元。上述车辆全部为企业自用，下列关于该企业计缴车辆购置税计税依据的表述中，正确的是（　　）。（用于1-7级测试）

A. 国内购置载货汽车的计税依据为77万元
B. 进口载货汽车的计税依据为关税完税价格加关税
C. 国内购置载货汽车的计税依据为77.1万元
D. 受赠小汽车的计税依据为同品牌同型号小汽车的不含税市场销售价格

【参考答案】B

【解析】国内购置载货汽车的计税依据为不含增值税的价款和价外费用75万元，选项AC错误。进口车辆的计税依据=关税完税价格+关税+消费税，由于进口的是载货汽车，不是消费税应税范围，所以不包含消费税，选项B正确。纳税人以受赠、获奖或者其他方式取得自用应税车辆的计税价格，按照购置应税车辆时相关凭证载明的价格确定，选项D错误。

64. 甲4S店为增值税一般纳税人，2024年6月发生如下业务：进口3辆货车，海关核定的关税完税价格为30万元/辆，其中1辆自用，2辆待售；进口小轿车10辆，海关核定的关税完税价格为20万元/辆，其中1辆赠送给关联企业，9辆待售。甲4S店因进口车辆应缴纳的关税、车辆购置税、增值税和消费税合计为（　　）万元。（货车关税税率为15%；小轿车关税税率为25%，消费税税率为12%）（用于8-11级测试）

A. 154.27　　　　B. 151.43　　　　C. 161.17　　　　D. 158.33

【参考答案】B

【解析】进口货车：进口关税=30×3×15%=13.5（万元）；组成计税价格=30×3×(1+15%)=103.5（万元）；增值税=103.5×13%=13.46（万元）；车辆购置税=103.5×1/3×10%=3.45（万元）。

进口小轿车：进口关税=10×20×25%=50（万元）；组成计税价格=10×20×(1+25%)/(1-12%)=284.09（万元）；增值税=284.09×13%=36.93（万元）；消费税=284.09×12%=34.09（万元）。所以，进口车辆缴纳的关税、车辆购置税、增值税和消费税合计=13.5+13.46+3.45+50+36.93+34.09=151.43（万元）。

65. 2024年6月13日，甲县某烟草公司（一般纳税人）到乙县某烟农处收购烟叶，付烟叶收购价款 80 万元，另支付了价外补贴 10 万元，开具农产品收购发票。下列纳税事项的表述中，正确的是（　　）。（用于 8－11 级测试）

A. 烟草公司收购烟叶的烟叶税纳税义务发生时间是 2024 年 6 月 14 日

B. 烟草公司应在 2024 年 6 月 27 日前申报缴纳烟叶税

C. 烟草公司收购烟叶应缴纳的烟叶税为 18 万元

D. 烟草公司收购烟叶环节可以抵扣的进项税额为 9.68 万元

【参考答案】D

【解析】选项 A，烟叶税的纳税义务发生时间为纳税人收购烟叶的当天，即 2024 年 6 月 13 日；选项 B，纳税人应当自纳税义务发生月终了之日起 15 日内申报纳税，即烟草公司应在 2024 年 7 月 15 日前申报缴纳烟叶税（不考虑节假日顺延的情况）；选项 C，应缴纳烟叶税 = 80×(1＋10%)×20% = 17.6（万元）；选项 D，烟草公司收购烟叶环节可以抵扣的进项税额 = (80＋10＋17.6)×9% = 9.68（万元），后续领用烟叶用来生产 13% 税率的烟丝或卷烟等，领用环节可以加计抵扣 1%。

66. 某科技公司 2023 年 8 月 1 日经批准进口一套特定免税设备用于研发项目，2024 年 8 月 1 日经海关批准，该公司将设备出售，取得不含增值税销售收入 160 万元，该设备进口时经海关审定的完税价格为 250 万元，已提折旧 50 万元。2024 年 8 月该公司应补缴关税（　　）万元。（关税税率为 10%，海关规定的监管年限为 3 年）（用于 8－11 级测试）

A. 0　　　　　　B. 16.67　　　　　　C. 16　　　　　　D. 20

【参考答案】B

【解析】减免税货物因转让、提前解除监管以及减免税申请人发生主体变更、依法终止情形或者其他原因需要补征税款的，补税的完税价格以货物原进口时的完税价格为基础，按照减免税货物已进口时间与监管年限的比例进行折旧，其计算公式如下：

补税的完税价格 = 减免税货物原进口时的完税价格×[1－减免税货物已进口时间÷(监管年限×12)]。

该公司应补缴关税 = 250×[1－12÷(3×12)]×10% = 16.67（万元）。

67. 下列关于城市维护建设税适用税率的说法中，正确的是（　　）。（用于 8－11 级测试）

A. 纳税人预缴增值税时，按纳税人机构所在地的适用税率计算缴纳城市维护建设税

B. 行政区划变更的，自变更完成次月起适用新行政区划对应的城市维护建设税税率

C. 流动经营等无固定纳税地点的单位和个人，按纳税人缴纳"两税"所在地的规定税率就地缴纳城市维护建设税

D. 由受托方代收、代扣"两税"的，按纳税人机构所在地的适用税率计算缴纳城市维护建设税

【参考答案】C

【解析】选项A错误，纳税人预缴增值税时，已预缴的增值税税额为计税依据，并按预缴增值税所在地的城市维护建设税适用税率就地计算缴纳城市维护建设税。选项B错误，行政区划变更的，自变更完成当月起适用新行政区划对应的城市维护建设税税率。选项C正确，选项D错误，城市维护建设税的适用税率，一般规定按纳税人所在地的适用税率执行，但对下列两种情况，可按纳税人缴纳"两税"所在地的规定税率就地缴纳城市维护建设税：①由受托方代收、代扣"两税"的单位和个人；②流动经营等无固定纳税地点的单位和个人。

68. 根据车船税的有关规定，下列表述正确的是（　　）。（用于1－7级测试）

A. 在单位内部场所行驶的机动车辆和船舶不属于车船税的征税范围

B. 在单位内部场所作业的机动车辆和船舶不属于车船税的征税范围

C. 依法不需要办理登记的机动车辆和船舶不属于车船税的征税范围

D. 依法应当在车船管理部门登记的机动车辆和船舶属于车船税的征税范围

【参考答案】D

【解析】车船税的征税范围是《中华人民共和国车船税法》所附《车船税税目税额表》规定的车辆、船舶。车辆、船舶，是指：①依法应当在车船登记管理部门登记的机动车辆和船舶；②依法不需要在车船登记管理部门登记的在单位内部场所行驶或者作业的机动车辆和船舶。依法应当在车船管理部门登记的机动车辆和船舶属于车船税的征税范围。

69. 纳税人因货物销售折让而退还购买方的折让款，增值税政策规定正确的处理是（　　）。（用于8－11级测试）

A. 追补扣减销售发生时的销售额和销项税额

B. 追补扣减销售发生时的进项税额

C. 扣减销售折让当期的销售额和销项税额

D. 扣减销售折让当期的进项税额

【参考答案】C

【解析】《中华人民共和国增值税暂行条例实施细则》第十一条规定，小规模纳税人以外的纳税人因销售货物退回或者折让而退还给购买方的增值税额，应从发生销售货物退回或者折让当期的销项税额中扣减；因购进货物退出或者折让而收回的增值税额，应从发生购进货物退出或者折让当期的进项税额中扣减。

70. 机关事业单位工作人员的职业年金制度的缴纳原则为（　　）。（用于1－7级测试）

A. 自愿原则　　B. 强制原则　　C. 协商原则　　D. 灵活原则

【参考答案】 B

【解析】《国务院关于机关事业单位工作人员养老保险制度改革的决定》(国发〔2015〕2号)规定,机关事业单位在参加基本养老保险的基础上,应当为其工作人员建立职业年金。单位按本单位工资总额的8%缴费,个人按本人缴费工资的4%缴费。

二、多项选择题

1. M公司是A市一家小型建筑公司,在B市和C市都有建筑项目,属于按季申报的增值税小规模纳税人。M公司2023年1季度预计销售额60万元,其中在B市的建筑项目销售额40万元,在C市的建筑项目销售额20万元,下列关于M公司如何缴纳增值税的说法,正确的有(   )。(用于1-7级测试)

    A. M公司2023年1季度不能享受小规模纳税人免征增值税政策
    B. M公司在机构所在地A市可享受减按1%征收率征收增值税政策
    C. M公司在建筑服务预缴地B市减按1%预征率预缴增值税
    D. M公司在建筑服务预缴地C市无须预缴增值税
    E. M公司在建筑服务预缴地B市按3%征收率征收增值税政策

【参考答案】 ABCD

【解析】根据《财政部 税务总局关于明确增值税小规模纳税人减免增值税等政策的公告》(财政部 税务总局公告2023年第1号)第二条规定,自2023年1月1日至2023年12月31日,增值税小规模纳税人适用3%征收率的应税销售收入,减按1%征收率征收增值税。《国家税务总局关于增值税小规模纳税人减免增值税等政策有关征管事项的公告》(国家税务总局公告2023年第1号)第一条规定,增值税小规模纳税人发生增值税应税销售行为,合计月销售额未超过10万元(以1个季度为1个纳税期的,季度销售额未超过30万元)的,免征增值税。第九条规定,按照现行规定应当预缴增值税税款的小规模纳税人,凡在预缴地实现的月销售额未超过10万元的,当期无须预缴税款。在预缴地实现的月销售额超过10万元的,适用3%预征率的预缴增值税项目,减按1%预征率预缴增值税。M公司2023年一季度销售额60万元,超过了30万元,因此不能享受小规模纳税人免征增值税政策,在机构所在地A市可享受减按1%征收率征收增值税政策。在建筑服务预缴地B市实现的销售额40万元,减按1%预征率预缴增值税;在建筑服务预缴地C市实现的销售额20万元,无须预缴增值税。

2. N公司为按月申报的增值税小规模纳税人,2023年1月发生适用3%征收率的销售额15万元,全部在1月4日开具发票,其中10万元开具免税发票,5万元开具3%征收率的增值税普通发票,按规定可以适用3%减按1%征收率政策,下列关于N公司应当如何办理1月税款所属期的增值税纳税申报的说法正确的有(   )。(用于

1-7级测试)

A. N公司2023年1月享受小规模纳税人免征增值税政策

B. N公司15万元销售额应填写在《增值税及附加税费申报表（小规模纳税人适用）》"应征增值税不含税销售额（3%征收率）"相应栏次

C. N公司15万元对应减征的增值税应纳税额按销售额的2%计算填写在《增值税及附加税费申报表（小规模纳税人适用）》"本期应纳税额减征额"及《增值税减免税申报明细表》减税项目相应栏次

D. N公司适用减按1%征收率征收增值税政策

E. N公司已经开具的免税发票和3%征收率的增值税普通发票的应税销售额按照3%征收率征收增值税

【参考答案】BCD

【解析】根据《国家税务总局关于增值税小规模纳税人减免增值税等政策有关征管事项的公告》（国家税务总局公告2023年第1号）第七条规定，纳税人按照《财政部 税务总局关于明确增值税小规模纳税人减免增值税等政策的公告》（财政部 税务总局公告2023年第1号），适用减按1%征收率征收增值税的，对应销售额应填写在《增值税及附加税费申报表（小规模纳税人适用）》"应征增值税不含税销售额（3%征收率）"相应栏次，对应减征的增值税应纳税额按销售额的2%计算填写在《增值税及附加税费申报表（小规模纳税人适用）》"本期应纳税额减征额"及《增值税减免税申报明细表》减税项目相应栏次。N公司适用减按1%征收率征收增值税政策，在上述政策文件发布前，已经开具的免税发票和3%征收率的增值税普通发票的应税销售额，按照上述要求填报。

3. 位于市区的甲企业为增值税一般纳税人，2024年7月进口一台厢式货车用于运营，关税完税价格为100万元。已知进口厢式货车的关税税率为15%，进口当月取得海关进口增值税专用缴款书，上述业务涉及的相关票据已申报抵扣。下列说法正确的有（　　）。（用于8-11级测试）

A. 进口厢式货车应缴纳的关税税额为15万元

B. 进口厢式货车应缴纳的车辆购置税为11.5万元

C. 进口厢式货车应缴纳的增值税为14.95万元

D. 应税车辆的出口方为车辆购置税纳税义务人

E. 车辆购置税实行统一比例税率10%

【参考答案】ABCE

【解析】选项A，进口厢式货车应缴纳的关税=关税完税价格×关税税率=100×15%=15（万元）。选项B，进口厢式货车应缴纳的车辆购置税=（关税完税价格+关税）×10%=（100+15）×10%=11.5（万元）。选项C，进口厢式货车应缴纳的增值

税 =（关税完税价格 + 关税）×13% =（100 + 15）×13% = 14.95（万元）。选项 D，车辆购置税的纳税人是指在我国境内购置应税车辆的单位和个人。车辆购置税的应税行为包括：购买自用行为、进口自用行为、受赠自用行为、自产自用行为、获奖自用行为或者其他方式取得并自用的行为。选项 E，车辆购置税实行统一比例税率10%。

4. 机构所在地在 A 市的甲企业是增值税一般纳税人，2024 年 6 月在 A 市取得含税咨询收入 150 000 元，发生可抵扣进项税额 5 000 元；将位于邻省 B 县的一处办公用房（系 2016 年 5 月 1 日后取得）出租，收取含税月租金 40 000 元。下列关于甲企业当月税务处理的说法中，正确的有（　　）。（用于 8 - 11 级测试）

    A. 甲企业出租办公用房应在 B 县预缴增值税 1 904.76 元

    B. 甲企业当月在 A 市申报缴纳增值税 5 692.40 元

    C. 甲企业出租办公用房无须预缴增值税

    D. 甲企业出租办公用房可以选择适用简易计税方法

    E. 甲企业应在 B 县缴纳城市维护建设税 55.05 元

    【参考答案】BE

    【解析】甲企业出租的办公用房为 2016 年 5 月 1 日后取得，应适用增值税一般计税方法，不得选择增值税简易计税方法，选项 D 错误；甲企业在 B 县预缴的增值税 = 40 000 ÷（1 + 9%）× 3% = 1 100.92（元），在 B 县缴纳的城市维护建设税 = 1 100.92 × 5% = 55.05（元），选项 AC 错误，选项 E 正确；甲企业当月在 A 市申报缴纳增值税 = 150 000 ÷（1 + 6%）× 6% + 40 000 ÷（1 + 9%）× 9% - 5 000 - 1 100.92 = 5 692.40（元），选项 B 正确。

5. 甲公司从某超市集团内部的预付卡发行中心乙购入 8 000 元购物卡。甲公司使用购物卡在该集团内某商户 A 处购入办公用品一批，消费共计 4 000 元。随后预付卡发行中心乙与商户 A 结算销售款。下列关于预付卡业务的增值税处理，表述正确的有（　　）。（用于 8 - 11 级测试）

    A. 预付卡发行中心乙向甲公司销售预付卡时收取的 8 000 元作为预收资金，无须缴纳增值税

    B. 预付卡发行中心乙可向甲公司开具增值税普通发票，不得开具增值税专用发票

    C. 商户 A 向甲公司销售商品时，应就此笔销售业务缴纳增值税，并向甲公司开具增值税发票

    D. 预付卡发行中心乙因销售预付卡并办理相关资金收付结算业务取得的手续费、结算费、服务费、管理费等收入，不得开具增值税专用发票

    E. 商户 A 收到预付卡发行中心乙结算的销售款，应向售卡方开具增值税普通发票，不得开具增值税专用发票

    【参考答案】ABE

【解析】选项 C，商户 A（销售方）向甲公司销售商品时，应就此笔销售业务缴纳增值税，但不得向甲公司开具增值税发票；选项 D，预付卡发行中心乙（售卡方）因发行或者销售预付卡并办理相关资金收付结算业务取得的手续费、结算费、服务费、管理费等收入，应按照规定缴纳增值税，可开具增值税专用发票。

6. 根据增值税法律制度的规定，下列说法中正确的有（　　）。（用于 8－11 级测试）

   A. 家具生产企业向客户销售家具并负责为该客户运送和安装，按销售家具缴纳增值税

   B. 饭店提供餐饮服务同时销售酒水饮料，按销售餐饮服务缴纳增值税

   C. 某汽车美容店提供汽车打蜡服务同时销售车蜡，按销售生活服务计算缴纳增值税

   D. 家具生产企业销售家具，并由有运输资质的运输部门提供运输服务，按销售家具缴纳增值税

   E. 酒店提供住宿服务同时提供洗漱用品，应分别核算销售货物和服务销售额，并分别计税，未分别核算的，从高计税

【参考答案】ABC

【解析】选项 D，属于兼营，分别核算销售货物和交通运输服务的销售额，并分别计税，未分别核算则从高计税；选项 E，属于混合销售，按销售住宿服务缴纳增值税。

7. 一般纳税人销售的下列服务中，可以选择简易计税办法计税的有（　　）。（用于 1－7 级测试）

   A. 销售自产机器设备同时提供的安装服务

   B. 收取"营改增"试点前开工的高速公路的车辆通行费

   C. 住房租赁企业向个人出租住房

   D. 出租"营改增"后取得的不动产

   E. 提供文化体育服务

【参考答案】ABCE

【解析】选项 D，出租"营改增"后取得的不动产，不可以选择简易计税方法计税的规定，选项 ABCE 可以选择简易计税办法计税。

8. 2024 年 1 月，中国公民小朱通过与海关联网的甲电子商务交易平台从国外购买列入《跨境电子商务零售进口商品清单》中的高档化妆品一套，实际交易价格为 4 900 元。当月无其他交易。关于小朱应缴纳税款，下列说法中正确的有（　　）。（用于 8－11 级测试）

   A. 小朱应缴纳行邮税

   B. 纳税人为甲电子商务交易平台

   C. 进口环节增值税按法定应纳税额的 70% 征收

D. 进口环节消费税税率为0%

E. 适用关税税率为0%

【参考答案】CE

【解析】选项A，跨境电子商务零售进口商品按照货物征收关税和进口环节增值税、消费税。选项B，购买跨境电子商务零售进口商品的个人作为纳税义务人，由代收代缴义务人（甲电子商务交易平台）代收代缴税款。选项CDE，跨境电子商务零售进口商品的单次交易限值为人民币5 000元，个人年度交易限值为人民币26 000元，在限值以内进口的商品，关税税率暂设为0%，进口环节增值税、消费税按法定应纳税额的70%征收。

9. 房地产开发企业中的增值税一般纳税人，销售其开发的房地产项目采用一般计税方法的，其销售额应以取得的全部价款和价外费用，扣除受让土地时支付的（　　）。（用于1-7级测试）

A. 向政府部门支付的征地费用

B. 向政府部门支付的拆迁补偿费用

C. 向建筑企业支付的土地前期开发费用

D. 向其他单位或个人支付的拆迁补偿费用

【参考答案】ABD

【解析】选项C，可以扣除的价款是向政府、土地管理部门或受政府委托收取土地价款，不包含向建筑企业支付的款项。

10. 下列关于应税消费品已纳消费税税款的扣除，说法正确的有（　　）。（用于8-11级测试）

A. 将外购已税消费品连续生产应税消费品销售时，应按外购消费品数量计算准予扣除的应税消费品已纳的消费税税款

B. 以已税珠宝玉石为原料生产的金银首饰、铂金首饰和钻石首饰不得扣除外购珠宝玉石的已纳消费税税款

C. 允许扣税的只涉及同一大税目中的外购或委托加工收回的特定应税消费品的连续加工，不能跨税目抵扣

D. 电子烟批发环节缴纳消费税时可以抵扣其生产环节已经缴纳的消费税

E. 委托加工收回的已税消费品以高于受托方的计税价格出售，需按照规定申报缴纳消费税，在计税时准予扣除受托方已代收代缴的消费税，不受扣除范围限制

【参考答案】BCE

【解析】选项A，将外购已税消费品连续生产应税消费品销售，计算征收消费税时，符合抵扣条件的，应按当期生产领用数量计算准予扣除的应税消费品已纳的消费税税款；选项D，电子烟批发环节缴纳消费税时不得抵扣其生产环节已经缴纳的消

费税。

11. 下列关于土地增值税清算时的税务处理，说法正确的有（　　）。（用于 8-11 级测试）

   A. 已销售的房地产项目未全额开具商品房销售发票的，按照销售合同所载金额及其他收益确认收入
   B. 对于超过贷款期限的利息部分和加罚的利息不允许扣除
   C. 土地增值税清算时，已经计入房地产开发成本的利息支出，应调整至管理费用中计算扣除
   D. 房地产开发企业将开发的部分房地产转为企业自用时，不征收土地增值税
   E. 房地产开发企业用建造的房地产安置回迁户，支付给回迁户的补差价款，不得计算扣除

【参考答案】ABD

【解析】选项 C，土地增值税清算时，已经计入房地产开发成本的利息支出，应调整至财务费用中计算扣除；选项 E，房地产开发企业支付给回迁户的补差价款，计入拆迁补偿费，回迁户支付给房地产开发企业的补差价款，抵减本项目拆迁补偿费。

12. 根据增值税规定，下列（　　）行为应缴纳我国的增值税。（用于 1-7 级测试）

   A. 美国 A 公司向我国企业转让其在我国的连锁经营权
   B. 法国 B 公司将其在意大利的办公楼出租给我国企业使用
   C. 英国 C 公司对我国企业开拓国际、国内市场提供咨询服务
   D. 印度 D 公司为我国企业在印度的建筑工程提供监理服务

【参考答案】AC

【解析】选项 B，所销售或者租赁的不动产不在我国的境内，不需要在我国缴纳增值税；选项 D，属于施工地点在境外的监理服务，不需要在我国缴纳增值税。

13. 下列关于消费税计税依据的特殊规定，说法正确的有（　　）。（用于 8-11 级测试）

   A. 啤酒生产企业销售的啤酒，以向其关联企业的啤酒销售公司销售的价格作为确定消费税税额的标准
   B. 白酒生产企业收取的品牌使用费，不论企业采取何种方式或以何种名义收取价款，均应并入白酒的销售额中征收消费税
   C. 应税消费品从价计征消费税的计税依据含消费税，但不含增值税
   D. 纳税人将自产的应税消费品与外购或自产的非应税消费品组成套装销售的，以套装产品的销售额（不含增值税）为计税依据计算消费税
   E. 已经国家税务总局核定最低计税价格的卷烟，实际销售价格高于最低计税价格的，按照最低计税价格征收消费税

【参考答案】BCD

【解析】选项A，啤酒生产企业销售的啤酒，不得以向其关联企业的啤酒销售公司销售的价格作为确定消费税税额的标准，而应当以其关联企业的啤酒销售公司对外的销售价格（含包装物及包装物押金）作为确定消费税税额的标准，并依此确定该啤酒消费税单位税额；选项E，已经国家税务总局核定最低计税价格的卷烟，实际销售价格高于最低计税价格的，按照实际销售价格征收消费税。

14. 自2019年1月1日至2025年12月31日，对单位或者个体工商户将自产、委托加工或购买的货物无偿捐赠给目标脱贫地区的单位和个人，免征增值税。关于捐赠方式，以下说法正确的有（　　）。(用于1－7级测试)

    A. 直接捐赠

    B. 通过乡镇人民政府捐赠

    C. 通过县级人民政府捐赠

    D. 通过县级人民政府组成部门捐赠

    E. 通过市级人民政府直属机构捐赠

【参考答案】CDE

【解析】《关于延长部分扶贫税收优惠政策执行期限的公告》（财政部 税务总局 人力资源社会保障部 国家乡村振兴局公告2021年第18号）和《关于扶贫货物捐赠免征增值税政策的公告》（财政部 税务总局 国务院扶贫办公告2019年第55号）规定，企业通过公益性社会组织或县级（含县级）以上人民政府及其组成部门和直属机构，用于目标脱贫地区的扶贫捐赠支出，准予在计算企业所得税时据实扣除。在政策执行期限内，目标脱贫地区实现脱贫的，可继续适用上述政策。

15. 位于A市市区的非房地产企业甲公司，系增值税一般纳税人，2024年2月转让其位于B市的一套房产，含税销售价为320万元。该房产于2020年10月购入，含税购置原价为200万元，转让时经房地产评估机构评定，该房产的重置成本价为380万元，成新度折扣率为六成。当月可抵扣的增值税进项税为12万元，不考虑印花税和地方教育附加。下列说法正确的有（　　）。(用于8－11级测试)

    A. 甲公司应向B市主管税务机关预缴增值税5.5万元

    B. 甲公司应向B市主管税务机关缴纳城市维护建设税和教育费附加0.57万元

    C. 甲公司应向A市主管税务机关申报增值税8.71万元

    D. 甲公司计算土地增值税时，允许扣除的评估价格为228万元

    E. 甲公司计算土地增值税的扣除项目时，应凭借购房发票所载金额确定

【参考答案】BCD

【解析】选项AB，甲公司应向B市主管税务机关预缴增值税税款=（全部价款和价外费用－不动产购置原价或者取得不动产时的作价）÷（1＋5%）×5%＝（320－200）÷

(1 + 5%) × 5% = 5.71（万元）。应向 B 市缴纳城市维护建设税和教育费附加 = 5.71 × (7% + 3%) = 0.57（万元）。选项 C，甲公司应向 A 市主管税务机关申报增值税 = 320 ÷ (1 + 9%) × 9% − 12 − 5.71 = 8.71（万元）。选项 DE，出售旧房及建筑物的扣除项目包括：（1）评估价格 = 重置成本价 × 成新度折扣率。本题中，评估价格 = 380 × 60% = 228（万元）。（2）取得土地使用权所支付的金额。对取得土地使用权时未支付地价款或不能提供已支付的地价款凭据的，不允许扣除取得土地使用权所支付的金额。（3）转让环节缴纳的税金。

16. 根据消费税的有关规定，下列说法正确的有（　　）。（用于 1 – 7 级测试）

    A. 纳税人兼营不同税率的应当缴纳消费税的消费品，应当分别核算不同税率应税消费品的销售额、销售数量，未分别核算销售额、销售数量的，从高适用税率

    B. 纳税人兼营不同税率的应当缴纳消费税的消费品，应当分别核算不同税率应税消费品的销售额、销售数量，未分别核算销售额、销售数量的，由主管税务机关核定不同税率应税消费品的销售额、销售数量，并按照各自的适用税率征税

    C. 纳税人将不同税率的应税消费品组成成套消费品销售的，从高适用税率

    D. 纳税人将不同税率的应税消费品组成成套消费品销售的，应当分别核算不同税率应税消费品的销售额、销售数量，未分别核算销售额、销售数量的，从高适用税率

    E. 纳税人将不同税率的应税消费品组成成套消费品销售的，按平均税率计算

【参考答案】AC

【解析】纳税人兼营不同税率的应当缴纳消费税的消费品，应当分别核算不同税率应税消费品的销售额、销售数量；未分别核算销售额、销售数量，或者将不同税率的应税消费品组成成套消费品销售的，从高适用税率。

17. 下列关于金融业务相关增值税税务处理中，说法错误的有（　　）。（用于 8 – 11 级测试）

    A. 境外机构投资境内债券市场取得的债券利息收入，暂免征收增值税

    B. 对单位投资者转让创新企业 CDR 取得的差价收入，免征增值税

    C. 统借统还业务中，企业集团的集团内下属单位收取的利息，一律免征增值税

    D. 金融机构开展贴现、转贴现业务，以其实际持有票据期间取得的利息收入计算缴纳增值税

    E. 单位在限售股解禁流通后对外转让的，应按照"金融商品转让"，适用 6% 的税率缴纳增值税

【参考答案】BC

【解析】选项 B，对单位投资者转让创新企业 CDR 取得的差价收入，按金融商品转让政策规定免征增值税；选项 C，统借统还业务中，企业集团或企业集团中的核心企业以及集团所属财务公司按不高于支付给金融机构的借款利率水平或者支付的债券票面利率水平，向企业集团或者集团内下属单位收取的利息，免征增值税。

18. 以下不需要征收消费税的行为有（　　）。（用于 1－7 级测试）

　　A. 某护肤品公司生产的 100 元一瓶 50 毫升的面霜

　　B. 某手表企业生产的售价为 8 000 元的手表

　　C. 某酒吧的啤酒屋生产的果啤

　　D. 某金店销售的 1 500 元的黄金戒指

【参考答案】AB

【解析】选项 A 价格在 10 元/毫升及以上的护肤类化妆品属于消费税征收范围，选项 B 不含税售价在 10 000 元以上的手表属于消费税征收范围。

19. 下列业务中，应作为受托方销售自制应税消费品缴纳消费税的有（　　）。（用于 1－7 级测试）

　　A. 受托方甲企业提供原材料生产应税消费品

　　B. 受托方甲企业将原材料卖给委托方，再接受加工应税消费品

　　C. 受托方甲企业以委托方名义购进原材料生产的应税消费品

　　D. 委托方提供原料和主要材料，受托方甲企业只收取加工费和代垫部分辅助材料生产的应税消费品

　　E. 委托方提供原料和主要材料，受托方甲个体工商户只收取加工费和代垫部分辅助材料生产的应税消费品

【参考答案】ABC

【解析】选项 D，应作为委托加工应税消费品，由受托方甲企业代收代缴消费税；选项 E，应作为委托加工应税消费品，于委托方收回后在委托方所在地缴纳消费税。

20. 下列排放物中，属于环境保护税征收范围的有（　　）。（用于 8－11 级测试）

　　A. 一氧化碳　　　B. 二氧化碳　　　C. 二氧化硫　　　D. 交通噪声

　　E. 氮氧化物

【参考答案】ACE

【解析】ACE 属于环境保护税征税对象。

21. 下列情形中，以纳税人当期应税大气污染物、水污染物的产生量作为排放量计征环境保护税的有（　　）。（用于 8－11 级测试）

　　A. 通过暗管方式违法排放水污染物

　　B. 篡改、伪造大气污染物监测数据

　　C. 损毁或擅自移动水污染物自动监测设备

D. 规模化养殖以外的农业生产排放水污染物

E. 进行虚假纳税申报

【参考答案】ABCE

【解析】纳税人有下列情形之一的，以其当期应税大气污染物、水污染物的产生量作为污染物的排放量：（1）未依法安装使用污染物自动监测设备或者未将污染物自动监测设备与生态环境主管部门的监控设备联网。（2）损毁或者擅自移动、改变污染物自动监测设备。（选项C）（3）篡改、伪造污染物监测数据。（选项B）（4）通过暗管、渗井、渗坑、灌注或者稀释排放以及不正常运行防治污染设施等方式违法排放应税污染物。（选项A）（5）进行虚假纳税申报。（选项E）

22. 在判断所得是来源于中国境内还是境外时，下列说法正确的有（　　）。（用于1－7级测试）

　　A. 销售货物所得，按照交易活动发生地确定

　　B. 不动产转让所得按照不动产交易活动发生地确定

　　C. 动产转让所得按照转让动产的企业或者机构、场所所在地确定

　　D. 股息、红利等权益性投资所得，按照分配所得的企业所在地确定

　　E. 利息所得按照负担、支付所得的企业或者机构场所所在地确定

【参考答案】ACDE

【解析】不动产转让所得按照不动产所在地确定所得来源地。

23. 居民企业是指依法在中国境内成立，或者依照外国（地区）法律成立但实际管理机构在中国境内的企业。其中，实际管理机构，应当对企业实施实质性全面管理和控制，管理和控制的方面包括（　　）。（用于1－7级测试）

　　A. 生产经营　　B. 人员　　C. 财务　　D. 负债

【参考答案】ABC

【解析】依据《中华人民共和国企业所得税法》及其实施条例规定，实际管理机构，是指对企业的生产经营、人员、财务、财产等实施实质性全面管理和控制的机构。

24. 下列关于企业所得税税收优惠的说法，正确的有（　　）。（用于8－11级测试）

　　A. 花卉、茶以及其他饮料作物和香料作物的种植所得免征企业所得税

　　B. 居民企业技术转让所得超过500万元的部分，减半征收企业所得税

　　C. 对企业投资者持有2019—2023年发行的铁路债券取得的利息收入，免征企业所得税

　　D. 对内地企业投资者通过深港通投资香港联交所上市股票取得的转让差价所得，计入其收入总额，依法征收企业所得税

　　E. 内地居民企业投资者通过深港通投资香港联交所上市股票，连续持有H股满12个月取得的股息红利所得，依法免征企业所得税

【参考答案】BDE

【解析】选项 A，花卉、茶以及其他饮料作物和香料作物的种植所得减半征收企业所得税；选项 C，对企业投资者持有 2019—2027 年发行的铁路债券取得的利息收入，减半征收企业所得税。

25. 中小微企业在 2022 年新购置的单位价值在 500 万元以上的下列与生产经营有关的固定资产，单位价值的 50% 可在当年一次性税前扣除的有（　　）。（用于 1-7 级测试）

　　A. 厂房　　　　　B. 汽车　　　　　C. 生产工具　　　　　D. 机器设备

　　E. 电子设备

【参考答案】BCD

【解析】《财政部 税务总局关于中小微企业设备器具所得税税前扣除有关政策的公告》（财政部 税务总局公告 2022 年第 12 号）规定，中小微企业在 2022 年 1 月 1 日至 2022 年 12 月 31 日期间新购置的设备、器具，单位价值在 500 万元以上的，按照单位价值的一定比例自愿选择在企业所得税税前扣除。其中，《中华人民共和国企业所得税法实施条例》规定最低折旧年限为 3 年的设备器具，单位价值的 100% 可在当年一次性税前扣除；最低折旧年限为 4 年、5 年、10 年的，单位价值的 50% 可在当年一次性税前扣除，其余 50% 按规定在剩余年度计算折旧进行税前扣除。本公告所称设备、器具，是指除房屋、建筑物以外的固定资产。

26. 下列在会计上已作损失处理的除贷款类债权外的应收账款损失中，可在计算企业所得税应纳税所得额时扣除的有（　　）。（用于 1-7 级测试）

　　A. 债务人死亡后其财产或遗产不足清偿的应收账款损失

　　B. 债务人逾期 1 年未清偿预计难以收回的应收账款损失

　　C. 与债务人达成债务重组协议后无法追偿的应收账款损失

　　D. 债务人被依法吊销营业执照其清算财产不足清偿的应收账款损失

【参考答案】ACD

【解析】选项 ACD，减除可收回金额后确认的无法收回的应收款项，可以作为坏账损失在计算应纳税所得额时扣除；选项 B，债务人逾期 3 年以上未清偿，且有确凿证据证明已无力清偿债务的，才可作为坏账损失在计算应纳税所得额时扣除。

27. 企业在一个纳税年度中发生的下列各项支出，可计入研发费用享受加计扣除优惠政策的有（　　）。（用于 8-11 级测试）

　　A. 与研发活动直接相关的技术报告资料费

　　B. 从事研发活动直接消耗的动力费用

　　C. 专用于研发活动的非专利技术的摊销费用

　　D. 聘请税务师事务所出具可加计扣除研发费用专项审计报告的费用

E. 研发成果的鉴定费用

【答案】ABCE

【解析】选项 D，不属于与研发直接相关的费用。允许加计扣除的研发费用的具体范围包括：（1）人员人工费用。直接从事研发活动人员的工资薪金、基本养老保险费、基本医疗保险费、失业保险费、工伤保险费、生育保险费和住房公积金，以及外聘研发人员的劳务费用。（2）直接投入费用。①研发活动直接消耗的材料、燃料和动力费用。②用于中间试验和产品试制的模具、工艺装备开发及制造费，不构成固定资产的样品、样机及一般测试手段购置费，试制产品的检验费。③用于研发活动的仪器、设备的运行维护、调整、检验、维修等费用，以及通过经营租赁方式租入的用于研发活动的仪器、设备租赁费。（3）折旧费用。用于研发活动的仪器、设备的折旧费。（4）无形资产摊销。用于研发活动的软件、专利权、非专利技术（包括许可证、专有技术、设计和计算方法等）的摊销费用。（5）新产品设计费、新工艺规程制定费、新药研制的临床试验费、勘探开发技术的现场试验费。（6）其他相关费用。与研发活动直接相关的其他费用，如技术图书资料费、资料翻译费、专家咨询费、高新科技研发保险费，研发成果的检索、分析、评议、论证、鉴定、评审、评估、验收费用，知识产权的申请费、注册费、代理费，差旅费、会议费等。此项费用总额不得超过可加计扣除研发费用总额的10%。（7）财政部和国家税务总局规定的其他费用。

28. 下列关于企业资产收购重组的一般性税务处理的表述中，正确的有（ ）。（用于1－7级测试）

   A. 被收购方应确认资产的转让所得或损失

   B. 收购方取得资产的计税基础应以公允价值为基础确定

   C. 被收购企业的相关所得税事项原则上保持不变

   D. 受让方取得转让企业资产的计税基础以被转让资产的原有计税基础确定

【参考答案】ABC

【解析】企业股权收购、资产收购重组交易，相关交易的处理

（1）被收购方应确认股权、资产转让所得或损失。

（2）收购方取得股权或资产的计税基础应以公允价值为基础确定。

（3）被收购企业的相关所得税事项原则上保持不变。

29. 企业实施合并重组，适用企业所得税一般性税务处理方法时，下列处理正确的有（ ）。（用于1－7级测试）

   A. 被合并企业的亏损不得在合并企业结转弥补

   B. 合并企业应按照账面价值确定接受被合并企业负债的计税基础

   C. 被合并企业及其股东都应按清算进行所得税处理

   D. 合并企业应按公允价值确定接受被合并企业各项资产的计税基础

【参考答案】ACD

【解析】企业重组一般性税务处理方法下的企业合并，当事各方应按下列规定处理：

（1）合并企业应按公允价值确定接受被合并企业各项资产和负债的计税基础。

（2）被合并企业及其股东都应按清算进行所得税处理。

（3）被合并企业的亏损不得在合并企业结转弥补。

30. 下列关于企业所得税的优惠政策中，说法错误的有（　　）。（用于1-7级测试）

　　A. 企业投资者持有2019—2027年发行的铁路债券取得的利息收入，免征企业所得税

　　B. 创业投资企业可以按投资额的70%在投资当年抵扣应纳税所得额

　　C. 高新技术企业来源于境外所得一律可以按照15%的优惠税率缴纳企业所得税

　　D. 跨境电子商务综试区内核定征收的跨境电商企业应准确核算收入总额，并采用应税所得率方式核定征收企业所得税，应税所得率统一按照4%确定

【参考答案】ABC

【解析】选项A，企业投资者持有2019—2027年发行的铁路债券取得的利息收入，减半征收企业所得税；对个人投资者持有2024—2027年发行的铁路债券取得的利息收入，减按50%计入应纳税所得额计算征收个人所得税。税款由兑付机构在向个人投资者兑付利息时代扣代缴。选项B，创业投资企业按投资额的70%在股权持有满2年的当年抵扣该创业投资企业的应纳税所得额；选项C，以境内、境外全部生产经营活动有关的指标申请并经认定的高新技术企业，其来源于境外的所得可以享受高新技术企业税收优惠政策，即对其来源于境外所得可以按照15%的优惠税率缴纳企业所得税，在计算境外抵免限额时，可按照15%的优惠税率计算境内外应纳税总额。如果仅以境内指标申请认定的高新技术企业的境外所得不能享受优惠税率。

31. 经过认定的集成电路设计企业可以享受相应的税收优惠政策，但在特殊情形下，可以取消其享受税收优惠的资格，并补缴已减免的企业所得税税款，下列情形属于特殊情形的有（　　）。（用于8-11级测试）

　　A. 有骗税行为的

　　B. 发生重大安全事故的

　　C. 在申请认定过程中提供虚假信息的

　　D. 有环境违法行为，受到有关部门处罚的

　　E. 在中国境内成立但未取得集成电路设计企业资质

【参考答案】ABCD

【解析】享受税收优惠的集成电路设计企业有下列情况之一的，应取消其享受税收优惠的资格，并补缴已减免的企业所得税税款：

（1）在申请认定过程中提供虚假信息的；

(2) 有偷、骗税等行为的；

(3) 发生重大安全、质量事故的；

(4) 有环境等违法、违规行为，受到有关部门处罚的。

选项 E，不属于符合条件的集成电路设计企业，不得享受相应的税收优惠政策。

32. 企业发生的下列费用中，属于研发费用加计扣除范围的有（　　）。（用于 1-7 级测试）

　　A. 新产品设计费　　　　　　　　B. 新工艺规程制定费

　　C. 新药研制的临床试验费　　　　D. 勘探开发技术的现场试验费

【参考答案】ABCD

【解析】新产品设计费、新工艺规程制定费、新药研制的临床试验费、勘探开发技术的现场试验费均属于研发费用加计扣除的归集范围。

33. 根据企业所得税法的规定，下列说法不正确的有（　　）。（用于 1-7 级测试）

　　A. 企业自年度终了之日起 5 个月内，向税务机关报送年度企业所得税纳税申报表，并汇算清缴，结清应缴应退税款

　　B. 企业在年度中间终止经营活动的，应当自实际经营终止之日起 30 日内，向税务机关办理当期企业所得税汇算清缴

　　C. 按月或按季预缴的，应当自月份或者季度终了之日起 7 日内，向税务机关报送预缴企业所得税纳税申报表，预缴税款

　　D. 非居民企业在中国境内未设立机构、场所的，以扣缴义务人所在地为纳税地点

【参考答案】BC

【解析】选项 B，企业在年度中间终止经营活动的，应当自实际经营终止之日起 60 日内，向税务机关办理当期企业所得税汇算清缴；选项 C，按月或按季预缴的应当自月份或者季度终了之日起 15 日内，向税务机关报送预缴企业所得税纳税申报表，预缴税款。

34. 下列关于核定征收企业所得税的说法，不正确的有（　　）。（用于 8-11 级测试）

　　A. 采用两种以上方法测算的应纳税额不一致时，应按测算的应纳税额从低核定征收

　　B. 经营多业的纳税人经营项目单独核算的，税务局分别确定各项目的应税所得率

　　C. 纳税人的法定代表人发生变化的，应向税务机关申报调整已确定的应税所得率

　　D. 专门从事股权投资业务的企业不得核定征收企业所得税

【参考答案】ABC

【解析】选项 A，采用两种以上方法测算的应纳税额不一致时，可按测算的应纳税额从高核定征收；选项 B，经营多业的纳税人经营项目，无论经营项目是否单独核算，均由税务机关根据主营项目确定适用的应税所得率；选项 C，纳税人的生产经营范围和

主营业务发生重大变化，或者应纳税所得额或者应纳税额增减变化达到 20% 的，应向税务机关申报调整已确定的应税所得率或应纳税额。选项 D 正确。

35. 直接抵免主要适用于以及就（　　）在境外被源泉扣缴的预提所得税。（用于 8 - 11 级测试）

   A. 企业来源于境外的营业利润所得在境外所缴纳的企业所得税

   B. 来源于境外的股息、红利等权益性投资所得利息，租金，特许权使用费，财产转让等所得

   C. 发生于境外的股息、红利等权益性投资所得利息，租金，特许权使用费，财产转让等所得

   D. 全部所得

   【参考答案】ABC

   【解析】根据《企业境外所得税收抵免操作指南》，直接抵免主要适用于企业就来源于境外的营业利润所得在境外所缴纳的企业所得税，以及就来源于或发生于境外的股息、红利等权益性投资所得，利息，租金，特许权使用费，财产转让等所得在境外被源泉扣缴的预提所得税。

36. 下列各项中，不属于可抵免境外所得税税额的有（　　）。（用于 8 - 11 级测试）

   A. 按照境外所得税法律及相关规定属于错缴或错征的境外所得税税款

   B. 按照税收协定规定不应征收的境外所得税税款

   C. 因少缴或迟缴境外所得税而追加的利息、滞纳金或罚款

   D. 依照境外税收法律及相关规定应当缴纳并已实际缴纳的企业所得税性质的税款

   E. 按照我国税收法律的规定，已经免征我国企业所得税的境外所得负担的境外所得税税款

   【参考答案】ABCE

   【解析】可抵免境外所得税税额，是指企业来源于中国境外的所得依照中国境外税收法律以及相关规定应当缴纳并已实际缴纳的企业所得税性质的税款。ABCE 不属于可抵免境外所得税税额。

37. 某商业企业 2023 年年均职工人数 215 人，年均资产总额 4 500 万元，当年经营收入 5 640 万元，税前准予扣除项目金额 5 400 万元。某企业 2023 年减免税额是（　　），应缴纳企业所得税为（　　）万元。

   A. 48　　　　B. 36　　　　C. 24　　　　D. 12

   【参考答案】AD

   【解析】（1）对于从事国家非限制和禁止行业，且同时符合年度应纳税所得额不超过 300 万元、从业人数不超过 300 人、资产总额不超过 5 000 万元三项条件的企业，属于小型微利企业。该商业企业应纳税所得额 = 5 640 - 5 400 = 240 万元，2023 年年均职

工人数 215 人，年均资产总额 4 500 万元，属于小型微利企业。

（2）2023 年度对小型微利企业年应纳税所得额不超过 100 万元的部分，减按 25% 计入应纳税所得额，按 20% 的税率缴纳企业所得税；对年应纳税所得额超过 100 万元但不超过 300 万元的部分，延续按 25% 计入应纳税所得额，按 20% 的税率缴纳企业所得税。

综上，该企业 2023 年应缴纳企业所得税 =（5 640 − 5 400）×25% ×20% = 12 万元。减免税额是（5 640 − 5 400）×25% − 12 = 48 万元。

38. 2023 年 1 月 1 日到 2024 年 12 月 31 日，对个体工商户经营所得年应纳税所得额不超过 100 万元的部分，在现行优惠政策基础上，再减半征收个人所得税。下列关于个体工商户个人所得税优惠的说法，正确的有（   ）。（用于 1 − 7 级测试）

　A. 个体工商户不区分征收方式，均可享受

　B. 个体工商户在预缴税款时即可享受，其年应纳税所得额暂按截至本期申报所属期末的情况进行判断，并在年度汇算清缴时按年计算、多退少补

　C. 个体工商户从两处以上取得经营所得，需在办理年度汇总纳税申报时，合并个体工商户经营所得年应纳税所得额，重新计算减免税额，多退少补

　D. 个体工商户按照以下方法计算减免税额：减免税额 =（个体工商户经营所得应纳税所得额不超过 100 万元部分的应纳税额 − 其他政策减免税额 × 个体工商户经营所得应纳税所得额不超过 100 万元部分 ÷ 经营所得应纳税所得额）×（1 − 50%）

　E. 对于通过电子税务局申报的个体工商户，税务机关将提供该优惠政策减免税额和报告表的预填服务

【参考答案】ABCDE

【解析】根据《国家税务总局关于落实支持个体工商户发展个人所得税优惠政策有关事项的公告》（国家税务总局公告 2023 年第 5 号）相关规定。

39. 个人投资者从基金分配取得的下列收入中，不需要由基金管理企业代扣代缴个人所得税的是（   ）。（用于 1 − 7 级测试）

　A. 国债利息收入　　　　　　　　B. 储蓄存款利息收入

　C. 公司债券价差收入　　　　　　D. 买卖股票价差收入

【参考答案】ABD

【解析】选项 C，对个人投资者从基金分配中获得的企业债券差价收入，应按税法规定对个人投资者征收个人所得税，税款由基金管理企业在分配时依法代扣代缴。

40. 自 2023 年 1 月 1 日起至 2027 年 12 月 31 日止，对物流企业自有（包括自用和出租）或承租的大宗商品仓储设施用地，减按所属土地等级适用税额标准的 50% 计征城镇土地使用税。所称大宗商品仓储设施，是指（   ）。（用于 8 − 11 级测试）

A. 同一仓储设施占地面积在 6 000 平方米及以上

B. 主要储存农产品和农业生产资料、矿产品和工业原材料

C. 物流企业的办公、生活区用地

D. 仓库库区内储存设施

E. 仓库库区内物流作业配套设施的用地

【参考答案】ABDE

【解析】《关于继续实施物流企业大宗商品仓储设施用地城镇土地使用税优惠政策的公告》（财政部 国家税务总局公告 2023 年第 5 号）同一仓储设施占地面积在 6 000 平方米及以上，且主要储存粮食、棉花、油料、糖料、蔬菜、水果、肉类、水产品、化肥、农药、种子、饲料等农产品和农业生产资料，煤炭、焦炭、矿砂、非金属矿产品、原油、成品油、化工原料、木材、橡胶、纸浆及纸制品、钢材、水泥、有色金属、建材、塑料、纺织原料等矿产品和工业原材料的仓储设施。

本公告所称仓储设施用地，包括仓库库区内的各类仓房（含配送中心）、油罐（池）、货场、晒场（堆场）、罩棚等储存设施和铁路专用线、码头、道路、装卸搬运区域等物流作业配套设施的用地。

物流企业的办公、生活区用地及其他非直接用于大宗商品仓储的土地，不属于本公告规定的减税范围，应按规定征收城镇土地使用税。

41. 根据《中华人民共和国个人所得税法》的有关规定，下列关于个人独资企业和合伙企业投资者征收个人所得税的说法中，正确的有（　　）。（用于 1-7 级测试）

A. 凡实行查账征税办法的，其税率比照"经营所得"应税项目，适用 5%—35% 的五级超额累进税率，计算征收个人所得税

B. 投资者兴办两个或两个以上企业的，年度终了时，应汇总从所有企业取得的应纳税所得额，据此确定适用税率并计算缴纳个人所得税

C. 对个人独资企业取得的各项所得均征收个人所得税

D. 投资者兴办两个或两个以上企业的，其费用扣除标准由投资者选择在其中一个企业的生产经营所得中扣除

E. 个人独资企业和合伙企业的生产经营所得，只包括企业分配给投资者个人的所得，不包括企业当年留存的所得

【参考答案】ABD

【解析】选项 C，对个人独资企业取得种植业、养殖业、饲养业、捕捞业所得，暂不征收个人所得税；选项 E，个人独资企业和合伙企业的生产经营所得，包括企业分配给投资者个人的所得和企业当年留存的所得。

42. 下列所得中，应按照"稿酬所得"缴纳个人所得税的有（　　）。（用于 1-7 级测试）

A. 书法家为企业题字获得的报酬

B. 杂志社记者在本社杂志发表文章获得的报酬

C. 电视剧制作中心的编剧编写剧本获得的报酬

D. 出版社的专业作者翻译的小说由该出版社出版获得的报酬

E. 报社印刷车间工作人员在该社报纸发表作品获得的报酬

【参考答案】DE

【解析】选项A，属于"劳务报酬所得"；选项B，属于"工资、薪金所得"；选项C，属于"特许权使用费所得"。

43. 以下不属于"工资、薪金所得"的项目有（　　）。（用于1-7级测试）

　　A. 独生子女补贴　　　　　　B. 差旅费津贴

　　C. 午餐补助　　　　　　　　D. 误餐补助

　　E. 劳动分红

【参考答案】ABD

【解析】选项C，午餐补助属于"工资、薪金所得"。选项E，个人因任职或者受雇取得的工资、薪金、奖金、年终加薪、劳动分红、津贴、补贴以及与任职或者受雇有关的其他所得均属于"工资、薪金所得"。

44. 非居民个人取得的下列收入中，应在中国按规定计算缴纳个人所得税的有（　　）。（用于1-7级测试）

　　A. 在中国境内任职取得的工资、薪金收入

　　B. 出租境外房屋而取得的租金收入

　　C. 从我国境内的上市公司取得的股息收入

　　D. 将专利权转让给中国境内企业使用而取得的特许权使用费收入

【参考答案】ACD

【解析】根据2018年《中华人民共和国个人所得税法实施条例》规定，下列所得，不论支付地点是否在中国境内，均为来源于中国境内的所得：因任职、受雇、履约等而在中国境内提供劳务取得的所得；将财产出租给承租人在中国境内使用而取得的所得；许可各种特许权在中国境内使用而取得的所得；从中国境内企业、事业单位、其他组织以及居民个人取得的利息、股息、红利所得。

45. 按照《中华人民共和国个人所得税法》的相关规定，下列应当由纳税人自行申报缴纳个人所得税情形有（　　）。（用于1-7级测试）

　　A. 取得境外所得　　　　　　B. 取得经营所得

　　C. 因移居境外注销中国国籍　D. 股息、红利所得

【参考答案】ABC

【解析】选项D，由扣缴义务人代扣代缴税款。

46. 个人取得的下列收入中，应按"工资、薪金所得"缴纳个人所得税的有（　　）。

（用于1-7级测试）

　　A. 退休人员再任职取得的收入

　　B. 公司职工取得的用于购买企业国有股权的劳动分红

　　C. 从事个体出租车运营的出租车驾驶员取得的收入

　　D. 商品营销活动中，企业对营销业绩突出的非雇员以培训班名义组织旅游活动，通过免收旅游费对个人实行的营销业绩奖励

　　E. 承包、承租人对企业经营成果不拥有所有权，仅按合同（协议）规定取得一定所得

【参考答案】ABE

【解析】选项C，应按"经营所得"纳税；选项D，应按"劳务报酬所得"纳税。

47. 下列个人所获得的收入，属于免征个人所得税的有（　　）。（用于1-7级测试）

　　A. 保险理赔金额5 000元　　　　B. 商场抽奖所得500元

　　C. 单张发票中奖金额1 000元　　D. 退休工资收入8 000元

【参考答案】AD

【解析】选项B，属于"偶然所得"，没有免税优惠。选项C，个人取得单张有奖发票奖金所得不超过800元（含800元）的，暂免征收个人所得税；个人取得单张有奖发票奖金所得超过800元的，应全额按照"偶然所得"项目征收个人所得税。

48. 下列所得中个人向个人养老金资金账户缴费时，可以在限额标准内据实扣除的有（　　）。（用于1-7级测试）

　　A. 综合所得　　B. 偶然所得　　C. 经营所得　　D. 财产租赁所得

【参考答案】AC

【解析】自2022年1月1日起，对个人养老金实施递延纳税优惠政策。在缴费环节，个人向个人养老金资金账户的缴费，按照12 000元/年的限额标准，在综合所得或经营所得中据实扣除。

49. 下列各项中，免征车辆购置税的有（　　）。（用于1-7级测试）

　　A. 插电式混合动力汽车

　　B. 回国服务的留学人员用人民币现金购买1辆个人自用国产小汽车

　　C. 城市公交企业购置的公共汽电车辆

　　D. 长期来华定居专家国内购进自用的1辆国产小汽车

　　E. 设有固定装置的非运输专用作业车辆

【参考答案】ACE

【解析】选项A，免征车辆购置税的新能源汽车是指纯电动汽车、插电式混合动力（含增程式）汽车、燃料电池汽车；选项B，回国服务的在外留学人员用现汇购买1辆个人自用国产小汽车，免征车辆购置税；选项D，长期来华定居专家进口的1辆自用小

汽车，免征车辆购置税。

50. 某居民个人在北京工作，按规定不得享受住房租金专项附加扣除的有（　　）。（用于1-7级测试）

　　A. 纳税人本人名下拥有北京市区住房

　　B. 纳税人配偶名下拥有北京市远郊区住房

　　C. 纳税人父母名下拥有北京市区住房

　　D. 纳税人配偶已申请享受住房贷款利息扣除

【参考答案】ABD

【解析】根据《个人所得税专项附加扣除暂行办法》第十七条的规定，纳税人在主要工作城市没有自有住房而发生的住房租金支出。根据《个人所得税专项附加扣除暂行办法》第二十条的规定，纳税人及其配偶在一个纳税年度内不能同时分别享受住房贷款利息和住房租金专项附加扣除。

51. 按照企业所得税最新政策规定，2022年度所得税汇算清缴时下列处理错误的有（　　）。（用于1-7级测试）

　　A. 企业将自产产品捐赠过程中发生的运费1万元（公益性社会组织将其开具了公益捐赠票据）作为公益性捐赠支出按照规定在税前做了扣除处理

　　B. 企业2018年度（核定征税）投入使用的设备，2021年度改为查账征税后，按照税法规定的折旧年限10年，就剩余年限继续计提折旧额并在税前扣除

　　C. 企业购买了价值100万元的文物收藏，并作为投资资产进行了税务处理，按税法规定条件计提的折旧费用在企业所得税前做了扣除处理

　　D. 企业按照市场价格销售货物，取得了由政府财政部门根据企业3年来销售货物金额的1%支付的资金，全部确认企业所得税收入

【参考答案】CD

【解析】《国家税务总局关于企业所得税若干政策征管口径问题的公告》（国家税务总局公告2021年第17号）规定，企业购买的文物、艺术品用于收藏、展示、保值增值的，作为投资资产进行税务处理。文物、艺术品资产在持有期间，计提的折旧、摊销费用，不得税前扣除。企业按照市场价格销售货物、提供劳务服务等，凡由政府财政部门根据企业销售货物、提供劳务服务的数量、金额的一定比例给予全部或部分资金支付的，应当按照权责发生制原则确认收入。

52. 下列各项中，应按照"利息股息、红利所得"项目计征个人所得税的有（　　）。（用于1-7级测试）

　　A. 股份制企业为股东个人购买住房而支出的款项

　　B. 员工因拥有股权而参与企业税后利润分配取得的所得

　　C. 员工将行权后的股票再转让时获得的高于购买日公平市场价的差额

D. 股份制企业的个人投资者,在年度终了后既不归还又未用于企业生产经营的借款

【参考答案】ABD

【解析】选项 C,按"财产转让所得"缴纳个人所得税。

53. 下列关于综合所得专项附加扣除中的大病医疗支出的表述中,正确的有( )。(用于 1 - 7 级测试)

   A. 纳税人发生的医保目录范围内的自付部分,才可以作为大病医疗支出扣除,医保目录范围外的自付部分,不得作为大病医疗支出扣除

   B. 在一个纳税年度内,纳税人发生的与基本医保相关的医药费用支出,扣除医保报销后个人负担的部分,在 80 000 元限额内据实扣除

   C. 大病医疗支出可以在预扣预缴时扣除,也可以在汇算清缴时扣除

   D. 纳税人应当留存医药服务收费及医保报销相关票据原件(或者复印件)等资料备查

【参考答案】AD

【解析】在一个纳税年度内,纳税人发生的与基本医保相关的医药费用支出,扣除医保报销后个人负担(指医保目录范围内的自付部分)累计超过 15 000 元的部分,由纳税人在办理年度汇算清缴时,在 80 000 元限额内据实扣除。选项 B,需要超过 15 000 元的部分,才允许扣除;选项 C,只能在汇算清缴时扣除。

54. 下列关于个人独资企业核定征收个人所得税相关处理的表述中,正确的有( )。(用于 1 - 7 级测试)

   A. 企业经营多业的,应根据其主营项目确定适用的应税所得率

   B. 持有权益性投资的个人独资企业可适用核定征收

   C. 采用核定征收后,不得扣除公益捐赠支出

   D. 由查账征收改为核定征收的,在查账征收下未弥补完的亏损不能继续弥补

【参考答案】ACD

【解析】自 2022 年 1 月 1 日起,持有股权、股票、合伙企业财产份额等权益性投资的个人独资企业、合伙企业,一律适用查账征收方式计征个人所得税。

55. 根据个人所得税的相关规定,下列说法中正确的有( )。(用于 1 - 7 级测试)

   A. 个人独资企业计提的各种准备金支出不得扣除

   B. 个体工商户代其从业人员或者他人负担的税款,不得税前扣除

   C. 个体工商户为业主缴纳的补充医疗保险,在不超过其工资薪金 5% 的部分可以税前扣除,超过的部分不得扣除

   D. 个体工商户业主的工资薪金支出不得税前扣除

【参考答案】ABD

【解析】选项C，个体工商户业主本人缴纳的补充养老保险费、补充医疗保险费，以当地（地级市）上年度社会平均工资的3倍为计算基数，分别在不超过该计算基数5%标准内的部分据实扣除；超过部分，不得扣除。

56. 关于3岁以下婴幼儿照护个人所得税专项附加扣除政策，以下说法正确的有（   ）。（用于1-7级测试）

    A. 有多个婴幼儿的父母，可以对不同的婴幼儿选择不同的扣除方式

    B. 纳税人照护3岁以下婴幼儿子女的相关支出，按照每个婴幼儿每月2 000元的标准定额扣除

    C. 婴幼儿子女包括婚生子女、非婚生子女、养子女、继子女等受到本人监护的3岁以下婴幼儿

    D. 扣除主体是3岁以下婴幼儿的监护人，包括生父母、继父母、养父母，父母之外的其他人担任未成年人的监护人的

    E. 父母可以选择由其中一方按扣除标准的100%扣除，也可以选择由双方分别按扣除标准的50%扣除，具体扣除方式在一个纳税年度内不能变更

    【参考答案】ACDE

    【解析】《国务院关于设立3岁以下婴幼儿照护个人所得税专项附加扣除的通知》（国发〔2022〕8号）。

57. 《关于进一步扶持自主就业退役士兵创业就业有关税收政策的通知》规定，自主就业退役士兵从事个体经营的，自办理个体工商户登记当月起，在3年内依法享受税收优惠。下列税费可按规定扣减的有（   ）。（用于1-7级测试）

    A. 增值税   B. 教育费附加

    C. 水利建设基金   D. 文化事业建设费

    E. 城市维护建设税

    【参考答案】ABE

    【解析】根据《关于进一步扶持自主就业退役士兵创业就业有关税收政策的通知》（财税〔2019〕21号），自主就业退役士兵从事个体经营的，自办理个体工商户登记当月起，在3年（36个月，下同）内按每户每年12 000元为限额依次扣减其当年实际应缴纳的增值税、城市维护建设税、教育费附加、地方教育附加和个人所得税。

58. 《财政部 税务总局 人力资源社会保障部 国务院扶贫办关于进一步支持和促进重点群体创业就业有关税收政策的通知》（财税〔2019〕22号）中重点群体有（   ）。（用于1-7级测试）

    A. 毕业年度内普通高等学校应届毕业的学生

    B. 毕业年度内成人高等学校应届毕业的学生

    C. 纳入全国扶贫开发信息系统的建档立卡贫困人口

D. 在人力资源社会保障部门公共就业服务机构登记失业1年以上的人员

E. 零就业家庭、享受城市居民最低生活保障家庭劳动年龄内的登记失业人员

【参考答案】ABCE

【解析】根据《关于延长部分扶贫税收优惠政策执行期限的公告》（财政部 税务总局 人力资源社会保障部 国家乡村振兴局公告2021年第18号）和《财政部 税务总局 人力资源社会保障部 国务院扶贫办关于进一步支持和促进重点群体创业就业有关税收政策的通知》（财税〔2019〕22号）的相关规定。

59. 按照房产租金的收入计算房产税所适用税率的有（　　）。（用于1-7级测试）

　　A. 30%　　　　　B. 4%　　　　　C. 12%　　　　　D. 1.2%

【参考答案】BC

【解析】依房产余值计算缴纳的，税率为1.2%；依照房产不含增值税的租金收入计算缴纳的，税率为12%。对个人出租住房，不区分用途，按4%的税率征收房产税。对企事业单位、社会团体以及其他组织按照市场价格向个人出租用于居住的住房，减按4%的税率征收房产税。

60. 下列关于关税的说法中，正确的有（　　）。（用于1-7级测试）

A. 纳税义务人应当自海关填发税款缴款书之日起15日内，向指定银行缴纳税款

B. 纳税义务人自缴纳税款期限届满之日起超过3个月仍未缴纳税款，经直属海关关长或者其授权的隶属海关关长批准，海关可以采取强制扣缴、变价抵缴等强制措施

C. 纳税义务人发现多缴税款的，自缴纳税款之日起3年内书面申请退税，并加算银行同期活期存款利息

D. 因纳税人违反海关规定造成少征或漏征关税，关税追征期为自纳税人应缴纳税款之日起5年，并按日加收少征或漏征税款万分之五的滞纳金

E. 进口货物放行后，海关发现少征或者漏征税款的，应当自缴纳税款或货物放行之日起1年内，向纳税义务人补征

【参考答案】ABE

【解析】选项C，纳税义务人发现多缴税款的，自缴纳税款之日起1年内书面申请退税，并加算银行同期活期存款利息；选项D，进出口货物放行后，因纳税人违反海关规定造成少征或漏征关税，关税追征期为自纳税人缴纳税款或货物放行之日起3年内，并按日加收少征或漏征税款万分之五的滞纳金。

61. 下列关于城镇土地使用税纳税人的说法，正确的有（　　）。（用于1-7级测试）

A. 城镇土地使用税由拥有土地使用权的单位和个人缴纳

B. 土地使用权未确定或权属纠纷未解决的，由实际使用人纳税

C. 土地使用权未确定或权属纠纷未解决的，待法律判决以后决定

D. 土地使用权共有的，由共有各方分别纳税。

【参考答案】ABD

【解析】城镇土地使用税一般为拥有土地使用权的单位和个人缴纳；土地使用权未确定或权属纠纷未解决的，由实际使用人纳税；土地使用权共有的，由共有各方分别纳税。

62. 下列各项中，应计算缴纳环境保护税的有（　　）。（用于8-11级测试）

    A. 机动车、铁路机车等流动污染源排放应税污染物的

    B. 农业规模化养殖排放应税污染物的

    C. 畜禽养殖场依法对畜禽养殖废弃物进行综合利用和无害化处理的

    D. 医院直接向环境排放水污染物的

    E. 纳税人排放应税大气污染物或者水污染物的浓度值低于国家和地方规定的污染物排放标准50%的

【参考答案】BDE

【解析】选项A，机动车、铁路机车等流动污染源排放应税污染物的，暂予免征环境保护税；选项B，农业生产（不包括规模化养殖）排放应税污染物的，暂予免征环境保护税，但规模化养殖排放应税污染物不免税；选项C，畜禽养殖场依法对畜禽养殖废弃物进行综合利用和无害化处理的，不属于直接向环境排放污染物，不缴纳环境保护税；选项E，减按50%征收环境保护税。

63. 下列行为，属于契税征税范围的有（　　）。（用于1-7级测试）

    A. 以抵债方式取得房屋产权
    B. 为拆房取料而购买房屋
    C. 受让国有土地使用权
    D. 以获奖方式取得房屋产权
    E. 将自有房产投入本人独资经营的企业

【参考答案】ABCD

【解析】选项E，以自有房地产投入自己投资的个人独资企业，不征收契税。

64. 关于房屋附属设施的契税处理，下列说法正确的有（　　）。（用于1-7级测试）

    A. 对于承受与房屋相关的附属设施所有权或土地使用权的行为，按照契税规定征收契税

    B. 对于不涉及土地使用权和房屋所有权转移变动的，附属设施所有权或土地使用权的行为，也应征收契税

    C. 采取分期付款方式购买房屋附属设施土地使用权、房屋所有权的，应按合同规定的总价款计征契税

    D. 承受的房屋附属设施权属单独计价的，按照适用税率征收契税

【参考答案】ACD

【解析】对于承受与房屋相关的附属设施所有权或土地使用权的行为，按照契税规

定征收契税；对于不涉及土地使用权和房屋所有权转移变动的，不征收契税。

65. 关于契税的政策表述，正确的有（　　）。（用于1－7级测试）

   A. 房屋赠与属于契税征收范围　　　B. 契税应当由转让方缴纳

   C. 房屋买卖以成交价格作为计税依据　　D. 房屋交换以差额作为计税依据

   E. 买房拆料不征收契税

   【参考答案】ACD

   【解析】选项B，契税应当由受让方缴纳。选项E，买房拆料或翻建新房，应照章征收契税。

66. 根据车船税的规定，下列表述符合车船税征税现行规定的有（　　）。（用于1－7级测试）

   A. 电车需缴纳车船税　　　　　　　B. 半挂牵引车无须缴纳车船税

   C. 拖船按照船舶税额的50%计税　　D. 非机动驳船按照船舶税额的70%计税

   【参考答案】AC

   【解析】车船税的税目中货车，包括半挂牵引车、三轮汽车和低速载货汽车。非机动驳船按照机动船舶税额的50%计算。

67. 下列关于城市维护建设税的表述中，正确的有（　　）。（用于1－7级测试）

   A. 城市维护建设税适用于外商投资企业

   B. 对出口退还增值税、消费税的，也一并退还已缴城市维护建设税

   C. 城市维护建设税实行地区差别比例税率，设置7%、5%和1%三档税率

   D. 城市维护建设税按实际缴纳的"两税"税额计征，随"两税"的法定减免而减免。

   【参考答案】ACD

   【解析】对出口产品退还增值税、消费税的，不退还已缴纳的城市维护建设税。

68. 下列项目中，符合印花税相关规定的有（　　）。（用于1－7级测试）

   A. 加工承揽合同的计税依据为加工货物的同类售价金额

   B. 财产租赁合同的计税依据为租赁金额

   C. 仓储保管合同的计税依据为所保管货物的金额

   D. 建设工程勘察设计合同的计税依据为收取的费用

   【参考答案】BD

   【解析】加工承揽合同，计税依据为加工或承揽收入的金额。加工承揽合同的计税依据为加工收入的金额，分为以下两种情况：①对于由受托方提供原材料的加工、定作合同，凡在合同中分别记载加工费金额与原材料金额的，应分别按加工承揽合同、购销合同计税；合同中未分别记载的，应就全部金额依照加工承揽合同计税。②对于由委托方提供主要材料或原料，受托方只提供辅助材料的加工合同，无论加

157

工费和辅助材料金额是否分别记载，均以辅助材料与加工费的合计数，依照加工承揽合同计税。对委托方提供的主要材料或原料不计税。仓储保管合同的计税依据为保管费收入。

69. 从 2021 年 8 月 1 日开始，与增值税、消费税合并申报的附加税费包括（　　）。（用于 1－7 级测试）

  A. 城市维护建设税   B. 教育费附加

  C. 印花税   D. 地方教育附加

  【参考答案】ABD

  【解析】自 2021 年 8 月 1 日起，在全国推行增值税、消费税分别与城市维护建设税、教育费附加、地方教育附加申报表整合。

70. 下列关于耕地占用税的表述，正确的有（　　）。（用于 1－7 级测试）

  A. 纳税人临时占用耕地的，不缴纳耕地占用税

  B. 耕地占用税由税务机关负责征收

  C. 耕地占用税以纳税人实际占用的耕地面积为计税依据

  D. 耕地占用税按照规定的适用税额一次性征收

  【参考答案】BCD

  【解析】纳税人临时占用耕地，应当依照规定缴纳耕地占用税。

71. 下列关于烟叶税的说法正确的有（　　）。（用于 8－11 级测试）

  A. 纳税人收购烟叶，应当向烟叶收购地的主管税务机关申报纳税

  B. 烟叶税实行比例税率，税率为 10%

  C. 烟叶税的纳税义务发生时间为纳税人收购烟叶的当天

  D. 烟叶税的征税对象是生烟叶

  E. 烟叶税按月计征，纳税人应当于纳税义务发生月终了之日起 10 日内申报并缴纳税款

  【参考答案】AC

  【解析】选项 B，烟叶税实行比例税率，税率为 20%；选项 D，烟叶税的征税对象是烟叶，包括晾晒烟叶和烤烟叶；选项 E，烟叶税按月计征，纳税人应当于纳税义务发生月终了之日起 15 日内申报并缴纳税款。

72. 下列情形中无须计算缴纳环境保护税的有（　　）。（用于 8－11 级测试）

  A. 规模化养殖直接排放应税污染物

  B. 航空器排放应税污染物

  C. 纳税人综合利用的固体废物，符合国家和地方环境保护标准

  D. 建筑噪声

  【参考答案】BCD

【解析】下列情形暂免征收环境保护税：(1) 农业生产（不包括规模化养殖）排放应税污染物的；(2) 机动车、铁路机车、非道路移动机械、船舶和航空器等流动污染源排放应税污染物的（选项 B）；(3) 依法设立的城乡污水集中处理、生活垃圾集中处理场所排放相应应税污染物，不超过国家和地方规定的排放标准的；(4) 纳税人综合利用的固体废物，符合国家和地方环境保护标准的（选项 C）；选项 D，不属于环境保护税征税范围。

73. 下列各项符合房产税规定的有（　　）。（用于 1－7 级测试）

    A. 更换房屋附属设施和配套设施的，其更新价值计入房产原值，但不扣减原来相应旧设备和设施的价值

    B. 完全建在地面以下的建筑不计征房产税

    C. 对企事业单位、社会团体以及其他组织按市场价格向个人出租用于居住的住房，减按 4% 的税率征收房产税

    D. 出租的地下建筑，按照出租地上房屋建筑的有关规定计算征收房产税

    【参考答案】CD

    【解析】对于更换房屋附属设备和配套设施的，在将其价值计入房产原值时，可扣减原来相应设备和设施的价值；对附属设备和配套设施中易损坏、需要经常更换的零配件，更新后不再计入房产原值。与地上房屋相连的地下建筑以及完全建在地面以下的建筑、地下人防设施等，均应当按规定征收房产税。

74. 下列各项符合房产税计税依据规定的有（　　）。（用于 8－11 级测试）

    A. 独立地下建筑物若作商业和其他用途，以其房屋原价的 50%—60% 作为应税房产的原值

    B. 以房产投资联营，投资者参与投资利润分红，共担风险的情况，按房产原值作为计税依据计征房产税

    C. 对经营自用的房屋，以房产的计税余值作为计税依据

    D. 纳税人对原有房屋进行改造、扩建的，要相应增加房屋的原值

    【参考答案】BCD

    【解析】独立地下建筑物若作商业和其他用途，以其房屋原价的 70%—80% 作为应税房产原值，在此基础上扣除原值减除比例作为计税依据。

75. 根据车船税的有关规定，下列说法中，正确的有（　　）。（用于 1－7 级测试）

    A. 车船税采用定额幅度税率

    B. 拖船按照机动船舶税额的 50% 计算车船税

    C. 已办理退税的被盗抢车船，失而复得的，纳税人应当从税务机关出具相关证明的次月起计算缴纳车船税

    D. 扣缴义务人代收代缴车船税后车辆登记地主管税务机关不再征收车船税

【参考答案】ABD

【解析】C 选项错误,已办理退税的被盗抢车船失而复得的,纳税人应当从公安机关出具相关证明的当月起计算缴纳车船税。

76. 城镇土地使用税征税方式是按年计算,可以按(   )缴纳。(用于 1-7 级测试)

    A. 按月缴纳　　　　　　　　　　B. 按季缴纳

    C. 按半年缴纳　　　　　　　　　D. 年终一次性缴纳

【参考答案】ABC

【解析】城镇土地使用税按年计算,可以按月、季或者半年缴纳。

77. 按照城镇土地使用税的规定,纳税人实际占用的土地面积,可以按照下列方法确定(   )。(用于 1-7 级测试)

    A. 房地产管理部门核发土地使用证书的,以证书确定的土地使用面积为准

    B. 尚未核发土地使用证书的,应由纳税人据实申报土地面积

    C. 由省、自治区、直辖市人民政府确定的单位组织测定的土地面积,以测定的面积为准

    D. 对在城镇土地使用税征税范围内单独建造的地下建筑用地,不缴纳城镇土地使用税

【参考答案】ABC

【解析】D 错误,对在城镇土地使用税征税范围内单独建造的地下建筑用地,应按规定征收城镇土地使用税。

78. 关于城镇土地使用税的纳税义务发生时间,表述正确的有(   )。(用于 1-7 级测试)

    A. 纳税人购置新建商品房,自商品房交付使用的下月起缴纳城镇土地使用税

    B. 征用的耕地,自批准之日起满 1 年开始缴纳城镇土地使用税

    C. 购置存量房的,自房屋交付使用之次月起计征城镇土地使用税

    D. 房产出租的,自出租房产次月起缴纳城镇土地使用税

【参考答案】ABD

【解析】购置存量房,自办理房屋权属转移、变更登记手续,房地产权属登记机关签发房屋权属证书之次月起计征城镇土地使用税。

79. 下列取得房产的情形中,免征契税的有(   )。(用于 1-7 级测试)

    A. 个人购买家庭唯一住房

    B. 外国使领馆承受土地用于办公

    C. 个人购买家庭第二套改善性住房

    D. 公租房经营单位购买住房作为公租房

    E. 军事单位承受土地用于办公

【参考答案】BDE

【解析】选项 A，对个人购买家庭唯一住房（家庭成员范围包括购房人、配偶以及未成年子女），面积≤90平方米的，减按1%税率征收契税；面积>90平方米的，减按1.5%税率征收契税。选项 B，外国使领馆、联合国驻华机构及外交人员承受土地、房屋权属，免征契税。选项 C，对个人购买家庭第二套改善性住房，面积≤90平方米的，减按1%税率征收契税；面积>90平方米的，减按2%税率征收契税。选项 D，公租房经管单位购买住房作为公租房的，免征契税。选项 E，国家机关、事业单位、社会团体、军事单位承受土地、房屋用于办公、教学、医疗、科研和军事设施的，免征契税。

80. 下列情形中，可以享受（暂）免征土地增值税税收优惠政策的有（　　）。（用于8－11级测试）

    A. 非营利单位转让办公用房

    B. 企业之间互换办公用房

    C. 双方合作建房，建成后转让的

    D. 企业转让旧房作为改造安置住房且增值率未超过20%

    E. 个人销售住房

【参考答案】DE

【解析】选项 ABC，照章纳税；选项 D，对企事业单位、社会团体以及其他组织转让旧房作为改造安置住房房源，且增值额未超过扣除项目金额20%的，免征土地增值税；选项 E，个人销售住房暂免征收土地增值税。

81. 教育费附加是对缴纳（　　）的单位和个人，以其实际缴纳的税额为计税依据征收的一种附加费。（用于1－7级测试）

    A. 印花税　　　　B. 房产税　　　　C. 消费税　　　　D. 增值税

【参考答案】CD

【解析】本题考查教育费附加的计税依据。教育费附加是对缴纳增值税、消费税的单位和个人，以其实际缴纳的税额为计税依据征收的一种附加费。

82. 以下符合环境保护税政策规定的有（　　）。（用于1－7级测试）

    A. 环保税的纳税义务发生时间为纳税人排放应税污染物的当日

    B. 纳税人应当向机构所在地的税务机关申报缴纳环境保护税

    C. 环境保护税按月计算，按季申报缴纳

    D. 纳税人按次申报缴纳的，应当自季度终了之日起15日内，向税务机关办理纳税申报并缴纳税款

【参考答案】AC

【解析】选项 B，纳税人应当向应税污染物排放地的税务机关申报缴纳环境保护

税。选项 D，纳税人按次申报缴纳的，应当自纳税义务发生之日起 15 日内，向税务机关办理纳税申报并缴纳税款。

83. 下列各项中，属于应纳环境保护税征税范围的有（　　）。（用于 1－7 级测试）

　　A. 纳税人综合利用的固体废物，符合国家和地方环境保护标准的

　　B. 依法设立的城乡污水集中处理、生活垃圾集中处理场所超过国家和地方规定的排放标准向环境排放应税污染物的

　　C. 企业贮存固体废物不符合国家和地方环境保护标准的

　　D. 事业单位向依法设立的污水集中处理、生活垃圾集中处理场所排放应税污染物的

【参考答案】BC

【解析】选项 A，纳税人综合利用的固体废物，符合国家和地方环境保护标准的，暂免征收环境保护税；选项 D，企业事业单位和其他生产经营者向依法设立的污水集中处理、生活垃圾集中处理场所排放应税污染物的，不属于直接向环境排放污染物，不缴纳相应污染物的环境保护税。

84. 根据税法相关规定，地方环境保护部门应当定期向社会公开（　　）等信息。（用于 1－7 级测试）

　　A. 污染物总量控制　　　　　　B. 排污权核定
　　C. 排污权出让方式　　　　　　D. 排污权回购和储备

【参考答案】ABCD

【解析】财税〔2015〕61 号第二十五条规定：地方环境保护部门应当定期向社会公开污染物总量控制、排污权核定、排污权出让方式、价格和收入、排污权回购和储备等信息。

85. 下列各项中，应作为城市维护建设税计税依据的有（　　）。（用于 8－11 级测试）

　　A. 增值税免抵税额

　　B. 进口环节缴纳的增值税

　　C. 在境内销售应税消费品实际缴纳的增值税、消费税

　　D. 直接减免的增值税、消费税

　　E. 进口应税消费品缴纳的消费税

【参考答案】AC

【解析】城市维护建设税以纳税人依法实际缴纳的增值税、消费税税额（以下简称"两税"税额）为计税依据。依法实际缴纳的"两税"税额，是指纳税人依照增值税、消费税相关法律法规和税收政策规定计算的应当缴纳的"两税"税额（不含因进口货物或境外单位和个人向境内销售劳务、服务、无形资产缴纳的"两税"税额），加上增值税免抵税额，扣除直接减免的"两税"税额和期末留抵退税退还的增值税税额后的

金额。选项 BE，进口不征城市维护建设税。选项 D，不作为城市维护建设税计税依据。

86. 下列项目中关于房产税税收政策的说法，正确的有（　　）。（用于 1－7 级测试）

　　A. 产权出典的，由承典人缴纳房产税

　　B. 房产税采用从量定额征税

　　C. 房产税的计税依据为购进房产的价格

　　D. 名胜古迹自用的房产免征房产税

【参考答案】AD

【解析】房产税采用比例税率，选项 B 错误；房产税的计税依据为房产余值或房屋租金，选项 C 错误；其他选项正确。

三、判断题

1. 企业 A 属于生产性服务业纳税人，2024 年 1 月，购进原材料，增值税专用发票上进项税额 100 万元，可加计抵减应纳税额 5 万元。（　　）（用于 1－7 级测试）

【参考答案】×

【解析】自 2023 年 1 月 1 日至 2023 年 12 月 31 日，增值税加计抵减政策按照以下规定执行：允许生产性服务业纳税人按照当期可抵扣进项税额加计 5% 抵减应纳税额；允许生活性服务业纳税人按照当期可抵扣进项税额加计 10% 抵减应纳税额，该项政策 2024 年没有延期。

2. 2024 年 5 月 20 日，报废产品出售者平江废品收购有限责任公司向资源回收企业大山资源综合利用有限责任公司销售报废产品铜 200 万元，大山公司可以向平江公司"反向开票"。（　　）（用于 8－11 级测试）

【参考答案】×

【解析】《国家税务总局关于资源回收企业向自然人报废产品出售者"反向开票"有关事项的公告》（国家税务总局公告 2024 年第 5 号）中规定：自 2024 年 4 月 29 日起，自然人报废产品出售者（以下简称"出售者"）向资源回收企业销售报废产品，符合条件的资源回收企业可以向出售者开具发票（以下称"反向开票"）。报废产品，是指在社会生产和生活消费过程中产生的，已经失去原有全部或部分使用价值的产品。出售者，是指销售自己使用过的报废产品或销售收购的报废产品、连续不超过 12 个月（指自然月，下同）"反向开票"累计销售额不超过 500 万元（不含增值税，下同）的自然人。

3. 纳税人出口货物劳务、发生跨境应税行为不适用加计抵减政策，其对应的进项税额不得计提加计抵减额。（　　）（用于 8－11 级测试）

【参考答案】√

【解析】《财政部 税务总局 海关总署关于深化增值税改革有关政策的公告》（财政部 税务总局 海关总署公告2019年第39号）规定，纳税人出口货物劳务、发生跨境应税行为不适用加计抵减政策，其对应的进项税额不得计提加计抵减额。

4. 赵女士在2022年6月11日购买了家用7座、排量为2.0升的市场价为31.64万元的汽车，需要缴纳车辆购置税2.8万元。（　　）（用于8-11级测试）

【参考答案】×

【解析】《财政部 税务总局关于减征部分乘用车车辆购置税的公告》（财政部 税务总局公告2022年第20号）规定，对购置日期在2022年6月1日至2022年12月31日期间且单车价格（不含增值税）不超过30万元的2.0升及以下排量乘用车，减半征收车辆购置税。赵女士应缴纳车辆购置税为$31.64 \div (1 + 13\%) \times 10\% \times 50\% = 1.4$万元。

5. 日本一艘货轮运输货物到新加坡，因天气原因在上海港口临时停靠，由此可以判定货轮所运输货物所在地在我国境内，属于在我国境内销售货物。
（　　）（用于1-7级测试）

【参考答案】×

【解析】在境内销售货物或者提供加工、修理修配劳务，是指销售货物的起运地或者所在地在境内，以及提供的应税劳务发生在境内。

6. 纳税人照护3岁以下婴幼儿子女的相关支出，在计算缴纳个人所得税前按照每名婴幼儿每月1 000元的标准定额扣除，但监护人不是父母的，不允许扣除。
（　　）（用于8-11级测试）

【参考答案】×

【解析】《国务院关于设立3岁以下婴幼儿照护个人所得税专项附加扣除的通知》（国发〔2022〕8号）及总局解读规定，自2022年1月1日起，纳税人照护3岁以下婴幼儿子女的相关支出，在计算缴纳个人所得税前按照每名婴幼儿每月1 000元的标准定额扣除。具体扣除方式上，可选择由夫妻一方按扣除标准的100%扣除，也可选择由夫妻双方分别按扣除标准的50%扣除。监护人不是父母的，也可以按上述政策规定扣除。根据《国家税务总局关于贯彻执行提高个人所得税有关专项附加扣除标准政策的公告》（国家税务总局公告2023年第14号），3岁以下婴幼儿照护、子女教育专项附加扣除标准，由每个婴幼儿（子女）每月1 000元提高到2 000元。父母可以选择由其中一方按扣除标准的100%扣除，也可以选择由双方分别按50%扣除。

7. 乙公司符合建筑业中小微企业标准，2022年初新购置了一台单位价值600万元的生产设备，税法规定的最低折旧年限为10年。乙公司可以选择在2022年一次性扣除300万元，另外300万元可自2023年起在9个年度内计算折旧税前扣除。
（　　）（用于1-7级测试）

【参考答案】√

【解析】根据《财政部 税务总局关于中小微企业设备器具所得税税前扣除有关政策的公告》（财政部 税务总局公告2022年第12号）规定，中小微企业在2022年1月1日至12月31日期间新购置的设备、器具，单位价值在500万元以上的，按照单位价值的一定比例自愿选择在企业所得税税前扣除。其中，对《中华人民共和国企业所得税法实施条例》规定最低折旧年限为3年的设备器具，单位价值的100%可在当年一次性税前扣除；对最低折旧年限为4年、5年、10年的，单位价值的50%可在当年一次性扣除，其余50%按规定在剩余年度计算折旧进行税前扣除。

8. 2024年5月，平江有限责任公司决定使用电子发票服务平台开具"数电票"，办税人员准备去税务局办税服务厅进行发票票种核定和发票领用。

（　　）（用于8-11级测试）

【参考答案】×

【解析】纳税人可以直接使用电子发票服务平台（登录方式及地址由各试点省份确定）免费开具数电票，无须使用其他特定开票软件。电子发票服务平台支持开具"数电票"、纸质专票和纸质普票。试点纳税人通过实名验证后，无须使用税控专用设备即可通过电子发票服务平台开具"数电票"、纸质专票和纸质普票，无须进行发票验旧操作。其中，"数电票"无须进行发票票种核定和发票领用。

9. 电子发票服务平台针对存在发票开具"红色"预警情形的试点纳税人、开具发票过程中存在内容校验不通过、发票额度为零等情形会阻断开票，试点纳税人需根据提示进行相应操作。如红色预警在电子税务局自行进行处理，内容校验不通过需更改发票开具内容，发票额度为零可以申请额度调整等。（　　）（用于8-11级测试）

【参考答案】×

【解析】电子发票服务平台针对存在发票开具"红色"预警情形的试点纳税人、开具发票过程中存在内容校验不通过、发票额度为零等情形会阻断开票，试点纳税人需根据提示进行相应操作。如红色预警需联系主管税务局进行处理，内容校验不通过需更改发票开具内容，发票额度为零可以申请额度调整等。试点纳税人通过电子发票服务平台开具的"数电票"、纸质专票和纸质普票以及通过增值税发票管理系统开具的纸质专票、纸质普票、卷式发票、增值税电子专用发票和增值税电子普通发票，共用同一个开具金额总额度。但是发票总额度扣除方式与环节不同。通过电子发票服务平台开具的发票，在发票开具时扣除，扣除的是已实际开具发票的金额；通过税控系统开具的发票，在发票领用时扣除，扣除的是发票领用的单张最高开票限额与发票领用份数之积。

10. 个体工商户出租不动产，一律按照5%的征收率计算应纳税额。

（　　）（用于1-7级测试）

【参考答案】×

【解析】个体工商户出租不动产（不含个体工商户出租住房），按照5%的征收率计算应纳税额。个体工商户出租住房，按照5%的征收率减按1.5%计算应纳税额。

11. 数电发票和传统发票一样，分为增值税专用发票和普通发票，法律效力、基本用途与现有纸质发票相同。　　　　　　　　　　　　　　（　　）（用于1－7级测试）

【参考答案】√

【解析】数电发票和传统发票一样，分为增值税专用发票和普通发票，法律效力、基本用途与现有纸质发票相同。其中，带有"增值税专用发票"字样的数电发票，其法律效力、基本用途与现有增值税专用发票相同；带有"普通发票"字样的全电发票，其法律效力、基本用途与现有普通发票相同。

12. 数电发票调整开具金额总额度有两种方式，包括定期调整和临时调整。

（　　）（用于1－7级测试）

【参考答案】√

【解析】调整开具金额总额度有三种方式，包括定期调整、临时调整和人工调整。定期调整是指电子发票服务平台每月自动对试点纳税人开具金额总额度进行调整。临时调整是指税收风险程度较低的试点纳税人开具发票金额首次达到开具金额总额度一定比例时，电子发票服务平台当月自动为其临时增加一次开具金额总额度。人工调整是指试点纳税人因实际经营情况发生变化申请调整开具金额总额度，主管税务机关依法依规审核未发现异常的，应为纳税人调整开具金额总额度。试点纳税人开具金额总额度不足且系统自动调整后开具金额总额度仍不足的，可向主管税务机关申请调整开具金额总额度，税务机关依据纳税人的风险程度、纳税信用级别、实际经营情况等因素调整其开具金额总额度。

13. 纳税人完成当期增值税纳税申报后，才能申请留抵退税。

（　　）（用于1－7级测试）

【参考答案】√

【解析】根据《财政部 税务总局关于进一步加大增值税期末留抵退税政策实施力度的公告》（财政部 税务总局公告2022年第14号）第十一条，纳税人应在纳税申报期内，完成当期增值税纳税申报后申请留抵退税。

14. 对应税消费品征收消费税与征收增值税的征税环节是一样的，都是应税消费品的批发、零售环节。　　　　　　　　　　　　　　　　　（　　）（用于1－7级测试）

【参考答案】×

【解析】增值税是多环节征税，而消费税是单环节征税。我国现行消费税在批发环节征收的只有卷烟，在零售环节征收的有金银首饰、超豪华小汽车，其他应税消费品主要在生产销售环节征收。

15. 纳税人把自产的高档化妆品用作广告或样品的，应于移送使用时计算缴纳消费税。

（　　）（用于1－7级测试）

【参考答案】√

【解析】纳税人自产自用的应税消费品，用于连续生产应税消费品的，不纳税；用于其他方面的，于移送使用时纳税。用于其他方面，是指纳税人将自产应税消费品用于生产非应税消费品、在建工程、管理部门、非生产机构、提供劳务、馈赠、赞助、集资、广告、样品、职工福利、奖励等方面。

16. 应征消费税的卷烟根据每标准条市场售价分为甲类卷烟和乙类卷烟两个细目。

（　　）（用于1－7级测试）

【参考答案】×

【解析】卷烟分为两个细目的依据是每标准条调拨价。

17. 公司制创业投资企业采取股权投资方式直接投资于种子期、初创期科技型企业满2年（24个月）的，可以按照投资额的70%在股权持有满2年的当年抵扣该公司制创业投资企业的应纳税所得额；当年不足抵扣的，可以在以后纳税年度结转抵扣。

（　　）（用于1－7级测试）

【参考答案】√

【解析】《财政部 税务总局关于创业投资企业和天使投资个人有关税收政策的通知》（财税〔2018〕55号）。

18. 外籍个人符合居民个人条件，可以选择享受个人所得税专项附加扣除，也可以选择享受住房补贴、语言训练费、子女教育费等津补贴免税优惠政策，但不得同时享受。外籍个人一经选择，在一个纳税年度内不得随意变更。

（　　）（用于1－7级测试）

【参考答案】×

【解析】《财政部 税务总局关于延续实施外籍个人津补贴等有关个人所得税优惠政策的公告》（财政部 税务总局公告2021年第43号）规定，外籍个人符合居民个人条件，可以选择享受个人所得税专项附加扣除，也可以选择享受住房补贴、语言训练费、子女教育费等津补贴免税优惠政策，但不得同时享受。外籍个人一经选择，在一个纳税年度内不得变更。

19. 自2022年4月1日至2022年12月31日，增值税小规模纳税人的应税销售收入，免征增值税；预缴增值税项目，暂停预缴增值税。（　　）（用于1－7级测试）

【参考答案】×

【解析】《财政部 税务总局关于对增值税小规模纳税人免征增值税的公告》（财政部 税务总局2022年第15号）规定，自2022年4月1日至2022年12月31日，增值税小规模纳税人适用3%征收率的应税销售收入，免征增值税；适用3%预征率的预缴增值税项目，暂停预缴增值税。

20. 自2019年1月1日至2025年12月31日，企业通过公益性社会组织或者县级（含县级）以上人民政府及其组成部门和直属机构，用于目标脱贫地区的扶贫捐赠支出，准予在计算企业所得税应纳税所得额时据实扣除。在政策执行期限内，目标脱贫地区实现脱贫的，可继续适用上述政策。　　　　（　　）（用于1－7级测试）

【参考答案】√

【解析】《关于延长部分扶贫税收优惠政策执行期限的公告》（财政部 税务总局 人力资源社会保障部 国家乡村振兴局公告2021年第18号）；《关于企业扶贫捐赠所得税税前扣除政策的公告》（财政部 税务总局 国务院扶贫办公告2019年第49号）。

21. 自2019年1月1日至2027年12月31日，对国家级、省级科技企业孵化器，大学科技园和国家备案众创空间向在孵对象提供孵化服务取得的收入，可按简易征收3%征收率征收增值税。　　　　　　　　　　　（　　）（用于8－11级测试）

【参考答案】×

【解析】《财政部 税务总局 科技部 教育部关于科技企业孵化器大学科技园和众创空间税收政策的通知》（财税〔2018〕120号）、《财政部 税务总局关于延长部分税收优惠政策执行期限的公告》（财政部 税务总局公告2022年第4号）、《财政部 税务总局 科技部 教育部关于继续实施科技企业孵化器、大学科技园和众创空间有关税收政策的公告》（财政部 税务总局 科技部 教育部公告2023年第42号）规定，自2019年1月1日至2027年12月31日，对国家级、省级科技企业孵化器，大学科技园和国家备案众创空间向在孵对象提供孵化服务取得的收入，免征增值税。

22. 资源回收企业A公司属于增值税一般纳税人，其销售报废产品选择适用增值税一般计税方法，已取得"反向开票"资格。2024年6月，A公司向销售报废产品的自然人甲收购废塑料，收购金额为202万元。对于上述收购业务，A公司选择反向开具增值税专用发票，发票上注明不含税销售额200万元，税额2万元。则A公司在计算2024年6月所属期增值税应纳税额时，可按规定抵扣上述进项税额2万元。

（　　）（用于8－11级测试）

【参考答案】√

【解析】根据《国家税务总局关于资源回收企业向自然人报废产品出售者"反向开票"有关事项的公告》精神，考虑到纳税人需要发票进行所得税税前扣除，适用增值税一般计税方法的纳税人还需要增值税专用发票抵扣进项税额的实际情况，因此，如资源回收企业属于适用增值税一般计税方法的增值税一般纳税人，可反向开具增值税专用发票和普通发票；如属于增值税小规模纳税人，或者选择适用增值税简易计税方法的增值税一般纳税人，可反向开具普通发票，不得反向开具增值税专用发票。资源回收企业销售报废产品，增值税计税方法发生变更的，应当申请对"反向开票"的票种进行调整，并根据选择适用的增值税计税方法正确开具发票。资源回收企业可以按规定抵扣反向开具的增值税专用发票上注明的税款。

23. 纳税人兼营不同税率的应税消费品，如果未分别核算不同税率应税消费品的销售额、销售数量，或者将不同税率的应税消费品组成成套消费品销售的，从高适用税率。　　　　　　　　　　　　　　　　　　（　　）（用于1-7级测试）

【参考答案】√

【解析】纳税人兼营不同消费税税率的消费品，应当分别核算不同税率应税消费品的销售额、销售数量；未分别核算，或者将不同税率的应税消费品组成成套消费品销售的，从高适用税率。

24. 乙是经营摩托车销售的小规模纳税人，月销售额不到10万元，2024年可以开具免税的增值税专用发票。　　　　　　　　　（　　）（用于8-11级测试）

【参考答案】√

【解析】自2023年1月1日至2027年12月31日，对月销售额10万元以下（含本数）的增值税小规模纳税人，免征增值税。小规模纳税人销售机动车，可以按上述规定享受免税政策，开具左上角有"机动车"字样的税率栏为"免税"的增值税专用发票。

25. 自2023年1月1日至2023年12月31日，允许生产性服务业纳税人按照当期可抵扣进项税额加计10%抵减应纳税额。　　　　　（　　）（用于1-7级测试）

【参考答案】×

【解析】根据《财政部 税务总局关于明确增值税小规模纳税人减免增值税等政策的公告》（财政部 税务总局公告2023年第1号）第三条规定，自2023年1月1日至2023年12月31日，允许生产性服务业纳税人按照当期可抵扣进项税额加计5%抵减应纳税额。生产性服务业纳税人，是指提供邮政服务、电信服务、现代服务、生活服务取得的销售额占全部销售额的比重超过50%的纳税人。

26. 纳税人收回已代扣代缴消费税的委托加工应税消费品，将其直接出售，无论售价高低，均不再缴纳消费税。　　　　　　　　（　　）（用于1-7级测试）

【参考答案】×

【解析】委托方将收回的应税消费品，以不高于受托方的计税价格出售的，为直接出售，不再缴纳消费税；以高于受托方的计税价格出售的，不属于直接出售，需按照规定申报缴纳消费税。

27. 卷烟在生产和批发两个环节均征收消费税，但批发企业在计算纳税时不得扣除包含的生产环节的消费税税款。　　　　　　（　　）（用于1-7级测试）

【参考答案】√

【解析】卷烟消费税在生产和批发两个环节征收后，批发企业在计算纳税时不得扣除包含的生产环节的消费税税款。

28. 企业所得税通常以收入为征税对象，通常以经过计算得出的应纳税所得额为计税依据。
（　　）（用于 8－11 级测试）

【参考答案】×

【解析】企业所得税的特点主要是：第一，通常以净所得为征税对象；第二，通常以经过计算得出的应纳税所得额为计税依据；第三，纳税人和实际负担人通常是一致的，因而可以直接调节纳税人的所得。

29. 计算企业所得税时，计税依据即应纳税所得额的计算，涉及纳税人的收入、成本、费用、税金、损失和其他支出等各个方面，使企业所得税计税依据的计算较为复杂。
（　　）（用于 8－11 级测试）

【参考答案】√

【解析】企业所得税的计税依据是应纳税所得额，而非收入。因此，计算企业所得税时，计税依据即应纳税所得额的计算，涉及纳税人的收入、成本、费用、税金、损失和其他支出等各个方面，使企业所得税计税依据的计算较为复杂。

30. 合伙企业是以每个合伙人为纳税义务人，由自然人合伙人将其从合伙企业分得的利润连同来自其他方面的所得一起申报缴纳个人所得税，其法人合伙人则缴纳企业所得税。
（　　）（用于 8－11 级测试）

【参考答案】√

【解析】不具有独立法人资格的个人独资和合伙企业则不以企业名义缴纳企业所得税，就合伙企业而言，是以每个合伙人为纳税义务人，由自然人合伙人将其从合伙企业分得的利润连同来自其他方面的所得一起申报缴纳个人所得税，其法人合伙人则缴纳企业所得税。

31. 企业在一个纳税年度中间开业，使该纳税年度的实际经营期不足 12 个月的，以其实际经营期作为一个纳税年度计算缴纳企业所得税。（　　）（用于 1－7 级测试）

【参考答案】√

【解析】根据《中华人民共和国企业所得税法》规定，企业在一个纳税年度中间开业，或者终止经营活动，使该纳税年度的实际经营期不足 12 个月的，应当以其实际经营期作为一个纳税年度。

32. 企业所得税是对应税所得征税，往往采用比例税率，在适用固定比例税率的情况下，企业盈利能力和成本控制能力越强，则税负承担能力越强，相较其他企业则税负也高。
（　　）（用于 8－11 级测试）

【参考答案】×

【解析】企业所得税是对应税所得征税，往往采用比例税率，在适用固定比例税率的情况下，企业盈利能力和成本控制能力越强，则税负承担能力越强，相较其他企业

33. 如果交易合同或协议中规定租赁期限跨年度，且租金提前一次性支付的，出租人可以对上述已确认的收入，在租赁期内分期均匀计入相关年度收入。

【参考答案】√

【解析】在租赁期内，分期均匀计入相关年度收入。

34. 随着我国国民收入向企业和居民分配的倾斜以及经济的发展和企业改革水平的提高，企业所得税收入占全部税收收入的比重越来越高。

（　　）（用于 8－11 级测试）

【参考答案】√

【解析】税收的首要职能就是筹集财政收入。随着我国国民收入向企业和居民分配的倾斜以及经济的发展和企业改革水平的提高，企业所得税收入占全部税收收入的比重越来越高，成为我国的主体税种之一。

35. 居民企业直接投资于其他居民企业取得的投资收益免征企业所得税，非居民企业直接投资于其他居民企业取得的投资收益不能享受免征企业所得税的税收优惠。

（　　）（用于 8－11 级测试）

【参考答案】×

【解析】根据《中华人民共和国企业所得税法》规定，居民企业直接投资于其他居民企业取得的投资收益，在中国境内设立机构、场所的非居民企业从居民企业取得与该机构、场所有实际联系的股息、红利等权益性投资收益，免征企业所得税，但不包括连续持有居民企业公开发行并上市流通的股票不足12个月取得的投资收益。在中国境内未设机构、场所，或者虽然在中国境内设立机构、场所，但取得的所得与其所设机构、场所没有实际联系的非居民企业，直接投资于其他居民企业取得的投资收益不能享受免征企业所得税的税收优惠。

36. 非居民企业在中国境内设立两个或者两个以上机构、场所的，可以选择由其主要机构、场所汇总缴纳企业所得税，被汇总机构、场所不申报缴纳企业所得税。

（　　）（用于 1－7 级测试）

【参考答案】×

【解析】非居民企业在中国境内设立两个或者两个以上机构、场所的，可以选择由其主要机构、场所汇总缴纳企业所得税。主要机构、场所和被汇总机构、场所，除国家税务总局另有规定外，都应在机构、场所所在地分季度预缴和年终汇算清缴企业所得税。

37. 企业在一个纳税年度中间开业，使该纳税年度的实际经营期不足12个月的，以其实际经营期作为一个纳税年度计算缴纳企业所得税。（　　）（用于 8－11 级测试）

【参考答案】√

【解析】根据《中华人民共和国企业所得税法》规定，企业在一个纳税年度中间开业，或者终止经营活动，使该纳税年度的实际经营期不足12个月的，应当以其实际经营期作为一个纳税年度。

38. 如果交易合同或协议中规定租赁期限跨年度，且租金提前一次性支付的，出租人可以对上述已确认的收入，在租赁期内分期均匀计入相关年度收入。
（　）（用于8－11级测试）

【参考答案】√

【解析】在租赁期内，分期均匀计入相关年度收入。

39. 固定资产的改建支出属于长期待摊费用，应按照固定资产预计尚可使用年限分期摊销。
（　）（用于1－7级测试）

【参考答案】×

【解析】固定资产的改建支出，除已足额提取折旧的固定资产的改建支出和租入固定资产的改建支出外，以改建过程中发生的改建支出增加计税基础。已足额提取折旧的固定资产的改建支出和租入固定资产的改建支出属于长期待摊费用的改建支出，按下列规定摊销：①已足额提取折旧的固定资产的改建支出，按照固定资产预计尚可使用年限分期摊销；②租入固定资产的改建支出，按照合同约定的剩余租赁期限分期摊销。

40. 企业以免费旅游方式作为对营销人员（非企业雇员）的个人奖励，计征个人所得税的项目是"偶然所得"。
（　）（用于1－7级测试）

【参考答案】×

【解析】企业以免费旅游方式作为对营销人员（非企业雇员）的个人奖励，按照"劳务报酬所得"计征个人所得税。

41. 在中国境内有住所的个人，是指因户籍、家庭、经济利益关系而在中国境内习惯性居住的个人。
（　）（用于1－7级测试）

【参考答案】√

【解析】在中国境内有住所的个人，是指因户籍、家庭、经济利益关系而在中国境内习惯性居住的个人。

42. 在境内居住累计满183天，是指在一个纳税年度（即公历1月1日起至12月31日止）内，在中国境内居住累计满183天。
（　）（用于1－7级测试）

【参考答案】√

【解析】《中华人民共和国个人所得税法》第一条第一款所说的在中国境内居住累计满183天，是指在一个纳税年度（即公历1月1日起至12月31日止）内，在中国境内居住累计满183天。

43. 纳税人张某同时经营个体工商户A和个体工商户B，2023年应纳税所得额分别为

80万元和50万元，那么张某在年度汇总纳税申报时，可以就100万元应纳税所得额享受减半征收个人所得税政策。（　　）（用于1-7级测试）

【参考答案】√

【解析】根据《财政部 税务总局关于小微企业和个体工商户所得税优惠政策的公告》（财政部 税务总局公告2023年第6号）第二条的规定，对个体工商户年应纳税所得额不超过100万元的部分，在现行优惠政策基础上，减半征收个人所得税。根据《国家税务总局关于落实支持个体工商户发展个人所得税优惠政策有关事项的公告》（国家税务总局公告2023年第5号）第二条的规定，若个体工商户从两处以上取得经营所得，需在办理年度汇总纳税申报时，合并个体工商户经营所得年应纳税所得额，重新计算减免税额，多退少补。

44. 2023年新出台的企业研发费用税前加计扣除政策适用于所有企业。

（　　）（用于1-7级测试）

【参考答案】×

【解析】根据《财政部 税务总局关于进一步完善研发费用税前加计扣除政策的公告》（财政部 税务总局公告2023年第7号）第二条的规定，企业享受研发费用加计扣除政策的其他政策口径和管理要求，按照《财政部 国家税务总局 科技部关于完善研究开发费用税前加计扣除政策的通知》（财税〔2015〕119号）、《财政部 税务总局 科技部关于企业委托境外研究开发费用税前加计扣除有关政策问题的通知》（财税〔2018〕64号）等文件相关规定执行。《财政部 国家税务总局 科技部关于完善研究开发费用税前加计扣除政策的通知》（财税〔2015〕119号）第四条的规定，除烟草制造业、住宿和餐饮业、批发和零售业、房地产业、租赁和商务服务业、娱乐业等以外，其他行业企业均可享受。

45. 个人所得税改革后，省级政府有权制定的是对残疾、孤老人员和烈属的所得在一定幅度范围内减征。（　　）（用于1-7级测试）

【参考答案】√

【解析】有下列情形之一的，可以减征个人所得税，具体幅度和期限，由省、自治区、直辖市人民政府规定，并报同级人民代表大会常务委员会备案：（1）残疾、孤老人员和烈属的所得；（2）因严重自然灾害造成重大损失的。

46. 扣缴义务人向个人支付应税款项时，应当依照《中华人民共和国个人所得税法》规定预扣或者代扣税款，每月或者每次预扣、代扣的税款，应当在次月7日内缴入国库，并向税务机关报送个人所得税扣缴申报表。（　　）（用于8-11级测试）

【参考答案】×

【解析】扣缴义务人向个人支付应税款项时，应当依照《中华人民共和国个人所得税法》规定预扣或者代扣税款，每月或者每次预扣、代扣的税款，应当在次月15日内缴入国库，并向税务机关报送个人所得税扣缴申报表。

47. 个人提供专利权、商标权、著作权取得的所得，按照生产经营所得计算征收个人所得税。（　）（用于1-7级测试）

　　【参考答案】×

　　【解析】特许权使用费所得，是指个人提供专利权、商标权、著作权、非专利技术以及其他特许权的使用权取得的所得；提供著作权的使用权取得的所得，不包括稿酬所得。

48. 退休人员再任职取得的收入，应按"劳务报酬所得"项目缴纳个人所得税。
　　　　　　　　　　　　　　　　　　　　　　　　　　　（　）（用于1-7级测试）

　　【参考答案】×

　　【解析】《国家税务总局关于个人兼职和退休人员再任职取得收入如何计算征收个人所得税问题的批复》（国税函〔2005〕382号）规定，退休人员再任职取得的收入，在减除按个人所得税法规定的费用扣除标准后，按"工资、薪金所得"应税项目缴纳个人所得税。

49. 纳税单位将应税房产无租出借给免税单位使用的，免纳房产税。
　　　　　　　　　　　　　　　　　　　　　　　　　　　（　）（用于1-7级测试）

　　【参考答案】×

　　【解析】纳税单位将应税房产无租出借给免税单位使用的，应由房产所有人缴纳房产税。

50. 计征房产税时，对于更换房屋附属设备和配套设施的，在将其价值计入房产原值时，可扣减原来相应设备和设施的价值；对附属设备和配套设施中易损坏、需要经常更换的零配件，更新后计入房产原值。（　）（用于1-7级测试）

　　【参考答案】×

　　【解析】对于更换房屋附属设备和配套设施的，在将其价值计入房产原值时，可扣减原来相应设备和设施的价值；对附属设备和配套设施中易损坏、需要经常更换的零配件，更新后不再计入房产原值。

51. 在城镇土地使用税征税范围内，承租集体所有建设用地的，由直接从集体经济组织承租土地的单位和个人缴纳城镇土地使用税。（　）（用于1-7级测试）

　　【参考答案】√

　　【解析】在城镇土地使用税征税范围内，承租集体所有建设用地的，由直接从集体经济组织承租土地的单位和个人缴纳城镇土地使用税。

52. 集体和个人举办的各类学校、医院、托儿所、幼儿园用地，其用地能与企业其他用地明确区分的，免征城镇土地使用税。（　）（用于1-7级测试）

　　【参考答案】×

【解析】集体和个人举办的各类学校、医院、托儿所、幼儿园用地，应由省、自治区、直辖市税务局确定是否减免城镇土地使用税。

53. 甲公司招用符合条件的退役士兵一名，全年可扣减税额定额标准为9 000元，扣减增值税及其附加7 480元，可扣减余额还有1 520元。甲公司企业所得税汇算清缴应补缴税款为1 000元，未享受扣减的520元可结转以后年度继续扣减。

（　　）（用于8-11级测试）

【参考答案】×

【解析】《财政部 税务总局 退役军人部关于进一步扶持自主就业退役士兵创业就业有关税收政策的通知》（财税〔2019〕21号）规定，纳税年度终了，如果企业实际减免的增值税、城市维护建设税、教育费附加和地方教育附加小于核算减免税总额，企业在企业所得税汇算清缴时以差额部分扣减企业所得税。当年扣减不完的，不再结转以后年度扣减。故未扣减的520万元不可结转以后年度继续扣减。注：依据《财政部 国家税务总局关于延长部分税收优惠政策执行期限的公告》（财政部 税务总局公告2022年第4号）规定，上述税收优惠政策，执行期限延长至2023年12月31日。

54. 丙公司于2020年6月成立，9月1日登记为增值税一般纳税人。2021年5月，丙公司办理了2020年度汇算清缴申报，确定不属于小型微利企业。2022年4月，B公司办理了2021年度汇算清缴申报，确定是小型微利企业。丙公司于2022年4月征期申报3月的"六税两费"时，可以享受减免优惠。

（　　）（用于8-11级测试）

【参考答案】×

【解析】《关于进一步实施小微企业"六税两费"减免政策有关征管问题的公告》（国家税务总局公告2022年第3号）规定，适用"六税两费"减免政策的小型微利企业的判定以企业所得税年度汇算清缴结果为准。登记为增值税一般纳税人的企业，按规定办理汇算清缴后确定是小型微利企业的，可自办理汇算清缴当年的7月1日至次年6月30日申报享受"六税两费"减免优惠；2022年1月1日至6月30日期间，纳税人依据2021年办理2020年度汇算清缴的结果确定是否按照小型微利企业申报享受"六税两费"减免优惠。丙公司于2022年4月征期申报3月的"六税两费"时，不可以享受减免优惠。

55. 纳税人李某经营个体工商户C，年应纳税所得额为80 000元（适用税率10%，速算扣除数1 500），同时可以享受残疾人政策减免税额2 000元，李某享受该项政策的减免税额=[(80 000×10%-1 500)-2 000]×(1-50%)=2 250元。

（　　）（用于8-11级测试）

【参考答案】√

【解析】《关于落实支持小型微利企业和个体工商户发展所得税优惠政策有关事项的公告》(国家税务总局公告2021年第8号)规定,减免税额=(个体工商户经营所得应纳税所得额不超过100万元部分的应纳税额-其他政策减免税额×个体工商户经营所得应纳税所得额不超过100万元部分÷经营所得应纳税所得额)×(1-50%)。

56. 企业职工基本养老保险费缓缴费款所属期为2022年4月至6月。失业保险费、工伤保险费缓缴费款所属期为2022年4月至2023年3月,在此期间,企业不可申请不同期限的缓缴。　　　　　　　　　　　　　　( )(用于1-7级测试)

【参考答案】×

【解析】《人力资源社会保障部办公厅 国家税务总局办公厅关于特困行业阶段性实施缓缴企业社会保险费政策的通知》(人社厅发〔2022〕16号)规定,企业职工基本养老保险费缓缴费款所属期为2022年4月至6月。失业保险费、工伤保险费缓缴费款所属期为2022年4月至2023年3月,在此期间,企业可申请不同期限的缓缴。

57. 商品储备管理公司及其直属库自用的承担商品储备业务的房产、土地,免征房产税、城镇土地使用税。这里所指的商品储备管理公司及其直属库,是指接受市级以上人民政府有关部门委托,承担粮(含大豆)、食用油、棉、糖、肉5种商品储备任务,取得财政储备经费或者补贴的商品储备企业。( )(用于1-7级测试)

【参考答案】×

【解析】《关于延续执行部分国家商品储备税收优惠政策的公告》(财政部 税务总局公告2022年第8号)规定,对商品储备管理公司及其直属库自用的承担商品储备业务的房产、土地,免征房产税、城镇土地使用税。本公告所称商品储备管理公司及其直属库,是指接受县级以上人民政府有关部门委托,承担粮(含大豆)、食用油、棉、糖、肉5种商品储备任务,取得财政储备经费或者补贴的商品储备企业。

58. 制造业中小微企业销售额是指应征增值税的销售额,包括纳税申报销售额、稽查查补销售额、纳税评估调整销售额。适用增值税差额征税政策的,以差额前的销售额确定。　　　　　　　　　　　　　　　　　　( )(用于1-7级测试)

【参考答案】×

【解析】《国家税务总局 财政部关于延续实施制造业中小微企业延缓缴纳部分税费有关事项的公告》(国家税务总局公告2022年第2号)以及《国家税务总局 财政部关于制造业中小微企业延缓缴纳2021年第四季度部分税费有关事项的公告》(2021年第30号)规定,制造业中小微企业销售额是指应征增值税的销售额,包括纳税申报销售额、稽查查补销售额、纳税评估调整销售额。适用增值税差额征税政策的,以差额后的销售额确定。

59. 直接用于农、林、牧、渔业的生产用地包括农副产品加工场地和生活、办公用地免征城镇土地使用税。　　　　　　　　　　　　( )(用于1-7级测试)

【参考答案】×

【解析】直接用于农、林、牧、渔业的生产用地，指直接从事种植、养殖、饲养的专业用地免税。农副产品加工厂占地和从事农、林、牧、渔业生产单位的生活、办公用地不包括在内。

60. 契税纳税义务发生时间为纳税人收取土地、房屋权属转让价款的当天。

（　　）（用于1-7级测试）

【参考答案】×

【解析】契税的纳税义务发生时间为纳税人签订土地、房屋权属转移合同的当天，或者纳税人取得其他共有土地、房屋权属转移合同性质凭证的当天。

61. 对增值税、消费税实行先征后返、先征后退、即征即退办法的，除另有规定外，对随增值税、消费税附征的城市维护建设税，一律不予退（返）还。

（　　）（用于1-7级测试）

【参考答案】√

【解析】对增值税、消费税实行先征后返、先征后退、即征即退办法的，除另有规定外，附征的城市维护建设税，一律不予退（返）还。

62. 根据《中华人民共和国印花税法》，商标权、著作权、专利权、专有技术使用权转让书据印花税税率是万分之五。

（　　）（用于1-7级测试）

【参考答案】×

【解析】根据《中华人民共和国印花税法》的规定，商标权、著作权、专利权、专有技术使用权转让书据印花税税率从原先的万分之五降低为万分之三。

63. 免税、减税车辆因转让、改变用途等原因不再属于免税、减税范围的，纳税人应当在办理车辆转移登记或者变更登记前缴纳车辆购置税。计税价格以免税、减税车辆初次办理纳税申报时确定的计税价格为基准。（　　）（用于8-11级测试）

【参考答案】×

【解析】免税、减税车辆因转让、改变用途等原因不再属于免税、减税范围的，纳税人应当在办理车辆转移登记或者变更登记前缴纳车辆购置税。计税价格以免税、减税车辆初次办理纳税申报时确定的计税价格为基准，每满一年扣减10%。

64. 按税法规定和我国电子烟行业生产经营的实际情况，电子烟全国平均成本利润率暂定为15%。

（　　）（用于1-7级测试）

【参考答案】×

【解析】规定和我国电子烟行业生产经营的实际情况，电子烟全国平均成本利润率暂定为10%。

65. 在应纳税凭证上未贴或少贴印花税票的或者已粘贴在应税凭证上的印花税票未注销或者未画销的，由税务机关追缴其不缴或者少缴的税款、滞纳金，并处不缴或者少

缴的税款 50% 以上 5 倍以下的罚款。　　　　　　　（　）（用于 1-7 级测试）

【参考答案】√

【解析】在应纳税凭证上未贴或少贴印花税票的或者已粘贴在应税凭证上的印花税票未注销或者未画销的，由税务机关追缴其不缴或者少缴的税款、滞纳金，并处不缴或者少缴的税款 50% 以上 5 倍以下的罚款。

66. 根据《国家医保局 财政部 税务总局关于阶段性减征职工基本医疗保险费的指导意见》（医保发〔2020〕6 号），自 2020 年 2 月起，各省、自治区、直辖市及新疆生产建设兵团（以下统称"省"）可指导统筹地区根据基金运行情况和实际工作需要，在确保基金收支中长期平衡的前提下，对职工医保单位缴费部分实行减半征收，减征期限不超过 12 个月。（　）（用于 1-7 级测试）

【参考答案】×

【解析】自 2020 年 2 月起，各省、自治区、直辖市及新疆生产建设兵团可指导统筹地区根据基金运行情况和实际工作需要，在确保基金收支中长期平衡的前提下，对职工医保单位缴费部分实行减半征收，减征期限不超过 5 个月。

67. 2019 年 5 月 1 日以后，企业职工基本养老保险的单位缴费比例由 20% 降低为 16%，个人缴费费率由 8% 降低为 4%。（　）（用于 1-7 级测试）

【参考答案】×

【解析】职工基本养老保险费率降低后，单位缴费费率（含机关事业单位）降为 16%；个人缴费费率仍为 8%。

68. 企业职工基本养老保险职工个人工资收入占全口径城镇就业人员平均工资 60%—300% 的，个人缴费基数按照个人工资收入据实确定。（　）（用于 1-7 级测试）

【参考答案】√

【解析】本题的考核点是职工个人缴费基数的确定。

69. 村民委员会、村民小组按照农村集体产权制度改革要求，将国有土地使用权、地上的建筑物及其附着物转移、变更到农村集体经济组织名下的，征收土地增值税。
（　）（用于 8-11 级测试）

【参考答案】×

【解析】《财政部 国家税务总局关于农村集体产权制度改革土地增值税政策的公告》（财政部 税务总局公告 2024 年第 3 号）明确：村民委员会、村民小组按照农村集体产权制度改革要求，将国有土地使用权、地上的建筑物及其附着物转移、变更到农村集体经济组织名下的，暂不征收土地增值税。

70. 境内上市公司授予个人的股票期权、限制性股票和股权奖励，经向主管税务机关备案，个人可自股票期权行权、限制性股票解禁或取得股权奖励（以下简称"行权"）之日起，在不超过 24 个月的期限内缴纳个人所得税。纳税人在此期间内离职

的，应在离职前缴清全部税款。　　　　　　　　（　　）（用于8-11级测试）

【参考答案】×

【解析】《财政部 税务总局关于上市公司股权激励有关个人所得税政策的公告》（财政部 税务总局公告2024年第2号）：境内上市公司授予个人的股票期权、限制性股票和股权奖励，经向主管税务机关备案，个人可自股票期权行权、限制性股票解禁或取得股权奖励（以下简称"行权"）之日起，在不超过36个月的期限内缴纳个人所得税。纳税人在此期间内离职的，应在离职前缴清全部税款。

71. 纳税人在2021年12月31日（优惠政策截止日期）享受退役士兵税收优惠政策未满至规定期限的，可继续享受至期满为止。　　　　（　　）（用于1-7级测试）

【参考答案】√。

【解析】《关于进一步扶持自主就业退役士兵创业就业有关税收政策的通知》（财税〔2019〕21号）。

72. 重点群体从事个体经营的，以申报时本年度已实际经营月数换算其扣减限额，纳税人在扣减限额内，每月（季）依次扣减增值税、个人所得税、城市维护建设税、教育费附加和地方教育附加。　　　　　　　　　　（　　）（用于8-11级测试）

【参考答案】×

【解析】《国家税务总局 人力资源社会保障部 农业农村部 教育部 退役军人事务部关于重点群体和自主就业退役士兵创业就业税收政策有关执行问题的公告》（国家税务总局 人力资源和社会保障部 农业农村部 教育部 退役军人事务部公告2024年第4号）明确，重点群体从事个体经营的，以申报时本年度已实际经营月数换算其扣减限额。换算公式为：扣减限额=年度限额标准÷12×本年度已实际经营月数。纳税人在扣减限额内，每月（季）依次扣减增值税、城市维护建设税、教育费附加、地方教育附加和个人所得税。城市维护建设税、教育费附加、地方教育附加的计税依据是享受本项税收优惠政策前的增值税应纳税额。纳税人本年内累计应缴纳税款小于上述扣减限额的，减免税额以其应缴纳税款为限；大于上述扣减限额的，以上述扣减限额为限。

73. 重点群体人员或自主就业退役士兵在多家企业就业的，应当由与其签订3年以上劳动合同并依法为其缴纳养老、工伤、失业保险的企业作为政策享受主体。

（　　）（用于8-11级测试）

【参考答案】×

【解析】《国家税务总局 人力资源社会保障部 农业农村部 教育部 退役军人事务部关于重点群体和自主就业退役士兵创业就业税收政策有关执行问题的公告》（国家税务总局 人力资源和社会保障部 农业农村部 教育部 退役军人事务部公告2024年第4号）明确，同一重点群体人员或自主就业退役士兵在多家企业就业的，应当由与其签订1年以上劳动合同并依法为其缴纳养老、工伤、失业保险的企业作为政策享受主体。

74. 由财政部门拨付事业经费的文化单位转制为企业，自转制注册之日起 5 年内对其自用房产免征房产税。　　　　　　　　　　　　（　　）（用于 8 – 11 级测试）

【参考答案】√

【解析】《财政部 税务总局 中央宣传部关于延续实施文化体制改革中经营性文化事业单位转制为企业有关税收政策的公告》（财政部 税务总局 中央宣传部公告 2023 年第 71 号）：由财政部门拨付事业经费的文化单位转制为企业，自转制注册之日起 5 年内对其自用房产免征房产税。

75. 纳税人跨省迁移的，在市场监管部门办结住所变更登记后，向迁出地主管税务机关填报《跨省（市）迁移涉税事项报告表》，税务机关确认后，即时办结迁出手续，向纳税人出具《跨省（市）迁移税收征管信息确认表》，将有关信息推送至迁入地税务机关。　　　　　　　　　　　　　　　　　（　　）（用于 8 – 11 级测试）

【参考答案】√

【解析】根据《国家税务总局关于优化若干税收征管服务事项的通知》（税总征科发〔2022〕87 号）相关规定，纳税人跨省迁移的，在市场监管部门办结住所变更登记后，向迁出地主管税务机关填报《跨省（市）迁移涉税事项报告表》。对未处于税务检查状态、已缴销发票和税控设备、已结清税（费）款、滞纳金及罚款，以及不存在其他未办结涉税事项的纳税人，税务机关出具《跨省（市）迁移税收征管信息确认表》，告知纳税人在迁入地承继、延续享受的相关资质权益等信息，以及在规定时限内履行纳税申报义务。经纳税人确认后，税务机关即时办结迁出手续，有关信息推送至迁入地税务机关。

四、简答题

1. 什么是增值税混合销售？如何进行税务处理？（用于 8 – 11 级测试）

【参考答案】

根据《财政部 国家税务总局关于全面推开营业税改征增值税试点的通知》（财税〔2016〕36 号）文件附件一《营业税改征增值税试点实施办法》第四十条规定，一项销售行为如果既涉及服务又涉及货物，为混合销售。从事货物的生产、批发或者零售的单位和个体工商户的混合销售行为，按照销售货物缴纳增值税；其他单位和个体工商户的混合销售行为，按照销售服务缴纳增值税。本条所称从事货物的生产、批发或者零售的单位和个体工商户，包括以从事货物的生产、批发或者零售为主，并兼营销售服务的单位和个体工商户在内。上述从事货物的生产、批发或者零售的单位和个体工商户，包括以从事货物的生产、批发或者零售为主，并兼营销售服务的单位和个体工商户在内。纳税人销售活动板房、机器设备、钢结构件等自产货物的同时提供建筑、安装服务，不属于上述混合销售。

2. 自 2023 年 1 月 1 日至 2027 年 12 月 31 日，先进制造业企业增值税进项税额加计抵减规则是什么？（用于 8–11 级测试）

【参考答案】

①先进制造业企业是指高新技术企业（含所属的非法人分支机构）中的制造业一般纳税人，高新技术企业是指按照《科技部 财政部 国家税务总局关于修订印发〈高新技术企业认定管理办法〉的通知》（国科发火〔2016〕32 号）规定认定的高新技术企业。先进制造业企业具体名单，由各省、自治区、直辖市、计划单列市工业和信息化部门会同同级科技部、财政部及税务部门确定。2024 年度的名单申报确认详见工信厅联财函〔2024〕248 号文规定。

②加计抵减比例：加计抵减进项税额的 5%。先进制造业企业按照当期可抵扣进项税额的 5% 计提当期加计抵减额。按照现行规定不得从销项税额中抵扣的进项税额，不得计提加计抵减额；已计提加计抵减额的进项税额，按规定作进项税额转出的，应在进项税额转出当期，相应调减加计抵减额。

③抵减的相关规定。先进制造业企业按照现行规定计算一般计税方法下的应纳税额（以下简称"抵减前的应纳税额"）后，区分以下情形加计抵减：

抵减前的应纳税额等于零的，当期可抵减加计抵减额全部结转下期抵减；

抵减前的应纳税额大于零，且大于当期可抵减加计抵减额的，当期可抵减加计抵减额全额从抵减前的应纳税额中抵减；

抵减前的应纳税额大于零，且小于或等于当期可抵减加计抵减额的，以当期可抵减加计抵减额抵减应纳税额至零；未抵减完的当期可抵减加计抵减额，结转下期继续抵减。

注意：先进制造业企业可计提但未计提的加计抵减额，可在确定适用加计抵减政策当期一并计提。先进制造业企业出口货物劳务、发生跨境应税行为不适用加计抵减政策，其对应的进项税额不得计提加计抵减额。

④执行期间：自 2023 年 1 月 1 日至 2027 年 12 月 31 日。

3. 加大制造业等行业增值税期末留抵退税政策力度，可以自 2022 年 4 月纳税申报期起向主管税务机关申请退还增量留抵税额。适用政策的纳税人需同时符合哪些条件？（用于 1–7 级测试）

【参考答案】

适用本公告政策的纳税人需同时符合以下条件：

（1）纳税信用等级为 A 级或者 B 级；

（2）申请退税前 36 个月未发生骗取留抵退税、骗取出口退税或虚开增值税专用发票情形；

（3）申请退税前 36 个月未因偷税被税务机关处罚两次及以上；

4. 凡符合哪些条件之一的外籍专家取得的工资、薪金所得，可免征个人所得税？（用于 1－7 级测试）

【参考答案】

凡符合下列条件之一的外籍专家取得的工资、薪金所得，可免征个人所得税：

（1）根据世界银行专项贷款协议由世界银行直接派往我国工作的外国专家；

（2）联合国组织直接派往我国工作的专家；

（3）为联合国援助项目来华工作的专家；

（4）援助国派往我国专为该国无偿援助项目工作的专家；

（5）根据两国政府签订文化交流项目来华工作两年以内的文教专家，其工资、薪金所得由该国负担的；

（6）根据我国大专院校国际交流项目来华工作两年以内的文教专家，其工资、薪金所得由该国负担的；

（7）通过民间科研协定来华工作的专家，其工资、薪金所得由该国政府机构负担的。

5. 列举可以免征印花税的凭证？（用于 1－7 级测试）

【参考答案】下列凭证免征印花税：

（1）应税凭证的副本或者抄本；

（2）依照法律规定应当予以免税的外国驻华使馆、领事馆和国际组织驻华代表机构为获得馆舍书立的应税凭证；

（3）中国人民解放军、中国人民武装警察部队书立的应税凭证；

（4）农民、家庭农场、农民专业合作社、农村集体经济组织、村民委员会购买农业生产资料或者销售农产品书立的买卖合同和农业保险合同；

（5）无息或者贴息借款合同、国际金融组织向中国提供优惠贷款书立的借款合同；

（6）财产所有权人将财产赠与政府、学校、社会福利机构、慈善组织书立的产权转移书据；

（7）非营利性医疗卫生机构采购药品或者卫生材料书立的买卖合同；

（8）个人与电子商务经营者订立的电子订单。

（9）根据国民经济和社会发展的需要，国务院对居民住房需求保障、企业改制重组、破产、支持小型微型企业发展等情形可以规定减征或者免征印花税，报全国人民代表大会常务委员会备案。

6. 请简述年应税销售额超过规定标准但可以不办理一般纳税人登记的纳税人范围。（用于 1－7 级测试）

【参考答案】（1）按照政策规定，选择按照小规模纳税人纳税的：非企业性单位、不经常发生应税行为的企业；年应税销售额超过规定标准但不经常发生应税行为的单位和个体工商户。(2) 年应税销售额超过规定标准的其他个人。

五、实务操作题

1. 小汽车生产企业甲为增值税一般纳税人,2023 年 6 月相关业务如下:

(1) 以预收账款方式将 100 辆 A 型小汽车销售给网约车平台公司,不含税销售价格 18 万元/辆,已收到全款,约定月底交付全部车辆,实际交付 80 辆。

(2) 将 10 辆 A 型小汽车奖励给"生产先进个人",该小汽车当月平均不含税销售价格 19 万元/辆,最高不含税销售价格 23 万元/辆。

(3) 委托具有出口经营权的外贸企业出口 A 型小汽车 150 辆,海关审定的实际离岸价格 18.5 万元/辆。

(4) 1 月份销售的 50 辆 B 型小汽车因故障被经销商退回,不含税销售价格 25 万元/辆。(其他相关资料:A 型小汽车消费税税率 3%,B 型小汽车消费税税率 5%)

要求:根据上述资料,按照下列序号回答问题,如有计算需计算出合计数。

(1) 计算业务 (1) 甲企业应缴纳的消费税。

(2) 计算业务 (2) 甲企业应缴纳的消费税。

(3) 判断业务 (3) 甲企业是否适用出口退还增值税、消费税政策。

(4) 判断业务 (4) 甲企业能否申请退还消费税,如能申请,请计算应退税款并说明退税手续。(用于 8 – 11 级测试)

【参考答案】

(1) 应纳税额 = 18 × 80 × 3% = 43.2(万元)

(2) 应纳税额 = 19 × 10 × 3% = 5.7(万元)

(3) 不享受消费税退税,但可以享受增值税退税。

(4) 能申请退还消费税。应退税款 = 25 × 50 × 5% = 62.5(万元)

手续:需要提供开具的红字增值税发票、退税证明等资料交主管税务机关备案,主管税务机关核对无误后办理退税。

2. 甲煤炭开采企业,为增值税一般纳税人,2024 年 3 月发生如下业务:

(1) 将自采原煤 3 000 吨生产选煤,当月销售选煤取得含税销售收入 300 万元;同类原煤不含增值税销售价格为 200 万元。

(2) 从某衰竭期煤矿开采原煤 20 万吨,对外销售 10 万吨,取得不含增值税的销售额 3 200 万元,另外收取从坑口到车站的运输、装卸、港杂费用合计 20 万元(已取得符合规定的增值税发票)。

(3) 将上月从外省购入的 200 万元原煤(已取得增值税专用发票)与自行开采的 220 万元原煤混合洗选加工为选煤并于当月全部进行销售,选煤不含税销售额为 550 万元。

(4) 因安全生产需要抽采煤成气，煤成气不含增值税销售价格30万元。

(其他相关资料：原煤资源税税率为8%，选煤资源税税率为6%．煤成气资源税税率为1%)

要求：根据上述资料，回答下列问题。

(1) 业务（1）甲企业自采原煤生产选煤并销售应缴纳资源税（　　）万元。（用于8-11级测试）

  A. 16   B. 31.93   C. 18   D. 15.93

(2) 业务（2）甲企业销售原煤，应缴纳资源税（　　）万元。（用于8-11级测试）

  A. 256   B. 179.2   C. 76.32   D. 178.08

(3) 业务（3）甲企业应缴纳资源税（　　）万元。（用于8-11级测试）

  A. 7.80   B. 17.00   C. 21.00   D. 33.00

(4) 业务（4）甲企业抽采煤成气，应缴纳资源税（　　）万元。（用于8-11级测试）

  A. 0.30   B. 0.21   C. 0.09   D. 0

(1)【参考答案】D

【解析】将自采原煤移送生产选煤，移送过程不缴纳资源税；销售选煤应正常缴纳资源税，应缴纳资源税=300/（1+13%）×6%=15.93（万元）。

(2)【参考答案】B

【解析】从衰竭期矿山开采的矿产品，减征30%资源税。应税产品从坑口或者洗选（加工）地到车站、码头或者购买方指定地点的运输费用、建设基金以及随运销产生的装卸、仓储、港杂费用，凡取得增值税发票或者其他合法有效凭据的，不计入资源税的计税销售额。如果销售额中未包括，运杂费无须从销售额中扣减。业务（2）甲企业销售原煤应缴纳资源税=3 200×8%×（1-30%）=179.2（万元）。

(3)【参考答案】B

【解析】准予扣减的外购应税产品购进金额=外购原煤购进金额×（本地区原煤适用税率÷本地区选煤适用税率）=200×（8%÷6%）=266.67（万元）。业务（3）甲企业应缴纳资源税=（550-266.67）×6%=17.00（万元）。

(4)【参考答案】D

【解析】因安全生产需要抽采的煤成气，免征资源税。所以业务（4）无须缴纳资源税。

3. 某公司为增值税一般纳税人（属于非制造业）。2023年发生经营业务如下：

(1) 环境污染治理设施运营维护取得不含税收入4 600万元，成本为1 200万元。

(2) 6月，该企业受托采用焚烧方式进行专业化处理废弃物一批，收取垃圾处理费不含税收入9万元，对处理后产生的货物归该企业所有，并对货物进行了销售，收取购买方全部款项为 1.13 万元。

（3）发生管理费用 400 万元，其中含境内新技术研究开发费用 75 万元，委托境外企业进行技术研发，支付研发费用 60 万元；还包含业务招待费 100 万元。

（4）发生财务费用 40 万元，其中：1 月 1 日以集资方式筹集生产性资金 300 万元，期限 1 年，支付利息费用 30 万元（同期银行贷款年利率 6%）。

（5）销售费用 20 万元，其中 10 月与具有合法经营资格的中介服务机构签订服务合同，合同上注明对方介绍给本公司 120 万元收入的劳务项目，本公司支付中介服务机构佣金 18 万元。

（6）7 月公司购入机器设备一台，取得增值税专用发票上注明价款 50 万元，增值税 6.5 万元，设备使用期为 5 年，预计无残值。当月投入使用。公司当年计入管理费用的折旧费为 4.17 万元。税法上选择一次性在税前扣除。

（7）8 月为解决职工子女上学问题，直接向某小学捐款 40 万元，在营业外支出中列支。

（8）将持有的乙公司 10 万股股权的 80% 转让给丙公司。假定收购日乙公司每股资产的计税基础为 7 元，每股资产的公允价值为 9 元。取得丙公司股权支付 66 万元、银行存款 6 万元，符合特殊性税务处理的条件。企业会计确认的投资收益为 16 万元。该企业认为上述属于免税重组，拟全额进行纳税调减。

（9）全年计入成本、费用的实际发放的合理工资总额 800 万元（其中含支付给临时工的工资 50 万元），实际发生职工福利费 122 万元，拨缴的工会经费 18 万元，实际发生职工教育经费 28 万元。

（10）假设企业选择按全年实际发生的研发费用乘以 2023 年 10 月 1 日后的经营月份数占其 2023 年度实际经营月份数的比例计算第四季度研发费用加计扣除；企业从事环境保护项目"三免三减半"执行期已满，不享受公共垃圾处理所得的企业所得税减免优惠。

要求：根据上述资料，按照下列顺序计算回答问题，如有计算需计算出合计数。

（1）判断业务（2）适用的增值税税率并说明原因。（用于 8-11 级测试）

（2）计算该企业全年取得的销售（营业）收入金额。（用于 8-11 级测试）

（3）计算该企业当年的会计利润。（用于 8-11 级测试）

（4）计算业务（3）中企业研发费用应调整的企业所得税应纳税所得额。（用于 8-11 级测试）

（5）计算业务（3）中企业业务招待费应调整的企业所得税应纳税所得额。（用于 8-11 级测试）

（6）计算业务（4）企业财务费用应调整的企业所得税应纳税所得额。（用于 8-11 级测试）

(7) 说明业务（5）企业支付佣金的企业所得税扣除限额计算方法，并计算其应调整的企业所得税应纳税所得额。（用于 8 – 11 级测试）

(8) 计算业务（6）企业当年购入设备应调整的企业所得税应纳税所得额。（用于 8 – 11 级测试）

(9) 计算业务（7）中企业营业外支出应调整的企业所得税应纳税所得额。（用于 8 – 11 级测试）

(10) 指出业务（8）企业特殊性税务处理的纳税处理是否正确。若不正确，计算其正确的纳税调整金额。（用于 8 – 11 级测试）

(11) 计算业务（9）企业当年工资、职工福利费、工会经费、职工教育经费应调整的企业所得税应纳税所得额。（用于 8 – 11 级测试）

(12) 计算该企业当年企业所得税的应纳税所得额。（用于 8 – 11 级测试）

(13) 计算当年企业所得税的应纳税额。（用于 8 – 11 级测试）

【参考答案】

(1) 专业化处理后产生货物，且货物归属受托方的，受托方属于提供"专业技术服务"，其收取的处理费用适用 6% 的增值税税率。受托方将产生的货物用于销售时，适用货物的增值税税率。

采取填埋、焚烧等方式进行专业化处理后产生货物，且货物归属委托方的，受托方属于提供"加工劳务"，其收取的处理费用适用 13% 的增值税税率。

采取填埋、焚烧等方式进行专业化处理后未产生货物，受托方属于提供"现代服务"中的"专业技术服务"，其收取的处理费用适用 6% 的增值税税率。

采取填埋、焚烧等方式进行专业化处理后产生货物，且货物归属受托方的，受托方属于提供"专业技术服务"，其收取的处理费用适用 6% 的增值税税率。受托方将产生的货物用于销售时，适用货物的增值税税率。

(2) 销售（营业）收入 = 4 600 + 9 + 1.13 ÷ 1.13 = 4 610（万元）（1 分）

"收取购买方全部款项为 1.13 万元"，因此该价款为含税金额，计算应税收入应调整为不含税金额。

(3) 会计利润 = 4 610 – 1 200 – 400 – 40 – 20 – 40 + 16 = 2 926（万元）

计算会计利润时不涉及纳税调增或者纳税调减，会计利润是计算应纳税所得额的基础，即：应纳税所得额 = 会计利润总额 ± 纳税调整项目金额。

(4) 境外研发费用实际发生额的 80% = 60 × 80% = 48（万元），境内符合条件的研发费用的 2/3 = 75 × 2/3 = 50（万元），因此境外研发费用加计扣除基数为 48 万元。研发费用应纳税调减合计金额 = (75 + 48) × 9/12 × 75% + (75 + 48) × 3/12 × 100% = 99.94（万元）

备注：2022 年适用研发费用税前加计扣除比例 75% 的企业，在 2022 年 10 月 1 日至 2022 年 12 月 31 日，税前加计扣除比例提高至 100%。企业在 2022 年度企业所得税汇算清缴计算享受研发费用加计扣除优惠时，四季度研发费用可由企业自行选择按实际发生数计算，或者按全年实际发生的研发费用乘以 2022 年 10 月 1 日后的经营月份数占其 2022 年度实际经营月份数的比例计算。

委托境外进行研发活动所发生的费用，按照费用实际发生额的 80% 计入委托方的委托境外研究开发费用。委托境外研究开发费用不超过境内符合条件的研究开发费用三分之二的部分，可以按规定在企业所得税前加计扣除。

（5）发生额的 60% = 100 × 60% = 60（万元），营业收入的 5‰ = 4 610 × 5‰ = 23.05（万元），业务招待费应纳税调增金额 = 100 - 23.05 = 76.95（万元）。

（6）发生财务费用 40 万元，其中：1 月 1 日以集资方式筹集生产性资金 300 万元，期限 1 年，支付利息费用 30 万元（同期银行贷款年利率 6%）。财务费用应纳税调增金额 = 30 - 300 × 6% = 12（万元）。

（7）非保险企业，佣金支出的税前扣除限额为服务协议或合同确认的收入金额的 5%。当年佣金支出税前扣除额 = 120 × 5% = 6（万元）。佣金应纳税调增的金额 = 18 - 6 = 12（万元）。

（8）纳税调减金额 = 50 - 4.17 = 45.83（万元）

企业在 2018 年 1 月 1 日至 2023 年 12 月 31 日新购进的设备、器具，单位价值不超过 500 万元的，允许一次性计入当期成本费用在计算应纳税所得额时扣除，不再分年度计算折旧。甲公司购入机器设备一台，取得增值税专用发票上注明价款 50 万元，可一次性从应纳税所得额中直接扣除。

（9）直接向某小学捐款 40 万元，不属于公益性捐赠支出，在计算应纳税所得额时不得扣除。营业外支出应纳税调增 40 万元。

（10）处理错误。企业虽然适用特殊性税务处理，但是非股权支付对应的股权转让部分是不免征企业所得税的。该企业股权重组中取得非股权支付额对应的股权转让所得 = (9 - 7) × 10 × 80% × (6 ÷ 72) = 1.33（万元），股权支付部分暂不确认转让所得或损失，业务（8）应纳税调减 = 16 - 1.33 = 14.67（万元）。

（11）税前可以扣除的合理工资总额 800 万元，无须纳税调整。职工福利费税前扣除限额 = 800 × 14% = 112（万元），应调增应纳税所得额 = 122 - 112 = 10（万元）。职工教育经费税前扣除限额 = 800 × 8% = 64（万元），实际发生 28 万元，未超过扣除限额，准予据实扣除。工会经费税前扣除限额 = 800 × 2% = 16（万元），应调增应纳税所得额 = 18 - 16 = 2（万元）。工资总额、职工福利费、职工教育经费及工会经费共计应调增应纳税所得额 = 10 + 2 = 12（万元）。

（12）应纳税所得额 = 2 926 - 99.94 + 76.95 + 12 + 12 - 45.83 + 40 - 14.67 + 12 = 2 918.51（万元）

(13) 应纳税额 = 2 918.51 × 25% = 729.63（万元）

4. 2010年境外A公司出资3 500万元在我国境内成立M公司。A公司、M公司2022年部分业务如下：

（1）截至2021年12月31日，M公司账面累计未分配利润300万元。2022年1月20日，M公司股东会做出利润分配决定，向A公司分配股利200万元。

（2）1月20日，A公司决议将M公司应分回股利用于购买我国境内非关联方C公司的股权，同日相关款项直接从M公司转入C公司股东账户。

（3）3月5日，M公司支付1 060万元委托境外机构进行新产品研发。

（4）8月10日，M公司向A公司支付商标费530万元（含税）。

（其他相关资料：C公司为非上市企业，C公司所从事的业务为非禁止外商投资的项目和领域，不考虑税收协定因素）

要求：根据上述资料，按照下列序号回答问题，如有计算需计算出合计数。

（1）说明A公司分得利润享受暂不征收预提所得税政策的理由及其所需符合的条件特征。

（2）回答A公司可以享受暂不征收预提所得税政策的分配股利的金额。

（3）回答M公司委托境外研究开发费用企业所得税税前加计扣除限额的规定。

（4）计算M公司业务（4）应代扣代缴的企业所得税额。

（5）说明M公司解缴代扣企业所得税的期限。（用于8–11级测试）

【参考答案】

（1）A公司分得利润享受暂不征收预提所得税政策的理由：

2017年1月1日起，对境外投资者从中国境内居民企业分配的利润，直接投资于鼓励类投资项目，凡符合规定条件的，实行递延纳税政策，暂不征收预提所得税。2018年1月1日起，适用范围由外商投资鼓励类项目扩大至所有非禁止外商投资的项目和领域。

C公司从事的是非禁止外商投资项目和领域，A公司将分回的利润用于购买我国境内非关联方非上市公司C的股权，相关款项直接从M公司转入C公司股东账户，未在境内外其他账户周转，所以可以享受暂不征收预提所得税政策。

境外投资者暂不征收预提所得税需要同时满足以下条件：

①境外投资者以分得利润进行的直接投资，包括境外投资者以分得利润进行的增资、新建、股权收购等权益性投资行为，但不包括新增、转增、收购上市公司股份（符合条件的战略投资除外）。具体是指：新增或转增中国境内居民企业实收资本或者资本公积；在中国境内投资新建居民企业；从非关联方收购中国境内居民企业股权。

②境外投资者分得的利润属于中国境内居民企业向投资者实际分配已经实现的留存收益而形成的股息、红利等权益性投资收益。

③境外投资者用于直接投资的利润以现金形式支付的，相关款项从利润分配企业的账户直接转入被投资企业或股权转让方账户，在直接投资前不得在境内外其他账户周转；境外投资者用于直接投资的利润以实物、有价证券等非现金形式支付的，相关资产所有权直接从利润分配企业转入被投资企业或股权转让方，在直接投资前不得由其他企业、个人代为持有或临时持有。

（2）A 公司可以享受暂不征收预提所得税的分配股利的金额为 200 万元。

（3）委托境外进行研发活动所发生的费用，按照费用实际发生额的 80% 计入委托方的委托境外研发费用。委托境外研发费用不超过境内符合条件的研发费用 2/3 的部分，可以按规定在企业所得税前加计扣除。

（4）M 公司应代扣代缴的企业所得税 = 530 ÷（1 + 6%）× 10% = 50（万元）。

（5）扣缴义务人应当自扣缴义务发生之日起 7 日内申报和解缴代扣税款。

5. 某企业是一家高新技术企业，2022 年度的生产经营情况如下：

（1）取得产品销售收入 4 000 万元，出租房屋的租金收入 500 万元。

（2）产品销售成本 3 000 万元，与租金收入有关的成本费用为 300 万元。

（3）缴纳增值税 35 万元，城市维护建设税和教育费附加 3.5 万元，房产税 4 万元，城镇土地使用税 0.5 万元，印花税 0.4 万元。

（4）销售费用、管理费用、财务费用共计 400 万元，其中广告费和业务宣传费 100 万元，业务招待费 80 万元。

（5）营业外支出 120 万元，其中通过公益性社会团体向公益事业的捐赠 100 万元。

（6）已预缴企业所得税 100.74 万元。

要求：根据上述资料计算该企业 2021 年企业所得税汇算清缴应补缴的所得税税额。（用于 8 – 11 级测试）

【参考答案】

（1）缴纳的增值税 35 万元不得税前扣除，城市维护建设税、教育费附加、房产税、城镇土地使用税、印花税可以税前扣除，共计 = 3.5 + 4 + 0.5 + 0.4 = 8.4（万元）。

（2）销售（营业）收入 = 4 000 + 500 = 4 500（万元）；

广告费、业务宣传费扣除限额 = 4 500 × 15% = 675（万元），实际发生 100 万元，未超过限额，可以据实扣除。

（3）业务招待费限额 = 4 500 × 5‰ = 22.5 万元，业务招待费的 60% 为 80 × 60% = 48（万元），业务招待费限额为 22.5（万元），调增额 = 80 – 22.5 = 57.5（万元）。

（4）利润总额 = 4 000 + 500 – 3 000 – 300 – 8.4 – 400 – 120 = 671.6（万元）；

公益性捐赠限额 = 671.6 × 12% = 80.59（万元），实际发生 100 万元，调增额 = 100 – 80.59 = 19.41（万元）。

（5）应纳税所得额 = 671.6 + 57.5 + 19.41 = 748.51（万元）

(6) 应补缴企业所得税 = 748.51 × 15% − 100.74 = 11.54（万元）

【解析】

（1）企业所得税税前扣除的税金是指企业发生的除企业所得税和允许抵扣的增值税以外的各项税金及其附加。所以，增值税 35 万元不得扣除，城市维护建设税、教育费附加、房产税、城镇土地使用税、印花税可以税前扣除。

（2）企业发生的符合条件的广告费和业务宣传费支出，除国务院财政、税务主管部门另有规定外，不超过当年销售（营业）收入 15% 的部分，准予扣除；超过部分，准予在以后纳税年度结转扣除。销售（营业）收入包括产品销售收入、出租房屋的租金收入。

（3）企业发生的与生产经营活动有关的业务招待费支出，按照发生额的 60% 扣除，但最高不得超过当年销售（营业）收入的 5‰。所以在计算业务招待费限额时应计算出销售（营业）收入的 5‰ 和发生额的 60%，将较小者确定为业务招待费的限额。

（4）企业发生的公益性捐赠支出，除有其他规定可以全部税前扣除的外，在年度利润总额 12% 以内的部分，准予在计算应纳税所得额时扣除；超过年度利润总额 12% 的部分，准予结转以后 3 年内在计算应纳税所得额时扣除。所以在计算捐赠限额时应先计算出利润总额，据此计算出公益性捐赠支出的扣除限额。

（5）应纳税所得额可以用直接法计算，也可以用间接法计算。本例答案采用间接法计算，以会计利润为起点，将财务、会计制度或者财务、会计处理办法与税法规定不一致的收入和支出等进行调整，确定应纳税所得额。应纳税所得额 = 会计利润 ± 纳税调整项目金额。

（6）高新技术企业所得税税率为 15%。

6. 李先生独生子女，父母超过 60 岁，在甲公司任职，家中有三个孩子，大孩子小学 5 年级，二孩子幼儿园大班，小孩子不满一周岁；妻子专职在家，无收入。假设 2022 年全年收入不超过 6 万元，2023 年 1 − 12 月每月从甲公司取得工资薪金收入 44 000 元，无免税收入；每月由甲公司扣缴"三险一金" 2 500 元，假定无其他扣除。

要求：计算甲公司 2023 年 10 月应预扣预缴李先生"工资、薪金所得"的个人所得税。（用于 8 − 11 级测试）

【参考答案】6 500 元

【解析】依据国家税务总局关于发布《个人所得税扣缴申报管理办法（试行）》的公告（国家税务总局公告 2018 年第 61 号）、《国家税务总局关于进一步简便优化部分纳税人个人所得税预扣预缴方法的公告》（国家税务总局公告 2020 年第 19 号）和《国务院关于提高个人所得税有关专项附加扣除标准的通知》（国发〔2023〕13 号）规定，在纳税人累计收入不超过 6 万元的月份，暂不预扣预缴个人所得税；在其累计收入超过 6 万元的当月及年内后续月份，再预扣预缴个人所得税，自 2023 年 1 月 1 日起，3 岁以下婴幼儿照护专项附加扣除标准，由每个婴幼儿每月 1 000 元提高到 2 000 元。子女教育专项附加扣除标准，由每个子女每月 1 000 元提高到 2 000 元。赡养老人专项附加扣除标准，由每月 2 000 元提高到 3 000 元，其中，独生子女每月扣除 3 000 元；非独生子女与兄弟姐妹分摊每月 3 000 元的扣除额度，每人不超过 1 500 元。

李先生专项附加扣除每月为 2 000×3 + 3 000 = 9 000（元）。

2023 年 9 月申报期累计预扣预缴应纳税所得额 = 累计收入 – 累计免税收入 – 累计减除费用 – 累计专项扣除 – 累计专项附加扣除 – 累计依法确定的其他扣除 = 44 000×8 – 60 000 – 2 500×8 – 9 000×8 = 200 000（元），适用税率 20%，速算扣除数 16 920 元。累计预扣预缴 200 000×20% – 16 920 = 23 080（元）。

10 月申报期累计预扣预缴应纳税所得额 = 累计收入 – 累计免税收入 – 累计减除费用 – 累计专项扣除 – 累计专项附加扣除 – 累计依法确定的其他扣除 = 44 000×9 – 60 000 – 2 500×9 – 9 000×9 = 232 500（元），适用税率 20%，速算扣除数 16 920 元。累计预扣预缴 232 500×20% – 16 920 = 29 580 元。

甲公司 2023 年 10 月应预扣预缴李先生工资、薪金所得个人所得税，应预扣预缴税额 = 29 580 – 23 080 = 6 500（元）。

7. 假设中国公民郑某于 2024 年 1 月将其自有的房屋按市场价格出租给张某居住，租期 1 年。郑某每月取得租金收入 1 500 元，全年租金收入 18 000 元。

要求：计算郑某全年租金收入应缴纳的个人所得税。（用于 1 – 7 级测试）

【参考答案】768 元

【解析】财产租赁收入以一个月内取得的收入为一次，郑某每月及全年应纳税额为：

(1) 每月应纳税额 = (1 500 – 1 500×4% – 800)×10% = 64（元）

(2) 全年应纳税额 = 64×12 = 768（元）

8. 假设田某 2024 年 6 月买进某公司债券 10 000 份，每份买价 8 元，共支付手续费 1 000 元，11 月将 10 000 份债券全部卖出，每份卖价 8.5 元，共支付手续费 515 元。

要求：计算田某 6 月取得财产转让所得应缴纳的个人所得税。（用于 1 – 7 级测试）

【参考答案】697 元

【解析】

(1) 卖出债券应扣除的财产原值 = 10 000×8 + 1 000 = 81 000（元）

(2) 转让债券的应纳税所得额 = 10 000×8.5 – 81 000 – 515 = 3 485（元）

(3) 转让债券应缴纳的个人所得税 = 3 485×20% = 697（元）

第二章 深化税收征管改革

★知识要点归纳

第一节 深化税收征管改革总体要求

一、指导思想

以习近平新时代中国特色社会主义思想为指导，全面贯彻党的十九大和十九届二中、三中、四中、五中全会精神，围绕立足新发展阶段、贯彻新发展理念、构建新发展格局，深化税收征管制度改革，着力建设以服务纳税人缴费人为中心、以发票电子化改革为突破口、以税收大数据为驱动力的具有高集成功能、高安全性能、高应用效能的智慧税务，深入推进精确执法、精细服务、精准监管、精诚共治，大幅提高税法遵从度和社会满意度，明显降低征纳成本，充分发挥税收在国家治理中的基础性、支柱性、保障性作用，为推动高质量发展提供有力支撑。

二、工作原则

坚持党的全面领导，确保党中央、国务院决策部署不折不扣落实到位；坚持依法治税，善于运用法治思维和法治方式深化改革，不断优化税务执法方式，着力提升税收法治化水平；坚持为民便民，进一步完善利企便民服务措施，更好满足纳税人缴费人合理需求；坚持问题导向，着力补短板强弱项，切实解决税收征管中的突出问题；坚持改革创新，深化税务领域"放管服"改革，推动税务执法、服务、监管的理念和方式手段等全方位变革；坚持系统观念，统筹推进各项改革措施，整体性集成式提升税收治理效能。

三、主要目标

到2022年，在税务执法规范性、税费服务便捷性、税务监管精准性上取得重要进展。到2023年，基本建成"无风险不打扰、有违法要追究、全过程强智控"的税务执法新体系，实现从经验式执法向科学精确执法转变；基本建成"线下服务无死角、线上服务不打烊、定制服务广覆盖"的税费服务新体系，实现从无差别服务向精细化、智能化、个性化服务转变；基本建成以"双随机、一公开"监管和"互联网+监管"为基本手段、以重点监管为补充、以"信用+风险"监管为基础的税务监管新体系，实现从"以票管税"向"以数治税"分类精准监管转变。到2025年，深化税收征管制度改革取得显著成效，基本建成功能强大的智慧税务，形成国内一流的智能化行政应用系统，全方位提高税务执法、服务、监管能力。

第二节 税收征管数字化与智能化改造

一、加快推进智慧税务建设

充分运用大数据、云计算、人工智能、移动互联网等现代信息技术，着力推进内外部涉税数据汇聚联通、线上线下有机贯通，驱动税务执法、服务、监管制度创新和业务变革，进一步优化组织体系和资源配置。2022年基本实现法人税费信息"一户式"、自然人税费信息"一人式"智能归集，2023年基本实现税务机关信息"一局式"、税务人员信息"一员式"智能归集，深入推进对纳税人缴费人行为的自动分析管理、对税务人员履责的全过程自控考核考评、对税务决策信息和任务的自主分类推送。2025年实现税务执法、服务、监管与大数据智能化应用深度融合、高效联动、全面升级。

二、稳步实施发票电子化改革

2021年建成全国统一的电子发票服务平台，24小时在线免费为纳税人提供电子发票申领、开具、交付、查验等服务。制定出台电子发票国家标准，有序推进铁路、民航等领域发票电子化，2025年基本实现发票全领域、全环节、全要素电子化，着力降低制度性交易成本。

三、深化税收大数据共享应用

探索区块链技术在社会保险费征收、房地产交易和不动产登记等方面的应用，并持续拓展在促进涉税涉费信息共享等领域的应用。不断完善税收大数据云平台，加强数据资源开发利用，持续推进与国家及有关部门信息系统互联互通。2025年建成税务部门与相关部门常态化、制度化数据共享协调机制，依法保障涉税涉费必要信息获取；健全涉税涉费信息对外提供机制，打造规模大、类型多、价值高、颗粒度细的税收大数据，高效发挥数据要素驱动作用。完善税收大数据安全治理体系和管理制度，加强安全态势感知平台建设，常态化开展数据安全风险评估和检查，健全监测预警和应急处置机制，确保数据全生命周期安全。加强智能化税收大数据分析，不断强化税收大数据在经济运行研判和社会管理等领域的深层次应用。

第三节　完善税务执法制度和机制

一、健全税费法律法规制度

全面落实税收法定原则，加快推进将现行税收暂行条例上升为法律。完善现代税收制度，更好发挥税收作用，促进建立现代财税体制。推动修订税收征收管理法、反洗钱法、发票管理办法等法律法规和规章。加强非税收入管理法制化建设。

二、严格规范税务执法行为

坚持依法依规征税收费，做到应收尽收。同时，坚决防止落实税费优惠政策不到位、征收"过头税费"及对税收工作进行不当行政干预等行为。全面落实行政执法公示、执法全过程记录、重大执法决定法制审核制度，推进执法信息网上录入、执法程序网上流转、执法活动网上监督、执法结果网上查询，2023年基本建成税务执法质量智能控制体系。不断完善税务执法及税费服务相关工作规范，持续健全行政处罚裁量基准制度。

三、不断提升税务执法精确度

创新行政执法方式，有效运用说服教育、约谈警示等非强制性执法方式，让执法既有力度又有温度，做到宽严相济、法理相融。坚决防止粗放式、选择性、"一刀切"执法。准确把握一般涉税违法与涉税犯罪的界限，做到依法处置、罚当其责。在税务执法领域研究推广"首违不罚"清单制度。坚持包容审慎原则，积极支持新产业、新业态、新模式健康发展，以问题为导向完善税务执法，促进依法纳税和公平竞争。

四、加强税务执法区域协同

推进区域间税务执法标准统一，实现执法信息互通、执法结果互认，更好服务国家区域协调发展战略。简化企业涉税涉费事项跨省迁移办理程序，2022年基本实现资质异地共认。持续扩大跨省经营企业全国通办涉税涉费事项范围，2025年基本实现全国通办。

五、强化税务执法内部控制和监督

2022年基本构建起全面覆盖、全程防控、全员有责的税务执法风险信息化内控监督体系，将税务执法风险防范措施嵌入信息系统，实现事前预警、事中阻断、事后追责。强化内外部审计监督和重大税务违法案件"一案双查"，不断完善对税务执法行为的常态化、精准化、机制化监督。

第四节 优质高效智能税费服务

一、确保税费优惠政策直达快享

2021年实现征管操作办法与税费优惠政策同步发布、同步解读,增强政策落实的及时性、确定性、一致性。进一步精简享受优惠政策办理流程和手续,持续扩大"自行判别、自行申报、事后监管"范围,确保便利操作、快速享受、有效监管。2022年实现依法运用大数据精准推送优惠政策信息,促进市场主体充分享受政策红利。

二、切实减轻办税缴费负担

积极通过信息系统采集数据,加强部门间数据共享,着力减少纳税人缴费人重复报送。全面推行税务证明事项告知承诺制,拓展容缺办理事项,持续扩大涉税资料由事前报送改为留存备查的范围。

三、全面改进办税缴费方式

2021年基本实现企业税费事项能网上办理,个人税费事项能掌上办理。2022年建成全国统一规范的电子税务局,不断拓展"非接触式""不见面"办税缴费服务。逐步改变以表单为载体的传统申报模式,2023年基本实现信息系统自动提取数据、自动计算税额、自动预填申报,纳税人缴费人确认或补正后即可线上提交。

四、持续压减纳税缴费次数和时间

落实《优化营商环境条例》,对标国际先进水平,大力推进税(费)种综合申报,依法简并部分税种征期,减少申报次数和时间。扩大部门间数据共享范围,加快企业出口退税事项全环节办理速度,2022年税务部门办理正常出口退税的平均时间压缩至6个工作日以内,对高信用级别企业进一步缩短办理时间。

五、积极推行智能型个性化服务

全面改造提升12366税费服务平台,加快推动向以24小时智能咨询为主转变,2022年基本实现全国咨询"一线通答"。运用税收大数据智能分析识别纳税人缴费人的实际体验、个性需求等,精准提供线上服务。持续优化线下服务,更好满足特殊人员、特殊事项的服务需求。

六、维护纳税人缴费人合法权益

完善纳税人缴费人权利救济和税费争议解决机制,畅通诉求有效收集、快速响应和及时反馈渠道。探索实施大企业税收事先裁定并建立健全相关制度。健全纳税人缴费人个人信息保护等制度，依法加强税费数据查询权限和留痕等管理，严格保护纳税人缴费人及扣缴义务人的商业秘密、个人隐私等，严防个人信息泄露和滥用等。税务机关和税务人员违反有关法律法规规定、因疏于监管造成重大损失的，依法严肃追究责任。

第五节　精准实施税务监管

一、建立健全以"信用+风险"为基础的新型监管机制

健全守信激励和失信惩戒制度，充分发挥纳税信用在社会信用体系中的基础性作用。建立健全纳税缴费信用评价制度，对纳税缴费信用高的市场主体给予更多便利。在全面推行实名办税缴费制度基础上，实行纳税人缴费人动态信用等级分类和智能化风险监管，既以最严格的标准防范逃避税，又避免影响企业正常生产经营。健全以"数据集成+优质服务+提醒纠错+依法查处"为主要内容的自然人税费服务与监管体系。依法加强对高收入高净值人员的税费服务与监管。

二、加强重点领域风险防控和监管

对逃避税问题多发的行业、地区和人群，根据税收风险适当提高"双随机、一公开"抽查比例。对隐瞒收入、虚列成本、转移利润以及利用"税收洼地""阴阳合同"和关联交易等逃避税行为，加强预防性制度建设，加大依法防控和监督检查力度。

三、依法严厉打击涉税违法犯罪行为

充分发挥税收大数据作用，依托税务网络可信身份体系对发票开具、使用等进行全环节即时验证和监控，实现对虚开骗税等违法犯罪行为惩处从事后打击向事前事中精准防范转变。健全违法查处体系，充分依托国家"互联网+监管"系统多元数据汇聚功能，精准有效打击"假企业"虚开发票、"假出口"骗取退税、"假申报"骗取税费优惠等行为，保障国家税收安全。对重大涉税违法犯罪案件，依法从严查处曝光并按照有关规定纳入企业和个人信用记录，共享至全国信用信息平台。

第六节　税收共治格局

一、加强部门协作

大力推进会计核算和财务管理信息化，通过电子发票与财政支付、金融支付和各类单位财务核算系统、电子档案管理信息系统的衔接，加快推进电子发票无纸化报销、

入账、归档、存储。持续深化"银税互动",助力解决小微企业融资难融资贵问题。加强情报交换、信息通报和执法联动,积极推进跨部门协同监管。

二、加强社会协同

积极发挥行业协会和社会中介组织作用,支持第三方按市场化原则为纳税人提供个性化服务,加强对涉税中介组织的执业监管和行业监管。大力开展税费法律法规的普及宣传,持续深化青少年税收法治教育,发挥税法宣传教育的预防和引导作用,在全社会营造诚信纳税的浓厚氛围。

三、强化税收司法保障

公安部门要强化涉税犯罪案件查办工作力量,做实健全公安派驻税务联络机制。实行警税双方制度化、信息化、常态化联合办案,进一步畅通行政执法与刑事执法衔接工作机制。检察机关发现负有税务监管相关职责的行政机关不依法履责的,应依法提出检察建议。完善涉税司法解释,明晰司法裁判标准。

四、强化国际税收合作

深度参与数字经济等领域的国际税收规则和标准制定,持续推动全球税收治理体系建设。落实防止税基侵蚀和利润转移行动计划,严厉打击国际逃避税,保护外资企业合法权益,维护我国税收利益。不断完善"一带一路"税收征管合作机制,支持发展中国家提高税收征管能力。进一步扩大和完善税收协定网络,加大跨境涉税争议案件协商力度,实施好对所得避免双重征税的双边协定,为高质量引进来和高水平走出去提供支撑。

第七节 组织保障与贯彻落实

一、优化征管职责和力量

强化市县税务机构在日常性服务、涉税涉费事项办理和风险应对等方面的职责,适当上移全局性、复杂性税费服务和管理职责。不断优化业务流程,合理划分业务边界,科学界定岗位职责,建立健全闭环管理机制。加大人力资源向风险管理、税费分析、大数据应用等领域倾斜力度,增强税务稽查执法力量。

二、加强征管能力建设

坚持更高标准、更高要求,着力建设德才兼备的高素质税务执法队伍,加大税务领军人才和各层次骨干人才培养力度。高质量建设和应用学习兴税平台,促进学习日常化、工作学习化。

三、改进提升绩效考评

在实现税务执法、税费服务、税务监管行为全过程记录和数字化智能归集基础上,推动绩效管理渗入业务流程、融入岗责体系、嵌入信息系统,对税务执法等实施自动化考评,将法治素养和依法履职情况作为考核评价干部的重要内容,促进工作质效持续提升。

四、加强组织领导

各地区各有关部门要增强"四个意识"、坚定"四个自信"、做到"两个维护",切实履行职责,密切协调配合,确保各项任务落地见效。税务总局要牵头组织实施,积极研究解决工作推进中遇到的重大问题,加强协调沟通,抓好贯彻落实。地方各级党委和政府要按照税务系统实行双重领导管理体制的要求,在依法依规征税收费、落实减税降费、推进税收共治、强化司法保障、深化信息共享、加强税法普及、强化经费保障等方面提供支持。

五、加强跟踪问效

在税务领域深入推行"好差评"制度,适时开展监督检查和评估总结,减轻基层负担,促进执法方式持续优化、征管效能持续提升。

六、加强宣传引导

税务总局要会同有关部门认真做好宣传工作,准确解读便民利企政策措施,及时回应社会关切,正确引导社会预期,营造良好舆论氛围。

★ 习题精练及答案解析

一、单项选择题

1.《关于进一步深化税收征管改革的意见》中关于持续深化拓展税收共治格局,表述错误的是(   )。(用于1-7级测试)
   A. 加强部门协作 B. 加强社会协同
   C. 加强政府协调 D. 强化税收司法保障
   【参考答案】C
   【解析】参见《关于进一步深化税收征管改革的意见》的内容。

第二章 深化税收征管改革

2. 中共中央办公厅、国务院办公厅印发《关于进一步深化税收征管改革的意见》提出，到2025年基本实现发票（　　）电子化，着力降低制度性交易成本。（用于1-7级测试）

　　A. 全领域、全环节、全要素　　　　B. 全领域、全链条、全覆盖
　　C. 全链条、全方位、全覆盖　　　　D. 全领域、全环节、全链条

【参考答案】A

【解析】根据中共中央办公厅、国务院办公厅印发《关于进一步深化税收征管改革的意见》的规定，到2025年基本实现发票全领域、全环节、全要素电子化，着力降低制度性交易成本。

3. 《关于进一步深化税收征管改革的意见》中提到要全面推行税务证明事项（　　），拓展容缺办理事项。（用于1-7级测试）

　　A. 留存备查制　　　　　　　　　　B. 免报制
　　C. 告知承诺制　　　　　　　　　　D. 电子查验制

【参考答案】C

【解析】参见《关于进一步深化税收征管改革的意见》的内容。

4. 逐步改变以表单为载体的传统申报模式，（　　）基本实现信息系统自动提取数据、自动计算税额、自动预填申报，纳税人缴费人确认或补正后即可线上提交。（用于1-7级测试）

　　A. 2021年　　B. 2022年　　C. 2023年　　D. 2025年

【参考答案】C

【解析】参见《关于进一步深化税收征管改革的意见》的内容。

5. 充分发挥税收大数据作用，依托（　　）对发票开具、使用等进行全环节即时验证和监控，实现对虚开骗税等违法犯罪行为惩处从事后打击向事前事中（　　）转变。（用于1-7级测试）

　　A. 税务网络可信身份体系；精准防范
　　B. 税务网络可信身份体系；精准监管
　　C. 电子发票服务平台；精准防范
　　D. 电子发票服务平台；精准监管

【参考答案】A

【解析】参见《关于进一步深化税收征管改革的意见》的内容。

6. 中共中央办公厅、国务院办公厅印发《关于进一步深化税收征管改革的意见》提出，到2025年，实现税务（　　）大数据智能化应用深度融合、高效联动、全面升级。（用于8-11级测试）

　　A. 执法；服务；稽查　　　　　　　B. 执法；服务；监管

C. 法治；服务；监管　　　　　　D. 法治；服务；稽查

【参考答案】B

【解析】根据中共中央办公厅、国务院办公厅印发《关于进一步深化税收征管改革的意见》的规定，到2025年，实现税务执法、服务、监管、大数据智能化应用深度融合、高效联动、全面升级。

7. 以下不属于2023年理想的税费服务新体系的服务模式是（　　）。（用于1－7级测试）

　　A. 智能化服务　　B. 个性化服务　　C. 无差别服务　　D. 精细化服务

【参考答案】C

【解析】参见《关于进一步深化税收征管改革的意见》的内容。

8. 《关于进一步深化税收征管改革的意见》要求，税务机关对逃避税问题多发的行业、地区和人群，根据税收风险适当提高（　　）比例。（用于1－7级测试）

　　A. "互联网＋监管"督查　　　　B. 税务审计检查

　　C. "双随机、一公开"抽查　　　D. 收入质量监控检查

【参考答案】C

【解析】参见《关于进一步深化税收征管改革的意见》的内容。

9. 《关于进一步深化税收征管改革的意见》明确，到2023年，基本建成"无风险不打扰、有违法要追究、全过程强智控"的税务执法新体系，实现（　　）。（用于1－7级测试）

　　A. 从无差别执法向精细化、智能化、个性化执法转变

　　B. 从经验式执法向科学精确执法转变

　　C. 从"以票管税"执法向"以数治税"精确执法转变

　　D. 从"单兵作战"执法向"内外协同"执法转变

【参考答案】B

【解析】《关于进一步深化税收征管改革的意见》明确，到2023年，基本建成"无风险不打扰、有违法要追究、全过程强智控"的税务执法新体系，实现从经验式执法向科学精确执法转变；基本建成"线下服务无死角、线上服务不打烊、定制服务广覆盖"的税费服务新体系，实现从无差别服务向精细化、智能化、个性化服务转变；基本建成以"双随机、一公开"监管和"互联网＋监管"为基本手段、以重点监管为补充、以"信用＋风险"监管为基础的税务监管新体系，实现从"以票管税"向"以数治税"分类精准监管转变。

10. 推行全面数字化电子发票对优化营商环境的作用不包括（　　）。（用于8－11级测试）

　　A. 全程留痕、不可抵赖、不可篡改，让制贩假发票、假票入账等扰乱市场秩序者无处藏身

B. 依托云计算、大数据、人工智能技术，电子发票服务平台为市场主体交易双方提供 7×24 小时全国统一、规范可靠、安全便捷的数电票服务

C. 通过实时采集发票数据、验证开票行为，可有效防范和打击虚开骗税、偷逃税款等违法行为，维护社会公平

D. 构建发票管理与内部督察审计监督实时互通互动机制，为数字化人事管理、督察内审和绩效考核奠定基础

【参考答案】D

【解析】根据国家税务总局下发的《全面数字化的电子发票常见问题即问即答》，推行数电发票对优化营商环境作用包括：（1）依托云计算、大数据、人工智能技术，电子发票服务平台为市场主体交易双方提供 7×24 小时全国统一、规范可靠、安全便捷的数电发票服务；（2）全程留痕、不可抵赖、不可篡改，让制贩假发票、假票入账等扰乱市场秩序者无处藏身；（3）通过实时采集发票数据、验证开票行为，可有效防范和打击虚开骗税、偷逃税款等违法行为，维护社会公平。选项 D 构建发票管理与内部督察审计监督实时互通互动机制，为数字化人事管理、督察内审和绩效考核奠定基础，为推行数电发票后对税务机关内部管理的作用，不是优化营商环境的作用。

11. 2023 年开展贯彻落实《意见》情况（　　），综合运用指标评价、问卷调查、座谈访谈等方式评估改革实施效果，找短板、补弱项、促提升。（用于 1－7 级测试）

　　A. 目标评估　　　B. 全面评估　　　C. 中期评估　　　D. 终期评估

【参考答案】C

【解析】参见《关于进一步深化税收征管改革的意见》的内容。全面落实征管改革任务。开展贯彻落实《意见》情况中期评估，综合运用指标评价、问卷调查、座谈访谈等方式评估改革实施效果，找短板、补弱项、促提升。

12. 《关于进一步深化税收征管改革的意见》中，在税务执法领域研究推广"（　　）"清单制度。（用于 1－7 级测试）

　　A. 首问负责　　　B. 违法必究　　　C. 首违不罚　　　D. 一事不二罚

【参考答案】C

【解析】参见《关于进一步深化税收征管改革的意见》的内容。在税务执法领域研究推广"首违不罚"清单制度。

13. 加强税务执法区域协同。推进区域间税务执法标准统一，实现执法信息互通、执法结果互认，更好服务国家区域协调发展战略。简化企业涉税涉费事项跨省迁移办理程序，2022 年基本实现资质异地共认。持续扩大跨省经营企业全国通办涉税涉费事项范围，（　　）年基本实现全国通办。（用于 1－7 级测试）

　　A. 2023　　　　　B. 2024　　　　　C. 2025　　　　　D. 2026

【参考答案】C

【解析】参见《关于进一步深化税收征管改革的意见》的内容。加强税务执法区域协同，推进区域间税务执法标准统一，实现执法信息互通、执法结果互认，更好服务国家区域协调发展战略。简化企业涉税涉费事项跨省迁移办理程序，2022年基本实现资质异地共认。持续扩大跨省经营企业全国通办涉税涉费事项范围，2025年基本实现全国通办。

14. 强化内外部审计监督和重大税务违法案件（　　），不断完善对税务执法行为的常态化、精准化、机制化监督。（用于1－7级测试）

　　A. 重大案件审理制度　　　　　　B. 党委集体决定制度
　　C. 内外部共同监督　　　　　　　D. "一案双查"

【参考答案】D

【解析】参见《关于进一步深化税收征管改革的意见》的内容。强化内外部审计监督和重大税务违法案件"一案双查"，不断完善对税务执法行为的常态化、精准化、机制化监督。

15. 切实减轻办税缴费负担，积极通过信息系统采集数据，加强部门间数据共享，着力减少纳税人缴费人重复报送。全面推行税务证明事项告知承诺制，拓展容缺办理事项，持续扩大涉税资料由事前报送改为（　　）的范围。（用于8－11级测试）

　　A. 留存备查　　　B. 事后报送　　　C. 网上报送　　　D. 专项报送

【参考答案】A

【解析】参见《关于进一步深化税收征管改革的意见》的内容。切实减轻办税缴费负担，积极通过信息系统采集数据，加强部门间数据共享，着力减少纳税人缴费人重复报送。全面推行税务证明事项告知承诺制，拓展容缺办理事项，持续扩大涉税资料由事前报送改为留存备查的范围。

16. 确保税费优惠政策直达快享，2022年实现依法运用（　　）精准推送优惠政策信息，促进市场主体充分享受政策红利。（用于8－11级测试）

　　A. 电子税务局　　B. 小程序　　　C. 人工筛选　　　D. 大数据

【参考答案】D

【解析】参见《关于进一步深化税收征管改革的意见》的内容。确保税费优惠政策直达快享，2021年实现征管操作办法与税费优惠政策同步发布、同步解读，增强政策落实的及时性、确定性、一致性。进一步精简享受优惠政策办理流程和手续，持续扩大"自行判别、自行申报、事后监管"范围，确保便利操作、快速享受、有效监管。2022年实现依法运用大数据精准推送优惠政策信息，促进市场主体充分享受政策红利。

17. 坚持更高标准、更高要求，着力建设德才兼备的高素质税务执法队伍，加大税务领军人才和各层次骨干人才培养力度。高质量建设和应用（　　），促进学习日常化、工作学习化。（用于8－11级测试）

A. 学习兴税平台　　　　　　　　B. 学习强国平台

C. 税务网站　　　　　　　　　　D. 税务各类APP

【参考答案】A

【解析】参见《关于进一步深化税收征管改革的意见》的内容。坚持更高标准、更高要求，着力建设德才兼备的高素质税务执法队伍，加大税务领军人才和各层次骨干人才培养力度。高质量建设和应用学习兴税平台，促进学习日常化、工作学习化。

18. 在实现税务执法、税费服务、税务监管行为全过程记录和数字化智能归集基础上，推动（　　）渗入业务流程、融入岗责体系、嵌入信息系统，对税务执法等实施自动化考评，将法治素养和依法履职情况作为考核评价干部的重要内容，促进工作质效持续提升。（用于8-11级测试）

A. 组织绩效　　　B. 数字人事　　　C. 绩效管理　　　D. "好差评"

【参考答案】C

【解析】参见《关于进一步深化税收征管改革的意见》的内容。在实现税务执法、税费服务、税务监管行为全过程记录和数字化智能归集基础上，推动绩效管理渗入业务流程、融入岗责体系、嵌入信息系统，对税务执法等实施自动化考评，将法治素养和依法履职情况作为考核评价干部的重要内容，促进工作质效持续提升。

19. 地方各级党委和政府要按照税务系统实行（　　）管理体制的要求，在依法依规征税收费、落实减税降费、推进税收共治、强化司法保障、深化信息共享、加强税法普及、强化经费保障等方面提供支持。（用于8-11级测试）

A. 垂直管理　　　B. 双重领导　　　C. 平行管理　　　D. 条块结合

【参考答案】B

【解析】参见《关于进一步深化税收征管改革的意见》的内容。地方各级党委和政府要按照税务系统实行双重领导管理体制的要求，在依法依规征税收费、落实减税降费、推进税收共治、强化司法保障、深化信息共享、加强税法普及、强化经费保障等方面提供支持。

20. 在税务领域深入推行（　　）制度，适时开展监督检查和评估总结，减轻基层负担，促进执法方式持续优化、征管效能持续提升。（用于8-11级测试）

A. "好差评"　　　B. 绩效考核　　　C. 组织绩效　　　D. 数字人事

【参考答案】A

【解析】参见《关于进一步深化税收征管改革的意见》的内容。在税务领域深入推行"好差评"制度，适时开展监督检查和评估总结，减轻基层负担，促进执法方式持续优化、征管效能持续提升。

21. 在社会保险费征收、房地产交易和不动产登记等方面深化税收大数据共享应用，要探索和依靠的现代信息技术应用是（　　）。（用于8-11级测试）

A. 大数据　　　B. 云计算　　　C. 人工智能　　　D. 区块链

【参考答案】D

【解析】根据中共中央办公厅、国务院办公厅印发《关于进一步深化税收征管改革的意见》的规定，探索区块链技术在社会保险费征收、房地产交易和不动产登记等方面的应用，并持续拓展在促进涉税涉费信息共享等领域的应用。

22. 中共中央办公厅、国务院办公厅印发《关于进一步深化税收征管改革的意见》在"全面推进税收征管数字化升级和智能化改造"部分中提出，在2025年，基本要建成的机制是（　　）。（用于1-7级测试）

 A. 税务部门与相关部门常态化、制度化数据共享协调机制

 B. 税务执法程序智能控制机制

 C. 铁路、民航领域发票电子化改革机制

 D. 纳税人缴费人行为自动分析管理机制

【参考答案】A

【解析】根据中共中央办公厅、国务院办公厅印发《关于进一步深化税收征管改革的意见》的规定，2025年建成税务部门与相关部门常态化、制度化数据共享协调机制，依法保障涉税涉费必要信息获取。

23. 在切实减轻办税缴费负担方面，通过信息系统采集数据，加强部门间数据共享，能够让纳税人缴费人享受的便利是（　　）。（用于8-11级测试）

 A. 减少资料重复报送　　　　B. 整合各纳税申报表

 C. 拓展容缺办理事项　　　　D. 事前报告留存备查

【参考答案】A

【解析】根据中共中央办公厅、国务院办公厅印发《关于进一步深化税收征管改革的意见》的规定，积极通过信息系统采集数据，加强部门间数据共享，着力减少纳税人缴费人重复报送。全面推行税务证明事项告知承诺制，拓展容缺办理事项，持续扩大涉税资料由事前报送改为留存备查的范围。

24. 中共中央办公厅、国务院办公厅印发《关于进一步深化税收征管改革的意见》提出，要运用税收大数据智能分析识别纳税人缴费人的实际体验、个性需求等，精准提供（　　）。（用于1-7级测试）

 A. 线上服务　　B. 线下服务　　C. 咨询服务　　D. 办税服务

【参考答案】A

【解析】根据中共中央办公厅、国务院办公厅印发《关于进一步深化税收征管改革的意见》的规定，积极推行智能型个性化服务。全面改造提升12366税费服务平台，加快推动向24小时智能咨询为主转变，2022年基本实现全国咨询"一线通答"。运用税收大数据智能分析识别纳税人缴费人的实际体验、个性需求等，精准提供线上服务。持续优化线下服务，更好满足特殊人员、特殊事项的服务需求。

25.《关于进一步深化税收征管改革的意见》中提到要拓展容缺办理事项,为此,需要全面推行的制度为( )。(用于 8-11 级测试)

A. 税务证明事项留存备查制

B. 税务证明事项免报制

C. 税务证明事项告知承诺制

D. 税务证明事项电子查验制

【参考答案】C

【解析】全面推行税务证明实行告知承诺制,拓展容缺办理事项,持续扩大涉税资料由事前报送改为留存备查的范围。

二、多项选择题

1. 中共中央办公厅、国务院办公厅印发《关于进一步深化税收征管改革的意见》提出,到 2023 年,基本建成全新的税费服务体系,更高服务能力转变,该体系的特点有( )。(用于 8-11 级测试)

A. 精细化   B. 特色化   C. 智能化   D. 个性化

【参考答案】ACD

【解析】根据中共中央办公厅、国务院办公厅印发《关于进一步深化税收征管改革的意见》的规定,到 2023 年,基本建成"线下服务无死角、线上服务不打烊、定制服务广覆盖"的税费服务新体系,实现从无差别服务向精细化、智能化、个性化服务转变。

2. 下列关于《关于进一步深化税收征管改革的意见》"六个坚持"表述正确的有( )。(用于 1-7 级测试)

A. 坚持底线思维   B. 坚持系统观念

C. 坚持依法治税   D. 坚持以人民为中心

E. 坚持党的全面领导

【参考答案】BCE

【解析】"六个坚持":坚持党的全面领导、坚持依法治税、坚持为民便民、坚持问题导向、坚持改革创新、坚持系统观念。

3. 下列关于《关于进一步深化税收征管改革的意见》2023 年实现目标表述正确的有( )。(用于 1-7 级测试)

A. 2023 年基本建成税务执法质量智能控制体系

B. 2023 年基本实现资质异地共认,简化企业涉税涉费事项跨省迁移办理程序

C. 2023 年基本实现税务机关信息"一局式"、税务人员信息"一员式"智能归集

D. 2023 年建成税务部门与相关部门常态化、制度化数据共享协调机制,依法保障

涉税涉费必要信息获取

E. 2023年基本实现信息系统自动提取数据、自动计算税额、自动预填申报，纳税人缴费人确认或补正后即可线上提交

【参考答案】ACE

【解析】简化企业涉税涉费事项跨省迁移办理程序，2022年基本实现资质异地共认，选项B错误。2025年建成税务部门与相关部门常态化、制度化数据共享协调机制，依法保障涉税涉费必要信息获取，选项D错误。

4. 下列关于税收现代化建设新"六大体系"的表述正确的是（　　）。（用于1-7级测试）

   A. 坚强有力的党的领导制度体系　　B. 科学完整的税收法治体系
   C. 高效便捷的税费服务体系　　　　D. 严密规范的税费征管体系
   E. 高效清廉的队伍组织体系

【参考答案】ADE

【解析】税收现代化新六大体系包括坚强有力的党的领导制度体系、科学完备的税收法治体系、优质便捷的税费服务体系、严密规范的税费征管体系、合作共赢的国际税收体系、高效清廉的队伍组织体系。

5. 中共中央办公厅、国务院办公厅印发的《关于进一步深化税收征管改革的意见》指导思想中明确，深入推进（　　），大幅提高税法遵从度和社会满意度，明显降低征纳成本，充分发挥税收在国家治理中的基础性、支柱性、保障性作用，为推动高质量发展提供有力支撑。（用于1-7级测试）

   A. 精确执法　　B. 精细服务　　C. 精准监管　　D. 精诚共治

【参考答案】ABCD

【解析】以习近平新时代中国特色社会主义思想为指导，全面贯彻党的十九大和十九届二中、三中、四中、五中全会精神，围绕立足新发展阶段、贯彻新发展理念、构建新发展格局，深化税收征管制度改革，着力建设以服务纳税人缴费人为中心、以发票电子化改革为突破口、以税收大数据为驱动力的具有高集成功能、高安全性能、高应用效能的智慧税务，深入推进精确执法、精细服务、精准监管、精诚共治，大幅提高税法遵从度和社会满意度，明显降低征纳成本，充分发挥税收在国家治理中的基础性、支柱性、保障性作用，为推动高质量发展提供有力支撑。

6. 《关于进一步深化税收征管改革的意见》指出，主要目标是到2023年基本建成（　　）。（用于1-7级测试）

   A. 在税务执法规范性、税费服务便捷性、税务监管精准性上取得重要进展
   B. "无风险不打扰、有违法要追究、全过程强智控"的税务执法新体系
   C. 从经验式执法向科学精确执法转变

D. "线下服务无死角、线上服务不打烊、定制服务广覆盖"的税费服务新体系

E. 实现从无差别服务向精细化、智能化、个性化服务转变

【参考答案】BCDE

【解析】主要目标包括：到 2022 年，在税务执法规范性、税费服务便捷性、税务监管精准性上取得重要进展。到 2023 年，基本建成"无风险不打扰、有违法要追究、全过程强智控"的税务执法新体系，实现从经验式执法向科学精确执法转变；基本建成"线下服务无死角、线上服务不打烊、定制服务广覆盖"的税费服务新体系，实现从无差别服务向精细化、智能化、个性化服务转变；基本建成以"双随机、一公开"监管和"互联网＋监管"为基本手段、以重点监管为补充、以"信用＋风险"监管为基础的税务监管新体系，实现从"以票管税"向"以数治税"分类精准监管转变。到 2025 年，深化税收征管制度改革取得显著成效，基本建成功能强大的智慧税务，形成国内一流的智能化行政应用系统，全方位提高税务执法、服务、监管能力。

7. 建立健全以"信用＋风险"为基础的新型监管机制。以（　　）为主要内容的自然人税费服务与监管体系。依法加强对高收入高净值人员的税费服务与监管。（用于 1－7 级测试）

　　A. 数据集成　　　B. 优质服务　　　C. 提醒纠错　　　D. 依法查处

【参考答案】ABCD

【解析】建立健全以"信用＋风险"为基础的新型监管机制。健全守信激励和失信惩戒制度，充分发挥纳税信用在社会信用体系中的基础性作用。建立健全纳税缴费信用评价制度，对纳税缴费信用高的市场主体给予更多便利。在全面推行实名办税缴费制度基础上，实行纳税人缴费人动态信用等级分类和智能化风险监管，既以最严格的标准防范逃避税，又避免影响企业正常生产经营。健全以"数据集成＋优质服务＋提醒纠错＋依法查处"为主要内容的自然人税费服务与监管体系。依法加强对高收入高净值人员的税费服务与监管。

8. 《关于进一步深化税收征管改革的意见》中提到，到 2023 年基本建成（　　）的税费服务新体系。（用于 1－7 级测试）

　　A. 线下服务无死角　　　　　　B. 线上服务不打烊

　　C. 定制服务广覆盖　　　　　　D. 涉税咨询全国通

　　E. 远程个性化服务

【参考答案】ABC

【解析】参见《关于进一步深化税收征管改革的意见》的内容。

9. 《关于进一步深化税收征管改革的意见》中提出，到 2023 年基本建成税务执法质量智能控制体系，需要全面落实（　　）制度。（用于 1－7 级测试）

　　A. 行政执法公示　　　　　　　B. 执法全过程记录

C. 依法行政 　　　　　　　　D. 重大执法决定法制审核

E. 执法监督

【参考答案】ABD

【解析】参见《关于进一步深化税收征管改革的意见》的内容。

10. 统筹各省网上办税服务平台资源，加快构建全国统一的纳税人端办税服务平台，不断拓展（　　）办税缴费服务范围。（用于1－7级测试）

A. 非接触式　　B. 远程帮办　　C. 不见面　　D. 网上办

【参考答案】AC

【解析】参见《关于进一步深化税收征管改革的意见》的内容。

11. 深入推进智慧税务建设，需要聚焦（　　）领域的智能归集，实现税务执法、服务、监管与大数据智能化应用深度融合、高效联动、全面升级。（用于1－7级测试）

A. "一人式"　　B. "一户式"　　C. "一局式"　　D. "一员式"

【参考答案】ABCD

【解析】《关于进一步深化税收征管改革的意见》规定，2022年基本实现法人税费信息"一户式"、自然人税费信息"一人式"智能归集，2023年基本实现税务机关信息"一局式"、税务人员信息"一员式"智能归集，深入推进对纳税人缴费人行为的自动分析管理、对税务人员履责的全过程自控考核考评、对税务决策信息和任务的自主分类推送。2025年实现税务执法、服务、监管与大数据智能化应用深度融合、高效联动、全面升级。

12. 《关于进一步深化税收征管改革的意见》主要目标是（　　）。（用于1－7级测试）

A. 2022年在税务执法规范性、税费服务便捷性、税务监管精准性上取得重要进展

B. 2023年基本建成税务执法新体系、税务服务新体系、税务监管新体系

C. 2024年基本完成税收征管改革第一阶段任务

D. 2025年基本建成功能强大的智慧税务

【参考答案】ABD

【解析】参见《关于进一步深化税收征管改革的意见》的内容。

13. 中共中央办公厅、国务院办公厅印发《关于进一步深化税收征管改革的意见》关于"强化税务执法内部控制和监督"的部分提出，2022年基本构建税务执法风险信息化内控监督体系，以下选项符合其基本特征的有（　　）。（用于8－11级测试）

A. 全面覆盖　　B. 全局监督　　C. 全程防控　　D. 全员有责

【参考答案】ACD

【解析】根据中共中央办公厅、国务院办公厅印发《关于进一步深化税收征管改革的意见》的规定，2022年基本构建起全面覆盖、全程防控、全员有责的税务执法风险

信息化内控监督体系，将税务执法风险防范措施嵌入信息系统，实现事前预警、事中阻断、事后追责。强化内外部审计监督和重大税务违法案件"一案双查"，不断完善对税务执法行为的常态化、精准化、机制化监督。

14. 中共中央办公厅、国务院办公厅印发《关于进一步深化税收征管改革的意见》关于"强化税务执法内部控制和监督"的部分提出，2022年基本构建税务执法风险信息化内控监督体系，将税务执法风险防范措施嵌入信息系统，实现（　　）。（用于8-11级测试）

　　A. 过程监控　　　　B. 事前预警　　　　C. 事中阻断　　　　D. 事后追责

【参考答案】BCD

【解析】根据中共中央办公厅、国务院办公厅印发《关于进一步深化税收服务税收征管改革的意见》的规定，2022年基本构建起全面覆盖、全程防控、全员有责的税务执法风险信息化内控监督体系，将税务执法风险防范措施嵌入信息系统，实现事前预警、事中阻断、事后追责。强化内外部审计监督和重大税务违法案件"一案双查"，不断完善对税务执法行为的常态化、精准化、机制化监督。

15. 围绕立足新发展阶段、贯彻新发展理念、构建新发展格局，深化税收征管制度改革，着力建设（　　）的具有高集成功能、高安全性能、高应用效能的智慧税务。（用于1-7级测试）

　　A. 以税务核心业务为主体　　　　B. 以服务纳税人缴费人为中心
　　C. 以发票电子化改革为突破口　　D. 以税收大数据为驱动力

【参考答案】BCD

【解析】参见《关于进一步深化税收征管改革的意见》的内容。围绕立足新发展阶段、贯彻新发展理念、构建新发展格局，深化税收征管制度改革，着力建设以服务纳税人缴费人为中心、以发票电子化改革为突破口、以税收大数据为驱动力的具有高集成功能、高安全性能、高应用效能的智慧税务。

16. 2021年建成全国统一的电子发票服务平台，24小时在线免费为纳税人提供电子发票（　　）等服务。制定出台电子发票国家标准，有序推进铁路、民航等领域发票电子化，2025年基本实现发票全领域、全环节、全要素电子化，着力降低制度性交易成本。（用于1-7级测试）

　　A. 申领　　　　B. 开具　　　　C. 交付　　　　D. 查验

【参考答案】ABCD

【解析】参见《关于进一步深化税收征管改革的意见》的内容。2021年建成全国统一的电子发票服务平台，24小时在线免费为纳税人提供电子发票申领、开具、交付、查验等服务。制定出台电子发票国家标准，有序推进铁路、民航等领域发票电子化，2025年基本实现发票全领域、全环节、全要素、电子化，着力降低制度性交易成本。

17. 下列选项中，属于中共中央办公厅、国务院办公厅印发《关于进一步深化税收征管改革的意见》要求，切实减轻办税缴费负担举措的有（　　）。（用于 8 – 11 级测试）

　　A. 减少纳税人缴费人重复报送
　　B. 积极通过信息系统采集数据
　　C. 拓展容缺办理事项
　　D. 持续扩大涉税资料由事前报送改为留存备查的范围

【参考答案】ABCD

【解析】根据中共中央办公厅、国务院办公厅印发《关于进一步深化税收征管改革的意见》的规定，要切实减轻办税缴费负担，积极通过信息系统采集数据，加强部门间数据共享，着力减少纳税人缴费人重复报送。全面推行税务证明事项告知承诺制，拓展容缺办理事项，持续扩大涉税资料由事前报送改为留存备查的范围。

18. 健全涉税涉费信息对外提供机制，打造（　　）的税收大数据，高效发挥数据要素驱动作用。（用于 8 – 11 级测试）

　　A. 规模大　　　B. 类型多　　　C. 价值高　　　D. 颗粒度细

【参考答案】ABCD

【解析】参见《关于进一步深化税收征管改革的意见》的内容。健全涉税涉费信息对外提供机制，打造规模大、类型多、价值高、颗粒度细的税收大数据，高效发挥数据要素驱动作用。

19. 全面落实（　　）制度，推进执法信息网上录入、执法程序网上流转、执法活动网上监督、执法结果网上查询，2023 年基本建成税务执法质量智能控制体系。（用于 8 – 11 级测试）

　　A. 行政执法公示　　　　　　B. 行政处罚结果公示
　　C. 执法全过程记录　　　　　D. 重大执法决定法制审核

【参考答案】ACD

【解析】参见《关于进一步深化税收征管改革的意见》的内容。全面落实行政执法公示、执法全过程记录、重大执法决定法制审核制度，推进执法信息网上录入、执法程序网上流转、执法活动网上监督、执法结果网上查询，2023 年基本建成税务执法质量智能控制体系。

20. 坚持包容审慎原则，积极支持（　　）健康发展，以问题为导向完善税务执法，促进依法纳税和公平竞争。（用于 8 – 11 级测试）

　　A. 新经济　　　B. 新产业　　　C. 新业态　　　D. 新模式

【参考答案】BCD

【解析】参见《关于进一步深化税收征管改革的意见》的内容。坚持包容审慎原则,积极支持新产业、新业态、新模式健康发展,以问题为导向完善税务执法,促进依法纳税和公平竞争。

三、判断题

1. 2023年全国税收征管科技工作的总体思路:坚持以纳税人缴费人为中心,以贯彻落实《关于进一步深化税收征管改革的意见》为主线,以建设金税四期为重要牵引。

( )(用于1-7级测试)

【参考答案】√

【解析】2023年全国税收征管科技工作的总体思路是:以习近平新时代中国特色社会主义思想为指导,全面贯彻落实党的二十大精神,按照中央经济工作会议、《政府工作报告》和全国税务工作会议部署要求,坚持以纳税人缴费人为中心,以贯彻落实《关于进一步深化税收征管改革的意见》为主线,以建设金税四期为重要牵引,系统集成、统筹推进,深化征管制度改革,夯实税收征管基础,强化科技创新驱动,加快税收征管数字化升级和智能化改造,奋力推动税收征管和信息化工作实现新跨越,为高质量推进新征程税收现代化、更好服务中国式现代化贡献力量。

2. 《关于进一步深化税收征管改革的意见》提出,2023年基本实现税务机关信息一局式深入推进对纳税人缴费人行为的自动分析管理、对税务人员履责的全过程自控考核考评、对税务决策信息和任务的自主分类推送。 ( )(用于1-7级测试)

【参考答案】√

【解析】2022年基本实现法人税费信息"一户式"、自然人税费信息"一人式"智能归集,2023年基本实现税务机关信息"一局式"、税务人员信息"一员式"智能归集,深入推进对纳税人缴费人行为的自动分析管理、对税务人员履责的全过程自控考核考评、对税务决策信息和任务的自主分类推送。

3. 2025年建成税务部门与相关部门常态化、制度化数据共享协调机制,依法保障涉税涉费必要信息获取;健全涉税涉费信息对外提供机制,打造规模大、类型多、价值高、颗粒度细的税收大数据,高效发挥数据要素驱动作用。

( )(用于1-7级测试)

【参考答案】√

【解析】《关于进一步深化税收征管改革的意见》明确:2025年建成税务部门与相关部门常态化、制度化数据共享协调机制,依法保障涉税涉费必要信息获取;健全涉税涉费信息对外提供机制,打造规模大、类型多、价值高、颗粒度细的税收大数据,高效发挥数据要素驱动作用。

4. 《关于进一步深化税收征管改革的意见》指出,到2024年基本建成税务执法质量智能控制体系。 ( )(用于1-7级测试)

【参考答案】×

【解析】《关于进一步深化税收征管改革的意见》中指出：到2023年基本建成税务执法质量智能控制体系。

5. 根据全面数字化的电子发票（简称"全电发票"）试点工作要求，开具全电发票无须使用税控专用设备。（　　）（用于1-7级测试）

【参考答案】√

【解析】参见《关于进一步深化税收征管改革的意见》的内容。

6. 到2023年基本实现对纳税人缴费人行为的自动分析管理。

（　　）（用于8-11级测试）

【参考答案】×

【解析】根据中共中央办公厅、国务院办公厅印发《关于进一步深化税收征管改革的意见》的规定，2023年基本实现税务机关信息"一局式"、税务人员信息"一员式"智能归集，深入推进对纳税人缴费人行为的自动分析管理、对税务人员履责的全过程自控考核考评、对税务决策信息和任务的自主分类推送。2025年实现税务执法、服务、监管与大数据智能化应用深度融合、高效联动、全面升级。

7. 《关于进一步深化税收征管改革的意见》提出，到2023年基本实现的新型申报模式的特征包括信息系统自动提取数据、自动计算税额、自动预填申报、纳税人缴费人确认或补正后线上提交。（　　）（用于1-7级测试）

【参考答案】√

【解析】参见《关于进一步深化税收征管改革的意见》的内容。

8. 按照《关于进一步深化税务领域"放管服"改革培育和激发市场主体活力若干措施的通知》精神，税务机关持续提升退税电子化水平。依托金税工程三期，探索部分退税业务由税务机关自动推送退税提示提醒、纳税人一键确认、在线申请、在线退税。（　　）（用于1-7级测试）

【参考答案】×

【解析】参见《关于进一步深化税收征管改革的意见》的内容。

9. 到2025年，深化税收征管制度改革取得全面胜利。（　　）（用于8-11级测试）

【参考答案】×

【解析】根据中共中央办公厅、国务院办公厅印发《关于进一步深化税收征管改革的意见》的规定，到2025年，深化税收征管制度改革取得显著成效。

10. 到2025年，基本建成功能强大的智慧税务，形成国内一流的智能化税收管理系统，全方位提高税务执法、服务、监管能力。（　　）（用于8-11级测试）

【参考答案】×

【解析】根据中共中央办公厅、国务院办公厅印发《关于进一步深化税收征管改革的意见》的规定，到2025年，深化税收征管制度改革取得显著成效，基本建成功能强大的智慧税务，形成国内一流的智能化行政应用系统，全方位提高税务执法、服务、监管能力。

11. 到2025年实现税务执法、服务、监管与大数据智能化应用全面融合。（　　）（用于8-11级测试）

【参考答案】×

【解析】根据中共中央办公厅、国务院办公厅印发《关于进一步深化税收征管改革的意见》的规定，2025年实现税务执法、服务、监管与大数据智能化应用深度融合、高效联动、全面升级。

12. 不断完善"一带一路"税收征管合作机制，支持发展中国家提高税收征管改革水平。（　　）（用于8-11级测试）

【参考答案】×

【解析】根据中共中央办公厅、国务院办公厅印发《关于进一步深化税收征管改革的意见》的规定，强化国际税收合作。深度参与数字经济等领域的国际税收规则和标准制定，持续推动全球税收治理体系建设。落实防止税基侵蚀和利润转移行动计划，严厉打击国际逃避税，保护外资企业合法权益，维护我国税收利益。不断完善"一带一路"税收征管合作机制，支持发展中国家提高税收征管能力。进一步扩大和完善税收协定网络，加大跨境涉税争议案件协商力度，实施好对所得避免双重征税的双边协定，为高质量引进来和高水平走出去提供支撑。

13. 强化市县税务机构在日常性服务、涉税涉费事项办理和风险应对等方面的职责，适当上移全局性、复杂性税费服务和管理职责。（　　）（用于8-11级测试）

【参考答案】√

【解析】参见《关于进一步深化税收征管改革的意见》的内容。强化市县税务机构在日常性服务、涉税涉费事项办理和风险应对等方面的职责，适当上移全局性、复杂性税费服务和管理职责。

14. 落实防止税基侵蚀和利润转移行动计划，严厉打击国际逃避税，保护外资企业合法权益，维护我国税收利益。（　　）（用于8-11级测试）

【参考答案】√

【解析】参见《关于进一步深化税收征管改革的意见》的内容。落实防止税基侵蚀和利润转移行动计划，严厉打击国际逃避税，保护外资企业合法权益，维护我国税收利益。

15. 公安部门要强化涉税犯罪案件查办工作力量，做实健全税务派驻公安联络机制。实行警税双方制度化、信息化、常态化联合办案，进一步畅通行政执法与刑事执法衔接工作机制。（　　）（用于8-11级测试）

【参考答案】×

【解析】参见《关于进一步深化税收征管改革的意见》的内容。公安部门要强化涉税犯罪案件查办工作力量，做实健全公安派驻税务联络机制。实行警税双方制度化、信息化、常态化联合办案，进一步畅通行政执法与刑事执法衔接工作机制。

16. 积极发挥行业协会和社会中介组织作用，支持第三方按合约约定方式为纳税人提供个性化服务，加强对涉税中介组织的执业监管和行业监管。
（　　）（用于 8 - 11 级测试）

【参考答案】×

【解析】参见《关于进一步深化税收征管改革的意见》的内容。积极发挥行业协会和社会中介组织作用，支持第三方按市场化原则为纳税人提供个性化服务，加强对涉税中介组织的执业监管和行业监管。

17. 大力推进会计核算和财务管理信息化，通过电子发票与财政支付、金融支付和各类单位财务核算系统、电子档案管理信息系统的衔接，加快推进电子发票无纸化报销、入账、归档、存储。
（　　）（用于 8 - 11 级测试）

【参考答案】√

【解析】参见《关于进一步深化税收征管改革的意见》的内容。大力推进会计核算和财务管理信息化，通过电子发票与财政支付、金融支付和各类单位财务核算系统、电子档案管理信息系统的衔接，加快推进电子发票无纸化报销、入账、归档、存储。

18. 充分发挥税收大数据作用，依托税务网络可信身份体系对发票开具、使用等进行全环节即时验证和监控，实现对虚开骗税等违法犯罪行为惩处从事后打击向事前事中精准防范转变。
（　　）（用于 8 - 11 级测试）

【参考答案】√

【解析】参见《关于进一步深化税收征管改革的意见》的内容。充分发挥税收大数据作用，依托税务网络可信身份体系对发票开具、使用等进行全环节即时验证和监控，实现对虚开骗税等违法犯罪行为惩处从事后打击向事前事中精准防范转变。

19. 对重大涉税违法犯罪案件，依法从严查处曝光并按照有关规定纳入企业和个人信用记录，但不共享至全国信用信息平台。
（　　）（用于 8 - 11 级测试）

【参考答案】×

【解析】参见《关于进一步深化税收征管改革的意见》的内容。对重大涉税违法犯罪案件，依法从严查处曝光并按照有关规定纳入企业和个人信用记录，共享至全国信用信息平台。

20. 对隐瞒收入、虚列成本、转移利润以及利用"税收洼地""阴阳合同"和关联交易等逃避税行为，加强预防性制度建设，加大依法防控和监督检查力度。
（　　）（用于 8 - 11 级测试）

【参考答案】√

【解析】参见《关于进一步深化税收征管改革的意见》的内容。对隐瞒收入、虚列成本、转移利润以及利用"税收洼地""阴阳合同"和关联交易等逃避税行为,加强预防性制度建设,加大依法防控和监督检查力度。

四、简答题

1. 进一步深化税收征管改革的主要目标?(用于1-7级测试)

【参考答案】到2022年,在税务执法规范性、税费服务便捷性、税务监管精准性上取得重要进展。到2023年,基本建成"无风险不打扰、有违法要追究、全过程强智控"的税务执法新体系,实现从经验式执法向科学精确执法转变;基本建成"线下服务无死角、线上服务不打烊、定制服务广覆盖"的税费服务新体系,实现从无差别服务向精细化、智能化、个性化服务转变;基本建成以"双随机、一公开"监管和"互联网+监管"为基本手段、以重点监管为补充、以"信用+风险"监管为基础的税务监管新体系,实现从"以票管税"向"以数治税"分类精准监管转变。到2025年,深化税收征管制度改革取得显著成效,基本建成功能强大的智慧税务,形成国内一流的智能化行政应用系统,全方位提高税务执法、服务、监管能力。

2. 加快推进智慧税务建设的主要内容?(用于1-7级测试)

【参考答案】充分运用大数据、云计算、人工智能、移动互联网等现代信息技术,着力推进内外部涉税数据汇聚联通、线上线下有机贯通,驱动税务执法、服务、监管制度创新和业务变革,进一步优化组织体系和资源配置。2022年基本实现法人税费信息"一户式"、自然人税费信息"一人式"智能归集,2023年基本实现税务机关信息"一局式"、税务人员信息"一员式"智能归集,深入推进对纳税人缴费人行为的自动分析管理、对税务人员履责的全过程自控考核考评、对税务决策信息和任务的自主分类推送。2025年实现税务执法、服务、监管与大数据智能化应用深度融合、高效联动、全面升级。

3. 《关于开展2024年"便民办税春风行动"的意见》中,围绕"进一步夯实税费服务供给基础""进一步提升税费服务诉求响应""进一步强化税费服务数字赋能""进一步推进税费服务方式创新"4个方面,集成推出系列服务举措有哪些?(用于8-11级测试)

【参考答案】

围绕"进一步夯实税费服务供给基础""进一步提升税费服务诉求响应""进一步强化税费服务数字赋能""进一步推进税费服务方式创新"4个方面,集成推出系列服务举措:

(1)在"进一步夯实税费服务供给基础"方面,聚焦丰富税费服务多元供给,从

"优化税费业务办理渠道""优化纳税缴费信用评价""优化涉税专业服务管理"入手，推出全面推广上线全国统一规范电子税务局、优化自然人电子税务局、助力新设立经营主体尽早提升信用级别、提高纳税信用 A 级纳税人年度起评分等措施，夯实税费服务供给基础，促进一些关键事项办理体验整体提升。

（2）在"进一步提升税费服务诉求响应"方面，聚焦涉税涉费高频热点诉求，在"健全诉求解决机制"高效响应纳税人缴费人诉求的同时，以"增强破解难题实效"为重心，进一步紧贴企业群众实际需求，分类精准施策，着力打通办税缴费堵点卡点，推出拓展个人所得税综合所得汇算清缴优先退税范围、编制支持制造业发展的税费优惠政策指引、开展面向新办纳税人的"开业第一课"活动等措施，提高涉税涉费诉求解决效率。

（3）在"进一步强化税费服务数字赋能"方面，聚焦深化税费大数据应用，通过"推进数据互通共享"和"加强数字技术运用"，推动办税缴费流程优化、资料简化、成本降低，推出依托部门间数据共享完善大病医疗专项附加扣除信息预填功能、优化自然人电子税务局手机端个人养老金税前扣除"一站式"申报功能以及加快推进铁路、民航发票电子化改革等措施，切实提高税费服务水平。

（4）在"进一步推进税费服务方式创新"方面，创新升级"跨域办""跨境办""批量办""一窗办"等集成式服务场景，推进跨区域涉税事项报告异地业务线上办、丰富"税路通"跨境服务品牌知识产品、优化涉税专业服务机构及其从业人员在电子税务局中的代理办税功能、持续优化不动产登记办税"一窗办理"，推动税费服务提档升级。

4. 怎样实现深化税收大数据共享应用？（用于 1-7 级测试）

【参考答案】探索区块链技术在社会保险费征收、房地产交易和不动产登记等方面的应用，并持续拓展在促进涉税涉费信息共享等领域的应用。不断完善税收大数据云平台，加强数据资源开发利用，持续推进与国家及有关部门信息系统互联互通。2025 年建成税务部门与相关部门常态化、制度化数据共享协调机制，依法保障涉税涉费必要信息获取；健全涉税涉费信息对外提供机制，打造规模大、类型多、价值高、颗粒度细的税收大数据，高效发挥数据要素驱动作用。完善税收大数据安全治理体系和管理制度，加强安全态势感知平台建设，常态化开展数据安全风险评估和检查，健全监测预警和应急处置机制，确保数据全生命周期安全。加强智能化税收大数据分析，不断强化税收大数据在经济运行研判和社会管理等领域的深层次应用。

第三章 税收征管制度和操作技能

★ 知识要点归纳

第一节 税收征管制度

一、税务登记管理规定

（一）税务登记管理

税务登记是整个税收征收管理的起点。税务登记种类包括：设立登记，变更登记，停业、复业登记，注销登记等。根据《税收征管法》及其实施细则规定，企业，企业在外地设立的分支机构和从事生产、经营的场所，个体工商户和从事生产、经营的事业单位，均应办理税务登记。此外，除国家机关、个人和无固定生产、经营场所的流动性农村小商贩外的其他纳税人，也应办理税务登记。

根据税收法律、行政法规的规定负有扣缴税款义务的扣缴义务人（国家机关除外），均应当按照规定办理扣缴税款登记。

（二）设立税务登记

新设立的企业、农民专业合作社和个体工商户由市场监管部门核发加载统一社会信用代码的营业执照，无须单独办理税务登记。

多证合一改革之外的其他组织应当依法向税务机关办理税务登记，适用于事业单位、社会组织以及境外非政府组织。

（三）变更税务登记

根据《关于优化若干税收征管服务事项的通知》（税总征科发〔2022〕87号），自2023年4月1日起，纳税人在市场监管部门依法办理变更登记后，无须向税务机关报告登记变更信息。各省、自治区、直辖市和计划单列市税务机关根据市场监管部门共享的变更登记信息，在金税三期核心征管系统自动同步变更登记信息。

按照现行规定，"一照一码"户市场监管等部门登记信息发生变更的，向市场监督管理等部门申报办理变更登记。税务机关接收市场监管等部门变更信息，经纳税人确认后更新系统内的对应信息。

"一照一码"户生产经营地、财务负责人等非市场监管等部门登记信息发生变化时，向主管税务机关申报办理变更。

两证整合个体工商户信息发生变化的，应向市场监督管理部门申报信息变更，税务机关接收市场监管部门变更信息，经纳税人确认后更新系统内的对应信息；经纳税人申请，也可由税务机关发起变更。其中，纳税人名称、纳税人识别号、业主姓名、经营范围不能由税务机关发起。

（四）停业、复业登记

1. 实行定期定额征收的个体工商户或比照定期定额户进行管理的个人独资企业发生停业的，应当在停业前向税务机关申报办理停业登记。纳税人的停业期限不得超过1年。

2. 纳税人在申报办理停业登记时，应如实填写《停业复业报告书》，说明停业理由，停业期限，停业前的纳税情况和发票的领、用、存情况，并结清应纳税款、滞纳金、罚款。

3. 纳税人按申报停业登记时的停业期限准期复业的，应当在停业到期前向主管税务机关申报办理复业登记；纳税人提前复业的，应当在恢复生产经营之前向主管税务机关申报办理复业登记。

4. 纳税人停业期满不能及时恢复生产经营的，应当在停业期满前到主管税务机关办理延长停业报告。

（五）注销税务登记

注销税务登记是指纳税人由于法定的原因终止纳税义务时，向原税务机关申请办理的取消税务登记的手续。

近年来，国家进一步优化办理企业税务注销程序，根据相关规定，对向市场监督部门申请简易注销的纳税人，满足下列条件之一，可免予办理清税证明，直接向市场监督部门申请办理注销登记：

（1）未办理过涉税事宜的；

（2）办理涉税事宜但未领用发票、无欠税（滞纳金）及罚款的。

同时，对向市场监督部门申请一般注销的纳税人，符合下列情形之一的纳税人，税务机关采取"承诺制"容缺办理，即纳税人在办理税务注销时，若资料不齐，可在其作出承诺后，税务机关即时出具清税文书：

（1）纳税信用级别为A级和B级的纳税人；

（2）控股母公司纳税信用级别为A级的M级纳税人；

(3) 省级人民政府引进人才或经省级以上行业协会等机构认定的行业领军人才等创办的企业;

(4) 未纳入纳税信用级别评价的定期定额个体工商户;

(5) 未达到增值税纳税起征点的纳税人。

(六) 主管税务机关及科所分配

对首次纳入税务机关管理的纳税人、扣缴义务人、缴费人或税源管理项目(建筑工程项目、不动产项目等),或因经营地址发生变化或税务机关管理范围调整需变更主管税务机关的,应由主管税务机关上一级税务机关分配主管税务机关及科所。

纳税人变更生产经营地址后(包括跨地市的或者跨省),不再办理清税注销,通过主管税务机关及科所分配业务办理。

1. 发起

对拟分配的管户,核查是否存在以下未办结事宜:

(1) 存在由原主管税务机关处理的未办结稽查案件;

(2) 存在未办结的退抵税费审批事项;

(3) 存在尚未入库销号的完税凭证;

(4) 其他停留在原主管税务所(科、分局)内的有待处理事项。

2. 处理

对存在未办结事宜的,办结相关事宜后通过系统录入《待分配纳税人清册》。如由原主管税务机关启动,录入《待分配纳税人清册》推送至其上一级税务机关进行核准。如存在欠税的,通过系统录入"欠税迁入(出)情况表"。

3. 发放

制作《税务事项通知书》并告知纳税人、扣缴义务人。

(七) 税费种认定

税费种认定业务包括税费种信息,社会保险费信息,规费、基金费种信息。

1. 业务前提

纳税人需完成税务登记、扣缴税款登记、签订委托协议。

2. 办理规范

(1) 对纳税人的义务涉及的征收项目、征收品目、认定有效期起止、申报期限、征收方式、税率或单位税额、预算科目、预算级次、预算级次分配比例、财政专户等征收入库必备信息进行认定,同时制作"纳税人税费种认定表"。

(2) 对缴费人应缴费的社保经办机构、社保费核算机关、费种、品目、费率、征收子目、行业、申报方式、纳税期限、申报期限、缴款期限、是否独立或汇总缴纳、征收方式、预算科目、预算级次、预算级次分配比例、收款国库或财政专户进行认定，同时制作"社会保险费费种认定表"。

（3）对缴费人应缴费的费种、费目、费率、纳税期限、申报期限、征收方式、预算科目、预算级次、预算级次分配比例、财政专户进行认定，同时制作"代征规费、基金费种认定表"。

二、发票管理规定

发票，是指在购销商品、提供或者接受服务以及从事其他经营活动中，开具、收取的收付款凭证。发票包括纸质发票和电子发票。电子发票与纸质发票具有同等法律效力。国家积极推广使用电子发票。发票的种类、联次、内容、编码规则、数据标准、使用范围等具体管理办法由国务院税务主管部门规定。

三、申报纳税期的确定以及简易申报

（一）基本规定

纳税申报是指纳税人按照税法规定的期限和内容向税务机关提交有关纳税事项书面报告的法律行为，是纳税人履行纳税义务，承担法律责任的主要依据，是税务机关税收管理信息的主要来源和税务管理的一项重要制度。

1. 增值税的纳税申报时间

（1）纳税人以一个月或者一个季度为一个纳税期的，自期满之日起 15 日内纳税申报；以 1 日、3 日、5 日、10 日或者 15 日为一个纳税期的，自期满之日起 5 日内预缴税款，于次月 1 日起 15 日内申报纳税并结清上月应纳税款。

（2）纳税人进口货物，应当自海关填发海关进口增值税专用缴款书之日起 15 日内缴纳税款。

（3）消费税和附加税（城市建设维护税/教育费附加税/地方教育费附加税）的纳税申报时间和增值税是一样的。

2. 企业所得税的纳税申报时间

（1）正常情况：公历 1 月 1 日起至 12 月 31 日止；

（2）特殊情况：企业在一个纳税年度中间开业/终止，使得该纳税年度的实际经营期不足 12 个月，以其实际经营期为一个纳税年度；企业依法清算时，应当以清算期间作为一个纳税年度。

（3）汇算清缴时间（申报时间）：一个纳税年度终了后（所属日期终了后）的 5 个月内进行汇算清缴（次年的 3 月 1 日至 5 月 31 日）

（4）注意事项：公司零申报也需要做年终汇算清缴，填写基础信息表和企业所得税纳税申报表（A类），没有发生收入、成本、费用的，明细表可以不填。若注销公司，则注销公司前需要做完汇算清缴。

3. 个人所得税的纳税申报时间

（1）预扣预缴的情况。

按月缴纳，在次月的1—15日之前进行申报缴纳。

（2）汇算清缴的情况。

综合所得：次年3月1日至6月30日内完成。

经营所得：次年3月31日之前完成（针对不缴纳企业所得税的个体工商户/个人独资企业/合伙企业）。

4. 契税的纳税申报时间

（1）纳税人应当自纳税义务发生之日起10日内，向土地、房屋所在地的契税征税机关办理纳税申报并在核定期限内缴纳税款。

（2）纳税人应当在依法办理土地、房屋权属登记手续前申报缴纳契税（缴纳了相关契税才能取得土地使用权和房产证）。

5. 车辆购置税的纳税申报时间

车辆购置税的纳税义务发生的时间为购置车辆的当日，纳税人应当在纳税义务发生之日起60日内申报缴纳车辆购置税。

6. 印花税的纳税申报时间

印花税按次、按月、按季或者按年计征，实行按月、按季、按年计征的，纳税人应当自月度、季度、年度终了之日起15日内申报缴纳税款，实行按次计征的，纳税人应当于纳税义务发生之日起15日内申报并缴纳税款。

（二）简易申报

简易申报是指实行定期定额征收方式的纳税人，经税务机关批准，以缴纳税款凭证代替申报并可简并征期的一种申报方式。这种申报方式是以纳税人便利纳税为原则设置的，不仅方便纳税人，而且能够减少征收成本。

简易申报仅限于实行定期定额征收方式的纳税人，其实现途径有两种：一是纳税人按照税务机关核定的税款按期缴纳入库，以完税凭证代替纳税申报，从而简化纳税人纳税申报的方式；二是纳税人按照税务机关核定的税款和核定的纳税期或3个月或半年或1年申报纳税，从而便利纳税的方式。

四、纳税担保，抵税财务拍卖、变卖，欠税公告等税款征收措施

（一）纳税担保

纳税担保是指纳税人为保证按时足额缴纳税款及滞纳金，由纳税人或第三人向税

务机关提出申请，以其未设置担保物权或未全部设置担保物权的财产向税务机关提供担保，或由税务机关认可的纳税保证人为纳税人提供纳税保证。纳税担保包括：纳税担保申请确认、纳税担保到期处理、纳税担保解除处理。社会保险费缴费担保参照纳税担保执行。

（二）抵税财务拍卖、变卖

抵税财务拍卖、变卖是指税务机关拍卖、变卖抵税财物，以拍卖、变卖所得抵缴税款、滞纳金的行为。

拍卖是指税务机关将抵税财物依法委托拍卖机构，以公开竞价的形式，将特定财物转让给最高应价者的买卖方式。

变卖是指税务机关将抵税财物委托商业企业代为销售、责令纳税人限期处理或由税务机关变价处理的买卖方式。

抵税财物，是指被税务机关依法实施税收强制执行而扣押、查封或者按照规定应强制执行的已设置纳税担保物权的商品、货物、其他财产或者财产权利。

被执行人是指从事生产经营的纳税人、扣缴义务人或者纳税担保人等税务行政相对人。

1. 有下列情形之一的，税务机关依法进行拍卖、变卖：

（1）采取税收保全措施后，限期期满仍未缴纳税款的；

（2）设置纳税担保后，限期期满仍未缴纳所担保的税款的；

（3）逾期不按规定履行税务处理决定的；

（4）逾期不按规定履行复议决定的；

（5）逾期不按规定履行税务行政处罚决定的；

（6）其他经责令限期缴纳，逾期仍未缴纳税款的。

对前款（3）至（6）项情形进行强制执行时，在拍卖、变卖之前（或同时）进行扣押、查封，办理扣押、查封手续。

2. 税务机关按照拍卖优先的原则确定抵税财物拍卖、变卖的顺序：

（1）委托依法成立的拍卖机构拍卖；

（2）无法委托拍卖或者不适合拍卖的，可以委托当地商业企业代为销售，或者责令被执行人限期处理；

（3）无法委托商业企业销售，被执行人也无法处理的，由税务机关变价处理。

国家禁止自由买卖的商品、货物、其他财产，应当交由有关单位按照国家规定的价格收购。

3. 税务机关拍卖变卖抵税财物时按下列程序进行：

（1）制作拍卖（变卖）抵税财物决定书，经县以上税务局（分局）局长批准后，对被执行人下达拍卖（变卖）抵税财物决定书。依照法律法规规定需要经过审批才能转让的物品或财产权利，在拍卖、变卖前，应当依法办理审批手续。

（2）查实需要拍卖或者变卖的商品、货物或者其他财产。在拍卖或者变卖前，应当审查所扣押商品、货物、财产专用收据和所查封商品、货物、财产清单，查实被执行人与抵税财物的权利关系，核对盘点需要拍卖或者变卖的商品、货物或者其他财产是否与收据或清单一致。

（3）按照本办法规定的顺序和程序，委托拍卖、变卖，填写拍卖（变卖）财产清单，与拍卖机构签订委托拍卖合同，与受委托的商业企业签订委托变卖合同，对被执行人下达税务事项通知书，并按规定结算价款。

（4）以拍卖、变卖所得支付应由被执行人依法承担的扣押、查封、保管以及拍卖、变卖过程中的费用。

（5）拍卖、变卖所得支付有关费用后抵缴未缴的税款、滞纳金，并按规定抵缴罚款。

（6）拍卖、变卖所得支付扣押、查封、保管、拍卖、变卖等费用并抵缴税款、滞纳金后，剩余部分应当在3个工作日内退还被执行人。

（7）税务机关应当通知被执行人将拍卖、变卖全部收入计入当期销售收入额并在当期申报缴纳各种应纳税款。拍卖、变卖所得不足抵缴税款、滞纳金的，税务机关应当继续追缴。

4. 拍卖、变卖抵税财物，由县以上税务局（分局）组织进行。变卖鲜活、易腐烂变质或者易失效的商品、货物时，经县以上税务局（分局）局长批准，可由县以下税务机关进行。

5. 拍卖、变卖抵税财物进行时，应当通知被执行人到场；被执行人未到场的，不影响执行。

6. 税务机关及其工作人员不得参与被拍卖或者变卖商品、货物或者其他财产的竞买或收购，也不得委托他人为其竞买或收购。

7. 拍卖由财产所在地的省、自治区、直辖市的人民政府和设区的市的人民政府指定的拍卖机构进行拍卖。

8. 抵税财物除有市场价或其价格依照通常方法可以确定的外，应当委托依法设立并具有相应资质的评估鉴定机构进行质量鉴定和价格评估，并将鉴定、评估结果通知被执行人。拍卖抵税财物应当确定保留价，由税务机关与被执行人协商确定，协商不成的，由税务机关参照市场价、出厂价或者评估价确定。

9. 税务机关应当在作出拍卖决定后10日内委托拍卖。

10. 拍卖一次流拍后，税务机关经与被执行人协商同意，可以将抵税财物进行变卖；被执行人不同意变卖的，应当进行第二次拍卖。不动产和文物应当进行第二次拍卖。

第二次拍卖仍然流拍的,税务机关应当将抵税财物进行变卖,以抵缴税款、滞纳金或罚款。

经过流拍再次拍卖的,保留价应当不低于前次拍卖保留价的2/3。

11. 下列抵税财物为无法委托拍卖或者不适于拍卖,可以交由当地商业企业代为销售或责令被执行人限期处理,进行变卖:

(1) 鲜活、易腐烂变质或者易失效的商品、货物;

(2) 经拍卖程序一次或二次流拍的抵税财物;

(3) 拍卖机构不接受拍卖的抵税财物。

12. 变卖抵税财物的价格,应当参照同类商品的市场价、出厂价遵循公平、合理、合法的原则确定。税务机关应当与被执行人协商是否需要请评估机构进行价格评估,被执行人认为需要的,税务机关应当委托评估机构进行评估,按照评估价确定变卖价格。

对有政府定价的商品、货物或者其他财产,由政府价格主管部门,按照定价权限和范围确定价格。对实行政府指导价的商品、货物或者其他财产,按照定价权限和范围规定的基准价及其浮动幅度确定。经拍卖流拍的抵税财物,其变卖价格应当不低于最后一次拍卖保留价的2/3。

13. 抵税财物委托商业企业代为销售15日后,无法实现销售的,税务机关应当第二次核定价格,由商业企业继续销售,第二次核定的价格应当不低于首次核定价格的2/3。

14. 无法委托商业企业销售,被执行人也无法处理的,税务机关应当进行变价处理。

有下列情形之一的,属于无法委托商业企业代为销售:

(1) 税务机关与两家(含两家)以上商业企业联系协商,不能达成委托销售的;

(2) 经税务机关在新闻媒体上征求代售单位,自征求公告发出之日起10日内无应征单位或个人,或应征之后未达成代售协议的;

(3) 已达成代售协议的商业企业在经第二次核定价格15日内仍无法售出税务机关委托代售的商品、货物或其他财产的。

被执行人无法处理,包括拒绝处理、逾期不处理等情形。

15. 以拍卖、变卖收入抵缴未缴的税款、滞纳金和支付相关费用时按照下列顺序进行:

(1) 拍卖、变卖费用。

由被执行人承担拍卖变卖所发生的费用,包括扣押、查封活动中和拍卖或者变卖活动中发生的依法应由被执行人承担的费用,具体为:保管费、仓储费、运杂费、评估费、鉴定费、拍卖公告费、支付给变卖企业的手续费以及其他依法应由被执行人承担的费用。

拍卖物品的买受人未按照约定领受拍卖物品的，由买受人支付自应领受拍卖财物之日起的保管费用。

（2）未缴的税款、滞纳金。

（3）罚款。

下列情况可以用拍卖、变卖收入抵缴罚款：被执行人主动用拍卖、变卖收入抵缴罚款的；对价值超过应纳税额且不可分割的商品、货物或者其他财产进行整体扣押、查封、拍卖，以拍卖收入抵缴未缴的税款、滞纳金时，连同罚款一并抵缴；从事生产经营的被执行人对税务机关的处罚决定逾期不申请行政复议也不向人民法院起诉又不履行的，作出处罚决定的税务机关可以强制执行，抵缴罚款。

（三）欠税公告

欠税公告是指税务机关为了督促纳税人自觉缴纳欠税，防止新的欠税发生，保证国家税款的及时足额入库，由县级以上各级税务机关将纳税人的欠税情况，在办税场所或者广播、电视、报纸、期刊、网络等新闻媒体上定期公告。

1. 欠税是指纳税人、扣缴义务人、纳税担保人超过税收法律、行政法规规定的期限或者纳税人超过税务机关依照税收法律、行政法规规定确定的纳税期限（以下简称"税款缴纳期限"）未缴纳的税款，包括：

（1）办理纳税申报后，纳税人未在税款缴纳期限内缴纳的税款；

（2）经批准延期缴纳的税款期限已满，纳税人未在税款缴纳期限内缴纳的税款；

（3）税务检查已查定纳税人的应补税额，纳税人未在税款缴纳期限内缴纳的税款；

（4）税务机关根据《中华人民共和国税收征收管理法》第27条、第35条核定纳税人的应纳税额，纳税人未在税款缴纳期限内缴纳的税款；

（5）纳税人的其他未在税款缴纳期限内缴纳的税款。公告的欠税不包括滞纳金和罚款。

2. 欠税公告的数额实行欠税余额和新增欠税相结合的办法，对纳税人的以下欠税，税务机关可不公告：

（1）已宣告破产，经法定清算后，依法注销其法人资格的企业欠税；

（2）被责令撤销、关闭，经法定清算后，被依法注销或吊销其法人资格的企业欠税；

（3）已经连续停止生产经营1年（按日历日期计算）以上的企业欠税；失踪两年以上的纳税人的欠税。

3. 欠税公告期限为企业或单位欠税的，每季公告一次；个体工商户和其他个人欠税的,每半年公告一次;走逃、失踪的纳税户以及其他经税务机关查无下落的非正常户欠税的,随时公告。

4. 欠税公告内容如下:

(1) 企业或单位欠税的,公告企业或单位的名称、纳税人识别号、法定代表人或负责人姓名、居民身份证或其他有效身份证件号码、经营地点、欠税税种、欠税余额和当期新发生的欠税金额;

(2) 个体工商户欠税的,公告业户名称、业主姓名、纳税人识别号、居民身份证或其他有效身份证件号码、经营地点、欠税税种、欠税余额和当期新发生的欠税金额;

(3) 个人(不含个体工商户)欠税的,公告其姓名、居民身份证或其他有效身份证件号码、欠税税种、欠税余额和当期新发生的欠税金额。

五、个体工商户建账管理、定期定额管理的个体工商户税额核定、调整和缴纳管理规定

(一) 个体工商户建账管理

达到建账标准的个体工商户,应当根据自身生产、经营情况和本办法规定的设置账簿条件,对照选择设置复式账或简易账,并报主管税务机关备案。账簿方式一经确定,在一个纳税年度内不得进行变更。

1. 符合下列情形之一的个体工商户,应当设置复式账:

(1) 注册资金在 20 万元以上的。

(2) 销售增值税应税劳务的纳税人或营业税纳税人月销售(营业)额在 40 000 元以上;从事货物生产的增值税纳税人月销售额在 60 000 元以上;从事货物批发或零售的增值税纳税人月销售额在 80 000 元以上的。

(3) 省税务机关确定应设置复式账的其他情形。

2. 符合下列情形之一的个体工商户,应当设置简易账,并积极创造条件设置复式账:

(1) 注册资金在 10 万元以上 20 万元以下的。

(2) 销售增值税应税劳务的纳税人或营业税纳税人月销售(营业)额在 15 000 元至 40 000 元;从事货物生产的增值税纳税人月销售额在 30 000 元至 60 000 元;从事货物批发或零售的增值税纳税人月销售额在 40 000 元至 80 000 元的。

(3) 省税务机关确定应当设置简易账的其他情形。

3. 上述所称纳税人月销售额或月营业额,是指个体工商户上一个纳税年度月平均销售额或营业额;新办的个体工商户为业户预估的当年度经营期月平均销售额或营业额。

（二）个体工商户定期定额管理

1. 核定

纳税人提出定额核定申请，税务机关根据《个体工商户税收定期定额征收管理办法》和其他税收法律、行政法规的规定，根据影响纳税人经营的一些经营指标如经营面积、年房屋租金、从业人数、月用电量（度）、主要设备名称及台（套）数等，对个体工商户在一定经营地点、一定经营时期、一定经营范围内的应纳税经营额（包括经营数量）进行核定，并以此为计税依据，确定其应纳税额；或者根据纳税人执行期月均成本费用支出总额，依据典型调查确定的每一行业所得率（不同于应税所得率，类似于企业的经营毛利率）标准，确定其定额。定期定额户如未能全面提供或提供的主要成本费用支出明显偏低，又无正当理由的，主管税务机关可参照同类行业或类似行业中同规模、同地域纳税人的最低成本费用标准进行核定。

个体工商户税收定期定额征收适用于经主管税务机关认定和县以上税务机关（含县级）批准的生产、经营规模小，达不到《个体工商户建账管理暂行办法》规定设置账簿标准的个体工商户和个人独资企业的税收征收管理。

《国家税务总局关于个体工商户定期定额征收管理有关问题的通知》（国税发〔2006〕183号）第六条第三款也规定，未达到起征点的定期定额户连续三个月达到起征点，应当向税务机关申报，提请重新核定定额。税务机关应当按照《个体工商户税收定期定额征收管理办法》有关规定重新核定定额，并下达《核定定额通知书》。

定期定额户的经营额、所得额连续纳税期超过或低于税务机关核定的定额，应当提请税务机关重新核定定额，税务机关应当根据上述办法规定的核定方法和程序重新核定定额。具体期限由省税务机关确定。

2. 调整

税务机关发起核定及调整定期定额户定额，是指税务机关依职权提起的，依据定期定额户个体工商户和个人独资企业经营指标如经营面积、年房屋租金、从业人数、月用电量（度）、主要设备名称及台（套）数等，对其在一定经营地点、一定经营时期、一定经营范围内的应纳税经营额（包括经营数量）进行核定或者调整定额的业务活动。

经税务机关检查发现定期定额户未按照《个体工商户税收定期定额征收管理办法》的规定向税务机关进行纳税申报及结清应纳税款的，税务机关应当追缴税款、加收滞纳金，并按照法律、行政法规规定予以处理。其经营额、所得额连续纳税期超过定额，税务机关应当按照根据《个体工商户税收定期定额征收管理办法》重新核定其定额。

定期定额户应当自行申报经营情况，对未按照规定期限自行申报的，税务机关可以不经过自行申报程序，按照《个体工商户税收定期定额征收管理办法》规定的方法核定其定额。

3. 终止

（1）根据《个体工商户税收定期定额征收管理办法》的有关规定，对个体工商户申请停止定期定额征收方式的，税务机关受理其申请、停止其定期定额征收方式，并书面通知定期定额户。

（2）终止定期定额征收方式，是根据《个体工商户税收定期定额征收管理办法》的有关规定，税务机关停止定期定额户实行定期定额征收方式，并书面通知定期定额户。

六、税务机关在税务检查中的职权和职责

（一）税务检查的范围

税务机关有权进行下列税务检查：

（1）查账权。检查纳税人的账簿、记账凭证、报表和有关资料，检查扣缴义务人代扣代缴、代收代缴税款账簿、记账凭证和有关资料。

（2）场地检查权。到纳税人的生产、经营场所和货物存放地检查纳税人应纳税的商品、货物或者其他财产，检查扣缴义务人与代扣代缴、代收代缴税款有关的经营情况。

（3）责成提供资料权。责成纳税人、扣缴义务人提供与纳税或者代扣代缴、代收代缴税款有关的文件、证明材料和有关资料。

（4）询问权。询问纳税人、扣缴义务人与纳税或者代扣代缴、代收代缴税款有关的问题和情况。

（5）交通、运输检查权。到车站、码头、机场、邮政企业及其分支机构检查纳税人托运、邮寄应纳税商品、货物或者其他财产的有关单据、凭证和有关资料。

（6）银行账户检查权。经县以上税务局（分局）局长批准，凭全国统一格式的检查存款账户许可证明，查询从事生产、经营的纳税人、扣缴义务人在银行或者其他金融机构的存款账户。

税务机关在调查税收违法案件时，经设区的市、自治州以上税务局（分局）局长批准，可以查询案件涉嫌人员的储蓄存款。

税务机关查询所获得的资料，不得用于税收以外的用途。

（二）税务检查的措施与手段

1. 税务机关对从事生产、经营的纳税人以前纳税期的纳税情况依法进行税务检查

时，发现纳税人有逃避纳税义务行为，并有明显的转移、隐匿其应纳税的商品、货物以及其他财产或者应纳税收入的迹象的，可以按照《税收征管法》规定的批准权限采取税收保全措施或者强制执行措施。

2. 税务机关调查税务违法案件时，对与案件有关的情况和资料，可以记录、录音、录像、照相和复制。

3. 税务机关依法进行税务检查时，有权向有关单位和个人调查纳税人、扣缴义务人和其他当事人与纳税或者代扣代缴、代收代缴税款有关的情况。

（三）税务检查应遵守的义务

税务机关派出人员进行税务检查时，应当出示税务检查证和税务检查通知书，并有责任为被检查人保守秘密（所有知悉企业商业秘密的行政、司法机关工作人员都负有保密义务）；未出示税务检查证和税务检查通知书的，被检查人有权拒绝检查。

第二节 税收征管操作技能

一、税务登记管理操作技能

（一）纳税人身份信息确认

已实行"多证合一、一照一码"和"两证整合"登记模式的纳税人，首次办理涉税事宜时，对市场监督管理等登记部门已采集或者已变更的信息进行确认。纳税人身份信息确认包括："一照一码"户信息确认、个体工商户信息确认、"一照一码"户信息变更、两证整合个体工商户信息变更。

1. "一照一码"户信息确认

新设立登记的企业、农民专业合作社（以下统称"企业"）领取由市场监督管理部门核发加载法人和其他组织统一社会信用代码的营业执照后，无须再次进行税务登记，不再领取税务登记证。企业首次办理涉税事宜时，税务机关依据市场监督管理部门共享的登记信息制作"多证合一"登记信息确认表，提醒纳税人对其中不全的信息进行补充，对不准的信息进行更正，对需要更新的信息进行补正。对于市场监管部门登记已采集信息，税务机关不再重复采集；其他必要涉税基础信息，可在企业办理有关涉税事宜时，及时采集，陆续补齐。在完成相关信息采集后，企业凭加载统一社会信用代码的营业执照可代替税务登记证使用。税务部门与民政部门之间能够建立省级统一的信用信息共享交换平台、政务信息平台、部门间数据接口并实现登记信息实时传递的，可以参照企业"多证合一"的做法，对已取得统一社会信用代码的社会组织纳税人进行"多证合一"登记模式改革试点，由民政部门受理申请，只发放标注统一社会信用代码的社会组织（社会团体、基金会、民办非企业单位）法人登记证，赋予其税务登记证的全部功能，不再另行发放税务登记证件。

2. 个体工商户信息确认

新设立的个体工商户由市场监督管理部门核发加载法人和其他组织统一社会信用代码的营业执照，纳税人首次办理涉税事项时，主管税务机关通过外部信息交换系统获取个体工商户登记表单信息及确认其他税务管理信息。对于市场监管部门已采集信息，税务机关不再重复采集；其他必要涉税基础信息，可在个体工商户办理有关涉税事宜时，及时进行补充确认。

3. "一照一码"户信息变更

（1）"一照一码"户市场监管部门信息发生变更。

"一照一码"户市场监管部门登记信息发生变更，向市场监督管理部门申报办理变更登记，市场监督管理部门完成信息变更后将变更信息共享至省级信息交换平台，税务机关接收市场监管部门变更信息，经确认后更新税务系统内纳税人对应信息。

（2）"一照一码"户非市场监管部门登记信息发生变更。

"一照一码"户生产经营地、财务负责人等非市场监管部门登记信息发生变化时，向主管税务机关申报变更。主管税务机关应将变更后的生产经营地、财务负责人等信息即时共享至信息交换平台。

4. 两证整合个体工商户信息变更

（1）两证整合个体工商户市场监督管理部门发起的变更。

"两证整合个体工商户税务登记信息采集表"中有关信息发生变化的，该个体工商户应向市场监督管理部门申报信息变更。市场监督管理部门完成信息变更后将变更信息共享至外部信息交换系统，税务机关通过外部信息交换系统获取市场监督管理部门的变更信息，确认后进行变更。

（2）两证整合个体工商户税务部门发起的变更。

两证整合个体工商户登记信息发生变更，经纳税人申请，也可由税务机关进行变更；税务机关在日常管理过程中发现两证整合个体工商户登记信息发生变更，可以依职权对纳税人登记信息进行变更，并经纳税人签字确认。纳税人名称、纳税人识别号、业主姓名、经营范围不能由税务部门发起变更。

5. 纳税人（扣缴义务人）身份信息报告

不适用"多证合一""两证整合"的纳税人，满足以下情形的纳税人应办理纳税人（扣缴义务人）身份信息报告：

（1）取得统一社会信用代码，但批准部门为除市场监督管理部门之外其他有关部门批准设立的（如社会团体，律师事务所）；

（2）因经营地址变更等原因，注销后恢复开业的；

（3）有独立的生产经营权、在财务上独立核算并定期向发包人或者出租人上交承包费或租金的承包承租人；

（4）境外企业在中国境内承包建筑、安装、装配、勘探工程和提供劳务的；

（5）从事生产、经营的纳税人，应经有关部门批准设立但未经有关部门批准的；

（6）非境内注册居民企业收到居民身份认定书的；

（7）根据税收法律、行政法规的规定负有扣缴税款义务的扣缴义务人，应当办理扣缴税款登记的；

上述纳税人（扣缴义务人）身份信息发生变化的也通过该事项办理。

6. 注销税务登记

纳税人发生以下情形的，向主管税务机关申报办理注销税务登记：

（1）纳税人发生解散、破产、撤销以及其他情形，依法终止纳税义务的；

（2）按规定不需要在市场监督管理部门或者其他机关办理注销登记的，但经有关机关批准或者宣告终止的；

（3）纳税人被市场监督管理部门吊销营业执照或者被其他机关予以撤销登记的；

（4）境外企业在中国境内承包建筑、安装、装配、勘探工程和提供劳务的，项目完工、离开中国的；

（5）外国企业常驻代表机构驻在期届满、提前终止业务活动的；

（6）非境内注册居民企业经确认终止居民身份的。

该事项不适用实施"一照一码""两证整合"的纳税人。

7. 注销扣缴税款登记

未办理税务登记的扣缴义务人发生解散、破产、撤销以及其他情形，依法终止扣缴义务的，或者已办理税务登记的扣缴义务人未发生解散、破产、撤销以及其他情形，未依法终止纳税义务，仅依法终止扣缴义务的，应当持有关证件和资料向原税务登记机关申报办理注销扣缴税款登记。

已办理税务登记的扣缴义务人发生解散、破产、撤销以及其他情形，依法终止纳税义务的，申请注销税务登记时，无须单独提出注销扣缴税款登记申请，税务机关在注销扣缴义务人税务登记同时注销扣缴义务人扣缴税款登记。

8. 特定信息报告

特定信息报告是指特定纳税人、扣缴义务人或纳税人、扣缴义务人在发生一些特定事项时，应及时向主管税务机关报告。

特定信息报告包含发票遗失、损毁报告，税务证件增补发，文化事业建设费缴费信息报告，解除相关人员关联关系4类事项。

二、发票管理及电子化改革操作技能

（一）发票的印制

1. 增值税专用发票由国务院税务主管部门确定的企业印制；其他发票，按照国务院税务主管部门的规定，由省、自治区、直辖市税务机关确定的企业印制。禁止私自印制、伪造、变造发票。

2. 印制发票的企业应当具备下列条件：
（1）取得印刷经营许可证和营业执照；
（2）设备、技术水平能够满足印制发票的需要；
（3）有健全的财务制度和严格的质量监督、安全管理、保密制度。
税务机关应当按照政府采购有关规定确定印制发票的企业。

3. 印制发票应当使用国务院税务主管部门确定的全国统一的发票防伪专用品。禁止非法制造发票防伪专用品。

4. 发票应当套印全国统一发票监制章。全国统一发票监制章的式样和发票版面印刷的要求，由国务院税务主管部门规定。发票监制章由省、自治区、直辖市税务机关制作。禁止伪造发票监制章。发票实行不定期换版制度。

5. 印制发票的企业按照税务机关的统一规定，建立发票印制管理制度和保管措施。发票监制章和发票防伪专用品的使用和管理实行专人负责制度。

6. 印制发票的企业必须按照税务机关确定的式样和数量印制发票。

7. 发票应当使用中文印制。民族自治地方的发票，可以加印当地一种通用的民族文字。有实际需要的，也可以同时使用中外两种文字印制。

8. 各省、自治区、直辖市内的单位和个人使用的发票，除增值税专用发票外，应当在本省、自治区、直辖市内印制；确有必要到外省、自治区、直辖市印制的，应当由省、自治区、直辖市税务机关商印制地省、自治区、直辖市税务机关同意后确定印制发票的企业。

禁止在境外印制发票。

（二）发票的领用

1. 需要领用发票的单位和个人，应当持设立登记证件或者税务登记证件，以及经办人身份证明，向主管税务机关办理发票领用手续。领用纸质发票的，还应当提供按照国务院税务主管部门规定式样制作的发票专用章的印模。主管税务机关根据领用单位和个人的经营范围、规模和风险等级，在5个工作日内确认领用发票的种类、数量以及领用方式。

单位和个人领用发票时，应当按照税务机关的规定报告发票使用情况，税务机关应当按照规定进行查验。

2. 需要临时使用发票的单位和个人，可以凭购销商品、提供或者接受服务以及从事其他经营活动的书面证明、经办人身份证明，直接向经营地税务机关申请代开发票。依照税收法律、行政法规规定应当缴纳税款的，税务机关应当先征收税款，再开具发票。税务机关根据发票管理的需要，可以按照国务院税务主管部门的规定委托其他单位代开发票。

禁止非法代开发票。

3. 临时到本省、自治区、直辖市以外从事经营活动的单位或者个人，应当凭所在地税务机关的证明，向经营地税务机关领用经营地的发票。

临时在本省、自治区、直辖市以内跨市、县从事经营活动领用发票的办法，由省、自治区、直辖市税务机关规定。

（三）发票的开具和保管

1. 销售商品、提供服务以及从事其他经营活动的单位和个人，对外发生经营业务收取款项，收款方应当向付款方开具发票；特殊情况下，由付款方向收款方开具发票。

2. 所有单位和从事生产、经营活动的个人在购买商品、接受服务以及从事其他经营活动支付款项，应当向收款方取得发票。取得发票时，不得要求变更品名和金额。

3. 不符合规定的发票，不得作为财务报销凭证，任何单位和个人有权拒收。

4. 开具发票应当按照规定的时限、顺序、栏目，全部联次一次性如实开具，开具纸质发票应当加盖发票专用章。

任何单位和个人不得有下列虚开发票行为：

（1）为他人、为自己开具与实际经营业务情况不符的发票；

（2）让他人为自己开具与实际经营业务情况不符的发票；

（3）介绍他人开具与实际经营业务情况不符的发票。

4. 安装税控装置的单位和个人，应当按照规定使用税控装置开具发票，并按期向主管税务机关报送开具发票的数据。

使用非税控电子器具开具发票的，应当将非税控电子器具使用的软件程序说明资料报主管税务机关备案，并按照规定保存、报送开具发票的数据。

单位和个人开发电子发票信息系统自用或者为他人提供电子发票服务的，应当遵守国务院税务主管部门的规定。

5. 任何单位和个人应当按照发票管理规定使用发票，不得有下列行为：

（1）转借、转让、介绍他人转让发票、发票监制章和发票防伪专用品；

（2）知道或者应当知道是私自印制、伪造、变造、非法取得或者废止的发票而受让、开具、存放、携带、邮寄、运输；

（3）拆本使用发票；

（4）扩大发票使用范围；

（5）以其他凭证代替发票使用；

（6）窃取、截留、篡改、出售、泄露发票数据。

税务机关应当提供查询发票真伪的便捷渠道。

6. 除国务院税务主管部门规定的特殊情形外，纸质发票限于领用单位和个人在本省、自治区、直辖市内开具。

省、自治区、直辖市税务机关可以规定跨市、县开具纸质发票的办法。

7. 除国务院税务主管部门规定的特殊情形外，任何单位和个人不得跨规定的使用区域携带、邮寄、运输空白发票。

禁止携带、邮寄或者运输空白发票出入境。

8. 开具发票的单位和个人应当建立发票使用登记制度，配合税务机关进行身份验证，并定期向主管税务机关报告发票使用情况。

9. 开具发票的单位和个人应当在办理变更或者注销税务登记的同时，办理发票的变更、缴销手续。

10. 开具发票的单位和个人应当按照国家有关规定存放和保管发票，不得擅自损毁。已经开具的发票存根联，应当保存 5 年。

（四）发票的检查

1. 税务机关在发票管理中有权进行下列检查：

（1）检查印制、领用、开具、取得、保管和缴销发票的情况；

（2）调出发票查验；

（3）查阅、复制与发票有关的凭证、资料；

（4）向当事各方询问与发票有关的问题和情况；

（5）在查处发票案件时，对与案件有关的情况和资料，可以记录、录音、录像、照相和复制。

2. 印制、使用发票的单位和个人，必须接受税务机关依法检查，如实反映情况，提供有关资料，不得拒绝、隐瞒。

税务人员进行检查时，应当出示税务检查证。

3. 税务机关需要将已开具的发票调出查验时，应当向被查验的单位和个人开具发票换票证。发票换票证与所调出查验的发票有同等的效力。被调出查验发票的单位和个人不得拒绝接受。

税务机关需要将空白发票调出查验时，应当开具收据；经查无问题的，应当及时返还。

4. 单位和个人从中国境外取得的与纳税有关的发票或者凭证，税务机关在纳税审查时有疑义的，可以要求其提供境外公证机构或者注册会计师的确认证明，经税务机关审核认可后，方可作为记账核算的凭证。

(五) 罚则

1. 有下列情形之一的，由税务机关责令改正，可以处1万元以下的罚款；有违法所得的予以没收：

(1) 应当开具而未开具发票，或者未按照规定的时限、顺序、栏目，全部联次一次性开具发票，或者未加盖发票专用章的；

(2) 使用税控装置开具发票，未按期向主管税务机关报送开具发票的数据的；

(3) 使用非税控电子器具开具发票，未将非税控电子器具使用的软件程序说明资料报主管税务机关备案，或者未按照规定保存、报送开具发票的数据的；

(4) 拆本使用发票的；

(5) 扩大发票使用范围的；

(6) 以其他凭证代替发票使用的；

(7) 跨规定区域开具发票的；

(8) 未按照规定缴销发票的；

(9) 未按照规定存放和保管发票的。

2. 跨规定的使用区域携带、邮寄、运输空白发票，以及携带、邮寄或者运输空白发票出入境的，由税务机关责令改正，可以处1万元以下的罚款；情节严重的，处1万元以上3万元以下的罚款；有违法所得的予以没收。

丢失发票或者擅自损毁发票的，依照前款规定处罚。

3. 违反本办法的规定虚开发票的，由税务机关没收违法所得；虚开金额在1万元以下的，可以并处5万元以下的罚款；虚开金额超过1万元的，并处5万元以上50万元以下的罚款；构成犯罪的，依法追究刑事责任。

非法代开发票的，依照前款规定处罚。

4. 私自印制、伪造、变造发票，非法制造发票防伪专用品，伪造发票监制章，窃取、截留、篡改、出售、泄露发票数据的，由税务机关没收违法所得，没收、销毁作案工具和非法物品，并处1万元以上5万元以下的罚款；情节严重的，并处5万元以上50万元以下的罚款；构成犯罪的，依法追究刑事责任。

前款规定的处罚，《税收征管法》有规定的，依照其规定执行。

5. 有下列情形之一的，由税务机关处1万元以上5万元以下的罚款；情节严重的，处5万元以上50万元以下的罚款；有违法所得的予以没收：

（1）转借、转让、介绍他人转让发票、发票监制章和发票防伪专用品的；

（2）知道或者应当知道是私自印制、伪造、变造、非法取得或者废止的发票而受让、开具、存放、携带、邮寄、运输的。

6. 对违反发票管理规定 2 次以上或者情节严重的单位和个人，税务机关可以向社会公告。

7. 违反发票管理法规，导致其他单位或者个人未缴、少缴或者骗取税款的，由税务机关没收违法所得，可以并处未缴、少缴或者骗取的税款 1 倍以下的罚款。

8. 当事人对税务机关的处罚决定不服的，可以依法申请行政复议或者向人民法院提起行政诉讼。

9. 税务人员利用职权之便，故意刁难印制、使用发票的单位和个人，或者有违反发票管理法规行为的，依照国家有关规定给予处分；构成犯罪的，依法追究刑事责任。

三、申报征收管理操作技能

（一）延期申报

纳税人、扣缴义务人按照规定的期限办理纳税申报，或者报送代扣代缴、代收代缴税款报告表确有困难需要延期的，应当在申请延期的申报期限之内向税务机关提出书面延期申请，经税务机关核准，可以延期申报。

纳税人经核准延期办理纳税申报的，其财务会计报表报送期限可以顺延。

纳税人、扣缴义务人按照规定的期限办理纳税申报或者报送代扣代缴、代收代缴税款报告表确有困难，需要延期的，应当在规定的期限内向税务机关提出书面延期申请，经税务机关核准，在核准的期限内办理。纳税人、扣缴义务人因不可抗力，不能按期办理纳税申报或者报送代扣代缴、代收代缴税款报告表的，可以延期办理；但是，应当在不可抗力情形消除后立即向税务机关报告。税务机关应当查明事实，予以核准。

（二）延期缴税

对纳税人延期缴纳税款核准，是指因不可抗力，导致纳税人发生较大损失，正常生产经营活动受到较大影响的；当期货币资金在扣除应付职工工资、社会保险费后，不足以缴纳税款的，经省、自治区、直辖市税务局批准，可以延期缴纳税款，但最长不得超过 3 个月。计划单列市税务局可以参照《税收征管法》第三十一条第二款的批准权限，对纳税人延期缴纳税款进行核准。

纳税人需要延期缴纳税款的，应当在缴纳税款期限届满前提出申请，税务机关应当自收到申请之日起 20 日内作出批准或者不予批准的决定；不予批准的，从缴纳税款期限届满之日起加收滞纳金。

代办转报服务。税务行政许可实施机关与申请人不在同一县（市、区、旗）的，申请人可在规定的申请期限内，选择由其主管税务机关代为转报申请材料。主管税务机关在核对申请材料后向申请人出具材料接收清单，并向税务行政许可实施机关转报。代办转报一般应当在5个工作日内完成。有条件的税务机关可以通过信息化手段实现申请资料网上传递。税务行政许可实施机关收到转报材料后，对符合受理条件的，出具并及时送达《税务行政许可受理通知书》。税务机关对代办转报事项应当做好台账登记。代办转报不得收取任何费用。目前，代办转报服务仅适用于企业印制发票审批、对纳税人延期缴纳税款的核准两项业务。

（三）纳税担保

1. 纳税担保申请确认

纳税担保申请确认是指税务机关对纳税人或纳税担保人提出的纳税担保申请进行受理、确认。社会保险费缴费人或其他缴费担保人提出的缴费担保申请参照纳税担保申请进行受理、确认。

（1）受理。

税务机关对纳税人、担保人（社会保险费缴费担保人）的担保资格、担保能力等进行事前审核，符合纳税人担保条件的，税务机关应予受理。税务机关应首先判断纳税人担保人是否办理税务登记，如纳税担保人未办理税务登记，则现场对纳税担保人的基本信息进行登记。

纳税人提供抵押担保的，应当填写纳税担保书和纳税担保财产清单。

纳税担保财产清单应当写明财产价值以及相关事项。纳税担保书和纳税担保财产清单须经纳税人签字盖章并经税务机关确认。

纳税人提供质押担保的，应当填写纳税担保书和纳税担保财产清单并签字盖章。

纳税担保申请确认受理人员受理纳税人、扣缴义务人的纳税担保申请后，根据纳税人、扣缴义务人（社会保险费缴费人或其他缴费担保人）申请的担保形式，制作《纳税担保书》（《社会保险费担保书》），对于担保形式为纳税抵押和纳税质押的，需制作《纳税担保财产清单》。

（2）审批。

税务机关领导对《纳税担保书》进行审批。纳税担保书须经纳税人、纳税保证人签字盖章并经税务机关签字盖章同意方为有效。

（3）发放。

审批终审后，对经纳税人、纳税保证人签字盖章并经税务机关签字盖章的《纳税担保书》进行发放处理。社会保险费担保同时制作和发放延期缴纳社会保险费协议。

（4）归档。

归档资料为报送资料清单中标注为归档的各项资料（除相关部门出具的抵押登记的证明外）。

（5）办结时限。

本事项办结时限，根据具体业务情形由省级税务机关依据相关文件确定。

2. 纳税担保到期处理

纳税（缴费）担保到期处理业务适用于对纳税人或纳税担保人（缴费人或缴费担保人）提供纳税（缴费）担保到期且未缴纳担保税额（费款）及滞纳金的处理。

（1）登记办理人员对纳税担保期限到期且纳税人未缴纳担保税额及滞纳金的有关事项进行纳税担保到期登记，制作"纳税担保到期登记表"。

（2）判断是否为第三人担保。如果为第三人担保，办理人员应进行通知纳税担保人缴纳税款及滞纳金处理。

（3）通知纳税担保人缴纳税款及滞纳金。对涉及第三人担保的，办理人员应在规定时间内（其中信用担保的自应缴税款届满之日起60日，动产担保和不动产担保在应缴纳税款届满之日起15日）制作《税务事项通知书（通知履行担保责任）》（社会保险费需制作《税务事项通知书（通知履行社会保险费担保责任）》），送达纳税（缴费）担保人。

（4）判断纳税（缴费）担保人在通知履行担保责任的期限内是否足额缴纳税款及滞纳金。

（5）责令纳税担保人限期缴纳。纳税保证人未按照规定的履行保证责任的期限缴纳税款及滞纳金的，由税务机关发出责令限期缴纳通知书，责令纳税保证人在限期15日内缴纳，办理人员制作《税务事项通知书（限期缴纳税款通知）》（社会保险费需制作《社会保险费限期缴纳通知书》），送达纳税担保人，责令纳税担保人限期缴纳。

（6）判断纳税担保人在责令限期内是否缴纳。纳税担保人按期足额缴纳担保税款及滞纳金的，解除纳税担保。逾期仍未缴纳的，经县以上税务局（分局）局长批准，对纳税保证人采取强制执行措施，通知其开户银行或其他金融机构从其存款中扣缴所担保的纳税人应缴纳的税款、滞纳金，或扣押、查封、拍卖、变卖其价值相当于所担保的纳税人应缴纳的税款、滞纳金的商品、货物或者其他财产，以拍卖、变卖所得抵缴担保的税款、滞纳金。

3. 纳税担保解除处理

纳税担保解除处理，是指税务机关对纳税人应当缴纳的税款、滞纳金，以税务机关同意或确认的纳税人或者其他自然人、法人、经济组织以保证、抵押、质押的方式提供纳税担保，纳税人或纳税担保人在规定的期限内缴纳税款及滞纳金或复议决定撤销原具体行政行为后，税务机关解除纳税担保的处理。

纳税担保解除处理业务适用于已经提供社会保险费缴费担保的缴费人或缴费担保人在规定的期限内缴纳社会保险费或复议决定撤销原具体行政行为后，税务机关解除缴费担保的处理。

（四）税款追征期

税款追征，是指纳税人未按照规定期限缴纳税款的，扣缴义务人未按照规定期限解缴税款的，税务机关应当责令其限期缴纳或者解缴等一系列行为。税款追征主要包括：责令限期缴纳税（费）款、纳税担保、税收保全、强制执行、行使代位权、撤销权、阻止出境、审计（财政）监督检查决定意见处理。

税款追征期是指当纳税人、扣缴义务人存在未缴或少缴税款时，税务机关可以对其未缴或少缴税款进行追征的期限，换言之，如果超过法定的税款追征期，纳税人、扣缴义务人可以不再补缴相应的税款。

1. 因税务机关责任致使纳税人不缴或少缴税款的，适用三年追征期

《税收征管法》第五十二条第一款规定，"因税务机关的责任，致使纳税人、扣缴义务人未缴或者少缴税款的，税务机关在三年内可以要求纳税人、扣缴义务人补缴税款，但是不得加收滞纳金"，《税收征管法实施细则》进一步明确，"《税收征管法》第五十二条所称税务机关的责任，是指税务机关适用税收法律、行政法规不当或者执法行为违法"。

2. 因纳税人计算错误等失误造成不缴或少缴税款的，适用三年（五年）追征期

《税收征管法》第五十二条第二款规定，"因纳税人、扣缴义务人计算错误等失误，未缴或者少缴税款的，税务机关在三年内可以追征税款、滞纳金；有特殊情况的，追征期可以延长到五年"；《税收征管法实施细则》进一步明确，"纳税人、扣缴义务人计算错误等失误"是指"非主观故意的计算公式运用错误以及明显的笔误"，"特殊情况"是指"未缴或者少缴、未扣或者少扣、未收或者少收税款，累计数额在10万元以上"。

3. 纳税人存在偷税、抗税、骗税情形的，无限期追征

《税收征管法》第五十二条第三款规定，"对偷税、抗税、骗税的，税务机关追征其未缴或者少缴的税款、滞纳金或者所骗取的税款，不受前款规定期限的限制"。

4. 纳税人不进行纳税申报造成不缴或少缴税款的，参照适用三年（五年）追征期

《国家税务总局关于未申报税款追缴期限问题的批复》（国税函〔2009〕326号）明确，"《税收征管法》第六十四条第二款规定的纳税人不进行纳税申报造成不缴或少缴应纳税款的情形不属于偷税、抗税、骗税，其追征期按照《税收征管法》第五十二条规定的精神，一般为三年，特殊情况可以延长至五年"。

《税收征管法》第六十四条第二款具体规定为，"纳税人不进行纳税申报，不缴或者少缴应纳税款的，由税务机关追缴其不缴或者少缴的税款、滞纳金，并处不缴或者

少缴的税款百分之五十以上五倍以下的罚款",此条款主要针对的是纳税人没有进行纳税申报造成不缴或者少缴税款的结果,同时又不构成偷税的情形。国税函〔2009〕326号对此情形明确,可以参照适用三年(五年)追征期。

5. 纳税人已形成欠缴税款的,无限期追征

《国家税务总局关于欠税追缴期限有关问题的批复》(国税函〔2005〕813号,以下简称"813号文")规定,"按照《税收征管法》和其他税收法律、法规的规定,纳税人有依法缴纳税款的义务。纳税人欠缴税款的,税务机关应当依法追征,直至收缴入库,任何单位和个人不得豁免。税务机关追缴税款没有追征期的限制"。

(五) 税收保全

税收保全,是指税务机关有根据认为纳税人有不履行纳税义务可能的,可以在规定的纳税期之前,责令限期缴纳应纳税款;在限期内发现纳税人有明显的转移、隐匿其应纳税的商品、货物以及其他财产或者应纳税的收入的迹象的,税务机关可以责成纳税人提供纳税担保。如果纳税人不能提供纳税担保,经县以上税务局(分局)局长批准,税务机关可以采取书面通知纳税人开户银行或者其他金融机构冻结纳税人的金额相当于应纳税款的存款,扣押查封纳税人的价值相当于应纳税款的商品、货物或者其他财产的税收保全措施。税务机关采取前款规定的措施应当书面通知纳税人并制作现场笔录。税收保全主要包括:实施保全、实施保全(简易)、提前处理保全财产、解除保全、税收保全延期处理。

1. 实施保全

实施保全是指税务机关对从事生产、经营的纳税人以前纳税期的纳税情况依法进行税务检查时,发现纳税人有逃避纳税义务行为,并有明显的转移、隐匿其应纳税的商品、货物以及其他财产或者应纳税的收入的迹象;或者在责令限期缴纳应纳税款限期内,发现纳税人有明显的转移、隐匿其应纳税的商品、货物以及其他财产或者应纳税的收入的迹象,责成纳税人提供纳税担保,纳税人不能提供纳税担保的;或者实施税收强制执行前需要采取税收保全措施的;经县以上税务局(分局)局长批准,可以采取扣押、查封纳税人的价值相当于应纳税款的商品、货物或者采取书面通知纳税人开户银行、其他金融机构冻结纳税人的金额相当于应纳税款的存款。

2. 实施保全(简易)

实施保全(简易)是指税务机关对未按照规定办理税务登记的从事生产、经营的纳税人以及临时从事经营的纳税人〔包括到外县(市)从事生产、经营而未向营业地税务机关报验登记的纳税人〕核定其应纳税额,责令缴纳。不缴纳的,可以扣押其价值相当于应纳税款的商品、货物。此业务处理完成后,税务人员应当在二十四小时内向行政机关负责人报告,并补办批准手续。若未批准,需撤销该实施保全措施。

3. 提前处理保全财产

提前处理保全财产,是指税务机关对从事生产、经营的纳税人以前纳税期的纳税情况依法进行税务检查时采取扣押查封措施,在税收保全期内,已采取税收保全措施的财物符合提前处理法定情形的,可以制作《税务事项通知书》,书面通知纳税人及时协助处理。

4. 解除保全

解除保全,是指纳税人在税务机关采取税收保全措施后,按照税务机关规定的期限缴纳税款的或者税务机关依法采取强制执行措施的,税务机关应当自收到税款或者银行转回的完税凭证之日起 1 日内解除税收保全,对被冻结的存款解除冻结,归还所扣押、查封的商品、货物或者其他财产。

有以下情形之一的,应当依法及时解除税收保全措施:

(1) 纳税人已按履行期限缴纳税款的;

(2) 税收保全措施被复议机关决定撤销的;

(3) 税收保全措施被人民法院裁决撤销的;

(4) 其他法定应当解除税收保全措施的。

5. 税收保全延期处理

税收保全延期处理是指税务机关对从事生产、经营的纳税人以前纳税期的纳税情况依法进行税务检查时,需要采取的查封、扣押期限一般不得超过六个月,重大案件需要延长税收保全期限的,应当逐级报请国家税务总局批准;其他情形下采取的税收保全措施,期限为 30 日,情况复杂的,可由批准采取税收保全的税务机关负责人批准,延长期限不得超过 30 日。税务人员制作《税务事项通知书》,告知纳税人税收保全延长的决定。

(六) 税收强制执行

税务机关发现税务行政相对人在税款、滞纳金、罚款限缴期限到期后仍不缴纳时,经催告后,通知银行或其他金融机构扣缴税务行政相对人的存款或扣押、查封、拍卖、变卖部分财产以抵缴税款、滞纳金或罚款。强制执行包括:强制执行登记、催告处理、强制扣缴、现金扣缴、拍卖变卖、申请法院强制执行、强制执行(解除)中止、终结处理、强制执行协议签订。

1. 强制执行登记

强制执行登记,是指对符合强制执行条件的案件进行登记,并选择强制执行措施。对符合下列强制执行登记条件的,或采取过强制执行措施,但未能执行或未能完全执行的,可进行强制执行登记:

(1) 采取税收保全措施后,限期期满仍未缴纳税款的;

(2) 设置纳税担保后，限期期满仍未缴纳所担保的税款的；

(3) 税务机关作出征税行为后，纳税人未依照税务机关根据法律、法规确定的税额、期限，缴纳或者解缴税款和滞纳金，也未提供相应的担保的。

(4) 逾期（《税务处理决定书》缴款时限）不按规定履行税务处理决定的；

(5) 申请人逾期不起诉又不履行复议决定的；

(6) 逾期不按规定履行税务行政处罚决定的；

(7) 当事人对税务机关的处罚决定逾期不申请行政复议也不向人民法院起诉又不履行的；

(8) 其他经责令限期缴纳，逾期仍未缴纳税款、规费的；

(9) 税务机关作出金钱给付义务依照《行政强制法》第四十五条规定实施加处罚款或者滞纳金超过三十日；

(10) 经催告，当事人逾期仍不履行行政决定，且无正当理由的；

(11) 呆账税金仍未缴纳的；

(12) 社会保险费强制登记后进行催告处理，催告处理后未改正的，启动强制扣缴。

2. 催告处理

税务机关作出强制执行决定前，应当事先催告当事人履行义务。税务机关申请人民法院强制执行前，应当催告当事人履行义务；催告书送达十日后当事人仍未履行义务的，税务机关可以依法采取强制执行，或向有管辖权的人民法院申请强制执行。对于实施加处罚款的，在告知当事人三十日后，也要进行催告处理。

3. 强制扣缴

当税务行政管理相对人未按限缴期限缴纳税款、滞纳金、罚款时，税务机关通过内部审批文书报经有审批权限的税务局局长批准后，决定对税务行政管理相对人采取强制扣缴措施，向其下达强制扣缴的书面文书，通知银行及其他金融机构从税务行政管理相对人存款中扣缴税款、滞纳金及罚款。

用人单位逾期仍未缴纳或者补足社会保险费的，社会保险费征收机构可以向银行和其他金融机构查询其存款账户；并可以申请县级以上有关行政部门作出划拨社会保险费的决定，书面通知其开户银行或者其他金融机构划拨社会保险费。

4. 现金扣缴

税务机关对税务行政管理相对人采取的强制执行措施中的一种。当税务行政相对人未按期限缴纳税款、滞纳金、罚款时，且有处于保全状态或担保状态的现金时，税务机关通过内部审批文书报经有审批权限的税务局局长批准后，决定对税务行政管理相对人采取现金扣缴措施，向其下达现金扣缴的书面文书，通知税务行政管理相对人扣缴税款、滞纳金及罚款决定及结果。

5. 拍卖变卖

当纳税人、扣缴义务人未在限期内缴纳或解缴税款，纳税担保人未按照规定的期限缴纳所担保的税款时，或者在稽查过程中对税收保全的商品、货物或者其他财产需要提前进行拍卖变卖处理的，经有审批权限的税务局局长批准，税务机关可以采取依法拍卖或者变卖所扣押、查封的商品、货物或者其他财产的措施，以拍卖或者变卖所得继续实施保全或者抵缴税款。

6. 申请法院强制执行

税务机关向法院申请强制执行有以下情形：

（1）在当事人对税务机关的征收行为、处罚决定逾期不申请行政复议也不向人民法院起诉又不履行时；复议申请人逾期不起诉又不履行行政复议决定的，或者不履行最终裁决的行政复议决定的，税务机关可以依法申请人民法院强制执行。

（2）当事人拒绝履行人民法院发生法律效力的判决、裁定的，税务机关可以依法向第一审人民法院申请强制执行。

税务机关向法院提出申请后，由法院采取强制执行措施。法院强制执行完毕，通知税务机关将税款、滞纳金、罚款、没收违法所得征收入库时，通知征收开票部门将上述款项征收入库。当事人包括从事生产经营的纳税人、扣缴义务人和非生产经营纳税人、扣缴义务人。

（3）用人单位未足额缴纳社会保险费且未提供担保的，社会保险费征收机构可以申请人民法院扣押、查封、拍卖其价值相当于应当缴纳社会保险费的财产，以拍卖所得抵缴社会保险费。

7. 强制执行（解除）中止、终结处理

（1）有下列情形之一的，税务机关中止执行：①当事人履行行政决定确有困难或者暂无履行能力的；②第三人对执行标的主张权利，确有理由的；③执行可能造成难以弥补的损失，且中止执行不损害公共利益的；④行政机关认为需要中止执行的其他情形。

（2）中止执行的情形消失后，税务机关应当恢复执行。

（3）强制执行终结处理，是指对没有明显社会危害，当事人确无能力履行，中止执行满三年未恢复执行的，行政机关不再执行。有下列情形之一的，终结执行：公民死亡，无遗产可供执行，又无义务承受人的；法人或者其他组织终止，无财产可供执行，又无义务承受人的；执行标的灭失的；据以执行的行政决定被撤销的；行政机关认为需要终结执行的其他情形。

8. 强制执行协议签订

税务机关在实施行政强制执行的过程中，可以在不损害公共利益和他人合法利益的情况下，与当事人达成执行协议。

（七）税收代位权

行使代位权，是指欠缴税款的纳税人怠于行使到期债权，对国家税收造成损害的，税务机关依法申请人民法院行使代位权。

（八）撤销权

行使撤销权，是指欠缴税款的纳税人放弃到期债权，无偿转让财产，或者以明显不合理的低价转让财产而受让人知道该情形，对国家税收造成损害的，税务机关依法申请人民法院行使撤销权。

（九）欠税管理

税务机关对欠税纳税人欠缴税款、债务清偿等进行管理的活动。欠税管理包括：欠税公告、抵缴欠税、增值税留抵抵欠、非居民欠税追缴、死欠核销、呆账录入、关停（空壳）企业欠缴税金确认。

1. 欠税公告

税务机关为了督促纳税人自觉缴纳欠税，防止新的欠税的发生，保证国家税款的及时足额入库，由县级以上各级税务机关将纳税人的欠税情况，在办税场所或者广播、电视、报纸、期刊、网络等新闻媒体上定期公告。

欠税是指纳税人、扣缴义务人、纳税担保人超过税收法律、行政法规规定的期限或者纳税人超过税务机关依照税收法律、行政法规规定确定的纳税期限（以下简称"税款缴纳期限"）未缴纳的税款，包括：

（1）办理纳税申报后，纳税人未在税款缴纳期限内缴纳的税款；

（2）经批准延期缴纳的税款期限已满，纳税人未在税款缴纳期限内缴纳的税款；

（3）税务检查已查定纳税人的应补税额，纳税人未在税款缴纳期限内缴纳的税款；

（4）税务机关根据《税收征管法》第27条、第35条核定纳税人的应纳税额，纳税人未在税款缴纳期限内缴纳的税款；

（5）纳税人的其他未在税款缴纳期限内缴纳的税款，公告的欠税不包括滞纳金和罚款。

欠税公告的数额实行欠税余额和新增欠税相结合的办法，对纳税人的以下欠税，税务机关可不公告：

①已宣告破产，经法定清算后，依法注销其法人资格的企业欠税；

②被责令撤销、关闭，经法定清算后，被依法注销或吊销其法人资格的企业欠税；

③已经连续停止生产经营1年（按日历日期计算）以上的企业欠税；失踪两年以上的纳税人的欠税。

欠税公告期限为企业或单位欠税的,每季公告一次;个体工商户和其他个人欠税的,每半年公告一次;走逃、失踪的纳税户以及其他经税务机关查无下落的非正常户欠税的,随时公告。

2. 抵缴欠税

依照税收法律法规,纳税人既有多缴应退税款又有欠缴税款的,税务机关可以将应退税款和利息先抵扣欠缴税款。

3. 增值税留抵抵欠

为了加强增值税管理,及时追缴欠税,解决增值税一般纳税人既有欠缴增值税,又有增值税留抵税额的问题,当增值税一般纳税人办理增值税纳税申报后,对有期末留抵税额,又有增值税欠税的,应以期末留抵税额抵减增值税欠税。

4. 非居民欠税追缴

(1) 在中国境内承包工程作业和提供劳务的非居民(包括非居民企业和非居民个人)逾期仍未缴纳税款的,项目所在地主管税务机关应自逾期之日起15日内,收集该非居民从中国境内取得其他收入项目的信息,并向其他收入项目支付人发出《非居民企业欠税追缴告知书》,并依法追缴税款和滞纳金。

(2) 按照《企业所得税法》第三十七条规定应当扣缴的税款,扣缴义务人应扣未扣的,由扣缴义务人所在地主管税务机关依照《行政处罚法》第二十三条规定责令扣缴义务人补扣税款,并依法追究扣缴义务人责任;需要向纳税人追缴税款的,由所得发生地主管税务机关依法执行。扣缴义务人所在地与所得发生地不一致的,负责追缴税款的所得发生地主管税务机关应通过扣缴义务人所在地主管税务机关核实有关情况;扣缴义务人所在地主管税务机关应当自确定应纳税款未依法扣缴之日起5个工作日内,向所得发生地主管税务机关发送《非居民企业税务事项联络函》,告知非居民企业涉税事项。

5. 死欠核销

欠缴税款的纳税人发生破产、撤销情形,经过法定清算,被国家主管机关依法注销或吊销其法人资格,纳税人已消亡,税务机关依照法律法规规定,根据法院判决书或法定清算报告,核销的欠缴税金及滞纳金、欠缴的税收罚款及没收违法所得。纳税人消亡后,税务机关又查处应补缴税款,且无可执行财产的,其无法追缴的查补税款、滞纳金、罚款及没收违法所得,应根据注销工商和税务登记的相关证明文件报省、自治区、直辖市和计划单列市税务机关确认核销。

"核销死欠"仅指税收会计在账务处理上的核销,是一种内部会计处理方法,并不是税务机关放弃追缴税款的权利。因此,省税务机关不得直接对纳税人批复核销税款,对下级机关的核销税款批复文件也不得发给纳税人。

凡符合核销条件的死欠税款,一律报省税务机关确认。

6. 呆账录入

税务机关将已经确认为呆账的2001年5月1日之前发生的欠缴税金录入系统,在账外单独设置"待清理呆账税金"科目专项核算,没有发生清缴和核销情形时,不再纳入"应征"类科目核算反映;发生清缴和核算情形时,收回的欠缴税金和按规定核销的死欠必须在清回和核销时列入"应征"类科目核算反映。

7. 关停(空壳)企业欠缴税金确认

对于各类欠缴税金发生相互结转情形时,除需要报批确认的欠缴税金外,其他情形应由会计人员自制凭证作为登记账簿的原始依据。

税款所属期为2001年5月1日之前的"三年以上呆账"和"三年以内呆账"发生关停、空壳企业呆账税金情形的,必须按每个纳税人分别报地市级税务机关进行确认。

税款所属期为2001年5月1日之后的欠缴税金,发生"关停""空壳"企业欠缴税金的,必须按每个纳税人分别报地市级税务机关进行确认。

(十) 不予加收滞纳金

主管税务机关依据税收法律、法规及相关规定,对涉及的纳税人、扣缴义务人不予加收滞纳金情形进行审批。

因税务机关的责任,致使纳税人、扣缴义务人未缴或者少缴税款的,税务机关在三年内可以要求纳税人、扣缴义务人补缴税款,但是不得加收滞纳金。

如有纳税人善意取得虚开的增值税专用发票且购货方不知取得的增值税专用发票是以非法手段获得的,又被依法追缴已抵扣税款的,不适用税务机关加收滞纳金的规定情形。

由于电子缴税故障等非纳税人、扣缴义务人原因,致使纳税人、扣缴义务人未缴或少缴税款而产生的滞纳金,税务机关依职权不予加收滞纳金。

(十一) 委托代征

税务机关根据《税收征管法实施细则》中有利于税收控管和方便纳税的要求,按照双方自愿、简便征收、强化管理、依法委托的原则和国家有关规定,委托有关单位和人员代征零星、分散和异地缴纳的税收的行为。

1. 委托协议签订

(1) 委托代征是指税务机关根据《税收征管法实施细则》有利于税收控管和方便纳税的要求,按照双方自愿、简便征收、强化管理、依法委托的原则和国家有关规定,委托有关单位和人员代征零星、分散和异地缴纳的税收的行为。

税务机关,是指县以上(含本级)税务局。税务机关应当与代征人签订《委托代征协议书》，明确委托代征相关事宜。

委托代征范围由税务机关根据《税收征管法实施细则》关于加强税收控管、方便纳税的规定，结合当地税源管理的实际情况确定。

税务机关不得将法律、行政法规已确定的代扣代缴、代收代缴税收，委托他人代征。

《委托代征协议书》有效期最长不得超过 3 年。有效期满需要继续委托代征的，应当重新签订《委托代征协议书》。

《委托代征协议书》签订后，税务机关应当向代征人提供受托代征税款所需的税收票证、报表。

在交通运输部直属海事管理机构（以下简称"海事管理机构"）登记的应税船舶，其车船税由船籍港所在地的税务机关委托当地海事管理机构代征。

税务机关与海事管理机构应签订委托代征协议书，明确代征税种、代征范围、完税凭证领用要求、代征税款的解缴要求、代征手续费比例和支付方式、纳税人拒绝纳税时的处理措施等事项，并向海事管理机构发放委托代征证书。

（2）税务机关可以与代征人签订代开发票书面协议并委托代征人代开普通发票。代开发票书面协议的主要内容应当包括代开的普通发票种类、对象、内容和相关责任。代开发票书面协议由各省、自治区、直辖市和计划单列市自行制定。

2. 委托协议终止

有下列情形之一的，税务机关可以向代征人发出《终止委托代征协议通知书》，提前终止委托代征协议：

（1）因国家税收法律、行政法规、规章等规定发生重大变化，需要终止协议的；

（2）税务机关被撤销主体资格的；

（3）因代征人发生合并、分立、解散、破产、撤销或者因不可抗力发生等情形，需要终止协议的；

（4）代征人有弄虚作假、故意不履行义务、严重违反税收法律法规的行为，或者有其他严重违反协议的行为；

（5）税务机关认为需要终止协议的其他情形。

终止委托代征协议的，代征人应自委托代征协议终止之日起 5 个工作日内，向税务机关结清代征税款，缴销代征业务所需的税收票证和发票；税务机关应当收回《委托代征证书》，结清代征手续费。

代征人在委托代征协议期限届满之前提出终止协议的，应当提前 20 个工作日向税务机关申请，经税务机关确认后按照《委托代征管理办法》第十四条的规定办理相关手续。

3. 委托协议公告

《委托代征协议书》签订后，税务机关应当向代征人发放《委托代征证书》，并在广播、电视、报纸、期刊、网络等新闻媒体或者代征范围内纳税人相对集中的场所，公告代征人的委托代征资格和《委托代征协议书》中的以下内容：

（1）税务机关和代征人的名称、联系电话，代征人为行政、事业、企业单位及其他社会组织的，应包括法定代表人或负责人姓名和地址；代征人为自然人的，应包括姓名、户口所在地、现居住地址；

（2）委托代征的范围和期限；

（3）委托代征的税种及附加、计税依据及税率；

（4）税务机关确定的其他需要公告的事项。

税务机关应当自委托代征协议终止之日起 10 个工作日内，在广播、电视、报纸、期刊、网络等新闻媒体或者代征范围内纳税人相对集中的场所，公告代征人委托代征资格终止和《委托代征管理办法》第十一条规定需要公告的《委托代征协议书》主要内容。

（十二）税务文书（电子文书）送达

税务人员将各环节制作好的需送达的各类税务文书，采用法定的送达方式送达文书。

自 2020 年 4 月 1 日起税务机关可以通过电子税务局等特定系统向纳税人、扣缴义务人送达。

（1）采取直接送达、委托送达方式送达的，由两个以上送达人员持《税务文书送达回证》及税务文书，将税务文书送达给文书受送达人，根据送达情况由文书受送达人、代收人、见证人、送达人在《税务文书送达回证》的相关栏目签字、盖章。

①受送达人是公民的，应当由本人直接签收；本人不在的，交其同住成年家属签收。

②受送达人是法人或者其他组织的，应当由法人的法定代表人、其他组织的主要负责人或者该法人、组织的财务负责人、负责收件的人签收。受送达人有代理人的，可以送交其代理人签收。

③受送达人或者《中华人民共和国税收征管法实施细则》规定的其他签收人拒绝签收税务文书的，送达人应当在送达回证上记明拒收理由和日期，并由送达人和见证人签名或者盖章，将税务文书留在受送达人处，即视为送达。

④直接送达税务文书有困难的，可以委托其他有关机关或者其他单位代为送达，或者邮寄送达。

⑤直接或者委托送达税务文书的，以签收人或者见证人在送达回证上的签收或者注明的收件日期为送达日期；邮寄送达的，以挂号函件回执上注明的收件日期为送达日期，并视为已送达。

⑥如果同一送达事项的受送达人众多，或者采用上述规定的其他送达方式无法送达，税务机关可以公告送达税务文书，自公告之日起满 30 日，即视为送达。但《催告书（行政强制执行适用）》《催告书（申请人民法院强制执行适用）》《社会保险费履行义务催告书（适用非全责征收地区）》《社会保险费履行义务催告书（适用全责征收地区）》《税收强制执行决定书（拍卖、变卖适用）》《税收强制执行决定书（扣缴税收款项适用）》公告送达期限为 60 日。

（2）收到送达人已签名的《税务文书送达回证》后，根据送达情况，将送达的相关信息进行处理，确认税务文书已送达。如税务机关采取电子送达税务文书的，税收征管系统制作《税务文书送达回证》。

①税务机关采取电子送达税务文书的前提为：受送达人同意采用电子送达税务文书，且签订《税务文书电子送达确认书》，税务机关才可以采用电子送达方式送达税务文书。

②税务机关采用电子送达方式送达税务文书的，以电子版式税务文书到达特定系统受送达人端的日期为送达日期，特定系统自动记录送达情况。

③税务机关向受送达人送达电子版式税务文书后，通过电话、短信等方式发送提醒信息。提醒服务不影响电子文书送达的效力。

④受送达人需要纸质税务文书的，可以通过特定系统自行打印，也可以到税务机关办税服务厅打印。

⑤税务处理决定书、税务行政处罚决定书（不含简易程序处罚）、税收保全措施决定书、税收强制执行决定书、阻止出境决定书以及税务稽查、税务行政复议过程中使用的税务文书等暂不适用电子送达。

四、个体工商户税收定期定额征收管理的相关操作规定

1. 定期定额户自行申报

定期定额户自行申报是指实行定期定额征税的个体工商户依照税收法律法规及相关规定确定的申报期限、申报内容，向税务机关申报缴纳税款的业务活动。

（1）定期定额户纳税人适用自行申报的情形：不适用简易申报的定期定额户、定期定额户因未签署三方协议不能简易申报、简易申报失败后由纳税人自行申报、未达起征点双定户达到起征点后申报、定期定额户超定额申报。

（2）定额与发票开具金额或税控收款机记录数据比对后，超过定额的经营额、所得额所应缴纳的税款；在税务机关核定定额的经营地点以外从事经营活动所应缴纳的税款。定期定额户发生上述情形，应当向税务机关办理相关纳税事宜。

（3）对实行简并征期的定期定额户，其按照定额所应缴纳的税款在规定的期限内申报纳税不加收滞纳金。

（4）定期定额户当期发生的经营额、所得额超过定额一定幅度的，应当在法律、行政法规规定的申报期限内向税务机关进行申报并缴清税款。具体幅度由省税务机关确定。

（5）增值税小规模纳税人核定定额的情形，通过"增值税小规模纳税人申报"业务申报，不适用此流程申报。

2. 定期定额户简易申报

实行简易申报的定期定额户，应当在税务机关规定的期限内按照法律、行政法规规定缴清应纳税款，当期（指纳税期，下同）可以不办理申报手续。

（1）定期定额户可以委托经税务机关认定的银行或其他金融机构办理税款划缴。

（2）凡委托银行或其他金融机构办理税款划缴的定期定额户，应当向税务机关书面报告开户银行及账号。其账户内存款应当足以按期缴纳当期税款。其存款余额低于当期应纳税款，致使当期税款不能按期入库的，税务机关按逾期缴纳税款处理；对实行简易申报的，按逾期办理纳税申报和逾期缴纳税款处理。

五、其他征管业务和流程

（一）财务报表报送与信息采集（企业会计准则）

1. 除全国千户集团总部及其成员企业外，执行企业会计准则的纳税人原则上仅需报送资产负债表和利润表，确需报送现金流量表、所有者权益变动表的，可由省、自治区、直辖市和计划单列市税务局确定。

2. 纳税人财务会计报表报送期间原则上按季度和年度报送。确需按月报送的，可由省、自治区、直辖市和计划单列市税务局确定。

3. 执行企业会计准则的非金融企业中，未执行新金融准则、新收入准则和新租赁准则的企业应当按照企业会计准则和《财政部关于修订印发2019年度一般企业财务报表格式的通知》（财会〔2019〕6号）附件1的要求编制财务报表；已执行新金融准则、新收入准则和新租赁准则的企业应当按照企业会计准则和《财政部关于修订印发2019年度一般企业财务报表格式的通知》（财会〔2019〕6号）附件2的要求编制财务报表；已执行新金融准则但未执行新收入准则和新租赁准则的企业，或已执行新金融准则和新收入准则但未执行新租赁准则的企业，应当结合《财政部关于修订印发2019年度一般企业财务报表格式的通知》（财会〔2019〕6号）附件1和附件2的要求对财务报表项目进行相应调整。

4. 执行企业会计准则的金融企业应当按照《财政部关于修订印发2018年度金融企业财务报表格式的通知》（财会〔2018〕36号）的要求编制财务报表，并结合《财政部关于修订印发2019年度一般企业财务报表格式的通知》（财会〔2019〕6号）附件的格式对金融企业专用项目之外的相关财务报表项目进行相应调整。未执行新金融工具准则的金融企业中，政策性银行、信托投资公司、租赁公司、财务公司、典当公司参照商业银行财务报表格式报送；担保公司参照保险公司财务报表格式报送；资产管理公司、基金公司、期货公司参照证券公司财务报表格式报送。

5. 全国千户集团总部及其成员企业应按照《国家税务总局关于规范全国千户集团及其成员企业纳税申报时附报财务会计报表有关事项的公告》（国家税务总局公告2016年第67号）在企业所得税预缴纳税申报时附报本级财务会计报表，以及税务机关根据实际需要要求附报的其他纳税资料，境外成员企业可暂不附报。年度终了，应在企业所得税年度纳税申报时，附报本级年度财务会计报表，以及税务机关根据实际需要要求附报的其他纳税资料。

（二）财务报表报送与信息采集（小企业会计准则）

在中华人民共和国境内依法设立的、符合《中小企业划型标准规定》所规定的小型企业标准，执行《小企业会计准则》的企业，应依照《小企业会计准则》要求、编制资产负债表、利润表、现金流量表。

1. 执行《小企业会计准则》的纳税人原则上仅需报送资产负债表和利润表，确需报送现金流量表的，可由省、自治区、直辖市和计划单列市税务局确定。

2. 纳税人财务会计报表报送期间原则上按季度和年度报送。确需按月报送的，由省、自治区、直辖市和计划单列市税务局确定。

3. 符合规定的小企业，可以执行《小企业会计准则》，也可以执行《企业会计准则》。

4. 执行《小企业会计准则》的小企业，发生的交易或者事项本准则未作规范的，可以参照《企业会计准则》中的相关规定进行处理。但执行《企业会计准则》的小企业，不得在执行《企业会计准则》的同时，选择执行《小企业会计准则》的相关规定。

纳税人在向主管税务机关报送财务报表之前，应进行财务会计制度及核算软件备案报告。

（三）财务报表报送与信息采集（企业会计制度）

在中华人民共和国境内设立的，除不对外筹集资金、经营规模较小的企业，以及金融保险企业外，执行《企业会计制度》的企业，应依照《企业会计制度》要求编制资产负债表、利润表、利润分配表、现金流量表、所有者权益（或股东权益）增减变动表。

1. 除全国千户集团总部及其成员企业外，执行《企业会计制度》的纳税人原则上仅需报送资产负债表和利润表，确需报送现金流量表、所有者权益（或股东权益）增减变动表的，由各省、自治区、直辖市和计划单列市税务局确定。

2. 纳税人财务会计报表报送期间原则上按季度和年度报送。确需按月报送的，由各省、自治区、直辖市和计划单列市税务局确定。

3. 全国千户集团总部及其成员企业应按照《国家税务总局关于规范全国千户集团及其成员企业纳税申报时附报财务会计报表有关事项的公告》（国家税务总局公告2016年第67号）在企业所得税预缴纳税申报时附报本级财务会计报表，以及税务机关根据实际需要要求附报的其他纳税资料，境外成员企业可暂不附报。年度终了，应在企业所得税年度纳税申报时，附报本级年度财务会计报表，以及税务机关根据实际需要要求附报的其他纳税资料。

4. 执行《投资公司会计核算办法》《民航企业会计核算办法》《保险中介公司会计核算办法》《勘探涉及企业会计核算办法》等其他财政部按照《企业会计制度》制定的行业会计核算办法和会计制度的纳税人，按照《企业会计制度》财务报表格式报送。

纳税人在向主管税务机关报送财务报表之前，应进行财务会计制度及核算软件备案报告。

（四）财务报表报送与信息采集（政府会计准则制度）

各级各类执行政府会计准则制度的行政单位和事业单位，应依照《政府会计制度——行政事业单位会计科目和报表》，编制资产负债表、收入费用表、净资产变动表、现金流量表。

1. 执行政府会计准则制度的纳税人原则上仅需报送资产负债表和收入费用表，确需报送净资产变动表、现金流量表的，可由省、自治区、直辖市和计划单列市税务局确定。

2. 纳税人财务会计报表报送期间原则上按季度和年度报送，确需按月报送的，由省、自治区、直辖市和计划单列市税务局确定。

纳税人在向主管税务机关报送财务报表之前，应进行财务会计制度及核算软件备案报告。

（五）财务报表报送与信息采集（其他会计制度）

其他会计制度包括：《民间非营利组织会计制度》《农民专业化合作社财务会计制度（试行）》《村集体经济组织会计制度》《个体工商户会计制度》《工会会计制度》。

在中华人民共和国境内依法设立的符合《民间非营利组织会计制度》（财会〔2004〕7号）规定特征的民间非营利组织，包括依照国家法律、行政法规登记的社会团体、基金会、民办非企业单位和寺院、宫观、清真寺、教堂等，执行《民间非营利组织会计制度》，应依照《民间非营利组织会计制度》、税收法律法规及相关规定，编制资产负债表、业务活动表、现金流量表。

依照《中华人民共和国农民专业合作社法》设立并取得法人资格的合作社，执行《农民专业合作社财务会计制度（试行）》，应依照《农民专业化合作社财务会计制度（试行）》编制资产负债表、盈余及盈余分配表、成员权益变动表。

按村或村民小组设置的社区性集体经济组织，执行《村集体经济组织会计制度》。代行村集体经济组织职能的村民委员会执行本制度。应依照《村集体经济组织会计制度》编制资产负债表、收益及收益分配表。

在中华人民共和国境内所有按规定需要建账的，执行《个体工商户会计制度》的个体工商户，应依照《个体工商户会计制度》编制资产负债表、应税所得表、留存利润表。

执行《工会会计制度》的各级工会组织，应依照《工会会计制度》编制资产负债表、收入支出表、往来款项明细表、经费收缴情况表。

1. 执行《民间非营利组织会计制度》《农民专业合作社财务会计制度（试行）》《村集体经济组织会计制度》《个体工商户会计制度》《工会会计制度》的纳税人具体报送的财务报表种类由各省、自治区、直辖市和计划单列市税务局确定。

2. 上述会计制度财务报表报送期间原则上按季度和年度报送，确需按月报送的，由省、自治区、直辖市和计划单列市税务局确定。

纳税人在向主管税务机关报送财务报表之前，应进行财务会计制度及核算软件备案报告。

（六）增值税、消费税汇总纳税报告

1. 业务概述

总机构和分支机构不在同一县（市）的，应当分别向各自所在地的主管税务机关申报纳税；经国务院财政、税务主管部门或者其授权的财政、税务机关批准，可以由总机构汇总向总机构所在地的主管税务机关申报纳税。

2. 办理规范

（1）受理。

①依法不属于本机关职权或受理范围的，制作《税务事项通知书》（不予受理通知），告知纳税人不予受理的原因。

②纳税人提交资料不齐全或不符合法定形式的，制作《税务事项通知书》（补正内容通知），一次性告知纳税人需补正的内容。

③纳税人提交资料齐全、符合法定形式的，制作《税务事项通知书》（受理通知），并填写受理信息，将申请信息及附送资料传递给确认人员。

(2) 确认。

对申请人申请信息进行确认，确认是否符合政策规定，签署确认意见。

(3) 发放。

出具《税务事项通知书》（汇总纳税通知）或《税务事项通知书》（不予汇总纳税通知）并发放。

(七) 税务认定资格取消

1. 业务概述

税务机关对日常管理、检查中发现纳税人已不符合税务认定条件的，取消其已认定的税务认定资格。需要结清应纳税款、滞纳金、罚款、缴销发票及有关证件的，同时处理。

2. 办理规范

(1) 处理。

纳税人已不符合税务认定条件的，由税务人员填写认定资格取消的相关信息，并传递给审批人员进行审批。

(2) 审批。

经核实不再具备税务认定资格条件的，审批人员签署意见后，制作打印《税务事项通知书》；经核实仍然具备税务认定资格条件的，签署意见为"不同意"，并进行归档。

(3) 发放。

发放人员根据终审意见，将签发的《税务事项通知书》（税务认定资格取消通知）送达给纳税人。

(八) 涉税信息查询管理

1. 业务概述

涉税信息查询管理，是指税务机关依法对外提供的信息查询服务。可以查询的信息包括由税务机关专属掌握可对外提供查询的信息，以及有助于纳税人履行纳税义务的税收信息。

各级税务机关应当采取有效措施，切实保障涉税信息查询安全可控。

纳税人可以通过网站、客户端软件、自助办税终端等渠道，经过有效身份认证和识别，自行查询税费缴纳情况、纳税信用评价结果、涉税事项办理进度等自身涉税信息。

2. 办理规范

(1) 申请。

经过有效身份认证和识别，无法直接获取的涉税信息，可以向税务机关提出涉税信息查询书面申请。

纳税人对查询结果有异议，提交相关证明材料等资料，可以向税务机关申请核实。

（2）受理。

纳税人提交资料齐全、符合法定形式的，税务机关应当在本单位职责权限内予以受理。根据查询申请查询相关信息，出具查询结果。

（3）发放。

发放人员出具《涉税信息查询结果告知书》送达给纳税人。

（4）核实。

纳税人对税务机关提供的信息有异议的，税务机关应当对信息进行核实，并将核实结果告知纳税人。

（九）税务行政许可申请事项的操作规范

根据《国务院办公厅关于全面实行行政许可事项清单管理的通知》（国办发〔2022〕2号）、《关于全面实行税务行政许可事项清单管理的公告》（国家税务总局公告2022年19号）要求，编列"增值税防伪税控系统最高开票限额审批"1项税务行政许可事项。《国家税务总局关于进一步简化税务行政许可事项办理程序的公告》（国家税务总局公告2019年第34号）发布的"对纳税人延期缴纳税款的核准""对纳税人延期申报的核准""对纳税人变更纳税定额的核准""对采取实际利润额预缴以外的其他企业所得税预缴方式的核定""企业印制发票审批"等5个事项不再作为行政许可事项管理。

1. 增值税专用发票（增值税税控系统）最高开票限额审批

（1）增值税专用发票（增值税税控系统）实行最高开票限额管理。

最高开票限额，是指单份专用发票开具的销售额合计数不得达到的上限额度。纳税人申请增值税专用发票最高开票限额不超过10万元的，即时办结，主管税务机关不需要事前进行实地查验。

（2）主管税务机关对辅导期纳税人实行限量限额发售专用发票。

实行纳税辅导期管理的小型商贸批发企业，领用专用发票的最高开票限额不得超过10万元；其他一般纳税人专用发票最高开票限额应根据企业实际经营情况重新核定。

（3）加强对风险纳税人的发票发放管理。

以下几类纳税人，主管税务机关可以严格控制其增值税专用发票最高开票限额：

①"一证多照"、无固定经营场所的纳税人；

②信用等级评价为D级或严重税收失信的纳税人；

③其法人或财务负责人曾任非正常户或走逃失联企业的法人或财务负责人的纳税人；

④其他税收风险等级较高的纳税人。

(4) 自 2018 年 8 月 1 日起，首次申领增值税发票的新办纳税人办理发票票种核定，增值税专用发票最高开票限额不超过 10 万元，每月最高领用数量不超过 25 份；增值税普通发票最高开票限额不超过 10 万元，每月最高领用数量不超过 50 份。

2. 对纳税人延期缴纳税款等税务事项管理方式

根据《国家税务总局关于优化纳税人延期缴纳税款等税务事项管理方式的公告》（国家税务总局公告 2022 年第 20 号）精神，自 2022 年 11 月 1 日起，税务总局决定进一步简化优化"对纳税人延期缴纳税款的核准""对纳税人延期申报的核准""对纳税人变更纳税定额的核准""对采取实际利润额预缴以外的其他企业所得税预缴方式的核定""确定发票印制企业"5 个事项的办理程序。

"对纳税人延期缴纳税款的核准""对纳税人延期申报的核准""对纳税人变更纳税定额的核准""对采取实际利润额预缴以外的其他企业所得税预缴方式的核定"4 个事项按照行政征收相关事项管理，依据《税收征管法》及其实施细则、《企业所得税法》及其实施条例等相关法律、行政法规规定实施，同时简化办理程序。

简化受理环节。将受理环节由 5 个工作日压缩至 2 个工作日。税务机关接收申请材料，当场或者在 2 个工作日内进行核对。材料齐全、符合法定形式的，自收到申请材料之日起即为受理；材料不齐全、不符合法定形式的，一次性告知需要补正的全部内容。将"对纳税人延期缴纳税款的核准"事项的受理机关由省税务机关调整为主管税务机关，取消代办转报环节。简并办理程序。将办理程序由"申请、受理、审查、决定"调整为"申请、受理、核准（核定）"。

(1) "对纳税人延期缴纳税款的核准"，税务机关收到纳税人延期缴纳税款申请后，对其提供的生产经营和货币资金情况进行核实，情况属实且符合法定条件的，通知纳税人延期缴纳税款。对该事项不再实行重大执法决定法制审核。

(2) "对纳税人延期申报的核准"，税务机关收到纳税人、扣缴义务人延期申报申请后，对其反映的困难或者不可抗力情况进行核实，情况属实且符合法定条件的，通知纳税人、扣缴义务人延期申报。

(3) "对纳税人变更纳税定额的核准"，税务机关收到纳税人对已核定应纳税额的异议申请后，按照《个体工商户税收定期定额征收管理办法》（国家税务总局令第 16 号公布，第 44 号修改）规定的核定程序重新核定定额并通知纳税人。

(4) "对采取实际利润额预缴以外的其他企业所得税预缴方式的核定"，税务机关收到纳税人企业所得税预缴方式核定申请后，对其反映的困难情况进行核实，情况属实且符合法定条件的，核定预缴方式并通知纳税人。

减少材料报送。对已实名办税纳税人、扣缴义务人的经办人、代理人，免予提供个人身份证件。

实行全程网办。税务机关依托电子税务局支持事项全程网上办理。经申请人同意，可以采用电子送达方式送达税务文书。

在符合法律、行政法规规定的前提下，各省税务机关可以进一步采取承诺容缺、压缩办结时限等措施优化事项办理程序。

（十）优惠核实确认事项的征管规范

纳税人享受减免税，应当提交核准材料，提出申请，经依法具有批准权限的税务机关按《税收减免管理办法》（国家税务总局公告 2011 年第 43 号）规定核准确认后执行。未按规定申请或虽申请但未经有批准权限的税务机关核准确认的，纳税人不得享受减免税。

1. 纳税人困难性减免城镇土地使用税。

城镇土地使用税困难减免税按年核准。因自然灾害或其他不可抗力因素遭受重大损失导致纳税确有困难的，税务机关应当在困难情形发生后，于规定期限内受理纳税人提出的减免税申请。其他纳税确有困难的，应当于年度终了后规定期限内，受理纳税人提出的减免税申请。

2. 其他地区地震受灾减免个人所得税。

因地震灾害造成重大损失的个人，可减征个人所得税。具体减征幅度和期限由受灾地区省、自治区、直辖市人民政府确定。

对地震受灾地区个人取得的抚恤金、救济金，免征个人所得税。

3. 其他自然灾害受灾减免个人所得税。

因严重自然灾害造成重大损失的，经批准可以减征个人所得税，其减征的幅度和期限由省、自治区、直辖市人民政府规定。

4. 地震灾害减免资源税。

纳税人开采或者生产应税产品过程中，因地震灾害遭受重大损失的，由受灾地区省、自治区、直辖市人民政府酌情决定减征或免征资源税。

5. 事故灾害等原因减免资源税。

纳税人开采或者生产应税产品过程中，因意外事故或者自然灾害等原因遭受重大损失的，由省、自治区、直辖市人民政府酌情决定减税或者免税。

6. 企业纳税困难减免房产税。

纳税人纳税确有困难的，可由省、自治区、直辖市人民政府确定，定期减征或者免征房产税。

7. 纳税人建造普通标准住宅出售，增值额未超过取得土地使用权所支付的金额、开发土地和新建房及配套设施的成本、开发土地和新建房及配套设施的费用、与转让房地产有关的税金扣除项目金额之和 20% 的，免征土地增值税。

8. 因城市实施规划、国家建设需要而搬迁，纳税人自行转让房地产免征土地增值税。

9. 因国家建设需要依法征用、收回的房地产减免土地增值税。

（十一）调查协查事项的征管规范

1. 调查巡查

调查巡查是指税务人员根据税源精细化管理的要求，或根据其他业务的需求，对纳税人进行了实地巡查和检查的过程，包括但不局限于：

（1）调查核实纳税人税务登记事项的真实性；

（2）掌握纳税人合并、分立、破产等信息；

（3）了解纳税人外出经营、注销、停业等情况；

（4）掌握纳税人户籍变化的其他情况；

（5）调查核实纳税人纳税申报（包括减免缓抵退税申请）事项和其他核定、认定事项的真实性；

（6）了解掌握纳税人生产经营、财务核算的基本情况；

（7）协定对方提请相互协商案件，需要由基层税务机关调查核实的事项；

（8）特别纳税调查选案阶段了解纳税人基本情况；

（9）情报交换管理中的情报核实；

（10）缔约国提请相互协商业务中，调查了解相互协商事项的情况。

2. 出口退（免）税实地核查

出口退（免）税实地核查事项是指调查评估人员根据出口退（免）税管理工作需要对出口企业进行实地核查的管理事项。

（1）发起。

出口企业符合规定情形的，由调查评估人员在系统中录入进户实地核查台账并经复审人员确认后发起出口退（免）税实地核查工作。

（2）核查。

按照法定权限、程序进入出口企业生产经营等场所，查看其生产经营情况、调阅企业账簿、现场取证。核查人员不得少于2人。对同一纳税人实施实地核查时，同一事项原则上不得重复进户。

（3）核查结果确认。

实地核查后，调查评估人员根据核查情况制作"出口退（免）税实地核查报告"，提出处理意见，传递至复审人员，经复审人员确认后，传递到相关岗位完成处理。

（十二）通知及送达事项的征管规范

1. 税务事项通知

（1）税务事项通知书。

税务机关向纳税人、扣缴义务人通知有关税务事项时使用《税务事项通知书》。除法定的专用通知书外,税务机关在通知纳税人缴纳税款、滞纳金,要求当事人提供有关资料,办理有关涉税事项时均可使用此文书。

(2) 社会保险费征缴事项通知。

需要向用人单位通知办理社会保险费缴费事项、要求用人单位提供担保和告知用人单位社会保险费征缴政策时,由税务人员制作《社会保险费征缴事项通知书》。

(3) 非居民限期履行纳税义务告知。

非居民企业和非居民个人在中国境内承包工程作业和提供劳务,工程或劳务项目完毕,未按期结清税款并已离境的,主管税务机关可制作《税务事项告知书》,通过信函、电子邮件、传真等方式,告知该非居民限期履行纳税义务,同时通知境内发包方或劳务受让者协助追缴税款。

(4) 应办理增值税一般纳税人登记告知。

增值税纳税人(以下简称"纳税人"),年应税销售额超过财务部、国家税务总局规定的小规模纳税人标准的,除《增值税一般纳税人登记管理办法》第四条规定的情形外,应当向其机构所在地主管税务机关办理一般纳税人登记手续。

(5) 非居民企业所得税源泉扣缴限期申报缴纳税款通知。

扣缴义务人未依法扣缴或者无法履行扣缴义务的,取得所得的非居民企业应当向所得发生地主管税务机关申报缴纳未扣缴税款,并填报"中华人民共和国扣缴企业所得税报告表"。

(6) 印有本单位名称增值税普通发票印制通知。

用票单位书面向省税务机关货劳部门提出要求使用印有本单位名称增值税普通发票,省税务机关货劳部门依据规定确认印制有本单位名称增值税普通发票种类、份数、发票代码和发票起止号码。省税务机关货劳部门机外确认后,直接录入并打印《印有本单位名称增值税普通发票印制通知书》。

(十三) 外部信息采集交互事项的征管规范

1. 信息收集

各级税务机关收集宏观经济信息、第三方涉税信息(含互联网涉税信息)、企业财务信息、生产经营信息、关联企业信息,整合不同应用系统信息,建立基础信息库,并定期予以更新,用于日常税源管理、信用动态监控和风险动态监控等税收管理事项。

(1) 信息收集。

各级税务机关应按照规范、统一的数据标准收集纳税人的收入、财产、投资、经营等涉税信息。信息收集的来源包括:

①第三方信息,如市场监督管理局、国土资源局等职能机构提供的信息;供电、供水等公共事业类企业提供的信息;其他政府部门和社会组织共享的信息。

②千户集团企业端数据。

③税务机关在日常税源管理、纳税评估、税务稽查过程中发现的税源信息、税收风险信息。

④其他可以获取的与企业经营相关的信息。

（2）信息收集的主要渠道。

①互联网；

②政务信息资源共享平台；

③人工收集。

（3）职责权限。

税务总局负责组织开展跨省数据集成和调度。省级、市级税务机关负责本级数据集成和调度。省级税务机关负责组织采集、审核、报送本省千户集团企业端数据，对千户集团的第三方信息进行整理、清洗和加载，并按要求上报税务总局大企业税收管理司。

各业务部门结合工作特点，承担分管税种或本部门业务的第三方涉税信息采集工作。

2. 简易注销信息反馈

税务部门通过信息共享获取市场监督管理部门推送的企业拟申请简易注销登记信息后，应按照规定的程序和要求，查询税务信息系统核实企业的相关涉税情况，对于经查询显示为以下情形的纳税人，税务部门不提出异议：

（1）未办理过涉税事宜的纳税人；

（2）办理过涉税事宜但没领过发票、没有欠税和没有其他未办结事项的纳税人；

（3）在公告期届满之日前已办结缴销发票、结清应纳税款等清税手续的纳税人。

对于仍有未办结涉税事项的企业，税务部门在公告期届满次日向市场监督管理部门提出异议。

3. 注销车辆购置税档案信息

注销车辆购置税档案是指当公安机关车辆管理机构和农业（农业机械）主管部门对机动车进行了报废处理后，车辆购置税主管税务机关，依据从公安机关车辆管理机构和农业（农业机械）主管部门交换来的数据，整理出公安机关车辆管理机构和农业（农业机械）主管部门已注销档案的车辆数据，注销相应的车辆购置税档案信息。

将公安机关车辆管理机构或农业（农业机械）主管部门已注销档案的车辆，注销车辆档案信息。

（十四）凭证及证件事项的征管规范

1. 票证计划

使用和管理税收票证的税务机关应根据本地区税收票证使用情况，定期编报各种纸质税收票证的领用计划,报送至发放或印制税收票证的税务机关。票证计划类别分为固定计划和追加计划两种。

根据下期(下季度或下年度)所需纸质税收票证使用数量编制本级税务机关"税收票证计划报表"。其中,省局、地市级税务机关税收票证管理员根据税务机关、年度票证计划、月度票证计划、票证计划类别四个要素汇总下级单位"税收票证计划报表",并可以参考本级库存和历史经验等因素,对汇总后的本级"税收票证计划报表"进行调整。

固定计划每期只能编制一次,追加计划每期可编制多次。

2. 票证领发

票证领发包含印刷税收票证、外部领取票证入库和税收票证发放。

(1) 印制入库。

(2) 外部入库。

(3) 领发纸质税收票证应当使用"税收票证领发单",领发双方共同清点、核对税收票证种类、字号、数量并互相签字(章)确认;领用单位(人)为税务机关税收票证开具人员、扣缴义务人和代征代售人的,领发双方还应互相登记《税收票证结报缴销手册》。

(4) 使用和管理税收票证的税务机关票证管理员向下级税务机关或用票人发放税收票证时,根据发放税收票证实物填制"税收票证领发单",并凭该单据办理税收票证发放手续。下级税务机关对上级税务机关,用票人向票证管理员上交票证时,视为下级税务机关向上级税务机关,用票人向票证管理员发放税收票证,由上交方税务机关票证管理员或用票人根据上交税收票证实物填制"税收票证领发单",并凭该单据办理税收票证上交手续。

3. 票证作废

税收票证作废,是指在税款征收或退还的过程中,因开具错误、已填开丢失联次或是单份税票因印刷质量不合格等原因,无法正常使用的,对税收票证进行作废处理。

可以进行作废处理的税票包括以下几种类型:《中华人民共和国税收缴款书(银行经收专用)》《税收电子缴款书》《中华人民共和国税收缴款书(出口货物劳务专用)》《中华人民共和国税收缴款书(税务收现专用)》"中华人民共和国印花税票销售凭证""当场处罚罚款收据"《中华人民共和国税收收入退还书》《税收收入电子退还书》《调库(更正)通知书》《中华人民共和国税收完税证明》《车辆购置税完税证明》《中华人民共和国税收缴款书(代扣代收专用)》等。

(1) 税收票证作废遵循"谁开具谁作废"原则,必须由原开具人作废税票。

(2) 因开具错误作废的纸质税收票证,应当在各联注明"作废"字样、作废原因和重新开具的税收票证字轨及号码。《中华人民共和国税收缴款书(税务收现专用)》

《中华人民共和国税收缴款书（代扣代收专用）》《中华人民共和国税收完税证明》应当全份保存；其他税收票证的纳税人所持联次或银行流转联次无法收回的，应当注明原因，并将纳税人出具的情况说明或银行文书代替相关联次一并保存。开具作废的税收票证应当按期与已填用的税收票证一起办理结报缴销手续，不得自行销毁。

（3）以下票证不能作废：《中华人民共和国税收缴款书（银行经收专用）》《税收电子缴款书》《中华人民共和国税收缴款书（出口货物劳务专用）》已进行上解销号，视同现金管理的全份税收票证已进行汇总，其他税票已进行结报缴销。

4. 票证结报缴销（用票人）

票证结报缴销（系统内）是指用票人向税务机关票证管理员进行经由系统开具或补录的税收票证结报缴销，是纸质税收票证结报缴销的一种。

票证结报缴销（系统外）是指用票人向税务机关票证管理员进行未经系统开具或补录的税收票证结报缴销，是纸质税收票证结报缴销的一种。

票证结报缴销（电子税票）是指数据电文税收票证可以由税收票证管理员按需或进行票证月结前，系统自动生成"税收票款结报缴销单"，自动确认结报缴销。

（1）结报。

用票人经由系统开具或补录税收票证后，持相关结报资料进行结报，使用和管理税收票证的税务机关票证管理员对数据与实物进行审核，填制"税收票证结报缴销单"进行确认，用票人当场确认结报数据，完成票证结报缴销。

（2）归档。

（3）办结时限。

当地设有国库经收处的，应于收取税款的当日或次日办理税收票款的结报缴销。当地未设国库经收处和代征代售人收取现金税款的，由各省税务机关确定办理税收票款结报缴销的期限和额度，并以期限或额度条件先满足之日为准。

5. 票证结报缴销（基层税务机关）

票证结报缴销（基层税务机关），是指基层使用和管理税收票证的税务机关票证管理员对下属用票人结报缴销的票证进行汇总，填制"税收票款结报缴销单"后向上级税务机关办理税收票证结报缴销。

（1）缴销。

使用和管理税收票证的基层税务机关票证管理员根据确认的票证结报缴销（系统内）和票证结报缴销（系统外），汇总产生"税收票证结报缴销单"（基层税务机关），向上级单位结报缴销开具或作废的税收票证。

上级票证管理员对基层税务机关汇总的"税收票款结报缴销单"进行结报缴销数据与实物审核，确认税收票证缴销数据后，完成票证缴销。

基层税务机关向上级或所属税务机关缴销税收票证的时限，由各省税务机关确定。

(2)归档。

6. 票证停用和批量作废审批

由于税收政策变动、式样改变等原因或全包、全本印制质量不合格的票证，在进行销毁前，必须做税收票证停用和批量作废审批处理。

(1)申请。

使用和管理税收票证的税务机关票证管理员在领发、开具税收票证时出现票证停用或全包、全本印制质量不合格，编制"税收票证停用和批量作废申请单"。

(2)审批。

有权限审批的税务机关收到上报来的"税收票证停用和批量作废申请单"进行审批。根据票证种类不同分别按以下层级进行审批：未填用的《中华人民共和国税收缴款书（出口货物劳务专用）》"出口货物完税分割单"、印花税票，由省级税务机关进行审批；未填用的《中华人民共和国税收缴款书（税务收现专用）》《中华人民共和国税收缴款书（代扣代收专用）》《中华人民共和国税收完税证明》，报经地市级税务机关批准；其他各种税收票证，报经区县或地市税务机关批准。

(3)归档。

7. 票证销毁

使用和管理税收票证的税务机关对保管到期已填用税收票证的存根联和报查联（作为税收会计凭证的除外）、全包全本印刷质量不合格的税收票证、停用税收票证、损毁和损失追回的税收票证、印发税务机关规定销毁的税收票证及需要销毁的税收票证专用章戳，保管期满的税收票证账簿、报表及各种税收票证资料进行销毁登记，在销毁申请信息审核批准后，各级税务机关组织、监督销毁票证。

(1)申请。

使用和管理税收票证的税务机关票证管理员根据实际清点情况，编制"税收票证销毁申请审批表"。

(2)审批。

根据票证种类不同分别按以下层级进行审批：未填用的《中华人民共和国税收缴款书（出口货物劳务专用）》"中华人民共和国出口货物完税分割单"、印花税票需要销毁的，由省级税务机关进行审批销毁；未填用的《中华人民共和国税收缴款书（税务收现专用）》《中华人民共和国税收缴款书（代扣代收专用）》《中华人民共和国税收完税证明》需要销毁的，报经地市级税务机关批准，指派专人到区县税务机关复核并监督销毁；其他各种税收票证、账簿和税收票证资料需要销毁的，报经区县或地市级税务机关批准销毁。税收票证专用章戳需要销毁的，由刻制税收票证专用章戳的税务机关销毁。印发税务机关规定销毁的税收票证由负责税收票证印制的税务机关审批并监督销毁。

(3) 销毁。

票证销毁申请经审批确认后，由申请税务机关票证管理员编制"税收票证销毁清册"，并据此进行票证实物销毁。未填用的《中华人民共和国税收缴款书（出口货物劳务专用）》"出口货物完税分割单"、印花税票需要销毁的，应当由两人以上共同清点，编制销毁清册，逐级上缴省税务机关销毁；未填用的《中华人民共和国税收缴款书（税务收现专用）》《中华人民共和国税收缴款书（代扣代收专用）》《中华人民共和国税收完税证明》需要销毁的，应当由两人以上共同清点，编制销毁清册，报经市税务机关批准，指派专人到县税务机关复核并监督销毁；其他各种税收票证、账簿和税收票证资料需要销毁的，由税收票证主管人员清点并编制销毁清册，报经县或市税务机关批准，由两人以上监督销毁；税收票证专用章戳需要销毁的，由刻制税收票证专用章戳的税务机关销毁。

8. 票证损失核销

开具税收票证（含未销售印花税票）发生毁损或丢失、被盗、被抢等损失的，受损单位应当及时组织清点核查，并由各级税务机关按照权限进行损失核销审批。毁损残票和追回的税收票证按规定进行销毁（参见票证销毁税务事项）。

税收票证专用章戳丢失、被盗、被抢的，受损税务机关应当立即向当地公安机关报案并逐级报告刻制税收票证专用章戳的税务机关；退库专用章丢失、被盗、被抢的，应当同时通知国库部门。重新刻制的税收票证专用章戳应当及时办理留底归档或预留印鉴手续。毁损和损失追回的税收票证专用章戳按规定进行销毁（参见票证销毁税务事项）。

（1）申请。

税务机关、税务机关税收票证开具人员、扣缴义务人、代征代售人等发生毁损或丢失、被盗、被抢等税收票证及税收票证专用章戳损失时，由税务机关票证管理员填制"税收票证损失核销报告审批单"。

（2）核查。

票证损失核销检查人对票证管理员填制的"税收票证损失核销报告审批单"进行核查，核查无误后按损失核销审批权限上报有权机关审批。

（3）审批。

《中华人民共和国税收缴款书（出口货物劳务专用）》"中华人民共和国出口货物完税分割单"、印花税票发生损失的，由省级税务机关审批核销；《中华人民共和国税收缴款书（税务收现专用）》《中华人民共和国税收缴款书（代扣代收专用）》《中华人民共和国税收完税证明》发生损失的，由地市级税务机关审批核销；其他各种税收票证发生损失的，由区县级税务机关审批核销。

9. 票证盘点

税务机关对结存的税收票证应当定期进行盘点，发现结存税收票证实物与账簿记录数量不符的，应当及时查明原因并报告上级或所属税务机关。

使用和管理税收票证的税务机关票证管理员和用票人定期或者不定期对结存的税收票证进行盘库和清点，根据实际票证盘点情况填制"税收票证盘点情况表"，对账面结存数与实际盘点结存数进行比对，如盘点过程出现损溢，须查明差异原因。盘点人查询被盘点单位（用票人）的票证库存（结存）情况，生成"税收票证库存查询一览表"。用票人只能查询自己的结存票证信息。

票证盘点为长出（盘盈），分情况进行处理：未验收入库，办理税收票证验收入库（参见票证入库税务事项）；上级税务机关错发长出，及时向上级税务机关反映报告，办理领发手续增加本级库存数据或交回税收票证；外部单位供票错误长出，补办税收票证入库增加本级库存（参见票证入库税务事项）；票证管理员错发长出，用票人向票证管理员办理领发手续增加本级库存或退回长出税收票证；其他原因视情况处理。

票证盘存结果为短少（盘亏），分情况进行处理：上级税务机关少发，及时向上级税务机关反映报告，办理领发手续或通过税收票证交回冲减本级库存；外部单位供票少供，通知补办税收票证入库；票证管理员少发，用票人向票证管理员反映报告，办理领发手续或通过税收票证交回冲减本级库存；因自然灾害，如水灾、火灾等人力不可抗拒造成损失或因被盗、丢失、被抢等原因，进行票证损失核销处理（参见票证损失核销税务事项）；其他原因视情况处理。

10. 票证检查

票证检查是县级（含县级）以上税务机关依据税收法律法规、税收票证管理办法及国家预算制度，对税收票证的印制、领发、保管、使用、结报缴销、作废、停用、损失核销和核算进行的检查。

税务机关应当定期对本级及下级税务机关、税收票证印制企业、扣缴义务人、代征代售人、自行填开税收票证的纳税人税收票证及税收票证专用章戳管理工作进行检查。省级税务机关根据《税收票证管理办法》（国家税务总局令第28号）规定，负责制定本地区的具体税收票证检查办法。

（1）检查。

区县级（含区县级）以上税务机关按照票证管理规定进行票证检查。使用和管理税收票证的税务机关票证管理员，根据本地区制定的具体税收票证检查办法，通过系统初步检查，对票证管理各环节存在的异常现象进行统计，列示"系统初步检查清单"，根据检查结果进行后续处理。

①票证领发数量检查：检查票证领用数量是否超过本地区的规定。

②票证结报缴销检查：检查用票人已填开但超过时限未结报的税票，基层税务所（分局）超过时限未缴销的"税收票款结报缴销单"。

③作废票证检查：检查税票作废是否符合规定和手续；检查票证作废率是否超过本地区指定标准；对于税票已作废的同一笔应征税款是否有重新开票；对于同一笔应征税款重新开票金额与作废税票金额是否一致。

（2）差错处理。

对通过票证检查发现的差错票，须进行相应的差错处理，办理"票证审核及差错处理"业务。

11. 归档

税务机关应当及时对已经开具、作废的税收票证、账簿以及其他税收票证资料进行归档保存。纸质税收票证、账簿以及其他税收票证资料，应当整理装订成册，保存期限5年；作为会计凭证的纸质税收票证保存期限15年。数据电文税收票证、账簿以及其他税收票证资料，应当通过光盘等介质进行存储，确保数据电文税收票证信息的安全、完整。

票证管理员对已经开具或作废的税收票证、票证账簿以及其他税收票证资料进行统计，定期或不定期对票证管理相关资料进行归档，填制"税收票证归档清单"。税收票证和记账凭证一经归档不允许进行修改与作废。

（十五）征缴管理事项的征管规范

1. 缴（退）库凭证销号

缴款书上解销号是指税务机关对税款缴入国库经收处的《中华人民共和国税收缴款书（银行经收专用）》《中华人民共和国税收缴款书（出口货物劳务专用）》《税收电子缴款书》进行上解销号的过程。

缴款书入库销号是指税务机关对税款缴入中国人民银行国库的《中华人民共和国税收缴款书（银行经收专用）》《中华人民共和国税收缴款书（出口货物劳务专用）》《税收电子缴款书》进行入库销号的过程。

收入退还书销号是指税务机关对税款从中国人民银行国库部门退回的《税收收入退还书》《电子税收收入退还书》进行销号的过程，退库日期为税款从中国人民银行国库部门退还的日期。

更正（调库）通知书销号是指对收到的经国库盖章的《更正（调库）通知书》进行销号的行为。

（1）销号。

①对商业银行（国库经收处）返回的票证《中华人民共和国税收缴款书（银行经收专用）》《中华人民共和国税收缴款书（出口货物劳务专用）》《税收电子缴款书》进行缴款书上解销号处理，以商业银行（国库经收处）收讫章日期为上解日期，该日期也是确定纳税人滞纳时间的终止日期。

②对中国人民银行国库返回的税款入库凭证（缴款书回执联）进行缴款书入库销号处理。需要进行入库销号处理的包括《中华人民共和国税收缴款书（银行经收专用）》《中华人民共和国税收缴款书（出口货物劳务专用）》和《税收电子缴款书》。

缴款书入库销号，以国库盖章日期为入库日期。不入国库的费用、基金不作入库销号。

③对中国人民银行国库返回的《税收收入退还书》《电子税收收入退还书》进行收入退还书销号处理。办理出口退（免）税退库时，如金税三期税收管理信息系统已开具收入退还书的，应在接收到销号信息后，设置相应销号标志。

④对经国库盖章的《更正（调库）通知书》进行销号处理，更正（调库）日期为国库部门返回的更正（调库）通知书上的章戳日期。

（2）归档。

2. 金库对账

金库对账是指税务机关与国库对税款缴库、退库、调库数据进行核对的过程。

（1）对账。

税务机关将同级国库转来的"预算收入日（旬、月、年）报表"的本期数及累计数与已销号处理的各类缴款书、税收收入退还书、调库（更正）通知书的合计数按预算级次、预算科目逐项进行核对，根据实际工作需要进行对账。

（2）处理。

如果是税务方遗漏入库销号的，办理"缴（退）库凭证销号"进行缴款书入库销号；如果是国库尚未入库但税务方误作入库销号的，办理入库销号的补偿业务，解除入库销号。

（十六）税务事项容缺办理

1. 容缺办理事项

符合容缺办理情形的纳税人，可以选择《国家税务总局关于部分税务事项实行容缺办理和进一步精简涉税费资料报送的公告》（国家税务总局公告2022年第26号）文件中所列的一项或多项税费业务事项，按照可容缺资料范围进行容缺办理。容缺办理的纳税人签署《容缺办理承诺书》，书面承诺知晓容缺办理的相关要求，愿意承担容缺办理的相关责任。对符合容缺办理情形的纳税人，税务机关以书面形式（含电子文本）一次性告知纳税人需要补正的资料及具体补正形式、补正时限和未履行承诺的法律责任，并按照规定程序办理业务事项。

2. 容缺办理资料补正

纳税人可选择采取现场提交、邮政寄递或税务机关认可的其他方式补正容缺办理资料,补正时限为20个工作日。采取现场提交的,补正时间为资料提交时间;采取邮政寄递方式的,补正时间为资料寄出时间;采取其他方式的,补正时间以税务机关收到资料时间为准。纳税人应履行容缺办理承诺,承担未履行承诺的相关责任。纳税人未按承诺时限补正资料的,相关记录将按规定纳入纳税信用评价。

3. 不适用容缺办理的情形

重大税收违法失信案件当事人不适用容缺办理。相关当事人已履行相关法定义务,经实施检查的税务机关确认的,在公布期届满后可以适用容缺办理。超出补正时限未提交容缺办理补正资料的纳税人,不得再次适用容缺办理。

(十七)"非接触式"办税缴费事项

为贯彻中办、国办印发的《关于进一步深化税收征管改革的意见》精神,税务部门不断拓展"非接触式""不见面"办税缴费服务,扩大跨省经营企业全国通办涉税涉费事项范围,持续改进办税缴费方式,切实减轻办税缴费负担,更好服务经营主体发展,并根据最新政策及业务调整情况,及时更新《"非接触式"办税缴费事项清单》233项"非接触式"办税缴费事项。在此基础上,税务部门还将进一步依托电子税务局、手机APP、邮寄、传真、电子邮件等方式,不断拓宽"非接触式"办税缴费渠道,对部分复杂事项通过线上线下结合办理的方式,更好地为纳税人、缴费人服务。

第三节 法律追责与救济事项

一、违法处置业务处理基本要点

违法处置的主要内容包括:税收(规费)违法行为处理,责令限期改正,简易程序处罚,一般程序处罚,税务行政处罚听证、税务行政处罚案件集体审议、查补税款和罚款变更或补充处理、延(分)期缴纳罚款申请审批、提请吊销营业执照、停供(收缴)、解除停供(收缴)发票、税收违法行为检举管理、税务处理决定处理。

(一)税收(规费)违法行为处理

在税收征收管理工作中发现的税收(规费)违法行为,登记、处理、跟踪税收违法行为处理的状态并对税收违法行为处理进行终结审核。

(二)责令限期改正

纳税人、扣缴义务人及其他相关单位和个人有违法违章行为的,如未自行申报、按时足额缴纳社会保险费税务机关进行税收违法行为登记,由办理人员制作《责令限期改正通知书》，并将文书送达当事人。

（三）简易程序处罚

简易程序处罚，是指税务机关对违法事实确凿并有法定依据，对公民处以 200 元以下、对法人或者其他组织处以 1 000 元以下罚款或警告的行政处罚。

（四）一般程序处罚

一般程序处罚决定处理业务适用于对违反税收法律，且不适用简易程序处罚的税收违法行为实施行政制裁的处理。一般程序处罚决定包括一般程序处罚决定处理、税务行政处罚事项告知处理。

（五）税务行政处罚听证

税务机关拟对公民处以 2 000 元（含）以上，对法人或其他组织处以 1 万元（含）以上的罚款或吊销发票准印证等处罚，向公民、法人或其他组织送达《行政处罚事项告知书》或《税务行政处罚事项告知书》，当事人提出行政处罚听证申请的，依法审查受理行政处罚听证申请、组织实施听证。税务机关应当在收到当事人听证要求后 7 日内将《税务行政处罚听证通知书》送达当事人，15 日内举行听证。

（六）税务行政处罚案件集体审议

对情节复杂、争议较大、处罚较重、影响较广或者拟减轻处罚等税务行政处罚案件，应当经过集体审议决定。

（七）查补税款和罚款变更或补充处理

在复查案件中出现查补税款和罚款变更或补充处理情形，在行政复议、行政诉讼案件中出现撤销或部分撤销、重新作出行政行为，或者未经复议及诉讼，但是在《税务处理决定书》《税务行政处罚决定书》等决定性文书送达后，税务机关发现原行政行为确有错误，作出行政决定的税务机关可以改变行政行为，查补税款、变更罚款、补充处理。

（八）延（分）期缴纳罚款申请审批

被处罚对象确有经济困难，需要延期或者分期缴纳罚款的，经被处罚对象（当事人）申请和税务机关批准，可以暂缓或者分期缴纳。

（九）提请吊销营业执照

对不办理税务登记，且经税务机关责令限期改正，逾期不改正的纳税人，税务机关提请市场监督管理部门吊销其营业执照。

（十）停供（收缴）、解除停供（收缴）发票

从事生产、经营的纳税人、扣缴义务人有《中华人民共和国税收征收管理法》规定的税收违法行为，拒不接受税务机关处理，税务机关可以收缴其发票或者停止向其发售发票。停供（收缴）发票后，纳税人、扣缴义务人接受税务机关处理的，税务机关恢复向其发售发票和返还收缴的空白发票。

（十一）税收违法行为检举管理

税收违法行为检举管理包括：税收违法行为检举事项管理、税收违法行为检举奖励管理。税收违法行为检举事项管理是指单位、个人采用书信、互联网、传真、电话、来访等形式，向税务机关检举纳税人、扣缴义务人税收违法行为线索，税务机关对检举事项进行受理、登记、实施转办（交办）、检查、案件信息跟踪、对检举人反馈税收违法行为检举查办结果等事项的业务处理过程。

（十二）税务处理决定处理

税务机关对各类税收违法行为依据有关税收法律、行政法规、规章作出处理决定，经过审批后，出具《税务处理决定书》的处理。

二、税款追征业务的处理基本要点

（一）催报催缴管理

纳税人、扣缴义务人未按照规定的期限办理纳税申报和报送有关资料的，税务机关按规定进行催报处理；税务机关对纳税人、扣缴义务人应缴未缴（指已形成应征税款但未按规定期限解缴入库）税款进行催缴处理。

1. 催报处理

纳税人必须依照法律、行政法规规定或者税务机关依照法律、行政法规的规定确定的申报期限、申报内容如实办理纳税申报，报送纳税申报表、财务会计报表以及税务机关根据实际需要要求纳税人报送的其他纳税资料。

扣缴义务人必须依照法律、行政法规规定或者税务机关依照法律、行政法规的规定确定的申报期限、申报内容如实报送代扣代缴、代收代缴税款报告表以及税务机关根据实际需要要求扣缴义务人报送的其他有关资料。

税务机关对未按规定期限办理纳税（费）申报、报送财务报表等有关资料（指资产负债表、利润表、企业财务信息采集表等）的纳税人（缴费人）、扣缴义务人按规定

生成催报清册，采用科学、合理的办法对纳税人（缴费人）进行催报处理。

对未按规定期限办理单位社会保险费的用人单位（包含未全员扣缴职工个人的用人单位）按规定生成催报清册，采用科学、合理的办法对纳税人（缴费人）进行催报处理。

纳税人未按照规定的期限办理纳税申报和报送纳税资料的，或者扣缴义务人未按照规定的期限向税务机关报送代扣代缴、代收代缴税款报告表和有关资料的，由税务机关责令限期改正，可以处二千元以下的罚款；情节严重的，可以处二千元以上一万元以下的罚款。

2. 催缴处理

（1）税务机关对应缴未缴［指已形成应征税（费）款但未按规定期限解缴入库］的纳税人、缴费人、扣缴义务人制作逾期未缴款清册，采用科学、合理的办法对纳税人进行催缴处理。

（2）纳税人、缴费人、扣缴义务人必须依照法律、行政法规的规定缴纳税款、代扣代缴、代收代缴税款。纳税人、扣缴义务人在规定期限内不缴或者少缴应纳或者应解缴的税款，经税务机关责令限期缴纳，逾期仍未缴纳的，税务机关除依照《税收征管法》第40条的规定采取强制执行措施追缴其不缴或者少缴的税款外，可以处不缴或者少缴的税款50%以上5倍以下的罚款。

（3）自2011年7月1日起，用人单位未按时足额缴纳社会保险费的，由社会保险费征收机构责令限期缴纳或者补足，并自欠缴之日起，按日加收万分之五的滞纳金。滞纳金并入社会保险基金。系统对应缴未缴社保费的缴费人，按照费种认定的期限分费种生成逾期未缴款清册，由主管税务机关依法进行催缴处理。

（二）阻止出境

阻止出境，是指为了保证国家税收，防止逃避纳税义务，税务机关对欠缴税款的纳税人在离开国境前采取的限制性措施。欠缴税款的纳税人或者其法定代表人需要出境的，应当在出境前向税务机关结清应纳税款、滞纳金或者提供担保。未结清税款、滞纳金，又不提供纳税担保，税务机关可以通知出境管理机关阻止其出境。阻止出境包括：布控、撤控。

（三）审计（财政）监督检查决定意见处理

被审计、检查单位有税收违法行为的，审计、检查单位下达决定、意见书，责成被审计、检查单位向税务机关缴纳税款、滞纳金时，税务机关应当根据有关机关的决定、意见书，依照税收法律、行政法规的规定，将应收的税款、滞纳金按照国家规定的税收征收管理范围和税款入库预算级次缴入国库。

办理人员根据接受外部审计或财政监督检查机关征收税款决定书意见及附件，依照税收法律、行政法规的规定，将应收的税款、滞纳金按照国家规定的税收征收管理范围和税款入库预算级次缴入国库，或根据有关意见转相关部门处理。

税务机关应当自收到审计机关、财政机关的决定、意见书之日起 30 日内，将执行情况书面回复审计机关、财政机关。

三、税务行政复议、税务行政诉讼、税务行政赔偿处理的基本要点

税务行政救济主要包括：税务行政复议、税务行政诉讼、税务行政赔偿、税务行政补偿、申请税务人员回避处理、重新作出行政行为处理。

（一）税务行政复议

税务行政相对人认为税务机关的具体行政行为侵犯其合法权益，向税务行政复议机关申请行政复议，复议机关据复议审查结果依法作出行政复议决定，并对有关决定依法执行的过程。

1. 复议申请管理

税务行政相对人认为税务机关的行政行为侵犯其合法权益，依法向税务行政复议机关提出行政复议申请，税务行政复议机关对行政复议申请进行依法审查并作出相应处理的过程。复议申请管理主要包括：复议申请处理、准予撤回复议申请。

2. 复议监督处理

行政复议机关的上级机关对复议机关处理的行政复议实施监督的制度。

复议监督处理主要包括：责令受理、责令行政复议机关恢复审理和提审。

3. 复议审查管理

复议审查管理主要内容包括：被申请人是否具有执法资格；具体行政行为事实是否清楚，证据、理由是否确凿、充分；具体行政行为是否有法律依据或依据是否合法；作出具体行政行为的程序是否合法；具体行政行为有无明显不当等。

（1）答复举证。

行政复议机关受理行政复议申请后，被申请人应当在收到《行政复议答复通知书》之日起 10 日内作出书面答复，并提交当初作出具体行政行为的证据、依据和其他有关材料。

（2）复议听证。

行政复议机构对重大、复杂的案件，申请人提出要求时，可以采取听证的方式进行案件的审理。对重大、复杂的案件，行政复议机构认为必要时，可以采取听证的方式审理。

（3）停止具体行政行为处理。

行政复议期间具体行政行为原则上不停止执行，但是有下列情形之一的，可以停止

执行；被申请人认为需要停止执行的；行政复议机关认为需要停止执行的；申请人申请停止执行，行政复议机关认为其要求合理，决定停止执行的；法律规定停止执行的。

(4) 规范性文件处理。

主要包括以下三种情形：一是申请人在提出行政复议申请时，同时提出对规范性文件处理的审查申请，需要依法进行处理；二是申请人在对具体行政行为提出行政复议申请时尚不知道该具体行政行为所依据的规定的，可以在行政复议机关作出行政复议决定前向行政复议机关提出对该规定的审查申请，需要依法进行处理；三是行政复议机关在审查过程中发现复议申请对应具体行政行为所依据的规范性文件不合法，需要依法进行处理。

(5) 规范性文件审查决定。

复议机关无权处理的，复议机关制作《规范性文件处理转送函（一）》或《规范性文件处理转送函（二）》，在7日内按照法定程序转送有权处理的行政机关依法处理。有权审查的税务机关接到转送函后，规范性文件处理启动角色对规范性文件转送函进行登记。

(6) 行政复议期限特殊处理包括：延长复议期限通知、中止（恢复）复议处理。

4. 行政复议处理

行政复议处理主要内容包括：驳回复议申请、维持原行政行为、变更原行政行为、撤销原行政行为、责令限期履行、和解处理、调解处理、复议终止。

5. 责令限期履行行政复议决定处理

被申请人不履行或者无正当理由拖延履行行政复议决定的，行政复议机关或者有关上级行政机关应当责令其限期履行。

6. 行政复议意见和建议反馈

复议意见处理，是指在行政复议期间，行政复议机构发现被申请人或者其他下级行政机关的相关行政行为违法或者需要做好善后工作的，可以制作行政复议意见书。有关机关应当自收到行政复议意见书之日起60日内将纠正相关行政违法行为或者做好善后工作的情况通报行政复议机构。

复议建议处理，是指在行政复议期间，行政复议机构发现法律、法规、规章实施中带有普遍性的问题，可以制作行政复议建议书，向有关机关提出完善制度和改进行政执法的建议。

7. 查阅行政复议资料

申请业务适用于申请人和第三人申请查阅相关案卷材料，经复议机关核准后，用于记录查阅复议材料的情况。

(二) 税务行政诉讼

税务行政诉讼包括：应诉管理、应诉特殊业务处理、撤销（变更）具体行政行为。

1. 应诉管理

包括：一审应诉管理、二审应诉管理、再审应诉管理。

2. 应诉特殊业务处理

包括：管辖异议处理、延期开庭处理、委托处理、延期提供证据申请、调取证据申请、补充证据、证据保全处理、财产保全处理、回避申请处理、向人民法院提请复议、中止审理申请、税务机关上诉处理、税务机关申诉与请求抗诉处理、负责人不能出庭情况说明。

3. 撤销（变更）具体行政行为

税务机关发现本机关作出的具体行政行为确有错误，可以变更、撤销或部分撤销行政行为；在诉讼过程中发现本机关作出的具体行政行为确有错误，可以在人民法院对案件宣告判决或者作出裁定前变更、撤销或部分撤销被诉具体行政行为，应诉的税务机关就被诉具体行政行为重新作出决定后，书面告知人民法院和其他各方当事人。

（三）税务行政补偿

税务机关因国家利益、公共利益或其他法定事由需要撤回或变更行政决定，对税务行政管理相对人因此而受到的财产损失依法予以补偿。

1. 赔偿申请处理

赔偿请求人可以自行提起税务行政赔偿（书面或口头形式），也可以委托他人向作为赔偿义务机关的税务机关提起行政赔偿申请，赔偿请求人提出赔偿申请后，赔偿义务机关须及时登记赔偿请求信息。

赔偿义务机关在受理后，经过审查、审理和审批后，作出给予或不予赔偿的决定，送达赔偿请求人，履行赔偿义务；赔偿决定须在受理赔偿申请后 2 个月内作出。

赔偿请求人对税务机关作出的具体行政行为不服，提出税务行政复议或税务行政诉讼时一并提出赔偿请求，此时由行政复议机关或人民法院按照行政复议程序和行政诉讼程序，根据《中华人民共和国国家赔偿法》的有关规定，在作出行政复议决定或判决（或裁定）的同时作出行政赔偿决定或裁判，则不适用本流程。

2. 赔偿申请撤回

赔偿义务机关受理赔偿请求人赔偿申请后，在作出赔偿决定之前，赔偿请求人请求撤回赔偿申请，经说明理由，若撤回申请理由合理，赔偿义务机关记录备案，终止赔偿案件办理的过程。

3. 赔偿追偿

致害的税务机关作为赔偿义务机关代表国家予以赔偿后，向有故意或者重大过失的工作人员或者受委托的组织或者个人追偿部分或者全部赔偿费用。

（四）申请税务人员回避处理

申请税务人员回避处理业务适用于税务机关对当事人提出的回避申请处理。税务人员在核定应纳税额、调整税收定额、进行税务检查、实施税务行政处罚、办理税务行政复议、实施听证时，当事人认为税务人员与纳税人、扣缴义务人等行政相对人或者其法定代表人、直接责任人有利害关系的有权申请回避。对驳回申请回避的决定，如果法律法规允许当事人复核一次，税务机关应当准许。

（五）重新作出行政行为处理

行政复议机关在审理复议案件后，认定具体行政行为存在主要事实不清、证据不足、适用依据错误、违反法定程序、超越或滥用职权、具体行政行为明显不当等情形时，决定撤销、变更或者确认该具体行政行为违法；决定撤销或者确认该具体行政行为违法的，可以责令被申请人在一定期限内重新作出具体行政行为；人民法院在审理行政诉讼案件中，如果存在主要证据不足、适用法律法规错误、违反法定程序、超越或滥用职权等行为，可以判决撤销或者部分撤销具体行政行为，并可以判决被告重新作出行政行为。

税务机关在法律、法规、规章规定的期限内重新作出具体行政行为；法律、法规、规章未规定期限的，重新作出具体行政行为的期限为60日；或在人民法院裁判书中确定的期限内重新作出具体行政行为。

四、了解税务行政处罚程序的基本要点

（一）简易程序处罚

简易程序处罚，是指税务机关对违法事实确凿并有法定依据，对公民处以50元以下、对法人或者其他组织处以1 000元以下罚款或警告的行政处罚。对社会保险费的违法违章进行处罚，各地根据是否有处罚权确定是否启动本事项。

（二）一般程序处罚

一般程序处罚决定处理业务适用于对违反税收法律且不适用简易程序处罚的税收违法行为实施行政制裁的处理。依法应当给予行政处罚的，行政机关必须查明事实；必须全面、客观、公正地调查，收集有关证据；必要时，依照法律、法规的规定，可以进行检查。行政机关在调查或者进行检查时，执法人员不得少于两人，并应当向当事人或者有关人员出示证件，询问或者检查应当制作笔录。行政机关必须

充分听取当事人的意见,对当事人提出的事实、理由和证据,应当进行复核;当事人提出的事实、理由或者证据成立的,行政机关应当采纳。行政机关不得因当事人申辩而加重处罚。

1. 一般程序处罚决定

一般程序处罚决定,是指税务机关对违反税收法律及社会保险法,且不适用简易程序处罚的税收、社会保险费等规费违法行为实施行政制裁的处理。一般程序处罚决定包括一般程序处罚决定处理、税务行政处罚事项告知处理。

税务机关作出行政处罚决定之前,告知当事人作出行政处罚决定的事实、理由及依据,以及告知当事人依法享有的权利,并进行当事人陈述申辩处理。

对纳税信用评价为 D 级的纳税人,发现其税收违法违规行为的,不得适用规定处罚幅度内的最低标准。对社会保险费的违法违章进行处罚,各地根据是否有处罚权确定是否启动本事项。

(1) 税务行政处罚事项告知申请经审核同意后,办理人员制作《行政处罚事项告知书》,将文书送达当事人,告知当事人拟作出处罚的事实、理由和依据,以及当事人依法享有的陈述、申辩或要求听证的权利。对社会保险费缴税人进行行政处罚时,办理人员制作《行政处罚事项告知书》,将文书送达给当事人,告知当事人拟作出处罚的事实、理由和依据,以及当事人依法享有的陈述、申辩或要求听证的权利。

《行政处罚事项告知书》送达到当事人,当事人有权依法进行陈述和申辩。办理人员应当充分听取当事人的意见,制作《陈述申辩笔录》,行政处罚告知业务办结。

如果当事人依法提出听证要求,则进行税务行政处罚听证业务处理。如果无须(达不到听证标准或当事人在《行政处罚事项告知书》送达之日起 3 日内未书面提出听证申请)进行听证则行政处罚告知业务办结。

税务行政处罚事项告知处理办结后,税务机关进行行政处罚决定处理。

(2) 自收到本级税务机关负责人审批意见之日起 3 日内,根据不同情况分别制作决定性文书。

①当审查意见为"构成犯罪"的,进行涉嫌犯罪案件移送业务处理。
②当审查意见为"税务违法事实不成立"的,制作《税务违法事实不成立通知书》。
③当审查意见为"不予处罚"的,则制作《不予税务行政处罚决定书》。
④当审查意见为"给予税务行政处罚"的,则制作《税务行政处罚决定书》。
⑤涉及社会保险费的违法违章行为,制作《行政处罚决定书》。

(3) 审批。

审批人员对《税务违法事实不成立通知书》《不予税务行政处罚决定书》《税务行政处罚决定书》或《行政处罚决定书》所列事项进行审批,填写审批意见。

对罚款数额较大或经过听证程序的税务行政处罚决定,应当进行法制审核。"数额

"较大"的具体标准和金额由省以下税务机关在上一级税务机关确定的法制审核事项的基础上,结合工作实际,进行细化明确。

2. 税务行政处罚听证

税务机关拟对公民处以 2 000 元（含）以上,对法人或其他组织处以 10 000 元（含）以上的罚款或吊销发票准印证等处罚,向公民、法人或其他组织送达《行政处罚事项告知书》或《税务行政处罚事项告知书》,当事人提出行政处罚听证申请的,依法审查受理行政处罚听证申请、组织实施听证。

税务机关应当在收到当事人听证要求后 7 日内将《税务行政处罚听证通知书》送达当事人,15 日内举行听证。

听证延期处理,是指税务机关对当事人以不可抗力或者其他特殊情况而耽误提出听证期限为由,提出申请延长期限申请的处理。

3. 税务行政处罚案件集体审议

对情节复杂、争议较大、处罚较重、影响较广或者拟减轻处罚等税务行政处罚案件,应当经过集体审议决定。提请集体审议审批通过的,由税务局负责人主持召开税务行政处罚案件集体审议会议,税务局相关部门负责人参加,由提请集体审议人员根据集体审议会议结论制作《税务行政处罚案件集体审议纪要》。

（三）2024 年,国务院印发《关于进一步规范和监督罚款设定与实施的指导意见》主要内容

1. 法律法规对违法行为已经作出行政处罚规定但未设定罚款的,规章不得增设罚款。规章设定的罚款数额不得超过法律法规对相似违法行为规定的罚款数额,并要根据经济社会发展情况适时调整。

2. 要综合运用各种管理手段,能够通过教育劝导、责令改正、信息披露等方式管理的,一般不设定罚款。

3. 规定处以一定幅度的罚款时,除涉及公民生命健康安全、金融安全等情形外,罚款的最低数额与最高数额之间一般不超过 10 倍。

4. 要严格按照法律规定和违法事实实施罚款,不得随意给予顶格罚款或者高额罚款,不得随意降低对违法行为的认定门槛,不得随意扩大违法行为的范围。行政机关实施处罚时应当责令当事人改正或者限期改正违法行为,不得只罚款而不纠正违法行为。

5. 坚决防止以罚增收、以罚代管、逐利罚款等行为,严格规范罚款,推进事中事后监管法治化、制度化、规范化。对社会关注度较高、投诉举报集中、违法行为频繁发生等罚款事项,要综合分析研判,优化管理措施,不能只罚不管;行政机关不作为的,上级行政机关要加强监督,符合问责规定的,严肃问责。

6. 行政机关要将应当上缴的罚款收入，按照规定缴入国库，任何部门、单位和个人不得截留、私分、占用、挪用或者拖欠。坚决防止罚款收入不合理增长，严肃查处罚款收入不真实、违规处置罚款收入等问题。严禁逐利罚款，严禁对已超过法定追责期限的违法行为给予罚款。

7. 国务院决定取消行政法规、部门规章中设定的罚款事项的，自决定印发之日起暂时停止适用相关行政法规、部门规章中的有关罚款规定。国务院决定调整行政法规、部门规章中设定的罚款事项的，按照修改后的相关行政法规、部门规章中的有关罚款规定执行。

第四节　税收征管信息化

一、金税工程

（一）金税工程简介

金税工程是经国务院批准的国家级电子政务工程，是国家电子政务"十二金"工程之一，是税收管理信息系统工程的总称。自1994年起，历经金税一期、金税二期、金税三期工程建设，目前正在开展发票电子化改革（金税四期）工程建设，为发挥税收在国家治理中的基础性、支柱性和保障性作用提供了强大的信息化支撑。

金税工程的基本框架为一个网络、四个子系统。一个网络，就是从国家税务总局到省、地市、县四级统一的计算机主干网。四个系统，就是覆盖全国增值税一般纳税人的增值税防伪税控开票子系统，以及覆盖全国税务系统的防伪税控认证子系统、增值税交叉稽核子系统和发票协查信息管理子系统。

（二）金税一期

金税一期于1995年上线，主要是增值税交叉稽核子系统和防伪税控系统，在50多个城市试点，当时电子化水平很低，是手工采集数据。

（三）金税二期

1998年到2003年试点并逐步推广。金税二期继续完善交叉稽核系统和防伪税控系统。到2003年，所有增值税一般纳税人必须通过防伪税控系统开专票，不论金额大小，手写专票一律废止，不能抵扣。"以票控税"的格局初步形成。

（四）金税三期

2008年9月，金税三期正式启动，2013年在广东、山东、河南、山西、内蒙古、重庆 6 个省（市）级国地税局试点，2016 年全国范围内推广完成。

金税三期工程涉及的软件系统整体包含三大类：金税三期新建系统、税务总局保留系统、地方特色软件。金税三期新建系统包括核心征管软件、安全策略 2 包、个人税收管理软件、管理决策 1 包、管理决策 2 包、外部信息交换系统等。税务总局保留系统包括税库银系统、电子底账系统、出口退税审核系统等。本地特色软件包括各省自行开发的电子税务局等。

金税三期工程确定了"一个平台、两级处理、三个覆盖、四类系统"的工作目标，建成一个年事务处理量超过 100 亿笔、覆盖税务机关内部用户超过 80 万人次、管理过亿纳税人的现代化税收管理信息化系统。

"一个平台"：建立一个包含网络硬件和基础软件的统一的技术基础平台。

"两级处理"：建立税务总局、省局两级数据处理中心和以省局为主、税务总局为辅的数据处理机制，实现税务系统数据信息在税务总局、省局两级集中处理。

"三个覆盖"：覆盖所有税种，覆盖税务管理的重要工作环节，覆盖各级税务机关。

"四类系统"：以征收管理系统、外部信息交换系统为主，包括行政管理系统、决策支持系统在内的四个信息管理应用系统。

（五）发票电子化改革（金税四期）

2020 年 12 月，习近平总书记主持召开中央深改委会议，审议通过《关于进一步深化税收征管改革的意见》，作出了加快推进智慧税务建设的决策部署，为税收改革指明了前进方向、提供了根本遵循。在党中央、国务院领导的亲切关怀下，经国家发展改革委批复立项，2021 年 5 月，以金税四期为载体的智慧税务建设正式启动。2024 年初，税务部门坚决落实党中央、国务院决策部署，基本完成了金税四期主体工程建设，成功搭建起全面国产化的软硬件基础环境，顺利推出了数字化电子发票、新电子税务局、指挥管理平台等新型应用，基本建成了覆盖纳税人、税务人、决策人的智慧税务"三端"（电子税务局、智慧办公平台、指挥管理平台）应用平台主体框架，并通过技术创新牵引，同步推动了思维理念、业务制度和组织岗责变革。（摘引自 2024 年胡静林、饶立新的讲话）

二、增值税发票管理系统

发票系统 2.0 版涵盖增值税发票税控系统 V2.0、增值税发票电子底账系统、增值税发票综合服务平台、数字证书系统、统一受理平台等业务系统。

其中"增值税发票综合服务平台"分为企业版和税局版，它实现了统一渠道、统一界面、统一登录的"网上一窗式"体验，在整合原有系统的基础上确保功能界面的人性化、个性化及友好美观。不仅对当期可用于申报抵扣的增值税发票勾选确认，还可以对退税、代办退税的增值税发票进行勾选确认，且实现了与现有扫描认证数据的自动互联互通。

三、自然人税收管理系统（ITS）的特点和使用方法

自然人税收管理系统（个人所得税部分）（简称"ITS 系统"）是一个全国统一的、依托现代互联网云计算技术的、全面支撑个人所得税制度改革落地的信息系统。于 2018 年 10 月 1 日在全省上线，为纳税人和扣缴义务人提供税务局端、扣缴客户端、手机 App 端和网页端多个服务渠道，支撑着扣缴义务人和自然人的个人所得税征收管理业务，具有系统运行更稳定、数据存储更安全、业务办理更便捷、隐私保护更有力等特点。

1. 系统运行更稳定

自然人税收管理系统采用税务总局、省局两级处理应用模式，利用全国云平台划分的"1+36"朵虚拟云，提供更强大的数据处理能力和容错纠错机制，强力支撑所有自然人纳税人的核心业务，系统运行更稳定。

2. 数据存储更安全

利用阿里云技术，彻底地梳理整合业务系统，充分利用云平台的优势，从技术层面保证了数据的安全性；建立了严格的数据管理办法和数据运维流程规范，防止人为造成的信息泄露，从制度层面保证了数据的安全性。

3. 业务办理更便捷

将公共服务标准化，由统一的业务平台和数据平台提供，形成高效的服务中心，系统操作更加流畅快捷；提供线上线下多个服务渠道，纳税人可以通过网络或者到全国任一办税服务厅办理个税涉税业务。

4. 隐私保护更有力

个人所得税申报缴纳数据统一储存在总局云端，自然人纳税人只能通过网络渠道实名认证或者本人持身份证原件去办税服务厅才能查询纳税记录；且可以查询本人身份证号在全国的任职受雇信息和纳税申报信息，可以及时发现不实信息并向税务机关申诉，切实保护了纳税人隐私和权益。

自然人税收管理系统以公安部人员信息库为基础进行实名认证，以纳税人识别号（居民身份证号）为基础进行全国税收数据的"一人式"归集。手机 App 和网页端为自然人纳税人提供实名认证、专项附加扣除信息采集、申报纳税记录查询和异议申诉等功能，今年还将上线个税汇算清缴申报等功能。扣缴客户端为扣缴义务人提供人员信息采集、专项附加扣除采集、综合所得和分类所得的申报查询等功能，同时也可供个体工商户和个人独资企业代理申报投资人的经营所得。税务局端为税务人员使用，可以为个人所得税纳税人和扣缴义务人提供全面的登记认证、税收优惠、申报征收、证明开具及各项查询功能。

四、"互联网+税务"行动计划内容

（一）社会协作

1. 互联网+众包互助
2. 互联网+创意空间
3. 互联网+应用广场

（二）办税服务

4. 互联网+在线受理
5. 互联网+申报缴税
6. 互联网+便捷退税
7. 互联网+自助申领

（三）发票服务

8. 互联网+移动开票
9. 互联网+电子发票
10. 互联网+发票查验
11. 互联网+发票摇奖

（四）信息服务

12. 互联网+监督维权
13. 互联网+信息公开
14. 互联网+数据共享
15. 互联网+信息定制

（五）智能应用

16. 互联网+智能咨询
17. 互联网+税务学堂
18. 互联网+移动办公
19. 互联网+涉税大数据
20. 互联网+涉税云服务

通过"互联网+税务"行动计划的推广，推动互联网创新成果与税收工作深度融合，着力打造全天候、全方位、全覆盖、全流程、全联通的智慧税务生态系统。促进纳税服务进一步便捷普惠，税收征管进一步提质增效，税收执法进一步规范透明，协作发展进一步开放包容。

按照税务总局规划，到2020年，形成线上线下融合、前台后台贯通、统一规范高效的电子税务局，为税收现代化奠定坚实基础，为服务国家治理提供重要保障。

五、"互联网+税务"应用场景

"互联网+税务"与金税三期、现有信息系统之间，是创新、拓展、丰富和提升的关系。它不是简单将传统业务搬到互联网上，而是基于互联网生态圈构建税收管理新模式，拓展税收服务新领域，促进税收业务新变革，是税收信息化适应互联网时代发展理应包含的新内容、呈现的新形态、达到的新高度。各地在"互联网+税务"方面积极探索创新，围绕"热点""堵点""痛点"，在互联网税务应用方面积极探索创新，提升税收管理和纳税服务水平，取得了较好的效果。

1. 社会协作

该板块包括3项行动，重点体现引导社会参与，发挥社会各界的积极性和创造力。近年来，随着互联网的广泛普及，互联网与税务工作的深度融合，社会各界、纳税人和社会公众广泛参与税收治理，税收共治的格局逐步形成。

微博、微信等第三方公共社交平台建立特定用户群，税务部门、税务人员、纳税人及缴费人可以及时交流、解答涉税问题，建立线上投票、问卷调查等沟通渠道，及时了解、掌握纳税人、缴费人诉求，不断优化纳税服务方式，营造良好税收生态环境。

2. 办税服务

以纳税人需求为导向，进一步对网上办税业务进行优化和升级，让纳税人多跑"网路"，少跑"马路"，为纳税人提供从足不出户到如影随形的办税体验。

近年来，大力推广电子税务局系统，逐步建立了规范、统一的电子税务局，实现大部分税务业务的网上办理，在线受理、申报缴税、发票申领、发票查验等业务都实现了网上办理。

3. 发票服务

以增值税发票系统升级版为基础，解决纳税人发票应用中的"痛点""热点"问题，创新服务方式，在便利纳税人、缴费人的同时减轻税务机关的负担，实现纳税人和税务人的双赢。

以增值税发票系统为基础，利用数字证书等技术，建立安全可靠的电子发票系统，实现了电子发票在线开具、电子发票真伪在线查询，如深圳市税务局开发的基于区块链技术的电子发票系统，极大地便利了纳税人、缴费人获得电子发票的途径。

4. 信息服务

以信息系统建设、税收数据为支撑，向社会公布涉税信息，畅通税务部门与纳税人、缴费人交流、沟通渠道，加强与有关部门、社会组织、国际组织的合作，加大数据共享，让纳税人和税务人充分感受到互联网时代数据资源共享带来的便利。

"税银合作""警税协作"等一系列部门之间的合作，实现数据的深度增值应用，提高税收治理能力，在"放管服"改革、信用联合惩戒等方面发挥了积极作用。

5. 智能应用

充分运用互联网，在保证信息安全基础上，将税务业务向移动终端、云端进行延伸，利用大数据、云计算等新技术，收集、挖掘、分析各类数据，为纳税人提供更精准的涉税服务，为领导决策提供科学依据。

手机 App，方便纳税人、缴费人办理涉税事项，同时能够及时、精准推送税收政策。网上学堂，能够随时随地学习，实现全方位、多层次纳税学习和辅导。

六、新电子税务局（全国统一规范电子税务局）

新电子税局全称为"全国统一规范电子税务局"，是全面推进税收征管数字化升级和智能化改造的核心业务，是现有电子税务局和金三核心征管系统功能合并后的升级换代。

简而言之就是：一个云底座；二级数据处理；可信身份、数电票、新电局、自然人电子税务局和税智撑。新电子税务局是"金四工程"的核心部分，今后面向纳税人缴费人的只有新电子税局和自然人电子税务局（ITS）。

具体而言，新电子税局是依托统一身份管理平台和数据支撑平台，集成电票平台相关应用、核心征管相关功能，融合征纳互动平台，建成纳税人端办税平台和税务人端电子工作平台，并结合已建设的决策指挥平台（决策指挥端），依托信创云资源，建成应用层面的"三端"互联运作，旨在打造出一个全国统一的、规范的、智能的电子税务局，实现全国一个标准、一个规则、一个平台业务通办。

★习题精练及答案解析

一、单项选择题

1. 在我国现行法的效力体系中，《中华人民共和国税收征收管理法实施细则》（国务院令第362号）属于（　　）。（用于1－7级测试）

   A. 法律　　　　B. 行政法规　　　C. 地方性法规　　　D. 部门规章

   【参考答案】B

   【解析】法律由全国人大及常委会制定通过，行政法规由国务院制定通过，地方性法规是由设区的市的人大及常委会通过，部门规章是国务院各部委制定通过，《中华人民共和国税收征收管理法实施细则》，属于行政法规。

2. 程序正当是依法行政的基本要求之一，下列不属于程序正当范畴的是（   ）。（用于1－7级测试）

   A. 税务机关应建立权责清单，坚持法定职责必须为、法无授权不可为

   B. 税务机关实施税务行政，坚持以公开为常态、不公开为例外的原则

   C. 税务机关工作人员履行职责，与行政相对人存在利害关系时，应当回避

   D. 税务机关实施税务行政，应当注意听取公民、法人和其他组织的意见

   【参考答案】A

   【解析】A选项是合法行政的要求。

3. 实名事项分为风险实名事项和其他实名事项，下列属于风险实名事项的是（   ）。（用于1－7级测试）

   A. 发票领用　　　　　　　　B. 清税注销

   C. 非正常户解除　　　　　　D. 变更法定代表人

   【参考答案】A

   【解析】风险实名事项包括发票票种核定、增值税专用发票最高开票限额审批、发票领用、发票代开、税控设备初始发行等发票类事项，办税服务厅办理的出口退税类实名事项等。

4. 下列文书中，不适用税务文书电子送达的是（   ）。（用于1－7级测试）

   A. 简易处罚决定书

   B. 责令限期改正通知书

   C. 税务事项通知书（限期缴纳税款通知）

   D. 核定定额通知书

   【参考答案】A

   【解析】税务文书电子送达是指税务机关通过电子税务局等特定系统向纳税人、扣缴义务人（以下简称"受送达人"）送达电子版式税务文书。经受送达人同意，税务机关可以采用电子送达方式送达税务文书。

   税务机关制发的税务文书，以下情形暂不适用于电子方式送达：

   （1）各级稽查局所发放的税务文书；

   （2）各级税务机关税务行政复议过程中使用的税务文书；

   （3）税务处理决定书、税务行政处罚决定书（不含简易程序处罚）、税收保全措施决定书、税收强制执行决定书、阻止出境决定书。

5. 根据《国家税务总局关于优化若干税收征管服务事项的通知》规定，纳税人跨省迁移的，迁入地主管税务机关应当在接收到纳税人信息后（   ）内完成主管税务科所分配、税费种认定并提醒纳税人在迁入地按规定期限进行纳税申报。（用于1－7级测试）

A. 1日   B. 1个工作日

C. 3日   D. 3个工作日

【参考答案】B

【解析】根据《国家税务总局关于优化若干税收征管服务事项的通知》（税总征科发〔2022〕87号）。

6. 根据《国家税务总局关于优化纳税人延期缴纳税款等税务事项管理方式的公告》规定，税务总局决定进一步简化优化5个事项的办理程序，将受理环节由5个工作日压缩至（　　）个工作日。（用于1-7级测试）

     A. 5   B. 3   C. 2   D. 1

【参考答案】C

【解析】根据《国家税务总局关于优化纳税人延期缴纳税款等税务事项管理方式的公告》（国家税务总局公告2022年第20号）》。

7. 为进一步激励企业加大研发投入，更好地支持科技创新，企业开展研发活动中实际发生的研发费用，未形成无形资产计入当期损益的，在按规定据实扣除的基础上，自2023年1月1日起，再按照实际发生额的（　　）在税前加计扣除；形成无形资产的，自2023年1月1日起，按照无形资产成本的（　　）在税前摊销。（用于1-7级测试）

     A. 80%；100%   B. 75%；150%   C. 100%；200%   D. 125%；250%

【参考答案】C

【答案解析】根据《财政部 税务总局关于进一步完善研发费用税前加计扣除政策的公告》（财政部 税务总局公告2023年第7号）第一条的规定，企业开展研发活动中实际发生的研发费用，未形成无形资产计入当期损益的，在按规定据实扣除的基础上，自2023年1月1日起，再按照实际发生额的100%在税前加计扣除；形成无形资产的，自2023年1月1日起，按照无形资产成本的200%在税前摊销。

8. 《国家税务总局关于部分税务事项实行容缺办理和进一步精简涉税费资料报送的公告》规定，采取邮政寄递方式的，容缺办理资料补正时间为（　　）。（用于1-7级测试）

     A. 资料提交时间   B. 资料寄出时间

     C. 挂号函件回执上注明的收件日期   D. 税务机关收到资料时间

【参考答案】B

【解析】根据《国家税务总局关于部分税务事项实行容缺办理和进一步精简涉税费资料报送的公告》（国家税务总局公告2022年第26号）。

9. 根据《国家税务总局关于进一步实施部分税务证明事项告知承诺制的公告》规定，自2023年3月1日起，在全国范围内对列入目录内的国家综合性消防救援车辆等

（　　）项税务证明事项实行告知承诺制。（用于8－11级测试）

A. 5　　　　　B. 6　　　　　C. 7　　　　　D. 8

【参考答案】B

【解析】根据《国家税务总局关于进一步实施部分税务证明事项告知承诺制的公告》（国家税务总局公告2023年第2号）。

10. 根据《征管法》规定，下列不属于税务机关是（　　）。（用于1－7级测试）

　　A. 税务所　　　　　　　　　B. 县税务局

　　C. 市征管部门　　　　　　　D. 市经济开发区税务分局

【参考答案】C

【解析】根据《征管法》第十四条的规定，本法所称税务机关是指各级税务局、税务分局、税务所和按照国务院规定设立的并向社会公告的税务机构。

11. 朱某为回国服务的留学人员，2024年3月朱某将其已自用2年，用现汇购买的唯一的1辆自用国产小汽车转让给公民李某，成交价为110 000元（不含税，下同），该辆小汽车初次办理纳税申报时确定的计税价格为240 000元。则该辆小汽车应补缴的车辆购置税为（　　）元。（用于8－11级测试）

　　A. 24 000　　　B. 11 000　　　C. 19 200　　　D. 0

【参考答案】C

【解析】回国服务的留学人员用现汇购买1辆自用国产小汽车，免征车辆购置税；该辆小汽车转让给我国公民李某，免税条件消失，要按规定补缴车辆购置税。免税条件消失的车辆，计税价格以免税车辆初次办理纳税申报时确定的计税价格为基准，每满1年扣减10%；使用年限的计算方法是，自纳税人初次办理纳税申报之日起，至不再属于免税、减税范围的情形发生之日止，使用年限取整计算，不满一年的不计算在内。应补缴的车辆购置税=240 000×（1－2×10%）×10%=19 200（元）。

12. 东岳市农产品贸易有限公司是增值税小规模纳税人。2024年4月至6月批发鲜牛肉开具增值税普通发票价税合计35万元，批发水果开具增值税专用发票注明金额10万元，批发鲜鸡蛋开具增值税普通发票价税合计5万元，将空闲的一间店面房出租开具增值税普通发票价税合计10万元。假设未发生其他业务，则2024年第二季度"增值税及附加税费申报表（小规模纳税人适用）"填写正确的是（　　）。（不考虑减征1%）（用于8－11级测试）

　　A. "应征增值税不含税销售额（3%征收率）"10万元，"应征增值税不含税销售额（5%征收率）"9.52万元，"其他免税销售额"40万元

　　B. "应征增值税不含税销售额（3%征收率）"10万元，"应征增值税不含税销售额（5%征收率）"9.52万元，"其他免税销售额"38.83万元

　　C. "应征增值税不含税销售额（3%征收率）"10万元，"应征增值税不含税销售

额（5%征收率）"9.52万元，"小微企业免税销售额"40万元

D. "应征增值税不含税销售额（3%征收率）"10万元，"应征增值税不含税销售额（5%征收率）"9.52万元，"小微企业免税销售额"38.83万元

【参考答案】A

【解析】《国家税务总局关于小规模纳税人免征增值税等征收管理事项的公告》（国家税务总局公告2022年第6号）。批发鲜牛肉和鸡蛋销售额 = 35 + 5 = 40（万元），免税；批发水果开具增值税专用发票注明金额10万元，销售额为10万元。房屋出租 = 10 ÷ 1.05 = 9.52（万元）。

13. 下列关于境外旅客购物离境退税基本规定和适用条件的表述中，正确的是（　　）。（用于8-11级测试）

    A. 境外旅客是指在我国境内连续居住不超过365天的外国人和港澳台同胞
    B. 离境日距退税物品购买日不超过90天
    C. 退税商店销售的适用增值税免税政策的物品属于退税物品
    D. 同一境外旅客在同一退税商店一周内购买的退税物品金额达到500元人民币

【参考答案】B

【解析】选项A，境外旅客，是指在我国境内连续居住不超过183天的外国人和港澳台同胞。选项C，退税物品，是指由境外旅客本人在退税商店购买且符合退税条件的个人物品，但不包括退税商店销售的适用增值税免税政策的物品。选项BD，境外旅客申请退税应当同时符合的条件：（1）同一境外旅客同一日在同一退税商店购买的退税物品金额达到500元人民币；（2）退税物品尚未启用或消费；（3）离境日距退税物品购买日不超过90天；（4）所购退税物品由境外旅客本人随身携带或随行托运出境。

14. 为进一步落实党中央、国务院关于优化营商环境的决策部署，2022年税务行政许可事项减少至1项，具体是（　　）。（用于1-7级测试）

    A. 企业印制发票审批
    B. 对纳税人延期缴纳税款的核准
    C. 增值税防伪税控系统最高开票限额审批
    D. 对采取实际利润额预缴以外的其他企业所得税预缴方式的核定

【参考答案】C

【解析】为进一步落实党中央、国务院关于优化营商环境的决策部署，2022年税务行政许可事项为增值税防伪税控系统最高开票限额审批。

15. 税收征管法规定对违反税收法律、行政法规的行为，在一定期限内未被发现的，将不再给予行政处罚，这个期限是（　　）。（用于1-7级测试）

    A. 五年　　　　B. 三年　　　　C. 二年　　　　D. 一年

【参考答案】A

【解析】《中华人民共和国税收征收管理法》第八十六条规定，违反税收法律、行政法规应当给予行政处罚的行为，在五年内未被发现的，不再给予行政处罚。

16. A县人民政府违反法律、行政法规规定，擅自作出的减税决定，A县税务局对此应当（   ）。（用于1-7级测试）

    A. 申请行政复议

    B. 撤销其作出的决定

    C. 可以执行，但需向上级税务机关报告

    D. 不执行，并向上级税务机关报告

    【参考答案】D

    【解析】根据《中华人民共和国税收征收管理法》第三十三条的规定，纳税人依照法律、行政法规的规定办理减税、免税。地方各级人民政府、各级人民政府主管部门、单位和个人违反法律、行政法规规定，擅自作出的减税、免税决定无效，税务机关不得执行，并向上级税务机关报告。

17. 下列不可以作为纳税担保人是（   ）。（用于1-7级测试）

    A. 纳税信誉等级被评为B级的M公司

    B. 因偷税被税务机关、司法机关追究过法律责任满3年的A公司

    C. 在授权范围内，企业法人书面授权的W分支机构

    D. 在授权范围内，企业法人书面授权的S职能部门

    【参考答案】D

    【解析】按照《纳税担保试行办法》规定，纳税保证人，是指在中国境内具有纳税担保能力的自然人、法人或者其他经济组织。法人或其他经济组织财务报表资产净值超过需要担保的税额及滞纳金2倍的，自然人、法人或其他经济组织所拥有或者依法可以处分的未设置担保的财产的价值超过需要担保的税额及滞纳金的，为具有纳税担保能力。国家机关，学校、幼儿园、医院等事业单位、社会团体不得作为纳税保证人。企业法人的职能部门不得为纳税保证人。企业法人的分支机构有法人书面授权的，可以在授权范围内提供纳税担保。有以下情形之一的，不得作为纳税保证人：（1）有偷税、抗税、骗税、逃避追缴欠税行为被税务机关、司法机关追究过法律责任未满2年的；（2）因有税收违法行为正在被税务机关立案处理或涉嫌刑事犯罪被司法机关立案侦查的；（3）纳税信誉等级被评为C级以下的；（4）在主管税务机关所在地的市（地、州）没有住所的自然人或税务登记不在本市（地、州）的企业；（5）无民事行为能力或限制民事行为能力的自然人；（6）与纳税人存在担保关联关系的；（7）有欠税行为的。

18. 纳税人在税务机关采取税收保全措施后，按照税务机关规定的期限缴纳税款的，税务机关解除税收保全措施的期限是（   ）。（用于1-7级测试）

A. 1日内　　　　B. 3日内　　　　C. 5日内　　　　D. 7日内

【参考答案】A

【解析】根据《中华人民共和国税收征收管理法实施细则》第六十八条规定，纳税人在税务机关采取税收保全措施后，按照税务机关规定的期限缴纳税款的，税务机关应当自收到税款或者银行转回的完税凭证之日起1日内解除税收保全。

19. 税务机关在调查税收违法案件时，县税务局（分局）局长批准，可以采用措施不包括（　　）。（用于1－7级测试）

    A. 查询从事生产、经营的纳税人在银行的存款账户

    B. 查询案件涉嫌人员的储蓄存款

    C. 书面通知其开户银行从其存款中扣缴税款

    D. 扣押纳税人的价值相当于应纳税款的货物

【参考答案】B

【解析】根据《中华人民共和国税收征收管理法》的规定，税务机关在调查税收违法案件时，经设区的市、自治州以上税务局（分局）局长批准，可以查询案件涉嫌人员的储蓄存款。

20. 审计中发现M县税务局对纳税人下列行为，作出的罚款决定不符合《中华人民共和国税收征收管理法》规定的是（　　）。（用于1－7级测试）

    A. 对纳税人逃避、拒绝税务机关检查且情节严重的，作出4万元罚款

    B. 未按照规定设置、保管账簿或者保管记账凭证和有关资料且情节严重的，作出2万元罚款

    C. 纳税人未按照规定的期限办理纳税申报和报送纳税资料且情节严重的，作出5 000元罚款

    D. 税务机关依法到B邮政公司检查C纳税人托运、邮寄应纳税商品、货物的有关单据、凭证和有关资料时，B拒绝且情节严重的作出3万元罚款

【参考答案】B

【解析】根据《中华人民共和国税收征收管理法》第六十条的规定，纳税人未按照规定设置、保管账簿或者保管记账凭证和有关资料的，由税务机关责令限期改正，可以处二千元以下的罚款；情节严重的，处二千元以上一万元以下的罚款。

21. 根据《中华人民共和国税收征收管理法》，税收保全措施适用于（　　）。（用于1－7级测试）

    A. 从事生产、经营的纳税人　　　　B. 纳税人

    C. 代扣代缴义务人　　　　　　　　D. 纳税担保人

【参考答案】A

【解析】根据《中华人民共和国税收征收管理法》第三十八条的规定，税务机关

有根据认为从事生产、经营的纳税人有逃避纳税义务行为的,可以在规定的纳税期之前,责令限期缴纳应纳税款;在限期内发现纳税人有明显的转移、隐匿其应纳税的商品、货物以及其他财产或者应纳税的收入的迹象的,税务机关可以责成纳税人提供纳税担保。如果纳税人不能提供纳税担保,经县以上税务局(分局)局长批准,税务机关可以采取下列税收保全措施:(1)书面通知纳税人开户银行或者其他金融机构冻结纳税人的金额相当于应纳税款的存款;(2)扣押、查封纳税人的价值相当于应纳税款的商品、货物或者其他财产。纳税人在前款规定的限期内缴纳税款的,税务机关必须立即解除税收保全措施;限期期满仍未缴纳税款的,经县以上税务局(分局)局长批准,税务机关可以书面通知纳税人开户银行或者其他金融机构从其冻结的存款中扣缴税款,或者依法拍卖或者变卖所扣押、查封的商品、货物或者其他财产,以拍卖或者变卖所得抵缴税款。个人及其所扶养家属维持生活必需的住房和用品,不在税收保全措施的范围之内。

22. 根据增值税相关规定,纳税人提供租赁服务采取预收款方式的,其纳税义务发生时间为( )。(用于1-7级测试)

  A. 租赁业务发生的当天   B. 租赁业务结束的当天
  C. 收到预收款的当天   D. 签订合同的当天

【参考答案】C

【解析】纳税人提供租赁服务采取预收款方式的,其纳税义务发生时间为收到预收款当天。选项C正确。

23. 一照一码户市场监管等部门登记信息发生变更的,向市场监督管理等部门申报办理变更登记。税务机关接收市场监管等部门变更信息,经( )确认后更新系统内的对应信息。(用于1-7级测试)

  A. 纳税人   B. 主管税务机关
  C. 经营所在地政府   D. 第三方机构

【参考答案】A

【解析】一照一码户市场监管等部门登记信息发生变更的,向市场监督管理等部门申报办理变更登记。税务机关接收市场监管等部门变更信息,经纳税人确认后更新系统内的对应信息。

24. 纳税人应当自开立基本存款账户或其他存款账户之日起( ),向主管税务机关报告其全部账号。(用于1-7级测试)

  A. 7日内   B. 10日内   C. 15日内   D. 30日内

【参考答案】C

【解析】从事生产、经营的纳税人应当自开立基本存款账户或者其他存款账户之日起15日内,向主管税务机关书面报告其全部账号;发生变化的,应当自发生变化之日起 15 日内，向主管税务机关书面报告。该事项适用于同城通办业务。

25. 以下不符合税务机关公告代征人的委托代征资格和《委托代征协议书》中内容要求的是（　　）。（用于 1-7 级测试）

    A. 税务机关和代征人的名称、联系电话，代征人为行政、事业、企业单位及其他社会组织的，应包括法定代表人或负责人姓名和地址

    B. 代征人为自然人的，应包括姓名、身份证号、户口所在地、现居住地址

    C. 委托代征的范围和期限

    D. 委托代征的税种及附加、计税依据及税率

    【参考答案】B

    【解析】代征人为自然人的，姓名、身份证号、户口所在地、现居住地址不属于《委托代征协议书》中要求填明的内容。

26. 纳税人未按照规定设置、保管账簿或者保管记账凭证和有关资料的（　　）。（用于 1-7 级测试）

    A. 由税务机关责令限期改正，可以处二千元以下的罚款

    B. 由税务机关责令改正，可以处二千元以上一万元以下的罚款

    C. 由税务机关责令改正，可以处 1 万元以下的罚款

    D. 由税务机关责令其限期改正，处二千元以上二万元以下的罚款

    【参考答案】A

    【解析】根据《中华人民共和国税收征收管理法》第六十条的规定。

27. 一般纳税人申请增值税专用发票最高开票限额不超过（　　）万元的，主管税务机关无须事前进行实地查验，受理即办。（用于 1-7 级测试）

    A. 1　　　　　　B. 10　　　　　　C. 100　　　　　　D. 1 000

    【参考答案】B

    【解析】参见《税收征管操作规范》增值税专用发票（增值税税控系统）最高开票限额审批相关规定。

28. 根据《纳税担保试行办法》相关规定，纳税担保的适用主体（　　）。（用于 1-7 级测试）

    A. 纳税人

    B. 纳税人和扣缴义务人

    C. 从事生产、经营的纳税人

    D. 从事生产、经营的纳税人和扣缴义务人

    【参考答案】C

    【解析】《纳税担保试行办法》第三条第一款规定，税务机关有根据认为从事生产、经营的纳税人有逃避纳税义务行为，在规定的纳税期之前经责令其限期缴纳应纳

税款，在限期内发现纳税人有明显的转移、隐匿其应纳税的商品、货物以及其他财产或者应纳税收入的迹象，责成纳税人提供纳税担保的。

29. 纳税人与其关联企业未按照独立企业之间的业务往来支付价款、费用的，税务机关可以调整的最长限期是（　　）。（用于1－7级测试）

  A. 3年内　　　　B. 5年内　　　　C. 10年内　　　　D. 无限期

【参考答案】C

【解析】《税收征管法实施细则》第五十六条规定，纳税人与其关联企业未按照独立企业之间的业务往来支付价款、费用的，税务机关自该业务往来发生的纳税年度起3年内进行调整；有特殊情况的，可以自该业务往来发生的纳税年度起10年内进行调整。

30. 税务机关行使查账权时，经所属设区的市、自治州以上税务局局长批准，可调取当年的账簿、记账凭证、报表和其他有关资料，并在（　　）内完整归还。（用于1－7级测试）

  A. 30日　　　　B. 60日　　　　C. 3个月　　　　D. 6个月

【参考答案】A

【解析】税务机关行使查账权时，经所属设区的市、自治州以上税务局局长批准，可调取当年的账簿、记账凭证、报表和其他有关资料，并在30内完整归还。

31. 关于非居民税收协定待遇的适用，下列说法中错误的是（　　）。（用于8－11级测试）

  A. 能够享受协定待遇的非居民纳税人，是指按国内税收法律规定不属于中国税收居民的纳税人

  B. 非居民纳税人享受协定待遇，采取"自行判断、申报享受、相关资料留存备查"的方式办理

  C. 在源泉扣缴和指定扣缴情况下，非居民纳税人自行判断符合享受协定待遇条件且需要享受协定待遇的，应当如实填写"非居民纳税人享受协定待遇信息报告表"，主动提交给扣缴义务人，并将相关资料留存备查

  D. 非居民纳税人对"非居民纳税人享受协定待遇信息报告表"填报信息和留存备查资料的真实性、准确性、合法性承担法律责任

【参考答案】A

【解析】根据国家税务总局关于发布《非居民纳税人享受税收协定待遇管理办法》的公告，本办法所称非居民纳税人，是指按国内税收法律规定或税收协定不属于中国税收居民的纳税人（含非居民企业和非居民个人）。

32. 税务机关送达税务文书，应当直接送交受送达人。受送达人是法人的，不可以签收的是（　　）。（用于1－7级测试）

A. 法定代表人 B. 财务负责人

C. 办税人员 D. 负责收件的前台人员

【参考答案】C

【解析】《税收征管法实施细则》第一百零一条规定，税务机关送达税务文书，应当直接送交受送达人。受送达人是公民的，应当由本人直接签收；本人不在的，交其同住成年家属签收。受送达人是法人或者其他组织的，应当由法人的法定代表人、其他组织的主要负责人或者该法人、组织的财务负责人、负责收件的人签收。受送达人有代理人的，可以送交其代理人签收。

33. 同一送达事项的受送达人众多，税务机关可以公告送达税务文书，自公告之日在一定期限即视为送达，这个期限是（　　）日。（用于1-7级测试）

A. 10　　　　B. 20　　　　C. 30　　　　D. 60

【参考答案】C

【解析】《税收征管法实施细则》第一百零六条规定，有下列情形之一的，税务机关可以公告送达税务文书，自公告之日起满30日，即视为送达：（1）同一送达事项的受送达人众多；（2）采用本章规定的其他送达方式无法送达。

34. 属于上级督办的重大税收违法案件，在接到督办机关《重大税收违法案件督办函》后，应当在（　　）个工作日内制订重大税收违法案件查处方案，并做好检查前准备。（用于1-7级测试）

A. 3日　　　　B. 5日　　　　C. 10日　　　　D. 15日

【参考答案】C

【解析】属于上级督办的重大税收违法案件，在接到督办机关《重大税收违法案件督办函》后，应当在10个工作日内制订重大税收违法案件查处方案，并做好检查前准备。

35. 下列关于企业从被投资单位撤回投资时取得资产的企业所得税税务处理的说法中，正确的是（　　）。（用于8-11级测试）

A. 相当于初始投资的部分应确认为股息所得

B. 取得的全部资产应确认为股息所得

C. 超过初始投资的部分应确认为投资资产转让所得

D. 相当于被投资企业累计未分配利润和累计盈余公积部分应确认为股息所得

【参考答案】D

【解析】企业撤回或减少投资，其取得的资产中，相当于初始出资的部分，应确认为投资收回；相当于被投资企业累计未分配利润和累计盈余公积按减少实收资本比例计算的部分，应确认为股息所得；其余部分确认为投资资产转让所得。要注意区分投资撤回和股权转让的异同点。

36. 下列属于税务行政执法主体的是（　　）。（用于1-7级测试）

A. 接受税务局委托对网络经营者代征税款的电商平台

B. 县税务局在某乡镇设立的税务所

C. 市税务局稽查局负责审理案件的审理科

D. 处理办公大楼施工招投标事宜的税务局副局长

【参考答案】B

【解析】B选项，税务所是《中华人民共和国税收征收管理法》授权的执法主体。A选项，受委托的电商平台不是执法主体，委托方是执法主体；审理科是内审机构，不是执法主体；副局长是个人，属具体执行人员，但不是执法主体。

37. 甲公司2023年3月出资500万元与乙公司合作生产某新型产品，合同约定12月20日进行产品分配。由于生产延期，2024年2月甲公司才分得该产品，甲公司分得产品生产成本600万元，市场公允价值800万元，下列关于该业务税务处理的说法，正确的是（　　）。（用于8－11级测试）

A. 甲公司应以800万元确认该批产品的收入

B. 甲公司应以600万元确认该批产品的收入

C. 乙公司应以800万元确认该项合作经营支出

D. 甲公司应于2023年12月20日确认收入实现

【参考答案】A

【解析】采取产品分成方式取得收入的，按照企业分得产品的日期确认收入的实现，其收入额按照产品的公允价值确定。

38. 下列情形中，对当事人不予处罚的是（　　）。（用于1－7级测试）

A. 未满14周岁的未成年人有税收违法行为的

B. 主动消除或减轻税收违法行为危害后果的

C. 受他人胁迫有税收违法行为的

D. 配合行政机关查处税收违法行为有立功表现的

【参考答案】A

【解析】未满14周岁的未成年人有税收违法行为不予行政处罚，除此之外，还包括违法情节轻微，但期限内改正，未造成危害后果的。B、C、D项都是依法应当从轻或减轻处罚的情形。

39. 《中华人民共和国税收征收管理法》第三十八条规定："税务机关有根据认为从事生产、经营的纳税人有逃避纳税义务行为的，可以在规定的纳税期之前，责令限期缴纳应纳税款；在限期内发现纳税人有明显的转移、隐匿其应纳税的商品、货物以及其他财产或者应纳税的收入的迹象的，税务机关可以责成纳税人提供纳税担保。如果纳税人不能提供纳税担保，经县以上税务局（分局）局长批准，税务机关可以采取下列税收保全措施……。"下列对本条的理解，错误的

是（　　）。(用于1-7级测试)

A. 保全的行政相对人是已办理税务登记的从事生产、经营的纳税人，不能适用于其他纳税人、扣缴义务人或纳税担保人

B. 保全的标的是纳税人当期的应纳税款，不包括滞纳金

C. 适用于法定的纳税期到期以前，因此被称为期前保全

D. 税收保全有特别的审批要求，须经县以上税务局（分局）局长批准

【参考答案】B

【解析】保全的范围包括税款的本金和滞纳金。

40. 根据《中华人民共和国国家赔偿法》规定，税务行政赔偿的义务主体是（　　）。(用于1-7级测试)

A. 国家

B. 拨付赔偿金的财政机关

C. 违法行使职权的税务机关工作人员

D. 违法行使职权的税务机关

【参考答案】D

【解析】由国家承担赔偿责任，赔偿义务机关是税务机关，赔偿范围是特定的，取得赔偿的途径是多样的。

二、多项选择题

1. 强制执行过程中，有下列（　　）情形的，税务机关中止执行。(用于1-7级测试)

A. 当事人履行行政决定确有困难或者暂无履行能力的

B. 第三人对执行标的主张权利，确有理由的

C. 执行标的灭失的

D. 执行可能造成难以弥补的损失，且中止执行不损害公共利益的

【参考答案】ABD

【解析】参见《税收征管操作规范》强制执行（解除）中止、终结处理相关规定。

2. 行政复议机构应当对被申请人的具体行政行为提出审查意见，具体行政行为有下列（　　）情形的，经行政复议机关负责人批准，作出变更或者确认该具体行政行为违法的行政复议决定。(用于1-7级测试)

A. 主要事实不清、证据不足的　　B. 适用依据错误的

C. 违反法定程序的　　D. 超越职权或者滥用职权的

【参考答案】ABCD

【解析】参见《税收征管操作规范》变更原行政行为相关规定。

3. 如果纳税人确实有特殊困难，是可以延期缴纳税款的，但可以按期缴纳税款，必须

经（　　）批准。（用于1-7级测试）

    A. 国家税务总局　　　　　　　　B. 省级税务局

    C. 计划单列市级税务局　　　　　D. 县以上税务局（分局）

【参考答案】 BC

【解析】 如果纳税人确实有特殊困难，是可以延期缴纳税款的，但可以按期缴纳税款，必须经省级税务局、计划单列市级税务局批准。

4. 税务机关应在非正常户认定的次月，在（　　）公告非正常户。（用于1-7级测试）

    A. 办税场所　　　B. 广播　　　C. 电视　　　D. 报纸、期刊

【参考答案】 ABCD

【解析】 税务机关应在非正常户认定的次月，在办税场所或者广播、电视、报纸、期刊、网络等媒体上公告非正常户。

5. 对于《税收征管操作规范》的理解，以下说法正确的是（　　）。（用于1-7级测试）

    A. 从"互联网+""大数据"等信息化视角出发

    B. 统一业务标准，简化征管流程

    C. 实施后将实现业务事项和报送资料精简近50%，表证单书精简超过20%

    D. 更好地促进办税缴费提速减负。

【参考答案】 ABCD

【解析】《税收征管操作规范》从"互联网+""大数据"等信息化视角出发，统一业务标准，简化征管流程，实施后将实现业务事项和报送资料精简近50%，表证单书精简超过20%，更好地促进办税缴费提速减负。

6. 纳税人应按承诺的时限补齐资料并办结相关事项。若未履行承诺的，税务机关将对其（　　）纳入纳税信用D级管理。（用于8-11级测试）

    A. 法定代表人　　　　　　　　B. 企业总经理

    C. 税务代理人　　　　　　　　D. 办税人

    E. 财务负责人

【参考答案】 AE

【解析】《国家税务总局关于进一步优化办理企业税务注销程序的通知》（税总发〔2018〕149号）纳税人应按承诺的时限补齐资料并办结相关事项。若未履行承诺的，税务机关将对其法定代表人、财务负责人纳入纳税信用D级管理。

7. 下列关于纳税人权利，符合《税收征管法》规定的有（　　）。（用于1-7级测试）

    A. 纳税人、扣缴义务人有权向税务机关了解国家税收法律、行政法规的规定以及与纳税程序有关的情况

    B. 纳税人、扣缴义务人有权要求税务机关为纳税人、扣缴义务人的情况保密

    C. 纳税人、扣缴义务人依法享有申请减税、免税、退税的权利

D. 纳税人、扣缴义务人对税务机关所作出的决定，享有陈述权、申辩权；依法享有申请行政复议、提起行政诉讼、请求国家赔偿等权利

E. 纳税人、扣缴义务人有权控告和检举税务机关、税务人员的违法违纪行为

【参考答案】ABDE

【解析】根据《税收征管法》第八条，只有纳税人依法享有申请减税、免税、退税的权利，扣缴义务人没有该项权利。

8. 为落实《中华人民共和国印花税法》，加强征收管理和纳税服务，以下说法正确的是（   ）。（用于1-7级测试）（用于8-11级测试）

    A. 纳税人应当根据书立印花税应税合同、产权转移书据和营业账簿情况，填写"印花税税源明细表（附件1）"，进行财产行为税综合申报

    B. 应税合同、产权转移书据未列明金额，在后续实际结算时确定金额的，纳税人可以不在书立应税合同、产权转移书据的首个纳税申报期申报应税合同、产权转移书据书立情况，在实际结算后下一个纳税申报期，以实际结算金额计算申报缴纳印花税

    C. 印花税按季、按年或者按次计征

    D. 纳税人为境外单位或者个人，在境内有代理人的，以其境内代理人为扣缴义务人

【参考答案】ACD

【解析】纳税人应当根据书立印花税应税合同、产权转移书据和营业账簿情况，填写"印花税税源明细表（附件1）"，进行财产行为税综合申报。

应税合同、产权转移书据未列明金额，在后续实际结算时确定金额的，纳税人应当于书立应税合同、产权转移书据的首个纳税申报期申报应税合同、产权转移书据书立情况，在实际结算后下一个纳税申报期，以实际结算金额计算申报缴纳印花税。

印花税按季、按年或者按次计征。应税合同、产权转移书据印花税可以按季或者按次申报缴纳，应税营业账簿印花税可以按年或者按次申报缴纳，具体纳税期限由各省、自治区、直辖市、计划单列市税务局结合征管实际确定。境外单位或者个人的应税凭证印花税可以按季、按年或者按次申报缴纳，具体纳税期限由各省、自治区、直辖市、计划单列市税务局结合征管实际确定。

9. 下列行政行为中，属于税务机关行使行政裁量权的有（   ）。（用于1-7级测试）

    A. 对不缴少缴税款的纳税人选择具体的处罚适用条款

    B. 按照规定核定税额、确定应税所得率

    C. 对偷税行为在50%与5倍之间选择具体处罚比例

    D. 对被强制执行人多项财产选择具体的执行标的物

【参考答案】BCD

【解析】行政裁量权是国家赋予行政机关在法律法规规定的幅度和范围内所享有的一定选择余地的处置权力，它是行政权力的重要组成部分，是行政主体提高行政效率所必需的权限，也是现代行政的必然要求。

10. 根据《纳税担保试行办法》规定，下列关于纳税担保相关限期的说法错误的有（　　）。（用于1－7级测试）

    A. 税务机关自纳税人应缴纳税款的期限届满之日起60日内有权要求纳税保证人承担保证责任，缴纳税款、滞纳金
    B. 纳税保证人应当自收到税务机关的纳税通知书之日起30日内履行保证责任，缴纳税款及滞纳金
    C. 纳税保证人未履行担保责任，由税务机关发出责令限期缴纳通知书，责令纳税保证人在限期20日内缴纳
    D. 纳税人在规定的期限届满未缴清税款及滞纳金，纳税保证人自收到纳税通知书之日起30日内缴纳税款及滞纳金，履行担保责任

    【参考答案】BCD

    【解析】《纳税担保试行办法》第十二条规定，保证期间为纳税人应缴纳税款期限届满之日起60日，即税务机关自纳税人应缴纳税款的期限届满之日起60日内有权要求纳税保证人承担保证责任，缴纳税款、滞纳金。履行保证责任的期限为15日，即纳税保证人应当自收到税务机关的纳税通知书之日起15日内履行保证责任，缴纳税款及滞纳金。

    纳税保证期间内税务机关未通知纳税保证人缴纳税款及滞纳金以承担担保责任的，纳税保证人免除担保责任。

    第十三条规定，纳税人在规定的期限届满未缴清税款及滞纳金，税务机关在保证期限内书面通知纳税保证人的，纳税保证人应按照纳税担保书约定的范围，自收到纳税通知书之日起15日内缴纳税款及滞纳金，履行担保责任。纳税保证人未按照规定的履行保证责任的期限缴纳税款及滞纳金的，由税务机关发出责令限期缴纳通知书，责令纳税保证人在限期15日内缴纳。

11. 根据征管法规定，税务机关有权进行税务检查的方式包括（　　）。（用于1－7级测试）

    A. 到纳税人的生产、经营场所和住宅检查纳税人应纳税的商品、货物或者其他财产，检查扣缴义务人与代扣代缴、代收代缴税款有关的经营情况
    B. 询问纳税人、扣缴义务人与纳税或者代扣代缴、代收代缴税款有关的问题和情况
    C. 到车站、码头、机场、邮政企业及其分支机构检查纳税人托运、邮寄应纳税商品、货物或者其他财产的有关单据、凭证和有关资料
    D. 责成纳税人、扣缴义务人提供与纳税或者代扣代缴、代收代缴税款有关的文

件、证明材料和有关资料

【参考答案】BCD

【解析】根据《中华人民共和国税收征收管理法》第五十四条的规定，到纳税人的生产、经营场所和货物存放地检查纳税人应纳税的商品、货物或者其他财产，检查扣缴义务人与代扣代缴、代收代缴税款有关的经营情况。

12. 税务部门通过信息共享获取市场监督管理部门推送的企业拟申请简易注销登记信息后，应按照规定的程序和要求，查询税务信息系统核实企业的相关涉税情况，对于经查询显示为（　　）情形的纳税人，税务部门不提出异议；对于仍有未办结涉税事项的企业，税务部门在公告期届满次日向市场监督管理部门提出异议。（用于8－11级测试）

　　A. 未办理过涉税事宜的纳税人

　　B. 办理过涉税事宜但没领过发票、没有欠税和没有其他未办结事项的纳税人

　　C. 在公告期届满之日前已办结缴销发票、结清应纳税款等清税手续的纳税人

　　D. 在公告期届满之日后已办结缴销发票、结清应纳税款等清税手续的纳税人

【参考答案】ABC

【解析】参见《税收征管操作规范》简易注销信息反馈相关规定。

13. 税务机关对被许可人从事许可活动进行核查时，发现其存在下列（　　）情形时，采取办理注销该税务行政许可手续的业务。（用于1－7级测试）

　　A. 行政许可有效期届满未延续的

　　B. 赋予公民特定资格的行政许可，该公民死亡或者丧失行为能力的

　　C. 法人或者其他组织依法终止的

　　D. 行政许可依法被撤销、撤回，或者行政许可证件依法被吊销的

【参考答案】ABCD

【解析】参见《税收征管操作规范》税务行政许可注销相关规定。

14. 下列关于城市维护建设税计税依据的表述中，正确的有（　　）。（用于1－7级测试）

　　A. 对出口产品退还增值税的，同时退还已缴纳的城市维护建设税

　　B. 纳税人违反增值税法规定被加收的滞纳金应计入城市维护建设税的计税依据

　　C. 纳税人被查补消费税时应同时对查补的消费税补缴城市维护建设税

　　D. 经税务局正式审批的当期免抵的增值税税额应计入城市维护建设税的计税依据

【参考答案】CD

【解析】城建税进口不征，出口不退；纳税人违反"两税"有关规定而加收的滞纳金和罚款，不作为城建税的计税依据。

15. 以下享受土地增值税优惠政策的是（　　）（用于8－11级测试）

　　A. 企事业单位、社会团体以及其他组织转让旧房作为改造安置住房房源且增值额

未超过扣除项目金额 20% 的

B. 房地产企业分设为两个与原企业投资主体相同的企业，对原企业将国有土地、房屋权属转移、变更到分立后的企业

C. 纳税人建造普通标准住宅出售，增值额未超过扣除项目金额 20% 的

D. 因实施市政府批准的建设项目而进行搬迁，纳税人自行转让原房地产的

【参考答案】AC

【解析】选项 A，《财政部国家税务总局关于城市和国有工矿棚户区改造项目有关税收优惠政策的通知》（财税〔2010〕42 号文）第二条规定："企事业单位、社会团体以及其他组织转让旧房作为改造安置住房房源且增值额未超过扣除项目金额 20% 的，免征土地增值税。"

选项 B，根据《财政部 税务总局关于继续实施企业改制重组有关土地增值税政策的公告》（财政部 税务总局公告 2021 年第 21 号）第三条规定：按照法律规定或者合同约定，企业分设为两个或两个以上与原企业投资主体相同的企业，对原企业将房地产转移、变更到分立后的企业，暂不征土地增值税。第五条规定：上述改制重组有关土地增值税政策不适用于房地产转移任一一方为房地产开发企业的情形。

选项 C，依据《中华人民共和国土地增值税暂行条例实施细则》（财法字〔1995〕6 号）第十一条法则第八条（一）项所称的普通标准住宅，是指按所在地一般民用住宅标准建造的居住用住宅。高级公寓、别墅、度假村等不属于普通标准住宅。普通标准住宅与其他住宅的具体划分界线由各省、自治区、直辖市人民政府规定。纳税人建造普通标准住宅出售，增值额未超过本细则第七条（一）（二）（三）（五）（六）项扣除项目金额之和 20% 的，免征土地增值税；增值额超过扣除项目金额之和 20% 的，应就其全部增值额按规定计税。

选项 D，根据《中华人民共和国土地增值税暂行条例》第八条，"有下列情形之一的，免征土地增值税：（2）因国家建设需要依法征用、收回的房地产。"并且《中华人民共和国土地增值税暂行条例实施细则》第十一条第三款对该项所称的"因国家建设需要依法征用、收回的房地产"进行了具体的解释。即"是指因城市实施规划、国家建设的需要而被政府批准征用的房产或收回的土地使用权。"并且在该条的第四款进一步规定了"因城市实施规划、国家建设的需要而搬迁，由纳税人自行转让原房地产的，比照本规定免征土地增值税。"

但需要注意的是，《财政部 国家税务总局关于土地增值税若干问题的通知》（财税〔2006〕21 号）第四条对关于"因城市实施规划、国家建设需要而搬迁，纳税人自行转让房地产的征免税问题"进一步进行了限定。规定因"城市实施规划"而搬迁，是指因旧城改造或因企业污染、扰民（指产生过量废气、废水、废渣和噪音，使城市居民生活受到一定危害），而由政府或政府有关主管部门根据已审批通过的城市规划确定

进行搬迁的情况；因"国家建设的需要"而搬迁，是指因实施国务院、省级人民政府、国务院有关部委批准的建设项目而进行搬迁的情况。

也就是说自行转让房地产的土地增值税优惠，限于两种情况：

（1）对于因城市实施规划而搬迁纳税人自行转让房地产的，仅限定于"旧城改造"和"因企业污染、扰民"的原因；

（2）因国家建设需要而搬迁由纳税人自行转让房地产的，仅限于国务院、省级人民政府、国务院有关部委批准的建设项目。

16. 经税务机关同意，纳税担保人为纳税人应当缴纳的税款及滞纳金提供担保的方式包括（　　）。（用于1－7级测试）

　　A. 书面承诺　　　B. 保证　　　　C. 抵押　　　　D. 质押

【参考答案】BCD

【解析】《纳税担保试行办法》第二条规定，本办法所称纳税担保，是指经税务机关同意或确认，纳税人或其他自然人、法人、经济组织以保证、抵押、质押的方式，为纳税人应当缴纳的税款及滞纳金提供担保的行为。

17. 建立健全以"信用＋风险"为基础的新型监管机制。以（　　）为主要内容的自然人税费服务与监管体系。依法加强对高收入高净值人员的税费服务与监管。（用于1－7级测试）

　　A. 数据集成　　　B. 优质服务　　　C. 提醒纠错　　　D. 依法查处

【参考答案】ABCD

【解析】建立健全以"信用＋风险"为基础的新型监管机制。健全守信激励和失信惩戒制度，充分发挥纳税信用在社会信用体系中的基础性作用。建立健全纳税缴费信用评价制度，对纳税缴费信用高的市场主体给予更多便利。在全面推行实名办税缴费制度基础上，实行纳税人缴费人动态信用等级分类和智能化风险监管，既以最严格的标准防范逃避税，又避免影响企业正常生产经营。健全以"数据集成＋优质服务＋提醒纠错＋依法查处"为主要内容的自然人税费服务与监管体系。依法加强对高收入高净值人员的税费服务与监管。

18. 加强重点领域风险防控和监管。对逃避税问题多发的行业、地区和人群，根据税收风险适当提高"双随机、一公开"抽查比例。对（　　）等逃避税行为，加强预防性制度建设，加大依法防控和监督检查力度。（用于1－7级测试）

　　A. 隐瞒收入

　　B. 虚列成本

　　C. 转移利润

　　D. 利用"税收洼地""阴阳合同"和关联交易

【参考答案】ABCD

【解析】加强重点领域风险防控和监管。对逃避税问题多发的行业、地区和人群，根据税收风险适当提高"双随机、一公开"抽查比例。对隐瞒收入、虚列成本、转移利润以及利用"税收洼地""阴阳合同"和关联交易等逃避税行为，加强预防性制度建设，加大依法防控和监督检查力度。

19. 行政裁量权是行政机关依法行使（　　）行政给付等职权时，根据法律法规和规章的规定，依据立法目的和公平合理的原则，自主作出决定和选择行为方式、种类和幅度的权力。（用于 8–11 级测试）

　　A. 行政处罚　　　　　　　　B. 行政许可
　　C. 行政强制　　　　　　　　D. 行政征收

【参考答案】ABCD

【解析】行政裁量权是行政机关依法行使行政处罚、行政许可、行政强制、行政征收、行政给付等职权时，根据法律法规和规章的规定，依据立法目的和公平合理的原则，自主作出决定和选择行为方式、种类和幅度的权力。行政裁量权是现代行政权的重要组成部分，也是现代行政的必然要求。它的存在既由社会关系的复杂性所决定，又由法律规范的局限性所决定；既是提高行政效率的需要，也是实现个案公平的需要。但行政裁量权又是一把双刃剑，容易被行政机关滥用，侵害公民、法人和其他组织的合法权益。因此，赋予行政机关行政裁量权的同时，必须对其进行规范和控制。

20. 开展 2024 年"便民办税春风行动"，集成推出 4 个方面惠民利企服务举措，具体是指（　　）。

　　（用于 8–11 级测试）

　　A. 进一步夯实税费服务供给基础　　B. 进一步提升税费服务诉求响应
　　C. 进一步强化税费服务数字赋能　　D. 进一步推进税费服务方式创新

【参考答案】ABCD

【解析】国家税务总局《关于开展 2024 年"便民办税春风行动"的意见》，以"持续提升效能·办好为民实事"为主题，紧紧围绕"高效办成一件事"，持续开展"便民办税春风行动"，集成推出 4 个方面惠民利企服务举措，进一步提高纳税人缴费人获得感、满意度。《意见》围绕"进一步夯实税费服务供给基础""进一步提升税费服务诉求响应""进一步强化税费服务数字赋能""进一步推进税费服务方式创新"4 个方面，集成推出系列服务举措。

21. 根据《行政处罚法》《税收征管法》的规定，下列关于税务行政处罚追究时效规定的说法中，不正确的有（　　）。（用于 1–7 级测试）

　　A. 违反税收法律、行政法规应当给予行政处罚的行为，在 2 年内未被发现的，不再给予行政处罚
　　B. 违反税收规章应当给予行政处罚的行为，在 3 年内未被发现的，不再给予行政

处罚

C. 违反税收规章应当给予行政处罚的行为，在 5 年内未被发现的，不再给予行政处罚

D. 违反税收法律、行政法规应当给予行政处罚的行为，在 5 年内未被发现的，不再给予行政处罚

【参考答案】ABC

【解析】根据《税收征管法》第八十六条的规定，违反税收法律、行政法规应当给予行政处罚的行为，在 5 年内未被发现的，不再给予行政处罚。

22. 办理 2023 年度个人所得税综合所得汇算清缴有关事项，纳税人可自主选择的办理方式有（　　）。（用于 8-11 级测试）

　　A. 税务干部代为办理　　　　　　B. 自行办理
　　C. 任职受雇单位代为办理　　　　D. 委托受托人办理

【参考答案】BCD

【解析】根据个人所得税法及其实施条例、税收征收管理法及其实施细则等有关规定，《国家税务总局关于办理 2023 年度个人所得税综合所得汇算清缴事项的公告》（国家税务总局公告 2024 年第 2 号），办理 2023 年度个人所得税综合所得汇算清缴有关事项，纳税人可自主选择下列办理方式：①自行办理。②通过任职受雇单位（含按累计预扣法预扣预缴其劳务报酬所得个人所得税的单位）代为办理。纳税人提出代办要求的，单位应当代为办理，或者培训、辅导纳税人完成汇算申报和退（补）税。由单位代为办理的，纳税人应提前与单位以书面或者电子等方式进行确认，补充提供 2023 年在本单位以外取得的综合所得收入、相关扣除、享受税收优惠等信息资料，并对所提交信息的真实性、准确性、完整性负责。纳税人未与单位确认请其代为办理的，单位不得代办。③委托受托人（含涉税专业服务机构或其他单位及个人）办理，纳税人需与受托人签订授权书。单位或受托人为纳税人办理汇算后，应当及时将办理情况告知纳税人。纳税人发现汇算申报信息存在错误的，可以要求单位或受托人更正申报，也可自行更正申报。

23. 按照《中华人民共和国行政处罚法》关于行政处罚一般程序的规定，下列程序事项中，必经的事项有（　　）。（用于 1-7 级测试）

　　A. 调查　　　　　　　　　　　　B. 告知
　　C. 听证　　　　　　　　　　　　D. 送达处罚决定书

【参考答案】ABD

【解析】根据《中华人民共和国行政处罚法》的规定，处罚的一般程序中必经的程序事项有调查、告知、听取当事人陈述和申辩、作出处罚决定、制作并送达处罚决定书。而听证并不是处罚的必经程序。

24. 下列关于行政强制的措施和执行程序说法，正确的有（　　）。（用于1-7级测试）

　　A. 延长查封、扣押的决定应当及时书面或口头告知当事人，并说明理由

　　B. 经催告，当事人逾期仍不履行行政决定的，且无正当理由，行政机关可以作出强制执行决定

　　C. 执行标的灭失的，应终结执行

　　D. 鉴于行政机关的职权分工，当事人的场所、设施或者财物已被其他国家机关依法查封的，不可以重复查封

【参考答案】BCD

【解析】根据《中华人民共和国行政强制法》第二十五条的规定，延长查封、扣押的决定应当及时书面告知当事人，并说明理由，因此口头告知不符合法律规定。根据《中华人民共和国行政强制法》第三十七条的规定，经催告，当事人逾期仍不履行行政决定，且无正当理由的，行政机关可以作出强制执行决定，因此如果当事人有正当理由，行政机关不可以作出强制执行决定。第四十条规定，对执行标的灭失的，终结执行。根据《中华人民共和国行政强制法》第二十三条的规定，当事人的场所、设施或者财物已被其他国家机关依法查封的，不得重复查封。

25. 下列行业的个体工商户可以采取定期定额核定征收方式的有（　　）。（用于1-7级测试）

　　A. 道路运输　　B. 加油站　　C. 文化体育　　D. 烟酒零售

【参考答案】ACD

【解析】根据《国家税务总局关于加强加油站税收征管有关问题的通知》（国税发〔1998〕100号）相关规定，各地税务机关对各加油站一律取消定期定额方式征收税款，改按纳税人自行申报，税务机关查账或核定征收。

26. 在税务行政诉讼中，原告承担举证责任的事项有（　　）。（用于1-7级测试）

　　A. 证明起诉符合法定条件

　　B. 在起诉被告不作为的案件中，证明其提出申请的事实

　　C. 在一并提起的行政赔偿诉讼中，证明因受被诉行为侵害而造成损失的事实

　　D. 税务机关认为原告起诉超过起诉期限的情形

【参考答案】ABC

【解析】在行政诉讼的一审程序中，法律把证明合法性的举证责任配置给了税务机关，但作为原告也有一定的举证责任。主要包含以下几种情形：一是证明起诉符合法定条件。二是在起诉被告不作为的案件中，证明其提出申请的事实。三是在一并提起的行政赔偿诉讼中，证明因受被诉行为侵害而造成损失的事实。四是其他应当由原告承担举证责任的事项。被告税务机关认为原告的起诉超过诉讼时效时，《中华人民共和国行政诉讼法》并未分配给原告证明其起诉未过时效的责任，而是要由被告税务机关

来证明原告的起诉已超过时效。

27. 税务行政赔偿的方式，主要包括（   ）。（用于1-7级测试）

    A. 返还财产　　　　B. 恢复原状　　　　C. 支付赔偿金　　　　D. 支付违约金

    【参考答案】ABC

    【解析】《中华人民共和国国家赔偿法》第三十二条规定，国家赔偿以支付赔偿金为主要方式，能够返还财产或者恢复原状的，予以返还财产或者恢复原状。故税务行政赔偿的方式包括支付赔偿金、返还财产、恢复原状等。支付违约金是民事责任的承担方式。

28. 企业享受研发费用加计扣除优惠政策采取（   ）的办理方式，由企业依据实际发生的研发费用支出，自行计算加计扣除金额，填报申报表。（用于8-11级测试）

    A. 真实发生　　　　　　　　　　B. 自行判别

    C. 申报享受　　　　　　　　　　D. 相关资料留存备查

    【参考答案】ABCD

    【解析】企业享受研发费用加计扣除优惠政策采取"真实发生、自行判别、申报享受、相关资料留存备查"的办理方式，由企业依据实际发生的研发费用支出，自行计算加计扣除金额，填报《中华人民共和国企业所得税月（季）度预缴纳税申报表（A类）》享受税收优惠，并根据享受加计扣除优惠的研发费用情况（上半年或前三季度）填写《研发费用加计扣除优惠明细表》（A107012）。《研发费用加计扣除优惠明细表》（A107012）与规定的其他资料一并留存备查。

29. 《欠税公告办法（试行）》规定，公告机关应当按期在办税场所或者广播、电视、报纸、期刊、网络等新闻媒体上公告纳税人的欠缴税款情况。下列有关公告时限的说法，正确的有（   ）。（用于1-7级测试）

    A. 企业或单位欠税的，每季公告一次

    B. 个体工商户欠税的，每半年公告一次

    C. 其他个人欠税的，每年公告一次

    D. 走逃、失踪的纳税户欠税的，随时公告

    E. 非正常户欠税的，随时公告

    【参考答案】ABDE

    【解析】《欠税公告办法（试行）》第四条规定，公告机关应当按期在办税场所或者广播、电视、报纸、期刊、网络等新闻媒体上公告纳税人的欠缴税款情况。

    （1）企业或单位欠税的，每季公告一次；

    （2）个体工商户和其他个人欠税的，每半年公告一次。

    （3）走逃、失踪的纳税户以及其他经税务机关查无下落的非正常户欠税的，随时公告。

30. 《税收征管法》规定，税务人员征收税款和查处税收违法案件，与纳税人、扣缴义务人或者税收违法案件有利害关系的，应当回避。税务人员在核定应纳税额、调整税收定额、进行税务检查、实施税务行政处罚、办理税务行政复议时，与纳税人、扣缴义务人或者其法定代表人、直接责任人应当回避的关系有（　　）。（用于1－7级测试）

　　A. 夫妻关系　　　　　　　　　　B. 直系血亲关系

　　C. 三代以内旁系血亲关系　　　　D. 近姻亲关系

　　E. 可能影响公正执法的其他利害关系

【答案】ABCDE

【解析】《税收征管法实施细则》第八条规定，税务人员在核定应纳税额、调整税收定额、进行税务检查、实施税务行政处罚、办理税务行政复议时，与纳税人、扣缴义务人或者其法定代表人、直接责任人有下列关系之一的，应当回避：

　　（1）夫妻关系；

　　（2）直系血亲关系；

　　（3）三代以内旁系血亲关系；

　　（4）近姻亲关系；

　　（5）可能影响公正执法的其他利害关系。

三、判断题

1. 为深入贯彻党的十九大精神，进一步落实《深化国税、地税征管体制改革方案》，深化税务系统"放管服"改革、优化税收环境，税务总局制定了《深化大企业纳税服务若干工作措施》，提出了针对大企业纳税服务的18项工作措施。

（　　）（用于1－7级测试）

【参考答案】√

【解析】《国家税务总局办公厅关于印发深化大企业纳税服务若干工作措施的通知》（税总办发〔2017〕170号）。

2. 对情节复杂、争议较大、处罚较重、影响较广或者拟减轻处罚等税务行政处罚案件，应当经过集体审议决定。　　　　　　　　　　（　　）（用于1－7级测试）

【参考答案】√

【解析】参见《税收征管操作规范》税务行政处罚案件集体审议相关规定。

3. 居民企业或其通过境内合伙企业，在一个纳税年度中的任何一天，直接或间接持有外国企业股份或有表决权股份达到20%（含）以上的，应当在办理该年度企业所得税年度申报时向主管税务机关报送简并后的《居民企业境外投资信息报告表》。

（　　）（用于8－11级测试）

【参考答案】×

【解析】居民企业或其通过境内合伙企业，在一个纳税年度中的任何一天，直接或间接持有外国企业股份或有表决权股份达到10%（含）以上的，应当在办理该年度企业所得税年度申报时向主管税务机关报送简并后的《居民企业境外投资信息报告表》。受控外国企业是指由居民企业，或者由居民企业和中国居民控制的依照外国（地区）法律成立且实际管理机构不在中国境内的企业。

4. 企业将符合条件的财政性资金作不征税收入处理后在3年（36个月）内未发生支出且未缴回财政部门或其他拨付资金的政府部门的部分，应计入取得该资金第4年的应税收入总额；计入应税收入总额的财政性资金发生的支出允许在计算应纳税所得额时扣除。（　　）（用于8-11级测试）

【参考答案】×

【解析】企业将符合条件的财政性资金作不征税收入处理后在5年（60个月）内未发生支出且未缴回财政部门或其他拨付资金的政府部门的部分，应计入取得该资金第6年的应税收入总额；计入应税收入总额的财政性资金发生的支出允许在计算应纳税所得额时扣除。

5. 非营利组织因政府购买服务而取得的收入也是免税收入。

（　　）（用于8-11级测试）

【参考答案】×

【解析】非营利组织的下列收入为免税收入：①接受其他单位或者个人捐赠的收入；②除《企业所得税法》第七条规定的财政拨款以外的其他政府补助收入，但不包括因政府购买服务而取得的收入；③按照省级以上民政、财政部门规定收取的会费；④不征税收入和免税收入孳生的银行存款利息收入；⑤财政部、国家税务总局规定的其他收入。

6. 纳税人办理《改留存备查涉税费资料清单》所列的税费业务事项，不再向税务机关报送《改留存备查涉税费资料清单》明确改留存备查的相关资料，改由纳税人完整保存留存备查。纳税人对留存备查资料的真实性和完整性承担法律责任。

（　　）（用于1-7级测试）

【参考答案】×

【解析】纳税人办理《改留存备查涉税费资料清单》所列的税费业务事项，不再向税务机关报送《改留存备查涉税费资料清单》明确改留存备查的相关资料，改由纳税人完整保存留存备查。纳税人对留存备查资料的真实性和合法性承担法律责任。

7. 自2022年1月1日起，对非营利性科学技术研究开发机构、高等学校接收企业、个人和其他组织机构基础研究资金收入，减半征收企业所得税。

（　　）（用于8-11级测试）

【参考答案】×

【解析】自 2022 年 1 月 1 日起，对非营利性科学技术研究开发机构、高等学校接收企业、个人和其他组织机构基础研究资金收入，免征企业所得税。

8. 对欠税人应建立报告制度，凡纳税人没有缴清欠税的，应定期向主管税务机关报告其生产经营、资金往来、债权债务、投资和欠税原因、清欠计划等情况，报告间隔期最长不得超过 2 个月。（　　）（用于 1－7 级测试）

【参考答案】×

【解析】根据《国家税务总局关于进一步加强欠税管理工作的通知》（国税发〔2004〕66 号）第二条第三款，建立欠税人报告制度。凡纳税人没有缴清欠税的，应定期向主管税务机关报告其生产经营、资金往来、债权债务、投资和欠税原因、清欠计划等情况，报告间隔期由各地依据欠税程度确定，但最长不得超过 3 个月。

9. 财政是国家治理的基础和重要支柱，科学的财税体制是优化资源配置、维护市场统一、促进社会公平、实现国家长治久安的制度保障。（　　）（用于 1－7 级测试）

【参考答案】√

【解析】《关于〈中共中央关于全面深化改革若干重大问题的决定〉的说明》。

10. 《关于进一步深化税收征管改革的意见》指出，到 2024 年基本建成税务执法质量智能控制体系。（　　）（用于 1－7 级测试）

【参考答案】×

【解析】《关于进一步深化税收征管改革的意见》中指出：到 2023 年基本建成税务执法质量智能控制体系。

11. 自 2019 年 1 月 1 日至 2025 年 12 月 31 日，对国家级、省级科技企业孵化器、大学科技园和国家备案众创空间自用以及无偿或通过出租等方式提供给在孵对象使用的房产、土地，免征房产税和城镇土地使用税。（　　）（用于 1－7 级）

【参考答案】×

【解析】自 2019 年 1 月 1 日至 2023 年 12 月 31 日，对国家级、省级科技企业孵化器、大学科技园和国家备案众创空间自用以及无偿或通过出租等方式提供给在孵对象使用的房产、土地，免征房产税和城镇土地使用税。

12. 县级以上人民政府（包括政府有关部门）将国有资产明确以股权投资方式投入企业，企业应作为国家资本金（包括资本公积）处理。该项资产如为非货币性资产，应按公允价值确定计税基础。（　　）（用于 8－11 级测试）

【参考答案】×

【解析】县级以上人民政府（包括政府有关部门）将国有资产明确以股权投资方式投入企业，企业应作为国家资本金（包括资本公积）处理。该项资产如为非货币性资产，应按政府确定的接收价值确定计税基础。

13. 公告机关应当按期在办税场所或者广播、电视、报纸、期刊、网络等新闻媒体上公告纳税人的欠缴税款情况。企业或单位欠税的，每季公告一次。
（　　）（用于1-7级测试）

【参考答案】√

【解析】《欠税公告办法（试行）》（国家税务总局令第9号）第四条规定，公告机关应当按期在办税场所或者广播、电视、报纸、期刊、网络等新闻媒体上公告纳税人的欠缴税款情况。(1)企业或单位欠税的，每季公告一次；(2)个体工商户和其他个人欠税的，每半年公告一次；(3)走逃、失踪的纳税户以及其他经税务机关查无下落的非正常户欠税的，随时公告。

14. 全国税收调查的对象由重点调查企业和抽样调查企业组成，均为独立缴纳增值税的企业。（　　）（用于1-7级测试）

【参考答案】√

【解析】参见《税收征管操作规范》税收调查企业认定相关规定。

15. 纳税人应进行土地增值税清算或经主管税务机关确定需要进行清算，但拒不清算或不提供清算资料的及在土地增值税清算审核中符合国家税务总局关于印发《土地增值税清算管理规程》的通知（国税发〔2009〕91号）第三十四条的，税务机关可依职权对其进行土地增值税清算核定工作。（　　）（用于8-11级测试）

【参考答案】√

【解析】参见《税收征管操作规范》土地增值税清算核定相关规定。

16. 计算土地增值税时，房地产企业缴纳的土地闲置费允许作为扣除项目金额扣除。
（　　）（用于1-7级测试）

【参考答案】×

【解析】计算土地增值税时，房地产企业缴纳的土地闲置费不允许作为扣除项目金额扣除。

17. 在国外出生的婴幼儿，其父母不可以享受3岁以下婴幼儿照护专项附加扣除政策。
（　　）（用于1-7级测试）

【参考答案】×

【解析】《国务院关于设立3岁以下婴幼儿照护个人所得税专项附加扣除的通知》（国发〔2022〕8号）规定，无论在国内出生还是在国外出生，其父母均可以享受3岁以下婴幼儿照护专项附加扣除政策。

18. 自2019年1月1日至2023年12月31日，对道路客运站场运营用地，包括站前广场、停车场、发车位、站务用地、站场办公用地、生产辅助用地，免征城镇土地使用税。（　　）（用于1-7级测试）

【参考答案】√

【解析】自 2019 年 1 月 1 日至 2023 年 12 月 31 日，对城市公交站场、道路客运站场、城市轨道交通系统运营用地，免征城镇土地使用税。道路客运站场运营用地，包括站前广场、停车场、发车位、站务用地、站场办公用地、生产辅助用地。

19. 自 2019 年 1 月 1 日至 2023 年 12 月 31 日，对与高校学生签订的高校学生公寓租赁合同，减半征收印花税。（　　）（用于 1—7 级测试）

【参考答案】×

【解析】自 2019 年 1 月 1 日至 2023 年 12 月 31 日，对与高校学生签订的高校学生公寓租赁合同，免征印花税。

20. 根据《中华人民共和国税收征收管理法》规定，纳税人自结算缴纳税款之日起 3 年内发现多缴税款的，可以向税务机关要求退还多缴的税款并加算银行同期存款利息，税务机关及时查实后应当立即退还。（　　）（用于 1—7 级测试）

【参考答案】√

【解析】按照《中华人民共和国税收征收管理法》规定，纳税人自结算缴纳税款之日起 3 年内发现的，可以向税务机关要求退还多缴的税款并加算银行同期存款利息，税务机关及时查实后应当立即退还。

21. 根据《中华人民共和国税收征收管理法》的规定，欠缴税款的纳税人因怠于行使到期债权，对国家税收造成损害的，税务机关可以行使代位权。
（　　）（用于 1—7 级测试）

【参考答案】×

【解析】按照《中华人民共和国税收征收管理法》规定，欠缴税款的纳税人因怠于行使到期债权，对国家税收造成损害的，税务机关可以依照合同法的规定申请法院行使代位权。

22. 根据《税收征管法实施细则》规定，对偷税加收滞纳金的起止时间规定为，从查出税款后的限缴期限届满次日起到实际缴纳之日止。（　　）（用于 1—7 级测试）

【参考答案】×

【解析】按照《税收征管法实施细则》规定，加收滞纳金的起止时间，为法律、行政法规规定或者税务机关依照法律、行政法规的规定确定的税款缴纳期限届满次日起至纳税人、扣缴义务人实际缴纳或者解缴税款之日止。

23. 自 2019 年 1 月 1 日至 2023 年 12 月 31 日，对农产品批发市场、农贸市场（包括自有和承租，下同）专门用于经营农产品的房产、土地，暂免征收房产税和城镇土地使用税。对同时经营其他产品的农产品批发市场和农贸市场使用的房产、土地，按其他产品与农产品交易金额的比例确定征免房产税和城镇土地使用税。
（　　）（用于 1—7 级测试）

【参考答案】×

【解析】自2019年1月1日至2023年12月31日，对农产品批发市场、农贸市场（包括自有和承租，下同）专门用于经营农产品的房产、土地，暂免征收房产税和城镇土地使用税。对同时经营其他产品的农产品批发市场和农贸市场使用的房产、土地，按其他产品与农产品交易场地面积的比例确定征免房产税和城镇土地使用税。

24. 对已采取税收保全措施的商品、货物、其他财产或者财产权利，税务机关依法作出税务处理决定后，应及时办理税款、滞纳金或者罚款的入库手续。拍卖或者变卖所得抵缴税款、滞纳金、罚款后有余额的，税务机关应当自办理入库手续之日起5个工作日内退还纳税人。　　　　　　　　　　　　　　　（　　）（用于1－7级测试）

【参考答案】×

【解析】对已采取税收保全措施的商品、货物、其他财产或者财产权利，税务机关依法作出税务处理决定后，应及时办理税款、滞纳金或者罚款的入库手续。拍卖或者变卖所得抵缴税款、滞纳金、罚款后有余额的，税务机关应当自办理入库手续之日起3个工作日内退还纳税人。

25. 固定业户应当向其机构所在地的主管税务机关申报纳税。总机构和分支机构不在同一县（市）的，应当分别向各自所在地的主管税务机关申报纳税；经国务院财政、税务主管部门或者其授权的财政、税务机关批准，可以由总机构汇总向任一机构所在地的主管税务机关申报纳税。　　　　　　　　　　（　　）（用于1－7级测试）

【参考答案】×

【解析】参见《税收征管操作规范》增值税、消费税汇总纳税报告。经国务院财政、税务主管部门或者其授权的财政、税务机关批准，可以由总机构汇总向总机构所在地的主管税务机关申报纳税。

26. 企业设立不具有法人资格的分支机构，可以根据各分支机构的从业人数、资产总额、年度应纳税所得额，分别判断是否符合小型微利企业条件。

（　　）（用于8－11级测试）

【参考答案】×

【解析】《国家税务总局关于落实小型微利企业所得税优惠政策征管问题的公告》（国家税务总局公告2023年第6号）规定，符合财政部、税务总局规定的小型微利企业条件的企业（以下简称小型微利企业），按照相关政策规定享受小型微利企业所得税优惠政策。企业设立不具有法人资格分支机构的，应当汇总计算总机构及其各分支机构的从业人数、资产总额、年度应纳税所得额，依据合计数判断是否符合小型微利企业条件。

27. 小型微利企业在预缴和汇算清缴企业所得税时，通过填写纳税申报表，即可享受小型微利企业所得税优惠政策。小型微利企业预缴企业所得税时，从业人数、资产总额、年度应纳税所得额指标，暂按上年度的情况进行判断。

（　　）（用于8－11级测试）

【参考答案】×

【解析】《国家税务总局关于落实小型微利企业所得税优惠政策征管问题的公告》（国家税务总局公告2023年第6号）：小型微利企业在预缴和汇算清缴企业所得税时，通过填写纳税申报表，即可享受小型微利企业所得税优惠政策。小型微利企业应准确填报基础信息，包括从业人数、资产总额、年度应纳税所得额、国家限制或禁止行业等，信息系统将为小型微利企业智能预填优惠项目、自动计算减免税额。小型微利企业预缴企业所得税时，从业人数、资产总额、年度应纳税所得额指标，暂按当年度截至本期预缴申报所属期末的情况进行判断。

28.《委托代征协议书》有效期最长不得超过5年。　　　　　（　　）（用于1-7级测试）

【参考答案】×

【解析】《委托代征协议书》有效期最长不得超过3年。

29. 依据《欠税公告办法（试行）》（国家税务总局令第9号），公告的欠税包括税款、滞纳金和罚款。　　　　　（　　）（用于1-7级测试）

【参考答案】×

【解析】参见《税收征管操作规范》欠税公告。公告的欠税不包括滞纳金和罚款。

30. 税务机关只要认定纳税人有偷税行为，就可将其纳入重大税收违法失信案件信息公布范围。　　　　　（　　）（用于1-7级测试）

【参考答案】×

【解析】根据《重大税收违法失信案件信息公布办法》规定，重大税收违法失信案件的标准为：对于偷税行为，需查补税款金额100万元以上，且任一年度查补税额占当年各税种应纳税总额10%以上。并非只要查实偷税行为，就可认定为重大税收违法案件，将纳税人纳入"黑名单"管理。

四、简答题

1. 什么是税务行政赔偿，它的特点是什么？（用于1-7级测试）

【参考答案】

（1）税务行政赔偿，是指在税收执法过程中，因违法行使职权侵犯公民、法人或其他组织的合法权益造成损害，依法给予赔偿的制度。

（2）税务行政赔偿的特点：一是国家承担赔偿责任。二是赔偿按照"谁侵权，谁代表国家进行赔偿"的原则，具体实施赔偿义务只能由具体承担责任的税务机关代表国家实施。三是赔偿范围是法定的，赔偿方式和标准是既定的。四是提出赔偿请求程序灵活多样。根据《中华人民共和国国家赔偿法》规定，行政赔偿可以有多个途径和渠道，赔偿请求人取得行政赔偿可以先向行政赔偿义务机关提出，也可以通过行政复议、行政诉讼等渠道实现。请求人既可以单独提出行政赔偿请求，也可以在对具体行政行为申请行政复议或提起行政诉讼时一并提出赔偿请求。

2. 根据税法规定，个人所得税核定征收有哪些具体规定？（用于1-7级测试）

【参考答案】

（1）个人独资企业和合伙企业、个体工商户的生产、经营所得有下列情形之一的，主管税务机关可以采取核定征收方式征收个人所得税：

①企业依照国家有关规定应当设置但未设置账簿的；

②企业虽设置账簿，但账目混乱或者成本资料、收入凭证、费用凭证残缺不全，难以查账的；

③纳税人发生纳税义务，未按照规定的期限办理纳税申报，经税务机关责令限期申报，逾期仍不申报的。

个人独资企业以投资者为纳税义务人，合伙企业以每一个合伙人为纳税义务人（以下简称"投资者"）。

以上所说核定征收方式，包括定额征收、核定应税所得率征收以及其他合理的征收方式。

（2）加强规模较大的个人独资企业、合伙企业和个体工商户的生产、经营所得征收管理：

①加强建账管理；

②加强非法人企业注销登记管理；

③加强个人消费支出与非法人企业生产经营支出管理。

（3）纳税人未提供完整、准确的房屋原值凭证，不能正确计算房屋原值和应纳税额的，税务机关可按纳税人住房转让收入的一定比例核定应纳个人所得税额。

3. 对于涉税信息查询，你认为应注意的要点是什么？（用于1-7级测试）

【参考答案】

对于涉税信息查询，应掌握以下要点：

（1）涉税信息查询管理，是指税务机关依法对外提供的信息查询服务。可以查询的信息包括由税务机关专属掌握可对外提供查询的信息，以及有助于纳税人履行纳税义务的税收信息。

（2）纳税人可以通过网站、客户端软件、自助办税终端等渠道，经过有效身份认证和识别，自行查询税费缴纳情况、纳税信用评价结果、涉税事项办理进度等自身涉税信息。

（3）办理程序如下：

①申请。经过有效身份认证和识别，无法直接获取的涉税信息，可以向税务机关提出涉税信息查询书面申请。

纳税人对查询结果有异议，提交相关证明材料等资料，可以向税务机关申请核实。

②受理。纳税人提交资料齐全、符合法定形式的，税务机关应当在本单位职责权限内予以受理。根据查询申请查询相关信息，出具查询结果。

③发放。发放人员出具《涉税信息查询结果告知书》送达纳税人。

④核实。纳税人对税务机关提供的信息有异议的，税务机关应当对信息进行核实，并将核实结果告知纳税人；税务机关确认涉税信息存在错误，应当及时进行信息更正。

4. 税务事项通知的基本种类有哪些？（用于1-7级测试）

【参考答案】

税务事项通知的基本种类主要包括：

（1）税务事项通知书。

税务机关向纳税人、扣缴义务人通知有关税务事项时使用《税务事项通知书》。除法定的专用通知书外，税务机关在通知纳税人缴纳税款、滞纳金，要求当事人提供有关资料，办理有关涉税事项时均可使用此文书。

（2）社会保险费征缴事项通知。

需要向用人单位通知办理社会保险费缴费事项、要求用人单位提供担保和告知用人单位社会保险费征缴政策时，由税务人员制作《社会保险费征缴事项通知书》。

（3）非居民限期履行纳税义务告知。

非居民企业和非居民个人在中国境内承包工程作业和提供劳务，工程或劳务项目完毕，未按期结清税款并已离境的，主管税务机关可制作《税务事项告知书》，通过信函、电子邮件、传真等方式，告知该非居民限期履行纳税义务，同时通知境内发包方或劳务受让者协助追缴税款。

（4）应办理增值税一般纳税人登记告知。

增值税纳税人（以下简称"纳税人"），年应税销售额超过财务部、国家税务总局规定的小规模纳税人标准的，除《增值税一般纳税人登记管理办法》第四条规定的情形外，应当向其机构所在地主管税务机关办理一般纳税人登记手续。

（5）非居民企业所得税源泉扣缴限期申报缴纳税款通知。

扣缴义务人未依法扣缴或者无法履行扣缴义务的，取得所得的非居民企业应当向所得发生地主管税务机关申报缴纳未扣缴税款，并填报"中华人民共和国扣缴企业所得税报告表"。

（6）印有本单位名称增值税普通发票印制通知。

用票单位书面向省税务机关货劳部门提出要求使用印有本单位名称增值税普通发票，省税务机关货劳部门依据规定确认印制有本单位名称增值税普通发票种类、份数、发票代码和发票起止号码。省税务机关货劳部门机外确认后,直接录入并打印《印有本单位名称增值税普通发票印制通知书》。

5. 对欠缴税款的公告,税收相关法律是如何规定的?(用于1-7级测试)

【参考答案】

企业、单位纳税人欠缴税款200万元以下(不含200万元),个体工商户和其他个人欠缴税款10万元以下(不含10万元)的,由县级税务局(分局)在办税服务厅公告;企业、单位纳税人欠缴税款200万元以上(含200万元),个体工商户和其他个人欠缴税款10万元以上(含10万元)的,由地(市)级税务局(分局)公告;对走逃、失踪的纳税户以及其他经税务机关查无下落的纳税人欠税的,由各省、自治区、直辖市和计划单列市税务局公告。

公告机关应当按期在办税场所或者广播、电视、报纸、期刊、网络等新闻媒体上公告纳税人的欠缴税款情况。

6. 根据《国家税务总局关于全面实行税务行政许可事项清单管理的公告》(国家税务总局公告2022年第19号),税务总局决定进一步简化优化"对纳税人延期缴纳税款的核准""对纳税人延期申报的核准""对纳税人变更纳税定额的核准""对采取实际利润额预缴以外的其他企业所得税预缴方式的核定""确定发票印制企业"5个事项的办理程序,程序有哪些简化?(用于1-7级测试)

【参考答案】

(1)简化受理环节。将受理环节由5个工作日压缩至2个工作日。税务机关接收申请材料,当场或者在2个工作日内进行核对。材料齐全、符合法定形式的,自收到申请材料之日起即为受理;材料不齐全、不符合法定形式的,一次性告知需要补正的全部内容。将"对纳税人延期缴纳税款的核准"事项的受理机关由省税务机关调整为主管税务机关,取消代办转报环节。

(2)简并办理程序。将办理程序由"申请、受理、审查、决定"调整为"申请、受理、核准(核定)"。

①"对纳税人延期缴纳税款的核准",税务机关收到纳税人延期缴纳税款申请后,对其提供的生产经营和货币资金情况进行核实,情况属实且符合法定条件的,通知纳税人延期缴纳税款。对该事项不再实行重大执法决定法制审核。

②"对纳税人延期申报的核准",税务机关收到纳税人、扣缴义务人延期申报申请后,对其反映的困难或者不可抗力情况进行核实,情况属实且符合法定条件的,通知纳税人、扣缴义务人延期申报。

③"对纳税人变更纳税定额的核准",税务机关收到纳税人对已核定应纳税额的异议申请后,按照《个体工商户税收定期定额征收管理办法》(国家税务总局令第16号公布,第44号修改)规定的核定程序重新核定定额并通知纳税人。

④"对采取实际利润额预缴以外的其他企业所得税预缴方式的核定",税务机关收到纳税人企业所得税预缴方式核定申请后,对其反映的困难情况进行核实,情况属实且符合法定条件的,核定预缴方式并通知纳税人。

(3) 减少材料报送。对已实名办税纳税人、扣缴义务人的经办人、代理人,免于提供个人身份证件。

(4) 实行全程网办。税务机关依托电子税务局支持事项全程网上办理。经申请人同意,可以采用电子送达方式送达税务文书。在符合法律、行政法规规定的前提下,各省税务机关可以进一步采取承诺容缺、压缩办结时限等措施优化事项办理程序。

7. 请列举至少3种不适用于电子送达的税务文书。(用于8-11级测试)

【参考答案】

税务处理决定书、税务行政处罚决定书(不含简易程序处罚)、税收保全措施决定书、税收强制执行决定书、阻止出境决定书以及税务稽查、税务行政复议过程中使用的税务文书。

五、综合业务题

1. 江东市甲房地产公司(以下简称"甲公司")于2017年7月登记成立,注册资金12 000万元,增值税一般纳税人。主管税务机关为江东市税务局A税务分局(以下简称"A分局")。该公司近年来发生以下业务:

(1) 2018年1月签订土地出让合同,土地面积60 000平方米,自合同签订起次月交付土地。2018年12月甲公司办理土地登记手续,取得不动产权证。因开发手续办理问题,土地一直闲置,直至2024年1月开始动工。

(2) 2024年2月,A分局按要求开展疑点数据核实。经调查核实,甲公司2018年因未按期申报,前税务主管机关多次下达《责令限期改正通知书》,并于2019年2月被认定为非正常户。2023年11月,甲公司在批量零申报、缴纳罚款后解除非正常状态。

(3) A分局于2024年2月10日制作《责令限期改正通知书》,要求甲公司于2024年4月15日前报送土地税源信息并如实申报城镇土地使用税,并告知甲公司有申请行政复议或提起行政诉讼的权利。A分局安排人员送达责令限期改正通知书,因法人及财务负责人避不见面,多次上门均无法送达,于是A分局在办税服务厅公告栏将公告送达。

(4) 甲公司以2018—2023年土地闲置为由拒不申报。A分局于2022年4月16日制作并送达《税务行政处罚决定书(简易)》,甲公司未在限期内缴纳。

(5) A分局2024年4月17日作出《税务事项通知书(核定应纳税额通知)》,对甲公司应申报未申报的土地使用税进行了核定,通知甲公司于4月25日前缴纳税款,甲公司未在期限内缴纳。

(6) 2024 年 4 月 26 日 A 分局制作并送达《税务事项通知书（限期缴纳税款通知）》，通知甲公司于 2024 年 5 月 10 日前缴纳核定的税款，同时告知甲公司有申请行政复议或提起行政诉讼的权利。甲公司逾期未缴纳也未提供纳税担保。

(7) 甲公司于 2024 年 5 月 25 日就行政处罚、加处罚款、核定税款及限期缴纳税款提出复议申请。

(8) A 分局于 2024 年 5 月 28 日，制作并送达《催告书》催告甲公司限期缴纳核定的税款及罚款。甲公司在法定期限内未申请行政复议或者提起行政诉讼，也未履行缴纳税款、罚款义务。

(9) 2024 年 6 月 7 日，甲公司与 A 分局达成和解。

(10) 2024 年 7 月甲公司取得预售许可证，同月收取普通住宅预售收入 9 000 万元。

请根据上述资料，回答以下问题。(14 分)

(1) 根据资料 (1) 简述甲公司土地使用税纳税义务发生时间及计税依据。（用于 8－11 级测试）

【参考答案】土地使用税以纳税人实际占用的土地面积为计税依据，依照规定税额计算征收。依据是《中华人民共和国城镇土地使用税暂行条例》。纳税人实际占用的土地面积，是指由省、自治区、直辖市人民政府确定的单位组织测定的土地面积。尚未组织测量，但纳税人持有政府部门核发的土地使用证书的，以证书确认的土地面积为准；尚未核发土地使用证书的，应由纳税人据实申报土地面积。（国税地字〔1988〕第 015 号）

以出让或转让方式有偿取得土地使用权的，应由受让方从合同约定交付土地时间的次月起缴纳城镇土地使用税；合同未约定交付土地时间的，由受让方从合同签订的次月起缴纳城镇土地使用税。（财税〔2006〕186 号）

(2) 根据资料 (2)，简述根据现行政策，未按规定期限办理纳税申报应如何处理。（用于 8－11 级测试）

【参考答案】责令限期改正，对于首次发生且危害后果轻微，在税务机关发现前主动改正或者在税务机关责令限期改正的期限内改正的，不予行政处罚。[国家税务总局关于发布《税务行政处罚"首违不罚"事项清单》的公告（国家税务总局公告 2021 年第 6 号）]

责令限期改正，可以处 2 000 元以下的罚款；情节严重的，可以处 2 000 元以上 1 万元以下的罚款。（《中华人民共和国税收征收管理法》第六十二条）

(3) 根据资料 (3)，判断 A 分局责令限改及公告送达是否正确，并简要说明理由。（用于 8－11 级测试）

【参考答案】责令限期改正超期。税务机关应当责令当事人改正或者限期改正违法行为的，除法律法规、规章另有规定外，责令限期改正的期限一般不超过三十日。[关于发布《税务行政处罚裁量权行使规则》的公告（国家税务总局公告2016年第78号）]

不应使用公告送达。根据《税收征收管理法实施细则》的相关规定，税务机关送达税务文书，应当直接送交受送达人。直接送达有困难的，可以委托其他有关机关或者单位代为送达，或者邮寄送达。第一百零六条规定："有下列情形之一的，税务机关可以公告送达文书，自公告之日起满30日，即视为送达：（一）同一送达事项的受送达人众多；（二）采用本章规定的其他送达方式无法送达。"未采用其他送达方式前不应公告送达。

（4）根据资料（4），简述简易处罚的条件，逾期不缴纳罚款可采取的措施。（用于8-11级测试）

【参考答案】违法事实确凿并有法定依据，对公民处以二百元以下、对法人或者其他组织处以三千元以下罚款或者警告的行政处罚的，可以当场作出行政处罚决定。

当事人逾期不履行行政处罚决定的，作出行政处罚决定的行政机关可以采取下列措施：

（一）到期不缴纳罚款的，每日按罚款数额的3%加处罚款，加处罚款的数额不得超出罚款的数额；

（二）根据法律规定，将查封、扣押的财物拍卖、依法处理或者将冻结的存款、汇款划拨抵缴罚款；

（三）根据法律规定，采取其他行政强制执行方式；

（四）依照《中华人民共和国行政强制法》的规定申请人民法院强制执行。

（5）根据资料（5），判断A分局下达核定通知书是否正确，并简要说明理由。（用于8-11级测试）

【参考答案】正确

【解析】纳税人有下列情形之一的，税务机关有权核定其应纳税额：

（一）依照法律、行政法规的规定可以不设置账簿的；

（二）依照法律、行政法规的规定应当设置但未设置账簿的；

（三）擅自销毁账簿或者拒不提供纳税资料的；

（四）虽设置账簿，但账目混乱或者成本资料、收入凭证、费用凭证残缺不全，难以查账的；

（五）发生纳税义务，未按照规定的期限办理纳税申报，经税务机关责令限期申报，逾期仍不申报的；

（六）纳税人申报的计税依据明显偏低，又无正当理由的。（《中华人民共和国税收征收管理法》）

(6) 根据资料（6）（7），回答对甲公司提出的复议申请是否受理及受理的机关并简要说明理由。（用于 8－11 级测试）

【参考答案】对行政处罚的申请应受理。对加处罚款与限期缴纳税款的申请不予受理。受理机关为江东市税务局。

对各级税务局的具体行政行为不服的，向其上一级税务局申请行政复议。对税务机关作出逾期不缴纳罚款加处罚款的决定不服的，向作出行政处罚决定的税务机关申请行政复议。但是对已处罚款和加处罚款都不服的，一并向作出行政处罚决定的税务机关的上一级税务机关申请行政复议。申请人对税务机关作出逾期不缴纳罚款加处罚款的决定不服的，应当先缴纳罚款和加处罚款，再申请行政复议。

申请人按规定申请行政复议的，必须依照税务机关根据法律法规确定的税额、期限，先行缴纳或者解缴税款和滞纳金，或者提供相应的担保，才可以在缴清税款和滞纳金以后或者所提供的担保得到作出具体行政行为的税务机关确认之日起 60 日内提出行政复议申请。

(7) 根据资料（8），回答对甲公司不履行缴纳税款、罚款可以采取的措施。（用于 8－11 级测试）

【参考答案】从事生产、经营的纳税人、扣缴义务人未按照规定的期限缴纳或者解缴税款，纳税担保人未按照规定的期限缴纳所担保的税款，由税务机关责令限期缴纳，逾期仍未缴纳的，经县以上税务局（分局）局长批准，税务机关可以采取下列强制执行措施：

（一）书面通知其开户银行或者其他金融机构从其存款中扣缴税款；

（二）扣押、查封、依法拍卖或者变卖其价值相当于应纳税款的商品、货物或者其他财产，以拍卖或者变卖所得抵缴税款。

税务机关采取强制执行措施时，对前款所列纳税人、扣缴义务人、纳税担保人未缴纳的滞纳金同时强制执行。

个人及其所抚养家属维持生活必需的住房和用品，不在强制执行措施的范围之内。

(8) 简述可以和解、可以调解的复议事项。（用于 8－11 级测试）

【参考答案】对下列行政复议事项，按照自愿、合法的原则，申请人和被申请人在行政复议机关作出行政复议决定以前可以达成和解，行政复议机关也可以调解：

（一）行使自由裁量权作出的具体行政行为，如行政处罚、核定税额、确定应税所得率等；

（二）行政赔偿；

（三）行政奖励；

（四）存在其他合理性问题的具体行政行为。

行政复议审理期限在和解、调解期间中止计算。

（9）简述和解复议后应如何操作。（用于 8-11 级测试）

【参考答案】申请人和被申请人达成和解的，应当向行政复议机构提交书面和解协议。和解内容不损害社会公共利益和他人合法权益的，行政复议机构应当准许。

（10）根据资料（10），计算甲公司应预缴的增值税、土地增值税，并作出预缴及结转的账务处理。（单位：万元）（用于 8-11 级测试）

【参考答案】应预缴的增值税 9 000/（1+9%）×3% = 247.71（万元）

应预缴的土地增值税（9 000-247.71）×1.5% = 131.28（万元）

预缴时：借：应交税费——预交增值税		2 477 100
——预交土地增值税		1 312 800
贷：银行存款		3 789 900
结转时：借：税金及附加——土地增值税		1 312 800
应交税费——未交增值税		2 477 100
贷：应交税费——预交增值税		2 477 100
——预交土地增值税		1 312 800

2. 某省甲市乙区税务局认为一家化工厂有逃税行为，拟对该厂作出罚款 3 万元的行政处罚决定，并查封了该厂的厂房、设备。该厂没有在法定期间提出听证申请，税务机关作出上述行政处罚决定。该厂不服该处罚决定，以显失公正、查封措施违法为由，提起行政复议。复议机关认为乙区税务局适用的法律依据错误，导致对事实的定性出现错误，遂改变了乙区税务局的处罚依据，但没有改变处罚结果。该厂不服，向人民法院提起行政诉讼，要求变更行政处罚决定，赔偿因查封造成的该厂损失。经法院审理发现，该厂有擅自印制和非法使用发票行为。（用于 1-7 级测试）

根据以上条件，回答下列问题。

（1）关于税务机关的处罚行为，说法错误的是（　　）。（多选）

A. 对于罚款的处罚，该厂可以申请税务行政处罚听证

B. 对于税务机关作出的查封行为，该厂可以申请税务行政处罚听证

C. 税务机关在作出查封决定之前，应当向当事人送达《税务行政处罚事项告知书》

D. 税务机关在作出 3 万元罚款的行政处罚决定之前，应当向当事人送达《税务行政处罚事项告知书》

（2）该厂对行政复议不服，（　　）。（单选）

A. 应当向 B 区人民法院提起行政诉讼

B. 应当向复议机关所在区人民法院提起行政诉讼

C. 应当向甲市中级人民法院提起行政诉讼

D. 可以选择向乙区人民法院提起行政诉讼或者向复议机关所在区人民法院提起行政诉讼

（3）关于此案的审理，下列说法正确的是（　　）。（多选）

A. 人民法院应于立案之日起5日内，将起诉状副本和应诉通知书发送被告

B. 人民法院可以独任审判员审理此案

C. 行政诉讼案件的审理不能由陪审员参与审理

D. 如果该案涉及商业秘密，经过该厂申请，人民法院可以不公开审理

（4）人民法院在审理该案时，（　　）。（多选）

A. 无权判决对该厂发票违法行为予以罚款

B. 有权判决变更罚款3万元为6万元

C. 对变更处罚决定的争议不适用调解方式，对赔偿争议可以适用调解方式

D. 对变更处罚决定的争议和赔偿争议都可以适用调解方式

【答案及解析】

（1）【参考答案】BC

【解析】税务机关对法人或者其他组织作出1万元以上（含本数）罚款的行政处罚之前，应当向当事人送达《税务行政处罚事项告知书》，告知当事人已经查明的违法事实、证据、行政处罚的法律依据和拟将给予的行政处罚，并告知有要求举行听证的权利。因此，税务行政处罚听证程序适用范围一般限于较大数额的罚款案件。

（2）【参考答案】D

【解析】《中华人民共和国行政诉讼法》规定，经复议的行政案件，复议机关改变原具体行政行为的，既可以由最初作出具体行政行为的行政机关所在地人民法院管辖，也可以由复议机关所在地人民法院管辖。改变具体行政行为的处罚依据也是改变该具体行政行为。

（3）【参考答案】AD

【解析】《中华人民共和国行政诉讼法》第六十七条规定，人民法院应当在立案之日起5日内，将起诉状副本发送被告。被告应当在收到起诉状副本之日起15日内向人民法院提交作出行政行为的证据和所依据的规范性文件，并提出答辩状。人民法院应当在收到答辩状之日起5日内，将答辩状副本发送原告。第六十八条规定，人民法院审理行政案件，由审判员组成合议庭，或者由审判员、陪审员组成合议庭。合议庭的成员，应当是3人以上的单数。故B和C是错误的。第五十四条规定，人民法院公开审理行政案件，但涉及国家秘密、个人隐私和法律另有规定的除外。涉及商业秘密的案件，当事人申请不公开审理的，可以不公开审理。

（4）【参考答案】AD

【解析】人民法院在行政诉讼中不得对行政机关未予处罚的违法行为判决予以处罚。《中华人民共和国行政诉讼法》第六十条规定，人民法院审理行政案件，不适用调解。但是，行政赔偿、补偿以及行政机关行使法律、法规规定的自由裁量权的案件可以调解。第七十七条规定，行政处罚明显不当，或者其他行政行为涉及对款额的确定、认定确有错误的，人民法院可以判决变更。人民法院判决变更，不得加重原告的义务或者减损原告的权益。故选项 B 和 C 是错误的。

3. 某稽查局工作人员王涛、李静在对 M 公司 2023 年的纳税情况依法进行检查时发现，该公司以大头小尾虚开发票的手段进行偷税，偷税数额为 7 万元。税务机关责令其限期补缴所偷税款，征收滞纳金，并准备依法对其偷税行为按所偷税额处以 50% 的罚款。在履行了告知程序后，该公司第 2 天即要求举行听证会。税务机关接受了这一请求，并在规定期限内由王涛主持举行了听证会。听证会上，双方激烈争辩，听证主持人认为 M 公司法定代表人态度不好，不能积极配合税务机关工作，当场决定对其偷税行为按其所偷税额处以 1 倍的罚款。税务机关当场开出《税务行政处罚决定书》，经宣告后交给企业法定代表人，并当场收缴罚款 5 000 元，其余罚款限期缴纳。

就此案情，请回答下列问题。

（1）该税务机关的行为违背了《中华人民共和国行政处罚法》的什么原则？（用于 8 – 11 级测试）

（2）该税务机关举行的听证会存在哪些问题？（用于 8 – 11 级测试）

【参考答案】

（1）税务机关经听证，对 M 公司偷税行为由原来处以偷税额 50% 的罚款变更为 1 倍罚款的决定，违背了"不得因申辩而给予更重的处罚"的原则。

（2）该税务机关举行的听证会存在的主要问题包括：

①违反回避原则，听证会不能由负责调查本案的王涛主持，而应由非本案调查人员主持。

②听证会不能直接作出处罚决定；更不得因申辩而给予更重的处罚。

③罚缴分离，对 M 公司的罚款不符合当场收缴的条件，不能当场收缴。

4. 甲省乙市税务局在 2023 年的税收专项检查中发现，作为增值税一般纳税人的某化妆品公司存在未按规定申报并缴纳税款的违法情况。据此，该市税务局开具税务处理决定书，责令该化妆品公司补缴税款 12 万元并缴纳相应的滞纳金。该决定书依法送达了该化妆品公司。该化妆品公司不服该处理决定，认为认定事实不清、适用依据错误，申请复议，请求撤销乙市税务局作出的税务处理决定。请根据资料回答下列问题。

（1）根据法律和有关规定，该化妆品公司可以向复议机关申请行政复议的前提条

件有（　　）（多选）。（用于 8-11 级测试）

A. 按照税务机关的决定仅先缴纳税款

B. 按照税务机关的决定仅先缴纳滞纳金

C. 按照税务机关的决定缴纳税款和滞纳金

D. 按照税务机关的决定提供相应的担保

（2）根据法律和相关规定，若该化妆品公司的复议申请得以受理，下列说法正确的有（　　）（多选）。（用于 8-11 级测试）

A. 原则上行政复议期间具体行政行为不停止执行

B. 复议机关可以对申请人作出较原具体行政行为更为不利的行政复议决定

C. 对复议决定不服的，可以再向其他复议机关申请复议

D. 复议机关审查案件，原则上通过书面方式审查

（3）本案中复议程序的被申请人是（　　）。（单选）（用于 8-11 级测试）

A. 乙市税务局稽查局

B. 乙市税务局

C. 乙市人民政府

D. 乙市税务局局长

（4）本案中的复议受理机关是（　　）。（单选）（用于 8-11 级测试）

A. 甲省人民政府

B. 省税务局稽查局

C. 甲省税务局重大案件审理委员会

D. 甲省税务局

【答案及解析】

（1）【参考答案】CD

【解析】《税收征收管理法》第八十八条规定，纳税人、扣缴义务人、纳税担保人同税务机关在纳税上发生争议时，必须先依照税务机关的纳税决定缴纳或者解缴税款及滞纳金或者提供相应的担保，然后可以依法申请行政复议。

（2）【参考答案】AD

【解析】根据行政复议"禁止不利变更"原则，复议机关不能对申请人作出较原具体行政行为更为不利的行政复议决定。根据"一级复议"制度，对复议决定不服的，不能再向其他复议机关申请复议，可以向人民法院提起行政诉讼。

（3）【参考答案】B

【解析】在税务行政复议中，公民、法人或者其他组织对税务机关的具体行政行为不服，申请税务行政复议的，作出具体行政行为的税务机关是被申请人。该处理决定是乙市税务局作出的，那么乙市税务局应该是被申请人。

(4)【参考答案】D

【解析】《税务行政复议规则》第十六条规定，对各级税务局的具体行政行为不服的，向其上一级税务局申请行政复议。据此，纳税人对乙市税务局的处理决定不服，应当向其上一级税务机关甲省税务局提出复议申请。甲省税务局是行政复议机关。

第四章 税收风险管理

★ 知识要点归纳

第一节 税收风险管理概述

一、税收风险管理工作的重要性

（一）税收风险管理概念

税收风险管理贯穿税收工作的全过程，是税务机关运用风险管理理论和方法，在全面分析纳税人税法遵从状况的基础上，针对纳税人不同类型不同等级的税收风险，合理配置税收管理资源，通过风险提醒、纳税评估、税务审计、反避税调查、税务稽查等风险应对手段，防控税收风险，提高纳税人的税法遵从度，提升税务机关管理水平的税收管理活动。

税收风险可以从两个方面度量：一是税收风险的可能性，即纳税人带来税收收入流失的不遵从行为发生的概率；二是税收风险带来的损失程度，即发生纳税不遵从行为导致的税收收入流失的额度。

税收风险管理要求税务机关以风险为导向，识别出导致纳税不遵从行为的潜在因素，并制定出相应的应对办法，减少甚至消除不遵从行为，最终实现提高税收遵从度，提高税收收入的组织目标。

（二）在税收管理中引入风险管理的必要性

经过多年的市场经济发展，我国经济规模不断增长，经济面貌不断多样化，税务机关面临的征管局面日益复杂，原有的户管员划片管户、以人盯人、以票管税、保姆式服务等管理方法，依靠个体经验方式来收集信息、判断情况、实施管理，管理的质量和水平就无法提高，税源控管能力不足的问题将不断显现，不但不能很好地解决纳税人遵从问题，而且会使税务机关与税务人员的执法风险与日俱增。

税收风险管理是现代税收管理的先进理念和国际通行做法，是完善我国税收管理体系、提高治理能力、实现税收现代化的有效举措，是构建科学严密税收征管体系的核心工作。

税收风险管理是税收征管改革的突破口，实施税收风险管理，就是要把有限的征管资源优先配置到高风险领域和大企业税收领域，实现税源管理专业化，推动服务管理方式创新和税收管理体制变革。

税收风险管理是完成组织收入目标的重要抓手，开展税收风险管理，通过风险分析识别，有助于找准税收漏洞，有效实施风险应对，促进税收收入的可持续增长。

1. 税收风险管理是推进税收治理现代化的必然要求

以税收征管信息化平台为依托、以风险管理为导向、以分类分级管理为基础，推进征管资源合理有效配置，实现外部纳税遵从风险分级可控、内部主观努力程度量化可考的现代税收征管方式，是税收征管体制改革的方向。

2. 税收风险管理是促进纳税遵从的根本途径

通过加强税收风险管理，对纳税人实施差别化精准管理，对暂未发现风险的纳税人不打扰，对低风险纳税人予以提醒辅导，对中高风险纳税人重点监管。为愿意遵从的纳税人提供便利化办税条件，对不遵从的纳税人予以惩罚震慑，将从根本上解决纳税人不愿遵从或无遵从标准的问题，提高纳税遵从水平。

3. 税收风险管理是提高税务机关主观能动性的重要抓手

在做好基础管理的同时，通过对信息收集、风险识别、等级排序、任务推送、风险应对等环节实施过程监控和效果评价，可有效增强各级税务机关的主观努力程度，查找征管中的薄弱环节，防范税务系统内部风险，提高征管质效。

二、税收风险管理工作的定位

1. 税收风险管理是加强税种管理的有效方法和手段。把税收风险管理的方法与税种管理特点紧密结合起来，研究各税种的风险发生规律，建立税种风险分析指标体系和模型，形成体现税种特点的风险任务，并为开展综合性的统一应对提供专业支撑。

2. 税收风险管理也是加强日常征管的有效方法和手段。日常管理中按照税收风险管理流程，加强登记、发票、申报、征收等环节的管理。特别是要结合精简审批、减少环节、下放权力等创新税收服务和管理的要求，发挥税收风险管理的优势，加强事前、事中和事后的风险监控，堵塞管理漏洞，提高征管质效。

3. 税收风险管理还是加强大企业税收管理的有效方法和手段。运用税收风险管理的理念和方法，提升大企业复杂涉税事项的管理层级，发挥各级税务机关的系统优势，实现大企业由基层的分散管理转变为跨层级的统筹管理，促进税收征管整体资源的优化配置。

4. 税收风险管理是一项需要持续改进的系统工程。需要在统一认识、明确任务、建立机制、厘清职责的基础上，不断调整、改革、完善，使之发挥越来越大的作用。

三、税收风险管理工作的机制

各级税务机关因地制宜,统筹安排管理资源,按照统分结合、分类分级应对的原则,合理划分各层级和各部门在税收风险管理工作中的职责,形成纵向联动、横向互动的工作机制,做到职责清晰、分工明确、运行顺畅。

(一) 国家税务总局

国家税务总局成立税收风险管理工作领导小组(以下简称"领导小组"),下设领导小组办公室(以下简称"办公室"),办公室设在征管科技司。

1. 领导小组

领导小组负责审议决定税收风险管理战略规划、风险管理年度计划、风险管理年度报告以及风险管理其他重大事项。

2. 办公室

办公室负责指导全国范围内的税收风险管理工作。组织制定税收风险管理战略规划;制定税收风险管理工作规程;制定税收风险过程监控和效果评价标准;组织开展特定微观领域的税收风险分析;有选择地整合风险应对任务并向省税务机关推送;组织对省税务机关的风险管理过程监控和效果评价。税务总局定点联系企业税收风险的管理工作在办公室的指导下,由大企业管理司具体组织实施。

(二) 省税务机关

省税务机关按照国家税务总局工作部署,结合本地实际,建立健全税收风险管理工作机制,厘清职责分工,持续改进、优化风险管理特征库、模型和指标体系,统筹安排税收风险管理各项工作任务。在运行机制上,对国家税务总局下达的风险应对任务,省税务机关统一接收;在此基础上,统一确定全省(区、市)的税收风险管理重点,统一实施税收风险等级排序,统一下达税收风险应对任务,统一组织实施税收风险管理工作的检查和考评,做好任务应对并及时反馈应对情况。

1. 成立由主要负责人任组长的税收风险管理工作领导小组,下设领导小组办公室,各有关部门参加。

2. 办公室主要负责的工作

(1) 制订本省(区、市)税收风险管理战略规划和年度计划。

(2) 组织各单位,根据本省(区、市)税收风险管理战略规划及年度计划,结合税务总局推送的宏观税收风险指向任务和微观税收风险应对任务,进一步开展专业分析,形成本省(区、市)按纳税人归集风险点的风险纳税人库。

(3) 组织对风险纳税人进行等级排序,确定应对任务。其中,税务总局推送的应对任务,须优先安排。

(4)组织本级税务机关开展风险应对,或将风险应对任务推送给下级税务机关。

(5)组织对下级税务机关的过程监控及效果评价,并向税务总局反馈整体应对情况。

(6)建立、整合本省(区、市)的税收风险管理模型和指标体系并适时发布。

3. 在办公室的统筹领导下,省级定点联系企业(列名企业)税收风险管理工作机制比照税务总局定点联系企业办理,统一风险分析识别,共享分析成果。

(三)市、县税务机关

市、县税务机关重点做好税收风险应对工作,必要时,也可以组织开展风险分析识别工作。其他税收风险管理工作事项,由省税务机关具体规定。

四、税收风险管理工作职责划分

(一)国家税务总局税收风险管理职责

国家税务总局负责税收风险管理制度和机制的顶层设计。制定税收风险管理工作规程;统一业务口径及数据标准,开展数据治理;建立第三方涉税信息采集及应用制度;开发部署金税三期决策支持风险管理系统(以下简称"决策支持风险管理系统");建立健全全国或者区域范围的风险管理特征库、模型和指标体系;制定税收风险管理过程监控和效果评价标准。

1. 国家税务总局风险办统筹职能

(1)统筹风险管理工作规程和年度计划制定工作。组织成员单位共同制订税收风险管理工作规程和年度计划;按照横向互动、纵向联动的原则,在征求成员单位及省税务机关税收风险管理工作领导小组办公室(以下简称"省税务局风险办")意见后,报税务总局税收风险管理工作领导小组审定后下发。

(2)统筹风险应对任务推送工作。根据组织收入工作需要,定期召开风险管理专题会议,审议成员单位及各地区在风险管理工作中提炼或发现的具有全局性、普遍性特征的风险事项,以及成员单位提交的特定类型纳税人或特定风险事项,适时推送各地应对。

(3)统筹风险应对过程监控及效果评价工作。对推送各地应对的风险管理任务,国家税务总局风险办统一组织实施应对过程监控和效果评价工作。

(4)统筹风险分析识别模型建设工作。组织税务系统精干力量,按计划逐步建立具有代表性的覆盖重点行业、税种及特定类型纳税人的风险分析识别指标体系及模型库,并及时部署到决策支持风险管理系统中,供各单位及各地区使用。

(5)统筹决策支持风险管理系统功能完善工作。汇总成员单位及各地提出的关于完善决策支持风险管理系统功能的业务需求和意见,提交相关部门统一完善系统功能。

(6) 统筹税收数据治理工作。建立标准、规范、充分、完备的数据库。从数据来源、内容、格式、口径、质量、应用等多方面实施数据治理,制定税收数据管理办法。

(7) 统筹开展第三方涉税信息获取及应用工作。统一指导成员单位获取税收风险管理工作所需第三方涉税信息。成员单位负责提出第三方涉税信息的业务需求,国家税务总局风险办负责制定业务标准和技术实现。第三方涉税信息交换至金税三期外部信息交换系统,供各单位及各地开展风险管理工作使用。

2. 国家税务总局风险办成员单位的职能

(1) 各税种管理部门(含国际税务部门)结合自身工作特点,承担分管税种或本部门业务的第三方涉税信息采集、分析识别模型建设及风险分析识别工作,向国家税务总局风险办提供具有全局性、普遍性特征的风险事项。对特殊风险管理事项进行跟踪、指导、评价,并总结经验,进一步完善相关风险指标和风险任务。

(2) 大企业税收管理部门在国家税务总局风险办的统一领导下,牵头负责全国千户集团税收风险分析专题办公室,负责千户集团税收风险的分析识别工作。分析结果报国家税务总局风险办统一推送各地。

(3) 高风险纳税人税收风险管理的主要应对手段为税务稽查。稽查部门负责承接风险管理部门推送的高风险线索,重点稽查,并反馈查处结果。对于高风险应对任务中反映出的行业性、地域性或特定类型纳税人的共性税收风险特征,稽查部门及时提交给国家税务总局风险办,补充到风险分析识别指标体系和模型库中,促进风险分析识别模型的优化和完善。

(二) 省税务机关税收风险管理职责

按照国家税务总局工作部署,结合本地实际,建立健全税收风险管理工作机制,开展数据治理,开展第三方涉税信息采集及应用工作,完善、应用省级决策支持风险管理系统,改进、优化风险管理特征库、模型和指标体系,统筹安排税收风险管理各项工作任务,接受国家税务总局风险办对其风险应对全流程的过程监控和效果评价。

按照国家税务总局计划开展区域性、行业性以及特定类型纳税人或者特定事项的税收风险分析工作(如千户集团税收风险分析);结合国家税务总局推送的风险应对任务,进一步开展专业分析,形成本省风险纳税人库;对纳税人进行风险等级排序,结合征管资源配置情况,确定应对任务;组织开展风险应对,或将风险应对任务推送给下级税务机关;组织对下级税务机关的过程监控及效果评价,并向国家税务总局反馈整体应对情况;开展纳税遵从行为规律分析;负责全省风险管理任务调度;负责全省数据集成和调度;组织征管主观努力程度监控及评价;组织制订本省税收风险管理年度计划。

1. 统一税收风险管理的组织领导

各省定期召开税收风险管理工作领导小组会议,审议本单位税收风险管理年度工作计划和总结、本地区税收风险管理重大事项等（会议纪要报国家税务总局风险办备案）。同时，要根据国家税务总局风险管理年度工作计划，因地制宜，细化并制订本地税收风险管理年度计划。

2. 统一接收国家税务总局推送的风险事项

国家税务总局风险办按计划下发的税收风险管理事项，统一由省税务局风险办负责接收。国家税务总局风险办成员单位下发的特殊风险管理事项，也应由省税务局风险办统一接收；其他部门接收的，须将接收的风险事项报送省税务局风险办统筹管理。

3. 统一扎口推送风险应对任务

省税务局风险办接收国家税务总局风险管理事项后，组织相关部门开展细化分析，统筹任务安排，推送给有关单位开展风险应对工作。对国家税务总局风险办成员单位下发的特殊风险管理事项，省税务局风险办组织相关部门开展细化分析，也可由相关部门开展细化分析。细化分析后的风险管理事项经省税务局风险办统筹后，扎口推送有关单位应对。

4. 统一反馈风险应对情况

应对结束后，省税务局风险办分析、总结应对情况，及时将应对情况反馈给国家税务总局风险办。国家税务总局风险办将应对情况通报风险事项的发起单位。对国家税务总局风险办成员单位下发的特殊风险管理事项，省税务局风险办在向国家税务总局风险办反馈应对情况的同时，将应对情况反馈给特殊风险事项发起单位。

（三）风险管理的工作要求

1. "四个有人管"的工作要求。推动实现税收风险"没发现，有人管；没及时科学推送，有人管；推送了没及时有效处置，有人管；处置并上报了处置情况及建议，但有关部门没改进，也要有人管"。

2. 坚持底线思维，对争议问题做好调查研究和沟通解释，及时化解，尽早处置。要注重运用政策解释、辅导纠偏、引导遵从等方式，充分尊重纳税人诉求和建议。本级税务机关确实难以协调处理的疑难事项，要逐级反映请示，严格按照工作程序办理，不得推卸责任、回避问题。

3. 不断强化保密意识，严格落实保密工作责任制度，加强税收风险分析、统筹、应对过程中的保密管理，切实防止泄密、失密事件发生。

第二节 税收风险管理的内容

税收风险管理的基本内容包括目标规划、信息收集、风险识别、等级排序、风险应对、过程监控和评价反馈，以及通过评价成果应用于规划目标的修订校正，从而形成良性互动、持续改进的管理闭环。

一、制定目标

税收风险目标规划是指管理层在对外部环境和内部条件进行认真分析研究的基础上，对一定时期内税收风险管理的工作目标、阶段重点、方针策略、主要措施、实施步骤等作出的具有系统性、全局性的谋划。

二、涉税信息收集

各级税务机关要落实信息管税的工作思路，将挖掘和利用好内外部涉税信息作为税收风险管理工作的基础。注重收集宏观经济信息、第三方涉税信息、企业财务信息、生产经营信息、纳税申报信息，整合不同应用系统信息。建立企业基础信息库，并定期予以更新。对于集团性大企业，还要注重收集集团总部信息。

（一）税收数据采集的流程

1. 制定税收数据采集工作规程，制订相关的管理制度和实施方案，方便税务人员按照规程合理办税，提高工作效率。
2. 明确税收数据采集岗位的职责，确定相关岗位的人员，就采集工作规程、实施原则、注意事项及涉及专业调查的方法等内容对人员进行培训。
3. 根据税收风险管理的工作计划制定全年和阶段性工作目标和重点，确定采集对象，明确采集目的、内容和渠道。
4. 确定税收数据采集的具体方式和方法。
5. 实施标准化采集程序。
6. 对采集到的税收数据进行审核、筛选和录入，剔除对税收风险相关性不大的信息数据，进一步分类汇总后形成阶段性数据采集成果。

（二）数据加工和数据资产管理

数据加工的主要工作内容包括数据清洗、数据转换、数据匹配、数据汇总、数据归集、数据字典、日常运维等。

大数据和税收风险管理部门负责收集并整理相关涉税数据，组织数据质量筛选，保证数据的可用性。风险监控部门负责实施各类数据的风险识别应用，并对数据应用情况进行跟踪与反馈。通过对数据进行整理、跟踪和修正建立数据资产，形成资产目录清单。

三、开展风险识别

通过建立覆盖税收征管全流程、各环节、各税种、各行业的风险识别指标体系、风险特征库和分析模型等风险分析工具。统筹安排风险识别工作，运用风险分析工具，对纳税人的涉税信息进行扫描、分析和识别，找出容易发生风险的领域、环节或纳税人群体，为税收风险管理提供精准指向和具体对象。

(一) 税收风险指标（模型）管理

税收风险模型管理是指各级税务机关运用政策分析、案例分析和经验分析等分析方法，寻找税收风险领域，提取用以识别风险领域的风险特征，建立和健全相应的风险指标体系和风险识别模型的管理过程。其中包括四个环节的工作内容。

1. 数据风险管理部门对机关相关业务部门建设的风险指标模型及各级税务机关在日常工作中发现的，或通过典型调查提交的税收风险特征指标进行审核与确认，并进行税收风险特征的配置、发布、后续状态管理。对税收风险特征进行统筹管理，制订税收风险指标（模型）建设计划。

2. 各业务管理部门数据和风险管理岗应根据年度风险管理工作计划，依据相关建设规范组织风险识别指标（模型）的建设工作，在风险识别工作开展前及时将税收风险识别模型业务需求提交模型管理岗部署到风险管理平台。

数据风险管理部门统一开展风险识别指标（模型）进行验证和修订工作，对验证通过的风险识别指标（模型）发布使用。

对收集所推送任务的风险识别模型及风险指标综合评价信息，向该风险识别（模型）建设单位反馈适用性。相应建设单位根据反馈意见对风险指标（模型）进行修正。

3. 数据风险管理部门对风险指标停用、启用和作废等状态进行生命周期管理、风险事项与指标（模型）对应关系维护等后续管理工作。上级税务机关可将下级税务机关的税收风险指标提升为本级使用。下级税务机关也可以上报相关指标模型。

4. 数据风险管理部门根据业务部门的指标模型维护需求，对税收风险指标（模型）进行维护；或者根据税收风险指标（模型）评价与反馈信息，直接对风险指标进行维护。

(二) 统筹风险识别工作

税收风险管理部门统筹开展风险分析、识别工具建设和税收风险模型完善工作。以案头分析方式进行风险识别工作。风险分析识别应依托税收大数据，利用纳税人申报纳税、财务报表、第三方信息等各类数据，运用风险模型和实时风险防控指标等分析工具综合分析纳税人申报纳税的真实性和准确性。

建立税收风险纳税人库，归集整合风险信息，实行"一户式"管理；根据来源层级、重要程度、紧急程度实施分类管理。

通过税收风险分析识别产生风险应对任务的，风险识别结果应包括风险识别报告、应对方式、应对时限、应对要求等信息。

四、"等级排序"的操作规范

等级排序的概述：对依据风险识别结果建立的风险纳税人库，按纳税人、扣缴义务人归集的风险点，按户综合评定风险分值，并进行等级排序，确定每个纳税人、扣缴义务人的风险等级。

总局、省级及市级税务机关确定本级风险积分标准和等级划分标准。

1. 确定积分

对风险纳税人库的纳税人、扣缴义务人按户进行风险点归集，综合评定风险分值。

总局、省级及市级税务机关确定本级风险积分标准。

2. 积分排序

对确定积分后的纳税人、扣缴义务人按照综合评定风险分值高低进行排序。

税务总局负责千户集团税收风险积分排序工作。

省级、市级税务机关负责本级范围内纳税人、扣缴义务人的税收风险积分排序工作。

风险模型、指标的积分标准以风险发生概率和风险发生造成税款流失的严重程度为主要评价因素。

3. 等级排序

对积分排序后的纳税人、扣缴义务人根据不同风险类型、特征等，综合进行等级判定，确定风险等级，并从高到低进行等级排序。

根据税收风险管理年度计划和实际情况，定期或按专题实施等级排序。

税务总局负责千户集团税收风险等级排序工作。

省级、市级税务机关负责本级范围内纳税人、扣缴义务人的税收风险等级排序工作。

（1）税收风险等级排序分为高、中、低三等。

高等风险是指虚开或接受虚开发票；高风险指标、模型运算结果直接指向；税收风险点情形复杂，预估不缴或少缴税款数额较大，存在偷逃骗税可能情形。

低等风险是指风险指向明确、预估税款较小等情形。

中等风险是指指高、低等以外的涉税风险情形。

（2）纳税人、扣缴义务人等级排序采用定性与定量（风险积分）相结合的方式确定。

按户归集税收风险点，并对税收风险点的风险类型、等级、关键指标风险数量和风险指标权重等进行综合分析，计算确定纳税人、扣缴义务人的风险积分，并根据其风险积分的高低排定风险次序。

（3）税收风险等级排序确定后，因特殊原因需要调整的，应报经本级风险办批准后调整。

五、"风险应对"的操作规范

各级税务机关按纳税人区域、规模和特定事项等要素,合理确定风险应对层级和承办部门。风险应对过程中,可采取风险提醒、纳税评估、税务审计、反避税调查、税务稽查等差异化应对手段。风险应对任务应扎口管理并统一推送下达。

对于情况紧急、风险程度高、风险指向具体纳税人的特殊风险任务,通过风险管理系统直接下发;一般任务应进行"一户式"归并后下发。

(一)低等风险应对流程

基本通过风险提醒方式进行,风险提醒任务由税收风险任务生成部门商纳税服务部门后通过12366、电子税务局推送至纳税人。

1. 风险归集

税收风险识别部门将指标加工产生的风险情形简单、风险指向明确、对税收秩序影响小、主观故意程度低、识别疑点税款可测的各类适合低等风险应对的税收风险点按户(人)归集,形成待推送应对任务。

2. 风险提示

税务机关依托网上办税服务厅或移动办税平台等渠道向纳税人推送统一格式的税收风险提示。告知存在的涉税风险,明确提示税收风险自行应对的截止日期。

在纳税人办理涉税业务时通过弹窗提示等方式,提醒纳税人注意相关涉税风险事项。在告知内容中,可对纳税人提出具体的修正要求,以及不按规定自我修正的后续处理措施和需要承担的法律责任。

3. 纳税人自我修正

纳税人根据风险提示,对照税收法律法规和自查指引,自我核查并根据情况修正风险。如果纳税人确认无相关涉税风险的,可以暂不修正。其中,需要更正申报的,在提示截止日期前,打印并携带风险提示信息,到办税服务厅进行更正申报。

4. 后续监管

风险提示到期后,税务机关利用信息系统对风险提示信息与纳税人修正情况进行比对,分析税收风险消除程度可进行人机结合的后续分析并跟踪管理。

纳税人自我修正情况与风险识别结果符合度较高或者更正申报税款高于预估税款的,可基本确认税收风险点消除;对纳税人未修正处理的相关风险点,或者更正申报税款明显低于预估税款的,其分析比对差异在中、高等风险应对时一并核查。

(二)中等风险应对流程

中等风险应对流程一般通过风险核查和纳税评估进行。由任务分配、案头审核、询问约谈、实地核查、结果反馈五个环节组成,根据案情不同涉及其中一个或几个环节。[具体参考本章第三节税收风险应对方法(纳税评估)]

1. 案头审核

(1) 任务分配。

(2) 制作风险应对报告。

(3) 集体审议。

(4) 确定约谈(实地核查)计划。

(5) 结果反馈。

2. 税务约谈

(1) 通知约谈。

(2) 实施约谈。

(3) 自查审核。

(4) 开展审议。

3. 实地核查

(1) 制作《税务检查通知书》。

(2) 实施实地核查。

(3) 制作《税收风险应对报告》。

(4) 实地核查结果的审理。

(5) 文书制作及送达。

(6) 移交稽查提请。

(三) 高等风险应对流程

高等风险应对方法即为税务稽查。

(四) 风险应对的工作要求

承接的风险任务,风险应对部门按工作要求和完成时限开展风险应对,根据风险任务等级采取风险提醒、纳税评估、税务审计、反避税调查、税务稽查等不同应对手段。

在开展纳税评估、税务审计等中风险应对中,纳税人对风险应对结果提出异议的,风险应对部门应提请本级税收风险管理工作领导小组集体审议,结合纳税人意见和风险分析应对具体情况,分类处理。纳税人理由充分且正当合理,风险疑点可以排除的,风险应对部门及时反馈应对结果;纳税人理由不充分或缺乏正当合理性,风险疑点不能排除的,风险应对部门督促纳税人改正,根据纳税人改正情况采取进一步管理措施;无法判定风险疑点是否能够排除的,风险应对部门再次开展案头分析,根据案头分析结果，按规定实施税务约谈、实地核查等，涉嫌偷逃抗骗税和虚开发票等税收违法行为的，移交税务稽查部门处理。

风险应对中，坚持"无违法不停票"，纳税人对政策执行有疑义的，由属地税务机关税政管理、纳税服务部门（或相应岗位）分别做好政策解释和税法宣传工作。

六、"过程监控与评价反馈"的操作规范

对税收风险管理全过程实施有效监控，建立健全考核评价机制，及时监控和通报各环节的运行情况，并对风险识别的科学性和针对性、风险等级排序的准确性、风险应对措施的有效性等进行效果评价。要将风险应对效果纳入绩效考核体系。加强对过程监控和评价结果的应用，优化识别指标和模型，完善管理措施，提出政策调整建议，实现持续改进。要全面归集分析税务总局定点联系企业税收风险的性质及成因，提出风险防控建议，反馈给企业集团。

（一）税收风险应对复核

风险应对复核是指税收风险监督与评价部门对风险应对机构已应对结束的税收风险事项进行复查审核，对其应对的合法性、全面性、真实性进行核查，从而对税收风险应对质量作出判定的过程。风险应对复核是对风险应对缺失或应对人员疏忽的一种补救措施，也是对风险应对绩效进行考评的方法之一，更是对风险应对人员执法情况的监管措施，有效地降低了执法风险。

风险应对复核分为对象选择、复核实施、复核报告三个步骤，上级局可对下级局实施风险应对复核，本级税务机关的风险管理部门可对本局风险应对户实施复核。对象选择可以定向选择也可规则批量选择，可以全量复核也可以抽样进行。

主要是对疑点大的风险应对完毕事项或符合一定条件的风险应对结束事项进行复核户选择；选定复核户后推送给复核人员进行风险应对复核；复核结束后，形成风险复核报告，对疑点作出重点说明，对风险应对的过程、结果作出合法性、真实性评价，包括程序和实体方面，以此作为监督评价的依据。

（二）税收风险管理内控机制

税收风险管理是现代税收执法和税收行政管理的重要方面，贯穿于税收管理全过程，建设以风险防控为导向的内控机制不仅有利于监督税收风险管理的有效实施，而且有利于防范税收执法风险。

1. 内控内生化

将对税收风险管理的内控要求内嵌征管信息平台之中，在征管系统运行时同步开展内控监管。

（1）对征管信息平台中风险管理各流程设置环节控制，明晰各相关岗位的权限配置，使风险管理各个功能模块在操作上相互独立，在运行上相互制约。

（2）设置校验规则，对各环节操作合规性实时监控，事后分析。

2. 内控信息化

依托平台收集风险识别与应对信息，分析风险应对文书是否规范、结果是否经过审议审核、是否在时限内完成应对、应对结果与识别分析内容差异程度及其原因等，对税收风险应对合规性、应对质量开展复审工作，对税收风险管理实现全过程监控。

（三）建立税企沟通反馈机制

1. 建立普遍性的税企沟通渠道
2. 搭建个性化的税企沟通平台
3. 协助纳税人构建风险防控机制

将税收风险管理延伸到企业管理，特别是在大企业、企业集团、上市公司、新三板挂牌企业中试行税、企和第三方机构合作开展的企业税务风险内控机制建设。全面深入了解和分析企业的组织架构、内控机制、生产经营核算等，剖析企业税务内控体系可能存在的问题，向企业提出税务风险内控完善建议，引导企业建立健全税务风险内控机制，帮助企业提高自我防控税务风险的能力。

第三节 税收风险应对方法（纳税评估）

一、纳税评估的主要工作内容

纳税评估是指税务机关运用数据信息对比分析的方法，对纳税人和扣缴义务人（以下简称"纳税人"）纳税申报（包括减免缓抵退税申请，下同）情况的真实性和准确性作出定性和定量的判断，并采取进一步征管措施的管理行为。纳税评估工作遵循强化管理、优化服务；分类实施、因地制宜；人机结合、简便易行的原则。

纳税评估主要工作内容包括：根据宏观税收分析和行业税负监控结果以及相关数据设立评估指标及其预警值；综合运用各类对比分析方法筛选评估对象；对所筛选出的异常情况进行深入分析并作出定性和定量的判断；对评估分析中发现的问题分别采取税务约谈、调查核实、处理处罚、提出管理建议、移交稽查部门查处等方法进行处理；维护更新税源管理数据，为税收宏观分析和行业税负监控提供基础信息等。

二、纳税评估的对象

纳税评估的对象为主管税务机关负责管理的所有纳税人及其应纳所有税种。可采用计算机自动筛选、人工分析筛选和重点抽样筛选等方法。对在审核对比分析中发现有问题或疑点的纳税人要作为重点评估分析对象；重点税源户、特殊行业的重点企业、税负异常变化、长时间零税负和负税负申报、纳税信用等级低下、日常管理和税务检查中发现较多问题的纳税人要列为纳税评估的重点分析对象。

三、纳税评估的方法

（一）纳税评估的主要方法

纳税评估可根据所辖税源和纳税人的不同情况采取灵活多样的评估分析方法，主要有：

（1）对纳税人申报纳税资料进行案头的初步审核比对，以确定进一步评估分析的方向和重点。

（2）通过各项指标与相关数据的测算，设置相应的预警值，将纳税人的申报数据与预警值相比较。

（3）将纳税人申报数据与财务会计报表数据进行比较、与同行业相关数据或类似行业同期相关数据进行横向比较。

（4）将纳税人申报数据与历史同期相关数据进行纵向比较；根据不同税种之间的关联性和勾稽关系，参照相关预警值进行税种之间的关联性分析，分析纳税人应纳相关税种的异常变化。

（5）应用税收管理员日常管理中所掌握的情况和积累的经验，将纳税人申报情况与其生产经营实际情况相对照，分析其合理性，以确定纳税人申报纳税中存在的问题及其原因。

（6）通过对纳税人生产经营结构，主要产品能耗、物耗等生产经营要素的当期数据、历史平均数据、同行业平均数据以及其他相关经济指标进行比较，推测纳税人实际纳税能力。

（二）纳税评估的审核重点

（1）纳税人是否按照税法规定的程序、手续和时限履行申报纳税义务，各项纳税申报附送的各类抵扣、列支凭证是否合法、真实、完整。

（2）纳税申报主表、附表及项目、数字之间的逻辑关系是否正确，适用的税目、税率及各项数字计算是否准确，申报数据与税务机关所掌握的相关数据是否相符。

（3）收入、费用、利润及其他有关项目的调整是否符合税法规定，申请减免缓抵退税，亏损结转、获利年度的确定是否符合税法规定并正确履行相关手续。

（4）与上期和同期申报纳税情况有无较大差异。

（5）税务机关和税收管理员认为应进行审核分析的其他内容。

(6) 对实行定期定额（定率）征收税款的纳税人以及未达起征点的个体工商户，可参照其生产经营情况，利用相关评估指标定期进行分析，以判断定额（定率）的合理性和是否已经达到起征点并恢复征税。

四、纳税评估分析的结果运用

（一）自行更正

对纳税评估中发现的计算和填写错误、政策和程序理解偏差等一般性问题，或存在的疑点问题经约谈、举证、调查核实等程序认定事实清楚，不具有偷税等违法嫌疑，无须立案查处的，可提请纳税人自行改正。需要纳税人自行补充的纳税资料，以及需要纳税人自行补正申报、补缴税款、调整账目的，税务机关应督促纳税人按照税法规定逐项落实。

（二）税务约谈

对纳税评估中发现的需要提请纳税人进行陈述说明、补充提供举证资料等问题，应由主管税务机关约谈纳税人。

税务约谈要经所在税源管理部门批准并事先发出《税务约谈通知书》，提前通知纳税人。

税务约谈的对象主要是企业财务会计人员。因评估工作需要，必须约谈企业其他相关人员的，应经税源管理部门批准并通过企业财务部门进行安排。

纳税人因特殊困难不能按时接受税务约谈的，可向税务机关说明情况，经批准后延期进行。

纳税人可以委托具有执业资格的税务代理人进行税务约谈。税务代理人代表纳税人进行税务约谈时，应向税务机关提交纳税人委托代理合法证明。

（三）实地检查

对评估分析和税务约谈中发现的必须到生产经营现场了解情况、审核账目凭证的，应经所在税源管理部门批准，由税收管理员进行实地调查核实。对调查核实的情况，要作认真记录。需要处理处罚的，要严格按照规定的权限和程序执行。

（四）移交处理

发现纳税人有偷税、逃避追缴欠税、骗取出口退税、抗税或其他需要立案查处的税收违法行为嫌疑的，要移交税务稽查部门处理。对税源管理部门移交稽查部门处理的案件，税务稽查部门要将处理结果定期向税源管理部门反馈。

纳税人存在特别纳税调整、出口退（免）税等特殊税收风险疑点，以及其他问题需要由专业部门进一步调查和处理的，应将上述疑点或问题"建议转专业部门处理"，并在案头分析结果或纳税评估报告中注明。

经审批，不予立案调查的，纳税评估任务继续实施；予以稽查立案的，或专业部门确认立案、问题接收，且不存在其他风险疑点需核实的，终结纳税评估任务。

（五）提出征管建议

对纳税评估工作中发现的问题要作出评估分析报告，提出进一步加强征管工作的建议，并将评估工作内容、过程、证据、依据和结论等记入纳税评估工作底稿。纳税评估分析报告和纳税评估工作底稿是税务机关内部资料，不发纳税人，不作为行政复议和诉讼依据。

五、纳税评估的一般流程

一个完整的纳税评估，通常包括五大程序。
1. 确定评估对象
2. 评估分析
3. 评估核实
4. 评定处理
5. 管理建议

六、纳税评估指标

（一）收入类评估分析指标及其计算公式和指标功能

主营业务收入变动率 =（本期主营业务收入 - 基期主营业务收入）÷ 基期主营业务收入 × 100%。

如主营业务收入变动率超出预警值范围，可能存在少计收入和多列成本等问题，需运用其他指标进一步分析。

（二）成本类评估分析指标及其计算公式和功能

（1）单位产成品原材料耗用率 = 本期投入原材料 ÷ 本期产成品成本 × 100%。

分析单位产品当期耗用原材料与当期产出的产成品成本比率，判断纳税人是否存在账外销售问题、是否错误使用存货计价方法、是否人为调整产成品成本或应纳所得额等问题。

（2）主营业务成本变动率 =（本期主营业务成本 - 基期主营业务成本）÷ 基期主营

业务成本×100%，其中：主营业务成本率＝主营业务成本÷主营业务收入。

主营业务成本变动率超出预警值范围，可能存在销售未计收入、多列成本费用、扩大税前扣除范围等问题。

（三）费用类评估分析指标及其计算公式和指标功能

（1）主营业务费用变动率＝（本期主营业务费用－基期主营业务费用）÷基期主营业务费用×100%，其中：主营业务费用率＝（主营业务费用÷主营业务收入）×100%。

与预警值相比，如相差较大，可能存在多列费用的问题。

（2）营业（管理、财务）费用变动率＝［本期营业（管理、财务）费用－基期营业（管理、财务）费用］÷基期营业（管理、财务）费用×100%。

如果营业（管理、财务）费用变动率与前期相差较大，可能存在税前多列支营业（管理、财务）费用的问题。

（3）成本费用率＝（本期营业费用＋本期管理费用＋本期财务费用）÷本期主营业务成本×100%。

分析纳税人期间费用与销售成本之间关系，与预警值相比较，如相差较大，企业可能存在多列期间费用的问题。

（4）成本费用利润率＝利润总额÷成本费用总额×100%，其中：成本费用总额＝主营业务成本总额＋费用总额。

与预警值比较，如果企业本期成本费用利润率异常，可能存在多列成本、费用等问题。

（5）税前列支费用评估分析指标：工资扣除限额、"三费"（职工福利费、工会经费、职工教育经费）扣除限额、交际应酬费列支额（业务招待费扣除限额）、公益救济性捐赠扣除限额、开办费摊销额、技术开发费加计扣除额、广告费扣除限额、业务宣传费扣除限额、财产损失扣除限额、呆（坏）账损失扣除限额、总机构管理费扣除限额、社会保险费扣除限额、无形资产摊销额、递延资产摊销额等。

如果申报扣除（摊销）额超过允许扣除（摊销）标准，可能存在未按规定进行纳税调整，擅自扩大扣除（摊销）基数等问题。

（四）利润类评估分析指标及其计算公式和指标功能

（1）主营业务利润变动率＝（本期主营业务利润－基期主营业务利润）÷基期主营业务利润×100%。

其他业务利润变动率＝（本期其他业务利润－基期其他业务利润）÷基期其他业务利润×100%。

上述指标若与预警值相比相差较大，可能存在多结转成本或不计、少计收入问题。

(2) 税前弥补亏损扣除限额。按税法规定审核分析允许弥补的亏损数额。如申报弥补亏损额大于税前弥补亏损扣除限额，可能存在未按规定申报税前弥补等问题。

营业外收支增减额。营业外收入增减额与基期相比减少较多，可能存在隐瞒营业外收入问题。营业外支出增减额与基期相比支出增加较多，可能存在将不符合规定支出列入营业外支出。

（五）资产类评估分析指标及其计算公式和指标功能

(1) 净资产收益率＝净利润÷平均净资产×100%。

分析纳税人资产综合利用情况。如指标与预警值相差较大，可能存在隐瞒收入，或闲置未用资产计提折旧问题。

(2) 总资产周转率＝（利润总额＋利息支出）÷平均总资产×100%。

存货周转率＝主营业务成本÷［（期初存货成本＋期末存货成本）÷2］×100%。

分析总资产和存货周转情况，推测销售能力。如总资产周转率或存货周转率加快，而应纳税税额减少，可能存在隐瞒收入、虚增成本的问题。

(3) 应收（付）账款变动率＝［期末应收（付）账款－期初应收（付）账款］÷期初应收（付）账款×100%。

分析纳税人应收（付）账款增减变动情况，判断其销售实现和可能发生坏账情况。如应收（付）账款增长率增高，而销售收入减少，可能存在隐瞒收入、虚增成本的问题。

(4) 固定资产综合折旧率＝基期固定资产折旧总额÷基期固定资产原值总额×100%。

固定资产综合折旧率高于基期标准值，可能存在税前多列支固定资产折旧额问题。要求企业提供各类固定资产的折旧计算情况，分析固定资产综合折旧率变化的原因。

(5) 资产负债率＝负债总额÷资产总额×100%，其中：负债总额＝流动负债＋长期负债，资产总额是扣除累计折旧后的净额。

分析纳税人经营活力，判断其偿债能力。如果资产负债率与预警值相差较大，则企业偿债能力有问题，要考虑由此对税收收入产生的影响。

七、常用的纳税评估指标

主营业务收入变动率、单位产成品原材料耗用率、主营业务成本变动率、主营业务费用变动率、营业（管理、财务）费用变动率、成本费用率、成本费用利润率、主营业务利润变动率、其他业务利润变动率、净资产收益率、总资产周转率、存货周转率、应收（付）账款变动率、固定资产综合折旧率、资产负债率等。

★ 习题精练及答案解析

一、单项选择题

1. 党的十九大报告指出:"明确全面深化改革总目标是完善和发展中国特色社会主义制度、推进国家治理体系和治理能力现代化。"税收风险管理是推进税收治理现代化的必然要求,是现代税收管理的先进理念和国际通行做法,是( )的核心工作。(用于1-7级测试)

   A. 现代税收管理   B. 完善我国税收管理体系
   C. 提高治理能力   D. 构建科学严密税收征管体系

   【参考答案】D

   【解析】税收风险管理是推进税收治理现代化的必然要求。税收风险管理是现代税收管理的先进理念和国际通行做法,是完善我国税收管理体系、提高治理能力、实现税收现代化的有效举措,是构建科学严密税收征管体系的核心工作。

2. 按照《国家税务总局关于进一步加强税收风险管理工作的通知》规定,关于当前税收风险管理的重要性表述不正确的是( )。(用于8-11级测试)

   A. 税收风险管理是推进税收治理现代化的必然要求
   B. 税收风险管理是促进纳税遵从的根本途径
   C. 税收风险管理是做好组织收入工作的重要手段
   D. 税收风险管理是提高税务机关主观能动性的重要抓手

   【参考答案】C

   【解析】依据《国家税务总局关于进一步加强税收风险管理工作的通知》(税总发〔2016〕54号)的规定。

3. 将"主营业务收入""主营业务成本"等损益类科目设置"( )",用于实现销售成品油企业分批零核算的需要,进一步加强零售终端的会计业务核算。(用于8-11级测试)

   A. 成本中心   B. 销售方式   C. 销售流向   D. 产品核算

   【参考答案】B

   【解析】本题考查风险应对中成品油销售主要业务会计核算,销售方式、销售流向、要素台账的设置。将"主营业务收入""主营业务成本"等损益类科目设置"销售方式",用于实现销售成品油企业分批零核算的需要,进一步加强零售终端的会计业务核算。

4. 税收风险管理的关键环节或者基础环节是( )。(用于1-7级测试)

   A. 风险识别   B. 信息采集   C. 目标规划   D. 风险等级排序

【参考答案】A

【解析】风险识别是整个风险管理的关键环节或者基础环节。

5. 税务机关根据风险识别结果，确定风险纳税人及风险等级，统一推送下达风险应对任务。税务机关对风险应对任务下达应当实施（　　）。（用于1-7级测试）

　　A. 统一管理　　　B. 扎口管理　　　C. 分类管理　　　D. 分级管理

【参考答案】B

【解析】根据《国家税务总局关于加强税收风险管理工作的意见》（税总发〔2014〕105号）规定，风险应对任务应扎口管理并统一推送下达。

6. 税收风险管理岗小李认为对不同的涉税风险应采取不同的税收风险应对策略，下列税收风险应对策略所对应的涉税风险较小的是（　　）。（用于1-7级测试）

　　A. 税务审计　　　B. 风险提醒　　　C. 反避税调查　　　D. 纳税评估

【参考答案】B

【解析】根据《国家税务总局关于进一步加强税收风险管理工作的通知》（税总发〔2016〕54号）规定，通过加强税收风险管理，对纳税人实施差别化精准管理，对暂未发现风险的纳税人不打扰，对低风险纳税人予以提醒辅导，对中高风险纳税人重点监管。

7. 某市在风险识别过程中发现某纳税人存在多个风险指标异常，经过风险等级排序，该纳税人风险等级级别为高，该市风险局对该纳税人进行税收风险管理的主要应对手段是（　　）。（用于1-7级测试）

　　A. 提示提醒　　　B. 税务约谈　　　C. 实地核查　　　D. 税务稽查

【参考答案】D

【解析】根据《国家税务总局关于进一步加强税收风险管理工作的通知》（税总发〔2016〕54号）的规定，高风险纳税人税收风险管理的主要应对手段为税务稽查。

8. 某县区税务局在风险管理中对纳税人实施差别化精准管理，对暂未发现风险的纳税人不打扰，对低风险纳税人提醒辅导，对中高风险纳税人重点监管，这充分体现了促进纳税遵从的根本途径是（　　）。（用于1-7级测试）

　　A. 加强税收风险管理　　　　　　B. 加强纳税服务

　　C. 加强税收征收管理　　　　　　D. 加强税收信息化管理

【参考答案】A

【解析】税收风险管理是促进纳税遵从的根本途径。

9. 《国家税务总局关于加强税收风险管理工作的意见》规定，各级税务机关，尤其是（　　），要加强对税收风险管理工作的统筹管理，指定专门机构牵头负责税收风险管理工作。（用于1-7级测试）

　　A. 税务总局和省级税务机关　　　B. 省级税务机关和市级税务机关

　　C. 市级税务机关和县级税务机关　　D. 县级税务机关和税务分局

【参考答案】A

【解析】根据《国家税务总局关于加强税收风险管理工作的意见》(税总〔2014〕105号)的规定,各级税务机关,尤其是税务总局和省税务机关,要加强对税收风险管理工作的统筹管理,指定专门机构牵头负责税收风险管理工作。

10. 下列选项中不属于风险识别开展操作内容的是( )。(用于8-11级测试)

    A. 风险特征分析　　　　　　　　B. 风险指标模型建设
    C. 风险点加工归集　　　　　　　D. 综合评定风险分值

【参考答案】D

【解析】风险识别包括:风险特征分析、风险指标模型建设、风险点加工归集、风险应对指引编写。综合评定风险分值是等级排序操作规范的一项。

11. 风险等级排序是指根据风险分析识别成果,按照一定的规则进行估值计算,综合考虑征管资源,评定纳税人风险等级的过程,对风险等级排序以下描述错误的是( )。(用于8-11级测试)

    A. 对按户归集的风险信息分值进行计算
    B. 对纳税人实行风险等级管理
    C. 一般分为初、中、高、特级
    D. 以风险分值为依据

【参考答案】C

【解析】风险等级排序就是对纳税人实行风险等级管理,并对按户归集的风险信息分值进行计算,以风险分值为依据分为初、中、高风险等级。

12. 风险应对策略采用纳税提醒策略的,风险应对任务管理人员应该推送至( )进行风险应对。(用于1-7级测试)

    A. 纳税服务部门　　　　　　　　B. 纳税评估部门
    C. 反避税调查部门　　　　　　　D. 税务稽查部门

【参考答案】A

【解析】纳税提醒策略的,推送至纳税服务部门;纳税评估策略的,按批次推送至纳税评估部门;反避税调查策略的,推送至反避税调查部门;税务稽查策略的,推送至税务稽查部门。

13. 下列选项中不属于风险管理效能评价指标的是( )。(用于1-7级测试)

    A. 任务重复推送率　　　　　　　B. 风险应对计划时长
    C. 中高风险识别准确率　　　　　D. 风险管理主观努力程度

【参考答案】B

【解析】税务总局对风险应对任务重复率、中高风险识别准确率、风险管理主观努力程度均进行考核。

14. 下列有关风险应对表述错误的是（　　）。（用于1－7级测试）

　　A. 低等级税收风险应对，采用风险提醒方式的主要由纳税服务部门负责

　　B. 中等级税收风险应对，采用风险核查方式的主要由税源管理部门负责

　　C. 高等级税收风险应对，决定采用稽查方式的主要由税务稽查部门负责

　　D. 案头审核、税务约谈一般应在纳税人经营场所进行

　　【参考答案】D

　　【解析】案头审核、税务约谈一般应在税务机关办公场所进行。

15. 通过对行业涉税信息筛选、整理、测算、分析，归纳描述行业风险发生规律，并以若干行业风险特征和公认的参数区间构成的风险特征指标体系和数学模型，称为（　　）。（用于8－11级测试）

　　A. 行业风险分析模型　　　　B. 行业风险特征指标

　　C. 特定风险事项识别　　　　D. 行业风险分析案例

　　【参考答案】A

　　【解析】行业税收风险分析模型是通过对行业涉税信息筛选、整理、测算、分析，归纳描述行业风险发生规律，并以若干行业风险特征和公认的参数区间构成的风险特征指标体系和数学模型。

16. 下列各项中，不属于所得税涉税风险点的是（　　）。（用于1－7级测试）

　　A. 列支与取得收入无关的支出　　B. 资本性支出费用化

　　C. 以货物抵债未视同销售　　　　D. 直接捐赠未作纳税调整

　　【参考答案】C

　　【解析】属于所得税涉税风险点的包括：

　　（1）成本取得发票不符合规定；

　　（2）列支与取得收入无关的支出；

　　（3）以其他费用名义列支业务招待费；

　　（4）资本性支出费用化；

　　（5）直接捐赠未作纳税调整。

17. 在纳税评估中所运用的毛利率法，就是以企业的毛利率与行业（商品）毛利率相对比，筛选出差异幅度异常的企业，通过有关指标测算企业应税销售收入，并与企业申报信息进行对比分析的一种方法。这种方法主要适用于（　　）。（用于1－7级测试）

　　A. 制造业　　　　　　　　B. 商业企业

　　C. 电子商务　　　　　　　D. 房地产业

　　【参考答案】B

　　【解析】该方法主要适用于商业企业，如钢材批发，汽车销售，电脑销售等行业。

18. 常用的行业纳税评估方法中的"税负对比分析法",它的适用范围特点是(   )。(用于1-7级测试)

    A. 主要适用于工业企业　　　　　B. 主要适用于商业企业

    C. 主要适用于餐饮服务业　　　　D. 对所有行业均可适用

    【参考答案】D

    【解析】税负对比分析法适用范围很广,基本上对所有行业都可适用。

19. 纳税评估风险的智能化分析的特点是(   )。(用于1-7级测试)

    A. 全部是系统自动分析

    B. 全部是人工分析

    C. 以系统自动分析为主,以人工分析为辅

    D. 以人工分析为主,以系统自动分析为辅

    【参考答案】C

    【解析】纳税评估风险的智能化分析是采用系统自动分析与人工分析相结合的方式,在这个分析的过程中,因为是通过数据挖掘和云计算等手段进行的,因此必然采用系统自动分析为主,人工分析为辅的方式。

20. 下列有关比较分析法中表述错误的是(   )。(用于8-11级测试)

    A. 比较分析法是当前税务机关在纳税评估中常用的一种分析方法

    B. 绝对数比较分析,是指纳税评估人员在评估过程中,直接将纳税人申报纳税的绝对数值指标,包括总量与总额,与选择作为参照指标对象的绝对数值进行比较,寻找其中存在的差异并进行判断的一种比较分析方法

    C. 在纳税评估中常用的相对数指标包括应纳税收入额、应纳税所得额、应纳税额、成本总额、费用总额、利润总额、投资收益额、资产总额、投资总额等

    D. 依据评估人员选择确定的参照对象的不同,绝对数比较分析包括与历史绝对指标比较、与行业绝对指标比较和与预警绝对值比较等方法

    【参考答案】C

    【解析】在纳税评估中常用的绝对数指标包括应纳税收入额、应纳税所得额、应纳税额、成本总额、费用总额、利润总额、投资收益额、资产总额、投资总额等。

21. 在纳税评估案头分析阶段,税务机关在纳税人基本资料审核时,对小型微利企业低税率优惠的审核内容不包括(   )。(用于1-7级测试)

    A. 企业所从事行业是否属于国家非限制和禁止行业

    B. 企业年度应纳税所得额、资产总额和从业人数是否符合规定要求

    C. 申报的减免税金额是否正确

    D. 企业申报的财务报表是否齐全

    【参考答案】D

【解析】小型微利企业低税率优惠的审核内容主要有：①企业所从事行业是否属于国家非限制和禁止行业；②企业年度应纳税所得额、资产总额和从业人数是否符合规定要求；③申报的减免税金额是否正确。

22. 下列不属于纳税评估的必经程序的是（　　）。（用于1－7级测试）

　　A. 审核分析　　　　B. 实地核查　　　　C. 评定处理　　　　D. 确定评估对象

【参考答案】B

【解析】根据《纳税评估管理办法（试行）》（国税发〔2005〕43号）规定，对案头审核能够排除疑点的可以不实地核查。

23. 2021年1月，乙县税务局在纳税评估中发现A纳税人为了达到少缴税款的目的，虚列成本100万元，造成少申报企业所得税税款25万元，下列处理方法正确的是（　　）。（用于1－7级测试）

　　A. 移交税务稽查部门处理

　　B. 主管税务机关约谈纳税人

　　C. 主管税务机关报经县以上税务机关批准采取保全措施

　　D. 主管税务机关到生产经营场所了解情况、审核账目凭证

【参考答案】A

【解析】根据《纳税评估管理办法（试行）》（国税发〔2005〕43号）规定，纳税人该行为属于偷税，应移交税务稽查部门处理。

24. 税收风险管理的意义，下列说法错误的是（　　）。（用于8－11级测试）

　　A. 税收风险管理是现代税收管理的先进理念和国际通行做法，是构建科学严密的税收征管体系的核心工作

　　B. 税收风险管理是完成组织收入目标的重要抓手，有助于找准税收漏洞，促进税收收入的可持续增长

　　C. 税收风险管理可以实现税收管理效能的最大化，不断提高税收管理的水平和质量

　　D. 税收风险管理可以把有限的征管资源优先配置到中低风险领域和特定行业税收领域

【参考答案】D

【解析】根据《国家税务总局关于加强税收风险管理工作的意见》（税总发〔2014〕105号）规定，税收风险管理可以把有限的征管资源优先配置到高风险领域和大企业税收领域。

25. 某市税务局在推进纳税人差别化精准管理工作中，根据辖区企业风险定级情况，制订分级分类管理方案。下列说法错误的是（　　）。（用于1－7级测试）

　　A. 对暂未发现风险的纳税人不打扰

B. 对低风险纳税人予以提醒辅导

C. 对中风险纳税人加强辅导

D. 对高风险纳税人重点监管

【参考答案】C

【解析】根据《国家税务总局关于进一步加强税收风险管理工作的通知》(税总发〔2016〕54号)规定,通过加强税收风险管理,对纳税人实施差别化精准管理,对暂未发现风险的纳税人不打扰,对低风险纳税人予以提醒辅导,对中高风险纳税人重点监管。

26. 各级税务机关要落实信息管税的工作思路,注重收集宏观经济信息、第三方涉税信息、企业财务信息、生产经营信息、纳税申报信息,整合不同应用系统信息,建立( )信息库。(用于8-11级测试)

A. 税收申报　　　B. 部门基础　　　C. 企业基础　　　D. 其他基础

【参考答案】C

【解析】根据《国家税务总局关于加强税收风险管理工作的意见》(税总发〔2014〕105号)规定,各级税务机关要注重收集宏观经济信息、第三方涉税信息、企业财务信息、生产经营信息、纳税申报信息,整合不同应用系统信息,建立企业基础信息库,并定期予以更新。

27. 下列对纳税人进行评估发现的问题,应由主管税务机关约谈纳税人的是( )。(用于1-7级测试)

A. 企业因计算和填写错误,少申报税款3 000元

B. 企业因政策和程序理解偏差,少申报税款4 000元

C. 需要提请企业进行陈述说明、补充提供举证资料等问题

D. 企业存在的疑点问题经核实不具有偷税等违法嫌疑

【参考答案】C

【解析】企业因计算和填写错误,少申报税款3 000元和企业因政策和程序理解偏差,少申报税款4 000元可由企业自行改正;企业存在的疑点问题经核实不具有偷税等违法嫌疑可以结案处理,无须约谈纳税人。

28. 通过对行业涉税信息筛选、整理、测算、分析,归纳描述行业风险发生规律,并以若干行业风险特征和公认的参数区间构成的风险特征指标体系和数学模型是( )。(用于1-7级测试)

A. 行业风险分析模型　　　　　B. 行业风险特征指标

C. 特定风险事项识别　　　　　D. 行业风险分析案例

【参考答案】A

【解析】行业风险分析模型是通过对行业涉税信息筛选、整理、测算、分析,归纳

描述行业风险发生规律,并以若干行业风险特征和公认的参数区间构成的风险特征指标体系和数学模型。

29. ( )的税收风险管理,以税务总局和省税务机关为主开展风险分析识别,以省、市、县税务机关为主开展风险应对。(用于8-11级测试)

  A. 重点税源企业   B. 一般税源企业

  C. 增值税一般纳税人   D. 大企业、高收入高净值自然人

【参考答案】D

【解析】《纳税人分类分级管理办法》中明确规定,大企业、高收入高净值自然人的税收风险管理,以税务总局和省税务机关为主开展风险分析识别,以省、市、县税务机关为主开展风险应对。

30. 各级税务机关应当按照部门职责专业化的要求,明确各部门涉税事项管理职责,合理划分业务边界,做到职责清晰、分工明确、衔接顺畅。( )各职能部门侧重于涉税事项的政策、制度、标准、规范制定和监督。(用于1-7级测试)

  A. 省税务局   B. 税务总局   C. 市税务局   D. 县税务局

【参考答案】A

【解析】《纳税人分类分级管理办法》中明确:各级税务机关应当按照部门职责专业化的要求,明确各部门涉税事项管理职责,合理划分业务边界,做到职责清晰、分工明确、衔接顺畅。省税务局各职能部门侧重于涉税事项的政策、制度、标准、规范制定和监督。

31. 在主营业务收入变动率与主营业务成本变动率弹性分析中,主营业务收入变动率与主营业务成本变动率弹性系数=主营业务收入变动率÷主营业务成本变动率,下列分析正确的是( )。(用于1-7级测试)

  A. 正常情况下两者基本同步增长,比值接近1

  B. 当弹性系数<1,且相差较大,二者都为正时,可能存在企业多列成本费用、扩大税前扣除范围等问题

  C. 当弹性系数>1,且相差较大,二者都为负时,可能存在企业多列成本费用、扩大税前扣除范围等问题

  D. 当弹性系数为负数,且前者为负,后者为正时,可能存在企业多列成本费用、扩大税前扣除范围等问题

【参考答案】A

【解析】根据《纳税评估管理办法(试行)》规定,正常情况下二者基本同步增长,比值接近1。当比值<1,且相差较大,二者都为负时,可能存在企业多列成本费用、扩大税前扣除范围等问题;当比值>1,且相差较大,二者都为正时,可能存在企业多列成本费用、扩大税前扣除范围等问题;当比值为负数,且前者为正,后者为负

时,可能存在企业多列成本费用、扩大税前扣除范围等问题。

32. 成品油经销企业,对因管理不善或操作人员失误等原因造成的损失,应向责任人追偿,赔偿不足需本公司负担的净损失,由计量主管部门按内控流程审批后,财务部门在当期(　　)科目中列支。(用于8-11级测试)

   A. 管理费用　　　　　　　　　　B. 财务费用
   C. 主营业务成本　　　　　　　　D. 销售费用

   【参考答案】A

   【解析】对因管理不善或操作人员失误等原因造成的损失,应向责任人追偿,赔偿不足需本公司负担的净损失,由计量主管部门按内控流程审批后,财务部门在当期费用中列支。

   借：管理费用——存货盘亏毁损和报废(减盘盈)
   　　贷：待处理财产损溢——待处理成品油损溢
   　　　　应交税费——应交增值税——进项税转出

33. 甲百货商场为增值税一般纳税人,2024年1月经营业务如下:(1)首饰区采取以旧换新方式销售金项链,该批金项链含增值税价款为339万元,换回的旧项链作价226万元,甲百货商场实际收取含税差价款113万元。(2)家电区销售空调取得含增值税收入300万元,同时提供空调上门安装服务,取得含税安装服务费15万元。(3)销售部员工国内出差,取得注明员工身份信息的航空运输电子客票行程单,记载往返票价和燃油附加费合计32.7万元、民航发展基金0.1万元。(4)将一辆经营用小货车拨给职工食堂专用,该辆小货车于2年前购入并抵扣进项税额,购入时取得的税控机动车销售统一发票上注明金额20万元,截至本月已计提折旧4万元。首饰区销售金项链的销项税额为(　　)万元。(用于8-11级测试)

   A. 44.07　　　B. 14.69　　　C. 39　　　D. 13

   【参考答案】D

   【解析】以旧换新方式销售货物,如果是金银首饰,则按实际收取的不含增值税的差价款确定销售额;如果是非金银首饰,则按新货物对外销售的同期不含增值税价款确定销售额。业务(1)的销项税额 = 113÷(1+13%)×13% = 13(万元)。

34. 甲百货商场为增值税一般纳税人,2023年1月经营业务如下:(1)首饰区采取以旧换新方式销售金项链,该批金项链含增值税价款为339万元,换回的旧项链作价226万元,甲百货商场实际收取含税差价款113万元。(2)家电区销售空调取得含增值税收入300万元,同时提供空调上门安装服务,取得含税安装服务费15万元。(3)销售部员工国内出差,取得注明员工身份信息的航空运输电子客票行程单,记载往返票价和燃油附加费合计32.7万元、民航发展基金0.1万元。(4)将一辆经营用小货车拨给职工食堂专用,该辆小货车于2年前购入并抵扣进项税额,购入时取得的税控机动车销售统一发票上注明金额 20 万元，截至本月已计提折旧 4 万元。家电区销售空调同时提供安装服务的销项税额为（　　）万元。（用于 8-11 级测试）

  A. 35.75　　　　B. 26.01　　　　C. 36.24　　　　D. 40.95

  【参考答案】C

  【解析】一项销售行为如果既涉及货物又涉及服务（两者具有从属关系），为混合销售，按纳税人经营主业（本题为销售货物）缴纳增值税，销售额为货物销售额和服务销售额的合计。业务（2）的销项税额 =（300 + 15）÷（1 + 13%）× 13% = 36.24（万元）。

35. 甲百货商场为增值税一般纳税人，2023 年 1 月经营业务如下：（1）首饰区采取以旧换新方式销售金项链，该批金项链含增值税价款为 339 万元，换回的旧项链作价 226 万元，甲百货商场实际收取含税差价款 113 万元。（2）家电区销售空调取得含增值税收入 300 万元，同时提供空调上门安装服务，取得含税安装服务费 15 万元。（3）销售部员工国内出差，取得注明员工身份信息的航空运输电子客票行程单，记载往返票价和燃油附加费合计 32.7 万元、民航发展基金 0.1 万元。（4）将一辆经营用小货车拨给职工食堂专用，该辆小货车于 2 年前购入并抵扣进项税额，购入时取得的税控机动车销售统一发票上注明金额 20 万元，截至本月已计提折旧 4 万元。业务（3）应确认进项税额为（　　）万元。（用于 8-11 级测试）

  A. 2.7　　　　B. 2.709　　　　C. 2.943　　　　D. 2.952

  【参考答案】A

  【解析】取得注明旅客身份信息的航空运输电子客票行程单的，计算抵扣进项税额，航空旅客运输进项税额 =（票价 + 燃油附加费）÷（1 + 9%）× 9% = 32.7 ÷（1 + 9%）× 9% = 2.7（万元）。

二、多项选择题

1. 各级税务机关要通过加强税收风险管理，对纳税人实施差别化精准管理，促进纳税遵从。上述差别化精准管理包括（　　）。（用于 1-7 级测试）

  A. 对暂未发现风险的纳税人加强监控

  B. 对低风险纳税人予以提醒辅导

  C. 对中高风险纳税人重点监管

  D. 对愿意遵从的纳税人提供便利化办税条件

  E. 对不遵从的纳税人予以惩罚震慑

  【参考答案】BCDE

  【解析】根据《国家税务总局关于进一步加强税收风险管理工作的通知》（税总发

〔2016〕54号）的要求，通过加强税收风险管理，对纳税人实施差别化精准管理，对暂未发现风险的纳税人不打扰，对低风险纳税人予以提醒辅导，对中高风险纳税人重点监管。为愿意遵从的纳税人提供便利化办税条件，对不遵从的纳税人予以惩罚震慑，将从根本上解决纳税人不愿遵从或无遵从标准的问题，提高纳税遵从水平。

2. 下列描述属于税收风险管理工作定位的有（　　）。(用于1－7级测试)

　　A. 税收风险管理是加强税种管理的有效方法和手段

　　B. 税收风险管理是加强日常征管的有效方法和手段

　　C. 税收风险管理是加强大企业税收管理的有效方法和手段

　　D. 税收风险管理是确保财政收入稳定增长的重要举措

　　E. 税收风险管理是保证税收调节经济、调节分配作用得以发挥的客观需要

【参考答案】ABC

【解析】税收风险管理贯穿于税收工作的全过程。具体来说：税收风险管理是加强税种管理的有效方法和手段，税收风险管理也是加强日常征管的有效方法和手段，税收风险管理还是加强大企业税收管理的有效方法和手段。

3. 纳税评估信息化就是以计算机为载体，在纳税评估中运用信息技术和网络技术，实现时间和空间的转换。将传统的纸质、手工方式的纳税评估转向电子、网络方式，实现信息资源深度开发利用，通过信息技术逐步建立起一个（　　）税源监控体系。(用于1－7级测试)

　　A. 规范化　　　　B. 智能化　　　　C. 一体化　　　　D. 集约化

【参考答案】ACD

【解析】纳税评估信息化就是以计算机为载体，在纳税评估中运用信息技术和网络技术，通过信息技术逐步建立起一体化、规范化、集约化和效能化的税源监控体系。而智能化用词不够恰当。

4. 纳税评估信息化的本质是利用信息技术进行纳税评估业务的重组、流程的改造、运作方式的革新、机构的整合、制度的创新、权力的制约、利益关系的调整、资源的优化配置，最终实现纳税评估（　　）的目标。(用于1－7级测试)

　　A. 规范　　　　B. 科学　　　　C. 合理　　　　D. 高效

【参考答案】BCD

【解析】纳税评估的目标是要达到科学、合理、严密、高效，规范是指评估的程序和过程，因此用规范一词对应目标不恰当。

5. 风险管理事项是指围绕分析确认纳税人税法遵从状况而开展的税收管理事项，主要包括（　　）、风险应对过程监控、效果评价、风险分析工具设计维护等事项。(用于1－7级测试)

　　A. 数据集中管理　　　　　　　　B. 风险管理规划

C. 风险分析识别　　　　　　D. 风险任务管理

E. 风险提示提醒

【参考答案】ABCD

【解析】国家税务总局关于印发《纳税人分类分级管理办法》的通知（税总发〔2016〕99号）第十八条规定："风险管理事项是指围绕分析确认纳税人税法遵从状况而开展的税收管理事项，主要包括数据集中管理、风险管理规划、风险分析识别、风险任务管理、风险应对过程监控、效果评价、风险分析工具设计维护等事项。其中数据集中管理主要包括数据存储、数据加工、数据交换、数据调度等事项；风险应对主要包括风险提示提醒、纳税评估（或税务审计、反避税调查，下同）、税务稽查事项。"

6. 某市通过开展风险分析识别确定了当年的风险应对对象，风险应对部门对下发的风险应对对象，可采取相应的应对策略包括（　　）。（用于1-7级测试）

A. 风险提醒　　B. 申报审核　　C. 纳税评估　　D. 税务稽查

E. 反避税调查

【参考答案】ACDE

【解析】风险应对是税务机关在风险分析识别和等级排序的基础上，通过合理配置资源，采取风险提醒、纳税评估、税务稽查、反避税调查等的各种应对策略。

7. 信息化条件下的纳税评估的技术支持，主要包括（　　）。（用于1-7级测试）

A. 数据仓库技术　　　　　　B. 数据挖掘技术

C. 搜索引擎技术　　　　　　D. 大数据及云计算技术

【参考答案】ABD

【解析】信息化条件下的纳税评估的技术支持，主要包括数据仓库技术、数据挖掘技术和大数据及云计算技术。

8. 纳税评估工作的主要内容包括（　　）。（用于1-7级测试）

A. 根据微观税收分析和行业税负监控结果以及相关数据设立评估指标及其预警值

B. 综合运用各类对比分析方法筛选评估对象

C. 对所筛选出的异常情况进行深入分析并作出定性和定量的判断

D. 对评估分析中发现的问题分别采取税务约谈、调查核实、处理处罚、提出管理建议、移交稽查部门查处等方法进行处理

E. 维护更新税源管理数据，为经济宏观分析和行业税负监控提供基础信息

【参考答案】BCD

【解析】纳税评估的主要工作内容是：根据宏观税收分析和行业税负监控结果以及相关数据设立评估指标及其预警值，答案A错误；维护更新税源管理数据，为税收宏观分析和行业税负监控提供基础信息，答案E错误。

9. 大数据和云计算对税收风险管理带来的影响和变化包括（　　）。（用于1-7级测试）

A. 可使为税收风险管理提供技术支撑

B. 可以促进税收风险管理的方式的革新

C. 可以促进税收风险管理的进一步发展

D. 可以使税收风险管理变得更加高效和精确

【参考答案】ABCD

【解析】大数据具有海量、非抽样的特征，可以为税收风险管理提供数据支撑、提高风险识别的准确性、促进税收风险管理方式的改革和发展。

10. 税收风险管理的基本内容包括目标规划、信息收集、风险识别、等级排序、风险应对、过程监控和评价反馈，下列属于风险应对手段的是（　　）。（用于1－7级测试）

　　A. 纳税辅导　　　　B. 风险提醒　　　　C. 税务审计　　　　D. 反避税调查

　　E. 建立风险模型

【参考答案】BCD

【解析】风险应对过程中，可采取风险提醒、纳税评估、税务审计、反避税调查、税务稽查等差异化应对手段。

11. 风险指向评价的依据主要包括（　　）。（用于1－7级测试）

　　A. 关联性判断　　　B. 完整性判断　　　C. 有效性判断　　　D. 差异性判断

【参考答案】AC

【解析】风险指向信息化评价的功能主要包括关联性判断和有效性判断。

关联性判断，是指在纳税评估完成后，需要对前期识别风险进行关联性判断，需确认该风险信息是否有效，以提高对风险识别信息的准确性，对于无效性较多的指标进行修正或取消，以提高风险识别效率。

有效性判断，是指在纳税评估完成后，通过有效程度的判断，修正风险识别准确度，风险识别部门借此有效性评价数据来调整下一批次的风险识别指向需求。

12. 风险识别是指税务机关对纳税人的涉税信息进行扫描、分析和识别，找出风险领域、环节或纳税人的过程。风险识别的主要内容包括（　　）。（用于1－7级测试）

　　A. 建立风险识别指标体系　　　　B. 建立风险识别分析模型

　　C. 加工产生风险识别结果　　　　D. 统计纳税人风险等级

【参考答案】ABC

【解析】根据《国家税务总局关于加强税收风险管理工作的意见》（税总发〔2014〕105号）规定，统计纳税人风险等级属于等级排序环节的内容。

13. 风险识别操作的内容包括（　　）。（用于1－7级测试）

　　A. 风险特征分析　　　　　　　　B. 风险指标模型建设

　　C. 风险点加工归集　　　　　　　D. 风险推送

　　E. 风险应对指引编写

【参考答案】ABCE

【解析】风险识别包括：风险特征分析、风险指标模型建设、风险点加工归集、风险应对指引编写。

14. 运用对比分析法进行纳税评估时，需要考虑的因素有（　　）。（用于1－7级测试）

    A. 季节性因素　　　B. 法人变更因素　　　C. 经营规模因素　　　D. 价格因素

【参考答案】ACD

【解析】法人变更因素对企业生产经营无较大影响。

15. 某县税务局评估人员在对评估对象实施约谈过程中发生的下列情形，需转入实地核查环节的有（　　）。（用于1－7级测试）

    A. 纳税人拒绝主管税务机关约谈建议或不能在约定的期限内履行约谈承诺的
    B. 纳税人在约谈说明中拒不解释评估人员提出的问题，或对评估人员提出的问题未能说明清楚的
    C. 约谈后同意自查补税，或者选择以自查补税代替约谈说明，但未在约定的期限内自查补税且无正当理由的
    D. 疑点全部被排除，未发现新疑点的

【参考答案】ABC

【解析】根据国家税务总局关于印发《纳税评估管理办法（试行）》的通知（国税发〔2005〕43号）规定，疑点全部被排除，未发现新的疑点和发现的计算和填写错误、政策和程序理解偏差等一般性问题的，应进行评估处理。

16. 在对纳税人、扣缴义务人进行风险等级排序时，应采用定性与定量（风险积分）相结合的方式确定，并将税收风险等级排序分为高、中、低三等，下列选项中属于高等风险的有（　　）。（用于1－7级测试）

    A. 虚开或接受虚开发票
    B. 高风险指标、模型运算结果直接指向
    C. 税收风险点情形复杂，预估不缴或少缴税款数额较大，存在偷逃骗税可能情形
    D. 风险指向明确、预估税款较小的
    E. 不进行纳税申报或虚假纳税申报

【参考答案】ABC

【解析】税收风险等级排序分为高、中、低三等：高等风险包括：虚开或接受虚开发票；高风险指标、模型运算结果直接指向；税收风险点情形复杂，预估不缴或少缴税款数额较大，存在偷逃骗税可能情形。低等风险包括：风险指向明确、预估税款较小等情形。中等风险包括：高、低等以外的涉税风险情形。

17. 风险管理部门根据风险分析识别成果，积极开展风险管理等级排序工作，下列属于税收风险管理等级排序内容的有（　　）。（用于1－7级测试）

A. 对风险数据信息扫描、分析和筛选

B. 建立风险纳税人库

C. 确定需应对风险的纳税人数量

D. 按户归集风险点

E. 找出风险易发生纳税人群体

【参考答案】BCD

【解析】根据《国家税务总局关于加强税收风险管理工作的意见》(税总发〔2014〕105号)规定,对风险数据信息扫描、分析和筛选,找出风险易发生纳税人群体是风险识别的内容。

18. 在纳税评估时可能导致企业所得税税收负担率低于同行业同期和本企业基期所得税负担率的情况包括( )。(用于1-7级测试)

   A. 少列费用　　　　　　　　B. 多列成本费用

   C. 不计或少计销售(营业)收入　　D. 擅自扩大税前扣除范围

【参考答案】BCD

【解析】企业所得税税收负担率低于同行业同期和本企业基期所得税负担率可能存在不计或少计销售(营业)收入、多列成本费用、扩大税前扣除范围等问题。

19. 下列纳税人可列为纳税评估重点分析对象的有( )。(用于1-7级测试)

   A. 重点税源户

   B. 日常管理和税务检查中发现较多问题的纳税人

   C. 逾期未申报的纳税人

   D. 长时间零税负和负税负申报的纳税人

【参考答案】ABD

【解析】根据国家税务总局关于印发《纳税评估管理办法(试行)》的通知(国税发〔2005〕43号)规定,重点税源户、特殊行业的重点企业、税负异常变化、长时间零税负和负税负申报、纳税信用等级低下、日常管理和税务检查中发现较多问题的纳税人要列为纳税评估的重点分析对象。

20. 建立行业税收风险分析模型的作用和意义主要是( )。(用于8-11级测试)

   A. 通过建立行业税收风险模型,可以使税收管理从传统的查账管理向估算企业生产能力方向转变,使纳税评估更加科学、严密、准确。

   B. 通过建立行业税收风险模型,在总结、归纳行业生产经营特征的基础上,揭示出行业生产经营各环节的涉税风险点,可以为纳税评估具体操作指明方向。

   C. 通过建立行业税收风险模型,可以使纳税人自觉地提高财务和税收核算水平,不断规范企业内部管理;根据行业特点、涉税风险点及相应的风险应对措施,提出评估管理建议,不断提高纳税人税法遵从度,充分发挥纳税评估以评促管的作用。

D. 建立行业税收风险模型，是税务稽查实施的必要手段，也是完善税收征收管理体系的必要措施，在税收征管体系中起着支撑作用。

【参考答案】ABC

【解析】建立行业税收风险模型，是开展纳税评估工作的必要手段，而不是税务稽查实施的必要手段。在税收征管体系中起着一定的重要作用，但不是税务稽查的必要手段，另外，建立行业税收风险模型可以在制定财税政策方面发挥基础性支撑作用，而不是在税收征管体系中起着支撑作用。

21. 为了做好扎口管理，防止多头下达任务，各级风险办应负责任务统筹，做好任务统筹应遵循（　　）的原则。（用于1－7级测试）

A. 合理配置　　B. 科学合理　　C. 过滤重复　　D. 归并执行

E. 差别管理

【参考答案】BCD

【解析】各级风险办应负责任务统筹，做好任务统筹应遵循的原则，即任务安排要充分考虑应对部门承受能力，力求做到科学合理；利用系统过滤或人工干预，避免任务重复派发；对同一纳税人涉及多项事项，应归并任务，统一下发，防止多头下达任务。

22. 风险应对是风险管理的重要环节，关于风险应对环节的描述正确的有（　　）。（用于1－7级测试）

A. 风险应对是整个风险管理的核心

B. 包含风险提醒、纳税评估、税务稽查等各种策略

C. 以风险分析识别和等级排序为基础

D. 反避税调查并不属于风险应对策略

E. 对风险管理质量和效率作出评判

【参考答案】ABC

【解析】反避税调查也是风险应对策略之一，对风险管理质量和效率作出评判属于过程监控与评价反馈。

23. 建立行业风险模型的重要性主要体现在（　　）。（用于1－7级测试）

A. 可以使纳税评估更加科学、严密、准确

B. 可以为纳税评估具体操作指明方向

C. 可以充分发挥纳税评估以评促管的作用

D. 是纳税评估工作的必要手段，也是完善征收管理规范体系的有力措施

【参考答案】ABCD

【解析】建立行业风险模型的重要性主要体现在以下这几个方面：

（1）通过建立行业风险模型，设立行业关键指标参数及相应指标计算公式，在

风险识别环节能够较多地采用企业的物耗、能耗等相对客观的生产经营数据，使税收管理从传统的查账管理向估算企业生产能力转变，使纳税评估更加科学、严密、准确。

（2）通过建立行业风险模型，在总结、归纳行业生产经营特征的基础上，揭示出行业生产经营各环节的涉税风险点，为加强行业税收管理、规范市场竞争秩序、纳税评估具体操作指明方向。

（3）通过建立行业风险模型，能敦促纳税人提高财务和税收核算水平，不断规范企业内部管理；根据行业特点、涉税风险点及相应的风险应对措施，提出评估管理建议，不断提高纳税人税法遵从度，充分发挥纳税评估以评促管的作用。

（4）建立行业风险模型，是纳税评估工作的必要手段，也是完善征收管理规范体系的有力措施；同时对摸清国家的税源情况，为制定国家财政政策发挥基础性支撑作用。

24. 纳税评估风险应对中发现的下列问题，需要移交稽查部门处理的有（　　）。（用于8-11级测试）

A. 纳税人计算错误问题
B. 纳税人对税收政策和程序理解偏差
C. 纳税人有逃避追缴欠税嫌疑
D. 纳税人涉嫌虚开增值税专用发票行为

【参考答案】CD

【解析】根据《国家税务总局关于印发〈纳税评估管理办法（试行）〉的通知》（国税发〔2005〕43号）的规定，发现纳税人有偷税、逃避追缴欠税、骗取出口退税、抗税或其他需要立案查处的税收违法行为嫌疑的，要移交税务稽查部门处理。纳税人涉嫌虚开增值税专用发票行为属于其他需要立案查处的税收违法行为嫌疑，所以CD选项正确。

25. 发现纳税人有（　　）或其他需要立案查处的税收违法行为嫌疑的，要移交税务稽查部门处理。对税源管理部门移交稽查部门处理的案件，税务稽查部门要将处理结果定期向相关部门反馈。（用于8-11级测试）

A. 偷税　　　　　　　　B. 逃避追缴欠税
C. 骗取出口退税　　　　D. 抗税

【参考答案】ABCD

【解析】参见《税收征管操作规范》2.9.3涉税事项内部移送相关规定。发现纳税人有偷税、逃避追缴欠税、骗取出口退税、抗税或其他需要立案查处的税收违法行为嫌疑的，要移交税务稽查部门处理。对税源管理部门移交稽查部门处理的案件，税务稽查部门要将处理结果定期向相关部门反馈。

26. 当事人实施下列（　　）行为，可能会被税务机关确定为重大税收违法失信主体。

（用于 8-11 级测试）

  A. 甲公司偷税 50 万元   B. 乙公司骗取出口退税 10 万元

  C. 丙虚开增值税专用发票   D. 丁虚开增值税普通发票 10 份

【参考答案】BC

【解析】本题考查重大税收违法失信主体确定的标准。一共有 11 类，分别为：（1）纳税人偷税 100 万元以上，且任一年度不缴或者少缴应纳税款占当年各税种应纳税总额 10% 以上的或扣缴义务人偷税数额在 100 万元以上的；（2）逃避追缴欠税 100 万元以上的；（3）骗取国家出口退税款的；（4）实施抗税行为的；（5）虚开增值税专用发票或者虚开用于骗取出口退税、抵扣税款的其他发票的；（6）虚开增值税普通发票 100 份或者金额 400 万元以上的；（7）私自印制、伪造、变造发票，非法制造发票防伪专用品，伪造发票监制章的；（8）具有偷税、逃避追缴欠税、骗取出口退税、抗税、虚开发票等行为，在稽查案件执行完毕前，不履行税收义务并脱离税务机关监管，经税务机关检查确认走逃（失联）的；（9）为纳税人、扣缴义务人非法提供银行账户、发票、证明或者其他方便，导致未缴、少缴税款 100 万元以上或者骗取国家出口退税款的；（10）税务代理人违反税收法律、行政法规造成纳税人未缴或者少缴税款 100 万元以上的；（11）其他性质恶劣、情节严重、社会危害性较大的税收违法行为。其中偷税、虚开增值税普通发票行为，都要求达到一定标准。故正确答案为 BC。

27. 风险核查部门在风险核查过程中发现纳税人有逃避缴纳税款、骗取出口退税或其他需要立案查处的税收违法行为嫌疑的，或者发现纳税人有特别纳税调整问题的，应参照《国家税务总局关于印发〈千户集团税收风险管理工作规程（试行）〉的通知》（税总发〔2017〕128 号）的有关要求，移交（　　）或（　　）处理。（用于 8-11 级测试）

  A. 稽查部门   B. 信息中心

  C. 反避税调查部门   D. 税源管理部门

【参考答案】AC

【解析】《国家税务总局关于规范并减少税务检查的通知》规定统筹税务检查实施。风险核查部门在风险核查过程中发现纳税人有逃避缴纳税款、骗取出口退税或其他需要立案查处的税收违法行为嫌疑的，或者发现纳税人有特别纳税调整问题的，应参照《国家税务总局关于印发〈千户集团税收风险管理工作规程（试行）〉的通知》（税总发〔2017〕128 号）的有关要求，移交稽查部门或反避税调查部门处理，稽查部门和反避税调查部门应及时反馈处理意见并制作《稽查/反避税案件受理情况反馈表》（参见附件）。经稽查部门或反避税调查部门确认不予立案调查的，风险核查部门方可继续实施风险核查。

28. 风险核查部门在风险核查过程中发现纳税人有（　　）问题，应按照有关规定移

交稽查部门或反避税调查部门处理。(用于 8-11 级测试)

A. 逃避缴纳税款

B. 骗取出口退税

C. 其他需要立案查处的税收违法行为嫌疑的

D. 纳税人有特别纳税调整问题

【参考答案】ABCD

【解析】见《国家税务总局关于规范并减少税务检查的通知》(税总发〔2017〕149号)。风险核查部门在风险核查过程中发现纳税人有逃避缴纳税款、骗取出口退税或其他需要立案查处的税收违法行为嫌疑的,或者发现纳税人有特别纳税调整问题的,应参照《国家税务总局关于印发〈千户集团税收风险管理工作规程(试行)〉的通知》(税总发〔2017〕128号)的有关要求,移交稽查部门或反避税调查部门处理,稽查部门和反避税调查部门应及时反馈处理意见并制作《稽查/反避税案件受理情况反馈表》(参见附件)。经稽查部门或反避税调查部门确认不予立案调查的,风险核查部门方可继续实施风险核查。

29. 风险识别是指税务机关对纳税人的涉税信息进行扫描、分析和识别,找出风险领域、环节或纳税人的过程。风险识别的主要内容包括( )。(用于 1-7 级测试)

A. 建立风险识别指标体系 B. 建立风险识别分析模型

C. 加工产生风险识别结果 D. 统计纳税人风险等级

【参考答案】ABC

【解析】根据《国家税务总局关于加强税收风险管理工作的意见》(税总发〔2014〕105号)规定,统计纳税人风险等级属于等级排序环节的内容。

30. 风险管理部门根据风险分析识别成果,积极开展风险管理等级排序工作,下列属于税收风险管理等级排序内容的有( )。(用于 8-11 级测试)

A. 对风险数据信息扫描、分析和筛选

B. 建立风险纳税人库

C. 确定需应对风险的纳税人数量

D. 按户归集风险点

【参考答案】BCD

【解析】根据《国家税务总局关于加强税收风险管理工作的意见》(税总发〔2014〕105号)规定,对风险数据信息扫描、分析和筛选,找出易发生风险的纳税人群体是风险识别的内容。

三、判断题

1. 网络直播平台应当按年向所在地省级网信部门、主管税务机关报送存在网络直播营利行为的网络直播发布者个人身份、直播账号、网络昵称、取酬账户、收入类型及营利情况等信息。　　　　　　　　　　　　　　（　　）（用于 1—7 级测试）

【参考答案】×

【解析】根据国家互联网信息办公室 国家税务总局 国家市场监督管理总局印发《关于进一步规范网络直播营利行为促进行业健康发展的意见》的通知（税总所得发〔2022〕25 号）相关规定，网络直播平台应当每半年向所在地省级网信部门、主管税务机关报送存在网络直播营利行为的网络直播发布者个人身份、直播账号、网络昵称、取酬账户、收入类型及营利情况等信息。

2. 税收风险管理中的风险一般是指纳税遵从风险，不包括税收执法风险、税务机关内部组织风险等。　　　　　　　　　　　　　　　（　　）（用于 1—7 级测试）

【参考答案】√

【解析】税收风险管理中的风险一般是指纳税遵从风险，不包括税收执法风险、税务机关内部组织风险等。

3. 对风险等级为中风险的任务，应采取的应对方式只能是纳税评估。
　　　　　　　　　　　　　　　　　　　　　（　　）（用于 1—7 级测试）

【参考答案】×

【解析】按风险等级高低不同，风险应对方式一般遵循的原则为：高风险任务采取税务稽查方式应对，中风险任务采取纳税评估、税务审计和反避税调查等应对方式，低等级风险采取提示提醒方式。

4. 实施税收风险管理，就是要把有限的征管资源优先配置到高风险领域和大企业税收领域，实现税源管理专业化，推动服务管理方式创新和税收管理体制变革。
　　　　　　　　　　　　　　　　　　　　　（　　）（用于 1—7 级测试）

【参考答案】√

【解析】根据《国家税务总局关于加强税收风险管理工作的意见》（税总发〔2014〕105 号）规定，实施税收风险管理，就是要把有限的征管资源优先配置到高风险领域和大企业税收领域，实现税源管理专业化，推动服务管理方式创新和税收管理体制变革。

5. 税务机关采用不同风险应对策略的标准是纳税人的规模大小。
　　　　　　　　　　　　　　　　　　　　　（　　）（用于 1—7 级测试）

【参考答案】×

【解析】纳税人的规模大小不是税务机关采用不同风险应对策略的标准依据。

6. 风险任务统筹操作中，风险办对举报、上级交办、督办、部门转办、情报交换等来源的任务可不经过任务对象拟定，直接推送本级税收风险管理工作领导小组进行任务审批。　　　　　　　　　　　　　　（　　）（用于 1—7 级测试）

【参考答案】√

【解析】举报、上级交办、督办、部门转办、情报交换等来源的任务直接进入任务审批环节。

7. 大企业税收管理部门在税务总局风险办的统一领导下，牵头负责全国千户集团税收风险分析专题办公室，负责千户集团税收风险的分析识别工作，分析结果报税务总局风险办统一推送各地。　　　　　　　　　　　　　　（　　）（用于1-7级测试）

【参考答案】√

【解析】根据《国家税务总局关于进一步加强税收风险管理工作的通知》（税总发〔2016〕54号）的规定："大企业税收管理部门在税务总局风险办的统一领导下，牵头负责全国千户集团税收风险分析专题办公室，负责千户集团税收风险的分析识别工作。分析结果报税务总局风险办统一推送各地。"

8. 高等级税收风险应对方法为税务稽查，按照《税务稽查工作规程》的规定执行检查、审理、执行，应对时可交由纳税人自查。　　　　（　　）（用于1-7级测试）

【参考答案】×

【解析】高等级税收风险应对方法为税务稽查，按照《税务稽查工作规程》的规定执行检查、审理、执行，应对时不得交由纳税人自查。

9. 税收风险识别是指根据税收风险发生的规律，通过建立风险分析模型、风险特征指标等，对纳税人的遵从状况进行扫描、分析和筛选，发现税收风险的过程。
　　　　　　　　　　　　　　　　　　　　　　　　（　　）（用于1-7级测试）

【参考答案】√

【解析】税收风险分析识别是指根据税收风险发生的规律，通过建立风险分析模型、风险特征指标等，对纳税人的遵从状况进行扫描、分析和筛选，发现税收风险的过程。

10. 在风险点加工归集过程中，已验证未应对的风险点应按风险点特征归集后，形成风险纳税人库。　　　　　　　　　　　　　　　　（　　）（用于1-7级测试）

【参考答案】×

【解析】已验证且未应对的风险点应按纳税人、扣缴义务人归集，相应形成风险纳税人库，作为风险等级排序依据、特别纳税调整、税务稽查来源。

11. 税收风险管理中的风险一般是指纳税遵从风险，不包括税收执法风险、税务机关内部组织风险等。　　　　　　　　　　　　　　（　　）（用于1-7级测试）

【参考答案】√

【解析】税收风险管理中的风险一般是指纳税遵从风险，不包括税收执法风险、税务机关内部组织风险等。

12. 某市税务局，根据风险识别结果，建立风险纳税人库，按纳税人归集风险点，综合评定纳税人的风险分值，并下发风险任务。　　（　　）（用于1-7级测试）

【参考答案】×

【解析】确定等级排序。根据风险识别结果，建立风险纳税人库，按纳税人归集风险点，综合评定纳税人的风险分值，并进行等级排序，确定每个纳税人的风险等级。结合征管资源和专业人员的配置情况，按照风险等级由高到低合理确定需采取措施的应对任务数量。

13. 在纳税评估中，使用数据挖掘技术主要是针对纳税人涉税情况进行全面分析。（   ）（用于1－7级测试）

    【参考答案】×

    【解析】数据挖掘技术主要是针对纳税人涉税情况的深度分析而非全面分析。

14. 税收风险管理中利用涉税数据进行分析，主要利用"金三"系统内纳税人依法报送的纳税申报资料，各项核定、认定事项的结果，增值税交叉稽核系统各类票证比对结果等进行数据挖掘和分析。（   ）（用于1－7级测试）

    【参考答案】×

    【解析】税收风险管理中利用涉税数据进行分析，除了利用"金三"系统内纳税人依法报送的纳税申报资料，各项核定、认定事项的结果，增值税交叉稽核系统各类票证比对结果等进行数据挖掘和分析，还可以结合各种第三方涉税进行比对分析。

15. 预警值是为实现科学的纳税评估指标而确立的参照依据，按照统计学的方法计算出涉税经济指标在可能正常范围内波动变化的最大值。（   ）（用于1－7级测试）

    【参考答案】×

    【解析】预警值是为实现科学的纳税评估指标而确立的参照依据，按照统计学的方法计算出涉税经济指标在可能正常范围内波动变化的最大值和最小值。

16. 在纳税评估过程中，税务机关不得直接根据"金三"系统内纳税人依法报送的纳税申报资料，各项核定、认定事项的结果，增值税交叉稽核系统各类票证比对结果等，确定或调整纳税人的计税依据和应纳税额。（   ）（用于1－7级测试）

    【参考答案】×

    【解析】在纳税评估过程中，税务机关可以直接根据"金三"系统内纳税人依法报送的纳税申报资料，各项核定、认定事项的结果，增值税交叉稽核系统各类票证比对结果等，确定或调整纳税人的计税依据和应纳税额。

17. 在纳税评估中，增值税税负是排查涉税风险的一个重点注意项目。其公式为：增值税税负＝应纳增值税税额÷增值税应税收入。（   ）（用于1－7级测试）

    【参考答案】×

    【解析】正确的公式应是：本期增值税税负＝本期应纳增值税税额÷本期增值税应税收入。

18. 纳税评估约谈结束后，税务机关制作的纳税评估约谈情况记录，应由约谈人、记录

人和被约谈人签字确认。　　　　　　　　　　　　（　）（用于1－7级测试）

【参考答案】√

【解析】根据《纳税评估管理办法（试行）》（国税发〔2005〕43号）规定，纳税评估约谈结束后，税务机关制作的纳税评估约谈情况记录，应由约谈人、记录人和被约谈人签字确认。

19. 在税种管理中，要把税收风险管理的方法与税种管理特点紧密结合起来，研究各税种的风险发生规律，建立税种风险分析指标体系和模型，形成体现税种特点的风险任务，并为开展综合性的统一应对提供专业支撑。　（　）（用于1－7级测试）

【参考答案】√

【解析】在税种管理中，要把税收风险管理的方法与税种管理特点紧密结合起来，研究各税种的风险发生规律，建立税种风险分析指标体系和模型，形成体现税种特点的风险任务，并为开展综合性的统一应对提供专业支撑。

20. 纳税评估分析报告和纳税评估工作底稿是税务机关内部资料，不发纳税人，不作为行政复议和诉讼依据。　　　　　　　　　　（　）（用于1－7级测试）

【参考答案】√

【解析】《纳税评估管理办法（试行）》规定：纳税评估分析报告和纳税评估工作底稿是税务机关内部资料，不发纳税人，不作为行政复议和诉讼依据。

21. 通过建立税收行业风险模型，可以使税收管理从传统的查账管理向估算企业生产能力转变，使纳税评估更加科学、严密、准确。　　（　）（用于1－7级测试）

【参考答案】√

【解析】揭示了建立税收行业风险模型与纳税评估之间的内在有机联系。

22. 成本费用比率是企业所得税类风险特征指标体系中的一项主要指标。

（　）（用于1－7级测试）

【参考答案】√

【解析】成本和费用是涉及企业所得税核算的主要项目，因此该项比率是构成企业所得税类风险特征指标体系中的主要指标。

23. 实施税收风险管理，就是要把有限的征管资源优先配置到高风险领域和大企业税收领域，实现税源管理专业化，推动服务管理方式创新和税收管理体制变革。

（　）（用于1－7级测试）

【参考答案】√

【解析】根据《国家税务总局关于加强税收风险管理工作的意见》（税总发〔2014〕105号）规定，实施税收风险管理，就是要把有限的征管资源优先配置到高风险领域和大企业税收领域，实现税源管理专业化，推动服务管理方式创新和税收管理体制变革。

24. 收集涉税信息主要是要收集税务机关掌握的内部数据，其他外部数据只作参考。
                                （   ）（用于1－7级测试）

   【参考答案】×

   【解析】根据《国家税务总局关于加强税收风险管理工作意见》（税总发〔2014〕105号）规定，各级税务机关要落实信息管税的工作思路，将挖掘和利用好内外部涉税信息作为税收风险管理工作的基础。注重收集宏观经济信息、第三方涉税信息、企业财务信息、生产经营信息、纳税申报信息，整合不同应用系统信息。建立企业基础信息库，并定期予以更新。对于集团性大企业，还要注重收集集团总部信息。

25. 从事纳税评估的工作人员，在纳税评估工作中徇私舞弊或者滥用职权，致使纳税评估结果失真、给纳税人造成损失的，由税务机关按照有关规定给予行政处分。
                                （   ）（用于1－7级测试）

   【参考答案】×

   【解析】不构成犯罪的，由税务机关按照有关规定给予行政处分；构成犯罪的，要依法追究刑事责任。

26. 税收违法案件一案双查，是指由税务稽查部门和税收征管部门同时对纳税人、扣缴义务人和其他涉税当事人和税收违法行为进行调查。（   ）（用于8－11级测试）

   【参考答案】×

   【解析】根据《税收违法案件一案双查实施办法（试行）》第二条，一案双查，是指在查处纳税人、扣缴义务人和其他涉税当事人偷逃税、虚开发票和骗取出口退税等税收违法案件的同时，对税务机关或者税务人员违纪违法行为依照有关规定进行调查和责任追究。

27. 风险应对人员发现纳税人有逃避缴纳税款、骗取出口退税或其他需要立案查处的税收违法行为嫌疑的，应当将发现的问题及相关资料，制作《移交税务稽查情况表》，移交同级税务稽查部门处理。   （   ）（用于8－11级测试）

   【参考答案】√

   【解析】参见《千户集团税收风险管理工作规程（试行）》中风险应对有关规定。

28. 从事机动车交通事故责任强制保险业务的保险机构，在向纳税人依法代收代缴车船税时纳税人可以选择向保险机构缴纳，也可以选择向当地税务局缴纳。
                                （   ）（用于8－11级测试）

   【参考答案】×

   【解析】从事机动车第三者责任强制保险业务的保险机构为机动车车船税的扣缴义务人，应当在收取保险费时依法代收车船税。

29. 车船税的征税范围包括依法应当在车船登记管理部门登记的机动车辆和船舶，但不包括依法不需要在车船登记管理部门登记的在单位内部场所行驶或者作业的机动车

辆和船舶。   （　　）（用于8-11级测试）

【参考答案】×

【解析】车船税征税范围为规定的车辆、船舶，既包括依法应当在车船登记管理部门登记的机动车辆和船舶，也包括依法不需要在车船登记管理部门登记的在单位内部场所行驶或者作业的机动车辆和船舶。

30. 因素分析法是指从经济、政策、征管以及普通因素等方面对税收、税源进行分析。

                                            （　　）（用于1-7级测试）

【参考答案】×

【解析】因素分析法是指从经济、政策、征管以及特殊因素等方面对税收、税源进行分析。

四、简答题

1. 列举税收风险管理工作的定位。（用于1-7级测试）

【参考答案】

（1）税收风险管理是加强税种管理的有效方法和手段。把税收风险管理的方法与税种管理特点紧密结合起来，研究各税种的风险发生规律，建立税种风险分析指标体系和模型，形成体现税种特点的风险任务，并为开展综合性的统一应对提供专业支撑。

（2）税收风险管理也是加强日常征管的有效方法和手段。日常管理中按照税收风险管理流程，加强登记、发票、申报、征收等环节的管理。特别是要结合精简审批、减少环节、下放权力等创新税收服务和管理的要求，发挥税收风险管理的优势，加强事前、事中和事后的风险监控，填补管理漏洞，提高征管质效。

（3）税收风险管理还是加强大企业税收管理的有效方法和手段。运用税收风险管理的理念和方法，提升大企业复杂涉税事项的管理层级，发挥各级税务机关的系统优势，实现大企业由基层的分散管理转变为跨层级的统筹管理，促进税收征管整体资源的优化配置。

（4）税收风险管理是一项需要持续改进的系统工程。需要在统一认识、明确任务、建立机制、厘清职责的基础上，不断调整、改革、完善，使之发挥越来越大的作用。

2. 纳税评估的基本流程包括哪些内容？（用于1-7级测试）

【参考答案】

纳税评估工作的一般程序是：运用税收风险管理理念，分析识别风险，明确风险等级，安排相应应对措施；对案头审核对象进行深入审核，查找疑点，明确核实的内容和方式；对案头审核中发现的疑点分别采取电话、信函、网络、约谈、实地核查等方式核实疑点；针对调查核查情况作出评定处理。

(1) 风险识别是税务机关采取计算机和人工相结合的方法，分析识别纳税人纳税申报中存在的风险点，按户归集，依纳税人风险高低排序，确定其风险等级，明确相应应对措施的过程。

(2) 案头审核是指纳税评估人员在其办公场所，针对纳税人的风险点，选择运用相应的纳税评估方法，分析推测纳税人的具体涉税疑点，对需要核实的疑点明确有关核实内容和方式的过程。

(3) 调查核实是指税务机关根据疑点的大小和复杂程度，采取电话、信函、网络、约谈、实地核查等其他便捷有效的方式进行核实的过程。对潜在风险识别和案头审核环节经通知改正而拒不改正的纳税人，实施调查核实。

(4) 评定处理是在案头审核和调查核实后，对纳税人依据不同情形给予相应处理的过程。

3. 税收风险管理内控机制主要包括哪些内容？（用于1－7级测试）

【参考答案】

(1) 内控内生化。将对税收风险管理的内控要求内嵌于征管信息平台之中，在征管系统运行时同步开展内控监管。对征管信息平台中风险管理各流程设置环节控制，明晰各相关岗位的权限配置，使风险管理各个功能模块在操作上相互独立，在运行上相互制约。设置校验规则，对各环节操作合规性实时监控，事后分析。

(2) 内控信息化。依托平台收集风险识别与应对信息，分析风险应对文书是否规范、结果是否经过审议审核、是否在时限内完成应对、应对结果与识别分析内容差异程度及其原因等，对税收风险应对合规性、应对质量开展复审工作，对税收风险管理实现全过程监控。

4. 在纳税评估的案头分析方法中核对法的主要内容包括哪些？（用于1－7级测试）

【参考答案】

纳税评估中评估人员运用核对法时，主要核对以下三个方面的内容：

(1) 表表核对。申报表间的核对、财务报表间的核对、申报表与财务报表间的核对。

(2) 表实核对。表实核对是将纳税人的申报表以及财务报表等与管理员或者其他人员在实际的税收征管中掌握和了解的纳税人实际的生产经营情况以及其他相关信息进行核对。表实核对需要根据税务机关收集到的具体信息资料确定。

(3) 内外核对。内外核对，是指纳税评估人员应当将其所能够收集和掌握到的全部信息进行核对，一方面，要将税务机关征收管理系统内的信息（即机内信息）与征收管理系统外的信息（即机外信息）的数据进行核对；另一方面，则需要将税务机关在日常征管中掌握的纳税人涉税信息与外部信息进行核对。

5. 风险管理的"四个有人管"的工作要求的内容是什么？（用于1－7级测试）

【参考答案】

推动实现税收风险"没发现，有人管；没及时科学推送，有人管；推送了没及时有效处置，有人管；处置并上报了处置情况及建议，但有关部门没改进，也要有人管"。

6. 2023 年 4 月，某市税务稽查局在对一企业进行稽查时，发现该企业财务资料比较规范，仅有少量调整项目存在一定问题，涉及的问题不大。经过一天的检查，还剩部分财务资料没有查阅，检查人员认为既然问题不大，企业也比较配合检查，没有必要办理调账手续，在征得该企业负责人同意，并电话请示稽查局局长，获其同意后，将尚未检查的部分账本拿回税务机关检查。

第二天，稽查局接到举报，说企业交出的财务资料是专门请专业人员制作的假账，企业的原始账本存放于企业另一间房间。检查人员准备好调账通知，再次前往企业，要求企业打开那间房间。该企业称钥匙保管人员出差，并且该房间是一间空置房，里面没有什么东西，没有必要检查，稽查人员遂撬开房门查找，但没有找到举报人所说的账本。

由于没有查找到账本，房门又被撬坏，企业的保卫科长指责税务干部，双方发生口角，并发生相互推搡，造成一名税务干部手部轻微擦伤。企业负责人赶到后，对保卫科长进行了批评，并向税务干部道歉。税务机关以纳税人暴力抗税为由向公安机关报案，公安机关传唤当事人调查后未做处理。

稽查局后来正式调取了企业 2020 年账本进行检查。发现申报的应纳税所得额为 -19万元，但存在广告费超过规定标准、未进行纳税调整的问题，应调增应纳税所得额 20 万元。

稽查局在讨论处罚时，存在三种不同意见：第一种意见为，拟按查补的 20 万元计算企业应纳税额，并按偷税处 1 倍罚款；第二种意见为，拟按企业调整后的应纳税所得额 1 万元计算应纳税额，按偷税罚款，并按编造虚假计税依据罚款；第三种意见为，拟按企业调整后的应纳税所得额 1 万元计算应纳税额，按偷税罚款。

问：指出本案中稽查局执法中存在的错误，并说明理由；针对本案的处罚意见谈谈自己的意见，并说明理由。（用于 8 – 11 级测试）

【参考答案】

（1）未办理调账手续，将纳税人账簿带回税务机关检查的行为违法。理由是：《中华人民共和国税收征收管理法》规定，调账检查须依法办理调账检查通知，并向纳税人开具清单；调账检查须经县以上税务局（分局）局长批准，稽查局长无权批准。

（2）稽查局撬开纳税人的房门查找账本的行为违法。理由是：税务机关撬开房门查找账本的行为，构成一种搜查行为，而依照法律税务机关没有搜查权。

（3）稽查局以抗税为由报案不成立。理由是：税务机关违法搜查并损害纳税人权益在先，双方发生口角并相互推搡，难以分清责任，且企业负责人对当事人进行了批评，不能据此认定纳税人有拒绝缴纳税款的故意。

（4）三种意见都不正确。本案发生时间为2021年4月，2020年汇算清缴期尚未结束，只能辅导纳税人作纳税调整不能认定为偷税。

五、案例分析题

1. 某公司成立于2022年5月，为增值税一般纳税人，从事汽车车灯的生产、销售。行业税负率按当地具体情况予以测算，增值税税负对比分析评估模型指标预警参考值4%—7%。某有限公司2022年、2023年增值税税负率分别为6%、3.3%。

请说明利用该企业2022年度、2023年度的增值税税负指标进行风险识别的情况，并说明下一步开展案头分析的主要工作。（用于8-11级测试）

【参考答案】

（1）2022年增值税税负率为6%，在预警参考值区间内，该项指标评分为0分。

（2）2023年增值税税负率为3.3%，低于预警参考值。增值税税负率下降且低于预警值，存在少缴增值税及附加税的可能。

（3）下一步主要案头分析方法如下：

①收集同时期同类型且规模相似的企业，计算行业税负率平均参考值，进一步分析该企业增值税税负率下降的合理性。

②对企业增值税申报表、进项发票取得情况进行分析，排除大额固定资产购建导致的税负率临时性下降因素。

③对涉税优惠政策梳理，了解企业是否因为享受税收优惠导致税负率下降。

④如果案头分析无法排除疑点，可以考虑约谈或进行实地核查。

2. 甲有限公司为增值税一般纳税人，主要产品为纺织用棉纱。2024年1—6月，实现销售收入684 500元，销项税额116 365元，进项税额105 857元，缴纳增值税10 508元，当期增值税税负率为1.53%。已知该行业增值税税负预警下限为2.11%。经调查核实，该公司2022年1—6月投入棉花61 580千克，账面期初库存1 120千克，期末库存为13 000千克，该行业投入产出比在85%以上，产品平均售价为18.60元/千克（不含税）。利用进项税金控制额模型测算企业当期进项税额变动无异常。

（1）根据以上情况，分析说明评估人员下一步评估分析的重点以及应采用的方法和步骤并计算出有关结果。

（2）根据上述情况，评估人员下一步评析的重点应是企业的销售收入，即重点分析企业是否如实申报销售收入。运用投入产出法测算企业产量，结合库存信息和销售单价推算销售量和销售额，并与企业申报信息进行对比分析。（用于8-11级测试）

【参考答案】

（1）计算过程和结果如下：

评估期产量 = 61 580 × 85% = 52 343（千克）

测算应税销售收入 = (1 120 + 52 343 - 13 000) × 18.6 = 752 611.8（元）

测算应税销售收入与申报销售收入的差额 = 752 611.8 - 684 500 = 68 111.8（元）

（2）企业申报销售收入与评估测算销售收入相差较大，怀疑企业有隐瞒销售收入的可能。经批准，可约谈企业财务人员，在企业财务人员不能说明原因或者举证不清的情况下，经批准，可对企业进行实地调查。

3. 2024年4月20日，某市税务局确定该市S县D金属制品厂税务稽查任务。S县税务局在配合税务稽查时发现，该纳税人已被该县风险管理部门列入纳税评估计划，但尚未开始纳税评估。为减轻企业负担，该市税务局决定由稽查人员和评估人员组成联合办案小组，对该D公司进行纳税评估，评估期为2023年度。

省局风险监控中心发现如下疑点：

（1）评估期增值税税负率为1.38%，基期税负率2.92%；

（2）评估期销售收入增长明显小于销售成本增长；

（3）评估期成品油抵扣比例异常；

（4）评估期企业所得税贡献率异常；

（5）评估期财务费用大额增长，销售收入同比下降。

针对上述问题，联合办案小组开展了以下工作：

（1）小组办案人员张某于4月27日直接打电话要求企业财务人员王某第二天到S县税务局进行约谈并说明情况。

（2）因王某出差在外，其具有执业资格的税务代理人——大华会计师事务所李某代替王某到S县税务局说明情况，李某向税务机关提交纳税人委托代理证明，被税务机关拒绝。

（3）4月30日上午，王某出差回来到S县税务局与评估人员进行了约谈。约谈后部分疑点未能排除，张某与财务人员王某约定去企业实地核查。8月30日下午，张某独自来到D金属制品厂进行实地核查，查看企业生产经营情况后返回税务机关。

（4）4月30日，财务人员王某与张某进行充分沟通后，评估小组同意纳税人自查补税，内容如下：

①纳税人2023年3月发出货物一批（款项于2023年1月已作预收款处理），因企业一直未催要发票，D金属制品厂未确认销售收入。纳税人同意补缴增值税，税款所属期双方商定为2023年12月。

②为缓解缴税压力，2023年7月该纳税人在无业务的情况下，购买增值税专用发票5份，认证抵扣进项税额380 000元，造成当期少缴增值税150 000元。纳税人做了进项税额转出，补缴税款。

（5）5月5日评估人员将评估报告送达纳税人，报告注明如纳税人对补缴税款有异议，在提供相应纳税担保或缴纳税款后，可在15日内依据报告向上级税务机关申请复议。

(6) D 金属加工厂 5 月 18 日补缴了相应税款，并按约定的税款所属期进行了补充纳税申报，并按规定加收滞纳金，评估人员将相关资料存档，评估结束。

要求：指出在此评估案例中税务机关存在的主要执法问题是什么？（用于 8-11 级测试）

【参考答案】

税务机关存在的执法问题有：

(1) 已列入稽查计划的纳税人，不应再列入评估任务；

(2) 评估应由税源管理部门负责，不应有稽查人员参与；

(3) 税务约谈要经所在税源管理部门批准并事先发出《税务约谈通知书》，提前通知纳税人；

(4) 纳税人可以委托代理人约谈，符合规定程序的，税务机关不应拒绝；

(5) 对评估分析和税务约谈中发现的必须到生产经营现场了解情况、审核账目凭证的，应经所在税源管理部门批准；

(6) 评估处理时不应任意改变属期，人为调整滞纳金（税务机关依照法律、行政法规的规定征收税款，不得违反法律、行政法规的规定开征、停征、多征、少征、提前征收、延缓征收或者摊派税款。建议用"得"）；

(7) 评估不得以评代查，涉嫌偷、逃、抗、骗税行为的应移交稽查；

(8) 评估报告为内部文书，不送达纳税人，不应作为行政复议的依据。

4. 2000 年甲有限责任公司和乙有限责任公司共同出资成立丙有限责任公司，注册资本 500 万元，其中甲公司出资 300 万元，占比 60%；乙公司出资 200 万元，占比 40%。2024 年 3 月，由于丙公司章程规定的经营期限届满，丙公司于 2024 年 3 月 31 日停止经营并进入清算程序，相关情形如下：

①2024 年 1—3 月丙公司企业所得税应纳税所得额为 600 万元，没有以前年度亏损；

②截至 2024 年 3 月 31 日丙企业资产账面价值 3 000 万元，资产计税基础 2 500 万元，资产可变现价值 4 000 万元；负债账面价值及计税基础均为 1 500 万元（1 200 万元应付账款，300 万元应付工资）；未分配利润及盈余公积 500 万元；

③清算过程中丙企业以可变现价值 900 万元的资产（计税基础 750 万元）偿还 1 200 万元应付账款；

④清算过程中发生税费 50 万元；清算过程中发生清算费用 100 万元；

清算完成后，丙公司于 2024 年 5 月 1 日向税务机关申请办理注销，由于丙企业资料不齐，但符合容缺办理的条件，丙企业现场提交承诺书后，主管税务机关及时办结，向丙企业出具了清税文书。

(甲企业和丙企业适用的企业所得税税率均为25%，不考虑小微企业税费优惠)

请根据以上材料回答下列问题。（用于8－11级测试）

（1）丙公司在注销前企业所得税申报应当办理哪些事项？

（2）请计算丙公司2024年应缴纳企业所得税金额。

（3）请计算丙公司清算完成后可以向投资者分配的剩余资产金额。

（4）甲公司从被清算企业分得的剩余财产金额应当如何纳税？

（5）容缺承诺书应当由谁提交，如果未履行或者未全面履行承诺应该如何处理？

【参考答案】

（1）该企业在注销前应当做好三项工作，一是2023年度企业所得税汇算清缴申报，二是2024年1月至办理注销前的企业所得税汇算清缴申报，三是企业所得税清算备案，四是就清算所得申报缴纳企业所得税。

《中华人民共和国企业所得税法》（中华人民共和国主席令第63号）第五十五条规定：企业在年度中间终止经营活动的，应当自实际经营终止之日起六十日内，向税务机关办理当期企业所得税汇算清缴。企业应当在办理注销登记前，就其清算所得向税务机关申报并依法缴纳企业所得税。

《国家税务总局关于企业清算所得税有关问题的通知》（国税函〔2009〕684号）规定：

企业清算时，应当以整个清算期间作为一个纳税年度，依法计算清算所得及其应纳所得税。企业应当自清算结束之日起15日内，向主管税务机关报送企业清算所得税纳税申报表，结清税款。

（2）2024年1月至3月作为一个企业所得税的纳税年度，应缴企业所得税为：$600 \times 25\% = 150$（万元）

清算所得 = 资产处置损益 - 清算费用 - 相关税费 + 负债处置损益 = $4\,000 - 2\,500 + (1\,200 - 900) - 50 - 100 = 1\,650$（万元）

清算所得应缴纳企业所得税 $1\,650 \times 25\% - 412.5$（万元）

（3）可以向所有者分配的剩余资产金额为：

剩余资产 = 资产可收回金额 - 偿还负债 - 职工工资 - 清算费用 - 相关税费 - 清算所得税 = $4\,000 - 900 - 300 - 100 - 50 - 412.5 = 2\,237.5$（万元）

（4）清算损益 = $1\,650 - 412.5 = 1\,237.5$（万元）

累计未分配利润及盈余公积 = 清算损益 + 原留存收益 = $1\,237.5 + 500 = 1\,737.5$（万元）

甲公司分回财产 = $2\,237.5 \times 0.6 = 1\,342.5$（万元）

甲公司股息所得 = $1\,737.5 \times 0.6 = 1\,042.5$（万元）

甲公司投资成本 = $500 \times 0.6 = 300$（万元）

甲公司投资损益 = 1 342.5 – 1 042.5 – 300 = 0

1 042.5万元属于股息红利所得，免征企业所得税。

甲公司分回财产减去股息所得等于0，因此甲股东无须确认投资转让所得。

（5）应当由法定代表人和财务负责人承诺（财务负责人可以容缺）。如果未履行或者未全面履行承诺，税务机关应当对其法定代表人或财务负责人纳入纳税信用D级管理。

5. 甲公司属于皖江省江东市临江区税务局管辖的一般纳税人。2022年12月征期申报税费明细如下：

增值税180万元，城建税12.6万元，教育费附加9万元，地方教育附加5.4万元，水利建设基金5.4万元，各类印花税合计1万元。因经营状况发生改变，该公司资金状况紧张。当月征期内，税务机关辅导该公司申请了延期缴纳税款。甲公司提供的延期缴纳税款申请表节选如下：

申请延期缴纳情况		……	
申请延期缴纳期限		2023年3月15日	
当期货币资金余额		人民币（大写）：壹佰万元整 （小写）：￥1 000 000.00	
当期应付职工工资支出预算	1 200 000	当期社会保险费支出预算	180 000
人员工资支出情况	550 000	社会保险费支出情况	180 000

12月14日，该纳税人的延期缴纳税款程序办结。12月15日，该公司收到税务事项通知书，并按照办结意见做了规范处理。

甲公司多次尝试扭转亏损局面，但效果甚微。2023年3月31日，甲公司将变卖资产筹得剩余资金20万元全部选择补缴增值税，未清偿滞纳金。

2023年4月16日，临江区税务局发起欠税公告，与甲公司核对无误后，依法将欠税情况对外公告。

后因确实无法扭转经营状况，甲公司申请破产，2023年7月1日，临江区中级人民法院裁定受理该破产案件。7月10日，法院认可清算组成立，并发布债权人公告，8月25日，债权公告结束。在破产程序中，临江区税务局公职律师陈某依法申请了税收债权和普通债权。

经破产程序处理，税收债权得到部分清偿。2023年9月30日，该公司无剩余可分配资产，临江区法院裁定破产程序终结。2023年10月10日，破产管理人前往临江区税务局办理税务注销，税务机关依法办结。

根据上述材料，回答以下问题。（用于8-11级测试）

（1）假如你是临江区税务局负责延期缴纳税款核准的工作人员，你认为下列

(　　)核准意见是最合适的。

A. 符合条件，审核通过

B. 差额核准，核准金额为173万元，不足支付部分在增值税中差额

C. 差额核准，核准金额为178.4万元，不足支付部分在增值税中差额

D. 纳税人货币资金存在余额，不予核准

【参考答案】B

【解析】非税收入不得申请延期缴纳，甲公司货币资金扣除应付未付的工资和社保后的差额为（180+12.6+9+5.4+1）－[90－（120－55）－（18－18）]＝173（万元）。

（2）对于纳税人到期未缴税费的，税务机关应发起催缴，下列关于催缴处理，正确的是（　　）。

A. 临江区税务局应于2022年12月16日对该公司未缴纳的税费下达《税务事项通知书（限期缴纳税款通知）》

B. 临江区税务局应于2023年3月16日对该公司未缴纳的税费下达《税务事项通知书（限期缴纳税款通知）》

C. 催缴程序无须对非税收入发起催缴

D. 如果纳税人在责令限期缴纳规定的纳税期限内缴未缴纳的，应进行强制执行登记，并根据情况予以一般程序处罚或简易程序处罚。

【参考答案】BD

【解析】《税收征管操作规范》催缴处理。

（3）下列关于对该公司的欠税公告，说法正确的是（　　）。

A. 应由临江区税务局对外公告

B. 应由江东市税务局对外公告

C. 2023年4月，公告的金额应为158.4万元

D. 2023年4月，公告的金额应为138.6万元

E. 2023年4月，公告的金额应为153万元

【参考答案】AD

【解析】《欠税公告办法》（国家税务总局令第9号）规定，欠税指纳税人、扣缴义务人、纳税担保人超过税收法律、行政法规规定的期限或者纳税人超过税务机关依照税收法律、行政法规规定确定的纳税期限未缴纳的税款，包括：本办法公告的欠税不包括滞纳金和罚款。

公告金额为125+12.6+1＝138.6（万元）

第六条规定，企业、单位纳税人欠缴税款200万元以下（不含200万元），个体工商户和其他个人欠缴税款10万元以下（不含10万元）的，由县级税务局（分局）在办税服务厅公告。

(4) 临江区税务局陈律师在申请债权时，税滞纳金应申报的金额是（　　）元。

A. 75 751　　　　B. 83 455　　　　C. 84 851　　　　D. 74 151

【参考答案】A

【解析】3月15日至3月31日，天数为16天，此时欠缴的税款为增值税145万元+城建税12.6万元+印花税1万－158.6万元，该段税收滞纳金为158.6×16×0.0005×10 000＝12 688（万元）。

4月1日至7月1日，天数为91天，此时欠缴税款为增值税145万元+城建税12.6万元+印花税1万元＝138.6（万元），该段税收滞纳金为138.6×91×0.0005×10 000＝63 063（万元）。

合计为63 063＋12 688＝75 751（万元）

(5) 欠缴税款的纳税人发生破产、撤销情形，经过法定清算，被国家主管机关依法注销或吊销其法人资格，纳税人已消亡，税务机关依照法律规定，根据法院判决书或法定清算报告核销欠缴明细。下列属于核销范围的是（　　）。

A. 欠缴的税金　　　　　　　　B. 欠缴的税收滞纳金

C. 欠缴的税收罚款　　　　　　D. 欠缴的非税收入

E. 欠缴的没收违法所得

【参考答案】ABCB

【解析】《欠缴税金核算管理暂行办法》（国税发〔2000〕193号）规定，对于破产、撤销企业经过法定清算后，已被国家主管机关依法注销或吊销其法人资格，纳税人已消亡的，其无法追缴的欠缴税金及滞纳金，应及时依照法律法规规定，根据法院的判决书或法定清算报告报省级税务机关确认核销。《税收征管操作规范》：死欠核销，是指欠缴税款的纳税人发生破产、撤销情形，经过法定清算，被国家主管机关依法注销或吊销其法人资格，纳税人已消亡，税务机关依照法律法规规定，根据法院判决书或法定清算报告，核销的欠缴税金及滞纳金、久缴的税收罚款及没收违法所得。

6. 某省甲市乙区税务局认为一家化工厂有逃税行为，拟对该厂作出罚款3万元的行政处罚决定，并查封了该厂的厂房、设备。因该厂没有在法定期间提出听证申请，税务机关因此作出上述行政处罚决定。该厂不服该处罚决定，以显失公正、查封措施违法为由，提起行政复议。复议机关认为乙区税务局适用的法律依据错误，导致对事实的定性出现错误。遂改变了乙区税务局的处罚依据，但没有改变处罚结果。该厂不服，向人民法院提起行政诉讼，要求变更行政处罚决定，赔偿因查封造成的该厂损失。经法院审理发现，该厂有擅自印制和非法使用发票行为。

根据以上条件，回答下列问题：（用于8－11级测试）

(1) 关于税务机关的处罚行为，说法错误的有（　　）。（多选）

A. 对于罚款的处罚，该厂可以申请税务行政处罚听证

B. 对于税务机关作出的查封行为，该厂可以申请税务行政处罚听证

C. 税务机关在作出查封决定之前，应当向当事人送达《税务行政处罚事项告知书》

D. 税务机关在作出3万元罚款的行政处罚决定之前，应当向当事人送达《税务行政处罚事项告知书》

（2）该厂对行政复议不服，（　　）。（单选）

A. 应当向B区人民法院提起行政诉讼

B. 应当向复议机关所在区人民法院提起行政诉讼

C. 应当向甲市中级人民法院提起行政诉讼

D. 可以选择向乙区人民法院提起行政诉讼或者向复议机关所在区人民法院提起行政诉讼

（3）关于此案的审理，下列说法正确的有（　　）。（多选）

A. 人民法院应于立案之日起5日内，将起诉状副本和应诉通知书发送给被告

B. 人民法院可以独任审判员审理此案

C. 行政诉讼案件的审理不能由陪审员参与审理

D. 如果该案涉及商业秘密，经过该厂申请人民法院可以不开庭审理

（4）人民法院在审理该案时，（　　）。（多选）

A. 无权判决对该厂发票违法行为予以罚款

B. 有权判决变更罚款3万元为6万元

C. 对变更处罚决定的争议不适用调解方式，对赔偿争议可以适用调解方式

D. 对变更处罚决定的争议和赔偿争议都可以适用调解方式

【答案及解析】

（1）【参考答案】BC

【解析】B选项，税务机关查封行为属于行政强制，不可以申请税务行政处罚听证，可以对于行政处罚申请听证，此项错误。C选项，税务机关在作出查封决定之后，应当向当事人送达《税务行政处罚事项告知书》，此项错误。

（2）【参考答案】D

【解析】复议机关对原行为的事实、证据、规范依据认为有问题，在复议决定书中加以阐述但最终并没有改变原行为的结果，仍视为复议机关维持原行政行为，当事人如果不服到法院起诉，应把原行政机关和复议机关作为共同被告。所以本题叫以选择向乙区人民法院提起行政诉讼或者向复议机关所在区人民法院提起行政诉讼。

（3）【参考答案】AD

【解析】B错误，人民法院应当合议庭审理此案，不能独任审判员审理此案。C错误，行政诉讼案件的审理可以由法官和陪审员组成合议庭参与审理。

（4）【参考答案】AD

【解析】人民法院在行政诉讼中不得对行政机关未予处罚的违法行为判决予以处罚。《行政诉讼法》第六十条规定，人民法院审理行政案件，不适用调解。但是，行政赔偿、补偿以及行政机关行使法律法规规定的自由裁量权的案件可以调解。该法第七十七条规定，行政处罚明显不当，或者其他行政行为涉及对款额的确定、认定确有错误的，人民法院可以判决变更。人民法院判决变更，不得加重原告的义务或者减损原告的权益。故选项 B 和选项 C 是错误的。

第五章 大企业税收服务与管理

★ 知识要点归纳

第一节 大企业税收服务与管理综述

一、大企业税收服务与管理工作的内涵

大企业税收服务与管理工作是税务机关为贯彻落实《深化国税、地税征管体制改革方案》确定的基本原则和目标任务，对纳税人实施分类分级管理，提升大企业税收管理层级，抓住全国千户集团这个"关键少数"，推动大企业税收服务深度融合、执法适度整合、信息高度聚合，着力解决当前大企业税收管理中信息不对称、能力不对等、服务不到位、管理不适应等问题，提升大企业税收服务与管理质效，为我国大企业持续健康发展提供良好的税收环境。

二、大企业税收服务与管理对象划分标准

（一）统计部门大企业划分标准

什么是大企业，不同政府部门、不同国家有着不同标准。我国工业和信息化部、国家统计局、国家发展改革委和财政部按照行业类别，依据从业人员、营业收入、资产总额等指标，对大企业的标准进行了界定（见表5-1）。

表5-1　　　　　　　　统计口径大中小微型企业划分标准

行业名称	指标名称	计量单位	大型	中型	小型	微型
农、林、牧、渔业	营业收入（Y）	万元	Y≥20 000	500≤Y<20 000	50≤Y<500	Y<50
工业*	从业人员（X）	人	X≥1 000	300≤X<1 000	20≤X<300	X<20
	营业收入（Y）	万元	Y≥40 000	2 000≤Y<40 000	300≤Y<2 000	Y<300

续表

行业名称	指标名称	计量单位	大型	中型	小型	微型
建筑业	营业收入（Y）	万元	Y≥80 000	6 000≤Y<80 000	300≤Y<6 000	Y<300
	资产总额（Z）	万元	Z≥80 000	5 000≤Z<80 000	300≤Z<5 000	Z<300
批发业	从业人员（X）	人	X≥200	20≤X<200	5≤X<20	X<5
	营业收入（Y）	万元	Y≥40 000	5 000≤Y<40 000	1 000≤Y<5 000	Y<1 000
零售业	从业人员（X）	人	X≥300	50≤X<300	10≤X<50	X<10
	营业收入（Y）	万元	Y≥20 000	500≤Y<20 000	100≤Y<500	Y<100
交通运输业*	从业人员（X）	人	X≥1 000	300≤X<1 000	20≤X<300	X<20
	营业收入（Y）	万元	Y≥30 000	3 000≤Y<30 000	200≤Y<3 000	Y<200
仓储业*	从业人员（X）	人	X≥200	100≤X<200	20≤X<100	X<20
	营业收入（Y）	万元	Y≥30 000	1 000≤Y<30 000	100≤Y<1 000	Y<100
邮政业	从业人员（X）	人	X≥1 000	300≤X<1 000	20≤X<300	X<20
	营业收入（Y）	万元	Y≥30 000	2 000≤Y<30 000	100≤Y<2 000	Y<100
住宿业	从业人员（X）	人	X≥300	100≤X<300	10≤X<100	X<10
	营业收入（Y）	万元	Y≥10 000	2 000≤Y<10 000	100≤Y<2 000	Y<100
餐饮业	从业人员（X）	人	X≥300	100≤X<300	10≤X<100	X<10
	营业收入（Y）	万元	Y≥10 000	2 000≤Y<10 000	100≤Y<2 000	Y<100
信息传输业*	从业人员（X）	人	X≥2 000	100≤X<2 000	10≤X<100	X<10
	营业收入（Y）	万元	Y≥100 000	1 000≤Y<100 000	100≤Y<1 000	Y<100
软件和信息技术服务业	从业人员（X）	人	X≥300	100≤X<300	10≤X<100	X<10
	营业收入（Y）	万元	Y≥10 000	1 000≤Y<10 000	50≤Y<1 000	Y<50
房地产开发经营	营业收入（Y）	万元	Y≥200 000	1 000≤Y<200 000	100≤Y<1 000	Y<100
	资产总额（Z）	万元	Z≥10 000	5 000≤Z<10 000	2 000≤Z<5 000	Z<2 000
物业管理	从业人员（X）	人	X≥1 000	300≤X<1 000	100≤X<300	X<100
	营业收入（Y）	万元	Y≥5 000	1 000≤Y<5 000	500≤Y<1 000	Y<500
租赁和商务服务业	从业人员（X）	人	X≥300	100≤X<300	10≤X<100	X<10
	资产总额（Z）	万元	Z≥120 000	8 000≤Z<120 000	100≤Z<8 000	Z<100
其他未列明行业*	从业人员（X）	人	X≥300	100≤X<300	10≤X<100	X<10

（二）税务部门大企业税收管理服务对象划分标准

税务部门的大企业税收管理工作的对象为全国千户集团和各省（自治区、直辖市和计划单列市）税务局（以下简称"省局"）确定的大企业为服务与管理对象，通过完善大企业纳税服务机制，创新大企业个性化纳税服务产品和方式，提供大企业税收政策确定性服务，提升税法遵从度和纳税人满意度；通过转变大企业税收管理方式，将大企业复杂涉税事项提升至总局、省局统筹管理，逐步实现大企业税收服务与管理的全国一体化运作。

基本包括以下企业：

（1）纳入国家税务总局千户集团总部及其成员企业。2015年，税务总局按照企业集团年纳税额3亿元以上的标准，筛选了1 000户左右的企业集团，作为深化大企业税收服务与管理的对象。此后按照这一标准对纳入千户集团的企业名单进行了调整。

（2）省局确定的大企业为服务与管理对象。

（3）各级税务机关根据地方实际确定的纳入大企业管理范围的企业。

（三）大企业税收服务和管理工作的要求

1. 统筹兼顾

通盘考虑各项工作职责的人力配置，统筹分析应对力量，合理划分内部工作职能与工作重点，积极优化与局内各科室的工作衔接，建立上下衔接、左右通达、健全有效的工作机制，实现大企业纳税服务和风险管理双促进、双提高。

2. 科学高效

立足大企业税收管理现代化，强化规划，优化流程，细化标准，持续提升服务和管理的科技含量与技术水准；着力做精数据、做优平台、做深服务，构建运转高效、工作完备、指挥有力的大企业税收服务和管理新格局。

3. 提升层级

针对大企业纳税人经营范围广、涉税事项专、层级架构繁、服务要求高的特点，以集团为对象，以行业为维度，突出分类，提升层级，将复杂涉税事项提升至市（地）以上管理，全面提高大企业服务和管理专业化水平。

4. 优化效能

依据工作序列，明晰工作定位，提升管理质效。风险管理重在形成闭环，纳税服务重在遵从引导，经济分析重在集成拓展，形成相得益彰、相互促进的良性综合效应。

（四）大企业税收服务和管理工作指导思想

全面贯彻税收征管体制改革总体部署和要求，以提升大企业服务和管理能力为目标，细化工作职责，理顺工作机制，提升工作效能，更好地发挥大企业税收服务和管理在深化税收领域"放管服"改革、优化税收营商环境、实现税收征管现代化中的积极作用。

第二节 大企业数据管理

一、千户集团数据管理的内容

1. 做好数据规划

以提高千户集团数据质量为核心,通过整体规划,进一步明确数据采集范围、采集内容和采集方式,细化明确具体管理措施,逐步构筑采集有考评、治理有反馈、使用有监控的管理闭环,建立规范统一的保障机制,实现数据管理规范高效、数据内容完整准确、数据应用安全可控。

2. 推进名册管理

核实、确认本地千户集团名册信息;审核、补充本地千户集团成员企业名册信息;进一步强化千户集团名册信息管理,避免出现企业信息漏报、误报等情况。

3. 强化税务端数据归集

根据千户集团及成员企业名单,从金税三期、增值税发票管理等信息系统中抽取、加工相关税收征管数据,做好相关数据的"一户式"加载存储和分析应用。配合总局完成千户集团税收快报数据的归集、加工和审核等工作。

4. 规范企业端数据采集

落实千户集团及成员企业在征管系统中的标记工作,采集、审核、抽取千户集团及成员企业附报数据。按月(季)做好千户集团企业直报数据的收集、审核、报送和汇总工作。落实千户集团涉税电子财务数据常态化采集机制,按时、保质保量地完成千户集团涉税电子财务数据采集、检测和加载工作,配合总局做好数据抽取工作。做好数据采集软件的业务保障,进一步加强数据采集过程中的审核校对,确保数据采集完整准确、及时有效。

5. 加强第三方数据获取

积极推进千户集团第三方数据的采集、交换和共享。做好分析过程中相关互联网涉税数据收集、整理等工作。指导下级大企业服务和管理部门开展千户集团的第三方数据交换、获取、应用等工作。

6. 抓好数据联络员管理

根据总局千户集团数据联络员管理办法的相关要求,抓好本地千户集团数据联络员日常管理、业务培训等工作任务的落实。

二、千户集团数据管理的工作规范

1. 千户集团数据采集的内容包括企业端数据、税务端数据和第三方数据。税务总局确定千户集团数据采集范围、标准和时限,收集和加载省税务机关报送的企业端数据。省税务机关根据税务总局要求,加强国税、地税合作,联合组织采集、审核、报送本省千户集团企业端数据。

2. 各级税务机关以金税三期为基础,按照千户集团税收管理需要,集成现有各类应用系统涉税数据。

3. 税务总局与国务院有关部门沟通协调,完善数据交换共享工作机制。各地税务机关与本级政府相关部门、行业协会等单位沟通联系,获取千户集团相关涉税信息。

4. 省税务机关应当充分利用现代科技手段,从互联网、报刊杂志等媒体发布的公开信息中,获取千户集团涉税信息,重点关注企业重组、股权转让、关联交易等重大事项信息。

5. 省税务机关大企业税收管理部门会同技术部门对涉及千户集团的第三方信息进行整理、清洗和加载,并按要求上报税务总局(大企业税收管理司)。

6. 税务总局整合企业端、税务端和第三方数据,逐步实现多层级、全方位的集成应用,为千户集团税收风险分析提供支撑。对超出查询权限的千户集团相关数据,省税务机关可以向税务总局申请查询、应用,并填报"千户集团数据需求查询申请单"。

7. 税务总局通过完善千户集团数据联络员机制、明确数据业务标准、规范数据检测机制等方式,不断强化数据质量保障。

8. 各省税务机关应当统筹开展数据采集工作,充分利用已有数据资源,避免重复采集。

第三节 大企业个性化纳税服务

一、大企业个性化纳税服务内涵

(一) 创新大企业个性化纳税服务方式

总局指导省局,借助手机 App、微信等互联网工具,为大企业提供政策咨询、业务交流等服务;定期向大企业提示共性的、行业性的及有关重大事项的税收风险,突出事前预防;探索建立大企业重大涉税事项报告制度,规范报告事项内容及程序,针对涉税问题提出服务和管理的意见建议。

(二) 提供大企业税收政策确定性服务

总局指导省局,对大企业执行税收政策遇到的热点、难点问题,提供专业的政策解读,确保税法适用的确定性和税法执行的统一性;定期征集大企业意见建议,为完善税收政策和管理制度提供参考；随着相关法律法规修订，总局探索建立复杂涉税事项事先裁定制度，推进大企业税收事先裁定工作。

（三）完善大企业税务风险内控制度

总局指导省局，制定并完善大企业税务风险内控测试指标体系，组织开展大企业税务风险内控调查和测试工作，引导和推动大企业完善税务风险内控体系；选择税务风险内控制度较为完善、税法遵从度较高的大企业，签订《税收遵从合作协议》，引导和约束税企双方共同信守承诺、防范风险。

（四）健全大企业税收服务协调机制

总局、省局两级建立税企高层对话机制；改进大企业涉税事项处理机制，规范大企业涉税诉求的受理和回复工作，快速、准确地回应大企业涉税诉求；完善大企业涉税事项协调会议机制，及时解决重大、复杂涉税事项；为大企业提供个性化纳税服务，减轻大企业办税负担，实现征纳双方的良性互动。

二、大企业个性化纳税服务的主要措施

（一）增强服务意识，转变服务理念

以大企业需求为导向，树立税企合作共治、服务与管理高度融合的理念。坚持风险管理和优质服务同步推进，防范税收风险和引导自觉遵从平行治理。树立积极有为的意识，促进服务创新，营造和谐营商环境。

（二）拓展服务渠道，加强信息交流

运用"互联网+"思维，依托税务大数据，借助 App、微信、微博等网络平台，拓展服务渠道，加强税企之间信息交流，消除税务机关与大企业之间的地域、层级限制，实现大企业纳税服务互联互通。

（三）强化日常沟通，及时回应诉求

完善大企业数据联络员制度，促进数据报送、诉求协调、风险管理等工作顺畅高效。不定期走访大企业，认真听取意见和建议，了解生产经营及重大涉税事项情况，及时回应涉税问题，做到沟通及时，处理快捷。

（四）优化专项交流，解决热点问题

定期举办税企沙龙、恳谈会、联席会等，通报大企业关心的涉税问题，提高税企双

方对涉税事项认识的一致性。结合税收热点、难点问题，适时开展专题调研、高层对话，及时提出解决方案。建立行业税收工作小组，研究行业性涉税问题，探索有效对策建议。

（五）建立绿色通道，提供专属服务

合理确定准入标准，为符合条件的大企业提供绿色通道，提供发票直送、诉求升级、自我遵从免查等专属服务。针对大企业的个性化需求，尝试对接相关政府部门和行业协会，着力解决大企业遇到的各类问题。

（六）加强集团重组服务，提高政策确定性

针对涉及多地区或多税种的大企业重组涉税事项，建立大企业重组涉税事项纳税服务工作机制，规范工作程序，依申请为大企业协调重组中的疑难事项，提高政策确定性和执行统一性，解决大企业重组事项多头跑、多次跑问题。

（七）针对重大交易事项，提供专业辅导

对股权转让、关联交易、跨境投资等重大交易事项，建立重大事项辅导制度，提出税务风险建议，降低大企业重大事项涉税风险成本，充分享受现有税收政策红利。

（八）减少跨区域涉税争议，提高执行一致性

针对跨区域经营的企业集团各地税收政策理解、执行不一致问题，加强组织协调，提出解决方案，及时提请上级单位协调，提高各地政策执行一致性。

（九）强化数据监测分析，提供便捷高效服务

积极利用互联网和大数据技术，探索开展大企业数据监测统计，及时掌握大企业税收波动情况和发展趋势，开展精准分析，为大企业提供便捷、高效的服务。

（十）研究内控指标体系，帮助企业加强内控建设

分析企业关键涉税控制节点和内控薄弱环节，研究完善内控测试指标体系。开展内控调查，深入了解企业情况。选择合适方法，有重点地测试企业内控制度实际执行情况，提出完善建议，提升企业内控质量。

（十一）签订遵从协议，推动遵从合作

选择税务风险内控完善的企业集团，签订《税收遵从合作协议》或者《税收遵从合作备忘录》，加强后续跟踪服务管理，建立工作台账，定期出具遵从评价报告，推动企业提高遵从水平。

（十二）定期归集整理税收风险，适时推送提醒到户

积极利用计算机扫描的风险成果，结合千户集团税收风险管理情况，定期归集日常风险，及时推送到户，督促企业自我评估、自我纠正，切实提高企业自我防范能力。

（十三）聚焦企业生产流程，定制专门服务手册

针对重点风险企业，研究生产流程、整体架构、行业特征和核算特点，分析潜在风险，量身定制专门服务手册，提供针对性服务。

（十四）分年编写行业指引，揭示行业共性风险

研究行业风险特征，梳理行业政策规定，分析行业共性风险，细化风险控制方法，分门别类编写风险指引，引导企业加强防范。

（十五）汇编典型风险案例，激发企业增强防范意识

收集整理企业税务风险典型案例，汇编成册，不定期发布，引导企业规范涉税行为。

（十六）积极利用信用评价体系，提升总体信用水平

完善信用评价体系，建立企业集团总部与成员企业信用联动关系，探索以集团为口径评价纳税信用状况，引导企业集团和成员企业诚信水平总体提高。

（十七）编制年度遵从报告，增强企业信誉意识

汇总企业税收缴纳、信用评定和遵从情况，按年编制《千户集团年度报告》《千户集团年鉴》，推进企业集团信息共享，增强大企业信誉意识。

（十八）优化"走出去"企业服务，助力国家发展战略

围绕"走出去"企业，梳理内外税收政策，跟踪征管问题，建立数据档案，收集整理大企业海外税收维权案例，定期开展政策辅导和税收提醒，强化"一对一"服务，降低"走出去"企业的税收成本和涉税风险。

第四节 大企业税收风险管理

一、大企业税收风险管理目标

大企业税收风险管理的目标在于引导大企业合理控制税务风险，防范税务违法行为，依法履行纳税义务，避免因没有遵循税法可能遭受的法律制裁、财务损失或声誉损害。

主要目标包括：

(1) 税务规划具有合理的商业目的，并符合税法规定；

(2) 经营决策和日常经营活动考虑税收因素的影响，符合税法规定；

(3) 对税务事项的会计处理符合相关会计制度或准则以及相关法律法规；

(4) 纳税申报和税款缴纳符合税法规定；

(5) 税务登记、账簿凭证管理、税务档案管理以及税务资料的准备和报备等涉税事项符合税法规定。

二、大企业税收风险管理特点

大企业的税收风险管理具有以下四个特点。

(一) 统筹协作要求高

大企业往往业务涉及领域广，业务形式复杂多样，成员企业分布较为分散，部分集团还实行了财务集中核算制度，单独一个税务机关难以有效地分析掌握大企业税收风险，通常需要各级税务机关上下联动，横向协作，统筹开展集团税收风险分析。

(二) 信息支撑难度大

大企业内部管理信息化程度高，数据集中存储为税务机关集中采集企业财务数据提供了基础，但同时企业集团财务软件版本众多，且数据集中存储后数据量巨大，数据采集、整理、加载等难度大。

(三) 共性风险易多发

多数大企业的内部财务管理制度健全，核算规范统一，定期组织财务人员进行培训。正因如此，一旦企业集团内部对税收政策的理解出现偏差，财务核算统一的同时更容易出现集团性共性风险。

(四) 大数据可用性高

大企业由于生产经营管理规范，信息化公开披露及时，且公开信息多数经过律师、会计师事务所审计，可信度高。通过采集互联网涉税信息和第三方数据开展大数据分析是当前大企业风险分析的重要手段之一。

三、大企业税收风险管理的原则

1. 两级统筹

强化税务总局、省税务机关在千户集团税收风险管理工作中的分工协作，注重顶层设计，整合管理资源，明确工作职责，坚持上下联动，形成工作合力。

2. 合作推进

建立健全国税、地税合作机制，加强税务机关内部各部门工作协调，提高征管效率。积极与政府相关部门、行业协会等合作，实现信息共享。

3. 信息集成

以数据为核心，利用现代化采集、分析工具，建立科学的指标模型，构建智能化的税收管理信息系统，发挥大数据技术对千户集团税收风险管理的支撑作用。

4. 促进遵从

在千户集团税收风险管理各环节强化税收宣传，优化纳税服务，加强税企合作，提升企业获得感，促进千户集团对税法的自我遵从。

四、大企业税收风险管理的主要任务

（一）进行大企业信息管理

1. 国家税务总局的任务

制定集团名册管理办法，组织各地大企业管理部门采集、更新集团及其成员单位名册信息；制定集团数据报送范围和标准，收集和加载集团财务报表数据和税收征管数据；组织编写业务需求，升级完善集团税收风险分析、名册管理和税收快报等功能模块；与财政部、国资委等部门沟通联系，获取集团企业有关信息；研究建立集团及其成员单位申报纳税时，必须附报财务报表的机制。

2. 省税务机关的任务

采集核实并定期更新本省集团名册信息。按时采集、审核、报送集团财务报表数据、税收征管数据、税收快报数据；协助国家税务总局制定完善集团名册管理办法；与各省财政、国有资产监督管理等部门沟通联系，获取集团企业相关信息。

（二）开展总局、省局两级税收风险统筹分析

1. 国家税务总局的任务

总局按照工作规划、年度计划和相关部署，以及省局提出的税收风险管理工作建议，制订大企业税收风险管理战略规划和年度计划；总局组建千户集团税收风险分析专业团队，以税收风险分析平台为载体，采取计算机风险扫描、人工专业复评的"人机结合"方式，联合省局大企业税收管理部门，跨区域统筹开展千户集团税收风险分析；针对行业代表性集团开展典型调查，提高分析的精准度；设立大企业税收风险分析专家委员会，提出确定、统一的政策执行意见，形成税收风险分析报告。

2. 省税务机关的任务

省局大企业税收管理部门配合总局，跨区域统筹开展千户集团税收风险分析；负责总部在本省的千户集团的沟通协调工作；参照总局对千户集团风险分析方法，统筹开展本省大企业的税收风险分析。

(三) 实施风险任务统一推送差别化应对

1. 国家税务总局的任务

总局税收风险管理领导小组办公室扎口管理，统一推送千户集团税收风险应对任务。总局大企业税收管理司将税收风险分析报告报送总局风险办，同时抄送省局大企业税收管理部门。省局大企业税收管理部门针对总局推送的风险应对任务，主动对接省局风险办，研究细化总局推送的风险应对任务。

2. 省税务机关的任务

省局风险办根据总局风险办推送和省局大企业税收管理部门报送的风险应对任务清单，按照风险等级推送给相应税务机关风险应对主体，开展差别化风险应对。地（市）局按照省局风险办的要求开展风险应对，接受省局大企业税收管理部门的专业指导。

3. 地（市）税务机关的任务

地（市）局按照省局风险办的要求开展风险应对，接受省局大企业税收管理部门的专业指导。

(四) 加强风险应对过程管控

1. 国家税务总局的任务

总局大企业管理司负责全国千户集团税收风险应对工作的专业指导，风险应对结果的分析评价和绩效考核，跨省风险应对事项的统筹协调；省局大企业税收管理部门负责本省范围内大企业税收风险应对工作的专业指导，风险应对结果的分析评价和绩效考核，协调本省范围内风险应对主体解决具有大企业特征的涉税风险问题。

2. 省税务机关的任务

省局、地（市）局风险应对主体负责将风险应对结果报送省局风险办，同时报送省局大企业税收管理部门；省局风险办负责将风险应对结果报送总局风险办；省局大企业税收管理部门负责对风险应对结果进行加工整理，形成个案分析报告和综合分析报告，一并报送总局大企业管理司，并且提出风险分析和应对工作建议。

3. 地（市）税务机关的任务

地（市）局风险应对主体负责将风险应对结果报送省局风险办，同时报送省局大企业税收管理部门。

(五)加强税收风险应对指导及结果应用

各级税收风险分析和应对部门根据反馈结果,及时优化风险分析工具,更新税收风险特征库和大企业基础信息库。各级税务机关针对税收管理中的薄弱环节,加强大企业日常税源监控和税收征管,根据税收风险管理中发现的税收法律和政策问题,提出完善税收立法、调整税收政策的意见建议。各级大企业税收管理部门根据税收风险分析和应对结果,提出后期开展税收风险管理的工作建议;针对了解掌握的大企业税收风险状况,向大企业提出税收风险防控建议,指导大企业完善税收风险内控机制。

第五节 大企业经济分析指标

一、大企业经济分析重点关注的内容

(一)企业所处的行业特点;
(二)企业适用的产业政策、税收政策、会计准则或会计制度;
(三)企业内部控制制度;
(四)企业财务报表、审计报告及相关鉴证报告;
(五)企业重组、股权转让、关联交易等复杂涉税事项;
(六)以前年度风险应对结论,包括纳税评估报告、稽查处理决定书等。

二、大企业经济分析常用的指标

(一)收入类评估分析指标及其计算公式和指标功能

主营业务收入变动率=(本期主营业务收入-基期主营业务收入)÷基期主营业务收入×100%

如主营业务收入变动率超出预警值范围,可能存在少计收入和多列成本等问题,需运用其他指标进一步分析。

(二)成本类评估分析指标及其计算公式和指标功能

单位产成品原材料耗用率=本期投入原材料÷本期产成品成本×100%

分析单位产品当期耗用原材料与当期产出的产成品成本比率,判断纳税人是否存在账外销售问题,是否错误使用存货计价方法,是否人为调整产成品成本或应纳税所得额等问题。

主营业务成本变动率=(本期主营业务成本-基期主营业务成本)÷基期主营业务

成本×100%

主营业务成本变动率超出预警值范围，可能存在销售未计收入、多列成本费用、扩大税前扣除范围等问题。

(三) 费用类评估分析指标及其计算公式和指标功能

1. 主营业务费用变动率 =（本期主营业务费用 - 基期主营业务费用）÷基期主营业务费用×100%

与预警值相比，如相差较大，可能存在多列费用问题。

2. 营业（管理、财务）费用变动率 =［本期营业（管理、财务）费用 - 基期营业（管理、财务）费用］÷基期营业（管理、财务）费用×100%

如果营业（管理、财务）费用变动率与前期相差较大，可能存在税前多列支营业（管理、财务）费用问题。

3. 成本费用率 =（本期营业费用 + 本期管理费用 + 本期财务费用）÷本期主营业务成本×100%

分析纳税人期间费用与销售成本之间关系，与预警值相比较，如相差较大，企业可能存在多列期间费用问题。

4. 成本费用利润率 = 利润总额÷成本费用总额×100%

其中成本费用总额 = 主营业务成本总额 + 费用总额

与预警值比较，如果企业本期成本费用利润率异常，可能存在多列成本、费用等问题。

税前列支费用评估分析指标包括：工资扣除限额、"三费"（职工福利费、工会经费、职工教育经费）扣除限额、交际应酬费列支额（业务招待费扣除限额）、公益救济性捐赠扣除限额、开办费摊销额、技术开发费加计扣除额、广告费扣除限额、业务宣传费扣除限额、财产损失扣除限额、呆（坏）账损失扣除限额、总机构管理费扣除限额、社会保险费扣除限额、无形资产摊销额、递延资产摊销额等。

如果申报扣除（摊销）额超过允许扣除（摊销）标准，可能存在未按规定进行纳税调整，擅自扩大扣除（摊销）基数等问题。

(四) 利润类评估分析指标及其计算公式和指标功能

主营业务变动率 =（本期主营业务利润 - 基期主营业务利润）÷基期主营业务利润率×100%

其他业务利润变动率 =（本期其他业务利润变动率 - 基期其他业务利润）÷基期其他业务利润×100%

上述指标若与预警值相比差额较大，可能存在多结转成本或不计、少计收入问题。

1. 税前弥补亏损扣除限额

按税法规定审核分析允许弥补的亏损数额。如申报弥补亏损额大于税前弥补亏损扣除限额，可能存在未按规定申报税前弥补等问题。

2. 营业外收支增减额

营业外收入增减额与基期相比减少较多，可能存在隐瞒营业外收入等问题；营业外支出增减额与基期相比支出增加较多，可能存在将不符合规定的支出列入营业外支出等问题。

（五）资产类评估分析指标及其计算公式和指标功能

净资产收益率 = 净利润 ÷ 平均净资产 × 100%

分析纳税人资产综合利用情况。如指标与预警值相差较大，可能存在隐瞒收入或闲置未用资产计提折旧问题。

总资产周转率 =（利润总额 + 利息支出）÷ 平均总资产 × 100%

存货周转率 = 主营业务成本 ÷ [（期初存货成本 + 期末存货成本）÷ 2] × 100%，分析总资产和存货周转情况，推测销售能力。如总资产周转率或存货周转率加快，而应纳税税额减少，可能存在隐瞒收入、虚增成本的问题。

应收（付）账款变动率 = [期末应收（付）账款 − 期初应收（付）账款] ÷ 期初应收（付）账款 × 100%

分析纳税人应收（付）账款增减变动情况，判断其销售实现和可能发生坏账情况。如应收（付）账款增长率增高，而销售收入减少，可能存在隐瞒收入、虚增成本的问题。

固定资产综合折旧率 = 基期固定资产折旧总额 ÷ 基期固定资产原值总额 × 100%

固定资产综合折旧率高于基期标准值，可能存在税前多列支固定资产折旧额的问题。要求企业提供各类固定资产的折旧计算情况，分析固定资产综合折旧率变化的原因。

资产负债率 = 负债总额 ÷ 资产总额 × 100%

其中，负债总额 = 流动负债 + 长期负债

资产总额是扣除累计折旧后的净额。

分析纳税人经营活力，判断其偿债能力。如果资产负债率与预警值相差较大，则企业偿债能力有问题，要考虑由此对税收收入产生的影响。

三、大企业经济分析的方法

1. 趋势分析法

通过对比两期或连续数期财务报告中的相同指标，确定其增减变动的方向、数额和幅度来说明企业财务状况或经营成果的变动。通过将重要财务指标的比较、财务报

表、纳税情况的数据对比，对其发展变化趋势分析。

运用趋势分析法要注意的问题包括：用于进行对比的各个时期的指标，在计算口径上必须一致；剔除偶发性项目的影响，使作为分析的数据能反映正常的经营状况；对某项有显著变动的指标作重点分析，研究其产生的原因，以便采取对策，趋利避害。

2. 比率分析法

比率分析法是通过计算各种比率指标来确定经济活动变动程度的分析方法。

比率分析法有三种方式：

构成比率又称结构比率，它是某项财务指标的各组成部分数值占总体数值的百分比反映部分与总体的关系。

效率比率，是某项财务活动中所费与所得的比例、反映投入与产出的关系。

相关比率，是以某个项目和与其有关但又不同的项目加以对比所得的比率，反映有关经济活动的相互关系。

3. 因素分析法

因素分析法是依据分析指标与其影响因素的关系，从数量上确定各因素对分析指标影响方向和影响程度的一种方法。

四、大企业经济分析的结构

大企业经济分析报告没有固定的格式和体裁，但要求能够反映要点、分析透彻、有实有据、观点鲜明、符合报送对象的要求。

一般来说，采用五段论的方式，包含提要段、说明段、分析段、评价段和建议段，但在实际编写分析时要根据具体的目的和要求有所取舍，不一定要拘泥于这五部分内容。可采用文字处理与图表相结合的方法，易懂、生动、形象地展示观点。

★习题精练及答案解析

一、单项选择题

1. 税务审计是纳税评估中的特殊方式，它主要针对的是（　　）。（用于1-7级测试）

　　A. 大企业　　　　B. 小企业　　　　C. 小规模纳税人　　D. 一般纳税人

【参考答案】A

【解析】根据《国家税务总局关于进一步加强税收风险管理工作的通知》（税总发〔2016〕54号）文件要求，切实发挥税务审计在大企业税收风险管理中的核心作用。

2. 2023征管和科技重点工作要求，落实常态化重大税收征管风险防范化解机制，（　　）摸排1—2个重大税收风险，研提治理措施，防范和化解重大税收风险。（用于1-7级测试）

A. 每个月 B. 每季度 C. 每年度 D. 每两年

【参考答案】B

【解析】深化"找、盯、管"税源管理。制发"找、盯、管"税源管理指导性意见文件，推动运用"找、盯、管"税源监管机制，持续提升税源管理效能。落实常态化重大税收征管风险防范化解机制，每季度摸排1—2个重大税收风险，研提治理措施，防范和化解重大税收风险。

3. 大企业税收风险管理对不同风险的纳税人采用的方法不正确的是（　　）。（用于1－7级测试）

  A. 对暂未发现风险的纳税人不打扰　　B. 对低风险纳税人予以提醒辅导
  C. 对中风险纳税人开展税收审计　　D. 对中高风险纳税人重点监管

【参考答案】C

【解析】大企业税收风险管理目标是通过加强税收风险管理，对纳税人实施差别化精准管理，对暂未发现风险的纳税人不打扰，对低风险纳税人予以提醒辅导，对中高风险纳税人重点监管。

4. 按照《千户集团名册管理办法》规定，当年如新增符合条件的千户集团，由省税务机关提出，并组织集团总部按照要求填报集团名册信息，经省税务机关审核后于每年（　　）前汇总上报国家税务总局。（用于1－7级测试）

  A. 4月30日　　B. 5月31日　　C. 6月30日　　D. 12月31日

【参考答案】C

【解析】当年如新增符合条件的千户集团，由省税务机关提出，并组织集团总部按照要求填报集团名册信息，经省税务机关审核后于每年6月30日前汇总上报国家税务总局。

5. 根据《国家税务总局关于开展千户集团扩围工作的指导意见》，税务总局决定由省（区、市）税务机关大企业税收管理部门比照千户集团服务和管理模式实施统一管理的、尚未列入千户集团管理范围的企业集团纳税人，须达到的年纳税额标准是（　　）。（用于8－11级测试）

  A. 2亿元以上　　　　　　　　B. 1亿元以上
  C. 8 000万元以上　　　　　　D. 5 000万元以上

【参考答案】B

【解析】根据《国家税务总局关于开展千户集团扩围工作的指导意见》（税总发〔2017〕139号），税务总局决定，对年纳税额1亿元以上、尚未列入千户集团管理范围的企业集团纳税人，由省（区、市）税务机关大企业税收管理部门比照千户集团服务和管理模式实施统一管理。

6. 在千户集团名册管理工作中，属于国家税务总局主要职责的是（　　）。（用于8－11级测试）

A. 核实符合千户集团入选标准的企业集团

B. 确定千户名单和千户集团名册信息项目

C. 评价名册质量并向企业集团反馈评价结果

D. 总结名册管理工作开展情况，提出工作建议

【参考答案】B

【解析】根据《国家税务总局关于发布〈千户集团名册管理办法〉的公告》（国家税务总局公告 2017 年第 7 号）第十一条，国家税务总局在千户集团名册管理工作中的主要职责：①制定、完善千户集团名册管理办法；②确定、调整千户集团名单和千户集团名册信息项目；③协调集团总部所在地的省税务机关和成员企业所在地的省税务机关的名册核实工作；④建立、完善千户集团名册管理系统并提供技术支持；⑤开展千户集团名册管理工作组织绩效考评；⑥其他名册管理工作。

7. 《关于加强大企业税收服务和管理工作的指导意见》中规定的工作原则不包括（　　）。（用于 8－11 级测试）

    A. 统筹兼顾　　　B. 科学高效　　　C. 层级下放　　　D. 优化效能

【参考答案】C

【解析】《关于加强大企业税收服务和管理工作的指导意见》规定了强化大企业税收服务和管理工作原则包括统筹兼顾、科学高效、提升层级、优化效能。

8. 根据《千户集团税收风险管理工作规程（试行）》，大企业部门风险应对人员在开展税务约谈时，应当向纳税人出具的文书为（　　）。（用于 8－11 级测试）

    A.《税务检查通知书》　　　B.《税务事项通知书》

    C.《税务处理决定书》　　　D.《税收风险识别报告》

【参考答案】B

【解析】《千户集团税收风险管理工作规程（试行）》第三十一条规定，开展税务约谈时，应当向纳税人出具《税务事项通知书》。

9. 在开展千户集团税收风险指标模型 3.0 版"先行先试"专项工作中，始终按照三位一体的指标模型建设思路进行持续优化和提升质量，这里的三位一体是指（　　）。（用于 8－11 级测试）

    A. "研发、验证、反馈"　　　B. "研发、验证、提高"

    C. "研发、应用、提高"　　　D. "研发、验证、应用"

【参考答案】D

【解析】《国家税务总局大企业税收管理司关于开展千户集团指标模型 3.0 版"先行先试"第二批专项工作的通知》（税总企便函〔2018〕41 号）规定，按照"研发、验证、应用"三位一体指标模型建设思路，各单位结合 2018 年度大企业税收风险分析工作计划选定"先行先试"集团及其成员单位，以应用为先导，在开展税收风险分析

过程中应用行业指标模型开展风险点识别、人工复评等工作，通过实际应用不断检验和提升行业指标模型质量。

10. 在千户集团名册管理工作中，属于国家税务总局主要职责的是（ ）。（用于8-11级测试）

　　A. 核实符合千户集团入选标准的企业集团
　　B. 确定千户名单和千户集团名册信息项目
　　C. 评价名册质量并向企业集团反馈评价结果
　　D. 总结名册管理工作开展情况，提出工作建议

【参考答案】B

【解析】根据《国家税务总局关于发布〈千户集团名册管理办法〉的公告》（国家税务总局公告2017年第7号）第十一条，国家税务总局在千户集团名册管理工作中的主要职责：①制定、完善千户集团名册管理办法；②确定、调整千户集团名单和千户集团名册信息项目；③协调集团总部所在地的省税务机关和成员企业所在地的省税务机关的名册核实工作；④建立、完善千户集团名册管理系统并提供技术支持；⑤开展千户集团名册管理工作组织绩效考评；⑥其他名册管理工作。

11. 在千户集团税收风险分析工作中，税务总局、省税务机关应结合计算机扫描结果，开展（ ），形成《千户集团税收风险分析报告》。（用于1-7级测试）

　　A. 人工专业复评　　　　　　B. 常规风险分析
　　C. 行业重点剖析　　　　　　D. 重大事项分析

【参考答案】A

【解析】国家税务总局关于印发《千户集团税收风险管理工作规程（试行）》的通知（税总发〔2017〕128号）第二十一条规定。

12. 在分类分级管理中，大企业专指（ ）确定并牵头管理的、资产或纳税规模达到一定标准的企业集团。（用于1-7级测试）

　　A. 国家税务总局和省级税务机关　　B. 国家税务总局
　　C. 市级以上的税务机关　　　　　　D. 县区级税务机关

【参考答案】B

【解析】根据国家税务总局关于印发《纳税人分类分级管理办法》的通知（税总发〔2016〕99号）规定，大企业专指国家税务总局确定并牵头管理的、资产或纳税规模达到一定标准的企业集团。

13. 对总局下发的千户集团风险分析任务，在大企业税收管理系统（税务审计软件）中开展人工专业复评的先后顺序为（ ）。（用于8-11级测试）

　　A. 风险复评统筹、风险复评下发、风险复评分工、风险人工复评
　　B. 风险复评下发、风险复评统筹、风险复评分工、风险人工复评

C. 风险复评下发、风险复评分工、风险复评统筹、风险人工复评

D. 风险复评分工、风险复评统筹、风险复评下发、风险人工复评

【参考答案】B

【解析】《大企业税收管理系统（税务审计软件）操作手册》规定，对总局下发的千户集团风险分析任务，在大企业税收管理系统（税务审计软件）中开展人工专业复评的先后顺序为风险复评下发、风险复评统筹、风险复评分工、风险人工复评。

14. 按照税务总局大企业税收管理司的工作要求，千户集团税收快报的频次是（　　）。（用于 8-11 级测试）

　　A. 周报　　　　B. 旬报　　　　C. 月报　　　　D. 季报

【参考答案】C

【解析】根据《国家税务总局办公厅关于开展千户集团税收快报工作的通知》（税总办发〔2016〕16号）第四条，2016 年 4 月起，千户集团税收快报正式运行，请各省税务局于每月第 3 个工作日前，报送本年及上年同期的上月千户集团总部及其成员企业税收快报数据。

15. 国际上计算宏观税负，也是用（　　）和（　　）的比值衡量。（用于 1-7 级测试）

　　A. 税收收入；国内生产总值　　　　B. 税收收入；国民生产总值

　　C. 财政收入；国内生产总值　　　　D. 财政收入；国民生产总值

【参考答案】A

【解析】国际上计算宏观税负，也是用税收收入和国内生产总值的比值衡量。

16. 关于税务检查证，下列说法错误的是（　　）。（用于 1-7 级测试）

　　A.《税务检查证管理办法》2019 年 3 月 1 日起生效，同时启用新的税务检查证

　　B. 税务检查证分为稽查部门专用税务检查证和征收管理部门专用税务检查证

　　C. 首次申领税务检查证的，应当取得税务执法资格

　　D. 税务人员出示税务检查证时，可以告知被检查人通过扫描二维码查验持证人身份

【参考答案】A

【解析】国家税务总局关于发布《税务检查证管理办法》的公告（国家税务总局公告 2018 年第 44 号）。

17. 下列措施中，不属于大企业税收风险管理内部控制措施的是（　　）。（用于 1-7 级测试）

　　A. 职责分离控制　　　　B. 授权审批控制

　　C. 过程预警控制　　　　D. 集体决策控制

【参考答案】A

【解析】国家税务总局关于印发《大企业税收风险管理内部控制制度（试行）》的

通知（税总发〔2018〕177号）第十二条规定。

18. 以下机构中，主要负责千户集团税收风险分析"数据采集、风险分析、推送应对和反馈考核"四环节中"风险分析"环节的工作任务的是（　　）。（用于1－7级测试）

    A. 大企业管理司数据管理处　　　B. 大企业管理司评审质控处

    C. 大企业管理司经济分析处　　　D. 北京市税务局第五分局

    【参考答案】D

    【解析】国家税务总局关于印发《税务总局千户集团税收风险分析专业机构改革方案》的通知（税总函〔2015〕680号）第二（三）项内容。

19. 流动比率是流动资产对流动负债的比率，用来衡量企业流动资产在短期债务到期以前，可以变为现金用于偿还负债的能力。一般说来，比率越高，说明企业资产的变现能力越（　　），短期偿债能力越（　　）。（用于8－11级测试）

    A. 强；弱　　　B. 强；强　　　C. 弱；强　　　D. 弱；弱

    【参考答案】B

    【解析】流动比率是流动资产对流动负债的比率，用来衡量企业流动资产在短期债务到期以前，可以变为现金用于偿还负债的能力。一般说来，比率越高，说明企业资产的变现能力越强，短期偿债能力越强。

20. 千户集团税收风险分析工作中，各级税务机关大企业税收管理部门的分工错误的是（　　）。（用于8－11级测试）

    A. 税务总局层面组织开展年纳税额3亿元以上的千户集团税收风险分析；指导各省税务局开展年纳税额3亿元以下的千户集团的税收风险分析

    B. 省税务局层面组织年纳税额1亿—3亿元的千户集团的税收风险分析；指导各地市税务局开展年纳税额1亿元以下的千户集团的税收风险分析

    C. 地市税务局层面负责年纳税额1亿元以下的千户集团的税收风险分析

    D. 县税务局层面负责承接上级机关分配的千户集团企业税收风险分析

    【参考答案】D

    【解析】千户集团税收风险分析工作中，各级税务机关大企业税收管理部门的分工是：(1) 税务总局层面组织开展年纳税额3亿元以上的千户集团税收风险分析；指导各省税务局开展年纳税额3亿元以下的千户集团的税收风险分析。(2) 省税务局层面组织年纳税额1亿—3亿元的千户集团的税收风险分析；指导各地市税务局开展年纳税额1亿元以下的千户集团的税收风险分析。(3) 地市税务局层面负责年纳税额1亿元以下的千户集团的税收风险分析。(4) 县税务局层面原则上不进行千户集团企业税收风险分析。

21. 千户集团设置数据联络员，与税务机关大企业管理部门直接对接，按照《千户集团数据联络员管理办法（试行）》的规定，人数要求为（　　）。（用于8－11级测试）

    A. 集团每个成员单位1人　　　B. 集团总部1人

C. 集团总部 2 人　　　　　　　　D. 集团每个成员单位 2 人

【参考答案】B

【解析】根据《国家税务总局大企业税收管理司关于印发〈千户集团数据联络员管理办法〉的通知》（税总企便函〔2017〕9 号）第三条，千户集团总部设置独立或兼职联络员 1 名，与税务机关大企业管理部门直接对接，是千户集团数据采集工作的主要责任人。

22. 对于已经确认的风险和不确定事项依据涉税金额大小、问题性质重要程度、企业遵从意愿和遵从能力等因素进行风险等级排序并采取不同的应对手段。对于风险等级较低的问题可以采取（　　）。（用于 1 - 7 级测试）

    A. 实施大企业税务审计　　　　　B. 下发企业责令限期自查
    C. 实施税务稽查　　　　　　　　D. 风险较低，不予处理

【参考答案】B

【解析】对于风险等级较低的问题可以归纳整理后，下发企业责令限期自查。

23. 税务总局大企业税收管理司统筹研究制定千户集团数据业务标准，为保持与国际接轨，推进应用的国际通用标准是（　　）。（用于 8 - 11 级测试）

    A. 可扩展政府报告语言　　　　　B. 不可扩展政府报告语言
    C. 可扩展商业报告语言　　　　　D. 不可扩展商业报告语言

【参考答案】C

【解析】根据《国家税务总局大企业税收管理司关于加强千户集团数据管理工作的意见》（税总企便函〔2017〕23 号）第二条强化千户集团数据采集、管理和应用第五款建立千户集团数据标准，税务总局大企业税收管理司统筹研究制定千户集团数据业务标准，进一步规范千户集团数据采集和应用的范围、内容、来源、方式、校验规则等；保持与国际接轨，推进国际通用的可扩展商业报告语言（XBRL）标准在千户集团数据采集工作中的应用。

24. 以下各项中属于大企业个性化服务产品的有（　　）。（用于 1 - 7 级测试）

    A. 延时服务　　B. 高层对话　　C. 免填单服务　　D. 网上学堂

【参考答案】B

【解析】大企业个性化服务产品有 7 款，分别是涉税诉求响应、税收遵从合作协议、特殊事项事先裁定、税务内控测评、纳税人学堂、高层对话、新税法适用解读。

25. （　　）不是税收分析应坚持的原则。（用于 1 - 7 级测试）

    A. 实事求是原则　　　　　　　　B. 从税收到经济原则
    C. 定性与定量相结合原则　　　　D. 从经济到税收原则
    E. 宏观与微观相结合的原则

【参考答案】B

【解析】税收分析应坚持的原则有实事求是、从经济到税收、定性与定量相结合、宏观与微观相结合的原则。

26. 各级大企业税收管理部门针对了解掌握的大企业税收风险状况，向大企业提出税收风险防控建议，指导大企业完善税收风险内控机制，体现了（　　）的工作要求。（用于1-7级测试）

    A. 税收风险统筹分析　　　　B. 差别化风险应对
    C. 风险应对过程管控　　　　D. 风险应对结果应用

    【参考答案】D

    【解析】各级大企业税收管理部门根据税收风险分析和应对结果，提出后期开展税收风险管理的工作建议；针对了解掌握的大企业税收风险状况，向大企业提出税收风险防控建议，指导大企业完善税收风险内控机制。

27. 各级税务机关应按要求，对收集的企业税收风险信息以及遵从引导、遵从管控等环节反映的企业涉税风险情况在判别、评估基础上，对企业纳税遵从风险采取的措施是（　　）。（用于1-7级测试）

    A. 针对性管理　　　　　　　B. 宣传辅导
    C. 辅导培训　　　　　　　　D. 税收管控

    【参考答案】A

    【解析】根据国家税务总局关于印发《国家税务总局大企业税收服务和管理规程（试行）》的通知（国税发〔2011〕71号）第三十四条规定，各级税务机关应按要求，对收集的企业税收风险信息以及遵从引导、遵从管控等环节反映的企业涉税风险情况在判别、评估基础上，对企业纳税遵从风险实施针对性管理。

28. 《国家税务总局大企业税务风险管理指引（试行）》旨在（　　），防范税务违法行为，依法履行纳税义务，避免因没有遵循税法可能遭受的法律制裁、财务损失或声誉损害。（用于1-7级测试）

    A. 引导大企业合理控制税务风险
    B. 倡导遵纪守法、诚信纳税的税务风险管理理念
    C. 促进企业内部管理与外部监管的有效互动
    D. 把税务风险管理制度与企业内部风险控制和管理制度结合起来

    【参考答案】A

    【解析】国家税务总局印发《大企业税务风险管理指引（试行）》的通知（国税发〔2009〕90号）第1.1规定。

29. （　　）是指各级税务机关运用政策分析、案例分析和经验分析等分析方法，寻找税收风险领域，提取用以识别风险领域的风险特征，建立和健全相应的风险指标体系和风险识别模型的管理过程。（用于1-7级测试）

A. 风险分析模型管理　　　　　B. 行业分析模型管理

C. 税收风险模型管理　　　　　D. 重大事项分析模型管理

【参考答案】C

【解析】税收风险模型管理是指各级税务机关运用政策分析、案例分析和经验分析等分析方法，寻找税收风险领域，提取用以识别风险领域的风险特征，建立和健全相应的风险指标体系和风险识别模型的管理过程。

30. （　　）承担大企业管理司的处室职责，重点承担千户集团税收风险分析工作。（用于 1-7 级测试）

A. 大企业管理司综合处　　　　B. 大企业管理司评审质控处

C. 大企业管理司经济分析处　　D. 北京市税务局第一分局

【参考答案】D

【解析】国家税务总局关于印发《税务总局千户集团税收风险分析专业机构改革方案》的通知（税总函〔2015〕680号）第一条第（三）项内容。

二、多项选择题

1. 税务总局将运用大数据挖掘技术，自动生成千户集团成员企业族谱信息，并动态更新（　　）等名册变更信息。（用于 8-11 级测试）

A. 合并重组　　B. 分立新设　　C. 破产注销　　D. 名称变更

【参考答案】ABC

【解析】《国家税务总局大企业税收管理司关于千户集团名册管理办法修订意见的通知》（税总企便函〔2020〕33号）提出，税务总局将运用大数据挖掘技术，自动生成千户集团成员企业族谱信息，并动态更新合并重组、分立新设、破产注销等名册变更信息。

2. 对大企业反映的（　　）等问题，加大研究力度，加快办理进度。（用于 8-11 级测试）

A. 跨税费种、集团性等政策适用不确定

B. 涉税诉求

C. 同一税费政策在不同区域执行口径不一致

D. 政策困惑

【参考答案】AC

【解析】对大企业反映的跨税费种、集团性等政策适用不确定和同一税费政策在不同区域执行口径不一致等问题，总局、省局加大研究力度，加快办理进度。

3. 大企业税务审计是指大企业税收管理部门依据国家税收法律、法规和规章的规定，采用现代审计技术对大企业依法履行纳税义务的（　　）进行审查、评价的税收管理活动。（用于 1-7 级测试）

A. 真实性　　　　B. 关联性　　　　C. 完整性　　　　D. 准确性

【参考答案】ABD

【解析】大企业税务审计主要是对依法履行纳税义务的真实性、关联性、准确性这三方面进行审查、评价的税收管理活动。完整性这个概念不是审计的指向。

4. 目前，国家税务总局开发的用于千户集团名册管理的平台有（　　）。（用于1-7级测试）

A. 大企业税收管理信息系统　　　　B. 千户集团风险分析平台

C. 国家税务总局税务审计系统　　　　D. 税源管理平台

【参考答案】ABC

【解析】依据国家税务总局关于发布《千户集团名册管理办法》的公告（国家税务总局公告2017年第7号）的规定。

5. 各级税务机关大企业税收管理部门应分类处理企业税务风险内控体系评析结果，根据不同情况采取相应的税收服务和管理措施，具体做法是（　　）。（用于8-11级测试）

A. 对未建立内控体系的企业，积极引导企业建立税务风险内控体系

B. 对已建立内控体系的企业，重点监控其内控体系运行情况

C. 对内控体系需要完善的企业，提出企业内控体系完善建议

D. 对内控体系相对完善的企业，制定相应的激励措施

【参考答案】ABCD

【解析】国家税务总局关于印发《国家税务总局大企业税收服务和管理规程（试行）》的通知（国税发〔2011〕71号）第十五条规定。

6. 大企业税收服务和管理工作，应实施科学高效、统一规范的专业化管理。通过有效的（　　），防范和控制税务风险，提高税法遵从度，降低税收遵从成本。（用于1-7级测试）

A. 遵从引导　　　　B. 遵从管控　　　　C. 遵从协议　　　　D. 遵从应对

【参考答案】ABD

【解析】国家税务总局关于印发《国家税务总局大企业税收服务和管理规程（试行）》的通知（国税发〔2011〕71号）第2条规定。

7. 风险评估采用（　　）相结合的工作方式。（用于1-7级测试）

A. 计算机评估和人工评估　　　　B. 定量评估和定性评估

C. 定期评估和临时评估　　　　D. 事后评估和实时评估

【参考答案】ABCD

【解析】国家税务总局关于印发《国家税务总局大企业税收服务和管理规程（试行）》的通知（国税发〔2011〕71号）第三十二条规定。

8. 千户集团是指年度缴纳税额达到国家税务总局管理服务标准的企业集团，包括全部

中央企业、中央金融企业以及达到上述标准的单一法人企业等。其中,年度缴纳税额为集团总部及其境内外全部成员企业境内年度纳税额的合计,下面说法正确的有(   )。(用于8-11级测试)

A. 不包括关税

B. 不包括船舶吨税

C. 不包括企业代扣代缴的个人所得税

D. 扣减出口退税和财政部门办理的减免税

【参考答案】ABC

【解析】国家税务总局关于发布《千户集团名册管理办法》的公告(国家税务总局公告2017年第7号)第二条规定。

9. 下列各项属于总局风险应对任务的有(   )。(用于8-11级测试)

A. 大企业税收管理部门对千户集团税收风险分析报告进行评审

B. 大企业税收管理部门对千户集团税收风险分析报告中涉及的需要相关业务部门明确的问题,提交相关业务部门研究确定

C. 大企业税收管理部门对千户集团税收风险分析报告中涉及的重大疑难问题,提请专家委员会研究确定

D. 大企业税收管理部门对审定通过的千户集团税收风险分析报告通过风险办统一推送至下级税务机关应对

【参考答案】ABCD

【解析】根据千户集团税收风险分析及相关工作任务细化分工的相关规定,实施千户集团税收风险任务统一推送差别化应对中税务总局的任务有:①大企业税收管理部门对千户集团税收风险分析报告进行评审。②大企业税收管理部门对千户集团税收风险分析报告中涉及的需要税务总局相关业务司局明确的问题,提交相关业务司局研究确定。③大企业税收管理部门对千户集团税收风险分析报告中涉及的重大疑难问题,提请专家委员会研究确定。④大企业税收管理部门对审定通过的千户集团税收风险分析报告通过税务总局风险办统一推送至各省税务局应对。

10. 在风险分析过程中,不同风险等级实施差别化应对的手段主要有(   )。(用于1-7级测试)

A. 风险提示   B. 事项告知   C. 评估约谈   D. 税务稽查

【参考答案】ACD

【解析】根据《深化国税、地税征管体制改革方案》规定,2016年,以税务总局和省级税务局为主,集中开展行业风险分析和大企业、高收入高净值纳税人风险分析,运用第三方涉税信息对纳税申报情况进行比对,区分不同风险等级分别采取风险提示、评估约谈、税务稽查等方式进行差别化应对,有效防范和查处逃避税行为。

11. 税务总局、省税务机关结合计算机扫描结果，开展人工专业复评，形成《千户集团税收风险分析报告》，人工专业复评主要包括（   ）。（用于1－7级测试）

   A. 常规风险分析　　　　　　　　B. 税收经济分析

   C. 行业重点剖析　　　　　　　　D. 财务政策分析

   E. 重大事项分析

   【参考答案】ACD

   【解析】根据国家税务总局关于印发《千户集团税收风险管理工作规程（试行）》的通知第二十一条规定，人工专业复评主要包括常规风险分析、行业重点剖析和重大事项分析。

12. 依据《纳税评估管理办法（试行）》的规定，纳税评估过程中运用的通用指标——成本类评估分析指标中不包括（   ）。（用于1－7级测试）

   A. 单位产成品原材料耗用率　　　B. 主营业务成本变动率

   C. 其他业务成本变动率　　　　　D. 营业外成本变动率

   【参考答案】CD

   【解析】依据国家税务总局关于印发《纳税评估管理办法（试行）》的通知（国税发〔2005〕43号）的规定。

13. 纳税评估中对企业法人（或经营负责人）信息资料的分析，以下各项表述正确的是（   ）。（用于1－7级测试）

   A. 企业投资人全部为自然人，但法定代表人不为投资人之一，结合企业存续时间进行分析，可判断其是否为实际经营控制人

   B. 虽为不同法定代表人（负责人）企业，但同一地址登记多个纳税人（一址多照），要重点关注是否存在关联关系和关联交易

   C. 同一法定代表人（负责人）企业或所投资企业为正常户的，则关注企业是否存在走、逃风险

   D. 同一自然人控制多个不同类型的纳税人，且这些纳税人增值税认定类型或所得税征收方式存在交叉，可能存在通过调节进销项或收入成本费用，少缴税款的风险

   【参考答案】ABD

   【解析】同一法定代表人（负责人）企业或所投资企业为非正常户的，才可能存在走逃风险，而同一法定代表人（负责人）企业或所投资企业为正常户的则存在走逃风险较小。

14. 进一步健全大企业税收服务和管理新格局的工作原则有（   ）。（用于8－11级测试）

   A. 推进分类分级管理　　　　　　B. 完善对称治理模式

C. 践行合作遵从理念　　　　　D. 强化数据科技赋能

【参考答案】ABCD

【解析】进一步健全大企业税收服务和管理新格局的工作原则有推进分类分级管理、完善对称治理模式、践行合作遵从理念、强化数据科技赋能。

15. Z集团属于千户集团名册范围，其M省分公司主要经营房地产开发，增值税一般纳税人。2023年3月1日在N省自行开发的房地产项目竣工结算，当月，部分房产用于自营取得租金收入100万元。以下说法不正确的有（　　）。（用于8－11级测试）

　　A. 由M省分公司在所在地税务机关计算缴纳增值税应纳税款，不需要在N省预缴增值税

　　B. 由M省分公司在N省依据3%征收率预缴增值税，然后回到所在地税务机关计算缴纳增值税应纳税款

　　C. 由M省分公司在N省依据5%征收率预缴增值税，然后回到所在地税务机关计算缴纳增值税应纳税款

　　D. M省分公司不属于Z集团成员单位，不纳入千户集团名册管理和千户集团税收风险管理

【参考答案】ACD

【解析】按照相关政策规定，由M省分公司在N省依据3%征收率预缴增值税，然后回到所在地税务机关计算缴纳增值税应纳税款，M省分公司属于Z集团成员单位，纳入千户集团名册管理和千户集团税收风险管理。

16. 注重从税务领军人才、具备"三师"资格人员、业务骨干中，遴选充实大企业服务和管理力量。通过（　　）等形式，全面培养人才。（用于8－11级测试）

　　A. 岗位练兵　　　B. 业务比武　　　C. 技能培训　　　D. 专家讲授

【参考答案】ABC

【解析】注重从税务领军人才、具备"三师"资格人员、业务骨干中，遴选充实大企业服务和管理力量。通过岗位练兵、业务比武、技能培训等形式，全面培养人才。

17. 全国千户集团及其成员企业应附报的财务会计报表，是指按照企业所适用的会计准则、会计制度等编制的财务会计报表，包括（　　）及附注等。（用于1－7级测试）

　　A. 资产负债表　　　　　　　　B. 利润表

　　C. 现金流量表　　　　　　　　D. 所有者权益（股东权益）变动表

【参考答案】ABCD

【解析】《国家税务总局关于规范全国千户集团及其成员企业纳税申报时附报财务会计报表有关事项的公告》（国家税务总局公告2016年第67号）第二项规定。

18. 各级税务机关应当将风险应对结果作为组织开展（　　）等工作的重要依据。（用

于1-7级测试)

A. 纳税信用评价 　　　　　　　B. 出口企业类别管理

C. 税务稽查分类管理 　　　　　D. 分类分级管理

【参考答案】ABC

【解析】国家税务总局关于印发《纳税人分类分级管理办法》的通知（税总发〔2016〕99号）第四十三条规定。

19. 大企业税收服务和管理中，风险评估采用的方式包括（　　）。（用于1-7级测试）

A. 计算机评估和人工评估 　　　B. 定量评估和定性评估

C. 定期评估和临时评估 　　　　D. 日常评估和专项评估

E. 事后评估和实时评估

【参考答案】ABCE

【解析】根据《国家税务总局大企业税收服务和管理规程（试行）》第三十二条规定，风险评估采用计算机评估和人工评估、定量评估和定性评估、定期评估和临时评估、事后评估和实时评估相结合的工作方式。

20. 大企业税收风险管理内部控制，是通过制定、完善并有效实施一系列制度、流程、方法和标准，对大企业税收风险管理工作风险进行事前防范、事中控制、事后监督和纠正的动态管理过程和机制。下列不属于在进行大企业税收风险管理内部控制过程中的导向是（　　）。（用于1-7级测试）

A. 风险识别　　B. 风险分析　　C. 风险防控　　D. 风险应对

【参考答案】ABD

【解析】根据国家税务总局关于印发《大企业税收风险管理内部控制制度（试行）》的通知第三条，本制度所称大企业税收风险管理内部控制，是指以风险防控为导向，通过查找、梳理、评估大企业税收风险管理工作中的各类风险，制定、完善并有效实施一系列制度、流程、方法和标准，对大企业税收风险管理工作风险进行事前防范、事中控制、事后监督和纠正的动态管理过程和机制。

21. 在不改变税款入库地点、入库级次和归属的前提下，分步推进涉税事项（　　），增强大企业办税便利性，降低办税成本。（用于8-11级测试）

A. "集团统办"　　B. "区域通办"　　C. "全国通办"　　D. "内外协办"

【参考答案】ABC

【解析】在不改变税款入库地点、入库级次和归属的前提下，分步推进涉税事项"集团统办""区域通办""全国通办"，增强大企业办税便利性，降低办税成本。

22. 下列各项，属于特别纳税调整管理内容的是（　　）。（用于1-7级测试）

A. 转让定价管理 　　　　　　　B. 境外交易管理

C. 一般反避税管理 　　　　　　D. 资本弱化管理

【参考答案】ACD

【解析】根据《特别纳税调整实施办法（试行）》的规定，特别纳税调整管理包括：转让定价管理、预约定价安排管理、成本分摊协议管理、受控外国企业管理、资本弱化管理以及一般反避税管理等。

23. 纳税评估工作中的通用指标包括（　　）。（用于1—7级测试）

    A. 收入类评估分析指标

    B. 成本类评估分析指标

    C. 费用类评估分析指标

    D. 主营业务收入变动率与主营业务利润变动率配比

【参考答案】ABC

【解析】根据《纳税评估管理办法（试行）》规定，纳税评估工作中的通用指标包括收入类评估分析指标、成本类评估分析指标、费用类评估分析指标、利润类评估分析指标、资产类评估分析指标等。

24. 根据《关于加强大企业税收服务和管理工作的指导意见》要求，高标准、严要求、高质量地推进制度建设。制度规范建设要始终坚持（　　）的原则，搭建系统、全面的制度框架。（用于8—11级测试）

    A. 体系要全　　　B. 标准要高　　　C. 落实要严　　　D. 风险要低

【参考答案】ABC

【解析】《关于加强大企业税收服务和管理工作的指导意见》中，风险要低不属于应坚持的原则。

25. 关于大企业重组涉税事项纳税服务工作机制，以下说法正确的是（　　）。（用于1—7级测试）

    A. 大企业集团总部可以直接向税务总局提出重组涉税事项书面咨询请求

    B. 税务总局大企业税收管理司负责登记大企业重组涉税事项

    C. 涉及多税种、多省份的综合性复杂重组涉税事项登记后转大企业重组涉税事项办公室处理

    D. 涉及单一税种或单一司局的大企业重组涉税事项，大企业重组涉税事项办公室直接处理并回复来文单位

【参考答案】AC

【解析】国家税务总局办公厅关于建立大企业重组涉税事项纳税服务工作机制的通知（税总办发〔2017〕139号）第三项内容。

26. 税源监控包括日常涉税事项监控和专项涉税事项监控，其中，专项涉税事项监控主要包括（　　）。（用于1—7级测试）

    A. 登记申报和发票事项的监控　　　B. 企业涉税诉求处理情况的监控

C. 税务风险内控情况的监控　　D. 税收遵从协议履行情况的监控

【参考答案】BCD

【解析】国家税务总局关于印发《国家税务总局大企业税收服务和管理规程（试行）》的通知（国税发〔2011〕71号）第二十三条的规定。

27. 下列选项中描述正确的有（　　）。（用于8－11级测试）

A. 千户集团直报工作企业月度报送工作需在每月18日前完成

B. 企业直报年度报送工作需在第二年的1月完成

C. 企业直报统计对象范围要前后一致

D. 企业直报统计数据核算口径要前后一致

【参考答案】ACD

【解析】千户集团直报工作企业月度报送工作需在每月18日前完成，年度报送需在次年的1月28日前完成。统计对象范围要前后一致，统计数据核算口径要前后一致。

28. 按照《国家税务总局大企业税收服务和管理规程（试行）》规定，遵从引导包括（　　）。（用于1－7级测试）

A. 政策服务

B. 涉税诉求的受理和回复

C. 引导企业建立完善税务风险内控体系

D. 税收遵从协议的签订和实施

【参考答案】ABCD

【解析】根据《国家税务总局大企业税收服务和管理规程（试行）》（国税发〔2011〕71号）规定，遵从引导是指通过个性化的纳税服务和专业化的税收管理，提高企业自身依法处理涉税事务的能力。包括政策服务、涉税诉求的受理和回复、引导企业建立完善税务风险内控体系、税收遵从协议的签订和实施。

29. 专项涉税事项监控是指从日常涉税事项以外的事项中选取特定事项进行监控，主要包括（　　）。（用于1－7级测试）

A. 企业内审情况的监控

B. 企业涉税诉求处理情况的监控

C. 税务风险内控情况的监控

D. 税收遵从协议履行情况的监控

【参考答案】BCD

【解析】根据《国家税务总局大企业税收服务和管理规程（试行）》（国税发〔2011〕71号）第二十三条第三款规定，专项涉税事项监控是指从日常涉税事项以外的事项中选取特定事项进行监控，主要包括：企业涉税诉求处理情况的监控、税务风险内控情况的监控、税收遵从协议履行情况的监控等。

30. 结合集团税源监控和税收风险管理成果，总结具有区域特征或行业共性的税收风险点、典型案例，经过必要的审批后在同区域、同行业大企业税收风险防控中推广运用，实现"（　　）"的增值效应，推动大企业税收监管质效整体提升。（用于 8－11 级测试）

　　A. 分析一类集团　　　　　　　B. 带动一个区域

　　C. 规范一个行业　　　　　　　D. 管好一个部门

【参考答案】ABC

【解析】结合集团税源监控和税收风险管理成果，总结具有区域特征或行业共性的税收风险点、典型案例，经过必要的审批后在同区域、同行业大企业税收风险防控中推广运用，实现"分析一类集团、带动一个区域、规范一个行业"的增值效应，推动大企业税收监管质效整体提升。

31. 2019 年 1 月，财政部、税务总局对（　　）和（　　）企业汇总缴纳增值税总分机构名单进行了调整。（用于 1－7 级测试）

　　A. 铁路运输　　　B. 陆路运输　　　C. 水路运输　　　D. 航空运输

【参考答案】AD

【解析】《财政部 税务总局关于调整铁路和航空运输企业汇总缴纳增值税总分机构名单的通知》（财税〔2019〕1 号）。

32. 下列关于收入实现的确认，表述正确的有（　　）。（用于 1－7 级测试）

　　A. 采用售后回购方式销售商品且有证据表明不符合销售收入确认条件的，收到的款项应确认为负债，回购价格大于原售价的，差额应在回购期间确认为利息费用

　　B. 采取以旧换新方式销售商品的，销售的商品应当按照扣除旧商品作价后的金额确认收入

　　C. 销售商品涉及商业折扣的，应当按扣除商业折扣前的金额确定销售商品收入金额，商业折扣在实际发生时作为财务费用扣除

　　D. 企业已经确认销售收入的售出商品发生销售折让和销售退回，应当在发生当期冲减当期销售商品收入

【参考答案】AD

【解析】选项 B，销售商品以旧换新的，销售商品应当按照销售商品收入确认条件确认收入，回收的商品作为购进商品处理。选项 C，商品销售涉及商业折扣的，应当按照扣除商业折扣后的金额确定销售商品收入金额；销售商品涉及现金折扣的，应当按扣除现金折扣前的金额确定销售商品收入金额，现金折扣在实际发生时作为财务费用扣除。

三、判断题

1. 已入选千户集团名单的企业集团总部，每年应按照要求填报相关信息，于每年 6 月 30

日前报送省、自治区、直辖市、计划单列市税务机关。（ ）（用于1－7级测试）

【参考答案】×

【解析】根据国家税务总局关于发布《千户集团名册管理办法》的公告第6条，已入选千户集团名单的企业集团总部按年维护集团名册信息，每年应按照要求填报相关信息，于每年5月31日企业所得税汇算清缴结束前报送省、自治区、直辖市、计划单列市税务机关。

2. 大企业税收风险管理内部控制要求按照"因事设岗、分类管事"原则确立岗责体系，明确各个岗位的工作职责。（ ）（用于1－7级测试）

【参考答案】√

【解析】国家税务总局关于印发《大企业税收风险管理内部控制制度（试行）》的通知（税总发〔2018〕177号）第十二条的规定。

3. 对于风险应对中确认的税收风险点，应当由企业的税收管理员对其进行整改，对涉及的税款、滞纳金，依法组织入库。（ ）（用于1－7级测试）

【参考答案】×

【解析】根据《千户集团税收风险管理工作规程（试行）》第三十五条，对于风险应对中确认的税收风险点，风险应对部门应当督促纳税人进行整改，对涉及的税款、滞纳金，依法组织入库。

4. 大企业税收管理部门主要负责对大企业或本级重点税源企业的一般性纳税服务、数据采集、风险分析识别、风险应对过程监控、效果评价和风险分析工具设计维护等事项。（ ）（用于1－7级测试）

【参考答案】×

【解析】不是"一般性纳税服务"，而是"个性化纳税服务"。

5. 遵从管控是指通过个性化的纳税服务和专业化的税收管理，提高企业自身依法处理涉税事务的能力。（ ）（用于1－7级测试）

【参考答案】×

【解析】遵从引导是指通过个性化的纳税服务和专业化的税收管理，提高企业自身依法处理涉税事务的能力。《国家税务总局大企业税收服务和管理规程（试行）》的通知（国税发〔2011〕71号）第四条的规定。

6. 各级税务机关应建立大企业涉税事项协调会议制度，研究解决各类涉税事项以及企业反映的普遍性、非行业性涉税问题。（ ）（用于1－7级测试）

【参考答案】×

【解析】各级税务机关应建立大企业涉税事项协调会议制度，研究解决重大涉税事项以及企业反映的普遍性、行业性涉税问题。《国家税务总局大企业税收服务和管理规程（试行）》的通知（国税发〔2011〕71号）第十二条的规定。

7. 企业因内部组织架构、经营模式或外部环境发生重大变化，以及受行业惯例和监管的约束而产生的重大税务风险，必须及时向税务机关报告，以寻求税务机关辅导和帮助。（　　）（用于1—7级测试）

【参考答案】×

【解析】国家税务总局印发《大企业税务风险管理指引（试行）》的通知（国税发〔2009〕90号）的规定。

8. 实施税收风险管理，就是要把有限的征管资源优先配置到高风险领域和大企业税收领域，实现税源管理专业化，推动服务管理方式创新和税收管理体制变革。

（　　）（用于1—7级测试）

【参考答案】√

【解析】根据《国家税务总局关于加强税收风险管理工作的意见》（税总发〔2014〕105号）规定，实施税收风险管理，就是要把有限的征管资源优先配置到高风险领域和大企业税收领域，实现税源管理专业化，推动服务管理方式创新和税收管理体制变革。

9. 税源监控包括一般涉税事项监控和特殊涉税事项监控。（　　）（用于1—7级测试）

【参考答案】×

【解析】根据《国家税务总局大企业税收服务和管理规程（试行）》第二十三条规定，税源监控包括日常涉税事项监控和专项涉税事项监控。

10. 大企业税收风险管理内部控制要求按照"因事设岗、分类管事"原则确立岗责体系，明确各个岗位的工作职责。（　　）（用于1—7级测试）

【参考答案】√

【解析】国家税务总局关于印发《大企业税收风险管理内部控制制度（试行）》的通知（税总发〔2018〕177号）第十二条的规定。

11. 我国初步建立了以"风险分析—风险应对—数据采集—反馈考核"为流程的大企业税收风险管理并正在不断开展积极、有效的探索。（　　）（用于1—7级测试）

【参考答案】×

【解析】我国初步建立了以"数据采集—风险分析—推送应对—反馈考核"为流程的大企业税收风险管理体系，并正在不断开展积极、有效的探索。

12. 归集千户集团税务端数据是指国家税务总局从各类税务信息系统里归集千户集团及其成员企业相关税收征管数据，并按照成员企业维度进行整合。

（　　）（用于8—11级测试）

【参考答案】×

【解析】归集千户集团税务端数据是指国家税务总局从各类税务信息系统里归集千户集团及其成员企业相关税收征管数据，并按照集团维度进行整合，不是成员企业维度。

13. 风险自查是全流程税收风险管理的起始环节。（　）（用于1－7级测试）

　　【参考答案】×

　　【解析】风险评估是全流程税收风险管理的起始环节。《国家税务总局关于税务总局定点联系企业税收风险管理工作有关事项的通知》（税总发〔2014〕26号）第一项规定。

14. 销售商品涉及商业折扣的，应当按扣除商业折扣前的金额确定销售商品收入金额，商业折扣在实际发生时作为财务费用扣除。（　）（用于1－7级测试）

　　【参考答案】×

　　【解析】商品销售涉及商业折扣的，应当按照扣除商业折扣后的金额确定销售商品收入金额；销售商品涉及现金折扣的，应当按扣除现金折扣前的金额确定销售商品收入金额，现金折扣在实际发生时作为财务费用扣除。

15. 《大企业税务风险管理指引（试行）》旨在引导大企业合理控制税务风险，防范税务违法行为，依法履行纳税义务，避免因没有遵循税法可能遭受的法律制裁、财务损失或声誉损害。企业必须按照本指引，建立相应的税务风险管理制度。

　　　　　　　　　　　　　　　　　　　　　　　　　（　）（用于8－11级测试）

　　【参考答案】×

　　【解析】国家税务总局印发《大企业税务风险管理指引（试行）》的通知（国税发〔2009〕90号）的规定。

16. 自2018年1月起，由千户集团总部统一部署其合并财务报表范围内的成员企业开展电子财务相关数据采集工作。（　）（用于1－7级测试）

　　【参考答案】√

　　【解析】国家税务总局大企业税收管理司关于分行业开展千户集团电子财务数据采集有关工作的通知（税总企便函〔2018〕7号）第三项规定。

17. 千户集团各成员单位必须设置独立或兼职联络员1名，与税务机关大企业管理部门直接对接，是千户集团数据采集工作的主要责任人。（　）（用于1－7级测试）

　　【参考答案】×

　　【解析】国家税务总局大企业税收管理司关于印发《千户集团数据联络员管理办法》的通知（税总企便函〔2017〕9号）第三条规定。

18. 企业应当参照《大企业税务风险管理指引（试行）》，结合自身经营情况、税务风险特征和已有的内部风险控制体系，建立相应的税收风险管理制度。

　　　　　　　　　　　　　　　　　　　　　　　　　（　）（用于8－11级测试）

　　【参考答案】×

　　【解析】《国家税务总局关于印发〈大企业税务风险管理指引（试行）〉的通知》

（国税发〔2009〕90号）规定，企业可以参照本指引，结合自身经营情况、税务风险特征和已有的内部风险控制体系，建立相应的税务风险管理制度。

19. 千户集团名单由国家税务总局确定，按季度发布。　　（　　）（用于1-7级测试）

【参考答案】×

【解析】依据国家税务总局关于发布《千户集团名册管理办法》的公告（国家税务总局公告2017年第7号）的规定。千户集团名单由国家税务总局确定，按年度发布。

20. 千户集团是指年度缴纳税额达到国家税务总局管理服务标准的企业集团，包括全部中央企业、中央金融企业以及达到上述标准的单一法人企业等。

（　　）（用于1-7级测试）

【参考答案】√

【解析】依据为国家税务总局关于发布《千户集团名册管理办法》的公告（国家税务总局公告2017年第7号）第二条对千户集团的范围界定。

21. 合并重组、破产、注销或年度缴纳税额连续5年未达到国家税务总局管理服务标准的企业集团，应从千户集团名册管理范围内调出。　　（　　）（用于1-7级测试）

【参考答案】√

【解析】依据为国家税务总局关于发布《千户集团名册管理办法》的公告（国家税务总局公告2017年第7号）第八条对千户集团名册调出的规定。

22. 各级税务机关大企业税收管理部门及主管税务机关应根据具体情况各自制定标准，开展对企业涉税信息的采集和整理、处理及应用工作，构建大企业税收管理信息系统，实现信息共享。　　（　　）（用于1-7级测试）

【参考答案】×

【解析】应按照统一标准。《国家税务总局大企业税收服务和管理规程（试行）》的通知（国税发〔2011〕71号）第四十九条规定。

23. 遵从引导是指通过个性化的纳税服务和专业化的税收管理，提高企业自身依法处理涉税事务的能力。　　（　　）（用于1-7级测试）

【参考答案】√

【解析】根据《国家税务总局大企业税收服务和管理规程（试行）》（国税发〔2011〕71号）第四条规定，遵从引导是指通过个性化的纳税服务和专业化的税收管理，提高企业自身依法处理涉税事务的能力。

24. 省级税务机关大企业税收管理部门应于集团报送期结束后5个工作日内（节假日顺延）将数据报送至税务总局大企业税收管理司。　　（　　）（用于1-7级测试）

【参考答案】×

【解析】根据《国家税务总局大企业税收管理司关于调整千户集团相关基础涉税数

据报送对象范围的通知》，省级税务机关大企业税收管理部门应于集团报送期结束后两个工作日内（节假日顺延）将数据报送至税务总局大企业税收管理司。

25. 当前大企业税收管理中存在的突出问题主要是信息不对称、能力不对等、服务不到位、管理不适应等。　　　　　　　　　　　　　　　（　）（用于1－7级测试）

【参考答案】√

【解析】国家税务总局关于印发《深化大企业税收服务与管理改革实施方案》的通知（税总发〔2015〕157号）中明确，应着力解决当前大企业税收管理中信息不对称、能力不对等、服务不到位、管理不适应等问题，提升大企业税收服务与管理质效，为我国大企业持续健康发展提供良好的税收环境。

26. 坚持服务和管理并重，通过优化大企业纳税服务预防和消除税收风险，注重在税收风险管理前满足大企业特殊服务需求。　　　　　　（　）（用于1－7级测试）

【参考答案】×

【解析】依据国家税务总局关于印发《深化大企业税收服务与管理改革实施方案》的通知（税总发〔2015〕157号）的规定。

27. 企业应定期进行税务风险评估，税务风险评估由税务机关协同企业相关职能部门实施，也可聘请具有相关资质和专业能力的中介机构协助实施。

（　）（用于8－11级测试）

【参考答案】×

【解析】《国家税务总局关于印发〈大企业税务风险管理指引（试行）〉的通知》（国税发〔2009〕90号）规定，企业应定期进行税务风险评估。税务风险评估由企业税务部门协同相关职能部门实施，也可聘请具有相关资质和专业能力的中介机构协助实施。

28. 大企业税收服务与管理改革中，对跨区域、跨国经营的大企业，纳税申报等基础事项实行属地管理，税收风险分析事项提升至国家税务总局、省局和市局统一进行。

（　）（用于1－7级测试）

【参考答案】×

【解析】对跨区域、跨国经营的大企业，在纳税申报等涉税基础事项实行属地管理、不改变税款入库级次的前提下，将其税收风险分析事项提升至国家税务总局、省级税务局集中进行，将分析结果推送相关税务机关做好应对。

29. 企业应建立税务风险管理的信息与沟通制度，明确税务相关信息的收集、处理和传递程序，确保企业税务部门内部、企业税务部门与其他部门、企业税务部门与董事会、监事会等企业治理层以及管理层、企业税务部门与税务机关的沟通和反馈，发现问题应及时报告并采取应对措施。　　　　　　　　（　）（用于8－11级测试）

【参考答案】×

【解析】《国家税务总局关于印发〈大企业税务风险管理指引（试行）〉的通知》（国税发〔2009〕90号）规定，企业应建立税务风险管理的信息与沟通制度，明确税务相关信息的收集、处理和传递程序，确保企业税务部门内部、企业税务部门与其他部门、企业税务部门与董事会、监事会等企业治理层以及管理层的沟通和反馈，发现问题应及时报告并采取应对措施。

30. 税务机关大企业税收管理部门可以通过从征管系统集中抽取、基层税务机关报送、向企业采集、协作互助等方式采集企业涉税信息。（　　）（用于1-7级测试）

【参考答案】√

【解析】《国家税务总局大企业税收服务和管理规程（试行）》的通知（国税发〔2011〕71号）第五十条的规定。

四、简答题

1. 千户集团数据管理工作要求中，建立健全千户集团数据管理制度规范的主要内容包括哪些？（用于1-7级测试）

   【参考答案】

   （1）建立健全千户集团数据联络员制度；

   （2）建立千户集团名册管理制度；

   （3）建立数据管理岗责任制度；

   （4）建立千户集团数据质量管控和考核评价制度。

2. 税收风险管理的主要目标包括哪些？（用于1-7级测试）

   【参考答案】

   （1）税务规划具有合理的商业目的，并符合税法规定；

   （2）经营决策和日常经营活动考虑税收因素的影响，符合税法规定；

   （3）对税务事项的会计处理符合相关会计制度或准则及相关法律法规；

   （4）纳税申报和税款缴纳符合税法规定；

   （5）税务登记、账簿凭证管理、税务档案管理以及税务资料的准备和报备等涉税事项符合税法规定。

3. 大企业税收风险管理工作风险的内容和大企业税收风险管理内部控制措施主要包括哪些？（用于1-7级测试）

   【参考答案】

   大企业税收风险管理工作风险，是指税务机关及其工作人员在大企业税收风险管理数据采集、风险分析、推送应对、反馈考核等风险管理工作过程中，因违反有关法律、法规、规章及相关规定，导致国家利益、纳税人和缴费人合法权益受损的税收执法风险以及由此产生的廉政风险。

大企业税收风险管理内部控制措施主要包括：

（1）职责分工控制。按照"因事设岗、分类管事"原则确立岗责体系，明确各个岗位的工作职责，形成职权与责任对等、环节与岗位匹配的职责分工模式，形成相互制衡又协调配合的大企业风险管理岗责体系。

（2）不相容岗位（职责）分离控制。严格遵循风险分析与评审、执行与审核的分离，做到权责一致、边界清晰、相互制衡、协调配合、运转顺畅。

（3）授权审批控制。根据授权审批的相关规定，进一步明确各级大企业风险管理岗位的权限范围、严格审批程序，保证各岗位人员在授权范围内行使职权。

（4）流程控制。强化对大企业税收风险管理各事项的流程控制，将内部控制管理嵌入业务处理流程，各流程间相互制约，在流程中管控风险，形成有效的制约监督体系。

（5）过程预警控制。根据风险管理相关环节的内在逻辑及特点，运用各种手段在时效要求、逻辑关系审核、完整性校验等重要节点设置监控指标进行交叉比对和设置提醒，对错误情况进行预警、干预或阻断。

（6）集体决策控制。坚持重大涉税事项、重大决策事项的集体审议和会签，有效防范相关风险。

（7）痕迹记录控制。开展大企业税收风险管理工作应当按照规定制作并完整保留各项工作底稿、相关税务文书及送达回证、证据资料、集体审议会议纪要等资料。

4. 大企业税收管理过程中，税务审计的定义、类型和主要审计环节有哪些？（用于1-7级测试）

【参考答案】

税务审计是风险应对的主要手段和全流程风险管理的关键环节。税务机关运用现代审计技术和方法，结合企业生产经营、税务管理及其他相关信息，对税收风险较高的企业进行全面、系统的分析、审核和评价。

税务总局向企业发函，明确税务审计工作总体安排，布置抽取电子数据、开展现场工作等需要企业配合事项。各地按照税务总局统一部署组织实施税务审计，在通知企业办理缴纳税款及滞纳金、提供有关资料等涉税事项时，依照《国家税务总局关于印发全国统一税收执法文书式样的通知》（国税发〔2005〕179号）文件要求，使用税务总局已经统一颁布的税收执法文书。

税务审计的类型和主要环节如下：

（1）案头审计

①数据抽取。税务总局负责抽取已实现数据总部集中的企业的电子数据，经整理后下发各省税务机关。各地根据税务总局统一部署，抽取未实现数据总部集中的本地成员企业电子数据，并将数据上传至税务总局。

②省局全面案头审计。各省税务机关在对收集的各种信息进行全面分析的基础上，

结合税务总局下发的税收风险特征库、风险评估报告等,对抽取的企业电子数据进行重点审核;按户归集案头审计结果,评价企业税务风险状况,分析可能的风险来源和成因;将审计结果上报税务总局,作为税务总局确认重点审计对象的依据。

③税务总局重点案头审计。税务总局通过对各省全面案头审计的评价分析,从中选择整体税收风险较高的企业或部分重点涉税事项进行重点案头审计,确定需要开展现场审计的企业名单。

(2) 现场审计

①审计通知。税务总局确定现场审计对象后,约谈企业集团总部,告知现场审计企业名单、现场审计工作安排、需准备的资料清单以及其他需要配合的事项。税务总局和各省税务机关组建现场审计团队。各省税务机关配合税务总局,或者承接税务总局推送的现场审计任务,并发出《税务事项通知书》,提前通知现场审计对象。

②内部控制测试。现场审计团队对企业内部控制制度执行情况进行测试并作出评价,确定是否需要进行实质性测试。

③实质性测试。现场审计团队运用实质性分析和细节测试等方法进行实质性测试,及时汇总现场审计情况,要求企业在提供的资料上签章(字)确认。

④交换意见。现场审计团队拟定初步审计意见,听取企业陈述和申辩意见,填写询问(调查)笔录和陈述申辩笔录。

⑤形成现场审计报告。现场审计团队根据发现的涉税风险事项形成现场审计报告,把现场审计过程中已经核实确认并且税法规定明确的税收风险,及时推送给企业所在地税务机关。

⑥审计处理。税务总局汇总整理税务审计各阶段工作成果,统一研究处理税企双方存在争议的重大税收政策问题,下发税务审计建议,向各省税务机关揭示重大税收风险、提出整改要求和处理意见等,并适时抽查各省落实情况。各地参照税务总局的审计建议,对本地企业存在的税收风险进行核实处理,发出《税务事项通知书》《税务处理决定书》《税务行政处罚决定书》等文书,督促企业及时足额缴纳税款及滞纳金,整改落实好核实确认的问题。发现企业有偷逃骗税嫌疑的,移交稽查部门处理。工作结束后,应及时将整改落实情况汇总上报税务总局。

5. 对大企业和小企业开展分类精细服务,是如何体现的?(用于1-7级测试)

【参考答案】

(1) 助力大型企业。提供大企业税收确定性服务,建立健全相关制度,提升大企业纳税人满意度。试点开展大企业集团遵从评价,根据企业集团遵从度,提供差异性服务和管理措施。试点开展税企数据互联互通,降低大企业集团办税成本,提升纳税人服务体验。通过线上沟通渠道,适时推送行业性税收优惠政策,开展政策宣传,助力企业及时、准确掌握政策。与部分遵从意愿强、遵从能力高的大企业集团签订税收遵从合作协议，提供定制服务。

（2）扶持中小企业。扩大小微企业减税降费红利账单推送服务试点范围，帮助纳税人算清算细减税降费红利账。按照国务院部署，组织开展税务系统助力中小企业发展主题服务月活动。推进"专精特新"中小企业和"小巨人"企业"一户一档"服务措施落实，助力企业高质量发展。深化规范"银税互动"合作，试点在税务和银保监部门间实现数据直连，安全高效助力小微企业缓解融资难融资贵的问题。

五、综合计算题

1. 某公司是一般纳税人，请根据以下资料进行案头分析。

该企业 2024 年第一季度的经营情况如下：

（1）业务收入：第一季度合计 500 万元，上年同期是 400 万元；

（2）本期销售成本：第一季度合计 400 万元；

（3）本期投入情况：第一季度该企业产品生产总投入 400 万元，其中：投入原材料 300 万元，动力 10 万元，工资 50 万元；

（4）本期账面产出产成品 15 件，产成品期末库存比期初减少 5 件，本期销售 20 件；

（5）企业存货：企业资产负债表期初存货为 200 万元，期末存货为 300 万元。

注：同行业单位产品耗用原材料 10 万元。（未提供资料均不考虑）

计算：

（1）该企业第一季度销售变动率。

（2）该企业第一季度成本率。

（3）该企业第一季度存货周转率。

（4）按照同行业水平测算企业第一季度的实际产量。

（5）根据上述依据分析企业可能存在的税收风险，并提出税收审计的工作计划纲要。（用于 8－11 级测试）

【参考答案】

（1）该企业第一季度销售变动率 =（500－400）÷400＝25％

（2）该企业第一季度成本率 = 400÷500＝80％

（3）该企业第一季度存货周转率 = 400÷[（200＋300）÷2]＝1.6（次）

或 [（200＋300）÷2]×360÷400＝225（天）

注意：存货周转率有两种表达方式：一是存货周转次数；二是存货周转天数。在不同情况下分别使用。

（4）预测该企业第一季度企业实际产出量 = 300÷10＝30（件）

（5）企业存在的风险：

预测企业实际产量为 30 件，实际账面产量为 15 件。账面产量远小于预测产量，企业可能存在少计产量，少计销售的风险。

本期账面产出产成品 15 件，产成品期末库存比期初减少 5 件，本期销售 20 件，企业账面库存产成品下降 5 件，但是企业资产负债表期初存货为 200 万元，期末存货为 300 万元。存货金额变动和库存产成品变动不一致。

结合产量预测，企业可能存在将部分产成品销售后，账面不计收入，暂不结转成本逃避缴纳税款的风险。

针对上述风险，可以通过风险提示的方式提示企业进行自行改正。如果企业自行改正，则不需要开展进一步分析和应对工作。

如果风险通过其他案头分析手段排除，可以要求企业进行说明。如果企业自行说明的内容可以排除风险，则不需要开展进一步应对工作，如果不能排除则可以结合当年税收风险管理计划，统筹开展进一步风险应对工作。

2. 符合条件的国家鼓励的甲集成电路生产企业（集成电路线宽小于 130 纳米）为我国居民企业，于 2020 年 4 月成立，经营期限为 15 年，属于增值税一般纳税人，该企业设立的当年获利。2023 年甲企业自行核算主营业务收入 8 800 万元，其他业务收入 1 200 万元，账面实现利润总额 1 000 万元。进行 2023 年企业所得税汇算清缴时，注册会计师发现下列情况：

（1）接受某非关联公司捐赠的原材料一批，取得增值税专用发票，注明价款 30 万元、增值税额 3.9 万元，该项业务未反映在账务中，但相关进项税已抵扣。

（2）甲企业拥有居民企业 M 公司 80% 的股权，当年 12 月已将该股权全部转让给居民企业 B，该股权投资成本 1 200 万元，转让价格 2 000 万元，转让业务发生时，M 公司累计未分配利润 600 万元，该项股权转让业务未反映在账务中（会计上采用成本法核算）。

（3）符合规定的境内自行研发费用 540 万元和委托境外单位研发实际发生的费用 300 万元，单独记账且均未纳入损益计算（均未形成无形资产）。

（4）成本 500 万元的自产产品被盗，外购比例 50%，适用 13% 的增值税税率，获得保险公司赔偿 80 万元，该业务未反映在账务中。

（5）该企业账面有业务招待费 110 万元、支付给母公司的管理费 600 万元。

（6）该企业账面在 2022 年 6 月 1 日向非金融企业（非关联方）借入资金 800 万元用于经营，借款期限为 7 个月，当年支付利息 80 万元，同期同类银行贷款年利率为 7%。

（7）该企业账面对外捐赠 300 万元（通过县级政府向自然灾害地区捐赠 200 万元，直接向某技术学校捐赠 100 万元）；被市场监管部门处以罚款 30 万元。

（8）该企业账面有国债利息收入 40 万元，从境内居民企业 A 公司（未上市）分回股息 200 万元。

（其他相关资料：不考虑业务(4)中除增值税以外的税费）要求：根据上述资料，按照下列顺序计算回答问题。

（1）业务(1)应调整的会计利润。（用于 8-11 级测试）

（2）业务(2)应调整的会计利润。（用于 8-11 级测试）

（3）分别计算业务(3)境内研发费用应调整的会计利润和应纳税所得额。（用于 8-11 级测试）

（4）分别计算业务(3)委托境外研发费用应调整的会计利润和应纳税所得额。（用于 8-11 级测试）

（5）业务(4)应调整的会计利润。（用于 8-11 级测试）

（6）当年该企业符合规定的会计利润。（用于 8-11 级测试）

（7）业务(5)应调整的应纳税所得额。（用于 8-11 级测试）

（8）业务(6)应调整的应纳税所得额。（用于 8-11 级测试）

（9）业务(7)应调整的应纳税所得额。（用于 8-11 级测试）

（10）业务(8)应调整的应纳税所得额。（用于 8-11 级测试）

（11）当年该企业实际应缴纳的企业所得税。（用于 8-11 级测试）

【参考答案】

（1）受赠利得 = 30 + 3.9 = 33.9（万元）。应调增 33.9 万元会计利润。

（2）股权转让所得 = 2 000 - 1 200 = 800（万元）。应调增 800 万元会计利润。

（3）根据《国民经济行业分类》，集成电路生产企业属于制造业企业。享受研发费用加计扣除的比例是 100%。税法规定加计扣除 = 540 × 100% = 540（万元）。应调减 540 万元会计利润，在此基础上再纳税调减 540 万元应纳税所得额。

（4）300 × 80% = 240（万元）< 540 × 2/3 = 360（万元），加计扣除 = 240 × 100% = 240（万元）。应调减 300 万元会计利润，在此基础上再纳税调减 240 万元应纳税所得额。

（5）进项税额转出 = 500 × 50% × 13% = 32.5（万元）。财产损失金额 = 500 + 32.5 - 80 = 452.5（万元）。应调减 452.5 万元的会计利润。

（6）当年度该企业符合规定的会计利润 = 1 000 + 33.9 + 800 - 540 - 300 - 452.5 = 541.4（万元）。

（7）业务招待费扣除限额 1 =（8 800 + 1 200）× 5‰ = 50（万元）。业务招待费扣除限额 2 = 110 × 60% = 66（万元）。扣除限额 1 < 扣除限额 2，税前可扣除 50 万元。业务招待费纳税调增 = 110 - 50 = 60（万元）。支付给母公司的 600 万元管理费不得在所得税前扣除。业务(5)应调增的应纳税所得额 = 60 + 600 = 660（万元）。

（8）允许税前扣除的利息费用 = 800 × 7% × 7 ÷ 12 = 32.67（万元），纳税调增 = 80 -

32.67 = 47.33（万元）。

（9）公益性捐赠支出扣除限额 = 541.4 × 12% = 64.97（万元）。向自然灾害地区捐赠支出纳税调增 = 200 – 64.97 = 135.03（万元）。直接捐赠的 100 万元和行政罚款 30 万元不得扣除，业务(7)共计调增应纳税所得额 = 135.03 + 100 + 30 = 265.03（万元）。

（10）国债利息收入 40 万元免税；从未上市居民企业分回股息 200 万元免税。

业务（8）应调减应纳税所得额 240 万元。

（11）国家鼓励的集成电路线宽小于 130 纳米（含），且经营期在 10 年以上的集成电路生产企业，自获利年度起享受"两免三减半"税收优惠政策，企业按 25% 的税率减半征收企业所得税。应缴纳企业所得税 = (541.4 – 540 – 240 + 660 + 47.33 + 265.03 – 240) × 25% × 50% = 61.72（万元）。

第六章 国际税收

★知识要点归纳

第一节 税收管辖权

一、税收管辖权的含义

税收管辖权，是指主权国家根据其法律所拥有和行使的征税权力，是国际法公认的国家基本权利，属于国家主权在税收领域中的体现。

二、税收管辖权的分类

税收管辖权划分原则主要有属人原则和属地原则。

税收管辖权大致分为三类：居民管辖权、公民管辖权和地域管辖权。其中，前两者可以合称为居民（公民）管辖权，遵循的是属人原则，后者遵循的是属地原则。

三、税收管辖权的行使

目前，各国对税收管辖权的行使主要有以下三种情况。

（一）仅行使地域管辖权

这种情况下，一国只对来源于本国境内的所得行使征税权，其中包括本国居民的境内所得和外国居民的境内所得，但对本国居民的境外所得不行使征税权。

（二）同时行使地域管辖权和居民管辖权

这种情况下，一国对本国居民的境内所得、境外所得，以及外国居民的境内所得这三类所得都行使征税权。其中，对本国居民境外所得征税所依据的是居民管辖权，对外国居民在本国境内所得征税所依据的是地域管辖权。目前我国采用的是这种方法。

（三）同时行使地域管辖权、居民管辖权和公民管辖权

这种情况主要发生在个别强调本国征税范围的国家，其个人所得税除了行使地域管辖权和居民管辖权之外，还坚持行使公民管辖权。

大多数国家在兼用居民（公民）管辖权和地域管辖权的同时，认同并遵循地域税收管辖权优先原则。

优先征税原则是指在国际税收关系中，确定将某项课税客体划归来源国，由来源国优先行使征税权的一项原则。

第二节　非居民企业及个人税收管理

一、非居民企业税收管理

（一）非居民企业的纳税义务

非居民企业在中国境内设立机构、场所的，应当就其所设机构、场所取得的来源于中国境内的所得，以及发生在中国境外但与其所设机构、场所有实际联系的所得，缴纳企业所得税。

非居民企业在中国境内未设立机构、场所的或者虽设立机构、场所但取得的所得与其所设机构、场所没有实际联系的，应当就其来源于中国境内的所得缴纳企业所得税。

（二）对外支付税务备案

境内机构和个人向境外单笔支付等值5万美元以上（不含等值5万美元），下列外汇资金，除规定的情形外，均应向所在地主管税务机关进行备案。

1. 境外机构或个人从境内获得的包括运输、旅游、通信、建筑安装及劳务承包、保险服务、金融服务、计算机和信息服务、专有权利使用和特许、体育文化和娱乐服务、其他商业服务、政府服务等服务贸易收入。

2. 境外个人在境内的工作报酬，境外机构或个人从境内获得的股息、红利、利润、直接债务利息、担保费以及非资本转移的捐赠、赔偿、税收、偶然性所得等收益和经常转移收入。

3. 境外机构或个人从境内获得的融资租赁租金、不动产的转让收入、股权转让所得以及外国投资者其他合法所得。

二、非居民企业税收管理的主要内容

（一）有机构、场所的非居民企业管理

设立机构、场所的非居民企业，取得规定的所得，其企业所得税由机构、场所所在地主管税务机关负责税收管理。有机构、场所的非居民企业管理主要包括常驻代表

机构、从事工程作业和提供劳务、国际运输等的税务管理。按征收方式分为据实征收和核定征收两类。

1. 非居民承包工程作业和提供劳务税收管理

承包工程作业，是指在中国境内承包建筑、安装、装配、修缮、装饰、勘探及其他工程作业。

提供劳务是指在中国境内从事加工、修理修配、交通运输、仓储租赁、咨询经纪、设计、文化体育、技术服务、教育培训、旅游、娱乐及其他劳务活动。非居民企业在中国境内承包工程作业或提供劳务的，应当自项目合同或协议（以下简称"合同"）签订之日起30日内，向项目所在地主管税务机关办理税务登记手续。

依照法律、行政法规规定负有税款扣缴义务的境内机构和个人，应当自扣缴义务发生之日起30日内，向所在地主管税务机关办理扣缴税款登记手续。非居民企业在中国境内承包工程作业或提供劳务项目的，企业所得税按纳税年度计算、分季预缴，年终汇算清缴，并在工程项目完工或劳务合同履行完毕后结清税款。

2. 常驻代表机构税收管理

外国企业常驻代表机构，是指按照国务院有关规定，在工商行政管理部门登记或经有关部门批准，设立在中国境内的外国企业（包括港澳台企业）及其他组织的常驻代表机构（以下简称"代表机构"）。

代表机构应当就其归属所得依法申报缴纳企业所得税，就其应税收入依法申报缴纳增值税。

代表机构应当自领取工商登记证件（或有关部门批准）之日起30日内，持有关资料，向其所在地主管税务机关申报办理税务登记。

代表机构应当按照有关法律、行政法规和国务院财政、税务主管部门的规定设置账簿，根据合法、有效凭证记账，进行核算，并应按照实际履行的功能和承担的风险相配比的原则，准确计算其应税收入和应纳税所得额，在规定期限内向主管税务机关据实申报缴纳增值税和企业所得税。

对账簿不健全，不能准确核算收入或成本费用，以及无法按照规定据实申报的代表机构，税务机关有权核定其应纳税所得额。

3. 汇算清缴管理

依照外国（地区）法律成立且实际管理机构不在中国境内，但在中国境内设立机构、场所的非居民企业，无论盈利或者亏损，均应按照《中华人民共和国企业所得税法》及《非居民企业所得税汇算清缴管理办法》（国税发〔2009〕6号）的规定参加所得税汇算清缴。

非居民企业应当自年度终了之日起5个月内，向税务机关报送年度企业所得税纳税申报表，并汇算清缴，结清应缴应退税款。

企业在年度中间终止经营活动的，应当自实际经营终止之日起60日内，向税务机关办理当期企业所得税汇算清缴。

4. 核定征收管理

非居民企业因会计账簿不健全，资料残缺难以查账，或者其他原因不能准确计算并据实申报其应纳税所得额的，税务机关有权采取一定的方法核定其应纳税所得额。

税务机关可按照以下标准确定非居民企业的利润率：

（1）从事承包工程作业、设计和咨询劳务的，利润率为15%—30%；

（2）从事管理服务的，利润率为30%—50%；

（3）从事其他劳务或劳务以外经营活动的，利润率不低于15%。

采取核定征收方式征收企业所得税的非居民企业，在中国境内从事适用不同核定利润率的经营活动，并取得应税所得的，应分别核算并适用相应的利润率计算缴纳企业所得税；凡不能分别核算的，应从高适用利润率，计算缴纳企业所得税。

（二）源泉扣缴管理

对非居民企业取得来源于中国境内的股息、红利等权益性投资收益和利息、租金、特许权使用费所得、转让财产所得以及其他所得应当缴纳的企业所得税，实行源泉扣缴。

1. 扣缴义务发生时间

税款由扣缴义务人在每次支付或者到期应支付时，从支付或者到期应支付的款项中扣缴。

非居民企业取得应源泉扣缴的所得为股息、红利等权益性投资收益的，相关应纳税款扣缴义务发生之日为股息、红利等权益性投资收益实际支付之日。非居民企业采取分期收款方式取得应源泉扣缴所得税的同一项转让财产所得的，其分期收取的款项可先视为收回以前投资财产的成本，待成本全部收回后，再计算并扣缴应扣税款。

中国境内企业和非居民企业签订与利息、租金、特许权使用费等所得有关的合同或协议，如果未按照合同或协议约定的日期支付上述所得款项，或者变更或修改合同或协议延期支付，但已计入企业当期成本、费用，并在企业所得税年度纳税申报中作税前扣除的，应在企业所得税年度纳税申报时按照《中华人民共和国企业所得税法》有关规定代扣代缴企业所得税。如果企业上述到期未支付的所得款项，不是一次性计入当期成本、费用，而是计入相应资产原价或企业筹办费，在该类资产投入使用或开始生产经营后分期摊入成本、费用，分年度在企业所得税前扣除的，应在企业计入相关资产的年度纳税申报时就上述所得全额代扣代缴企业所得税。

2. 扣缴税款的申报缴纳

扣缴义务人应当自扣缴义务发生之日起7日内向扣缴义务人所在地主管税务机关申报和解缴代扣税款。扣缴义务人在申报和解缴应扣税款时，应填报"中华人民共和国扣缴企业所得税报告表"。

3. 非居民企业递延缴纳预提所得税

自 2018 年 1 月 1 日起,对境外投资者从中国境内居民企业分配的利润,直接投资于所有非禁止外商投资的项目和领域,凡符合规定条件的,实行递延纳税政策,暂不征收预提所得税。

境外投资者以分得利润进行的直接投资,包括境外投资者以分得利润进行的增资、新建、股权收购等权益性投资行为,但不包括新增、转增、收购上市公司股份(符合条件的战略投资除外)。

境外投资者分得的利润属于中国境内居民企业向投资者实际分配已经实现的留存收益而形成的股息、红利等权益性投资收益。

三、非居民个人纳税义务

我国税法根据国际惯例,对于非居民纳税人的纳税义务范围做了规定。

在中国境内无住所又不居住,或者无住所而一个纳税年度内在中国境内居住累计不满 183 天的个人,为非居民个人。

在中国境内无住所的个人,在中国境内居住累计满 183 天的年度连续不满 6 年的,经向主管税务机关备案,其来源于中国境外且由境外单位或者个人支付的所得,免予缴纳个人所得税;在中国境内居住累计满 183 天的任一年度中有一次离境超过 30 天的,其在中国境内居住累计满 183 天的年度的连续年限重新起算。

在中国境内无住所的个人,在一个纳税年度内在中国境内居住累计不超过 90 天的,其来源于中国境内的所得,由境外雇主支付并且不由该雇主在中国境内的机构、场所负担的部分,免予缴纳个人所得税。

第三节 反避税与 BEPS 行动计划

一、国际避税及基本方法

(一)国际避税的概念及产生原因

1. 国际避税的概念

国际避税,是指纳税人利用两个或两个以上国家的税法和国家间的税收协定的漏洞、特例和缺陷,规避或减轻其全球总纳税义务的行为。

2. 国际避税的产生原因

从内在动机来说,国际避税是由纳税人想尽各种办法,尽可能地减轻税收负担的强烈愿望所导致的。从外部因素来说,国际避税主要是由国家间的税收政策差异造成的。

(二) 国际避税的基本方法

在国际经济活动中,跨国纳税人利用各国税收的差异进行避税的手法多种多样,常采用的避税方法有 7 种。

1. 采取人员流动避税

采取人员流动避税,是指通过人员的流动进行国际避税。

2. 通过资金、货物或劳务流动避税

纳税人(主要是法人)把资金、货物或劳务等转移出高税国,通常利用常设机构和子公司以及所在国其他税法规定等进行流动。

3. 利用企业组织形式避税

分支机构(包括常设机构和分公司)与子公司往往在享受税收待遇方面差异很大,在跨国纳税方面也有许多差别,且各有利弊。通常在营业初期以分支机构进行经营,当分支机构开始盈利后,再变更为公司,达到避税的目的。

4. 利用税收优惠避税

跨国公司和跨国企业往往可以利用税收优惠从事国际避税活动。此外,还有一些跨国公司和跨国企业设法钻税法对新办企业等缺乏严密界定的漏洞,利用新办企业的免税、减税等规定进行国际避税。

5. 资本弱化

跨国公司通过减少股份资本、扩大贷款份额使资本弱化,从而以增加利息支出来转移应税所得,实现税收负担最小的目的。

6. 利用转让定价避税

在跨国经济活动中,利用关联企业之间的转让定价进行避税已成为一种常见的税收逃避方法,其一般做法是高税国企业向其低税国关联企业销售货物、提供劳务、转让无形资产时制定低价;低税国企业向其高税国关联企业销售货物、提供劳务、转让无形资产时制定高价。这样,利润就从高税国转移到低税国,从而达到最大限度减轻其税负的目的。

7. 利用"避税地"避税

通过在"避税地"设立诸如控股公司、投资公司、信托公司、贸易公司、咨询公司、金融公司、保险公司、海运公司和其他经营机构等所谓"海外公司"(Offshore Company),可以比较方便地以这些海外公司为基地进行国际避税活动,这些海外公司也被称作国际避税活动的"基地公司"。

二、国际反避税及基本方法

(一) 国际反避税的基本概念

国际反避税,是指一些国家在国际税务关系中对某些避税地活动所采取的强硬措施。

（二）国际反避税的基本方法

1. 对付"避税地"的法规

通常将建在"避税地"的外国子公司称为"基地公司"。要想阻止跨国公司利用"基地公司"进行避税，居住国必须取消对本国居民从国外应得股息的推迟课税规定。

（1）受控外国公司（Controlled Foreign Company，CFC）。CFC 税制实现下列政策目标：一是防止把所得转移和积累到"避税港"外国公司；二是预防国际偷避税，确保财政收入，防止国家税基的侵蚀；三是确保税收体系的公平。

（2）应税的外国公司保留利润。即受控外国公司应分配给股东且不再享受股东居住国推迟课税规定的某些类型的所得；这种所得虽没有支付给居住国股东，但仍要归属到居住国股东应税所得之中并申报纳税。

（3）对付"避税地"法规适用的纳税人。从各国的情况来看，对付"避税地"法规所适用的纳税人一般既包括法人，也包括自然人。对付"避税地"法规打击的对象一定是在外国受控公司中拥有股权（股权比重一般要达到规定的标准）的本国居民股东。

2. 防止滥用税收协定

为防范第三国居民滥用税收协定避税，可以在协定中纳入一定的防止协定滥用条款，如主要目的测试条款、利益限制条款等。

3. 限制资本弱化的法规

目前许多国家特别是发展中国家采取了一些限制资本弱化的措施，防范跨国公司通过资本弱化方式减少本国企业的纳税义务。

4. 限制避税性移居

许多国家政府一般不能干预公民的移居避税，只能从经济上对其采取一些限制措施，将移居给政府造成的税收利益损失降低到最低程度。

5. 限制利用改变公司组织形式避税

适时地改变国外附属机构的组织形式是跨国公司国际避税的方式之一。当国外分公司开始盈利时，即将其重组为子公司。为防止跨国公司利用这种方式避税，一些国家在法律上也采取了一些防范性措施。

三、国际反避税最新举措——税基侵蚀和利润转移行动计划

税基侵蚀和利润转移（BEPS）项目是由 G20 委托 OECD 实施的国际税改项目，旨在修改原有国际税收规则，遏制国际逃避税行为。BEPS 项目的 15 项行动已全部完成，并于 2015 年 10 月和 11 月相继由 G20 财长与央行行长会议和 G20 领导人峰会审议通过。

第四节 税收协定

一、税收协定基本理论

国际税收协定,是指两个或两个以上的主权国家或地区,为了协调相互之间的税收分配关系,本着对等的原则,在有关税收事务方面通过谈判签订的一种书面协议。

二、税收协定条款

根据国家税务总局关于印发《〈中华人民共和国政府和新加坡共和国政府关于对所得避免双重征税和防止偷漏税的协定〉及议定书条文解释》的通知(国税发〔2010〕75号)的规定,我国对外所签协定有关条款规定与中新协定条款规定内容一致的,中新协定条文解释规定同样适用于其他协定相同条款的解释及执行;中新协定条文解释与此前下发的有关税收协定解释与执行文件不同的,以中新协定条文解释为准。该协定中的条款包括税收协定的适用范围、税收居民、常设机构、营业利润、国际运输、财产所得、投资所得、劳务所得、其他种类所得、特别规定等条款。

三、税收协定解释和执行

(一)税收协定解释

在《公约》一般解释规则的框架下,税收协定还存在一套自洽的解释规则。《OECD关于对所得和财产避免双重征税的协定范本》(2014)(以下简称《OECD范本》)和《联合国关于发达国家和发展中国家间避免双重征税的协定范本》(2011)第三十二条都规定:"缔约国一方在适用本协定时,对于未经本协定明确定义的用语,除上下文另有要求以外,应当具有该缔约国当时适用于本协定的税种的法律所规定的含义,此用语在该缔约国有效适用的税法上的含义优先于在该国其他法律上的含义。"

(二)税收协定执行

为统一和规范我国政府对外签署的避免双重征税协定(以下简称"税收协定")的执行,现对税收协定中常设机构、海运和空运、演艺人员和运动员条款,以及合伙企业适用税收协定等有关事项公告如下。

1. 不具有法人资格的中外合作办学机构,以及中外合作办学项目中开展教育教学活动的场所构成税收协定缔约对方居民在中国的常设机构。

常设机构条款中关于劳务活动构成常设机构的表述为"在任何12个月中连续或累

计超过6个月"的,按照"在任何12个月中连续或累计超过183天"的表述执行。

2. 海运和空运条款与《中华人民共和国政府和新加坡共和国政府关于对所得避免双重征税和防止偷漏税的协定》及议定书(以下简称"中新税收协定")第八条(海运和空运)规定内容一致的,按照以下原则执行:

(1)缔约国一方企业以船舶或飞机从事国际运输业务从缔约国另一方取得的收入,在缔约国另一方免予征税。

从事国际运输业务取得的收入,是指企业以船舶或飞机经营客运或货运取得的收入,以及以程租、期租形式出租船舶或以湿租形式出租飞机(包括所有设备、人员及供应)取得的租赁收入。

(2)上述第(1)项的免税规定也适用于参加合伙经营、联合经营或参加国际经营机构取得的收入。对于多家公司联合经营国际运输业务的税务处理,应由各参股或合作企业就其分得利润分别在其所属居民国纳税。

(3)中新税收协定第八条第三款中"缔约国一方企业从附属于以船舶或飞机经营国际运输业务有关的存款中取得的利息收入",是指缔约国双方从事国际运输业务的海运或空运企业,从对方取得的运输收入存于对方产生的利息。该利息不适用中新税收协定第十一条(利息)的规定,应视为国际运输业务附带发生的收入,在来源国免予征税。

(4)企业从事以光租形式出租船舶或以干租形式出租飞机,以及使用、保存或出租用于运输货物或商品的集装箱(包括拖车和运输集装箱的有关设备)等租赁业务取得的收入不属于国际运输收入,但根据中新税收协定第八条第四款,附属于国际运输业务的上述租赁业务收入应视同国际运输收入处理。

(5)下列与国际运输业务紧密相关的收入应作为国际运输收入的一部分:

①为其他国际运输企业代售客票取得的收入;

②从市区至机场运送旅客取得的收入;

③通过货车从事货仓至机场、码头或者后者至购货者间的运输,以及直接将货物发送至购货者取得的运输收入;

④企业仅为其承运旅客提供中转住宿而设置的旅馆取得的收入。

(6)非专门从事国际运输业务的企业,以其拥有的船舶或飞机经营国际运输业务取得的收入属于国际运输收入。

3. 海运和空运条款中没有中新税收协定第八条第四款规定的,有关税收协定缔约对方居民从事本公告第二条第(四)项所述租赁业务取得的收入的处理,参照本公告第二条第(4)项规定执行。

4. 演艺人员和运动员条款与中新税收协定第十七条(艺术家和运动员)规定内容一致的,按照以下原则执行:

（1）演艺人员活动包括演艺人员从事的舞台、影视、音乐等各种艺术形式的活动；以演艺人员身份开展的其他个人活动（如演艺人员开展的电影宣传活动，演艺人员或运动员参加广告拍摄、企业年会、企业剪彩等活动）；具有娱乐性质的涉及政治、社会、宗教或慈善事业的活动。

演艺人员活动不包括会议发言，以及以随行行政、后勤人员（如摄影师、制片人、导演、舞蹈设计人员、技术人员以及流动演出团组的运送人员等）身份开展的活动。

在商业活动中进行具有演出性质的演讲不属于会议发言。

（2）运动员活动包括参加赛跑、跳高、游泳等传统体育项目的活动；参加高尔夫球、赛马、足球、板球、网球、赛车等运动项目的活动；参加台球、象棋、桥牌比赛、电子竞技等具有娱乐性质的赛事的活动。

（3）以演艺人员或运动员身份开展个人活动取得的所得包括开展演出活动取得的所得（如出场费），以及与开展演出活动有直接或间接联系的所得（如广告费）。

对于从演出活动音像制品出售产生的所得中分配给演艺人员或运动员的所得，以及与演艺人员或运动员有关的涉及版权的所得，按照中新税收协定第十二条（特许权使用费）的规定处理。

（4）在演艺人员或运动员直接或间接取得所得的情况下，依据中新税收协定第十七条第1款规定，演出活动发生的缔约国一方可以根据其国内法，对演艺人员或运动员取得的所得征税，不受到中新税收协定第十四条（独立个人劳务）和第十五条（非独立个人劳务）规定的限制。

（5）在演出活动产生的所得全部或部分由其他人（包括个人、公司和其他团体）收取的情况下，如果依据演出活动发生的缔约国一方国内法规定，由其他人收取的所得应被视为由演艺人员或运动员取得，则依据中新税收协定第十七条第一款规定，演出活动发生的缔约国一方可以根据其国内法，向演艺人员或运动员就演出活动产生的所得征税，不受到中新税收协定第十四条（独立个人劳务）和第十五条（非独立个人劳务）规定的限制；如果演出活动发生的缔约国一方不能依据其国内法将由其他人收取的所得视为由演艺人员或运动员取得，则依据中新税收协定第十七条第二款规定，该国可以根据其国内法，向收取所得的其他人就演出活动产生的所得征税，不受到中新税收协定第七条（营业利润）、第十四条（独立个人劳务）和第十五条（非独立个人劳务）规定的限制。

5. 有关合伙企业及其他类似实体（以下简称"合伙企业"）适用税收协定的问题，应按以下原则执行：

（1）依照中国法律在中国境内成立的合伙企业，其合伙人为税收协定缔约对方居民的，该合伙人在中国负有纳税义务的所得被缔约对方视为其居民的所得的部分，可以在中国享受协定待遇。

（2）依照外国（地区）法律成立的合伙企业，其实际管理机构不在中国境内，但在中国境内设立机构、场所的，或者在中国境内未设立机构、场所，但有来源于中国境内所得的，是中国企业所得税的非居民企业纳税人。

6. 内地与香港、澳门特别行政区签署的避免双重征税安排执行的有关问题适用本公告。

第五节　国际税收情报交换及 CRS

一、国际税收情报交换基本内容

税收情报交换的目的，一是避免国家之间可能存在的重复征税；二是防止跨境逃避税。

1. 专项情报交换，是指缔约国一方主管当局就国内某一税务案件提出具体问题，并依据税收协定请求缔约国另一方主管当局提供相关情报，协助查证的行为。

2. 自动情报交换，是指缔约国双方主管当局之间根据约定，以批量形式自动提供有关纳税人取得专项收入的税收情报的行为。

3. 自发情报交换，是指缔约国一方主管当局将在税收执法过程中获取的其认为有助于缔约国另一方主管当局执行税收协定及其所涉及税种的国内法的信息，主动提供给缔约国另一方主管当局的行为。

4. 同期税务检查，是指缔约国主管当局之间根据同期检查协议，独立地在各自有效行使税收管辖权的区域内，对有共同或相关利益的纳税人的涉税事项同时进行检查，并互相交流或交换检查中获取的税收情报的行为。

5. 授权代表访问，是指缔约国双方主管当局根据授权代表的访问协议，经双方主管当局同意，相互到对方有效行使税收管辖权的区域进行实地访问，以获取、查证税收情报的行为。

6. 行业范围情报交换，是指缔约国双方主管当局共同对某一行业的运营方式、资金运作模式、价格决定方式及偷税方法等进行调查、研究和分析，并相互交换有关税收情报的行为。

二、《多边税收征管互助公约》

中国政府于 2013 年 8 月 27 日正式签署《多边税收征管互助公约》。《多边税收征管互助公约》作为一项旨在通过开展国际税收征管协作，打击跨境逃、避税行为，维护公平税收秩序的多边条约，其影响力不断上升，正日益成为开展国际税收征管协作的新标准。

三、金融账户涉税信息自动交换标准

金融账户涉税信息自动交换标准（以下简称"CRS"）由 OECD 会同 G20 成员国共同制定，于 2014 年 11 月经 G20 布里斯班峰会核准。

第六节　税收服务"一带一路"建设

一、"一带一路"倡议内涵

共建"一带一路"倡议以共商、共建、共享为原则，坚持开放、绿色、廉洁理念，实现高标准、惠民生、可持续目标。共建"一带一路"倡议以和平合作、开放包容、互学互鉴、互利共赢的丝绸之路精神为指引，以政策沟通、设施联通、贸易畅通、资金融通、民心相通为重点，不仅是经济合作，而且是完善全球发展模式和全球治理、推进经济全球化健康发展的重要途径。

二、"一带一路"高峰论坛

2017 年 5 月，首届"一带一路"国际合作高峰论坛在北京成功召开，29 位外国元首、政府首脑，以及联合国秘书长出席这次论坛，140 多个国家和 80 多个国际组织的 1 600 多名代表参会。这是各方共商、共建"一带一路"，共享互利合作成果的国际盛会，也是加强国际合作，对接彼此发展战略的重要合作平台。论坛形成了主要涵盖政策沟通、设施联通、贸易畅通、资金融通、民心相通 5 大类、76 大项、279 项具体成果，这些成果已全部得到落实。

2019 年 4 月，第二届"一带一路"国际合作高峰论坛继续在北京举办。37 位外国元首、政府首脑等领导人，以及联合国秘书长、国际货币基金组织总裁出席论坛，法国、德国、英国、西班牙、日本、韩国、欧盟也派出领导人委托的高级代表与会。共有来自 150 多个国家和 90 多个国际组织的 6 000 多位外宾出席，涵盖了全球五大洲各个地区。本次论坛各国政府、地方、企业等达成一系列合作共识、重要举措及务实成果，中国作为东道国对其中具有代表性的一些成果进行了梳理和汇总，形成了第二届高峰论坛成果清单。

三、税收服务"一带一路"建设的主要内容

（一）做好税收协定执行

落实税收协定政策，营造优良营商环境，保障我国"走出去"企业的合法权益。

加强我国居民享受税收协定待遇的服务、管理、统计分析工作,跟踪我国对外投资企业经营情况,及时反映境外涉税争议,配合国家税务总局与"一带一路"国家税务主管当局就跨境纳税人提起的涉税争议开展相互协商。

(二) 落实相关国内税收政策

结合全面推开营改增试点工作,落实跨境应税服务退税或免税政策、天然气等资源进口税收优惠政策、对外投资和对外承包工程出口货物退(免)税政策;按照所得税政策规定,落实境外所得税税收抵免政策,减轻企业税收负担,促进国际资源共享和国际产能合作。

(三) 优化"走出去"税收服务

落实"放管服"改革要求,推动税收服务优化升级。落实出口退(免)税企业分类管理、简化出口退(免)税流程、简化消除双重征税政策适用手续等规定,进一步减轻纳税人办税负担。做好《中国税收居民身份证明》开具工作,便利纳税人境外享受税收协定待遇,助力"走出去"企业和"一带一路"建设重点项目。创新境外税收服务模式与内容,提高服务的针对性和有效性,探索对"走出去"纳税人实行分类服务。针对大型跨国企业着重提供政策确定性相关的个性化服务,针对中小型企业着重提供政策宣传辅导的普惠性服务。发挥优势,运用"互联网+"思维,提升国际税收办税便利度。

(四) 深化国别税收信息研究

深入推进国别税收信息研究工作,做好境外税收政策跟踪和更新,配合国家税务总局陆续发布国别投资税收指南,进一步完善和丰富纳税人可获取的境外税收信息。

(五) 完善税收政策咨询

丰富政策咨询途径,有条件的地区要加强12366国际税收服务专席或"走出去"服务专线建设。按照"互联网+税务"工作要求,丰富网站、微信、微博等税收咨询服务渠道,提升咨询服务水平。以"走出去"企业涉税风险为重点,探索为纳税人提供专家咨询、定制咨询、预约咨询等服务,响应涉税需求,促进纳税遵从。建立和完善国际税收知识库,整理并发布国际税收问题答疑手册。

(六) 开展税收宣传与辅导

开展"走出去"税收政策大宣传、大辅导。按照国家税务总局总体工作要求,配合"一带一路"国际合作高峰论坛,结合"便民办税春风行动",集中开展主题鲜明、形式多样、内容丰富的"走出去"专题宣传与辅导。结合《国家税务总局关于完善关联申报和同期资料管理有关事项的公告》（国家税务总局公告2016年第42号）、《国家税务总局关于完善预约定价安排管理有关事项的公告》（国家税务总局公告2016年第64号）、国家税务总局关于发布《特别纳税调查调整及相互协商程序管理办法》的公告（国家税务总局公告2017年第6号）等重要文件，就G20税改及BEPS行动计划成果落地、国际税收征管改革、税收协定解释和执行、国际税收其他政策更新等及时做好政策宣传与辅导。

（七）加强数据统计分析

各地税务机关应积极落实对外投资、所得报告相关制度，结合各地区特点以及"走出去"企业类型、所属行业、对外投资目的地等，有针对性地开展数据统计和税收分析，并在此基础上归纳税收风险类型，有针对地为纳税人提示风险。

（八）深化国际税收合作

落实好已签署的双边合作备忘录，加强与毗邻国家税务部门的信息交流与合作；积极参与亚欧博览会、中阿博览会等区域性交流合作平台，推动税收在相关交流活动中发挥更加突出的作用。

★ 习题精练及答案解析

一、单项选择题

1. 税基侵蚀和利润转移（BEPS）项目是由二十国集团（G20）委托经济合作与发展组织（OECD）实施的国际税改项目，旨在修改原有国际税收规则，遏制国际逃避税行为。BEPS项目已全部完成，并于2015年10月和11月相继由G20财长与央行行长会议和G20领导人峰会审议通过，BEPS项目行动计划共有（　　）项。（用于1－7级测试）

    A. 10　　　　B. 12　　　　C. 15　　　　D. 20

    【参考答案】C

    【解析】2015年10月，OECD发布了包括数字经济、混合错配、受控外国公司规则、利息扣除、有害税收实践、反税收协定滥用、常设机构、无形资产、风险和资本、其他高风险交易、数据统计分析、强制披露原则、转让定价同期资料、争端解决、多边工具在内的共计15项行动计划。

2. 下列关于《海外账户税收遵从法案》的表述中，正确的是（　　）。（用于1－7级测试）

    A. 《海外账户税收遵从法案》规定举证责任最终由纳税人承担
    B. 《海外账户税收遵从法案》的主要目的是追查全球企业避税情况

C. 根据《海外账户税收遵从法案》被认定为"不合作账户持有人"将被扣缴40%的预提所得税

D. 《海外账户税收遵从法案》仅适用于美国境内

【参考答案】A

【解析】选项B，《海外账户税收遵从法案》的主要目的是追查全球范围内美国富人的逃避缴纳税款行为。选项C，虽然金融机构负有尽职调查与信息报告义务，但举证责任最终仍由纳税人承担。如果某账户持有人不能证明自己并非美国纳税人或者无法向外国金融机构提供必要的证明文件，那么该账户持有人会被认定为"不合作账户持有人"，将被扣缴30%的预提所得税，并且将面临被关闭账户的风险。选项D，作为美国国内法，《海外账户税收遵从法案》的适用范围远远超出美国辖区。

3. 下列不属于国际税收中常设机构的是（   ）。（用于1-7级测试）

    A. 分支机构   B. 办事处   C. 作业场所   D. 子公司

【参考答案】D

【解析】常设机构是指企业进行全部或部分营业的固定营业场所，主要包括管理场所、分支机构、办事处、工厂、作业场所、矿场、油井或气井、采石场或者任何其他开采自然资源的场所，以及达到一定时间标准的工程或劳务项目。

4. 甲企业销售一批货物给乙企业，该销售行为取得利润20万元；乙企业将该批货物销售给丙企业，取得利润200万元。税务机关经过调查后认定甲企业和乙企业之间存在关联交易，将200万元的利润按照6：4的比例在甲和乙之间分配。该调整方法是（   ）。（用于1-7级测试）

    A. 利润分割法   B. 再销售价格法

    C. 交易净利润法   D. 可比非受控价格法

【参考答案】A

【解析】利润分割法根据企业与其关联方对关联交易合并利润（实际或者预计）的贡献计算各自应当分配的利润额。

5. 税收抵免方法中的间接抵免适用于（   ）。（用于1-7级测试）

    A. 母子公司之间   B. 总分公司之间

    C. 子公司之间   D. 独立公司之间

【参考答案】A

【解析】间接抵免一般适用于母、子公司之间的税收抵免。它是指母公司所在的居住国政府，允许母公司将其子公司已缴东道国的所得税中应由母公司分得股息承担的那部分税额，来冲抵母公司应纳税额的办法。

6. 假定A国居民公司在某纳税年度中总所得为20万元，其中，来自A国的所得12万元，来自B国的所得8万元。A、B两国的所得税税率分别为30%、25%，若A国

采用全额免税法，则该公司在 A 国应纳税额为（　　）万元。（用于 8 – 11 级测试）

A. 6　　　　　　B. 5.6　　　　　　C. 5　　　　　　D. 3.6

【参考答案】D

【解析】全额免税法下，居住国政府对其居民来源于非居民国的所得额，单方面放弃征税权，从而使国际重复征税得以彻底免除。因此，该居民公司来自 B 国的所得不征税，A 国仅对来自本国的所得征税。A 国应征税额 = 12 × 30% = 3.6 万元。

7. 境内居民企业在 2021 年 9 月 1 日后，直接或间接持有外国企业股份或有表决权股份达到 10%（含）以上的，应在办理企业所得税预缴申报时向主管税务机关填报（　　）。（用于 1 – 7 级测试）

   A. 关联交易信息报告表　　　　　　B. 居民企业变更股份报告表
   C. 居民企业参股外国企业信息报告表　　D. 居民企业外国投资信息报告表

【参考答案】C

【解析】根据《国家税务总局关于居民企业报告境外投资和所得信息有关问题的公告》，居民企业成立或参股外国企业，或者处置已持有的外国企业股份或有表决权股份，符合以下情形之一，且按照中国会计制度可确认的，应当在办理企业所得税预缴申报时向主管税务机关填报"居民企业参股外国企业信息报告表"：

（1）在本公告施行之日，居民企业直接或间接持有外国企业股份或有表决权股份达到 10%（含）以上；

（2）在本公告施行之日后，居民企业在被投资外国企业中直接或间接持有的股份或有表决权股份自不足 10% 的状态改变为达到或超过 10% 的状态；

（3）在本公告施行之日后，居民企业在被投资外国企业中直接或间接持有的股份或有表决权股份自达到或超过 10% 的状态改变为不足 10% 的状态。

8. 居民个人从中国境外取得所得的，应当在（　　）申报纳税。（用于 1 – 7 级测试）

   A. 取得所得的次年 3 月 1 日至 6 月 30 日内
   B. 取得所得的次月 1 日至 15 日内
   C. 取得所得的次年 4 月 1 日至 6 月 30 日内
   D. 取得所得的次年 1 月 1 日至 3 月 31 日内

【参考答案】A

【解析】根据《国家税务总局关于个人所得税自行纳税申报有关问题的公告》，居民个人从中国境外取得所得的，应当在取得所得的次年 3 月 1 日至 6 月 30 日内，向中国境内任职、受雇单位所在地主管税务机关办理纳税申报；在中国境内没有任职、受雇单位的，向户籍所在地或中国境内经常居住地主管税务机关办理纳税申报；户籍所在地与中国境内经常居住地不一致的，选择其中一地主管税务机关办理纳税申报；在中国境内没有户籍的，向中国境内经常居住地主管税务机关办理纳税申报。

9. 双重居民身份下最终居民身份的判定标准，应按以下（　　）顺序依次判定。（用于1-7级测试）

　　A. 永久性住所——重要利益中心——习惯性居处——国籍

　　B. 国籍——永久性住所——习惯性居处——重要利益中心

　　C. 重要利益中心——永久性居所——国籍——习惯性居处

　　D. 永久性居所——重要利益中心——国籍——习惯性居处

【参考答案】A

【解析】根据国家税务总局关于印发《〈中华人民共和国政府和新加坡共和国政府关于对所得避免双重征税和防止偷漏税的协定〉及议定书条文解释》的通知，根据第一款的规定，同一人有可能同时为中国和新加坡居民。为了解决这种情况下个人最终居民身份的归属，第二款进一步规定了确定标准。需特别注意的是，这些标准的使用是有先后顺序的，只有当使用前一标准无法解决问题时，才使用后一的标准。其顺序为：永久性住所——重要利益中心——习惯性居处——国籍。

10. 下列关于一般反避税管理调查程序及方法的说法，错误的是（　　）。（用于8-11级测试）

　　A. 税务机关启动一般反避税调查时，应按照征管法及其实施细则的有关规定向企业送达《税务检查通知书》

　　B. 主管税务机关实施一般反避税调查时，可以要求为企业筹划安排的单位或者个人提供有关资料及证明材料

　　C. 涉及境外关联方相关资料的，主管税务机关也可以要求企业提供公证机构的证明

　　D. 一般反避税调查涉及向筹划方、关联方以及与关联业务调查有关的其他企业调查取证的，主管税务机关应当送达《税务检查通知书》

【参考答案】D

【解析】《一般反避税管理办法（试行）》（国家税务总局令第32号）规定，一般反避税调查涉及向筹划方、关联方以及与关联业务调查有关的其他企业调查取证的，主管税务机关应当送达《税务事项通知书》。所以选项D错误。

11. 关于非居民税收协定待遇的适用，下列说法中错误的是（　　）。（用于1-7级测试）

　　A. 能够享受协定待遇的非居民纳税人，是指按国内税收法律规定不属于中国税收居民的纳税人

　　B. 非居民纳税人享受协定待遇，采取"自行判断、申报享受、相关资料留存备查"的方式办理

　　C. 在源泉扣缴和指定扣缴情况下，非居民纳税人自行判断符合享受协定待遇条件

且需要享受协定待遇的,应当如实填写"非居民纳税人享受协定待遇信息报告表",主动提交给扣缴义务人,并将相关资料留存备查

D. 非居民纳税人对"非居民纳税人享受协定待遇信息报告表"填报信息和留存备查资料的真实性、准确性、合法性承担法律责任

【参考答案】A

【解析】根据国家税务总局关于发布《非居民纳税人享受税收协定待遇管理办法》的公告,本办法所称非居民纳税人,是指按国内税收法律规定或税收协定不属于中国税收居民的纳税人(含非居民企业和非居民个人)。

12. 某外国企业代表机构采用核定征收方式核定其应纳税所得额,2023年发生工资薪金50万元,购置小汽车一辆10万元,因搬迁发生装修费用20万元,1月31日装修完成后预计将使用5年,为总机构从中国境内购买样品支付样品费2万元,以上支出皆不含税,此外再无其他支出,核定利润率为20%,则该代表机构2023年应核定收入为(   )。(用于1-7级测试)

    A. 82万元　　　　B. 82.09万元　　　　C. 102.5万元　　　　D. 80万元

【参考答案】C

【解析】根据国家税务总局关于印发《外国企业常驻代表机构税收管理暂行办法》的通知,收入额=本期经费支出额/(1-核定利润率)。因此,核定收入=(50+10+20+2)÷(1-20%)=102.5万元。

13. 一般反避税调查中,被调查企业在收到《特别纳税调查初步调整通知书》之日起(   )内未提出异议的,主管税务机关应当下发《特别纳税调查调整通知书》。(用于8-11级测试)

    A. 5日　　　　B. 5个工作日　　　　C. 7日　　　　D. 10日

【参考答案】C

【解析】《一般反避税管理办法(试行)》(国家税务总局令第32号)规定,一般反避税调查中,被调查企业在收到《特别纳税调查初步调整通知书》之日起7日内未提出异议的,主管税务机关应当下发《特别纳税调查调整通知书》。

14. 避税安排的特征是(   )。(用于8-11级测试)

    A. 以获取税收利益为唯一目的;以形式符合税法规定,但与其经济实质不符的方式获取税收利益

    B. 以获取税收利益为主要目的;以形式不符合税法规定且与其经济实质不符的方式获取税收利益

    C. 以获取税收利益为唯一目的或者主要目的;以形式符合税法规定,但与其经济实质不符的方式获取税收利益

    D. 以获取税收利益为唯一目的或者主要目的;以形式不符合税法规定且与其经济

实质不符的方式获取税收利益

【参考答案】C

【解析】《一般反避税管理办法（试行）》（国家税务总局令第 32 号）规定，避税安排具有以下特征：

（一）以获取税收利益为唯一目的或者主要目的；

（二）以形式符合税法规定，但与其经济实质不符的方式获取税收利益。

第五条 税务机关应当以具有合理商业目的和经济实质的类似安排为基准，按照实质重于形式的原则实施特别纳税调整。调整方法包括：

（一）对安排的全部或者部分交易重新定性；

（二）在税收上否定交易方的存在，或者将该交易方与其他交易方视为同一实体；

（三）对相关所得、扣除、税收优惠、境外税收抵免等重新定性或者在交易各方间重新分配；

（四）其他合理方法。

15. 下列关于一般反避税案件的立案权限，表述正确的是（　　）。（用于 1-7 级测试）

A. 立案由主管税务机关自行决定

B. 由主管税务机关层报省局决定立案

C. 超过 1 000 万的案件须由省局上报总局立案

D. 所有的一般反避税案件立案调查都需要经过税务总局的批准

【参考答案】D

【解析】根据《一般反避税管理办法（试行）》，主管税务机关发现企业存在避税嫌疑的，报省、自治区、直辖市和计划单列市税务机关复核同意后，报税务总局申请立案。

16. 下列交易适用《一般反避税管理办法（试行）》的有（　　）。（用于 1-7 级测试）

A. 与跨境交易或者支付无关的安排

B. 涉嫌逃避缴纳税款的税收违法行为

C. 出口骗税行为

D. 间接股权转让

【参考答案】D

【解析】根据《一般反避税管理办法（试行）》，下列情况不适用本办法：（1）与跨境交易或者支付无关的安排；（2）涉嫌逃避缴纳税款、逃避追缴欠税、骗税、抗税以及虚开发票等税收违法行为。

17. 企业从境外取得营业利润所得及符合境外税额间接抵免条件的股息所得，虽有所得来源国（地区）政府机关核发的具有纳税性质的凭证或证明，但因客观原因无法真实、准确地确认应当缴纳并已经实际缴纳的境外所得税额的，按境外应纳税所得额的（　　）作为抵免限额（所得来源国的实际有效税率低于我国规定税率50%

以上的除外）。（用于 1-7 级测试）

A. 12.5%　　　　B. 10%　　　　C. 15%　　　　D. 25%

【参考答案】A

【解析】根据《企业境外所得税收抵免操作指南》，企业从境外取得营业利润所得以及符合境外税额间接抵免条件的股息所得，虽有所得来源国（地区）政府机关核发的具有纳税性质的凭证或证明，但因客观原因无法真实、准确地确认应当缴纳并已经实际缴纳的境外所得税税额的，除就该所得直接缴纳及间接负担的税额在所得来源国（地区）的实际有效税率低于我国《企业所得税法》第四条第一款规定税率 50% 以上的外，可按境外应纳税所得额的 12.5% 作为抵免限额，企业按该国（地区）税务机关或政府机关核发具有纳税性质凭证或证明的金额，其不超过抵免限额的部分，准予抵免；超过的部分不得抵免。属于本款规定以外的股息、利息、租金、特许权使用费、转让财产等投资性所得，均应按本通知的其他规定计算境外税额抵免。

18. 在汇总计算境外应纳税所得额时，企业在境外同一国家（地区）设立的（　　），按照企业所得税法及实施条例的有关规定计算的亏损不得抵减其境内或他国（地区）的应纳税所得额，但可以用（　　）国家（地区）其他项目或以后年度的所得按规定弥补。（用于 8-11 级测试）

A. 不具有独立纳税地位的分支机构；同一

B. 具有独立纳税地位的分支机构；同一

C. 不具有独立纳税地位的分支机构；不同

D. 具有独立纳税地位的分支机构；不同

【参考答案】A

【解析】在汇总计算境外应纳税所得额时，企业在境外同一国家（地区）设立的不具有独立纳税地位的分支机构，按照企业所得税法及实施条例的有关规定计算的亏损不得抵减其境内或他国（地区）的应纳税所得额，但可以用同一国家（地区）其他项目或以后年度的所得按规定弥补。

19. 成本分摊协议特殊事项文档应当在关联交易发生年度次年（　　）之前准备完毕，应当自税务机关要求之日起 30 日内提供。（用于 1-7 级测试）

A. 5 月 31 日　　B. 6 月 30 日　　C. 9 月 30 日　　D. 12 月 31 日

【参考答案】B

【解析】主体文档应当在企业集团最终控股企业会计年度终了之日起 12 个月内准备完毕；本地文档和特殊事项文档应当在关联交易发生年度次年 6 月 30 日之前准备完毕。同期资料应当自税务机关要求之日起 30 日内提供。

20. 2019 年 4 月，第一届"一带一路"税收征管合作论坛在中国乌镇召开，与会国家和地区税务部门共同签署的文件是（　　）。（用于 1-7 级测试）

A. 《"一带一路"税收征管合作机制谅解备忘录》

B. 《"一带一路"税务合作备忘录》

C. 税收国际合作协议

D. 税收共治行动计划

【参考答案】A

【解析】34 个国家和地区税务部门共同签署《"一带一路"税收征管合作机制谅解备忘录》。

21. 根据我国对外签署的税收协定的有关规定，（　　）可以依据企业申请或者税收协定缔约对方税务主管当局请求启动相互协商程序，与税收协定缔约对方税务主管当局开展协商谈判，避免或者消除由特别纳税调整事项引起的国际重复征税。（用于 8 – 11 级测试）

A. 国家税务总局　　　　　　　　B. 省（自治区、直辖市）级税务局

C. 地市级税务局　　　　　　　　D. 县（区）级税务局

【参考答案】A

【解析】根据我国对外签署的税收协定的有关规定，国家税务总局可以依据企业申请或者税收协定缔约对方税务主管当局请求启动相互协商程序，与税收协定缔约对方税务主管当局开展协商谈判，避免或者消除由特别纳税调整事项引起的国际重复征税。

22. 中华人民共和国境内机构和个人向境外单笔支付等值（　　）美元以上服务贸易、收益、经常转移和部分资本项目外汇资金时，须向外汇指定银行（或外管部门）提交由税务机关出具的"对外支付备案表"。（用于 1 – 7 级测试）

A. 30 000　　　　B. 10 000　　　　C. 20 000　　　　D. 50 000

【参考答案】D

【解析】境内机构和个人向境外单笔支付等值 50 000 美元以上服务贸易、收益、经常转移和部分资本项目外汇资金时，须向外汇指定银行（或外管部门）提交由税务机关出具的"对外支付备案表"。

23. 纳税人未按照规定的期限办理纳税申报和报送纳税资料的，或者扣缴义务人未按照规定的期限向税务机关报送代扣代缴、代收代缴税款报告表和有关资料的，由税务机关责令限期改正，可以处（　　）的罚款；情节严重的，可以处（　　）的罚款。（用于 8 – 11 级测试）

A. 二千元以下；二千元以上一万元以下

B. 二千元以下；二千元以上五万元以下

C. 一万元以下；一万元以上五万元以下

D. 一万元以下；五万元以上十万元以下

【参考答案】A

【解析】纳税人未按照规定的期限办理纳税申报和报送纳税资料的,或者扣缴义务人未按照规定的期限向税务机关报送代扣代缴、代收代缴税款报告表和有关资料的,由税务机关责令限期改正,可以处二千元以下的罚款;情节严重的,可以处二千元以上一万元以下的罚款。

24. 一项旨在通过开展国际税收征管协作,打击跨境逃、避税行为,维护公平税收秩序的多边条约,其影响力不断上升,正日益成为开展国际税收征管协作的新标准。这个条约是( )。(用于1-7级测试)

    A. 《多边税收征管互助公约》

    B. 金融账户涉税信息自动交换标准

    C. 非居民金融账户涉税信息尽职调查管理办法

    D. 税基侵蚀和利润转移(BEPS)项目

    【参考答案】A

    【解析】《多边税收征管互助公约》是一项旨在通过开展国际税收征管协作,打击跨境逃、避税行为,维护公平税收秩序的多边条约,其影响力不断上升,正日益成为开展国际税收征管协作的新标准。

25. 我国采用户籍标准确定跨国自然人居民身份时规定的居住期限是( )。(用于1-7级测试)

    A. 90天　　　　　B. 183天　　　　　C. 365天　　　　　D. 6年

    【参考答案】B

    【解析】我国新修订的《中华人民共和国个人所得税法》借鉴国际惯例,将在中国境内居住的时间这一判定居民个人和非居民个人的标准,由是否满1年调整为是否满183天,以更好地行使税收管辖权,维护国家税收权益。

26. 新加坡甲银行将款项贷放给中国乙企业使用,获得了210万利息,中国政府在对其征税时,税率最高为( )。(用于1-7级测试)

    A. 5%　　　　　B. 7%　　　　　C. 8%　　　　　D. 10%

    【参考答案】B

    【解析】如果利息受益所有人是缔约国另一方居民,则所征税款:

    (1)在该项利息是由银行或金融机构取得的情况下,不应超过利息总额的7%。

    (2)在其他情况下,不应超过利息总额的10%。

27. 境内机构对外支付下列外汇资金时,须办理和提交"服务贸易等项目对外支付税务备案表"的是( )。(用于1-7级测试)

    A. 境内机构在境外发生的商品展销费用

    B. 进口贸易项下境外机构获得的国际运输费用

    C. 境内机构在境外承包工程的工程款

D. 我国区县级国家机关对外无偿捐赠援助资金

【参考答案】D

【解析】我国省级以上国家机关对外无偿捐赠援助资金，支付外汇资金时，无须办理和提交"服务贸易等项目对外支付税务备案表"。

28. 境外税额抵免分为直接抵免和间接抵免，其中，间接抵免的适用范围为（　　）。

（用于 1－7 级测试）

A. 企业就来源于境外的营业利润所得在境外所缴纳的企业所得税

B. 企业就来源于境外的股息、红利等权益性投资收益所得在境外被源泉扣缴的预提所得税

C. 企业就来源于境外的特许权使用费所得在境外被源泉扣缴的预提所得税

D. 居民企业从其符合规定的境外子公司取得的股息、红利等权益性投资收益所得

【参考答案】D

【解析】本题考查的政策要点是《财政部国家税务总局关于企业境外所得税收抵免有关问题的通知》（财税〔2009〕125 号）。

29. 当申请人为个人时，无须在《中国税收居民身份证明》申请表中填写（　　）。

（用于 8－11 级测试）

A. 职业　　　　　　　　　　B. 合伙企业认定文号

C. 合伙企业所在地　　　　　D. 身份证件

【参考答案】B

【解析】《国家税务总局关于调整〈中国税收居民身份证明〉有关事项的公告》（国家税务总局公告 2019 年第 17 号）：申请人申请开具《税收居民证明》应向主管税务机关提交以下资料：

（一）《中国税收居民身份证明》申请表（见附件2）；

（二）与拟享受税收协定待遇收入有关的合同、协议、董事会或者股东会决议、相关支付凭证等证明资料；

（三）申请人为个人且在中国境内有住所的，提供因户籍、家庭、经济利益关系而在中国境内习惯性居住的证明材料，包括申请人身份信息、住所情况说明等资料；

（四）申请人为个人且在中国境内无住所，而一个纳税年度内在中国境内居住累计满 183 天的，提供在中国境内实际居住时间的证明材料，包括出入境信息等资料；

（五）境内、境外分支机构通过其总机构提出申请时，还需提供总分机构的登记注册情况；

（六）合伙企业的中国居民合伙人作为申请人提出申请时，还需提供合伙企业登记注册情况。

上述填报或提供的资料应提交中文文本，相关资料原件为外文文本的，应当同时

提供中文译本。申请人向主管税务机关提交上述资料的复印件时，应在复印件上加盖申请人印章或签字，主管税务机关核验原件后留存复印件。

30. 有关合伙企业适用税收协定的问题，下列表述错误的是（　　）。（用于1-7级测试）

    A. 依照中国法律在中国境内成立的合伙企业，其合伙人为税收协定缔约对方居民的，该合伙人在中国负有纳税义务的所得被缔约对方视为其居民的所得的部分，可以在中国享受协定待遇

    B. 依照外国（地区）法律成立的合伙企业，其实际管理机构不在中国境内，但在中国境内设立机构、场所的，或者在中国境内未设立机构、场所，但有来源于中国境内所得的，是中国企业所得税的非居民企业纳税人。除税收协定另有规定的以外，只有当该合伙企业是缔约对方居民的情况下，其在中国负有纳税义务的所得才能享受协定待遇

    C. 依照外国（地区）法律成立的合伙企业，其实际管理机构不在中国境内，但在中国境内设立机构、场所的，或者在中国境内未设立机构、场所，但有来源于中国境内所得的，是中国企业所得税的非居民企业纳税人。当根据缔约对方国内法，合伙企业取得的所得被视为合伙人取得的所得，该合伙企业在中国负有纳税义务的所得可以享受协定待遇

    D. 合伙企业根据《非居民纳税人享受税收协定待遇管理办法》（国家税务总局公告2019年第35号发布）第七条规定留存备查的资料中由缔约对方税务主管当局开具的税收居民身份证明，应能证明其根据缔约对方国内法，因住所、居所、成立地、管理机构所在地或其他类似标准，在缔约对方负有纳税义务

    【参考答案】C

    【解析】本题考查的政策要点是《国家税务总局关于税收协定执行若干问题的公告》（国家税务总局公告2018年第11号）。

31. 下列关于资本弱化的表述，错误的是（　　）。（用于1-7级测试）

    A. 支付给税率高于本企业的境内关联方的利息不受资本弱化的限制

    B. 金融企业实际支付给关联方的利息支出，标准债资比例为5:1

    C. 企业同时从事金融业务和非金融业务，其实际支付给关联方的利息支出，应按照合理方法分开计算；没有按照合理方法分开计算的，一律按照其他企业的比例计算准予税前扣除的利息支出

    D. 企业所得税法规定不得在计算应纳税所得额时扣除的利息支出，可以结转到以后纳税年度扣除

    【参考答案】D

    【解析】企业所得税法规定不得在计算应纳税所得额时扣除的利息支出，不得结转到以后纳税年度扣除。

32. 企业以总分包方式在境外实施工程项目的，以总承包企业作为境外纳税主体，应就其在境外缴纳的企业所得税税额，填制《分割单（总分包方式）》后提交主管税务机关备案，并将相关资料留存备查。以上所述"相关资料"不包括（　　）。（用于8－11级测试）

    A. 总承包企业与分包企业签订的分包合同

    B. 总承包企业与境外发包方的资金往来结算票据

    C. 境外所得缴纳的企业所得税税额按收入、工作量等因素确定的合理比例分配的计算过程及相关说明

    D. 总承包企业境外所得相关完税证明或纳税凭证

【参考答案】B

【解析】《国家税务总局关于企业境外承包工程税收抵免凭证有关问题的公告》（国家税务总局公告2017年第41号）规定，企业以总分包或联合体方式在境外实施工程项目（包括但不限于工程建设、基础设施建设等项目），其来源于境外所得已在境外缴纳的企业所得税税额，可按本公告规定以总承包企业或联合体主导方企业开具的《境外承包工程项目完税凭证分割单（总分包方式）》（附件1，以下简称《分割单（总分包方式）》）或《境外承包工程项目完税凭证分割单（联合体方式）》（附件2，以下简称《分割单（联合体方式）》）作为境外所得完税证明或纳税凭证进行税收抵免。

33. 下列各项中，不属于国际运输收入的是（　　）。（用于1－7级测试）

    A. 程租、期租、湿租业务

    B. 为其他国际运输企业代售客票取得的收入

    C. 从市区至机场运送旅客取得的收入

    D. 光租、干租业务

【参考答案】D

【解析】根据《国家税务总局关于税收协定执行若干问题的公告》（国家税务总局公告2018年第11号），企业从事以光租形式出租船舶或以干租形式出租飞机，以及使用、保存或出租用于运输货物或商品的集装箱（包括拖车和运输集装箱的有关设备）等租赁业务取得的收入不属于国际运输收入。

34. 下列申请人从中国取得的所得为股息时，不能直接判定申请人具有"受益所有人"身份的是（　　）。（用于1－7级测试）

    A. 缔约对方政府

    B. 在缔约对方上市的公司

    C. 缔约对方居民个人

    D. 被缔约对方居民个人直接持有100%的股份（在取得股息前连续12个月以内任何时候均达到100%）

【参考答案】B

【解析】本题考查的政策要点是《国家税务总局关于税收协定中"受益所有人"有关问题的公告》（国家税务总局公告2018年第9号）。

35. 下列国际组织或机构中，受二十国集团委托牵头制订《实施税收协定相关措施以防止税基侵蚀和利润转移的多边公约》的是（　　）。（用于1－7级测试）

    A. 联合国　　　　　　　　　　　B. 经济合作与发展组织
    C. 世界贸易组织　　　　　　　　D. 世界银行

【参考答案】B

【解析】旨在一揽子修订现行双边税收协定，落实与税收协定相关的税基侵蚀和利润转移（BEPS）行动计划成果建议，由经济合作与发展组织受二十国集团委托牵头制定了《实施税收协定相关措施以防止税基侵蚀和利润转移的多边公约》（以下简称《公约》）。截至2022年6月30日，包括我国在内的97个国家或地区签署了《公约》。《公约》于2022年9月1日对我国生效。

36. 采用"担保即提"提货方式，旅客离海南岛时需要对所购商品退还担保的，本人需向海关提交的资料，下列说法不正确的是（　　）。（用于8－11级测试）

    A. 本人主动向海关申请验核尚未启用或消费的免税品
    B. 本人提交免税品购物凭证
    C. 本人提交有效身份证件或旅行证件
    D. 本人在购物凭证上确认签章

【参考答案】D

【解析】根据《海关总署 财政部 税务总局关于增加海南离岛免税购物"担保即提"和"即购即提"提货方式的公告》（海关总署 财政部 税务总局公告2023年第25号）第二条第二项的规定，旅客离岛时需要对所购商品退还担保的，应当由本人主动向海关申请验核尚未启用或消费的免税品，并提交免税品购物凭证和本人有效身份证件或旅行证件。经海关验核，对旅客交验的免税品与购物信息相符的，海关在购物凭证上确认签章。

37. 下列采用"担保即提"提货方式的业务中，海关可以办理离岛旅客验核签章手续的情形是（　　）。（用于8－11级测试）

    A. 离岛旅客交验免税品已经启用或已经消费的
    B. 离岛旅客交验免税品与购物凭证所列不符的
    C. 经海关实物验核通过且购物旅客本人已实际离岛的
    D. 购物人员信息与交验离岛旅客本人信息不符的

【参考答案】C

【解析】根据《海关总署 财政部 税务总局关于增加海南离岛免税购物"担保即

提"和"即购即提"提货方式的公告》（海关总署 财政部 税务总局公告2023年第25号）第二条第三项的规定，有下列情形之一的，海关不予办理离岛旅客验核签章手续：（1）离岛旅客交验免税品已经启用或已经消费的；（2）离岛旅客交验免税品与购物凭证所列不符的；（3）购物人员信息与交验离岛旅客本人信息不符的。第二条第四项规定，经海关实物验核通过且购物旅客本人已实际离岛的，海关退还担保。

38. 离岛旅客选择"即购即提"方式提货，每次离岛前购买清单所列免税品单价应不超过（　　）。（用于8-11级测试）

　　A. 2万元（不含）　　　　　　　　B. 2万元（含）
　　C. 5万元（不含）　　　　　　　　D. 5万元（含）

【参考答案】A

【解析】根据《海关总署 财政部 税务总局关于增加海南离岛免税购物"担保即提"和"即购即提"提货方式的公告》（海关总署 财政部 税务总局公告2023年第25号）第三条的规定，采用"即购即提"提货方式，离岛旅客每次离岛前购买本公告附件清单所列免税品时，对于单价不超过2万元（不含）的免税品，可以按照每人每类免税品限购数量的要求，选择"即购即提"方式提货。离岛旅客支付货款后可现场提货，离岛环节海关不验核实物。

39. 跨境资产重组特殊性税务处理中，居民企业以其拥有的资产或股权向其100%直接控股的境外（包括港澳台地区）企业进行投资，其资产或股权转让收益如选择特殊性税务处理，可以在（　　）纳税年度内均匀计入各年度应纳税所得额。（用于8-11级测试）

　　A. 2个　　　　B. 5个　　　　C. 10个　　　　D. 15个

【参考答案】C

【解析】跨境资产重组特殊性税务处理中，居民企业以其拥有的资产或股权向其100%直接控股的境外（包括港澳台地区）企业进行投资，其资产或股权转让收益如选择特殊性税务处理，可以在10个纳税年度内均匀计入各年度应纳税所得额。

40. 境外所得申报中延期报告的情形中，可以依法向主管税务机关提出延期要求的是（　　）。（用于8-11级测试）

　　A. 限制提供相关信息的境外法律规定
　　B. 限制提供相关信息的商业合同
　　C. 限制提供相关信息的协议
　　D. 提供合理理由，证明确实不能按期报告境外投资和所得信息的

【参考答案】D

【解析】提供合理理由，证明确实不能按期报告境外投资和所得信息的，可以依法向主管税务机关提出延期要求。

二、多项选择题

1. 国际税收产生的条件有（　　）。（用于1-7级测试）

    A. 双重管辖权的适用　　　　　　　B. 区域经济一体化

    C. 收入的国际化　　　　　　　　　D. 所得税制的普遍推行

    【参考答案】 CD

    【解析】 国际税收的产生需要两个客观条件：一是收入的国际化；二是所得税制的普遍推行。

2. 对于来源于境外的所得，可以享受企业所得税抵免的纳税人包括（　　）（用于8-11级测试）

    A. 在中国境内设立机构场所的非居民企业

    B. 在中国境内没有设立机构场所的非居民企业

    C. 在中国境内注册登记的外商投资企业

    D. 在中国境内注册登记的国有独资企业

    【参考答案】 ACD

    【解析】 居民企业才可以享受企业所得税抵免，ACD属于居民企业，可以按照分国不分项的原则抵免。B选项是在中国境内没有设立机构场所的非居民企业，不属于此范围。

3. 国际上对跨国自然人居民身份的判定，通常采用的标准有（　　）。（用于1-7级测试）

    A. 永久性住所　　B. 习惯性住所　　C. 国籍标准　　D. 户籍标准

    【参考答案】 CD

    【解析】 国际上对跨国自然人居民身份的判定，通常有国籍标准和户籍标准。

4. 我国税法在企业所得税的抵免上的规定有（　　）。（用于1-7级测试）

    A. 综合分项限额　　　　　　　　　B. 不分国不分项限额

    C. 分国分项限额　　　　　　　　　D. 分国不分项限额

    【参考答案】 BD

    【解析】 企业可以选择分国不分项或者不分国不分项计算其来源于境外的应纳税所得额，上述方式一经选择，5年内不得改变。

5. 下列属于国际税收情报交换类型的有（　　）。（用于1-7级测试）

    A. 专项情报交换　　　　　　　　　B. 自动情报交换

    C. 同期税务检查　　　　　　　　　D. 自发情报交换

    【参考答案】 ABCD

    【解析】 国际税收情报交换也称为税收情报交换，是指中国与相关税收协定缔约国家的主管当局为了正确执行税收协定及其所涉及税种的国内法而相互交换所需信息的行为。税收情报交换又分为专项情报交换、自动情报交换、自发情报交换以及同期税务检查、授权代表访问和行业范围情报交换等类型。

6. 在国际经济活动中，跨国纳税人利用各国税收的差异进行避税的手法多种多样，常采用的避税方法有（　　）。（用于1－7级测试）

　　A. 人员流动　　　　B. 资金流动　　　　C. 资本弱化　　　　D. 转让定价

【参考答案】ABCD

【解析】在国际经济活动中，跨国纳税人利用各国税收的差异进行避税的手法多种多样，常采用的避税方法有采取人员流动避税，通过资金、货物或劳务流动避税，利用企业组织形式避税，用税收优惠避税，资本弱化，利用转让定价避税，利用避税地避税。

7. "一带一路"指的是（　　）。（用于1－7级测试）

　　A. 丝绸之路经济带　　　　　　　B. 21世纪海上丝绸之路

　　C. 海上丝绸之路经济带　　　　　D. 陆上丝绸之路

【参考答案】AB

【解析】本题涉及的知识点是"一带一路"的概念，属于基础型知识点。

8. "缔约国一方居民"是指按照该缔约国法律，在该缔约国负有纳税义务的人，其判断标准主要根据（　　）。（用于1－7级测试）

　　A. 居所　　　　　　　　　　　　B. 管理机构所在地

　　C. 国籍　　　　　　　　　　　　D. 总机构所在地

【参考答案】ABD

【解析】根据《中华人民共和国政府和新加坡共和国政府关于对所得避免双重征税和防止偷漏税的协定》，"缔约国一方居民"一语是指在该缔约国税收上，按照该缔约国法律，由于住所、居所、总机构所在地，控制和管理所在地，或者其他类似的标准作为居民，负有纳税义务的人。

9. 缔约国一方的居民个人在缔约国的另一方从事非独立劳务取得的所得，同时符合下列条件的，应仅在该缔约国一方征税。（　　）（用于1－7级测试）

　　A. 该居民个人在任何12个月中在该缔约国另一方停留连续或累计不超过183天

　　B. 该项报酬不是由雇主设在该缔约国另一方的常设机构或固定基地所负担

　　C. 该项报酬由并非该缔约国另一方居民的雇主支付或代表该雇主支付

　　D. 该居民个人并非缔约国另一方居民企业的高管

【参考答案】ABC

【解析】根据《中华人民共和国政府和新加坡共和国政府关于对所得避免双重征税和防止偷漏税的协定》，缔约国一方居民因在缔约国另一方受雇的活动取得的报酬，同时具有以下三个条件的，应仅在该缔约国一方征税：

（1）收款人在有关历年中在该缔约国另一方停留连续或累计不超过183天；

（2）该项报酬由并非该缔约国另一方居民的雇主支付或代表该雇主支付；

（3）该项报酬不是由雇主设在该缔约国另一方的常设机构或固定基地负担。

10. 境外注册的中资控股企业或其中国主要投资者向税务机关提出居民企业省份认定申请时，以下属于应同时向税务机关提供的资料是（　　）。（用于1－7级测试）

　　A. 企业法律身份证明文件

　　B. 企业董事及高层管理人员在中国境内居住记录

　　C. 企业最近两个年度的公证会计师审计报告

　　D. 企业集团组织结构说明及生产经营概况

【参考答案】ABD

【解析】根据国家税务总局关于印发《境外注册中资控股居民企业所得税管理办法（试行）》的公告，境外中资企业应当根据生产经营和管理的实际情况，自行判定实际管理机构是否设立在中国境内。如其判定符合《公告》第二条规定的居民企业条件，应当向其主管税务机关书面提出居民身份认定申请，同时提供以下资料：

（1）企业法律身份证明文件；

（2）企业集团组织结构说明及生产经营概况；

（3）企业上一个纳税年度的公证会计师审计报告；

（4）负责企业生产经营等事项的高层管理机构履行职责场所的地址证明；

（5）企业上一年度及当年度董事及高层管理人员在中国境内居住的记录；

（6）企业上一年度及当年度重大事项的董事会决议及会议记录；

（7）主管税务机关要求提供的其他资料。

11. 境内机构对外支付下列外汇资金，无须办理和提交备案表的有（　　）。（用于1－7级测试）

　　A. 向在境外的雇员支付差旅费　　B. 支付在境外发生的保险费

　　C. 向境外支付金融服务费　　D. 支付参加境外展销会的费用

【参考答案】ABD

【解析】根据《关于服务贸易等项目对外支付税务备案有关问题的公告》，境内机构和个人对外支付下列外汇资金，无须办理和提交备案表：

（1）境内机构在境外发生的差旅、会议、商品展销等各项费用；

（2）境内机构在境外代表机构的办公经费，以及境内机构在境外承包工程的工程款；

（3）境内机构发生在境外的进出口贸易佣金、保险费、赔偿款；

（4）进口贸易项下境外机构获得的国际运输费用；

（5）保险项下保费、保险金等相关费用；

（6）从事运输或远洋渔业的境内机构在境外发生的修理、油料、港杂等各项费用；

（7）境内旅行社从事出境旅游业务的团费以及代订、代办的住宿、交通等相关费用；

（8）亚洲开发银行和世界银行集团下属的国际金融公司从我国取得的所得或收入，包括投资合营企业分得的利润和转让股份所得、在华财产（含房产）出租或转让收入以及贷款给我国境内机构取得的利息；

（9）外国政府和国际金融组织向我国提供的外国政府（转）贷款（含外国政府混合（转）贷款）和国际金融组织贷款项下的利息。本项所称国际金融组织是指国际货币基金组织、世界银行集团、国际开发协会、国际农业发展基金组织、欧洲投资银行等；

（10）外汇指定银行或财务公司自身对外融资如境外借款、境外同业拆借、海外代付以及其他债务等项下的利息；

（11）我国省级以上国家机关对外无偿捐赠援助资金；

（12）境内证券公司或登记结算公司向境外机构或境外个人支付其依法获得的股息、红利、利息收入及有价证券卖出所得收益；

（13）境内个人境外留学、旅游、探亲等因私用汇；

（14）境内机构和个人办理服务贸易、收益和经常转移项下退汇；

（15）国家规定的其他情形。

12. 中国境内企业（以下简称"企业"）和非居民企业签订与利息、租金、特许权使用费等所得有关的合同或协议，下列关于扣缴义务的说法，正确的有（　　）。

　　A. 未按照合同或协议约定的日期支付上述所得款项，但已计入企业当期成本、费用，并在企业所得税年度纳税申报中作税前扣除的，应在企业所得税年度纳税申报时按照企业所得税法有关规定代扣代缴企业所得税

　　B. 企业上述到期未支付的所得款项，不是一次性计入当期成本、费用，而是计入相应资产原价或企业筹办费，在该类资产投入使用或开始生产经营后分期摊入成本、费用，分年度在企业所得税前扣除的，应当分年度代扣代缴企业所得税

　　C. 如果企业在合同或协议约定的支付日期之前支付上述所得款项的，应在实际支付时按照企业所得税法有关规定代扣代缴企业所得税

　　D. 合同或协议约定的日期之后支付上述所得款项，应在实际支付时按照企业所得税法有关规定代扣代缴企业所得税

【参考答案】AC

【解析】根据《关于非居民企业所得税管理若干问题的公告》，中国境内企业（以下称"企业"）和非居民企业签订与利息、租金、特许权使用费等所得有关的合同或协议，如果未按照合同或协议约定的日期支付上述所得款项，或者变更或修改合同或协议延期支付，但已计入企业当期成本、费用，并在企业所得税年度纳税申报中作税前扣除的，应在企业所得税年度纳税申报时按照企业所得税法有关规定代扣代缴企业所得税。

如果企业上述到期未支付的所得款项，不是一次性计入当期成本、费用，而是计入相应资产原价或企业筹办费，在该类资产投入使用或开始生产经营后分期摊入成本、

费用，分年度在企业所得税前扣除的，应在企业计入相关资产的年度纳税申报时就上述所得全额代扣代缴企业所得税。

如果企业在合同或协议约定的支付日期之前支付上述所得款项的，应在实际支付时按照企业所得税法有关规定代扣代缴企业所得税。

13. 企业境外承包工程时，总承包企业作为境外纳税主体，应就其在境外缴纳的企业所得税税额，填制分割单后提交主管税务机关备案，并将（　　）资料留存备查。（用于1-7级测试）

    A. 总承包企业与境外发包方签订的总承包合同
    B. 各方企业组建联合体合同或协议
    C. 境外所得缴纳的企业所得税税额按合理比例分配的计算过程及相关说明
    D. 总承包企业境外所得相关完税证明或纳税凭证

【参考答案】ACD

【解析】《国家税务总局关于企业境外承包工程税收抵免凭证有关问题的公告》（国家税务总局公告2017年第41号）第四条：总承包企业作为境外纳税主体，应就其在境外缴纳的企业所得税税额，填制"分割单（总分包方式）"后提交主管税务机关备案，并将以下资料留存备查：

（1）总承包企业与境外发包方签订的总承包合同；

（2）总承包企业与分包企业签订的分包合同，如建设项目再分包的，还需留存备查分包企业与再分包企业签订的再分包合同；

（3）总承包企业境外所得相关完税证明或纳税凭证；

（4）境外所得缴纳的企业所得税税额按收入、工作量等因素确定的合理比例分配的计算过程及相关说明。

14. 下列关于年度关联交易金额条件的表述中，属于应当准备本地文档的有（　　）。（用于1-7级测试）

    A. 金融资产转让金额超过1亿元
    B. 其他关联交易金额超过3 000万元
    C. 无形资产所有权转让金额超过1亿元
    D. 有形资产所有权转让金额（来料加工业务按照年度进出口报关价格计算）超过2亿元

【参考答案】ACD

【解析】年度关联交易金额符合下列条件之一的企业，应当准备本地文档：

（1）有形资产所有权转让金额（来料加工业务按照年度进出口报关价格计算）超过2亿元。

（2）金融资产转让金额超过1亿元。

(3) 无形资产所有权转让金额超过1亿元。

(4) 其他关联交易金额超过4 000万元。

15. 税务机关实施特别纳税调查，应当重点关注的企业具有的风险特征包括（　　）。（用于1－7级测试）

　　A. 关联交易金额较大或者类型较多

　　B. 利润水平与其所承担的功能风险不相匹配

　　C. 从其关联方接受的债权性投资与权益性投资的比例超过规定标准

　　D. 由居民企业和中国居民控制的设立在实际税负高于12.5%的国家（地区）的企业，并且由于合理的经营需要而对利润减少分配

【参考答案】ABC

【解析】根据《特别纳税调查调整及相互协商程序管理办法》，税务机关实施特别纳税调查，应当重点关注具有以下风险特征的企业：（1）关联交易金额较大或者类型较多。（2）存在长期亏损、微利或者跳跃性盈利。（3）低于同行业利润水平。（4）利润水平与其所承担的功能风险不相匹配，或者分享的收益与分摊的成本不相配比。（5）与低税国家（地区）关联方发生关联交易。（6）未按照规定进行关联申报或者准备同期资料。（7）从其关联方接受的债权性投资与权益性投资的比例超过规定标准。（8）由居民企业，或者由居民企业和中国居民控制的设立在实际税负低于12.5%的国家（地区）的企业，并非由于合理的经营需要而对利润不作分配或者减少分配。（9）实施其他不具有合理商业目的的税收筹划或者安排。

16. 对一般反避税案件可以采用调整的方案有（　　）。（用于1－7级测试）

　　A. 对全部交易重新定性

　　B. 将某交易方与其他交易方视为同一实体

　　C. 在税收上否定交易方的存在

　　D. 对相关所得在交易各方间重新分配

【参考答案】ABCD

【解析】根据《一般反避税管理办法（试行）》，税务机关应当以具有合理商业目的和经济实质的类似安排为基准，按照实质重于形式的原则实施特别纳税调整。调整方法包括：

（1）对安排的全部或者部分交易重新定性；

（2）在税收上否定交易方的存在，或者将该交易方与其他交易方视为同一实体；

（3）对相关所得、扣除、税收优惠、境外税收抵免等重新定性或者在交易各方间重新分配；

（4）其他合理方法。

17. 非居民企业间接转让中国应税财产，判断其是否具有合理的商业目的时，应综合分

析的因素有（　　）。（用于1-7级测试）

A. 境外企业股权主要价值是否直接或间接来自中国应税财产
B. 境外企业股东、业务模式及相关组织架构的存续时间
C. 股权转让方间接投资、间接转让中国应税财产交易与直接投资、直接转让中国应税财产交易的可替代性
D. 间接转让中国应税财产所得在中国可适用的税收协定或安排情况

【参考答案】ABCD

【解析】根据《关于非居民企业间接转让财产企业所得税若干问题的公告》，判断合理商业目的，应整体考虑与间接转让中国应税财产交易相关的所有安排，结合实际情况综合分析以下相关因素：

（1）境外企业股权主要价值是否直接或间接来自中国应税财产；

（2）境外企业资产是否主要由直接或间接在中国境内的投资构成，或其取得的收入是否主要直接或间接来源于中国境内；

（3）境外企业及直接或间接持有中国应税财产的下属企业实际履行的功能和承担的风险是否能够证实企业架构具有经济实质；

（4）境外企业股东、业务模式及相关组织架构的存续时间；

（5）间接转让中国应税财产交易在境外应缴纳所得税情况；

（6）股权转让方间接投资、间接转让中国应税财产交易与直接投资、直接转让中国应税财产交易的可替代性；

（7）间接转让中国应税财产所得在中国可适用的税收协定或安排情况；

（8）其他相关因素。

18. 企业与其关联方签署成本分摊协议自行分摊的成本不得税前扣除的情形有（　　）。（用于1-7级测试）

A. 不具有合理商业目的和经济实质
B. 不符合独立交易原则
C. 没有遵循成本与收益配比原则
D. 企业成立不足10年

【参考答案】ABC

【解析】根据《特别纳税调整实施办法（试行）》，企业与其关联方签署成本分摊协议，有下列情形之一的，其自行分摊的成本不得税前扣除：

（1）不具有合理商业目的和经济实质；

（2）不符合独立交易原则；

（3）没有遵循成本与收益配比原则；

（4）未按本办法有关规定备案或准备、保存和提供有关成本分摊协议的同期资料；

(5) 自签署成本分摊协议之日起经营期限少于 20 年。

19. 税务机关可以按照已税前扣除的金额全额实施特别纳税调整的有（　　）。（用于 1-7 级测试）

　　A. 企业受让其关联方转让未带来经济利益的无形资产使用权而支付特许权使用费的

　　B. 企业向仅拥有无形资产所有权而未对其价值做出贡献的关联方支付特许权使用费的

　　C. 企业向其关联方支付非受益性劳务价款的

　　D. 企业以不合理价格支付技术使用费的

【参考答案】ABC

【解析】根据《特别纳税调查调整及相互协商程序管理办法》，企业向仅拥有无形资产所有权而未对其价值创造做出贡献的关联方支付特许权使用费，不符合独立交易原则的，税务机关可以按照已税前扣除的金额全额实施特别纳税调整。

20. 下列应当在报送"年度关联业务往来报告表"时填报国别报告的情形有（　　）。（用于 1-7 级测试）

　　A. 该居民企业为跨国企业集团的最终控股企业，且上一会计年度合并财务报表中各类收入金额合计为 70 亿元

　　B. 税务机关对该居民企业开展特别纳税调整调查

　　C. 该居民企业提出预约定价申请

　　D. 该居民企业被跨国企业集团指定为国别报告的报送企业

【参考答案】AD

【解析】根据《关于完善关联申报和同期资料管理有关事项的公告》，存在下列情形之一的居民企业，应当在报送年度关联业务往来报告表时，填报国别报告：

（1）该居民企业为跨国企业集团的最终控股企业，且其上一会计年度合并财务报表中的各类收入金额合计超过 55 亿元。

最终控股企业是指能够合并其所属跨国企业集团所有成员实体财务报表的，且不能被其他企业纳入合并财务报表的企业。

（2）该居民企业被跨国企业集团指定为国别报告的报送企业。

21. 中国居民 A 企业 2023 年度境内所得的应纳税所得额为 300 万元；设在甲国的分支机构当年度应纳税所得额为 100 万元；设在乙国的分支机构当年度应纳税所得额为 -300 万元；A 企业当年度从乙国取得利息所得的应纳税所得额为 60 万元。则下列说法不正确的有（　　）。（用于 8-11 级测试）

　　A. A 企业当年度应纳税所得总额 300 万元

　　B. A 企业当年度应纳税所得总额 160 万元

C. A 企业当年度境外乙国未弥补的非实际亏损共 240 万元，允许 A 企业以其来自乙国以后年度的所得无限期结转弥补

D. A 企业当年度境外乙国未弥补的非实际亏损共 300 万元，允许 A 企业以其来自乙国以后年度的所得无限期结转弥补

【参考答案】ABD

【解析】分国不分项的原则抵免，甲乙两国应分别抵免，A 企业当年度境外乙国未弥补的非实际亏损共 300 - 60 = 240（万元），允许 A 企业以其来自乙国以后年度的所得无限期结转弥补。

22. 下列对避税安排特征的表述正确的有（　　）。（用于 1 - 7 级测试）

    A. 以获取税收利益为唯一目的

    B. 以获取税收利益为主要目的

    C. 以形式不符合税法规定，但与其经济实质相符的方式获取税收利益

    D. 以形式符合税法规定，但与其经济实质不符的方式获取税收利益

【参考答案】ABD

【解析】避税安排具有以下特征：

（1）以获取税收利益为唯一目的或者主要目的。

（2）以形式符合税法规定，但与其经济实质不符的方式获取税收利益。

23. 以下符合《中国税收居民身份证明》开具管理规定的有（　　）。（用于 1 - 7 级测试）

    A. 中国居民企业的境内分支机构应向分支机构主管税务机关申请

    B. 中国居民企业的境外分支机构应由其中国总机构向总机构主管税务机关申请

    C. 合伙企业应当以其中国居民合伙人作为申请人，向中国居民合伙人主管税务机关申请

    D. 申请人填报或提供的相关资料原件为外文文本的，应当同时提供中文译本

【参考答案】BCD

【解析】根据关于调整《中国税收居民身份证明》有关事项的公告，中国居民企业的境内、外分支机构应由其中国总机构向总机构主管税务机关申请。

24. 对非居民企业在中国境内取得工程作业和劳务所得应缴纳的所得税，税务机关可以指定工程价款或者劳务费的支付人为扣缴义务人，并同时告知扣缴义务人所扣税款的（　　）。（用于 1 - 7 级测试）

    A. 计算依据　　B. 计算方法　　C. 扣缴期限　　D. 扣缴日期

【参考答案】ABC

【解析】根据《中华人民共和国企业所得税实施条例》第一百零六条规定，告知扣缴义务人所扣税款的包括计算依据、计算方法、扣缴期限、扣缴方式。

25. 对于在中国境内未设立机构、场所的，或者虽设立机构、场所但取得的所得与其所设机构、场所没有实际联系的非居民企业的所得，下列计算应纳税所得额的方法正确的有（　　）。（用于1—7级测试）

   A. 转让财产所得，以收入全额为应纳税所得额

   B. 利息所得，以收入全额为应纳税所得额

   C. 租金所得，以收入全额为应纳税所得额

   D. 特许权使用费所得，以收入全额为应纳税所得额

   【参考答案】BCD

   【解析】选项A，以收入全额减除财产净值后的余额为应纳税所得额。

26. 下列关于转让定价方法的表述，正确的有（　　）。（用于1—7级测试）

   A. 可比非受控价格法可以适用于所有类型的关联交易

   B. 再销售价格法以关联方购进商品再销售给非关联方的价格减去可比非关联交易毛利后的金额作为关联方购进商品的公平成交价格

   C. 成本加成法通常适用于有形资产的购销、转让和使用，劳务提供或资金融通的关联交易

   D. 可比非受控价格法以关联交易发生的合理成本加上可比非关联交易作为关联交易的公平成交价格

   【参考答案】ABC

   【解析】选项D，成本加成法以关联交易发生的合理成本加上可比非关联交易毛利作为关联交易的公平成交价格。

27. 关于国际税收抵免制度的说法，不正确的有（　　）。（用于8—11级测试）

   A. 直接抵免法仅适用于母、子公司之间的税收抵免

   B. 允许抵免额等同于抵免限额

   C. 税收饶让与抵免法共同构成了避免国际重复征税的方法

   D. 抵免限额是指对跨国纳税人在国外已纳税款进行抵免的限度

   【参考答案】ABC

   【解析】《财政部 国家税务总局关于企业境外所得税收抵免有关问题的通知》（财税〔2009〕125号）规定，可抵免境外所得税税额，是指企业来源于中国境外的所得依照中国境外税收法律以及相关规定应当缴纳并已实际缴纳的企业所得税性质的税款。但不包括：

   （一）按照境外所得税法律及相关规定属于错缴或错征的境外所得税税款；

   （二）按照税收协定规定不应征收的境外所得税税款；

   （三）因少缴或迟缴境外所得税而追加的利息、滞纳金或罚款；

   （四）境外所得税纳税人或者其利害关系人从境外征税主体得到实际返还或补偿的

境外所得税税款;

（五）按照我国企业所得税法及其实施条例规定，已经免征我国企业所得税的境外所得负担的境外所得税税款;

（六）按照国务院财政、税务主管部门有关规定已经从企业境外应纳税所得额中扣除的境外所得税税款。

28. 下列各项税费中，应计入出口货物完税价格的有（　　）。（用于1-7级测试）

　　A. 货物运至我国境内输出地点装载前的保险费

　　B. 货物运至我国境内输出地点装载前的运输费用

　　C. 货物出口关税

　　D. 货价中单独列明的货物运至我国境内输出地点装载后的运输费用

【参考答案】AB

【解析】出口货物的完税价格由海关以该货物向境外销售的成交价格为基础审查确定，并应当包括货物运至中华人民共和国境内输出地点装载前的运输及其相关费用、保险费。但其中包含的出口关税税额及货价中单独列明的货物运至我国境内输出地点装载后的运输及其相关费用、保险费，应当扣除。

29. 税收管辖权是一国政府在征税方面的主权，从目前世界各国的税制来看，税收管辖权实施的类型主要有（　　）。（用于1-7级测试）

　　A. 单一地域税收管辖权　　　　B. 居民税收管辖权

　　C. 公民税收管辖权　　　　　　D. 地域税收管辖权兼居民税收管辖权

【参考答案】AD

【解析】税收管辖权是一国政府在征税方面的主权，从目前世界各国的税制来看，税收管辖权的实施主要有单一地域税收管辖权、地域税收管辖权兼居民税收管辖权两种类型。

30. 国际税收协定，是指国与国之间签订的避免对所得和资本双重征税和防止偷逃税的协定，是对签订国具有约束力的法律文件，属于国际法的范畴，其主要的意义和必要性表现在（　　）。（用于1-7级测试）

　　A. 具有优先于国内法的法律地位

　　B. 避免纳税人居住国与所得来源国之间征税权的矛盾

　　C. 弥补国内法在解决重复征税问题上存在的缺陷

　　D. 为各国在防止跨国偷逃税方面加强国际合作提供法律保障

【参考答案】BCD

【解析】国际税收协定属于国际法的范畴，其主要的意义和必要性表现在避免纳税人居住国与所得来源国之间征税权的矛盾，弥补国内法在解决重复征税问题上存在的缺陷，为各国在防止跨国偷逃税方面加强国际合作提供法律保障。

31. 非居民纳税人享受协定待遇备案改备查后,下列选项属于留存备查资料的有( )。(用于1-7级测试)

　　A. 由协定缔约对方税务主管当局开具的证明非居民纳税人取得所得的当年度或上一年度税收居民身份的税收居民身份证明

　　B. 享受税收协定国际运输条款或国际运输协定待遇的,可用能够证明符合协定规定身份的证明代替税收居民身份证明

　　C. 与取得相关所得有关的合同、协议、董事会或股东会决议、支付凭证等权属证明资料

　　D. 享受股息、利息、特许权使用费条款协定待遇的,应留存证明"受益所有人"身份的相关资料

　　【参考答案】ABCD

　　【解析】本题考查的政策要点是国家税务总局关于发布《非居民纳税人享受协定待遇管理办法》的公告(国家税务总局公告2019年第35号)。

32. 下列表述中,符合税收协定管理内容的有( )。(用于1-7级测试)

　　A. 受益所有人是指对所得或所得据以产生的权利或财产具有所有权和支配权的人

　　B. 依照外国(地区)法律成立的合伙企业,实际管理机构不在我国境内,但在境内设立机构场所的,是我国企业所得税纳税人

　　C. 申请人可以向主管其所得税的县税务局申请开具《中国税收居民身份证明》

　　D. 主管税务机关无法准确判断居民身份的,应当及时报告上级税务机关。需要报告上级税务机关的,主管税务机关应当在受理申请之日起30个工作日内办结。

　　【参考答案】ABC

　　【解析】本题考查的政策要点是国家税务总局关于调整《中国税收居民身份证明》有关事项的公告(国家税务总局公告2019年第17号)。

33. 下列款项或报酬不应是特许权使用费,应为劳务活动所得( )。(用于1-7级测试)

　　A. 单纯货物贸易项下作为售后服务的报酬

　　B. 产品保证期内卖方为买方提供服务所取得的报酬

　　C. 专门从事工程等专业服务的机构或个人提供的相关服务所取得的款项

　　D. 专门从事咨询等专业服务的机构或个人提供的相关服务所取得的款项

　　【参考答案】ABCD

　　【解析】本题考查的政策要点是《国家税务总局关于执行税收协定特许权使用费条款有关问题的通知》(国税函〔2009〕507号)。

34. 下列情形中,中国居民可以申请启动相互协商程序的有( )。(用于1-7级测试)

A. 对居民身份的认定存有异议，构成双重居民身份

B. 对各项所得或财产的征免税或适用税率存有异议的

C. 对税收协定其他条款的理解和适用出现争议而不能自行解决的

D. 已经形成不同税收管辖权之间重复征税情形

E. 违反税收协定非歧视待遇（无差别待遇）条款的规定形成税收歧视的

【参考答案】ABCDE

【解析】本题考查的政策要点是国家税务总局关于发布《税收协定相互协商程序实施办法》的公告（国家税务总局公告2013年第56号）。

35. 缔约国一方企业在缔约国另一方仅由于（　　）活动的目的设立的具有准备性或辅助性的固定场所，不应被认定为常设机构。（用于1-7级测试）

    A. 仓储　　　　B. 展览　　　　C. 采购　　　　D. 信息收集

【参考答案】ABCD

【解析】本题考查的政策要点是国家税务总局关于印发《〈中华人民共和国政府和新加坡共和国政府关于对所得避免双重征税和防止偷漏税的协定〉及议定书条文解释》的通知。

36. 为支持海南自由贸易港建设，进一步提升离岛旅客购物体验，2023年新增加的海南离岛旅客免税购物提货方式包括（　　）。（用于8-11级测试）

    A. 在机场、火车站、码头指定区域提货

    B. 担保即提

    C. 即购即提

    D. 邮寄送达

    E. 岛内居民返岛提取

【参考答案】BC

【解析】《海关总署 财政部 税务总局关于增加海南离岛免税购物"担保即提"和"即购即提"提货方式的公告》（海关总署 财政部 税务总局公告2023年第25号）第一条的规定，离岛旅客凭有效身份证件或旅行证件和离岛信息在海南离岛免税商店（不含网上销售窗口）购买免税品时，除在机场、火车站、码头指定区域提货以及可选邮寄送达或岛内居民返岛提取方式外，可对单价超过5万元（含）的免税品选择"担保即提"提货方式，可对单价不超过2万元（不含）且在本公告附件清单内的免税品选择"即购即提"提货方式。

三、判断题

1. 依照中国法律在中国境内成立的合伙企业，其合伙人为税收协定缔约对方居民的，该合伙人在中国负有纳税义务的所得被缔约对方视为其居民的所得的部分，可以在中国享受协定待遇。　　　　　　　　　　　　　　　（　　）（用于1-7级测试）

【参考答案】√

【解析】根据《关于税收协定执行若干问题的公告》，依照中国法律在中国境内成立的合伙企业，其合伙人为税收协定缔约对方居民的，该合伙人在中国负有纳税义务的所得被缔约对方视为其居民的所得的部分，可以在中国享受协定待遇。

2. 非境内注册居民企业存放在中国境内的会计账簿和境内税务机关要求提供的报表等资料，可以选择使用中文。 （ ）（用于1-7级测试）

【参考答案】×

【解析】根据《关于印发〈境外注册中资控股居民企业所得税管理办法（试行）〉的公告》，非境内注册居民企业存放在中国境内的会计账簿和境内税务机关要求提供的报表等资料，应当使用中文。

3. 个人以受雇身份（雇员）从事劳务活动取得所得的征税原则，即一般情况下缔约国一方居民因雇佣关系取得的工资薪金报酬应在居民国征税。

（ ）（用于8-11级测试）

【参考答案】√

【解析】个人以受雇身份（雇员）从事劳务活动取得所得的征税原则，即一般情况下缔约国一方居民因雇佣关系取得的工资薪金报酬应在居民国征税，不在非居民国征税。

4. 纳税人同一笔合同需要多次对外支付的，备案人须在每次付汇前办理税务备案手续，但只需在首次付汇备案时提交合同（协议）或相关交易凭证复印件。

（ ）（用于1-7级测试）

【参考答案】×

【解析】根据《关于服务贸易等项目对外支付税务备案有关问题的补充公告》，境内机构和个人对同一笔合同需要多次对外支付的，仅需在首次付汇前办理税务备案。

5. 外国企业常驻代表机构，采取用经费支出换算收入计算企业所得税的，其经费支出不包括为其总机构垫付的不属于其自身业务活动所发生的费用。

（ ）（用于1-7级测试）

【参考答案】√

【解析】根据《外国企业常驻代表机构税收管理暂行办法》，代表机构的经费支出额包括：在中国境内、外支付给工作人员的工资薪金、奖金、津贴、福利费、物品采购费（包括汽车、办公设备等固定资产）、通信费、差旅费、房租、设备租赁费、交通费、交际费、其他费用等。不包括为其总机构垫付的不属于其自身业务活动所发生的费用。

6. 扣缴义务人每次与非居民企业签订涉及源泉扣缴事项的业务合同时，应当自签订合同（包括修改、补充、延期合同）之日起30日内，向其主管税务机关报送"扣缴企业所得税合同备案登记表"、合同复印件及相关资料。

（ ）（用于1-7级测试）

第六章 国际税收

【参考答案】×

【解析】根据关于《国家税务总局关于非居民企业所得税源泉扣缴有关问题的公告》的解读,按照国家税务总局关于印发《非居民企业所得税源泉扣缴管理暂行办法》的通知(国税发〔2009〕3号),此文已被本公告废止,以下称"原国税发〔2009〕3号文件"其第五条规定,扣缴义务人每次与非居民企业签订涉及源泉扣缴事项的业务合同时,应当自签订合同(包括修改、补充、延期合同)之日起30日内,向其主管税务机关报送"扣缴企业所得税合同备案登记表"、合同复印件及相关资料。本公告废止了该项规定,除自主选择在申报和解缴应扣税款前报送有关申报资料外,扣缴义务人不再需要办理该项合同备案手续。

7. 中国政府对外签署的一些双边税收协定或安排列有专门的教师和研究人员条款。按照税收协定教师和研究人员条款规定,来自缔约方的教师和研究人员符合规定条件的,可以在中国享受规定期限的免税待遇。 (   )(用于8-11级测试)

【参考答案】√

【解析】《国家税务总局关于执行税收协定教师和研究人员条款有关问题的公告》(国家税务总局公告2011年第42号):中国政府对外签署的一些双边税收协定或安排(以下统称税收协定)列有专门的教师和研究人员条款。按照税收协定教师和研究人员条款规定,来自缔约方的教师和研究人员符合规定条件的,可以在中国享受规定期限的免税待遇。

8. 非居民企业在中国境内未设立机构、场所而转让中国境内土地使用权,应以其取得的土地使用权转让收入总额作为土地使用权转让所得计算缴纳企业所得税。

(   )(用于1-7级测试)

【参考答案】×

【解析】根据《关于非居民企业所得税管理若干问题的公告》,非居民企业在中国境内未设立机构、场所而转让中国境内土地使用权,或者虽设立机构、场所但取得的土地使用权转让所得与其所设机构、场所没有实际联系的,应以其取得的土地使用权转让收入总额减除计税基础后的余额作为土地使用权转让所得计算缴纳企业所得税,并由扣缴义务人在支付时代扣代缴。

9. 非居民企业出租位于中国境内的房屋,并委托中国境内其他单位或个人对上述不动产进行日常管理的,其取得的租金收入应按税法规定源泉扣缴。

(   )(用于1-7级测试)

【参考答案】×

【解析】根据《关于非居民企业所得税管理若干问题的公告》,非居民企业出租位于中国境内的房屋、建筑物等不动产,对未在中国境内设立机构、场所进行日常管理的,以其取得的租金收入全额计算缴纳企业所得税,由中国境内的承租人在每次支付或到期应支付时代扣代缴。

如果非居民企业委派人员在中国境内或者委托中国境内其他单位或个人对上述不动产进行日常管理的，应视为其在中国境内设立机构、场所，非居民企业应在税法规定的期限内自行申报缴纳企业所得税。

10. 非居民企业不能享受小型微利政策。　　　　　　　（　）（用于1-7级测试）

【参考答案】√

【解析】根据《关于非居民企业不享受小型微利企业所得税优惠政策问题的通知》，《中华人民共和国企业所得税法》第二十八条规定的小型微利企业是指企业的全部生产经营活动产生的所得均负有我国企业所得税纳税义务的企业。

因此，仅就来源于我国所得负有我国纳税义务的非居民企业，不适用该条规定的对符合条件的小型微利企业减按20%税率征收企业所得税的政策。

11. 缔约国各方为促进本国社会或经济发展，根据国家政策和标准给予其国民的税收优惠，实质上属于歧视待遇的一种。　　（　）（用于8-11级测试）

【参考答案】×

【解析】根据《国家税务总局关于印发〈中华人民共和国政府和新加坡共和国政府关于对所得避免双重征税和防止偷漏税的协定〉及议定书条文解释的通知》（国税发〔2010〕75号）第二十三条规定，缔约国各方为促进本国社会或经济发展，根据国家政策和标准给予其国民的税收优惠，不应被理解为构成本条款意义上的歧视待遇。

12. 非居民纳税人享受税收协定待遇管理办法中所说的非居民纳税人，是指按照税收协定居民条款规定应为缔约对方税收居民的纳税人。（　）（用于8-11级测试）

【参考答案】√

【解析】《非居民纳税人享受协定待遇管理办法》（国家税务总局公告2019年第35号）规定，本办法所称非居民纳税人，是指按照税收协定居民条款规定应为缔约对方税收居民的纳税人。

13. 非居民纳税人发现不应享受而享受了协定待遇，并少缴或未缴税款的，应当主动向主管税务机关申报补税。（　）（用于8-11级测试）

【参考答案】√

【解析】《非居民纳税人享受协定待遇管理办法的公告》（国家税务总局公告2019年第35号）规定，非居民纳税人发现不应享受而享受了协定待遇，并少缴或未缴税款的，应当主动向主管税务机关申报补税。

14. 《税收协定相互协商程序实施办法》的中国居民，是指具有中国国籍的个人，以及依照中国法律成立的法人或其他组织。　　（　）（用于8-11级测试）

【参考答案】×

【解析】《税收协定相互协商程序实施办法》（国家税务总局公告2013年第56号）

第八条规定，本办法所称中国居民，是指按照《中华人民共和国个人所得税法》和《中华人民共和国企业所得税法》，就来源于中国境内境外的所得在中国负有纳税义务的个人、法人或其他组织。本办法所称中国国民，是指具有中国国籍的个人，以及依照中国法律成立的法人或其他组织。

15. 目前我国采用注册地标准和管理机构所在地标准来判定法人的居民身份。
（　　）（用于1-7级测试）

【参考答案】√

【解析】本题的考核点是跨国法人的居民身份判定标准。

16. 派遣人员在中国境内提供劳务，如果派遣企业对被派遣人员工作结果承担部分或全部责任和风险，通常考核评估被派遣人员的工作业绩，应视为派遣企业在中国境内设立机构、场所提供劳务。
（　　）（用于1-7级测试）

【参考答案】√

【解析】本题考核的政策要点是《国家税务总局关于非居民企业派遣人员在中国境内提供劳务征收企业所得税有关问题的公告》（国家税务总局公告2013年第19号）。

17. 境外投资者从中国境内居民企业分配的利润，用于境内直接投资暂不征收预提所得税政策的适用范围为所有非禁止外商投资的项目和领域。
（　　）（用于1-7级测试）

【参考答案】√

【解析】根据《关于扩大境外投资者以分配利润直接投资暂不征收预提所得税政策适用范围的通知》（财税〔2018〕102号），对境外投资者从中国境内居民企业分配的利润，用于境内直接投资暂不征收预提所得税政策的适用范围，由外商投资鼓励类项目扩大至所有非禁止外商投资的项目和领域。

18. 对于担任境内居民企业的董事、监事及高层管理职务的境外个人，无论是否在境内履行职务，取得由境内居民企业支付或者负担的董事费、监事费、工资薪金或者其他类似报酬，属于来源于中国境内的所得。
（　　）（用于1-7级测试）

【参考答案】√

【解析】本题考核的政策要点是《关于非居民个人和无住所居民个人有关个人所得税政策的公告》（财政部 税务总局公告2019年第35号）。

19. 非居民企业在中国境内承包工程作业或提供劳务的，应当在项目完工后30日内，向项目所在地主管税务机关报送项目完工证明、验收证明等相关文件复印件，并依据《税务登记管理办法》的有关规定申报办理注销税务登记。
（　　）（用于1-7级测试）

【参考答案】×

【解析】本题考核的政策要点是《非居民承包工程作业和提供劳务税收管理暂行办

法》(国家税务总局令第 19 号)。

20. 因申请人提交的信息不全等原因导致申请不具备启动相互协商程序条件的,省税务机关应直接拒绝受理。   (   )(用于 8—11 级测试)

【参考答案】 ×

【解析】《税收协定相互协商程序实施办法》(国家税务总局公告 2013 年第 56 号)第十五条规定,因申请人提交的信息不全等原因导致申请不具备启动相互协商程序条件的,省税务机关可以要求申请人补充材料。申请人补充材料后仍不具备启动相互协商程序条件的,省税务机关可以拒绝受理,并以书面形式告知申请人。

申请人对省税务机关拒绝受理的决定不服的,可在收到书面告知之日起十五个工作日内向省税务机关或税务总局提出异议申请(附件 2,需提供纸质版和电子版)。省税务机关收到异议后,应在五个工作日内将申请人的材料,连同省税务机关的意见和依据上报税务总局。

21. 对间接转让股权所得按规定应缴纳企业所得税的,依照有关法律规定或者合同约定对股权转让方直接负有支付相关款项义务的单位或个人为扣缴义务人。
                                          (   )(用于 1—7 级测试)

【参考答案】 √

【解析】本题考核的政策要点是《关于非居民企业间接转让财产企业所得税若干问题的公告》(国家税务总局公告 2015 年第 7 号)。

22. 股权转让方直接转让同一境外企业股权导致间接转让两项以上中国应税财产,涉及两个以上主管税务机关的,可选择任一所涉及的主管税务机关申报缴纳企业所得税。   (   )(用于 1—7 级测试)

【参考答案】 ×

【解析】本题考核的政策要点是《关于非居民企业间接转让财产企业所得税若干问题的公告》(国家税务总局公告 2015 年第 7 号)。

23. 境内机构和个人向境外单笔支付 5 万元以上应向所在地主管税务机关进行税务备案。   (   )(用于 1—7 级测试)

【参考答案】 ×

【解析】本题考核的政策要点是《关于服务贸易等项目对外支付税务备案有关问题的公告》(国家税务总局公告 2013 年第 40 号)。

24. 在境内、境外单位同时担任职务或者仅在境外单位任职的个人,在境内停留的当天不足 24 小时的,不计入境内工作天数。   (   )(用于 1—7 级测试)

【参考答案】 ×

【解析】本题考核的政策要点是《关于非居民个人和无住所居民个人有关个人所得税政策的公告》(财政部 税务总局公告 2019 年第 35 号)。

25. 无住所居民个人为外籍个人的，2022年1月1日前计算工资薪金收入额时，已经按规定减除住房补贴、子女教育费、语言训练费等八项津补贴的，不能同时享受专项附加扣除。（　　）（用于1—7级测试）

【参考答案】√

【解析】本题考核的政策要点是《关于非居民个人和无住所居民个人有关个人所得税政策的公告》（财政部 税务总局公告2019年第35号）。

26. 在两国主管当局达成一致意见之前，申请人不可以以书面方式撤回相互协商申请。（　　）（用于8—11级测试）

【参考答案】×

【解析】《税收协定相互协商程序实施办法》（国家税务总局公告2013年第56号）第十九条规定，在两国主管当局达成一致意见之前，申请人可以以书面方式撤回相互协商申请。申请人撤回申请或者拒绝接受缔约双方主管当局达成一致的相互协商结果的，税务机关不再受理基于同一事实和理由的申请。

27. 企业或者外国企业在中国境内设立的从事生产、经营的机构、场所与其关联企业之间的业务往来，应当按照独立企业之间的业务往来收取或者支付价款、费用；不按照独立企业之间的业务往来收取或者支付价款、费用，而减少其应纳税的收入或者所得额的，税务机关有权进行合理调整。（　　）（用于8—11级测试）

【参考答案】√

【解析】企业或者外国企业在中国境内设立的从事生产、经营的机构、场所与其关联企业之间的业务往来，应当按照独立企业之间的业务往来收取或者支付价款、费用；不按照独立企业之间的业务往来收取或者支付价款、费用，而减少其应纳税的收入或者所得额的，税务机关有权进行合理调整。

28. 居民个人控制的，或者居民个人和居民企业共同控制的设立在实际税负明显偏高的国家（地区）的企业，无合理经营需要，对应当归属于居民个人的利润不作分配或者减少分配。税务机关有权按照合理方法进行纳税调整。（　　）（用于8—11级测试）

【参考答案】×

【解析】有下列情形之一的，税务机关有权按照合理方法进行纳税调整：（一）个人与其关联方之间的业务往来不符合独立交易原则而减少本人或者其关联方应纳税额，且无正当理由；（二）居民个人控制的，或者居民个人和居民企业共同控制的设立在实际税负明显偏低的国家（地区）的企业，无合理经营需要，对应当归属于居民个人的利润不作分配或者减少分配；（三）个人实施其他不具有合理商业目的的安排而获取不当税收利益。税务机关依照前款规定作出纳税调整，需要补征税款的，应当补征税款，并依法加收利息。

四、简答题

1. 税务机关实施特别纳税调查，应当重点关注具备哪些特征的企业？（用于1-7级测试）

   【参考答案】

   税务机关实施特别纳税调查，应当重点关注具备如下特征的企业：

   （1）关联交易金额较大或者类型较多；

   （2）存在长期亏损、微利或者跳跃性盈利；

   （3）低于同行业利润水平；

   （4）利润水平与其所承担的功能风险不相匹配，或者分享的收益与分摊的成本不相配比；

   （5）与低税国家（地区）关联方发生关联交易；

   （6）未按照规定进行关联申报或者准备同期资料；

   （7）从其关联方接受的债权性投资与权益性投资的比例超过规定标准；

   （8）由居民企业，或者由居民企业和中国居民控制的设立在实际税负低于12.5%的国家（地区）的企业，并非由于合理的经营需要而对利润不作分配或者减少分配；

   （9）实施其他不具有合理商业目的的税收筹划或者安排。

2. 非居民企业在中国境内取得工程作业和劳务所得应缴纳的所得税，税务机关在哪些情况下可以指定工程价款或者劳务费的支付人为扣缴义务人？（用于1-7级测试）

   【参考答案】

   可以指定工程价款或者劳务费的支付人为扣缴义务人的情形包括：

   （1）预计工程作业或者提供劳务期限不足一个纳税年度，且有证据表明不履行纳税义务的；

   （2）没有办理税务登记或者临时税务登记，且未委托中国境内的代理人履行纳税义务的；

   （3）未按照规定期限办理企业所得税纳税申报或者预缴申报的。

3. 税收管辖权的行使有哪些情况？（用于1-7级测试）

   【参考答案】

   目前，各国对税收管辖权的行使主要有以下三种情况：

   （1）仅行使地域管辖权。这种情况下，一国只对来源于本国境内的所得行使征税权，其中包括本国居民的境内所得和外国居民的境内所得，但对本国居民的境外所得不行使征税权。

   （2）同时行使地域管辖权和居民管辖权。这种情况下，一国对本国居民的境内所得、境外所得，以及外国居民的境内所得这三类所得都行使征税权。其中，对本国居民境外所得征税依据的是居民管辖权，对外国居民在本国境内所得征税依据的是地域管辖权。目前我国采用的是这种方法。

(3) 同时行使地域管辖权、居民管辖权和公民管辖权。这种情况主要发生在个别强调本国征税范围的国家，其个人所得税除了行使地域管辖权和居民管辖权之外，还坚持行使公民管辖权。大多数国家在兼用居民（公民）管辖权和地域管辖权的同时，认同并遵循地域税收管辖权优先原则。

五、综合实务题

1. 我国居民企业新阳集团在境外 A 国设有分支机构甲公司，在 B 国设有分支机构乙公司，我国与 A、B 两国已缔结避免双重征税协定。2023 年，新阳集团境内应纳税所得额为 2 000 万元，境外甲公司税后所得 50 万元，已在 A 国缴纳所得税 10 万元，境外乙公司税后所得 21 万元，已在 B 国缴纳所得税 9 万元。新阳集团适用 25% 的企业所得税税率，企业历年来只有这两处境外所得。请依据我国境外抵免政策，分别采用"分国不分项"或是"不分国不分项"方法，测算其可抵免境外所得税税额和抵免限额，不考虑其他税种，以当年应缴所得税金额判断企业选择哪种抵免方法更有利。（用于 8 – 11 级测试）

【参考答案】

企业依据我国税法计算的境内、境外所得应纳企业所得税额：应纳税额 =（2 000 + 60 + 30）× 25% = 522.5（万元）

（1）"分国不分项"方式可抵免境外所得税扣除限额

A 国扣除限额 = 522.5 × 60 ÷（2 000 + 60 + 30）= 15（万元）

B 国扣除限额 = 522.5 × 30 ÷（2 000 + 60 + 30）= 7.5（万元）

企业在 A 国实际缴纳企业所得税 10 万元，小于扣除限额 15 万元，可全额扣除。企业在 B 国实际缴纳企业所得税 9 万元，大于扣除限额 7.5 万元，只能扣除 7.5 万元，超过部分"从次年起在连续五个纳税年度内，用每年度抵免限额抵免当年应抵税额后的余额进行抵补"。

企业在国内应缴企业所得税额 = 522.5 – 10 – 7.5 = 505（万元）

（2）"不分国不分项"方式可抵免境外所得税扣除限额

企业全部境外所得扣除限额 =（60 + 30）× 25% = 22.5（万元）

企业在 A 国、B 国实际缴纳企业所得税 19 万元，小于"不分国不分项"方式计算的境外可抵免扣除限额 22.5 万元，可全额抵免。

企业在国内应缴企业所得税额 = 522.5 – 10 – 9 = 503.5（万元）

以当年应缴所得税金额应选择"分国不分项"方式。

2. 甲公司为一家注册在香港的公司，甲公司通过其在开曼群岛设立的特殊目的公司 SPV 公司，在中国境内设立了一家外商投资企业乙公司。SPV 公司是一家空壳公司，自成立以来不从事任何实质业务，没有配备资产和人员，也没有取得经营性收入。甲公司及其子公司相关股权架构示意如图 6 – 1 所示，持股比例为 100%。

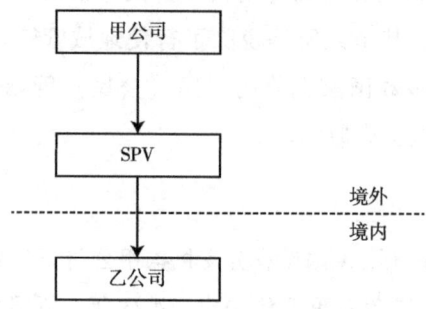

图 6-1 甲公司及其子公司相关股权架构

乙公司于 2023 年发生了如下业务。

（1）5 月 5 日，通过 SPV 公司向甲公司分配股息 1 000 万元。

（2）7 月 15 日，向甲公司支付商标使用费 1 000 万元、咨询费 800 万元，7 月 30 日，向甲公司支付设计费 5 万元。甲公司未派遣相关人员来中国提供相关服务。

（3）12 月 20 日，甲公司将 SPV 公司的全部股权转让给另一中国居民企业丙公司，丙公司向甲公司支付股权转让价款 8 000 万元。

（其他相关资料：假设 1 美元折合 6.5 元人民币）

要求：根据上述资料，按照下列序号回答问题，如有计算需计算出合计数。（用于 8-11 级测试）

（1）计算乙公司向 SPV 公司分配股息时应代扣代缴的企业所得税。

（2）计算乙公司向甲公司支付商标使用费、咨询费、设计费应代扣代缴的增值税。

（3）计算乙公司向甲公司支付商标使用费、咨询费、设计费应代扣代缴的企业所得税。

（4）指出乙公司上述对外支付的款项中，需要办理税务备案手续的项目有哪些，并说明理由。

（5）判断甲公司转让 SPV 公司的股权是否需要在中国缴纳企业所得税并说明理由。

【参考答案】

（1）应代扣代缴的企业所得税 = 1 000 × 10% = 100（万元）

按照《企业所得税法》及其实施条例的规定，实行源泉扣缴的非居民企业取得的股息、红利等权益性投资收益，减按 10% 的税率征收企业所得税。

（2）应代扣代缴的增值税 = (1 000 + 800 + 5) ÷ (1 + 6%) × 6% = 102.17（万元）

扣缴义务人按照规定公式和适用税率计算应扣缴税额。

应扣缴税额 = 购买方支付的价款 ÷ (1 + 税率) × 税率

（3）应代扣代缴的企业所得税 = 1 000 ÷ (1 + 6%) × 10% = 94.34（万元）

非居民企业取得利息、租金、特许权使用费所得应缴纳增值税的，在计算缴纳企业所得税时，应以不含增值税的收入全额作为应纳税所得额。

由于甲公司未派遣相关人员来中国提供咨询和设计相关服务，所以咨询费和设计费不属于来源于中国的所得，不需要在我国缴纳企业所得税。

（4）乙公司对外支付的股息、商标使用费、咨询费需要办理税务备案手续。

理由：境内机构和个人向境外单笔支付等值5万美元以上（不含等值5万美元）的外汇资金，除无须进行税务备案的情形外，均应向所在地主管税务机关进行税务备案。

5万美元＝5×6.5＝32.5万元人民币，乙公司对外支付的股息、商标使用费、咨询费均高于32.5万元人民币，也就是高于5万美元，应当办理税务备案手续。

（5）需要在境内缴纳企业所得税。

理由：非居民企业通过实施不具有合理商业目的的安排，间接转让中国居民企业股权等财产，规避企业所得税纳税义务的，应按照《企业所得税法》的有关规定，重新定性该间接转让交易，确认为直接转让中国居民企业股权等财产，应在中国境内缴纳企业所得税。

3. 中国居民企业A（企业所得税税率为25%）持有甲国B公司40%股权，甲国的所得税税率为10%。2023年B公司实现应纳税所得额为4 000万元，在甲国缴纳企业所得税400万元。B公司决定向股东分配2 500万元的税后利润，A公司分得1 000万元，并按照甲国的预提所得税税率缴纳了50万元的预提所得税，实际获得950万元的股息所得。A公司为进行对B公司的投资，当年发生的管理费用为20万元。

要求：根据上述资料，按照下列序号回答问题，如有计算需计算出合计数。（用于8－11级测试）

（1）A公司来自B公司的股息所得，是否符合间接抵免条件，请说明理由。

（2）请计算A公司来自B公司的股息所得直接缴纳和间接负担的税额。

（3）请计算A公司来自B公司股息所得调整后的应纳税所得额。

（4）请计算A公司来自B公司的股息所得在我国应补缴的企业所得税税额。

【参考答案】

（1）间接抵免条件：直接或者间接持股方式合计持股20%以上（含）。A公司来自B公司的股息所得，符合间接抵免条件，因为A公司对B公司的直接持股比例超过20%。

（2）A公司直接缴纳的来自B公司股息的预提所得税为50万元。B公司所纳税额属于由A公司负担的部分（本层企业就利润和投资收益所实际缴纳的税额＋符合规定的由本层企业间接负担的税额）×本层企业向一家上一层企业分配的股息（红利）÷本层企业所得税后利润额＝400×1 000÷3 600＝111.11万元。

A公司来自B公司的所得直接缴纳和间接负担的税额＝50＋111.11＝161.11（万元）。

（3）A 公司来自 B 公司股息所得调整后的应纳税所得额 = 境外股息、红利税后净所得 + 该项所得直接缴纳和间接负担的税额之和。计算企业应纳税所得总额时已按税法规定扣除的有关成本费用中与境外所得有关的部分进行对应调整扣除 = 950 + 161.11 − 20 = 1 091.11 万元。

（4）抵免限额 = 1 091.11 × 25% = 272.78（万元）

按照直接缴纳和间接负担的税额 161.11 万元抵免需补缴税款，等于 272.78 − 161.11 = 111.67 万元。

第七章 收入规划核算

★ 知识要点归纳

第一节 收入规划

一、收入规划工作的意义和原则

(一) 收入规划工作的意义

税收收入规划是围绕税务部门征收税款目标进行的一项专业性较强的工作,是对长中短期税收目标的一种总体安排设计。

做好收入规划工作是确保财政收入稳定增长的重要举措,是保证税收调节经济、调节分配作用得以发挥的客观需要,是维护我国市场经济秩序的重要方面。

(二) 收入规划工作的原则

收入规划工作要坚持依法治税、从经济到税收和实事求是的原则。

二、新型收入规划管理体系

(一) 新型收入规划管理体系的内涵

新型收入规划管理体系是新时期我国经济发展对税务部门税收职能充分发挥的客观需要,包括内部收入规划管理和外部收入规划管理两个方面。

内部收入规划管理,是指从税务机关内部的税收收入管理角度出发,通过分解各级税务机关组织收入工作步骤,并对每个环节工作采用科学的方法,严密的规划组织,从而达到对各环节更加有效的管理。

外部收入规划管理,是指税收规划与经济发展之间的关系研究。税务部门通过定期或专项的方式开展广泛的经济税收调查,将调查了解到的经济社会信息与税务机关内部掌握的大数据进行关联比对分析,通过各种数理统计等技术方法,对各行业、各区域多维度经济税收发展趋势进行预测,对不同的经济税收宏观和微观政策运用各种模型进行方向趋势和力度大小的测度，从而得出最优化的长中短期政策方案，并向上级部门和政府主要领导汇报，为各级政府进行经济决策服务，从而实现对经济社会发展的有效推动。

（二）新型税收收入管理目标

新型税收收入管理主要实现以下4项工作目标：一是强化税务机关完成预算的能力；二是提高税务机关统筹收入的自主性；三是增强组织收入工作的科学性；四是提升税收管理效率和收入增长质量。

（三）新型税收收入管理内容

新型税收收入管理有4个重要的环节，包括：客观地"定"、科学地"分"、合理地"调"、准确地"考"。

1. 税收收入管理的"定"

客观地"定"，是指税务机关应当根据管辖领域内经济发展客观情况，综合考虑税收政策和税收征管等因素，有根据地提出税收收入预期目标，实事求是地开展组织收入工作。过高的目标在实际执行过程中往往引发违反组织收入原则的情况，带来税收执法风险，而过低的目标则容易淡化收入目标，不利于充分调动组织收入工作的积极性。

2. 税收收入管理的"分"

科学地"分"，是指税务机关内部将组织收入工作科学合理地分解到各个层级和每个层级中的各个相关业务部门，从而形成组织收入合力。既将任务下达到下一级税务机关，同时又将任务分解到各个横向部门，从而形成上下左右各方共担组织收入目标的工作局面。

3. 税收收入管理的"调"

合理地"调"，是指上级税务机关对下级税务机关下达税收目标后，在整体税收目标保持基本稳定的情况下，对有增收潜力的地区与收入缺口较大地区税收目标进行相应有增有减的调整，或在总体目标受到各种不确定因素影响的情况下，根据客观实际情况对总量进行适度调整的一系列收入目标管理活动。

4. 税收收入管理的"考"

准确地"考"，是指通过目标考核对承担组织收入目标的组织或个人目标完成情况，结合主观努力程度相关质量评判指标进行科学评价，以鼓励先进鞭策落后的制度设计。

三、收入规划管理要求和制度保障

（一）收入规划管理要求

要建立"预测预期——目标确定——过程监控——结果评价"的闭环收入管理机

制,实现"客观地定、科学地分、合理地调、准确地考",最终达到对税收收入科学有效统筹调控。

(二) 收入规划管理制度保障

要建立5个方面的制度,实现税收收入管理体系的良性运转。在坚持组织收入原则的前提下,适应税收新常态的工作需要,以行业税源分析监控为基础,以组织收入目标为引领,以收入质量考核为抓手,以横向纵向统筹协调为机制,以信息化数据平台为支撑,实现税收收入"量质齐升"。

第二节 税收分析

一、税收分析的概念及表现形式

(一) 税收分析的概念

税收分析,是税务机关研究解决与税收有关的经济社会问题的重要途径和方法,通过收集和整理内部税收数据,结合外部信息,运用一定的经济税收理论和技术方法,查找规律和问题,作为上级领导和政府部门了解经济税收形势、提供研究税制、制定宏观经济政策和加强税收征管的依据,并提出改进措施,服务经济社会发展的一项综合性税收工作。

随着我国国民经济的持续稳定增长和经济发展方式的逐步优化,对税收收入的管理要求不断提高,税收分析在税务部门加快税收现代化进程,全面推进税制改革,提高税收征管效能,服务经济社会发展以及参与国际税收合作等方面的重要性日益凸显。

(二) 税收分析的表现形式

税收分析在表现形式上既注重通过税收分析查找问题的过程本身,同时也注重通过实践找到解决问题的方法,总结经验,为领导决策服务,并将经验通过分析报告的形式予以推广,从而形成良性循环。

二、税收分析机制

税收分析机制的搭建是做好税收分析工作的基本体制保障。科学、高效的税收分析运行机制,就是围绕税收形势分析、税收风险分析、政策效应分析、经济运行分析等4类分析内容,在打造完备的信息数据体系的基础上,运用定性和定量的分析方法,明晰各部门、各层级的分析职责,构建横向分工协作、纵向紧密联动的分析制度和各种闭环工作流程，促进税收分析制度化、系统化、科学化的形成，为不断打造税收分析的拳头产品奠定坚实的基础。

（一）横向税收分析机制

横向税收分析机制，可以根据各地实际工作情况选择由收入规划核算部门与横向职能部门联合牵头、其他部门配合的办法建立，也可以由有关税收职能部门牵头、收入规划核算部门和其他职能部门配合的办法实施。总体上，以有利于各类税收分析工作开展并能最大限度地发挥人力资源整合效能为标准，通过季度税收分析例会或讲评会等形式，实现税收分析工作的持续改进和良性循环。

（二）纵向税收分析机制

纵向税收分析机制，实行层级管理，分为税务总局、省局、市局和区县局4级。上级税务机关负责对下级税务机关税收分析工作进行指导和监督，下级税务机关要按照上级税务机关的要求开展税收分析工作，并反馈税收分析的具体执行情况。

三、税收分析内容

税收分析作为实现税收职能的工具和方法，包括4个方面内容，即税收形势分析、税收风险分析、税收政策效应分析和经济运行分析。

（一）税收形势分析

税收形势分析，主要是通过对税收走势的研判，从宏观上准确剖析收入增减变化原因，客观反映计划执行中存在的问题，提出加强组织收入工作的措施。

（二）税收风险分析

税收风险分析，是运用税收与经济运行中的宏观微观数据，开展关键指标比对，发现税收征管和纳税遵从中存在的风险点，指引征管资源的合理配置，为组织收入服务。

（三）税收政策效应分析

税收政策效应分析，是从事前、事中和事后密切跟踪税制改革和税收政策变动的实施情况，测算税收政策变动对经济、税收的定量影响，提出调整和优化建议。

（四）经济运行分析

经济运行分析，是利用税收大数据优势，从税收角度观察和反映国家经济运行状况,把握经济发展方式转变进程,揭示税源发展中值得关注的问题,为各级党委、政府决策提供意见和建议。

四、税收分析方法

税收分析方法包括对比分析法、因素分析法以及数理统计分析法等方法。

(一) 对比分析法

对比分析法,是将实际数与基数进行对比,计算实际数与基数的差异,分析形成差异的原因,借以了解经济活动的成绩和问题的一种分析方法。

分析时,对比的指标可以是绝对数,也可以是相对数,比较标准包括本期计划数、实际完成数、国内外同行业企业同类指标的先进水平或平均水平等。

对比分析法只适用于同质指标的对比。从税收上看,常见做法主要是通过各项税收指标之间或者税收与经济指标之间的对比来描述税收形势、揭示收入中存在的问题。税收数据的对比分析通常包括规模、结构、增减、进度、关联税种等方面的对比分析,税收与经济的对比分析主要采用税负和弹性两种方法。

(二) 因素分析法

因素分析法,是指从数量方面研究计算经济现象变动中诸因素的影响程度的一种分析方法。

从经济、政策、征管以及特殊因素等方面对税收、税源进行分析。其中,经济因素包括经济规模、产业结构、企业效益以及产品价格等变化情况;政策因素主要是指税收政策调整对税收、税源的影响;征管因素主要包括加强税源管理和各税种管理、清理欠税、查补税款等对税收收入的影响;特殊因素主要是一次性、不可比的增收、减收因素。

因素分析法是统计分析方法之一,是指当某经济指标同时受两个或两个以上因素变动影响时,分析各因素对该指标变动的影响方向和程度,以便找出主要因素,抓住主要矛盾。因素分析法在税收分析中有着非常重要的作用。首先,可及时反映经济变化对税收收入的影响程度;其次,用因素分析法进行税收分析,可以确定税收收入增长和减少的主要原因;最后,利用因素分析法可以从众多影响税收收入的税源因素中找出主要因素。

(三) 数理统计分析法

数理统计分析法,是运用相关分析、一元或多元回归分析、时间序列分析等数理统计理论和方法,借助先进统计分析工具,利用历史数据,建立税收分析预测模型,对税收与相关影响因素的相关关系进行量化分析的方法。

1. 相关分析

相关分析是指两个事物之间存在一定关系，这种关系可能是同向关系，也可能是反向关系，可以是确定性相关，也可以是关联相关。

两个事物间的相关性可以通过制作散点图来大致判定是线性相关还是非线性关系。对其相关强度可以通过相关系数来进行数量测定，通常说相关系数是相关分析的测度工具。

2. 一元线性回归分析

进行回归分析时，首先需要确定哪个变量是因变量，哪个变量是自变量。在回归分析中，被预测或被解释的变量称为因变量，用 Y 表示。用来预测或解释因变量的一个或多个变量称为自变量，用 X 表示。当回归中只涉及一个自变量时称为一元回归，若因变量 Y 与 X 之间为线性关系，则称为一元线性回归。

第三节　税收会计

一、税收会计概述

税收会计，是指运用会计方法和手段，对税收业务进行全面、综合、连续、系统的核算反映与监督的税收管理活动。

（一）税收会计工作的主要任务

税收会计工作的主要任务包括4个方面：一是组织税收会计核算，记录和反映税收业务活动，提供税收会计信息；二是加强税收缴库、退库、调库业务管理，保障税款安全；三是实施税收会计监督，规范税收业务行为；四是开展税收会计分析，反映税收、经济运行情况，服务税收决策。

（二）税收会计核算对象

税收会计核算的对象是税收资金及其运动，即税务部门组织征收的各项收入的应征、征收、减免、欠缴、入库和提退等运动的全过程。这里的税收资金既包括税务部门负责征收的各项收入，也包括税务部门负责征收的其他收入。

税收资金的形态可以分为资金来源和资金占用两类。

1. 税收资金的来源形态。税收资金的来源形态是指税收资金形成的具体渠道，包括应征税金、多缴税金和暂收款。

2. 税收资金的占用形态。税收资金的占用形态是指税金形成以后的存在形态，具体有待征税金、待解税金、在途税金、减免税金、入库税金、提退税金、损失税金和保管款等形态。

（三）税收会计核算

税收会计核算应当以实际发生的税收业务为依据，收集和填制会计凭证，登记会计账簿，编制会计报表，对申报、查补、评估、征收、减免、缓征、缴库、退库、调库等税收业务进行全面的记录和反映。

税收会计核算应当坚持客观性、相关性、连续性原则。

1. 税收会计科目

税收会计科目应当根据税收管理的实际需要设置。总账科目、基本明细科目的名称、编号、核算内容及其使用方法由国家税务总局统一规定。

2. 税收会计原始凭证

税收会计原始凭证按其反映的税收业务内容的不同分为应征凭证、减免凭证、征解凭证、入库凭证、提退凭证和其他凭证等类别。

3. 税收会计记账凭证

税收会计记账凭证是根据原始凭证及有关资料编制的、直接凭以登记会计账簿的依据。具备记账凭证基本要素的原始凭证，可作为记账凭证使用。

4. 税收会计账簿

税收会计账簿是以会计凭证为依据，按照会计科目，运用会计账户形式，全面、系统和连续地记录税收资金运动情况的簿籍。它是编制会计报表的主要依据。税收会计账簿包括总账、明细账、日记账和其他辅助性账簿。

5. 税收会计报表编制

税收会计报表应当依据会计账簿和有关资料，按照税收会计资料归类汇总的要求编制。

税收会计报表一般包括日报、月报、年报等，除国家税务总局确定编制周期的报表外，其他报表的具体编制周期由各省税务机关确定。

6. 税收会计对账

税收会计应当按日、月和年终进行税务机关与金库的对账工作。将税务机关税收入库数据信息与国库预算收入日报表数据进行核对。税收入库数据信息与国库提供的库报数据要达到3个一致，即一是预算科目的目级科目一致；二是预算级次一致，包括中央、省、市、县4级；三是数据一致，对账精度到角分。

7. 税款账户管理

税款账户是指要办理开户手续、账户由税务机关掌控的账户。银行在"待结算财政款项"科目下专设的用于归集税款的科目，不属于税款账户。

未经国家税务总局和财政部批准，不得开设任何税款过渡账户。目前，经国家税务总局和财政部批准开设的税款账户有两种：一是"税务待缴库资金账户"；二是"税务代保管资金账户"。

二、税收票证

（一）税收票证的概念

税收票证，是指税务机关、扣缴义务人依照法律法规，代征代售人按照委托协议，在征收税款、基金、费、滞纳金、罚没款等各项收入（以下统称"税款"）的过程中，开具的收款、退款和缴库凭证。

税收票证是纳税人实际缴纳税款或者收取退还税款的法定证明。

（二）税收票证的种类和适用范围

税收票证包括税收缴款书、税收收入退还书、出口货物劳务专用税收票证、税收完税证明、印花税专用税收票证以及国家税务总局规定的其他税收票证。

税收票证应当按规定的适用范围填开，不得混用。税收票证应当使用中文印制。民族自治地方的税收票证，可以加印当地一种通用的民族文字。各级政府部门委托税务机关征收的各种基金、费可以使用税收票证。

（三）税收票证的使用管理

税收票证的使用管理包括领发、保管、开具、作废、结报缴销、销毁和其他使用管理。

（四）税收票证的监督管理

税收票证的监督主要针对票证使用中的关键环节实施监督检查，如移交、核算、审核、归档和销毁等。

三、欠缴税金核算

（一）欠缴税金按发生时间核算

纳税人发生的欠缴税金根据所属期按2001年5月1日划分为前后两大部分进行反映。对于2001年5月1日之前发生的欠缴税金，单设"待清理呆账税金"账外科目专项核算反映。对于2001年5月1日之后发生的欠缴税金，全部并入"待征"类总账科目核算。

"待征"类总账科目下按"关停企业欠税""空壳企业欠税""未到期应缴税款""缓征税款""本年新欠""往年陈欠"6类明细科目分类核算。

(二) 欠缴税金按风险类型核算

根据每笔欠缴税金相关信息和纳税人财务指标,将欠缴税金(指本年新欠、往年陈欠和关停及空壳欠税)分为低风险欠缴、中风险欠缴、高风险欠缴和高危欠缴4类。

各税收会计核算单位应在账外设置"欠缴税金分风险类别登记簿",分户、分欠缴税金风险类别登记反映纳税人欠缴税金变动情况。

依据"欠缴税金分风险类别登记簿"及税收会计核算内容,设置欠缴税金风险评价指标,主要包括新欠发生率、欠税追征率、欠税比重、欠税综合管控能力等评价指标。

四、减免税金核算

税收会计减免税核算是按照减免税政策及条款项目设置会计科目,通过申报表和收入退还书等原始凭证采集数据,完整、详细、及时地反映和监督减免税业务的税收管理活动。

(一) 减免税核算范围

税收会计核算的减免税是指在既定税制框架下,国家对特定纳税人或特定经济行为,实行照顾性或激励性政策而发生的减税或免税。

税收会计核算的减免税政策实行减免税政策库管理。以下内容不纳入减免税政策库,不进行减免税核算:税前扣除、低税率、不征税等基本税制安排;分期纳税等不减少应缴税金总额的优惠政策;出口退税政策;具有减税效果的新税制安排;非税务机关执行的减免税政策;国家税务总局规定的其他政策。

(二) 减免税核算内容

税务机关应当设置减免税总账科目及明细科目,对减免税业务办理情况进行核算反映。总账科目名称为"减免税金",明细科目按照"纳税人识别号""收入种类""减免类型""减免性质"分别设置。

1. "纳税人识别号"明细科目按税务机关登记的纳税人识别号设置,分户核算纳税人享受减免税情况。

2. "收入种类"明细科目按税(费)种类设置,核算不同税(费)种类的减免税情况。

3. "减免类型"明细科目按减免税业务办理类型,分别设置"征前减免""退库""抵扣欠税"细目,核算不同业务类型办理的减免税情况。

第四节 税收统计

一、税收统计概述

(一) 税收统计的概念和对象

税收统计是社会经济统计的一个重要组成部分,它是根据税收工作的要求,按照统一的制度和方法,从税收经济现象的数量方面反映税收活动及所涉及的社会经济活动情况的一种专业统计。

税收统计研究的对象主要有3类:一是税收数据,包括纳税登记、纳税申报数据,以及应征、待征、入库、减免等税收资金核算数据;二是税基数据,主要包括国内生产总值(GDP)、国民生产总值(GNP)、国民收入、社会消费品零售总额、全社会固定资产投资、价格指数、规模以上工业企业利润额、金融机构存贷款余额、货运周转量、客运周转量等经济指标,或主营业务收入、利润总额等反映企业经营状况和个人收入状况的税源指标;三是由以上两类数据衍生的增量、增幅、弹性、税负等税收统计指标。

(二) 税收统计的特点

1. 数量性

税收统计是从税务现象的数量变化来研究税务工作的发展变化规律的。因此,税收统计工作离不开对税收数量特征的加工整理和分析研究。进行数量分析,是社会经济统计的首要特点,也是税收统计的首要特点。

2. 具体性

税务统计所研究的数量都有其具体的社会经济内容,即每一个数据都是在一定时间、地点和条件下的量,不是空洞、抽象的数字。

3. 综合性

税收来源于国民经济各部门、各行业和各种企业类型等,涉及社会经济的各个领域,税收税源的增减变化以及税收收入结构比重的变化,都能综合反映国民经济和社会发展的变化情况,如国民经济产业结构调整、产品结构的变化等。

4. 以税法为依据

税收统计在指标设置、指标口径、计算方式上都要以税收法规为依据。

5. 灵活及时

税收统计运用它特有的灵活调查和反映方法,可以随时有针对性地展开专题调查,及时反映税收工作某方面的详细情况。

6. 与税收会计关系密切

税收统计与税收会计在核算对象、数据来源等方面有着密切的联系。税收资金运动既是税收会计核算的对象，也是税收统计研究的主要对象。税收会计所使用的原始凭证，也是税收统计数据的主要来源依据；税收统计中的税收收入口径与税收会计核算的入库税金口径完全一致等。

(三) 税收统计的任务和要求

1. 税收统计的任务

税收统计的基本任务是进行统计调查、统计整理、统计分析，提供统计资料，实行统计监督，反映经济税源发展变化情况以及税收政策的实施效果。

2. 税收统计的基本要求

税收统计的基本要求与税收会计编写的要求一致，"资料完整、数据准确、口径统一、报送及时"也是税收统计的基本要求。

(四) 税收统计的工作过程

一般来说，税收统计工作过程大致可分为以下 4 个步骤。

1. 设计

在进行税收统计工作之前必须有一个周密的设计。设计是围绕统计对象（主要是涉税数据），按照工作目的和要求，对进行的统计工作所做的全面设想。设计的主要内容包括确定调查对象、调查单位、调查内容和调查方法等。设计是税收统计工作中重要的一环，也是指导以后工作的依据。

2. 统计资料收集

遵循统计学原理采取必要措施得到准确可靠的统计资料。及时、准确、完整是收集统计资料的基本原则。

3. 统计资料整理

整理资料的目的就是通过科学的分组归类，使统计资料系统化、条理化，成为反映各特定内容的综合性资料，便于进一步计算统计指标和开展统计分析。

4. 统计分析

运用统计资料对统计内容进行概括、评价、推断、预测，及时反映有关经济活动的动态和规律，对税收活动进行调节监督，为加强税收征收管理提供决策信息。

税收统计工作的上述 4 个步骤紧密相连、不可分割。

(五) 税收统计调查

税收统计调查是指根据税收工作要求，按照预定的调查内容和方法，有组织、有计划地搜集各种统计资料的过程。根据搜集资料的组织方式不同，税收统计调查可分为税收统计报表调查和税收统计专门调查两种。

1. 税收统计报表调查

税收统计报表调查是为了定期取得系统、全面的基本统计资料，按照统一规定的时间、表式、指标和口径要求，自上而下统一布置、自下而上提供统计资料的一种调查方式方法。目前，它是税务机关搜集（或取得）统计资料的主要形式。

2. 税收统计专门调查

税收统计专门调查是指根据特定的目的和要求而专门组织的一种收集统计资料的调查形式。它是对定期报表中没有反映，或反映不全，或反映不够详细的情况所作的调查，包括各种普查、重点调查、抽样调查和典型调查等，多属一次性调查。

（六）税收统计资料整理

税收统计资料的整理是指按照一定的要求，把搜集到的各种统计资料进行科学的分组归类，使之系统化和条理化，成为反映各特定内容的综合性资料的过程。统计资料的整理和加工，是进行统计分析的基础。

税收统计资料的整理原则主要包括系统性、可比性、实用性、以现有资料为依据等。出现与前期资料分组口径不同时，必须在当期整理的统计资料中逐项加以说明，以免在使用资料时发生错误。

常用的税收统计资料分组方法主要有：按税种、地区、企业类型、时期、城乡、行业、重点项目、税目或重点产品分组等。

二、税收报表指标体系

税收报表指标体系，包括税收基础报表指标和税收分析报表指标两部分。

税收基础报表指标，具体包括税收会计类、税收统计类、货物劳务税类、所得税类、财产行为税类、国际税收类、征管类、经济基础类等。

税收分析报表指标，具体包括税收分析表、税源分析表、税收经济分析表、专题分析表等。

三、常用统计分析指标

税收统计分析指标有多种分类，常用的主要有两类：一是税收构成指标；二是税收相对指标。

（一）税收构成指标

研究税收总体特征时，除了要了解掌握总量情况，还需要研究税收总体内部的组成部分，对其每个部分构成情况进行分析，这就需要计算税收构成比例，各类组成分类构成比例称为税收构成指标。如各税种收入占总体收入的比重，某个税种收入同比增收贡献度等。

（二）税收相对指标

税收相对指标包括税收同比、环比、完成进度、税负率（宏观、中观和微观）、税收增长弹性等各项指标体系。

1. 当月税收同比增长幅度

当月税收同比增长幅度是指当月税收收入与去年同期当月税收收入完成情况之差与去年同期当月税收收入完成情况的比值。该指标是最常用的当月税收相对指标之一。

2. 当月税收环比增长幅度

当月税收环比增长幅度是指当月税收收入与当年上月税收收入完成情况之差与当年上月税收收入完成情况的比值。该指标常用在同比增长幅度之后，同时加以表述，用以描述税收的短期增减趋势。

3. 累计税收同比增长幅度

累计税收同比增长幅度是指累计税收收入与去年同期累计税收收入完成情况之差与去年同期累计税收收入完成情况的比值。该指标常用在当月税收同比增长幅度之后，用以表示税收收入增减变化的中长期趋势。当月税收相对指标有时波动比较大，但如果通过累计增幅观察，税收走势就会平缓和清晰得多，对于观察中长期趋势有较好的作用。

累计税收通常不做环比增长比较，因为在以年为单位进行相对比较时，同比与环比的计算结果是相同的。

4. 税收平均增长速度

税收平均增长速度常用几何平均数计算。几何平均数是 n 个变量值乘积的 n 次方根，通常用 G 表示。

5. 税收计划完成程度

税收计划完成程度是税收收入在某时期内实际完成数与计划数值对比的结果，该指标可以通过对本期实际与计划数对比分析，得到税收计划完成程度的相对指标，一般用百分数来表示。

6. 税负率指标

税负率也称税收负担率，是指纳税人承受国家税收的状况或量度，反映一定时期内社会产品在国家与纳税人之间的税收分配数量关系。在考察税收负担水平时，可以从宏观、中观和微观 3 个不同层次进行考察。

（1）宏观税负率。从宏观看，就是把税收作为一个整体来考察，或者说考察整个国民经济的税收负担水平。这种反映一国或一地区总体税收负担水平的指标，被称为宏观税负。宏观税负的高低，表示政府在国民经济总量分配中集中程度的大小，同时也表示政府社会经济职能及财政功能的强弱。宏观税负的高低既是制定各项具体税收政策的重要依据，也是各项具体税收政策实施的综合体现。当前国际上通用的宏观税负指标是一国或一地区一定时期内（通常为一年）税收收入总额与国内生产总值（GDP）的比值。

（2）中观税负率。中观税负率是指一定地区或某个行业或国民经济某一部门的纳税人所缴纳的税收占同期该地区、该行业或部门经济产出的比重。如制造业税负率、化学制品业税负率。

（3）微观税负率。微观税负率是指某一纳税人在一定时期或某一经济事件过程中，所缴纳的税收占同期或该事件的经济收入的比重。目前，国家税务总局和各省市税务机关使用的考察微观税负的指标比较多，这些指标或是直接测算各类税负，或是通过考察微观企业生产经营的主要状况来侧面反映税收负担的状况，均利用税收征管数据和外部信息加工而成。

7. 税收增长弹性

税收增长弹性是指税收收入对经济增长的反应程度，在给定税制不变的情况下，一般表示为税收收入的变化率和 GDP 变化率之比。

8. 其他经济术语

在各类相对指标中，经济部门也经常会用到发展水平、平均发展水平、发展速度、环比发展速度、增长速度、环比增长速度。

（1）发展水平。发展水平是指时间序列中各时间上所对应的指标数据，它反映某种社会经济现象在一定时间所达到的规模和水平。如 2019 年某省税收完成 3 000 亿元，3 000 亿元就代表该省目前的发展规模和水平。

（2）平均发展水平。平均发展水平是将不同时间的发展水平加以平均而得到的平均数。在实际应用中这一指标的使用相对较少。

（3）发展速度。发展速度是反映经济现象发展变化快慢的动态相对指标，它是根据两个不同时间的发展水平对比求得的。结果一般用百分数表示。

（4）环比发展速度。环比发展速度是报告期发展水平与前一期发展水平之比。

（5）增长速度。增长速度是表明经济现象增长快慢的动态相对指标，它是根据增长量与基期水平对比求得的，用以说明报告期发展水平比基期发展水平增长了多少。

（6）环比增长速度。环比增长速度是报告期增长量与前一期发展水平之比。发展速度与增长速度都是反映增长快慢的指标。

四、税收统计方法

（一）税收统计表格的使用

税收统计表格在现实工作中是应用非常频繁的统计和表达工具，统计表格具有直观的特点，可以把需要说明的经济现象通过有规则的设计简洁明了地展示出来。同时好的统计表格可以用较快的方式找到规律或问题的所在，为研究者节约分析时间、提高效率。同时统计表格通常作为一种储存、保管的重要资料，经常作为重要的历史资料使用。最后，统计表格是数理统计重要的数据分析基础，其翔实和有效真实成分决定各种模型的分析结果，统计表格在运用时有固定表格和动态表格等多种形态，其使用需要一定的实践，如果运用得好，可以成倍甚至十几倍、几十倍地节省工作时间。所以也成为各级各部门工作人员优先选择的重要统计方式方法之一。

（二）税收统计图形的使用

常用的税收统计图形有以下4种。

1. 构成图

构成图通常也叫饼图，当要表示总体中各组成部分的个体数量在总体中所占比例时，经常使用饼图。

2. 条形图

条形图可以描述分类项目的静态和变化情况。一个坐标轴往往用来表示每个项目的各个取值，其长度即为该项目的水平和具体数值。纵轴和横轴通常可以互换，如果条形是垂直的也称为柱形图。

3. 折线图

折线图经常用来描述时间序列数据，用以反映某些指标或变量随时间的变化趋势，所以有时也称为时间序列图。

4. 三维图

对一些较为复杂的经济现象和变量之间的关系，如果简单通过二维的各种图示来表达，很难将现象描述得清楚，这时就需要用到三维空间制图。三维空间制图可以起到直观、清晰的效果。

第五节　重点税源监控

一、税源监控概述

税源监控，是指通过数据采集和分析应用，对纳税人的生产经营和税收情况进行反映、监督、评价，对经济税源运行情况和趋势进行分析、预测，并据以提高管理和服务水平的活动。开展税源监控是增强组织收入工作预见性和主动性，实施税源专业化管理、推进信息管税的重要手段，是提高收入质量、防范税收风险、评价政策效应、服务经济发展的重要途径。

目前,国家税务总局已初步建成了总局、省、市、县4级重点税源监控体系,条件成熟时实现由重点税源监控向整体税源监控的转变。

二、重点税源监控标准

2019年,国家税务总局确定的重点税源纳税人的标准是:2018年实际缴纳增值税500万元以上的增值税纳税人;缴纳消费税100万元以上的消费税纳税人;缴纳企业所得税500万元以上的各类纳税人;除上述税种外,其他各项税收合计达到500万元以上的纳税人;在国内上海、深圳、香港特别行政区,以及美国、英国、新加坡等地上市的纳税人。

为确保行业样本量,通用设备制造,专用设备制造,汽车制造,电气机械和器材制造;仪器仪表制造,医药制造,铁路、船舶、航空航天和其他运输设备制造,计算机、通信和其他电子设备制造等制造业以及信息传输软件和信息技术服务,租赁和商务服务,科学研究和技术服务,交通运输、仓储和邮政业等服务业,监控标准为2018年实际缴纳税款300万元以上的纳税人。

为确保房地产行业样本质量,在上述监控标准的基础上,房地产行业重点税源纳税人还应同时满足以下条件:项目投资额超过2亿元、连续三年实现稳定纳税500万元以上且可持续经营。

2018年虽未达到上述标准,但预计2019年缴纳税款可达到上述标准的纳税人也可纳入监控。

三、重点税源监控内容

(一) 重点税源数据采集审核

重点税源数据采集的渠道主要有4种方式,一是重点税源企业通过单机或网上重点税源直报系统申报,税务机关通过国家税务总局下发的TRAS重点税源系统收集上报;二是从税收征管信息系统查询获取;三是税务机关根据实际需要从发展改革委、经济和信息化委员会等外部门交换信息得到,如规模以上企业工业增加值和利税等;四是从互联网查询取得。

在TRAS重点税源系统上报方式中,税务机关采集相关数据后,通过对表中各项数据设定勾稽关系,进行校对和审核。对公式审核报错的数据,通知下级机关和企业核实确认,修改后重新上报。

随着金税三期系统全面推开,大数据优势越来越明显,税务机关可以将大部分数据从征管核心系统中读取,从而不断提高数据采集质量和效率,纳税服务水平也将得到不断提升。

（二）重点税源报表和上报时限要求

重点税源报表共包括 5 张报表：基本信息表、税收信息（月报）表、主要产品（月报）表、财务信息（季报）表和企业调查问卷（季报）。报表内容为企业基本信息、每月申报的各税种收入信息、财务信息、产品信息以及与企业生产经营有关的用电量、用工人数、工业增加值等经济信息。

重点税源企业每月需按时上报相关报表。为了提高重点税源数据时效性，全国重点税源报表上报时间为每月 18 日前，逢节假日顺延。

基本信息表年初一次性填报，年中有变化可以调整；税收月报表、主要产品月报表按月报送；报表所属期为 3 月、6 月、9 月、12 月时，同时上报财务季报表。需要特别说明的是，企业调查问卷为季报表，按报表所属期 2 月、5 月、8 月、11 月填报，其中 2 月、5 月、8 月填报全年预测指标；11 月填报下一年全年预测指标。

四、重点税源行业监控方法

重点税源监控既要进行宏观监控，也要开展微观监控。宏观税源监控通常以行业分析为主线开展，建立完善税源景气指数、行业发展指标特征库，从税收视角反映宏观经济运行状况，预测税收变动趋势，为税收收入管理和调整税收政策提供决策依据。主要监控指标包括纳税人基本信息、税源税收指标、产品（服务）产销指标、财务经济指标、能耗指标、纳税人对未来生产经营的预测等。

微观税源监控以建立行业风险分析指标体系和风险特征库为主线开展，建立健全风险预警系统，定期识别重点税源纳税人申报和税款缴纳过程中的风险点，积极开展风险应对，提高税收管理水平。微观税源监控指标除了宏观监控指标之外，还包括各种比率变动指标，如税负率、资产负债率、各种成本费用变动率等。

各级税务机关应建立重点税源监控分析制度，积极开展税源日常分析、专题分析、税源景气（发展）指数分析和税收风险预警分析等各类分析。技术上采用对比分析法、因素分析法和弹性分析法等多种手段，总结税源行业运行规律，查找税收征管薄弱环节。

★习题精练及答案解析

一、单项选择题

1. 全国税收调查的对象由重点调查企业和（　　）两类组成。（用于 1－7 级测试）
    A. 抽样调查企业　　B. 出口退税企业　　C. 个体工商户　　D. 指定调查企业
   【参考答案】A

【解析】全国税收调查的对象由重点调查企业和抽样调查企业组成，均为独立缴纳增值税的企业。其中，重点调查由财政部和国家税务总局根据税制改革、政策调整和税收管理的需要确定，主要包括各地重点税源监控企业、加工贸易企业等。抽样调查在总结往年经验的基础上，综合考虑税收分析研究需要、数据可获取性及代表性、全国调查能力及省级平衡等主、客观因素，采用科学的抽样方法实施。

2. 税收收入管理在分级管理的基础上采取下管一级模式，上级税务机关对下一级税务机关税收收入管理工作实施（　　）（用于1－7级测试）

　　A. 业务监督　　　　B. 业务指导　　　　C. 全面监督　　　　D. 全面指导

【参考答案】D

【解析】本题考点为税收收入规划管理。上级税务机关对下一级税务机关税收收入管理工作实施全面指导。

3. 税收报表系统是一套综合了报表管理、数据库管理的应用软件，主要由（　　）和（　　）两部分组成。（用于8－11级测试）

　　A. 月报任务；月快报任务　　　　B. 旬报任务；五日报任务

　　C. 设计系统；运行系统　　　　　D. 报表任务；分析表任务

【参考答案】C

【解析】税收计会统报表系统TRS，由两部分组成：TRS设计系统和TRS运行系统。

4. 在税收资金平衡表中，"年初余额"可以有数的项目是（　　）。（用于1－7级测试）

　　A. 代征税收　　　B. 减免税收　　　C. 入库税收　　　D. 提退税金

【参考答案】A

【解析】本题考点为税收报表指标体系。税收资金平衡表中，"年初余额"可以有数的项目是代征税收，减免税收、入库税收和提退税金均不能有数。

5. 税收缴款书入库销号，以（　　）为入库日期。（用于1－7级测试）

　　A. 收到国库经收处返回缴款书的日期

　　B. 缴款书填开日期

　　C. 商业银行收讫章日期

　　D. 国库经收处收讫章日期

【参考答案】D

【解析】本题考点为金库对账。入库销号必须以国库经收处收讫章日期为入库日期，再进行对账。

6. 下列各项中税收弹性大于1小于2，说明税收负担率较上一年度（　　）。（用于1－7级测试）

A. 下降 B. 上升 C. 不变 D. 不确定

【参考答案】B

【解析】本题考点为税收相对指标。弹性系数大于1小于2时，表明税负率上升。

7. 某企业2021年7月缴纳了其税款所属期为6月的税款，具体情况如下（单位：万元）：

增值税	消费税	企业所得税	个人所得税	水资源税	城镇土地使用税
926	154	367	23	26	41
城市维护建设税	印花税	房产税	环境保护税	教育费附加	地方教育附加
46	37	41	23	28	19

请计算该企业缴入地方（含缴入省级）的税收是（　　）万元。（用于8－11级测试）

A. 988　　　　B. 834　　　　C. 1 297　　　　D. 871

【参考答案】B

【解析】增值税预算分配比例为中央50%，地方级50%，消费税预算分配比例为中央100%，企业所得税和个人所得税预算分配比例均为中央60%，地方40%，水资源税预算分配比例为省30%，地方级70%，环境保护税预算分配比例为省20%，地方80%，地方教育附加为省50%，地方50%，表中其他税费种均为地方级100%，两个教育费附加不属于税收，因此该企业缴入地方的税收为：926×0.5+367×0.4+23×0.4+26+41+46+37+41+23≈834（万元）。

8. 为确保房地产行业样本质量，除规定的监控标准外，房地产行业重点税源纳税人还应同时满足的条件是（　　）。（用于1－7级测试）

A. 项目投资额超过2亿元、连续三年实现稳定纳税500万元以上且可持续经营

B. 项目投资额超过2亿元、连续两年实现稳定纳税500万元以上且可持续经营

C. 项目投资额超过3亿元、连续三年实现稳定纳税500万元以上且可持续经营

D. 项目投资额超过3亿元、连续两年实现稳定纳税500万元以上且可持续经营

【参考答案】A

【解析】本题考点为重点税源监控标准。房地产行业重点税源纳税人还应同时满足项目投资额超过2亿元、连续三年实现稳定纳税500万元以上且可持续经营。

9. 新欠发生率的计算公式是（　　）。（用于1－7级测试）

A. 新欠税款÷GDP×100%

B. 新欠税款÷当年应征税款×100%

C. 新欠税款÷当年入库税款×100%

D. 新欠税款÷当年收入预期目标×100%

【参考答案】B

【解析】本题考点为欠缴税金核算。新欠发生率＝新欠税款÷当年应征税款×100%

10. 在千户集团名册管理工作中，省税务局的职责有（　　）。（用于8－11级测试）

    A. 核实、推荐本省符合千户集团入选标准的企业集团，提出入册企业集团调整建议，协助国家税务总局确定千户集团名单

    B. 组织总部在本省的集团报送成员企业名册信息

    C. 审核并补充完善本省的成员企业名册信息

    D. 总结名册管理工作开展情况，提出工作建议

    【参考答案】ABCD

    【解析】在千户集团名册管理工作中，省税务局的职责是：核实、推荐本省符合千户集团入选标准的企业集团，提出入册企业集团调整建议，协助国家税务总局确定千户集团名单；组织总部在本省的集团报送成员企业名册信息；审核并补充完善本省的成员企业名册信息；评价总部在本省的集团报送的名册质量，向企业集团反馈评价结果；总结名册管理工作开展情况，提出工作建议；其他名册管理工作。

11. 各地税务机关（　　）利用各类税款过渡账户调节收入进度，（　　）通过设立税款过渡账户获取利息弥补经费。（用于1－7级测试）

    A. 可以；不得　　　　　　　　B. 可以；可以

    C. 不得；不得　　　　　　　　D. 不得；可以

    【参考答案】C

    【解析】本题考点为税收账户设置。税务机关不得利用各类税款过渡账户调节收入进度，不得通过设立税款过渡账户获取利息弥补经费。

12. 纸质税收票证、账簿以及其他税收票证资料，应当整理装订成册，保存期限（　　）年；作为会计凭证的纸质税收票证保存期限（　　）年。（用于1－7级测试）

    A. 5；10　　　B. 10；10　　　C. 10；15　　　D. 5；15

    【参考答案】D

    【解析】本题考点为税收票证。票证管理办法规定，纸质税收票证、账簿以及其他税收票证资料，应当整理装订成册，保存期限为5年；作为会计凭证的纸质税收票证保存期限为15年。

13. 下列税收不属于工业税收的是（　　）。（用于8－11级测试）

    A. 非金属矿采选业　　　　　　B. 废弃资源综合利用业

    C. 建筑装饰和其他建筑业　　　D. 电力供应业

    【参考答案】C

    【解析】税务总局下发的《税收月快报项目及口径》，工业包含"采矿业""制造业"和"电力、热力、燃气及水的生产和供应业"。

14. 如果国内生产总值和国内税收之间具有线性相关关系，它们的相关系数为 r，国内生产总值 y 关于国内税收 x 的回顾直线方程为 y = kx + b，则（　　）。（用于 8 - 11 级测试）

    A. b 与 r 的作用相同　　　　　　　B. k 与 r 的作用相同

    C. b 与 r 的作用相反　　　　　　　D. k 与 r 的作用相反

    【参考答案】B

    【解析】相关系数 r 为正，表示正相关，回归直线方程上升，r 为负，表示负相关，回归直线方程下降，所以 k 与 r 的作用相同。

15. 税收会计核算应当以实际发生的税收业务为依据，收集和填制（　　），登记（　　），编制（　　），对申报、查补、评估、征收、减免、缓征、缴库、退库、调库等税收业务进行全面的记录和反映。（用于 1 - 7 级测试）

    A. 会计账簿、会计凭证、会计报表　　B. 会计凭证、会计账簿、会计报表

    C. 会计凭证、会计报表、会计账簿　　D. 会计报表、会计凭证、会计账簿

    【参考答案】B

    【解析】本题考点为税收会计核算。收集和填制会计凭证，登记账簿，编制报表。

16. （　　）是从事前、事中和事后密切跟踪税制改革和税收政策变动的实施情况，测算税收政策变动对经济、税收的定量影响，提出调整和优化建议。（用于 1 - 7 级测试）

    A. 税收形式分析　　　　　　　　　B. 税收风险分析

    C. 税收政策效应分析　　　　　　　D. 经济运行分析

    【参考答案】C

    【解析】本题考点为税收分析。税收政策效应分析是从事前、事中和事后密切跟踪税制改革和税收政策变动的实施情况，测算税收政策变动对经济、税收的定量影响，提出调整和优化建议。

17. 下列各项常用税收收入预测方法中不属于相关与回归预测方法是（　　）。（用于 1 - 7 级测试）

    A. 季节比率　　B. 一元线性回归　　C. 多元线性回归　　D. 非线性关系

    【参考答案】A

    【解析】本题考点为税收分析。季节比率属于时间序列分析。

18. 下列税收质量指标可以在一定程度上反映税务机关征管效率成果的是（　　）。（用于 8 - 11 级测试）

    A. 企业增值税（一般纳税人）税负变动率

    B. 计划指标完成率

    C. 第三产业税收占比变动率

D. 留抵税额占增值税收入比重变动率

【参考答案】A

【解析】依据《国家税务总局收入规划核算司关于下发〈年度税收收入质量指标体系〉（2015修订稿）的通知》（税总收便函〔2015〕39号）中的"年度税收收入质量评价指标体系"。

19. 税收收入预测准确率是反映（　　）的指标。（用于8－11级测试）

　　A. 已控收入入库状况

　　B. 现行税制下理论收入入库情况

　　C. 税务部门税收规划能力和风险控制能力的指标

　　D. 经济税源客观发展水平

【参考答案】C

【解析】依据《国家税务总局收入规划核算司关于下发〈年度税收收入质量指标体系〉（2015修订稿）的通知》（税总收便函〔2015〕39号）中的"年度税收收入质量评价指标体系"。

20. 经国家税务总局和财政部批准开设的税款账户有两种，一是税务待缴库资金账户，二是（　　）。（用于1－7级测试）

　　A. 待征税收账户　　　　　　B. 税务代保管资金账户

　　C. 减免税金账户　　　　　　D. 在途税金账户

【参考答案】B

【解析】本题考点为税收会计。目前经国家税务总局和财政部批准开设的税款账户有两种，一是税务待缴库资金账户，二是税务代保管金账户。

21. 政策效应分析是从（　　）密切跟踪税制改革和税收政策变动的实施情况，测算税收政策变动对经济、税收的定量影响，提出调整和优化建议。（用于8－11级测试）

　　A. 事前、事中和事后　　　　B. 事前和事中

　　C. 事前和事后　　　　　　　D. 事后

【参考答案】A

【解析】《国家税务总局关于印发〈进一步完善税收分析工作机制的意见〉的通知》（税总发〔2014〕94号）中提出，政策效应分析是从事前、事中和事后密切跟踪税制改革和税收政策变动的实施情况，测算税收政策变动对经济、税收的定量影响，提出调整和优化建议。

22. 计算商业增值税宏观税负时，只取三产业GDP中的（　　）。（用于8－11级测试）

　　A. 房地产增加值　　　　　　B. 交通增加值

　　C. 商业增加值　　　　　　　D. 服务业增加值

【参考答案】C

【解析】行业增值税宏观税负 = 该行业增值税/该行业增加值。

23. 税收弹性系数等于（　　）。（用于 8 - 11 级测试）

    A. 税收增长百分比/增加值增长百分比

    B. 税收增长率/增加值不变价增长率

    C. 税收增长率/产值现价增长率

    D. 本税收增长率/产值不变价增长率

【参考答案】A

【解析】税收弹性系数 = 税收增长百分比/增加值增长百分比。在统计报表中，增加值（国内生产总值、分产业、分行业增加值）绝对数为现价，相对数（增长百分比）为不变价，因此在计算弹性系数时，要进行现价增长的计算，即增加值增长百分比 =（当年增加值绝对数 - 去年增加值绝对数）/去年增加值绝对数 × 100%。

24. 已知某市 8 月增值税完成 45 000 万元，比上年同期增长 10%，增收 3 200 万元；8 月钢铁行业增值税完成 32 150 万元，比上年同期增长 25%，增收 1 670 万元，则 8 月该市钢铁行业增值税对该市增值税的增收贡献率为（　　）。（用于 1 - 7 级测试）

    A. 52%　　　　B. 3.7%　　　　C. 5.2%　　　　D. 25%

【参考答案】A

【解析】本题考点为税收统计。钢铁行业增值税对该市增值税的增收贡献率 = 1 670 ÷ 3 200 × 100% = 52%。

25. 各期发展水平与相应前期发展水平之比描述的是（　　）。（用于 1 - 7 级测试）

    A. 累计增长量　　　　　　　B. 定基增长速度

    C. 逐期增长量　　　　　　　D. 环比增长速度

【参考答案】D

【解析】本题考点为税收统计。

26. 根据宏观税负的定义，用来分析宏观税负的经济指标应该是税收收入总额与（　　）的比值。（用于 1 - 7 级测试）

    A. 总产值　　　　　　　　　B. 国内生产总值

    C. 增加值　　　　　　　　　D. 总的销售收入

【参考答案】B

【解析】国际上通用的宏观税负指标是一国或一地区一定时期内（通常为 1 年）税收收入总额与国内生产总值（GDP）的比值。

27. 在构成因素分析中，各因素对总量增长的贡献率等于（　　）。（用于 1 - 7 级测试）

    A. 各因素额 ÷ 总变化额　　　　　B. 各因素变化额 ÷ 总额

    C. 各因素变化额 ÷ 总变化额　　　D. 各因素额 ÷ 总额

【参考答案】C

【解析】本题考点为税收统计。

28. 我国现阶段税收收入占财政收入的（　）以上。（用于1-7级测试）

    A. 60%　　　　B. 70%　　　　C. 80%　　　　D. 90%

    【参考答案】C

    【解析】2023年，税务部门组织的税收收入18.11万亿，全国财政收入21.7万元，公共预算收入比重预计为83.46%。

29. 因素分析法是税收微观分析中的一种常用方法。以下关于因素分析法的描述中错误的是（　）。（用于1-7级测试）

    A. 因素分析法能够找出主要因素，抓住主要矛盾
    B. 因素分析法在实际应用中有连环替代法和差额计算法两种方法
    C. 因素分析法适用于多种因素构成的综合性指标的分析
    D. 因素分析法的一大缺点是只适用绝对指标的分析

    【参考答案】D

    【解析】本题考点为税收分析。因素分析法既适用绝对指标又适用相对指标的分析。

30. 建立税源的微观经济指标与宏观经济联系的分析，就是要把具体的企业的微观数据整理、汇总成（　），并以此推断总体宏观经济形势。（用于1-7级测试）

    A. 样本数据　　　　　　　　　　B. 宏观经济数据
    C. 经济总量　　　　　　　　　　D. 具体数据

    【参考答案】A

    【解析】本题考点为重点税源监控。

31. 在国家税收政策和产业结构相对稳定的情况下，宏观税负波动不会很大，税收弹性值也基本（　），而且时间跨度越长，稳定值越高。（用于8-11级测试）

    A. 大于1　　　B. 趋近于1　　　C. 小于1　　　D. 趋近于0

    【参考答案】B

    【解析】税收弹性值越趋近于1，说明税负波动越小。

32. 纳税人缴纳的行为罚款（非涉税罚款）的预算分配比例是（　）。（用于8-11级测试）

    A. 中央75%、省级25%　　　　　B. 中央75%、市级25%
    C. 中央75%、县区级25%　　　　D. 中央100%

    【参考答案】D

    【解析】纳税人缴纳的行为罚款（非涉税罚款）的预算分配比例为100%中央级。

33. 税收计划分析的最基本原则是（　）。（用于8-11级测试）

    A. 客观性原则　　　　　　　　　B. 系统性原则
    C. 连续性原则　　　　　　　　　D. 时效性原则

【参考答案】A

【解析】税收计划分析的最基本原则是客观性原则。

34. 在分析税收总收入时，通常是用相关经济指标来衡量，比如，用 GDP 指标衡量税收收入时，应采用按（　　）计算的 GDP 指标。（用于 8-11 级测试）

    A. 计划价　　　　B. 现价　　　　C. 可比价　　　　D. 变量价

【参考答案】B

【解析】在分析税收总收入时，通常是用相关经济指标来衡量，比如，用 GDP 指标衡量税收收入时，应采用按现价计算的 GDP 指标。

35. 某税务局全年入库一般增值税 1 500 万元，福利企业增值税退库 80 万元，外商投资企业增值税退库 120 万元，免、抵调增值税 260 万元，按计划口径该局共入库国内增值税（　　）万元。（用于 8-11 级测试）

    A. 1 300　　　　B. 1 560　　　　C. 1 760　　　　D. 1 040

【参考答案】B

【解析】计划口径增值税收入为入库数扣除退库数加免抵调增收入，即 1 500 - 80 - 120 + 260 = 1 560 万元。

二、多项选择题

1. 收入规划工作要坚持的原则有（　　）。（用于 1-7 级测试）

    A. 依法治税　　　　　　　　B. 实质重于形式
    C. 从经济到税收　　　　　　D. 实事求是

【参考答案】ACD

【解析】本题考点为收入规划。收入规划工作要坚持依法治税、从经济到税收和实事求是的原则。

2. TRS 软件中，进行新旧任务定义对应关系时，选择"选中人工定义对应关系"，在弹出的对话框中，左边为（　　）右边为（　　）。（用于 8-11 级测试）

    A. 源任务报表列表　　　　　B. 目的任务报表列表
    C. 入库信息表列表　　　　　D. 税收信息表列表

【参考答案】AB

【解析】打开 TRS 软件自行查看或者 TRS 帮助文件运行系统，TRS 软件中，进行新旧任务定义对应关系时，选择"选中人工定义对应关系"，在弹出的对话框中，左边为源任务报表列表，右边为目的任务报表列表。

3. 政府收支分类科目中，一般公共预算收入分为（　　）。（用于 8-11 级测试）

    A. 税收收入科目　　　　　　B. 债务收入
    C. 非税收入　　　　　　　　D. 转移性收入

【参考答案】ABCD

【解析】见《政府收支分类科目》。

4. 属于税收分析方法的是（　　）。（用于 8-11 级测试）

  A. 对比分析法　　　　　　　　　　B. 因素分析法

  C. 梳理统计分析法　　　　　　　　D. 时间序列分析法

【参考答案】ABC

【解析】《国家税务总局关于印发〈税收分析工作制度〉的通知》国税发〔2007〕46 号第六章第八条。

5. 新型税收收入管理包括（　　）重要环节。（用于 1-7 级测试）

  A. 客观地"定"　　B. 科学地"分"　　C. 合理地"调"　　D. 准确地"考"

【参考答案】ABCD

【解析】本题考点为收入规划。新型税收收入管理有 4 个重要的环节，包括：客观地"定"、科学地"分"、合理地"调"、准确地"考"。

6. 新型收入规划管理体系包括（　　）方面。（用于 1-7 级测试）

  A. 内部收入规划管理　　　　　　　B. 外部收入规划管理

  C. 深入开展调查研究　　　　　　　D. 高度重视税收分析

【参考答案】AB

【解析】本题考点为收入规划。新型收入规划管理体系是新时期我国经济发展对税务部门税收职能充分发挥的客观需要，包括内部收入规划管理和外部收入规划管理两个方面。

7. 税收统计的特点有（　　）。（用于 1-7 级测试）

  A. 数量性　　　　B. 具体性　　　　C. 综合性　　　　D. 以税法为依据

【参考答案】ABCD

【解析】本题考点为收入统计。税收统计有 5 个特点，4 个选项都是税收统计的特点，还有一个特点是与税收会计关系密切。

8. 税收会计工作的主要任务包括（　　）。（用于 1-7 级测试）

  A. 组织税收会计核算，记录和反映税收业务活动，提供税收会计信息

  B. 加强税收缴库、退库、调库业务管理，保障税款安全

  C. 实施税收会计监督，规范税收业务行为

  D. 开展税收会计分析，反映税收、经济运行情况，服务税收决策

【参考答案】ABCD

【解析】本题考点为税收会计。4 个选项都是税收会计工作的任务。

9. 下列属于占用类科目的有（　　）。（用于 1-7 级测试）

  A. 待征税金、待解税金　　　　　　B. 在途税金、减免税金

  C. 损失税金　　　　　　　　　　　D. 入库税金、提退税金

【参考答案】ABCD

【解析】本考点为税收会计。4个选项都属于资金占用类科目。

10. 税收会计原始凭证按其反映的税收业务内容的不同分为（　　）等。（用于1－7级测试）

    A. 应征凭证　　　B. 减免凭证　　　C. 入库凭证　　　D. 征解凭证

【参考答案】ABCD

【解析】本题考点为税收会计。税收会计原始凭证按其反映的税收业务内容的不同分为应征凭证、减免凭证、征解凭证、入库凭证、提退凭证和其他凭证等。

11. 税收会计对账要求将税务机关税收入库数据信息与国库预算收入日报表数据进行核对，税收入库数据信息与国库提供的库报数据要达到（　　）一致。（用于1－7级测试）

    A. 征收品目　　　B. 预算级次　　　C. 税款金额　　　D. 预算科目

【参考答案】BCD

【解析】本题考点为税收会计。税收入库数据信息与国库提供的库报数据要达到3个一致：一是预算科目的目级科目一致；二是预算级次一致，包括中央、省、市、县4级；三是数据一致，对账精度到角分。

12. 下列属于税收基础报表的有（　　）。（用于1－7级测试）

    A. 应征税金明细月报表　　　　　B. 代征代扣税款明细月报表
    C. 待清理呆账税金明细月报表　　D. 清欠分地区分时期分析表

【参考答案】ABC

【解析】本题考点为税收统计。选项D为税收分析报表。

13. 关于收入规划核算工作的总体要求的描述，下面说法正确的有（　　）。（用于1－7级测试）

    A. 以数据管理为基础　　　　　B. 以制度建设为保障
    C. 以队伍建设为根本　　　　　D. 以税收分析为重点

【参考答案】ABCD

【解析】本题考点为收入规划核算工作的总体要求。

14. 根据《国家税务总局关于欠缴税金按风险分类核算管理的通知》规定，根据每笔欠缴税金相关信息和纳税人财务指标，将欠缴税金（指本年新欠、往年陈欠和关停及空壳企业欠税）按类别进行核算管理，分别是（　　）。（用于1－7级测试）

    A. 低风险欠缴　　　　　　　　B. 中风险欠缴
    C. 高危欠缴　　　　　　　　　D. 高风险欠缴

【参考答案】ABCD

【解析】本题考点为欠缴税金核算。

15. 税收会计核算的减免税政策实行减免税政策库管理。以下不纳入减免税政策库，不

进行减免税核算的有（ ）。（用于1-7级测试）

   A. 税前扣除、低税率、不征税等基本税制安排

   B. 分期纳税等不减少应缴税金总额的优惠政策

   C. 出口退税政策

   D. 具有减税效果的新税制安排

   【参考答案】ABCD

   【解析】本题考点为减免税金核算。以下内容不纳入减免税政策库，不进行减免税核算：税前扣除、低税率、不征税等基本税制安排；分期纳税等不减少应缴税金总额的优惠政策；出口退税政策；具有减税效果的新税制安排；非税务机关执行的减免税政策；国家税务总局规定的其他政策。

16. 税收分析的内容包括（ ）。（用于1-7级测试）

    A. 税收形势分析　　　　B. 税收风险分析

    C. 政策效应分析　　　　D. 经济运行分析

    【参考答案】ABCD

    【解析】本题考点为税收分析。税收分析作为实现税收职能的工具和方法，包括4个方面内容，即税收形势分析、税收风险分析、政策效应分析和经济运行分析。

17. 相关分析是指两个事物之间存在一定关系，这种关系可能是（ ）。（用于1-7级测试）

    A. 同向关系　　B. 反向关系　　C. 确定性相关　　D. 关联相关

    【参考答案】ABCD

    【解析】本题考点为税收分析。相关分析是指两个事物之间存在一定关系，这种关系可能是同向关系，也可能是反向关系，可以是确定性相关，也可以是关联相关。

18. 工业增值税统计口径包括（ ）行业增值税入库额。（用于8-11级测试）

    A. 采矿业

    B. 制造业

    C. 电力、热力、燃气及水的生产和供应业

    D. 其他行业

    【参考答案】ABC

    【解析】工业增值税统计口径包括采矿业、制造业、电力、热力、燃气及水的生产和供应业行业增值税入库额。

19. 重点税源数据采集的渠道主要有（ ）。（用于1-7级测试）

    A. 重点税源企业通过单机或网上重点税源直报系统申报，税务机关通过国家税务总局下发的TRAS重点税源系统收集上报

    B. 税务机关根据实际需要从发展改革委、经济和信息化委等外部门交换信息取得

C. 从互联网查询取得

D. 从税收征管信息系统查询获取

【参考答案】ABCD

【解析】本题考点为重点税源监控。重点税源数据采集的渠道主要有4种方式，一是重点税源企业通过单机或网上重点税源直报系统申报，税务机关通过国家税务总局下发的TRAS重点税源系统收集上报；二是从税收征管信息系统查询获取；三是税务机关根据实际需要从发改委、经信委等外部门交换信息取得，如规模以上企业工业增加值和利税等；四是从互联网查询取得。

20. 工业增值税统计口径中，不包括（　　）行业增值税入库额。（用于8-11级测试）

　　A. 卷烟制造　　　　　　　　　B. 电力生产

　　C. 居民服务、修理和其他服务业　D. 信息传输、软件和信息技术服务业

【参考答案】CD

【解析】卷烟制造和电力生产属于工业范畴，居民服务、修理和其他服务业和信息传输、软件和信息技术服务业属于第三产业。

21. 我国采取上下结合的编制和分配计划程序，（　　）。季度税收计划由国家税务总局核定下达各省、自治区、直辖市税务局执行。年度执行计划由市、县税务机关根据年度计划的要求进行安排，下达基层征收单位落实执行。（用于8-11级测试）

　　A. 先自下而上提出计划建议和意见　B. 先自上而下提出计划建议和意见

　　C. 然后再自上而下核定分配计划指标　D. 然后再自下而上核定分配计划指标

【参考答案】AC

【解析】我国采取上下结合的编制和分配计划程序，先自下而上提出计划建议和意见，逐级上报，由国家税务总局编制，然后再自上而下核定分配计划指标。年度税收计划由国家税务总局核定下达各省、自治区、直辖市税务局执行。季度执行计划由市、县税务机关根据年度计划的要求进行安排，下达基层征收单位落实执行。

22. 新型税收收入管理主要实现的目标有（　　）。（用于8-11级测试）

　　A. 强化税务机关完成预算的能力　B. 提高税务机关统筹收入的自主性

　　C. 增强组织收入工作的科学性　　D. 提升税收管理效率和收入增长质量

【参考答案】ABCD

【解析】《全国税务系统干部教育培训系列教材——业务能力 征管评估》第四章，收入规划核算第一节收入规划部分。

23. 以下项目是使用收入法核算国内生产总值的组成部分的有（　　）。（用于1-7级测试）

　　A. 居民消费　　B. 净出口　　C. 劳动者报酬　　D. 生产税净额

【参考答案】CD

【解析】本题考点为国内生产总值收入法计算。

24. 税务机关应当定期就已办结的缴库、退库、调库业务与国库进行对账，对账项目包括（　　）。（用于1－7级测试）

    A. 预算科目　　　　B. 预算级次　　　　C. 征收品目　　　　D. 税款金额

    【参考答案】ABD

    【解析】本题考点为税收会计对账。

25. 税收分析作为实现税收职能的工具和方法，包括（　　）。（用于8－11级测试）

    A. 税收形势分析　　　　　　　　B. 税收风险分析

    C. 政策效应分析　　　　　　　　D. 经济运行分析

    【参考答案】ABCD

    【解析】《全国税务系统干部教育培训系列教材——业务能力 征管评估》第四章，收入规划核算第二节税收分析部分。

26. 以下关于免抵调业务涉及的预算科目和预算级次正确的是（　　）。（用于1－7级测试）

    A. 免抵调增增值税级次为中央50%，地方50%

    B. 免抵调增增值税级次为中央100%

    C. 免抵调减增值税级次为中央50%，地方50%

    D. 免抵调减增值税级次为中央100%

    【参考答案】AD

    【解析】本题考点为税收会计。免抵调增增值税级次为中央50%，地方50%，免抵调减增值税级次为中央100%。

27. （　　）应当视同现金进行严格管理。（用于1－7级测试）

    A. 《税收缴款书（税务收现专用）》　　B. 《税收缴款书（银行经收专用）》

    C. 税收收入退还书　　　　　　　　　　D. 税收票证专用章戳

    【参考答案】AD

    【解析】本题考点为税收票证。选项中视同现金管理有《税收缴款书（税务收现专用）》和税收票证专用章戳。

28. 国内生产总值有三种表现形态，即（　　）。（用于1－7级测试）

    A. 价值形态　　B. 货币形态　　C. 收入形态　　D. 产品形态

    【参考答案】ACD

    【解析】本题考点为统计指标。国内生产总值有三种表现形态，分别为价值形态、收入形态、产品形态。

29. 减免税明细科目"减免类型"，按减免税业务办理类型分别设置（　　）细目，核算不同业务类型办理的减免税情况。（用于1－7级测试）

A. 出口退税　　　B. 征前减免　　　C. 退库减免　　　D. 抵顶欠税

E. 先征后退

【参考答案】BCD

【解析】本题考点为税收会计。

30. 可通过税务代保管资金账户收纳的款项类别有（　　）。（用于1-7级测试）

　　A. 纳税保证金　　B. 发票保证金　　C. 纳税担保金　　D. 税收保全款

　　E. 批缓税款

【参考答案】ABCD

【解析】本题考点为税收账户。《国家税务总局 财政部 中国人民银行关于进一步加强税务代保管资金管理工作的通知》（税总发〔2017〕67号）的规定。

31. 下列属于数据电文税收票证的是（　　）。（用于1-7级测试）

　　A. S企业通过横向联网电子缴税系统缴纳税款时，向国库发送的电子缴款信息

　　B. W企业通过横向联网电子缴税系统办理税款退库时，向国库发送的电子退款信息

　　C. Y企业通过A市自行开发的税库银联网系统缴纳税款时，向国库发送的电子缴款信息

　　D. Z企业通过国家税务总局金税三期系统缴纳税款后，开具的《税收缴款书（税务收现）》票证的电子信息

【参考答案】AC

【解析】本题考点为税收票证。《税收票证管理办法》规定，税收票证包括纸质形式和数据电文形式。数据电文形式税收票证是指通过横向联网电子缴税系统办理税款的征收缴库、退库时，向银行、国库发送的电子缴款、退款信息。第十四条第二款规定，税收收入退还书应当由县以上税务机关税收会计开具并向国库传递或发送。国家税务总局关于实施《税收票证管理办法》若干问题的公告（2013年第34号）规定，存储在税收征管系统中纸质税收票证的电子信息，不属于数据电文形式税收票证，所以选项B、D错误。

32. 以下税收票证和税收票证专用章戳不能继续使用的是（　　）。（用于1-7级测试）

　　A. 毁损残票　　　　　　　　　B. 追回的税收票证

　　C. 毁损的税收票证专用章戳　　　D. 追回的税收票证专用章戳

【参考答案】ABCD

【解析】本题考点为税收票证。《税收票证管理办法》第四十二条，毁损残票和追回的税收票证按照本办法第五十一条规定销毁。第四十四条，毁损和损失追回的税收票证专用章戳按照本办法第五十一条规定销毁。

33. 全国税收调查的对象由重点调查企业和抽样调查企业组成，其中抽样调查对象的确定

采用非同比分层等距抽样方法,先后按照（　　）进行分层,并结合调查对象数据质量、税务机关调查能力等因素对样本抽取比例进行调整。(用于1-7级测试)

A. 地区　　　　　B. 行业　　　　　C. 企业规模　　　　D. 销售额

E. 税收规模

【参考答案】ABC

【解析】本题考点为税收调查。全国税收调查抽样企业选取方法。

34. 下列属于"应征税收"科目核算内容的有（　　）。(用于1-7级测试)

A. 定期定额征收税金　　　　　　B. 核定税金

C. 纳税保证金　　　　　　　　　D. 查补的各种税金、滞纳金和罚款

E. 不须缴纳,但须向税务机关申请的已发生的征前减免税金

【参考答案】ABDE

【解析】本题考点为会统核算。税收会计制度第十八条规定：本类科目核算纳税人发生纳税义务后,税务机关应征的税金。包括：①纳税人和扣缴义务人及代征代售单位(人)向税务机关申报、预缴或由税务机关直接核定的应纳税金；②按定期定额方式征收的应纳税金；③不须缴纳,但须向税务机关申请的已发生的征前减免税金；④查补的各种税金、滞纳金和罚款；⑤税务机关征收的临时性零散税金等。

35. 税收分析中的非即期因素包括（　　）。(用于1-7级测试)

A. 汇算清缴　　　　B. 查补税收　　　　C. 清理欠税　　　　D. 缓缴税款

E. 政策性减免

【参考答案】ABCDE

【解析】本题考点为税收分析相关知识。

36. 税收会计工作的主要任务是（　　）。(用于8-11级测试)

A. 组织税收会计核算,记录和反映税收业务活动,提供税收会计信息

B. 加强税收缴库、退库、调库业务管理,保障税款安全

C. 实施税收会计监督,规范税收业务行为

D. 开展税收会计分析,反映税收、经济运行情况,服务税收决策

【参考答案】ABCD

【解析】《税收会计基本规定》第四条规定,税收会计工作的主要任务是：

(1) 组织税收会计核算,记录和反映税收业务活动,提供税收会计信息；

(2) 加强税收缴库、退库、调库业务管理,保障税款安全；

(3) 实施税收会计监督,规范税收业务行为；

(4) 开展税收会计分析,反映税收、经济运行情况,服务税收决策。

37. 消费者物价指数（CPI）是反映与居民生活有关的消费品及服务价格水平的变动情况的重要宏观经济指标。下列属于CPI的功能有（　　）。(用于8-11级测试)

A. 度量通货膨胀（通货紧缩）

B. 国民经济核算时期剔除价格因素的影响

C. 契约指数化调整

D. 反映货币购买力变动

【参考答案】ABCD

【解析】CPI 主要有以下基本功能：（1）度量通货膨胀（通货紧缩）。CPI 是度量通货膨胀的一个重要指标。通货膨胀是物价水平普遍而持续的上升。CPI 高可以在一定水平上说明通货膨胀的严重程度。（2）国民经济核算。在国民经济核算中，需要各种价格指数。如消费者价格指数（CPI）、生产者价格指数（PPI）以及 GDP 平减指数，对 GDP 进行核算，从而剔除价格因素的影响。（3）契约指数化调整。例如，在薪资报酬谈判中，因为雇员希望薪资（名义）增长能相等或高于 CPI，希望名义薪资会随 CPI 的升高自动调整等。其调整之时机通常于通货膨胀发生之后，幅度较实际通货膨胀率为低。（4）反映货币购买力变动。货币购买力是指单位货币能够购买到的消费品和服务的数量。消费者物价指数上涨，货币购买力则下降；反之则上升。消费者物价指数的倒数就是货币购买力指数。（5）反映对职工实际工资的影响。消费者物价指数的提高意味着实际工资的减少，消费者物价指数的下降意味着实际工资的提高。因此，可利用消费者物价指数将名义工资转化为实际工资。

38. 下列关于税收会计核算的内容说法正确的是（　　）。（用于 8－11 级测试）

    A. 税收资金的会计核算以人民币为记账单位，元以下记至分

    B. 税收会计年度自农历 1 月 1 日起至 12 月 31 日止，以月度为结算期，年度为决算期

    C. 税收会计科目应根据税收管理的实际需要设置，总账科目由国家税务总局统一规定，基本明细科目的名称、编号、核算内容及其使用方法由省级税务机关规定

    D. 税收会计核算应当坚持客观性、相关性、连续性的原则

【参考答案】AD

【解析】按照《税收会计基本规定》要求，税收会计年度自公历 1 月 1 日起至 12 月 31 日止，以月度为结算期，年度为决算期，故 B 选项错误。税收会计科目应根据税收管理的实际需要设置。总账科目、基本明细科目的名称、编号、核算内容及其使用方法由国家税务总局统一规定，故 C 选项错误。

39. 税务统计专门调查包括（　　）。（用于 8－11 级测试）

    A. 普查　　　B. 重点调查　　　C. 抽样调查　　　D. 电话调查

    E. 典型调查

【参考答案】ABCE

【解析】税务统计专门调查是指根据特定的目的和要求而专门组织的一种收集统计

资料的调查形式。它是对定期报表中没有反映，或反映不全，或反映不够详细的情况所作的调查，包括各种普查、重点调查、抽样调查和典型调查等，都属于一次性调查。

40. 下列属于数据电文税收票证的是（　　）。（用于 8－11 级测试）

　　A. S 企业通过横向联网电子缴税系统缴纳税款时，向国库发送的电子缴款信息

　　B. W 企业通过横向联网电子缴税系统办理税款退库时，向国库发送的电子退款信息

　　C. Y 企业通过 A 市自行开发的税银联网系统流转的电子缴税信息

　　D. 乙企业通过国家税务总局金税三期系统缴纳税款后，开具的《税收缴款书（税务收现专用)》票证的电子信息

【参考答案】AB

【解析】选项 AB，《税收票证管理办法》规定，税收票证包括纸质形式和数据电文形式。数据电文税收票证是指通过横向联网电子缴税系统办理税款的征收缴库、退库时，向银行、国库发送的电子缴款、退款信息。

选项 C，通过各地自行开发的税银联网等系统流转的电子缴退税信息，不属于数据电文形式税收票证。

选项 D，数据电文税收票证，不包括存储在税收征管系统中纸质税收票证的电子信息。

三、判断题

1. 退库办理部门根据免抵调政策办理税款调库时，应当根据免抵税额和免抵调库指标，开具《更正（调库）通知书》，并于开具当日连同开具依据一起送当地国库办理税款调库手续。　　　　　　　　　　　　　　　　　（　　）（用于 1－7 级测试）

【参考答案】×

【解析】退库办理部门根据免抵调政策办理税款调库时，应当根据免抵税额和免抵调库指标，开具《更正（调库）通知书》，并于开具当日或者次日连同开具依据一起送当地国库办理税款调库手续。

2. 合理地"调"就是指上级税务机关对下级税务机关下达税收计划后，在整体税收计划保持基本稳定的情况下，对有增收潜力的地区与收入缺口较大地区税收计划进行相应有增有减的调整。　　　　　　　　　　　　　（　　）（用于 1－7 级测试）

【参考答案】×

【解析】本题考点为收入规划。合理地"调"是指上级税务机关对下级税务机关下达税收目标后，在整体税收目标保持基本稳定的情况下，对有增收潜力的地区与收入缺口较大地区税收目标进行相有增有减的调整，或在总体目标受到各种不确定因素影响的情况下，根据客观实际情况对总量进行适度调整的一系列收入目标管理活动。

3. 某税务局为了完成上半年收入预期目标，和企业沟通协调后，征得企业同意，提前

预征企业所得税 2 000 万元。　　　　　　　　　　　　　(　　)（用于 8－11 级测试）

【参考答案】×

【解析】违背了提前征收税款的组织收入原则。

4. 税收分析工作实行层级管理，分总局、省局、市局和区县局四级。

(　　)（用于 8－11 级测试）

【参考答案】√

【解析】《国家税务总局关于印发〈进一步完善税收分析工作机制的意见〉的通知》规定，税收分析工作实行层级管理，分总局、省局、市局和区县局四级。

5. 税收作为"自动稳定器"可熨平经济波动，促进社会经济稳定发展。

(　　)（用于 8－11 级测试）

【参考答案】×

【解析】自动稳定器平抑经济波动一般是通过税收和转移支付体系来实现的，而税收作为我国宏观经济调控的重要工具，在整个宏观调控中无疑需要承担起更大的责任，发挥出更大的作用。税收的自动稳定器功能是否起作用，关键是看一国的税制设计状况。

6. 累计税收同比增长幅度常用以描述税收的短期增减趋势。(　　)（用于 1－7 级测试）

【参考答案】×

【解析】本题考点为税收统计。当月税收环比增长幅度常用以描述税收的短期增减趋势。累计税收同比增长幅度常用以表示税收收入增减变化的中长期趋势。

7. 分析形成差异的原因，借以了解经济活动的成绩和问题的一种分析方法，它只适用于同质指标的对比。　　　　　　　　　　　　　(　　)（用于 1－7 级测试）

【参考答案】√

【解析】本题考点为税收分析。

8. 税收计划是税务机关对未来的组织收入工作所做的部署与安排，是检查和考核税收工作成果的重要依据，体现出征管水平和工作质量状态，体现出目标管理的要求。

(　　)（用于 8－11 级测试）

【参考答案】√

【解析】税收计划是税务机关对未来的组织收入工作所做的部署与安排，是检查和考核税收工作成果的重要依据，体现出征管水平和工作质量状态，体现出目标管理的要求。

9. 退库减免核算会计分录借记"提退税金"科目，贷记"应征"类科目；借记"减免税金"科目，贷记"提退税金"科目。　　　　　　　(　　)（用于 1－7 级测试）

【参考答案】×

【解析】本题考点为税收会计。根据税收会计制度规定：退库减免核算会计分录借记"提退税金"科目，贷记"入库"类科目；借记"减免税金"科目，贷记"提退税金"科目。

10. 重点税源监控实行总局、省级局、地（市）级局和县级局4级管理模式，由上而下，层层负责。
（　）（用于1-7级测试）

【参考答案】×

【解析】本题考点为税源监控。重点税源监控实行总局、省级局、地（市）级局和县级局4级管理模式，由下而上，层层负责。

11. 办理的增值税免抵调增收入是按中央75%、地方25%分成。
（　）（用于8-11级测试）

【参考答案】×

【解析】办理的增值税免抵调增收入是按中央50%、地方50%分成。

12. 累计税收同比增长幅度常用以描述税收的短期增减趋势。
（　）（用于1-7级测试）

【参考答案】×

【解析】本题考点为统计指标。当月税收环比增长幅度常用以描述税收的短期增减趋势，累计税收同比增长幅度常用以描述税收收入增减变化的中长期趋势。

13. 开展税负分析是提高税收征管质量和效率的一个重要抓手和突破口。
（　）（用于1-7级测试）

【参考答案】√

【解析】本题考点为税收分析。在其他因素不变的情况下，税负的变化反映了税收征管质量的高低。

14. 编制会计统计年报时发现年度内某月待征税金数据有误，因月度数据已经确定，年报时不予调整。
（　）（用于1-7级测试）

【参考答案】×

【解析】本题考点为会计统计报表。对年度内各月报表的口径和数据误差，应在编制年报时一并修改更正；对结转下年的各税收会计账簿的期末余额，必须在年终一次调整确定，不得随意更改。

15. 纳税人、代征代售人、扣缴义务人在银行柜面办理税款的缴纳或解缴，不论是现金还是转账，都应当使用《税收缴款书（银行经收专用）》。
（　）（用于8-11级测试）

【参考答案】√

【解析】《税收票证管理办法》规定，税收缴款书银行经收专用的适用范围是：纳税人自行填开或税务机关开具，纳税人据以在银行柜面办理缴税（转账或现金），由银行将税款缴入国库；税务机关收取现金税款、扣缴义务人扣缴税款、代征代售人代征税款后开具，据此在银行柜面办理税款汇总缴入国库；税务机关开具，据以办理"待缴库税款"账户款项缴入国库。

16. 文书式完税证明可以作为纳税人的记账、抵扣凭证。（　　）（用于1-7级测试）

【参考答案】×

【解析】《税收票证管理办法》规定，文书式完税证明为一联，仅作纳税人完税情况，不作为纳税人的记账、抵扣凭证。

17. "减免性质"明细科目按减免税政策优惠内容分层设置"减免性质"大类、小类子目及"减免性质"代码细目，核算不同优惠领域、政策、条款项目的减免税情况。

（　　）（用于8-11级测试）

【参考答案】√

【解析】《减免税会计核算工作规范》第八条规定，总账科目名称为"减免税金"，明细科目按照"纳税人识别号""收入种类""减免类型""减免性质"分别设置。"减免性质"明细科目按减免税政策优惠内容分层设置"减免性质"大类、小类子目及"减免性质"代码细目，核算不同优惠领域、政策、条款、项目的减免税情况。

18. 纳税人通过扣缴义务人缴纳税款，不论是扣缴义务人何种方式代扣、代收税款，扣缴义务人均应当向纳税人开具《税收缴款书（代扣代收专用）》。

（　　）（用于8-11级测试）

【参考答案】√

【解析】《税收票证管理办法》第十三条规定，税收缴款书是纳税人据以缴纳税款，税务机关、扣缴义务人以及代征代售人据以征收、汇总税款的税收票证。具体包括：《税收缴款书（代扣代收专用）》。扣缴义务人依法履行税款代扣代缴、代收代缴义务时开具并交付纳税人的纸质税收票证。扣缴义务人代扣代收税款后，已经向纳税人开具了税法规定或国家税务总局认可的记载完税情况的其他凭证的，可不再开具本缴款书。

19. 经济决定税收，税收增长速度要与经济发展速度相适应，但在某个年份或某个特定的时期内，税收增长可以快于经济增长。（　　）（用于8-11级测试）

【参考答案】√

【解析】经济决定税收，税收增长速度要与经济发展速度相适应，但在某个年份或某个特定的时期内，税收增长可以快于经济增长，也可以慢于经济增长。

20. 微观税收分析一般以解析税收经济关系为核心，以经济总量为分析起点，以同业税负理论为基本技术路线。（　　）（用于8-11级测试）

【参考答案】√

【解析】略。

四、综合计算题

1. 某税务局2022—2023年逐月的税收收入完成数如下图所示（单位：万元）：

2022 年	税收收入	2023 年	税收收入
01 月	63 936	01 月	71 618
02 月	65 017	02 月	30 657
03 月	60 349	03 月	53 507
04 月	63 389	04 月	72 956
05 月	53 085	05 月	63 362
06 月	69 917	06 月	75 505
07 月	71 386	07 月	75 670
08 月	40 573	08 月	40 947
09 月	65 400	09 月	69 054
10 月	77 109	10 月	59 906
11 月	35 481	11 月	28 079
12 月	54 569	12 月	28 283
全年合计	720 211	全年合计	669 544

请计算以下题目：

1. 该税务局 2023 年税收收入同比增减幅是（　　）。（用于 8-11 级测试）

　　A. -7.0%　　　　B. -6.8%　　　　C. -6.9%　　　　D. -7.1%

【参考答案】A

【解析】2023 年税收同比增减幅 =（2023 年全年合计税收 - 2022 年全年合计税收）/2022 年全年合计税收 ×100% =（669 544 - 720 211）/720 211 ×100% = -7.0%

2. 该税务局 2023 年二季度税收收入同比增减幅是（　　）。（用于 8-11 级测试）

　　A. 13.5%　　　　B. 13.6%　　　　C. 13.4%　　　　D. 13.7%

【参考答案】B

【解析】[（72 956 + 63 362 + 75 505）/（63 389 + 53 085 + 69 917）- 1] ×100 = 13.6%
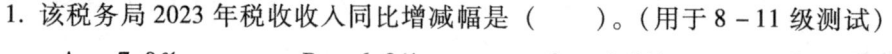

3. 该税务局 2023 年 12 月环比增速大约是（　　）。（用于 8-11 级测试）

　　A. 0.72%　　　　B. 0.74%　　　　C. 0.73%　　　　D. 0.71%

【参考答案】C

【解析】（28 283 - 28 079）/28 079 ×100% = 0.73%

4. 该税务局 2023 年 11 月税收收入较 10 月扩大了（　　）。（用于 8-11 级测试）

　　A. 40.1%　　　　B. 39.8%　　　　C. 40.0%　　　　D. 39.9%

【参考答案】D

【解析】2023 年 11 月的收入增减幅 =（28 079/59 906 - 1）×100% = -53.1%

2023 年 10 月的收入增减幅 =（59 906/69 054 - 1）×100% = -13.2%

11 月较 10 月的扩大情况 | -53.1% | - | -13.2% | = 39.9%

第八章 信息化管理

★ 知识要点归纳

第一节 信息化管理制度

一、《国家税务总局关于加强税收信息化管理工作的意见》(税总发〔2020〕31号)

1. 管理目标
(1) 进一步加强信息化规划和管控。
(2) 进一步完善项目管理机制。
(3) 进一步深化数据治理和应用。
(4) 进一步提升信息化运营能力。
(5) 进一步提升信息化内生动力。

2. 总体要求
(1) 加强信息化规划和管控。

以"金税四期"为契机强化信息化规划和管控，进一步加强信息化项目立项、技术选型、建设等关键环节的规划管控力度。

清理整合应用系统，按照分类施策整合存量、加强统筹管住增量的原则，开展清理整合。

有序开展新技术试点应用，税务总局统筹推进新技术在税收领域的应用，建立省税务局新技术应用试点备案制度，规范新技术试点选型，定期开展评估。

(2) 健全管理制度机制。

整合信息化管理制度。完善需求管理机制，明确信息化需求统筹职责。

严格项目管控。严控新增项目；严统应用建设；严抓开发和应用管理；严格项目推广；严审省税务局新建重大项目；严管项目及经费；严密全流程监管。

实行经费管理分工制约。财务部门管、征科部门用、督审部门审。

(3) 深化数据治理和应用。

构建数据驱动的业务新模式，规范数据管理机制，提升满足应用的数据治理能力。

（4）提升信息化运营质效。

优化基础设施管理机制，完善运维管理体系，落实安全管理要求，促进服务商提升服务质效。

（5）增强信息化保障能力。

坚持党建引领，加强组织领导，深化内控监督，注重能力建设，充实人力资源。

（6）加强廉政风险防控。

建立健全廉政风险防控机制，严格信息化人员管理，严格执行党规党纪和法律法规要求。

二、《国家税务总局办公厅关于进一步加强税务总局机关信息化项目立项管理的通知》（税总办发〔2020〕28号）

1. 立项管理

（1）范围。信息系统、信息资源库、信息安全基础设施、信息化标准体系、信息化支撑保障配套项目。

（2）分类。年度立项，往年已有项目在本年度延续；新增立项，需要新增的信息化项目。

（3）年度立项流程。

①征集年度立项需求，征管科技司；

②申报年度立项需求，项目业主单位；

③审核项目必要性，征管科技司、电税中心、数据风险局、办公厅；

④项目预算建议评审，财务管理司；

⑤审定年度立项安排，三次会议（网信办专题会、网信办全体会、总局党委会）；

⑥办理年度立项发文，征管科技司。

（4）新增立项流程。

①申请新增立项，项目业主单位；

②需求规划评估，征管科技司会同相关部门；

③进行立项审核，征管科技司、财务管理司、督察内审司、电税中心、采购中心、数据风险局；

④提请立项审批，项目业主单位；

⑤组织预算评审，财务管理司；

⑥办理正式立项，征管科技司（预算金额超过200万元的项目，须总局党委会审议后，办理项目正式立项）。

（5）其他需要强调的几个关键点。

①六司会审制度：征科司、财务司、督审司、数风局、电税中心、采购中心。

②"三分离"机制:立项、预算、采购三分离。

③项目需求申报书包含需求申报内容和预算测算说明两大部分。需求申报书中包括项目基本信息、主要内容和项目边界,从源头避免重复申报。申报书中要填写具体需求、实施计划,以充分支撑项目的必要性和可行性。

④项目预算说明中按软硬件、人力资源服务、软件开发、技术支持等不同内容,提供功能点法、历史对照法等5类评估方法,形成7张不同制式测算表,包含30余项测算要素,支持按照信息化项目类型选择最匹配的测算方式,更科学准确进行预算测算。

⑤信息化项目立项必须通过平台进行"机报""机审",项目立项申请部门通过平台提交申请,各职能部门按照分工依托平台开展线上审核,全程透明留痕。各省局、市局也要用好实平台,将项目全流程纳入平台管理,坚决防止线上线下"两张皮",切实以"信息化管信息化"。

三、《国家税务总局办公厅关于进一步加强税务总局信息系统需求管理的通知》(税总办发〔2020〕22号)

1. 工作流程

(1)业务要求提出,各司局通过信息化项目管理平台提交,命名为"××司(局)关于××的业务要求";

(2)业务要求受理,各省局如有业务要求,应按照运维管理程序,先提交总局对口业务司局确认同意后,作为业务司局的业务要求提交;

(3)业务要求审核及需求编写,征管科技司负责对业务要求完整性、合规性进行审核;

(4)业务需求开发,通过用户测试后,统一由网信办通过运维管理平台发布信息系统版本;测试过程中发现的业务需求问题,通过运维管理平台报告。

2. 业务要求提出时间

一般业务要求。各信息系统一般在每季度发布一次升级版本,为降低大征期运维工作压力,升级版本一般在每年2、5、8、11月发布升级。业务部门在政策制定过程中,政策实施时间应尽量避开大征期。

特殊业务要求。党中央、国务院的决策部署;税务总局党委临时安排的紧急任务;信息系统出现阻断性程序问题,以及严重影响纳税人办税便捷性、准确性的问题。特殊业务要求将发布紧急升级版本或补丁。

一般业务要求中涉及数据供给的,在不影响数据的准确性、连续性及可追溯性的前提下,可由提出要求的业务司局与实施单位协商实现时间。

3. 工作要求

(1)应对业务设计思路、业务处理规则、逻辑关系和功能要求进行详细描述。应附带相应的政策文件依据,若政策文件尚未签发,可附政策文件的会签稿或经局领导批准的工作方案。

（2）业务要求中涉及正式发文的纸质表单。应提供纸质表单的表样及详细的填表说明；有查询统计需要的，应同步提交查询统计要求，明确取数口径。

（3）涉及新税（费）种开征的，应提供开征新税（费）种的计税依据、征收品目、预算科目；涉及相关代码调整的，应提供代码修订内容；需要新增代码的，应说明编码规则及具体码值；涉及税收减免政策，需会同规划核算司同步提交该优惠政策的税收减免性质代码及核算需求。

四、《国家税务总局办公厅关于加强税收信息化项目开发和应用管理工作的通知》（税总办发〔2020〕64号）

1. 目标和范围、方式

（1）目标。促进信息化项目开发符合总局税收信息化规划、技术应用等要求。及时纠正项目开发实施与合同约定、业务需求的偏差。纠正开发过程中"未报先建""偷工减料"或"以小套大、长头长脚"等问题。

（2）范围。总局年度立项、新增立项的重点信息化项目，暂不包括：预算金额200万元以下的项目；培训类、咨询类、教材编写类、人工服务类等不需要开发的项目；由外部门牵头负责开发的项目。

（3）方式。过程监理、关键环节审议、网信办框架、多部门多环节监控。

2. 过程监理

（1）项目开发重要节点：需求分析、设计、测试、变更等；

（2）项目实施关键环节：开工报告、中期报告、项目验收、资金支付；

（3）监理单位出具监理意见或方案。

3. 关键环节审议

（1）项目开工，开发应用管理，部门组织审议开工报告；

（2）项目中期，开发应用管理部门组织，实施单位、业主单位、职能部门参加，审议中期报告；

（3）项目验收，开发应用管理部门组织，职能部门参加，审议项目验收资料；

（4）审议的方式，包括专题会议、专家评估、现场专项检查等。职能部门包括征管科技部门、财务管理部门、督察内审部门、数据风险管理部门、电子税务管理部门、集中采购部门，按照职责分工发表审议意见。

五、地方特色软件清理整合

1. 目标和范围

按照"分类施策整合存量、加强统筹管住增量"要求，全面清理整合特色软件，严格控制自行新建系统，大幅缩减省局特色软件数量，全面清理市局及县局特色软件，各省范围内特色软件总量原则上"只减不增"。

清理范围包括：省、市、县局自行组织建设（包括已经立项、正在开发中）的各类本地应用系统。总局统推应用系统和按照总局《电子税务局规范》开发建设的各省电子税务局不在本次清理整合范围。

2. 清理整合策略

（1）税务端生产应用类特色软件。

与全国统推应用系统主体功能类似或相近的，全面并入统推系统；

与全国统推应用系统主体功能有冲突的，全部予以关停清理；

与全国统推应用系统主体功能不同的，以省为单位实行集成整合，

其中暂时难以整合的、功能类似的应用系统全省只保留一个。

（2）税务端分析应用类特色软件。

省税务局税务数据查询统计和风险分析类地方特色软件，统一整合至各省金税三期决策支持系统或税收大数据平台。

（3）纳税人缴费人端特色软件。

严格按照税务总局《电子税务局规范》要求进行整合，以省为单位，在确保办税（费）服务质量的前提下，省内各类纳税人缴费人端特色软件，原则上相同功能只保留一个，并力争全部并入电子税务局。

3. 严控新增特色软件

（1）实施省税务局新增特色软件备案管理。

省税务局拟新建应用软件类项目，必须先由省税务局网信办论证通过，经同级纪检组长和督审部门主要负责人签字同意；预算超过200万元的项目，在报党委会议正式立项审议前，须编制新增地方特色软件申请备案表，以正式文件报税务总局备案。

（2）严控市级、县级税务局新建应用系统。

市税务局、县税务局原则上不得新建应用系统，确有需要的，应向省税务局提交业务需求，通过省税务局现有特色软件实现相关功能。确无法在现有软件中实现的，省税务局参照新增地方特色软件备案程序进行严格备案。

（3）建立税收信息化项目清单库。

按照分级管理原则，建立税收信息化项目清单库。税务总局负责全国统推及税务总局机关信息化项目的审核、入库和调整，备案审核省税务局特色软件，并对项目清单库中所有项目进行监督检查。项目清单库实行动态调整机制，未纳入清单库的不得推广应用、不得安排经费。

六、税务系统信息化服务商失信行为记录名单制度

1. 范围和失信行为分类

信息化服务商：信息化服务商是指为税务总局、各省（自治区、直辖市和计划单列市）税务局提供信息化项目承建、运维、咨询、监理服务或参加相关采购活动的单位或个人。

管理对象分类：

一般失信行为

严重失信行为：如违反网络安全管理规定、违规收费、"围猎"税务人员行为、违规聘用离职税务人员等。

2. 结果应用及信用修复

总局网信办按季通报。

一般失信行为：由认定部门的同级网信办函告服务商。

严重失信行为：由认定部门的同级网信办约谈服务商主要负责人违反合同约定内容的；由采购部门按合同约定处理影响恶劣的严重违法失信行为；由采购部门将其推送财政部纳入政府采购严重违法失信行为记录名单。

一般失信行为的服务商：自通报之日起，一年内未再发生新的失信行为的，由税务总局网信办将其移出税务系统失信记录名单。

严重失信行为的服务商：自通报之日起，三年内未再发生新的失信行为的，由税务总局网信办将其移出税务系统失信记录名单。

第二节　信息化基础知识

一、信息化的概念

1. 信息化的概念

信息化代表一种信息技术高度应用，信息资源高度共享，以致人的智能潜力以及社会物质资源潜力充分发挥，个人行为、组织决策和社会运行趋于合理化的理想状态；同时信息化也是建立在 IT 产业发展与 IT 在社会经济各部门扩散的基础之上，不断运用 IT 改造传统经济和社会结构，通往前述的理想状态的一段持续过程。

信息化建设是指品牌利用现代信息技术来支撑品牌管理的手段和过程。

2. 信息化建设

信息化建设的内容包括：基础设施建设；软件系统建设；组织体系建设；系统安全体系、灾难备份与恢复建设；组织信息化与业务连续性管理意识培养和强化。

3. IT 治理概念

为确定组织目标和确保目标实现的绩效监控所提供的治理结构。IT 治理关键要素涵盖 IT 组织、IT 战略、IT 架构、IT 基础设施、业务需求、IT 投资、信息安全等，主要确定要素或活动中"做什么决策？谁来决策？怎么来决策？如何监督和评价决策？"

二、国家信息化治理

1. 网络安全法

《中华人民共和国网络安全法》由全国人大常委会于 2016 年 11 月 7 日发布，自 2017 年 6 月 1 日起施行，立法宗旨是保障网络安全，维护网络空间主权和国家安全、社会公共利益，保护公民、法人和其他组织的合法权益，促进经济社会信息化健康发展。

2. 国家层级信息化建设

2016 年 7 月发布实施《国家信息化发展战略纲要》，作为纲领性文件规范和指导 2016—2025 年国家信息化发展，是国家中长期战略规划的重要组成部分。

2016 年 12 月发布实施《"十三五"国家信息化规划》，是指导"十三五"时期各地区各部门信息化工作的具体行动指南，也是"十三五"规划纲要和《国家信息化发展战略纲要》关于信息化任务的细化落实。

第三节　计算机终端设备

一、计算机组成

计算机系统由硬件系统和软件系统两大部分组成。硬件是构成计算机的实体，是计算机系统中实际装置的总称，如机箱、键盘、鼠标器、显示器和打印机等，都是所谓的硬件。

（一）计算机的硬件系统

硬件是指组成计算机的各种物理设备，是指那些看得见、摸得着的实际物理设备。它包括计算机的主机和外部设备，具体由五大功能部件组成，即运算器、控制器、存储器、输入设备和输出设备，这五大部分相互配合、协同工作。

计算机简单工作原理：首先由输入设备接收外界信息（程序和数据），控制器发出指令将数据送入（内）存储器，然后向内存储器发出取指令命令。在指令命令下，程序指令逐条送入控制器。控制器对指令进行译码，并根据指令的操作要求，向存储器和运算器发出存数、取数命令和运算命令，经过运算器计算并把计算结果存在（内）

存储器内。最后在控制器发出的取数和输出命令的作用下，通过输出设备输出计算结果。

1. 主机

主机由控制器、运算器和存储器三个部分组成。

（1）控制器。

控制器是计算机的控制中心，实现处理过程的自动化。计算机系统各个部件在控制器的控制下协调地进行工作。

（2）运算器。

运算器的功能是在控制器的指挥下，对信息或数据进行处理和运算，包括算术运算和逻辑运算，其内部有一个算术逻辑运算部件（Arithmetical Logic Unit，ALU）和若干种寄存器。运算器主要工作是数据处理（运算）和暂存运算数据。

（3）存储器。

存储器（Memory）一般是指内存储器，简称内存，是计算机用来存放程序和数据的记忆部件。常用的存储单位如下。

位（bit）：表示一位二进制信息，可存放一个0或1，是计算机中存储信息的最小单位。

字节（Byte）：是计算机中存储器的一个存储单元，由8个二进制位组成。字节（B）是存储容量的基本单位。

字：由若干个字节组成，是信息处理的单位。保存信息到存储单元的操作称作"写"操作，从存储单元中获取信息的操作称作"读"操作，"读""写"时一般都以字节为单位。"读"操作不会影响存储单元中的信息，"写"操作使新的信息取代存储单元中原有的信息。

内存储器直接和运算器、控制器交换信息，分为随机存取存储器（Random Access Memory，RAM）和只读存储器（Read Only Memory，ROM）两种。

RAM中的信息可随机读出或写入，一旦关机（断电），信息不再保存。

ROM中的信息只有在特定条件下才能写入，通常只能读出而不能写入，断电后，ROM中的原有内容保持不变。ROM一般用来存放自检程序、配置信息等。

2. 输入设备

输入设备将原始数据、程序和控制信息转换成计算机所能识别的二进制形式的电信号，送到计算机内存中。常用输入设备有键盘、光电输入机、磁盘驱动器和磁带机等。最早使用的是纸带输入机和卡片输入机，都属于光电输入机，把程序和数据的代码在纸带或卡片上打成不规则的孔，利用光转换成电的原理，变成电的脉冲代码。20世纪末，使用最为普遍的输入方法是键盘输入，广泛用在微型计算机和终端上。这种方法可将按键所代表的字符直接转换成电脉冲代码。

3. 输出设备

将计算结果或中间结果用人所能识别的形式表现出来，常用输出设备有屏幕显示器、打印机、各种绘图仪等。这些设备可根据计算机工作的需要以多种颜色和多种速度输出结果。

4. 外存储器

在计算机外还有辅助存储器，称为外存储器，简称外存。外存储器有补充内存和长期保存程序、数据及运算结果的作用。外存储器存储的内容不能直接供计算机使用，而要先送入内存，再从内存提供给计算机。外存的特点是容量大、能够长时间保存内容，存取速度比内存慢。个人计算机常见的外存储器有 U 盘、硬盘存储器、磁带存储器、光盘存储器等。

U 盘：U 盘也称为"闪存盘"，可以通过计算机的 USB 口存储数据。与软盘相比，由于 U 盘的体积小、存储量大及携带方便等优点，U 盘已经取代软盘的地位。

硬盘存储器：硬盘是由涂有磁性材料的铝合金圆盘组成的，每个硬盘都由若干个磁性圆盘组成。

磁带存储器：磁带也称为顺序存取存储器 SAM，存储容量很大，但查找速度很慢，一般仅用作数据后备存储。计算机系统使用的磁带机有 3 种类型：盘式磁带机、数据流磁带机及螺旋扫描磁带机。

光盘存储器：光盘指的是利用光学方式进行信息存储的圆盘，应用了光存储技术，即使用激光在某种介质上写入信息，然后再利用激光读出信息。光盘存储器可分为 CD – ROM、CD – R、CD – RW 和 DVD – ROM 等。

（二）计算机的软件系统

计算机软件系统包括系统软件和应用软件两大类。

1. 系统软件

系统软件是指控制和协调计算机及其外部设备，支持应用软件开发和运行的软件。其主要的功能是进行调度、监控和维护系统等。系统软件是用户和裸机的接口。

（1）操作系统软件，如 DOS、Windows 98、Windows NT、Windows XP、Linux、Netware 等。

（2）各种语言的处理程序，如低级语言、高级语言、编译程序、解释程序等。

（3）各种服务性程序，如机器的调试、故障检查和诊断程序、杀毒程序等。

（4）各种数据库管理系统，如 SQL Sever、Oracle、Informix、Foxpro 等。

2. 应用软件

应用软件是用户为解决各种实际问题而编制的计算机应用程序及其有关资料。应用软件主要有以下几种。

(1) 用于科学计算方面的数学计算软件包、统计软件包。

(2) 文字处理软件包，如 WPS、Word 等。

(3) 图像和动画处理软件包，如 Photoshop、3DS MAX 等。

(4) 各种财务管理软件、税务管理软件、工业控制软件、辅助教育等专用软件。

3. 硬件和软件的关系

硬件与软件是相辅相成的，硬件是计算机的物质基础，没有硬件就无所谓计算机，软件是计算机的灵魂，没有软件，计算机的存在就毫无价值。

硬件系统的发展给软件系统提供了良好的开发环境，而软件系统发展又给硬件系统提出了新的要求。

★ 习题精练及答案解析

一、单项选择题

1. 当前的计算机一般称为第四代计算机，所采用的逻辑元件是（　　）。（用于1－7级测试）

    A. 晶体管　　　　　　　　　　B. 集成电路

    C. 电子管　　　　　　　　　　D. 大规模、超大规模集成电路

    【参考答案】D

    【解析】当前的计算机一般称为第四代计算机，所采用的逻辑元件是大规模、超大规模集成电路。第四代计算机所采用的逻辑元件是大规模、超大规模集成电路。

2. 计算机当前的应用领域无处不在，但其应用最早的领域却是（　　）。（用于1－7级测试）

    A. 数据处理　　B. 科学计算　　C. 人工智能　　D. 过程控制

    【参考答案】B

    【解析】计算机当前的应用领域无处不在，但其应用最早的领域却是科学计算。

3. 能够将高级语言源程序加工为目标程序的系统软件是（　　）。（用于1－7级测试）

    A. 解释程序　　B. 汇编程序　　C. 编译程序　　D. 编辑程序

    【参考答案】C

    【解析】能够将高级语言源程序加工为目标程序的系统软件是编译程序。

4. 计算机中的运算器的主要功能是完成（　　）。（用于1－7级测试）

    A. 代数和逻辑运算　　　　　　B. 代数和四则运算

    C. 算术和逻辑运算　　　　　　D. 算术和代数运算

    【参考答案】C

    【解析】计算机中的运算器的主要功能是完成算术和逻辑运算。

第八章 信息化管理

5. 下列计算机接口中，可以直接进行"插拔"操作的是（　　）。（用于1－7级测试）

　　A. COM　　　　B. LPT　　　　C. PCI　　　　D. USB

【参考答案】D

【解析】除了 USB，COM 是串口，LPT 是并口，PCI 是主板插槽，都不能热插拔（带电插拔）。

6. 微型计算机的主频很大程度上决定了计算机的运行速度，是指（　　）。（用于1－7级测试）

　　A. 计算机的运行速度快慢　　　　B. 微处理器时钟工作频率

　　C. 基本指令操作次数　　　　　　D. 单位时间的存取数量

【参考答案】B

【解析】微型计算机的主频是指微处理器时钟工作频率。

7. 六位二进制数最大能表示的十进制整数是（　　）。（用于1－7级测试）

　　A. 64　　　　B. 63　　　　C. 32　　　　D. 31

【参考答案】B

【解析】$2^6 - 1 = 63$。

8. 下列四组数依次为二进制、八进制和十六进制的是（　　）。（用于1－7级测试）

　　A. 11，78，19　　　　　　B. 12，77，10

　　C. 12，80，10　　　　　　D. 11，77，19

【参考答案】D

【解析】二进制只能出现0~1两个符号，八进制只能出现0~7八个符号。

9. ROM 中的信息是（　　）。（用于1－7级测试）

　　A. 由计算机制造厂预先写入的

　　B. 在系统安装时写入的

　　C. 根据用户需求不同，由用户随时写入的

　　D. 由程序临时写入的

【参考答案】A

【解析】ROM 中的信息是由计算机制造厂预先写入的，只能读，不能写。

10. 在标准 ASCII 编码表中，数字码、小写英文字母和大写英文字母的前后次序是（　　）。（用于1－7级测试）

　　A. 数字、小写英文字母、大写英文字母

　　B. 小写英文字母、大写英文字母、数字

　　C. 数字、大写英文字母、小写英文字母

　　D. 大写英文字母、小写英文字母、数字

【参考答案】C

【解析】标准 ASCII 编码表的前后次序是数字、大写英文字母、小写英文字母。

11. 十进制数 91 相当于二进制数（　　）。（用于 1－7 级测试）

　　A. 1101011　　　B. 1101111　　　C. 1110001　　　D. 1011011

　　【参考答案】D

　　【解析】$1011011 = 0*2^7 + 1*2^6 + 0*2^5 + 1*2^4 + 1*2^3 + 0*2^2 + 1*2^1 + 1*2^0 = 64 + 16 + 8 + 2 + 1 = 91$。

12. 将汇编语言源程序翻译成计算机可执行代码的软件称为（　　）。（用于 1－7 级测试）

　　A. 编译程序　　　B. 汇编程序　　　C. 管理程序　　　D. 服务程序

　　【参考答案】B

　　【解析】将汇编语言源程序翻译成计算机可执行代码的软件称为汇编程序。

13. 7 位二进制编码的 ASCII 码表示的字符个数是（　　）。（用于 1－7 级测试）

　　A. 127　　　B. 255　　　C. 256　　　D. 128

　　【参考答案】D

　　【解析】$2^7 = 128$。

14. 与二进制数 11111110 等值的十进制数是（　　）。（用于 1－7 级测试）

　　A. 251　　　B. 252　　　C. 253　　　D. 254

　　【参考答案】D

　　【解析】二进制数 11111110 等值的十进制数为 $128 + 64 + 32 + 46 + 8 + 4 + 2 = 255 - 1 = 254$。

15. 用来表示计算机辅助设计的英文缩写是（　　）。（用于 1－7 级测试）

　　A. CAI　　　B. CAM　　　C. CAD　　　D. CAT

　　【参考答案】C

　　【解析】计算机辅助设计是 CAD。

16. 在计算机内部，数据加工、处理和传送的形式是（　　）。（用于 1－7 级测试）

　　A. 二进制码　　　B. 八进制码　　　C. 十进制码　　　D. 十六进制码

　　【参考答案】A

　　【解析】在计算机内部，数据加工、处理和传送的形式是二进制码。

17. 在计算机中表示存储容量时，下列描述中正确的是（　　）。（用于 1－7 级测试）

　　A. 1KB = 1 024MB　　　　　　B. 1KB = 1 000B

　　C. 1MB = 1 024KB　　　　　　D. 1MB = 1 024GB

　　【参考答案】C

　　【解析】1KB = 1024B，1MB = 1 024KB，1GB = 1 024MB。

18. 已知英文字母 m 的 ASCII 码值为 109，那么英文字母 p 的 ASCII 码值为（　　）。

（用于 1 - 7 级测试）

  A. 111   B. 112   C. 113   D. 114

【参考答案】B

【解析】p 的 ASCII 码值 = m 的 ASCII 码值 + 3 = 109 + 3 = 112。

19. 具有多媒体功能的微型计算机系统中，常用的 WORM 是（   ）。（用于 1 - 7 级测试）

  A. 只读型大容量软盘   B. 只读型光盘

  C. 一次性写入多次读出光盘   D. 半导体只读存储器

【参考答案】C

【解析】WORM 意指 Write Once Read Many，一次写入多次读取。

20. "32 位微型计算机"中的 32 指的是（   ）。（用于 1 - 7 级测试）

  A. 微机型号   B. 内存容量   C. 运算速度   D. 机器字长

【参考答案】D

【解析】"32 位微型计算机"中的 32 意指机器字长。

21. 计算机的基本构成包括主机、显示器、键盘、鼠标，它们均属于（   ）。（用于 1 - 7 级测试）

  A. 软件部分   B. 硬件部分   C. 主机部分   D. 主板部分

【参考答案】B

【解析】硬件部分是计算机各项功能实现的物质基础，包括主机、显示器、键盘、鼠标等。

22. Office Excel 属于（   ）。（用于 1 - 7 级测试）

  A. 电子表格软件   B. 文字处理软件

  C. 图形图像软件   D. 网络通信软件

【参考答案】A

【解析】Excel 是 Microsoft Office 组件之一，用于处理电子表格的软件

23. 在 Windows 7 操作系统中，显示桌面的快捷键是（   ）。（用于 1 - 7 级测试）

  A. "Win" + "D"   B. "Win" + "P"

  C. "Win" + "Tab"   D. "Alt" + "Tab"

【参考答案】A

【解析】先按住 Win 键不放然后再选择 D 键，可以显示桌面。

24. 计算机是能够处理和加工各种电子信息的现代化工具，是一种高度自动化的。能对各种文字、数字、声音和图像进行存储和快速运算的（   ）。（用于 1 - 7 级测试）

  A. 电子设备   B. 机械设备   C. 娱乐设备   D. 电器设备

【参考答案】A

【解析】能对各种文字、数字、声音和图像进行存储和快速运算的电子设备。

25. 随着闪存技术的发展，小巧便于携带、存储容量大、价格便宜、性能可靠的是（　　）。（用于1－7级测试）

  A. U盘   B. 移动硬盘   C. 光盘   D. 软盘

【参考答案】A

【解析】U盘使用闪存技术，并且其容量大、易携带性价比高等优点。

26. U盘属于计算机（　　）。（用于1－7级测试）

  A. 运算器   B. 控制器   C. 外存   D. 内存

【参考答案】C

【解析】U盘属于计算机存储器中的外存（辅存），通常存放当前不参加运行的程序和数据，这些程序和数据必须调入内存（主存）才能运行和处理，硬盘、光盘、软盘也都属于该类。

27. 下列部件不是常见计算机硬件的是（　　）。（用于1－7级测试）

  A. 电源   B. CPU   C. 鼠标   D. 机箱

【参考答案】D

【解析】计算机硬件组成由CPU、主板、显卡、声卡、显示器、键盘鼠标等组成。

28. 操作系统的作用之一是（　　）。（用于1－7级测试）

  A. 将源程序编译为目标程序

  B. 实现企业目标管理

  C. 控制和管理计算机系统的软硬件资源

  D. 实现文字编辑、排版功能

【参考答案】C

【解析】操作系统控制和管理计算机系统的软硬件资源。

29. 中央处理器由（　　）组成。（用于1－7级测试）

  A. 运算器和控制器   B. 累加器和控制器

  C. 运算器和寄存器组   D. 运算和控制系统

【参考答案】A

【解析】CPU包括运算器和控制器。

30. 计算机与日常使用的袖珍计算器的本质区别是（　　）。（用于1－7级测试）

  A. 运算速度的高低   B. 存储器容量的大小

  C. 规模的大小   D. 自动化程度的高低

【参考答案】D

【解析】计算机与日常使用的袖珍计算器的本质区别是自动化程度的高低。

第八章　信息化管理

31. 信息化目标应与企业的（　　）目标保持一致。(用于1-7级测试)

　　A. 项目管理目标　　B. 战略管理目标　　C. 质量管理目标　　D. 经营管理目标

【参考答案】B

【解析】IT治理强调信息化目标应与企业战略目标保持一致，利用IT自身特点，为企业战略规划提供技术或控制支持，以保证信息化建设能够真正贯彻落实组织的业务战略和目标。

32. 信息化包括信息的（　　）。(用于1-7级测试)

　　A. 生产和制造　　　B. 生产和应用　　　C. 发明和创造　　　D. 生产和传播

【参考答案】B

【解析】信息化包括信息的生产和应用。

33. IT治理的目标之一是（　　）。(用于1-7级测试)

　　A. 解决IT技术问题

　　B. 解决资金问题

　　C. 解决管控信息化过程中的风险问题

　　D. 解决开发IT项目的经验和能力不足问题

【参考答案】C

【解析】IT治理目标：IT与组织战略目标融合互动；有效利用信息资源；管控信息化风险；构建信息化可持续发展的长效机制。

　　在企业信息化建设中的最大问题，往往不是技术问题，也不是资金问题，而是缺乏科学的IT管理观念。IT领导者最大的问题不是缺少经验和能力，而是缺乏卓越的管理素质和管理方法。正因为如此，才引入了"IT治理"这个概念。

　　从定义上讲，IT治理，是指设计并实施信息化过程中，各方利益最大化的制度安排。其目的是实现组织的业务战略，促进管理创新，合理管控信息化过程的风险，建立信息化可持续发展的长效机制，最终实现IT商业价值。

34. 以下关于企业信息化方法的叙述中，正确的是（　　）。(用于1-7级测试)

　　A. 业务流程重构是对企业的组织结构和工作方法进行重新设计，SCM（供应链管理）是一种重要的实现手段

　　B. 在业务数量浩繁且流程错综复杂的大型企业里，主题数据库方法往往形成许多"信息孤岛"，造成大量无效或低效投资

　　C. 人力资源管理把企业的部分优秀员工看作一种资本，能够取得投资收益

　　D. 围绕核心业务应用计算机和网络技术是企业信息化建设的有效途径

【参考答案】D

【解析】业务流程重组一般用BPR/BPM（持续规范/再造），SCM（供应链管理）只负责企业之间对接的问题；主题数据库是多个业务数据库的整合，单个业务数据库

525

才会形成"信息孤岛";人力资源管理把所有员工都看作生产资本。

35. 企业信息化涉及对企业管理理念的创新,按照市场发展的要求,对企业现有的管理流程重新整合,管理核心从对(　　)的管理,转向对技术、物资和人力资源的管理,延伸到对企业技术创新、工艺设计、产品设计、生产制造过程的管理,进而扩展到对客户关系和供应链的管理乃至发展到电子商务。(用于1-7级测试)

　　A. 人力资源和物资　　　　　　B. 信息技术和知识
　　C. 财务和物料　　　　　　　　D. 业务流程和数据

【参考答案】C

【解析】企业信息集成按照组织范围分为企业内部的信息集成和外部的信息集成。在企业内部的信息集成中,作为管理核心的财务、物料管理,转向技术、物资、人力资源的管理,延伸到企业技术创新、工艺设计、产品设计、生产制造过程的管理,进而扩展到客户关系管理、供应链管理乃至发展到电子商务。

36. 下列有关计算机网络叙述错误的是(　　)。(用于1-7级测试)
　　A. 利用Internet可以使用远程的超级计算中心的计算机资源
　　B. 计算机网络是在通信协议控制下实现的计算机互联
　　C. 建立计算机网络的最主要目的是实现资源共享
　　D. 以接入的计算机多少可以将网络划分为广域网、城域网和局域网

【参考答案】D

【解析】计算机网络按照距离划分为广域网、城域网和局域网。

37. Internet上各种网络和各种不同类型的计算机互相通信的基础是(　　)协议。(用于1-7级测试)
　　A. HTTP　　　B. IPX　　　C. X.25　　　D. TCP/IP

【参考答案】D

【解析】Internet上各种网络和各种不同类型的计算机互相通信的基础是TCP/IP协议。

38. LAN通常是指(　　)。(用于1-7级测试)
　　A. 广域网　　　B. 局域网　　　C. 资源子网　　　D. 城域网

【参考答案】B

【解析】局域网LAN(Local Area Network),是在一个局部的地理范围内(如一个学校、工厂和机关内),将各种计算机、外部设备和数据库等互相联结起来组成的计算机通信网,简称LAN。

39. 计算机网络可以被理解为(　　)。(用于1-7级测试)
　　A. 执行计算机数据处理的软件模块
　　B. 由自治的计算机互联起来的集合体

526

第八章 信息化管理

C. 多个处理器通过共享内存实现的紧耦合系统

D. 用于共同完成一项任务的分布式系统

【参考答案】B

【解析】计算机网络是由自治计算机互联起来的集合体,这里包含着三个关键点:自治计算机、互联和集合体。自治计算机是指由软件和硬件两部分组成,能完整地实现计算机的各种功能;互联是指计算机之间能实现相互通信;集合体是指所有使用通信线路及互联设备连接起来的自治计算机集合。而选项C和D分别指多机系统和分布式系统。

40. 下列不属于计算机网络功能的是( )。(用于1-7级测试)

   A. 提高系统可靠性　　　　　　B. 提高工作效率

   C. 分散数据的综合处理　　　　D. 使各计算机相对独立

【参考答案】D

【解析】计算机网络的三大主要功能是数据通信、资源共享以及分布式处理。计算机网络使各计算之间的联系更加紧密而不是相对独立。

41. 区块链是点对点传输、共识机制、加密算法和( )等计算机技术的新型应用模式。(用于8-11级测试)

   A. 集中式数据库　　　　　　　B. 数据仓库

   C. 分布式数据存储　　　　　　D. 非链式数据结构

【参考答案】C

【解析】区块链使用的计算机技术新型应用模式包括:去中心化数据库、分布式存储、点对点传输、共识机制、加密算法。

42. 分布式记账得以生存发展的前提是( )。(用于8-11级测试)

   A. 区块链技术　　　　　　　　B. 梅克尔树

   C. SQL数据库　　　　　　　　D. 点对点网络

【参考答案】D

【解析】在点对点网络环境下,每个节点既是服务器又是客户端,可以存储整个环境中所有的数据。分布式记账的技术前提就是分布式的对等网络环境,即点对点网络。

43. 2018年8月开出全国首张区块链电子发票的地点是( )。(用于1-7级测试)

   A. 上海　　　B. 深圳　　　C. 厦门　　　D. 广州

【参考答案】B

【解析】2018年8月全国首张区块链电子发票在深圳实现落地。

44. 区块链特征中不包括( )。(用于8-11级测试)

   A. 开放性　　B. 中心化　　C. 匿名性　　D. 信息不可篡改

【参考答案】B

【解析】区块链特征包括去中心化、去信任、开放性、独立性、匿名性、信息不可篡改。

45. 智能合约在区块链当中的作用相当于（　　）。（用于 8-11 级测试）

    A. 裁判　　　　B. 服务员　　　　C. 买家　　　　D. 卖家

【参考答案】A

【解析】智能合约是一系列条件程序的集合，区块链中的所有交易、记账行为都必须经由智能合约进行判定是否合乎规则，相当于"裁判"。

二、多项选择题

1. 常见的多媒体元素有（　　）。（用于 1-7 级测试）

    A. 文本　　　　B. 图形　　　　C. 图像　　　　D. 动画

【参考答案】ABCD

【解析】常见的多媒体元素有文本、图形、图像、动画等。

2. 以下关于移动硬盘的描述中正确的是（　　）。（用于 1-7 级测试）

    A. 相对 U 盘容量大　　　　　　B. 需要放置在机箱内部使用

    C. 采用 USB 接口即插即用　　　D. 使用方便

【参考答案】ACD

【解析】移动硬盘的特点：相对 U 盘容量大、采用 USB 接口即插即用、使用方便。

3. 在计算机中一个字节可以表示（　　）。（用于 1-7 级测试）

    A. 256 种状态　　　　　　B. 一个机内码

    C. 四位十进制数　　　　　D. 二位十六进制数

【参考答案】AD

【解析】计算机中一个字节可以表示：8 位二进制（2 位十六进制数），$2^8=256$ 种状态。

4. 计算机辅助技术包括（　　）。（用于 1-7 级测试）

    A. CAD　　　　B. CAI　　　　C. CAB　　　　D. CAM

【参考答案】ABD

【解析】计算机辅助技术包括 CAD（Computer Aided Design 计算机辅助设计）、CAI（Computer Aided Instruction 计算机辅助教学）、CAM（Computer Aided Manufacturing 计算机辅助制造）、CAT（Computer aided translation 计算机辅助翻译）。

5. 计算机主机通常包括（　　）。（用于 1-7 级测试）

    A. 显示器　　　　B. 控制器　　　　C. 内存储器　　　　D. 运算器

【参考答案】BCD

【解析】计算机主机通常包括控制器、内存储器、运算器。

6. 鼠标的基本操作有（　　）。（用于1－7级测试）

　　A. 双击　　　　B. 拖动　　　　C. 右击　　　　D. 单击

【参考答案】ABCD

【解析】鼠标的基本操作有双击、拖动、右击、单击。

7. 在英文录入时，可以进行大小写切换的键是（　　）。（用于1－7级测试）

　　A. Ctrl　　　　B. CapsLock　　　C. Shift　　　　D. Tab

【参考答案】BC

【解析】在英文录入时，可以进行大小写切换的键是CapsLock、Shift。

8. 计算机的主要性能指标包括（　　）。（用于1－7级测试）

　　A. 存储容量　　B. 运算速度　　C. 可靠性　　　D. 字长

【参考答案】ABD

【解析】计算机的主要性能指标包括存储容量、运算速度、字长。

9. 程序设计语言包括（　　）。（用于1－7级测试）

　　A. 数据库　　　B. 机器语言　　C. 高级语言　　D. 汇编语言

【参考答案】BCD

【解析】数据库不属于程序设计语言。

10. 在计算机中采用二进制的主要原因是（　　）。（用于1－7级测试）

　　A. 两个状态的系统容易实现，成本低

　　B. 运算法则简单

　　C. 十进制无法在计算机中实现

　　D. 可进行逻辑运算

【参考答案】ABD

【解析】在计算机中采用二进制的主要原因是两个状态的系统容易实现，成本低；运算法则简单；可进行逻辑运算。

11. 计算机内存包括（　　）。（用于1－7级测试）

　　A. 只读存储器　B. 硬盘　　　　C. 软盘　　　　D. 随机存储器

【参考答案】AD

【解析】计算机内存包括只读存储器、随机存储器。

12. 断电后仍能保存信息的存储器为（　　）。（用于1－7级测试）

　　A. CD－ROM　　B. RAM　　　　C. ROM　　　　D. 硬盘

【参考答案】ACD

【解析】断电后仍能保存信息的存储器是CD－ROM、ROM、硬盘。

13. CPU能直接访问的存储器是（　　）。（用于1－7级测试）

　　A. ROM　　　　B. RAM　　　　C. Cache　　　　D. 外储存卡

【参考答案】ABC

【解析】CPU 能直接访问的存储器是 ROM、RAM、Cache。

14. 与内存相比，外存的主要优点是（   ）。（用于 1-7 级测试）

    A. 存储容量大　　　　　　　　B. 信息可长期保存

    C. 价格便宜　　　　　　　　　D. 存取速度快

【参考答案】ABC

【解析】外存的主要优点是存储容量大、信息可长期保存、价格便宜；存取速度快是内存的优点。

15. 在 Windows 资源管理器中，假设已经选定文件，下列关于"复制"操作的叙述中，正确的有（   ）。（用于 1-7 级测试）

    A. 直接拖至不同驱动器的图标上

    B. 按住 Shift 键，拖至不同驱动器的图标上

    C. 按住 Ctrl 键，拖至不同驱动器的图标上

    D. 按住 Shift 键，然后拖至同一驱动器的另一子目录上

【参考答案】AC

【解析】不同驱动器下拖动文件相当于复制。

16. 在资源管理器中，查找文件的方式有（   ）。（用于 1-7 级测试）

    A. 按照建立文件的操作者姓名

    B. 按需要查找的文件或文件夹的名称

    C. 按照文件最后的修改日期

    D. 按高级方式查找（可以给出需要查找文件的某些特征、状况）

【参考答案】BCD

【解析】在资源管理器中查找文件时，可以根据文件的大小、修改日期、文件名、包含文字等特征查找文件。

17. 计算机系统主要的组成部分有（   ）。（用于 1-7 级测试）

    A. ARP　　　　B. 计算机硬件　　　C. TCP/IP 协议　　　D. 计算机软件

【参考答案】BD

【解析】计算机系统主要由硬件系统及软件系统构成；另两个选项是协议。

18. 下列方法可以启动"资源管理器"的有（   ）。（用于 1-7 级测试）

    A. 单击"开始"按钮，再从"开始"菜单单击"程序"，从"程序"级联菜单中选择"Windows 资源管理器"

    B. 用右键单击"我的电脑"，选择"资源管理器"

    C. 用左键单击"我的电脑"，选择"资源管理器"

    D. 打开控制面板，选择"资源管理器"

【参考答案】AB

【解析】启动"资源管理器"的方法有：①单击"开始"按钮，再从"开始"菜单单击"程序"，从"程序"级联菜单中选择"Windows 资源管理器"；②用右键单击"我的电脑"，选择"资源管理器"。

19. 下列关于操作系统的叙述中错误的有（ ）。（用于1-7级测试）

    A. 操作系统是软件和硬件之间的接口

    B. 操作系统是源程序和目标程序之间的接口

    C. 操作系统是用户和计算机之间的接口

    D. 操作系统是外设和主机之间的接口

    【参考答案】ABD

    【解析】操作系统是用户和计算机之间的接口。

20. Word 文档的文件扩展名是（ ）。（用于1-7级测试）

    A. doc　　　　B. xls　　　　C. docx　　　　D. txt

    E. exe

    【参考答案】AC

    【解析】doc 是 Office word 2003 及以前的版本，docx 是 Office Word 2007 及以后的版本，xls 是 Office Excel 的文件扩展名，txt 是文本文件的扩展名，exe 是可执行文件的扩展名。

21. 微软 Office 组件中包含（ ）。（用于1-7级测试）

    A. Photoshop　　　B. PowerPoint　　　C. Excel　　　D. Word

    【参考答案】BCD

22. 电脑显示器常见的接口有（ ）。（用于1-7级测试）

    A. DP　　　　B. DVI　　　　C. SGV　　　　D. HDMI

    E. VGA

    【参考答案】ABDE

    【解析】显示常见的接口有 DP、HDMI、DVI、VGA 等，目前主流显示器接口为 HDMI 和 DP，DVI 和 VGA 主要使用在旧显示器上，已在逐步淘汰中。

    微软 Office 软件包中包含 PowerPoint、Excel、Word；Photoshop 不是 Office 组件。

23. 台式机相对于笔记本电脑的优势有（ ）。（用于1-7级测试）

    A. 高性价比　　　B. 散热性　　　C. 扩展性　　　D. 便携性

    E. 通用性

    【参考答案】ABC

    【解析】台式机相对于笔记本电脑具有价格低、散热性好、扩展性强等特点。

24. 在 Windows 中，文件属性包含有（ ）。（用于1-7级测试）

    A. 系统　　　　B. 隐藏　　　　C. 文件（文档）　　　　D. 只读

E. 归档

【参考答案】ABDE

【解析】在 Windows 中，系统、隐藏、只读、归档都属于文件属性。

25. 硬盘又称外部存储器，常见硬盘的接口有（　　）。（用于 1－7 级测试）

    A. SATA　　　　B. SCSI　　　　C. IDE　　　　D. SeaGate

    E. WD

【参考答案】ABC

【解析】硬盘接口有：SATA、SCSI、IDE、M.2，SeaGate 和 WD 分别是希捷和西数两个硬盘品牌。

26. 计算机硬件一般分为输入和输出设备。下列设备可作为输入设备的有（　　）。（用于 1－7 级测试）

    A. 麦克风　　　B. 打印机　　　C. 扫描仪　　　D. 摄像头

    E. 显示器

【参考答案】ACD

【解析】输入设备向计算机输入数据和信息，是计算机与用户或其他设备通信的桥梁，是用户和计算机系统之间进行信息交换的主要装置之一，任务是把数据、指令及某些标志信息等输送到计算机中去，键盘、鼠标、摄像头、扫描仪、光笔、手写输入板等都属于输入设备，输出设备把计算或处理的结果或中间结果以人能识别的各种形式，如数字、符号、字母等表示出来，起了人与机器之间进行联系的作用，常见的有显示器、打印机、绘图仪、磁记录设备等。打印机和显示器是输出设备。

27. 外存储器和内存储器相比，下列说法正确的有（　　）。（用于 1－7 级测试）

    A. 内存数据读写速度更快　　　　B. 外存数据读写速度更快

    C. 计算机断电后，外存数据会丢失　　D. 外存比内存拥有更大的信息存储量

    E. CPU 可直接读取外存数据

【参考答案】AD

【解析】CPU 只能从内存读取数据，外存数据读写速度比内存慢，必须首先被读取到内存中，才能为 CPU 使用。

28. 只读存储器选项包括（　　）。（用于 1－7 级测试）

    A. SRAM　　　B. 可编程 ROM　　C. 可擦除 ROM　　D. 掩膜 ROM

【参考答案】BCD

【解析】SRAM 是随机存取存储器。

29. 外设接口功能包括（　　）。（用于 1－7 级测试）

    A. 数据缓冲　　B. 命令控制　　C. 数据运算　　D. 数据转换

【参考答案】ABD

【解析】外设接口在主机和外设之间起桥梁作用，功能有：寻址（选择多个 I/O 接口的其中之一）；数据寄存和缓冲；联络；中断或 DMA 管理；命令控制。

30. 计算机采用二进制原因是（　　）。（用于 1－7 级测试）

    A. 只有 0 和 1 两种状态，设计容易实现

    B. 存储信息量大

    C. 抗干扰能力强

    D. 运算规则简单，节约设备

    【参考答案】ACD

    【解析】逻辑电路只有两个状态，正好用 0 和 1 表示；简化运算规则；易于转换；二进制数据具有抗干扰能力强、可靠性高的优点。

31. IT 治理目标包括（　　）。（用于 1－7 级测试）

    A. 有效利用信息资源　　　　　　B. 管控信息化风险

    C. 构建可持续发展机制　　　　　D. IT 与组织战略目标融合互动

    【参考答案】ABCD

32. 做好 IT 治理的前提条件（　　）。（用于 1－7 级测试）

    A. 明确目标　　B. 组织架构　　C. 治理流程　　D. 管理制度

    E. 资源整合

    【参考答案】ABCD

    【解析】资源整合不属于前提条件。

33. 企业信息资源集成管理的前提是对企业（　　）的集成，其核心是对企业（　　）的集成。（用于 8－11 级测试）

    A. 信息功能　　B. 信息设施　　C. 信息活动　　D. 信息处理

    E. 业务流　　　F. 内部信息流　G. 外部信息流　H. 内部和外部信息流

    【参考答案】AH

    【解析】集成管理是企业信息资源管理的主要内容之一，实行企业信息资源集成管理的前提是对企业历史形成的企业信息功能的集成，核心是对企业内部和外部信息流的集成，实施的基础是各种信息手段的集成。

    为了加强对企业信息资源的管理，企业应按照信息化和现代化企业管理要求设置信息管理机构，建立信息中心。

34. 属于区块链主流共识机制的有（　　）。（用于 1－7 级测试）

    A. 工作量证明　　　　　　　　　B. 权益证明

    C. 股份授权证明　　　　　　　　D. 瑞波共识协议

    【参考答案】ABCD

    【解析】主流共识机制包括工作量、权益、工作量和权益混合、股份授权、瑞波共

识协议。

35. 区块链安全性局限包括（　　）。（用于 1-7 级测试）
   A. 私钥和终端安全　　　　B. 51% 攻击可能性
   C. 公钥全网传播　　　　　D. 区块链分叉
   【参考答案】AB
   【解析】私钥丢失会对用户资金安全构成威胁；参与节点太少会面临 51% 攻击可能性。

三、判断题

1. SRAM 存储器是动态随机存储器。　　　　　　　　　　（　　）（用于 1-7 级测试）
   【参考答案】×
   【解析】SRAM 是英文 static ram 的缩写，是一种具有静止存取功能的内存，不需要刷新电路即能保存它内部存储的数据。

2. 分时操作系统将 CPU 时间分成许多时间片，使每个用户占用一定的时间段，并循环安排每个用户轮流使用 CPU。　　　　　　　　　　　　（　　）（用于 1-7 级测试）
   【参考答案】√
   【解析】分时操作系统将 CPU 时间分成许多时间片，使每个用户占用一定的时间段，并循环安排每个用户轮流使用 CPU。

3. 一般而言，中央处理器是由控制器，外围设备及存储器所组成。
   　　　　　　　　　　　　　　　　　　　　　　　　（　　）（用于 1-7 级测试）
   【参考答案】×
   【解析】中央处理器是由控制器和运算器组成。

4. 程序设计语言是计算机可以直接执行的语言。　　　（　　）（用于 1-7 级测试）
   【参考答案】×
   【解析】程序设计语言编写的程序必须通过编译才能被计算机执行。

5. 二进制数 101100 转换成等值的八进制数是 45。　　（　　）（用于 1-7 级测试）
   【参考答案】×
   【解析】二进制数 101100 转换成等值的八进制数是 54。

6. MIPS 表示的是主机的类型。　　　　　　　　　　（　　）（用于 1-7 级测试）
   【参考答案】×
   【解析】MIPS（Million Instructions Per Second）：单字长定点指令平均执行速度，这是衡量 CPU 速度的一个指标。

7. 操作系统只负责管理内存储器，而不管理外存储器。（　　）（用于 1-7 级测试）
   【参考答案】×

【解析】操作系统既负责管理内存储器,也管理外存储器。

8. 已知字符"9"的ASCII码0111001,则字符"8"的ASCII码是0111000。

( )(用于1-7级测试)

【参考答案】√

【解析】字符"8"的ASCII码比字符"9"的ASCII码少1。

9. 指令是一组二进制代码,是计算机可以直接执行的操作命令。

( )(用于1-7级测试)

【参考答案】√

【解析】指令是一组二进制代码,是计算机可以直接执行的操作命令。

10. 高级语言编写的源程序,要转换为其等价的目标程序,必须经过编译。

( )(用于1-7级测试)

【参考答案】√

【解析】高级语言编写的源程序,要转换为其等价的目标程序,必须经过编译。

11. 外存中的信息可直接进入CPU进行处理。 ( )(用于1-7级测试)

【参考答案】×

【解析】内存中的信息可直接进入CPU进行处理。

12. 总线是计算机系统中各部件之间传输信息的公共道路。

( )(用于1-7级测试)

【参考答案】√

【解析】计算机系统中各部件之间传输信息依靠总线。

13. 控制器、运算器、存储器和输入输出设备合称为计算机系统。

( )(用于1-7级测试)

【参考答案】×

【解析】计算机系统由硬件和软件两大部分组成。①硬件:输入设备、输出设备、存储器、运算器、控制器;②软件:系统软件和应用软件。

14. 程序必须装载到内存中才能执行。 ( )(用于1-7级测试)

【参考答案】√

【解析】程序必须装载到内存中才能执行。

15. 内存中数据的运算可以采用二进制、八进制或十六进制形式。

( )(用于1-7级测试)

【参考答案】×

【解析】内存中数据的运算采用二进制。

16. 程序是能够完成特定功能的一组指令序列。 ( )(用于1-7级测试)

【参考答案】√

【解析】程序是能够完成特定功能的一组指令序列。

17. 字处理软件是一种系统软件。　　　　　　　　　　　（　　）（用于1－7级测试）

　　【参考答案】×

　　【解析】字处理软件是一种应用软件。

18. 键盘指法中，左手基准键为A、S、D、F。　　　　　（　　）（用于1－7级测试）

　　【参考答案】√

　　【解析】键盘指法中，左手基准键为A、S、D、F。

19. A字符的ASCII码的值是41H，则Z字符的ASCII码为5AH。

　　　　　　　　　　　　　　　　　　　　　　　　　　（　　）（用于1－7级测试）

　　【参考答案】√

　　【解析】A字符的ASCII码的值是41H，则Z字符的ASCII码为5AH。

20. 系统软件包括操作系统、语言处理程序和各种服务程序等。

　　　　　　　　　　　　　　　　　　　　　　　　　　（　　）（用于1－7级测试）

　　【参考答案】√

　　【解析】系统软件包括操作系统、语言处理程序和各种服务程序等。

21. 能够作为计算机"大脑"的部件是内存。　　　　　　（　　）（用于1－7级测试）

　　【参考答案】×

　　【解析】能够作为计算机"大脑"的部件是中央处理器CPU，负责对信息进行运算处理，内存只有存储功能，没有运算能力，故错误。

22. 一个完备的计算机系统应该包含计算机的硬件系统和软件系统。

　　　　　　　　　　　　　　　　　　　　　　　　　　（　　）（用于1－7级测试）

　　【参考答案】√

　　【解析】计算机系统包括硬件系统和软件系统两大部分。硬件系统是计算机各项功能实现的物质基础，软件系统是计算机发挥强大功能的灵魂。

23. ROM中存储的信息断电即消失。　　　　　　　　　（　　）（用于1－7级测试）

　　【参考答案】×

　　【解析】ROM只读存储器，保存芯片中内容；RAM随机存储器，掉电后不保存内容。

24. 缓存是指比访问速度比一般随机存取存储器（RAM）快的一种高速存储器，视频流媒体应用更适合采用大缓存块。　　　　　　　　　　（　　）（用于1－7级测试）

　　【参考答案】√

　　【解析】缓存先于内存与CPU交换数据，因此速度更快，视频流媒体应用更适合采用大缓存块。

25. 管理决定由谁来进行决策，治理负责制定和执行这些决策。

　　　　　　　　　　　　　　　　　　　　　　　　　　（　　）（用于1－7级测试）

【参考答案】×

【解析】治理和管理是两个不同的概念，区别在于，治理决定由谁来进行决策，管理负责制定和执行这些决策。

26. 微型计算机的发展以 CPU 技术为指标。（   ）（用于 1 – 7 级测试）

　　【参考答案】√

　　【解析】CPU 决定了计算机的计算处理能力。

27. 区块链本质是基于对等网络（Peer – to – peer – network）的分布式账本数据库。

（   ）（用于 1 – 7 级测试）

　　【参考答案】√

　　【解析】略。

28. 区块链特点是去中心化，在对等网络上构建共识机制。（   ）（用于 1 – 7 级测试）

　　【参考答案】√

　　【解析】略。

29. 区块链应用已延伸到数字金融、物联网、智能制造、供应链管理、数字资产交易等领域，全球主要国家都在加快布局。（   ）（用于 1 – 7 级测试）

　　【参考答案】√

　　【解析】略。

30. 区块链去中心程度越高，共识机制的效率越高。（   ）（用于 1 – 7 级测试）

　　【参考答案】×

　　【解析】略。

四、简答题

请结合税务工作实际，谈谈"金税三期"网络安全管理中，网络攻击和防御分别包括哪些内容。（用于 8 – 11 级测试）

　　【参考答案】

"金税三期"网络安全管理中攻击技术主要包括以下几个方面：

（1）网络监听：自己不主动去攻击别人，而是在计算机上设置一个程序去监听目标计算机与其他计算机通信的数据。

（2）网络扫描：利用程序去扫描目标计算机开放的端口等，目的是发现漏洞，为入侵该计算机做准备。

（3）网络入侵：当探测发现对方存在漏洞后，入侵到目标计算机获取信息。

（4）网络后门：成功入侵目标计算机后，为了实现对"战利品"的长期控制，在目标计算机中种植木马等后门。

（5）网络隐身：入侵完毕退出目标计算机后，将自己入侵的痕迹清除，从而防止被对方管理员发现。

防御技术主要包括以下几个方面：

（1）安全操作系统和操作系统的安全配置：操作系统是网络安全的关键。

（2）加密技术：为了防止被监听和数据被盗取，将所有的数据进行加密。

（3）防火墙技术：利用防火墙，对传输的数据进行限制，从而防止被入侵。

（4）入侵检测：如果网络防线最终被攻破，需要及时发出被入侵的警报。

（5）网络安全协议：保证传输的数据不被截获和监听。

下 篇 模拟试卷及答案解析

模拟试卷（一）

一、单项选择题（下列各题的备选答案中，只有一个正确选项，请将正确选项的字母填写在括号中，多选、错选、不选均不得分。每小题1分，共计20分）。

1. 符合居民企业认定条件的境外中资企业，须向其（   ）主管税务机关提出居民企业认定申请。（用于8－11级测试）

    A. 生产经营地   B. 登记注册地
    C. 中国境内主要投资者登记注册地   D. 中国境内主要投资者生产经营地

2. 当事人对税务机关的行政处罚决定逾期不申请复议也不向人民法院起诉，又不履行的，作出处罚决定的税务机关（   ）。（用于1－7级测试）

    A. 只能申请人民法院强制执行
    B. 可依法采取强制执行措施，也可申请人民法院强制执行
    C. 可依法采取税收保全措施
    D. 应移送公安机关处理

3. 对国家税务总局作出的具体行政行为不服申请复议时，可以向（   ）提出申请。（用于1－7级测试）

    A. 国务院   B. 国家税务总局
    C. 财政部   D. 全国人大常委会

4. 外购石脑油、燃料油用于生产乙烯、芳烃类化工产品的，应凭取得的（   ）所载明的石脑油、燃料油的数量，按规定计算退还消费税，其他发票或凭证不得作为计算退还消费税的凭证。（用于8－11级测试）

    A. 成品油专用发票   B. 海关进口消费税专用缴款书
    C. 税收缴款书［代扣代收专用］   D. 增值税普通发票

5. 下列税收优惠，属于申报享受、无须报送资料的是（   ）。（用于8－11级测试）

    A. 小型微利企业所得税减免政策
    B. 合作建房自用的土地增值税减免
    C. 对个人销售住房暂免征收土地增值税
    D. 残疾、孤老、烈属减征个人所得税优惠

6. 近年来，我国个人所得税免征额不断提高，实际上体现的税收原则是（   ）。（用于8－11级测试）

A. 公平原则　　B. 财政原则　　C. 效率原则　　D. 法定原则

7. 根据《税收征管法》规定，下列检查行为中正确的是（　　）。（用于1－7级测试）

    A. 到车站检查纳税人、扣缴义务人托运应纳税货物的有关单据

    B. 上路检查纳税人所运输的应纳税商品、货物

    C. 到邮政企业检查纳税人、扣缴义务人邮寄应纳税货物的有关凭证

    D. 到机场检查纳税人托运应纳税商品的有关单据

8. 税务局职工小李是独生子女，2023年全年收入总计11万元，年度汇算补税额400元，小李应该在自然人电子税务局申报补税的金额是（　　）元。（用于8－11级测试）

    A. 0　　　　B. 100　　　　C. 200　　　　D. 400

9. 要积极发挥行业协会和社会中介组织作用，支持第三方按原则为纳税人提供个性化服务，同时加强对涉税中介组织的执业监管和行业监管。该原则是（　　）。（用于8－11级测试）

    A. 市场化　　B. 商业化　　C. 产业化　　D. 专业化

10. 下列关于申报期限说法正确的是（　　）。（用于1－7级测试）

    A. 申报期限最后1日是国家法定休假日的，以休假日期满的当日为期限的最后1日

    B. 在期限内有连续法定休假日的，按休假日天数顺延

    C. 在期限内有连续5日以上法定休假日的，按休假日天数顺延

    D. 在期限内有连续3日以上法定休假日的，按休假日天数顺延

11. 在实现税务执法、税费服务、税务监管行为全过程记录和数字化智能归集基础上，对税务执法等实施科学考评的主要方式应该是（　　）。（用于8－11级测试）

    A. 全流程考评　　B. 智能化考评　　C. 自动化考评　　D. 数字化考评

12. 全国统一的电子发票服务平台建成的时间是（　　）。（用于1－7级测试）

    A. 2020年　　B. 2021年　　C. 2022年　　D. 2023年

13. 企业从事国家重点扶持的公共基础设施项目的投资经营所得，可享受"三免三减半"的税收优惠。该税收优惠的起始时间是（　　）。（用于1－7级测试）

    A. 项目开工所属纳税年度

    B. 项目竣工所属纳税年度

    C. 项目盈利所属纳税年度

    D. 项目取得第一笔生产经营收入所属纳税年度

14. 下列关于税务行政处罚权设定的表述中，符合税法规定的是（　　）。（用于1－7级测试）

    A. 省级税务机关可以设定罚款

    B. 税务行政规章对非经营活动中的违法行为设定罚款不得超过1 000元

C. 国务院可以设定各种税务行政处罚

D. 市级税务机关可以设定警告

15. 下列关于企业所得税非居民纳税人的税收政策陈述，正确的是（　　）。（用于 8–11 级测试）

    A. 外国企业常驻代表机构的核定利润率不应低于 30%

    B. 采取核定征收方式的代表机构，如能建立健全会计账簿，准确计算其应税收入和应纳税所得额，报主管税务机关审批，可调整为据实申报方式

    C. 代表机构在季度终了之日起 15 日内向主管税务机关据实申报缴纳企业所得税

    D. 非居民企业在境内未设立机构、场所但有来自境内所得，由非居民企业自行申报缴纳企业所得税

16. 下列开采资源的情形中，依法免征资源税的是（　　）。（用于 1–7 级测试）

    A. 开采稠油

    B. 煤炭开采企业因安全生产需要抽采的煤层气

    C. 从衰竭期矿山开采的矿产品

    D. 开采页岩气

17. 在以成交价格估价方法确定进口货物完税价格时，下列各项费用应计入完税价格的是（　　）。（用于 1–7 级测试）

    A. 由买方负担的购货佣金

    B. 在进口货物价款中单独列明的在境内复制进口货物而支付的费用

    C. 在进口货物价款中单独列明的设备进口后发生的保修费用

    D. 在进口货物价款中单独列明的设备进口后发生的维修费

18. 关于房地产开发企业销售自行开发的房地产项目的增值税计税方法，下列表述错误的是（　　）。（用于 1–7 级测试）

    A. 增值税一般纳税人销售自行开发的房地产新项目，适用一般计税方法计税

    B. 增值税一般纳税人销售自行开发的房地产老项目，可以选择适用简易计税方法按照 3% 的征收率计税

    C. 增值税小规模纳税人销售自行开发的房地产项目，按照 5% 的征收率计税

    D. 采取预收款方式销售自行开发的房地产项目，在收到预收款时按照 3% 的预征率预缴增值税

19. 某县税务局在对某企业增值税涉税风险疑点进行排查时，发现企业涉嫌骗取出口退税、虚开增值税专用发票等增值税重大税收违法行为，决定终止为其办理留抵退税。税务机关向纳税人出具终止办理留抵退税的《税务事项通知书》的期限是（　　）。（用于 1–7 级测试）

    A. 自作出终止办理留抵退税决定之日起 15 个工作日内

B. 自作出终止办理留抵退税决定之日起 10 个工作日内

C. 自作出终止办理留抵退税决定之日起 7 个工作日内

D. 自作出终止办理留抵退税决定之日起 5 个工作日内

20. 创业投资企业采取股权投资方式投资于未上市的中小高新技术企业 2 年以上的，可以按照其投资额的固定比例在股权持有满 2 年的当年抵扣该创业投资企业的应纳税所得额；当年不足抵扣的，可以在以后纳税年度结转抵扣。该固定比例是（   ）。（用于 1－7 级测试）

A. 50%　　　　B. 60%　　　　C. 70%　　　　D. 80%

二、多项选择题（下列各题的备选答案中，至少有两个正确选项，请将正确选项的字母填写在括号中，多选、少选、错选、不选均不得分。每小题 1.5 分，共计 30 分）。

1. 下列关于同期资料管理时限及其他要求的表述中，正确的有（   ）。（用于 1－7 级测试）

A. 年度关联交易总额超过 5 亿元的企业，应当准备主体文档

B. 企业关联债资比例超过标准比例需要说明符合独立交易原则的，应当准备资本弱化特殊事项文档

C. 同期资料应当加盖企业印章，并由法定代表人或者法定代表人授权的代表签章

D. 企业依照有关规定进行关联申报、提供同期资料及有关资料的，税务机关实施特别纳税调查补征税款时，可以依据《企业所得税法实施条例》的规定，按照税款所属纳税年度中国人民银行公布的与补税期间同期的人民币贷款基准利率加收利息

2. 对深化税收征管制度改革、推动税收征管现代化作出部署的重要会议和文件有（   ）。（用于 8－11 级测试）

A. 党的十八届五中全会　　　　B. 党的十九届五中全会

C. "十三五"规划纲要　　　　　D. "十四五"规划纲要

3. 以下能够实现办税的渠道有（   ）。（用于 8－11 级测试）

A. 电子税务局网站　　　　　　B. 电子税务局手机端

C. 自然人电子税务局　　　　　D. 自助办税终端

4. 纳税人对税务机关作出的下列行政行为不服时，可以申请行政复议，也可以直接向人民法院提起行政诉讼的有（   ）。（用于 1－7 级测试）

A. 收缴发票行为　　　　　　　B. 没收违法所得

C. 阻止出境行为　　　　　　　D. 暂停免税办理

5. 二手车车商甲是一般纳税人，其经营模式是先收购二手车，之后再转卖给其他消费者，以赚取中间的零售差价。如果购买方乙公司是一般纳税人，则下列关于甲开具发票的说法中正确的有（   ）。（用于 1－7 级测试）

A. 甲应当向乙开具一张二手车销售统一发票

B. 如果乙索取增值税专用发票，甲可以向乙开具一张征收率为0.5%的增值税专用发票

C. 甲只能开具一张二手车销售统一发票，不得开具其他发票

D. 如果甲已开具一张二手车销售统一发票，为乙再开具一张增值税专用发票，只需要缴纳一次税

6. 如果税务机关政府信息公开申请内容不符合规定要求，申请人须进行补正，下列有关补正要求的说法错误的有（　　）。（用于1－7级测试）

A. 补正原则上不超过一次

B. 补正期限一般不超过10个工作日

C. 应当在收到申请之日起7个工作日内一次性告知申请人补正事项

D. 申请人补正后仍无法明确申请内容的，税务机关不再受理

7. 某市稽查局在检查中发现某企业以假报出口的手段骗取国家出口退税款，稽查局责令其退回骗取的退税款，并处骗取税款1.5倍的罚款，该企业拒不退回款项并拒绝缴纳罚款，稽查局遂扣押了该企业3台货车，后拍卖抵缴税款和罚款。下列说法正确的有（　　）。（用于8－11级测试）

A. 扣押货车的行为属于行政强制执行　　B. 扣押货车的行为属于行政强制措施

C. 拍卖货车的行为属于行政强制措施　　D. 拍卖货车的行为属于行政强制执行

8. 下列项目中，计算消费税时不可扣除外购应税消费品的已纳消费税税额的有（　　）。（用于1－7级测试）

A. 为生产高档化妆品而领用的外购已税高档香水精

B. 为生产金银镶嵌首饰而领用的外购已税珠宝玉石

C. 为生产实木地板而领用的外购已税实木地板

D. 为生产白酒而领用的外购已税白酒

9. 某居民个人在北京工作，按规定不得享受住房租金专项附加扣除的有（　　）。（用于1－7级测试）

A. 纳税人本人名下拥有北京市市区住房

B. 纳税人配偶名下拥有北京市远郊区住房

C. 纳税人父母名下拥有北京市市区住房

D. 纳税人配偶已申请享受住房贷款利息扣除

10. 有下列（　　）情形之一的纳税人，本评价年度直接判定为D级。（用于8－11级测试）

A. 上一评价年度纳税信用评价结果为D级

B. 存在逃避缴纳税款、逃避追缴欠税、骗取出口退税、虚开增值税专用发票等行为，经判决构成涉税犯罪的

C. 非正常原因一个评价年度内增值税累计六个月零申报或负申报

D. 在规定期限内未按税务机关处理结论缴纳或者足额缴纳税款、滞纳金和罚款的

11. 转让旧房地产及建筑物的扣除项目包括（　　）。（用于1－7级测试）

　　A. 旧房及建筑物的评估价格　　　　B. 旧房及建筑物的重置成本价

　　C. 支付的评估费用　　　　　　　　D. 转让环节缴纳的税款

12. 按现行政策规定，下列业务免征印花税的有（　　）。（用于1－7级测试）

　　A. 对小型、微型企业同金融机构签订的借款合同

　　B. 对个人销售首次购买的普通住房签订的产权转移书据

　　C. 企业、个人出租门店、柜台等签订的合同

　　D. 无息、贴息贷款合同

13. 下列情形应使用《税务事项通知书》的有（　　）。（用于1－7级测试）

　　A. 税务机关在通知纳税人缴纳税款

　　B. 税务机关要求纳税人提供涉税资料

　　C. 税务机关责令纳税人改正错误

　　D. 税务机关在通知纳税人缴纳滞纳金

14. 根据刑法理论，下列说法正确的是（　　）。（用于8－11级测试）

　　A. 主流观点认为虚开增值税专用发票罪的犯罪客体是破坏征管秩序和经济安全的复杂客体

　　B. 行为人虚开增值税专用发票的税款数额在5万元以上的，构成虚开增值税专用发票罪

　　C. 有伪造增值税专用发票的行为，且伪造增值税专用发票累计20份，就构成伪造增值税专用发票罪

　　D. 实施了非法购买增值税专用发票的行为，购买的增值税专用发票的票面额累计6万元，就构成非法购买增值税专用发票罪

15.《中华人民共和国个人所得税法》第九条规定："个人所得税以所得人为纳税人，以支付所得的单位或者个人为扣缴义务人。"该规定归属的法律规范分类有（　　）。（用于1－7级测试）

　　A. 授权性规范　　　　　　　　　　B. 禁止性规范

　　C. 命令性规范　　　　　　　　　　D. 强制性规范

16. 关于千户集团表述，正确的是（　　）。（用于8－11级测试）

　　A. 千户集团是指年度缴纳税额达到国家税务总局管理服务标准的集团企业

　　B. 包括全部中央企业、中央金融企业以及达到上述标准的单一法人企业

　　C. 年度缴纳税额为集团总部及其境内外全部成员企业境内年度纳税额合计

D. 年度缴纳税额包括关税、船舶吨税以及企业代扣代缴的个人所得税,不扣减出口退税和财政部门办理的减免税

17. 下列业务应缴纳增值税的有（　　）。（用于8-11级测试）

　　A. 单位以自建的房产抵偿建筑材料款

　　B. 某软件开发企业向另一企业无偿提供软件维护服务

　　C. 某企业以自产产品换取客户单位的生产材料

　　D. 自然人股东无偿借款给单位

　　E. 运输公司向新冠疫区无偿运送抗疫物资

18. 一般纳税人的下列各项业务,有关增值税销售额的说法正确的有（　　）。（用于8-11级测试）

　　A. 金融机构开展贴现、转贴现业务,以其实际持有票据期间取得的利息收入作为贷款服务的销售额

　　B. 旅游服务,一律以取得的全部价款和价外费用为销售额

　　C. 经纪代理服务,以取得的全部价款和价外费用为销售额

　　D. 客运场站服务,以其取得的全部价款和价外费用,扣除支付给承运方运费后的余额为销售额

　　E. 航空运输企业以其取得的收入扣除航空燃油费的余额为销售额

19. 居民企业是指依法在中国境内成立,或者依照外国（地区）法律成立但实际管理机构在中国境内的企业。其中,实际管理机构,应当对企业实施实质性全面管理和控制,管理和控制的方面包括（　　）。（用于1-7级测试）

　　A. 生产经营　　　B. 人员　　　C. 财务　　　D. 负债

20. 企业搬迁收入扣除搬迁支出后为负数的,应为搬迁损失。下列属于搬迁损失进行税务处理的方法有（　　）。（用于8-11级测试）

　　A. 在搬迁完成年度,一次性作为损失进行扣除

　　B. 自搬迁完成年度起分3个年度,均匀在税前扣除

　　C. 自搬迁年度次年起分3个年度,均匀在税前扣除

　　D. 在搬迁完成年度的次年,一次性作为损失进行扣除

　　E. 搬迁损失不得在税前扣除

三、判断题（判断各题正误,正确的打"√",错误的打"×"。每小题0.5分,共计10分）

1. 烟草企业实际发生的,不超过当年销售收入15%的广告费和业务宣传费,准予在计算应纳税所得额时扣除。　　　　　　　　　　　　　　（　　）（用于1-7级测试）

2. "免、抵调增增值税"是实行"免、抵、退"办法,按免、抵数额并根据有关政策

规定办理的免抵调库增值税,为中央与地方共享收入。

(　　)(用于 8-11 级测试)

3. 共同费用支出分摊的计算中,企业应对在计算总所得额时已统一归集并扣除的共同费用,按境外每一国(地区)别数额占企业全部数额的员工工资支出比例的综合比例,在每一国别的境外所得中对应调整扣除,计算来自每一国别的应纳税所得额。分摊比例确定后应报送主管税务机关备案;无合理原因不得改变。

(　　)(用于 8-11 级测试)

4. 因为运输企业用于申报船舶退税的增值税发票不得用于进项税额抵扣,所以运输企业购进船舶申报退税只需取得增值税普通发票。　　(　　)(用于 1-7 级测试)

5. 国民生产总值的英文缩写是 GDP。　　(　　)(用于 8-11 级测试)

6. 土地所有者依法征收土地,并向土地使用者支付土地及其相关有形动产、不动产补偿费的行为,可以按规定享受增值税免税政策。　　(　　)(用于 1-7 级测试)

7. 纳税人以自采原矿洗选加工为选矿产品销售,按照选矿产品计征资源税,在原矿移送环节不缴纳资源税。　　(　　)(用于 1-7 级测试)

8. 在简并的财产和行为税纳税申报中,对于一次性税源,纳税人应当在发生纳税义务后立即填写税源明细表,不可以在申报时填报所有税源信息。

(　　)(用于 1-7 级测试)

9. 税务总局将依托税收大数据、第三方数据,直接筛选出千户集团企业名单,由各省级大企业管理部门组织核实确认,并及时补充推荐符合条件的集团。

(　　)(用于 8-11 级测试)

10. 卷烟在批发、零售环节征收消费税,采用从价定率和从量定额相结合的复合计税方式。　　(　　)(用于 1-7 级测试)

11. 2023 年基本实现信息系统自动提取数据、自动计算税额、自动预填申报,纳税人缴费人确认或补正后即可线上提交。　　(　　)(用于 8-11 级测试)

12. 某住宅小区开发可售住宅面积 50 000 平方米,项目配套有会所 2 000 平方米和派出所用房 1 000 平方米。项目完工后派出所无偿移交给公安机关,会所对外出售。总开发成本 20 000 万元。土地增值税清算时该项目住宅可扣除的开发成本是 19 231 万元。　　(　　)(用于 1-7 级测试)

13. 个人独资企业的个人投资者以企业资金为其家庭成员支付与企业生产经营无关的消费性支出,视为企业对个人投资者利润分配,应按"股息、红利所得"税目计征个人所得税。　　(　　)(用于 1-7 级测试)

14. 房地产开发企业将开发的部分房地产转为企业自用或用于出租等商业用途时,应征收土地增值税。　　(　　)(用于 1-7 级测试)

15. 某商业企业 2023 年度权益性投资额为 200 万元,当年 1 月 1 日为生产经营向关联方借入 1 年期经营性资金 600 万元，关联借款利息支出 60 万元，同期银行同类贷款利率为 7%，则该企业在计算 2023 年企业所得税应纳税所得额时，准予扣除的利息支出为 40 万元。   （   ）（用于 8-11 级测试）

16. 纳税人应纳的资源税，应当向应税产品的开采或者生产所在地主管税务机关缴纳。
                （   ）（用于 1-7 级测试）

17. 某公司获准占用耕地建造厂房，应当在收到自然资源主管部门办理耕地手续的书面通知之日起 30 日内缴纳耕地占用税。   （   ）（用于 1-7 级测试）

18. 某工业企业 2023 年 4 月 1 日向非金融企业借款 300 万元用于建造厂房，年利率为 8%，借款期限为 12 个月。该厂房于 2022 年开始建造，2023 年 9 月 30 日完工。已知同期银行同类贷款年利率为 6%，则该企业在计算 2023 年企业所得税应纳税所得额时准予直接扣除的利息支出为 4.5 万元。   （   ）（用于 8-11 级测试）

19. 企业以前年度应当取得而未取得发票、其他外部凭证，且相关支出在该年度没有税前扣除的，在以后年度取得符合规定的发票、其他外部凭证等可以证实其支出真实性的相关资料，相应支出可以追补至该支出发生年度税前扣除，但追补年限不得超过 10 年。   （   ）（用于 8-11 级测试）

20. 海丰进出口公司纳税信用级别为 D 级，出口企业管理类别应评定为四类。
                （   ）（用于 1-7 级测试）

四、综合实务题（共 5 小题，每小题 8 分，共计 40 分）。

1. 甲食品加工厂（增值税一般纳税人）位于某市，为扩大生产规模，2022 年 12 月取得一宗土地使用权用于建造厂房，依据受让合同支付地价款 3 000 万元，并支付了相关税费。

    （1）厂房开发成本 4 500 万元，其中含精装修房屋的装修费用 500 万元。

    （2）厂房开发费用中的利息支出为 800 万元（只有 70% 能够提供金融机构证明并按项目分摊，未超过按商业银行同类同期贷款利率计算的金额）。

    （3）2024 年 5 月厂房竣工验收，总建筑面积 10 000 平方米，由于甲工厂业绩大幅下滑，为了筹措资金，将总建筑面积的 90% 销售，签订产权转移书据（价款与税额未分别列示），取得含税销售收入 13 000 万元；并进行了土地增值税的清算，缴纳相关税金。

    （4）2024 年 10 月将剩余 10% 的建筑面积打包销售，取得含税收入 1 200 万元。

    （其他相关资料：甲工厂所在省规定其他开发费用扣除比例为 5%；契税税率为 3%；印花税税率为 0.05%；假设不考虑可以抵扣的增值税进项税额；当地允许将地方教育附加作为与转让房地产有关的税金扣除）

    要求：根据上述资料，回答下列问题。

(1) 该工厂2024年5月土地增值税清算时可以扣除的税金为（　　）万元。（用于8-11级测试）

　　A. 135.31　　　　B. 162.59　　　　C. 147.39　　　　D. 167.39

(2) 该工厂2024年5月土地增值税清算时可以扣除的开发费用为（　　）万元。（用于8-11级测试）

　　A. 755.65　　　　B. 455.55　　　　C. 845.55　　　　D. 760.55

(3) 该工厂2024年5月土地增值税清算时的扣除项目合计金额为（　　）万元。（用于8-11级测试）

　　A. 6 913.90　　　B. 5 640.15　　　C. 5 818.55　　　D. 7 811.86

(4) 该工厂2024年5月清算应纳的土地增值税为（　　）万元。（用于8-11级测试）

　　A. 775.83　　　　B. 1 255.31　　　C. 1 104.44　　　D. 1 157.96

(5) 该工厂2024年10月打包销售厂房应纳的土地增值税为（　　）万元。（用于8-11级测试）

　　A. 79　　　　　　B. 80　　　　　　C. 71　　　　　　D. 69.88

(6) 关于该工厂上述业务的税务处理，下列说法正确的有（　　）。（用于8-11级测试）

　　A. 精装修房屋发生的装修费准予作为房地产开发成本在计算土地增值税时扣除

　　B. 不能提供金融机构证明或不能按项目分摊的利息支出，不得在计算土地增值税时扣除房地产开发费用

　　C. 该工厂销售厂房应按一般计税方法计税，且按取得的销售收入全额确认增值税销项税额

　　D. 计算土地增值税时确认的应税收入为不含增值税的收入

　　E. 该工厂进行土地增值税清算时准予扣除的税金包括增值税、城市维护建设税、教育费附加、地方教育附加

2. 2023年4月，国家税务总局长安市税务局12366纳税服务热线接到王女士电话，举报自然人小王出租住房一次性收取2023年1—12月全年房租2.4万元（不含税）未开具发票，请税务机关予以处理。（用于8-11级测试）

(1) 12366纳税服务热线接收王女士举报电话，应当记录的信息包括（　　）。（多选）

　　A. 被检举人的名称（姓名）、地址（住所）

　　B. 被检举人税收违法行为

　　C. 检举人相关信息

　　D. 鼓励检举人提供书面检举材料

(2) 12366 纳税服务热线接收王女士电话检举后,应当（　　）。（单选）

A. 应当及时转交举报中心处理

B. 直接转交被检举人主管税务机关相关业务部门处理

C. 转交市局党委纪检组处理

D. 直接转交市税务局稽查局立案处理

(3) 自然人小王出租住房一次性收取一年房租,应依法缴纳（　　）。（单选）

A. 增值税 240 元,城市维护建设税 8.4 元,教育费附加 3.6 元,地方教育附加 2.4 元,房产税 480 元

B. 增值税 360 元,城市维护建设税 12.6 元,教育费附加 5.4 元,地方教育附加 3.6 元,房产税 480 元

C. 增值税 0 元,城市维护建设税 0 元,教育费附加 0 元,地方教育附加 0 元,房产税 480 元

D. 增值税 0 元,城市维护建设税 0 元,教育费附加 0 元,地方教育附加 0 元,房产税 240 元

E. 增值税 1 200 元,城市维护建设税 42 元,教育费附加 18 元,地方教育附加 12 元,房产税 240 元

(4) 假定自然人小王收取租金未开发票情况属实,下列处置中符合税法规定的有（　　）。（多选）

A. 送达《责令限期改正通知书》责令自然人小王 3 日内到税务机关依法代开增值税发票

B. 小王在限期内补缴税款代开发票的,依法予以"首违不罚"

C. 主管税务机关应采取签订承诺书等方式教育、引导小王

D. 12366 纳税服务热线可以应检举人要求将相关部门反馈的受理情况和处理文书告知检举人

3. 2022 年 9 月,国家税务总局 A 市 B 区税务局依法受理甲投资置业公司以前年度开发的某楼盘的土地增值税清算申报,在规定的时间内完成审核,依法将审核结果书面通知纳税人,确定企业应在 2023 年 11 月 30 日前补缴土地增值税 3 000 万元。（用于 8 - 11 级测试）

(1) 甲公司因资金困难无力缴纳土地增值税,2023 年 11 月 25 日申请延期缴纳最长三个月。假定 7 月申报限期为 11 月 15 日,下列关于甲公司申请延期缴纳税款相关问题,正确的有（　　）。（多选）

A. 甲公司申请延期缴纳土地增值税清算应补税款,不符合税法规定

B. 甲公司申请延期缴纳土地增值税清算应补税款,应在 7 月 15 日前提出申请

C. 甲公司申请延期缴纳土地增值税清算应补税款,符合税法规定应予受理

D. 甲公司申请延期缴纳土地增值税清算应补税款，应提交《延期缴纳税款申请表》、经办人身份证件、所有银行存款账户的对账单

E. 省、自治区、直辖市税务局应当自收到申请延期缴纳税款报告之日起 20 日内作出批准或者不予批准的决定

(2) 假定甲公司获准延期缴纳税款 3 000 万元到 2023 年 2 月 28 日，该公司因资金困难未缓解，仍然无力缴纳税款，下列甲公司和税务机关的做法，正确的有（　　）。（多选）

A. 主管税务机关应在延期缴纳税款到期前提醒甲公司筹措资金准备纳税

B. 甲公司未在规定的限期内缴纳延期缴纳土地增值税清算应补税款，主管税务机关制作《税务事项通知》及时催缴

C. 甲公司自 2023 年 3 月 1 日起计算税款滞纳天数

D. 甲公司在 2 月 28 日前再次申请延期缴纳土地增值税清算应补税款

E. 以上说法均不正确

(3) 税务机关对于甲公司欠缴的土地增值税税款，可以采取的措施有（　　）。（多选）

A. 由国家税务总局 A 市 B 区税务局在办税场所或者广播、电视、报纸、期刊、网络等新闻媒体上公告纳税人的欠缴税款情况

B. 税务机关应当依法催缴并严格按日计算加收滞纳金

C. 可以依法采取税收保全、税收强制执行措施清缴欠税

D. 收缴其发票或者停止向其发售发票

E. 该公司法定代表人需要出境的，通知出境管理机关阻止其出境

4. 某鲜奶生产企业甲为增值税一般纳税人，注册资本 1 000 万元，适用企业所得税税率 25%。2023 年度实现营业收入 65 000 万元，自行核算的 2023 年度会计利润为 5 400 万元，2024 年 4 月经聘请的会计师事务所审核后，发现如下事项：

(1) 市政府为支持乳制品行业发展，每户定额拨付财政激励资金 300 万元。企业 2 月收到相关资金，将其全额计入营业外收入并作为企业所得税不征税收入，经审核符合税法相关规定。

(2) 3 月取得 A 股股票分红 20 万元，5 月将该 A 股股票转让，取得转让收入 300 万元，该股票为 2022 年 1 月以 260 万元购买。

(3) 7 月将一台设备按照账面净值无偿划转给 100% 直接控制的子公司，该设备原值 800 万元，已按税法规定计提折旧 200 万元，其市场公允价值 500 万元。该业务符合特殊性重组条件，企业选择采用特殊性税务处理。

(4) 6 月购置一台生产设备支付不含税价格 1 600 万元并于当月投入使用，会计核算按照使用期限 10 年、预计净残值率 5% 计提了折旧，由于技术进步原因，企业采用

缩短折旧年限法（最低标准）在企业所得税前扣除。

（5）从位于境内的母公司借款2 200万元，按照同期同类金融企业贷款利率支付利息132万元。母公司2019年为盈利年度，适用企业所得税税率25％。

（6）成本费用中含实际发放的合理职工工资4 000万元，发生的职工福利费600万元、职工教育经费400万元，拨缴的工会经费80万元已取得合规收据。

（7）发生业务招待费400万元。

（8）通过县级民政局进行公益性捐赠700万元，其中100万元用于目标脱贫地区的扶贫捐赠支出。

（9）企业从2017年以来经税务机关审核后未弥补亏损前的应纳税所得额数据如下表：

年份	2017年	2018年	2019年	2020年	2021年	2022年
应纳税所得额（万元）	-5 000	-1 500	-400	1 000	1 500	2 000

要求：根据上述资料，按照下列顺序计算回答问题，如有计算需计算出合计数。（用于8-11级测试）

（1）判断业务（1）是否需要缴纳增值税并说明理由。

（2）计算业务（1）应调整的企业所得税应纳税所得额。

（3）判断业务（2）取得的股息收入是否需要缴纳企业所得税并说明理由。

（4）计算业务（3）子公司接受无偿划转设备的计税基础。

（5）回答企业重组特殊性税务处理的备案要求及不履行备案手续的相关后果。

（6）计算业务（4）应调整的企业所得税应纳税所得额。

（7）计算业务（5）是否需要调整企业所得税应纳税所得额并说明理由。

（8）计算业务（6）应调整的企业所得税应纳税所得额。

（9）计算业务（7）应调整的企业所得税应纳税所得额。

（10）计算业务（8）应调整的企业所得税应纳税所得额。

（11）计算甲企业当年可弥补的以前年度亏损额。

（12）计算甲企业2023年应缴纳的企业所得税。

5. 中国公民孙某2023年度取得下列所得：

（1）每月应发工资薪金20 000元，公司每月按规定标准为其扣缴"三险一金"合计4 000元。

（2）取得兼职收入3 500元。

（3）利用业余时间出版一部摄影集，取得稿酬20 000元。

（4）取得特许权使用费收入2 000元。

(5) 拍卖其收藏品取得收入 40 000 元，不能提供合法、完整、准确的收藏品财产原值凭证。

(6) 1 月孙某出售自己持有的限售股，取得转让收入 100 000 元，无法准确计算全部限售股原值。

(7) 11 月购入企业债券 1 000 份，每份买入价 10 元，另支付购买债券的相关税费共计 150 元。当月将买入的债券一次卖出 600 份，每份卖出价 12 元，另支付卖出债券的相关税费共计 110 元。12 月末债券到期，孙某取得债券利息收入 2 500 元。

已知：孙某有一儿一女，儿子就读于某小学 4 年级，女儿 1 岁。专项附加扣除由孙某 100% 扣除。

要求：根据上述资料，回答下列问题。（用于 8－11 级测试）

(1) 孙某 2023 年取得兼职收入被预扣预缴个人所得税为（　　）元。（单选）

A. 560　　　　　　B. 540　　　　　　C. 378　　　　　　D. 700

(2) 关于孙某拍卖其收藏品所得的个人所得税政策，表述不正确的有（　　）。（多选）

A. 按转让收入额的 15% 确认为该收藏品的原值及合理费用

B. 按转让收入额的 85% 确认为该收藏品的应纳税所得额

C. 按转让收入额的 3% 确认为该收藏品的原值及合理费用

D. 按转让收入额的 3% 确认为该收藏品的应纳税所得额

E. 应纳个人所得税 1 200 元

(3) 孙某 2023 年 1 月转让限售股应缴纳个人所得税为（　　）元。（单选）

A. 20 000　　　　B. 19 445　　　　C. 17 000　　　　D. 12 000

(4) 孙某卖出债券及取得的债券利息收入应缴纳个人所得税为（　　）元。（单选）

A. 200　　　　　B. 500　　　　　C. 300　　　　　D. 700

(5) 孙某对 2023 年综合所得汇算清缴时，应确认年度收入额为（　　）元。（单选）

A. 259 900　　　B. 255 600　　　C. 255 100　　　D. 260 400

(6) 孙某全年综合所得的应纳税所得额为（　　）元。（单选）

A. 135 600　　　B. 99 600　　　　C. 10 200　　　　D. 147 600

模拟试卷（一）参考答案及解析

一、单项选择题（下列各题的备选答案中，只有一个正确选项，请将正确选项的字母填写在括号中，多选、错选、不选均不得分。每小题 1 分，共计 20 分）。

1.【参考答案】C

【解析】符合居民企业认定条件的境外中资企业，须向其中国境内主要投资者登记注册地主管税务机关提出居民企业认定申请。

2.【参考答案】B

【解析】《税收征管法》第八十八条规定，当事人对税务机关的处罚决定逾期不申请行政复议也不向人民法院起诉、又不履行的，作出处罚决定的税务机关可以采取本法第四十条规定的强制执行措施，或者申请人民法院强制执行。

3.【参考答案】B

【解析】《税务行政复议规则》（国家税务总局令第 21 号）。对国家税务总局的具体行政行为不服的，向国家税务总局申请行政复议。对行政复议决定不服，申请人可以向人民法院提起行政诉讼，也可以向国务院申请裁决。国务院的裁决为最终裁决。

4.【参考答案】A

【解析】根据国家税务总局《关于成品油消费税征收管理有关问题的公告》（国家税务总局公告 2018 年第 1 号）。外购石脑油、燃料油用于生产乙烯、芳烃类化工产品的，应凭取得的成品油专用发票所载明的石脑油、燃料油的数量，按规定计算退还消费税，其他发票或凭证不得作为计算退还消费税的凭证。

5.【参考答案】A

【解析】根据《全国税务机关纳税服务规范》规定，合作建房自用的土地增值税减免、残疾、孤老、烈属减征个人所得税优惠、对个人销售住房暂免征收土地增值税属于税收优惠备案。

6.【参考答案】A

【解析】本题的考核点是税收原则，属于基础型知识点。不断提高个人所得税免征额可提高低收入者的可支配收入，使税收更加公平。

7.【参考答案】D

【解析】《税收征管法》第五十四条规定，税务机关有权进行下列税务检查：到车站、码头、机场、邮政企业及其分支机构检查纳税人托运、邮寄应纳税商品、货物或者其他财产的有关单据、凭证和有关资料。AC 选项有扣缴义务人，B 选项，税务没有上路执法权。

8.【参考答案】A

【解析】《财政部 税务总局关于个人所得税综合所得汇算清缴涉及有关政策问题的公告》（财政部 税务总局公告 2019 年第 94 号）、《财政部 税务总局关于延续实施全年一次性奖金等个人所得税优惠政策的公告》（财政部 税务总局公告 2021 年第 42 号）规定，2019 年 1 月 1 日至 2023 年 12 月 31 日，继续对年收入不超过 12 万元且需补税或年度汇算补税额不超过 400 元的免予补税。

9.【参考答案】A

【解析】根据中共中央办公厅、国务院办公厅印发《关于进一步深化税收征管改革的意见》的规定，积极发挥行业协会和社会中介组织作用，支持第三方按市场化原则为纳税人提供个性化服务，加强对涉税中介组织的执业监管和行业监管。大力开展税费法律法规的普及宣传，持续深化青少年税收法治教育，发挥税法宣传教育的预防和引导作用，在全社会营造诚信纳税的浓厚氛围。

10.【参考答案】D

【解析】《税收征管法实施细则》第一百零九条规定，《税收征管法》及本细则所规定期限的最后一日是法定休假日的，以休假日期满的次日为期限的最后一日；在期限内有连续 3 日以上法定休假日的，按休假日天数顺延。

11.【参考答案】C

【解析】根据中共中央办公厅、国务院办公厅印发《关于进一步深化税收征管改革的意见》的规定，改进提升绩效考评。在实现税务执法、税费服务、税务监管行为全过程记录和数字化智能归集基础上，推动绩效管理渗入业务流程、融入岗责体系、嵌入信息系统，对税务执法等实施自动化考评，将法治素养和依法履职情况作为考核评价干部的重要内容，促进工作质效持续提升。

12.【参考答案】B

【解析】《进一步深化税收征管改革这一年》中提到，2021 年 12 月，全电发票试点工作开始，全国统一的电子发票服务平台在这一年建成。

13.【参考答案】D

【解析】略。

14.【参考答案】B

【解析】选项 AD：国家税务总局（省级、市级不行）可以通过规章的形式设定警告和罚款；选项 C：国务院可以通过行政法规的形式设定除限制人身自由以外的税务行政处罚。

15.【参考答案】C

【解析】外国企业常驻代表机构的核定利润率不应低于15%；采取核定征收方式的代表机构，如能建立健全会计账簿，准确计算其应税收入和应纳税所得额，报主管税务机关备案而非审批，可调整为据实申报方式；非居民企业在境内未设立机构、场所但有来自境内所得，以支付所得的一方为扣缴义务人。

16.【参考答案】B

【解析】选项A：开采稠油减征40%资源税；选项C：从衰竭期矿山开采的矿产品减征30%资源税；选项D：自2018年4月1日至2023年12月31日，对页岩气资源税（按6%的规定税率）减征30%。

17.【参考答案】C

【解析】选项C：厂房、机械或者设备等货物进口后发生的建设、安装、装配、维修或技术援助费用不计入关税完税价格，但是保修费用除外。

18.【参考答案】B

【解析】房地产开发企业中的一般纳税人，销售自行开发的房地产老项目，可以选择适用简易计税方法按照5%的征收率计税。

19.【参考答案】D

【解析】税务机关对增值税涉税风险疑点进行排查时，发现纳税人涉嫌骗取出口退税、虚开增值税专用发票等增值税重大税收违法行为的，终止为其办理留抵退税，并自作出终止办理留抵退税决定之日起5个工作日内，向纳税人出具终止办理留抵退税的《税务事项通知书》。

20.【参考答案】C

【解析】创业投资企业采取股权投资方式投资于未上市的中小高新技术企业2年以上的，可以按照其投资额的70%在股权持有满2年的当年抵扣该创业投资企业的应纳税所得额，当年不足抵扣的，可以在以后纳税年度结转抵扣。

二、多项选择题（下列各题的备选答案中，至少有两个正确选项，请将正确选项的字母填写在括号中，多选、少选、错选、不选均不得分。每小题1.5分，共计30分）。

1.【参考答案】BCD

【解析】年度关联交易总额超过10亿元的企业，应当准备主体文档。

2.【参考答案】ABCD

【解析】依据是《党的十八大以来税务部门持续推进税收征管改革综述》。

3.【参考答案】ABCD

【解析】根据《国家税务总局2024年便民春风行动指导意见》，全面推广上线全国统一规范电子税务局，实现税费服务智能化升级；开发电子税务局手机端，拓展"掌上办"服务，提升精准推送、智能算税、预填申报的便利化水平，更好满足办税缴费个性化需求。升级自然人电子税务局,优化网页端扣缴功能,丰富扣缴功能模块,增强实用性、便捷性,更好满足扣缴义务人使用需求;优化手机端界面布局,直观展示办理界面,增加"待办"模块,提供分类细化提示指引,便利居民个人实际操作。优化自助办税终端布局,探索利用集成式自助终端提供"24小时不打烊"服务,方便纳税人缴费人"就近办、便捷办"。

4.【参考答案】ABC

【解析】选项D:属于税务机关作出的征税行为,申请人对其不服的,行政复议是行政诉讼必经前置程序。

5.【参考答案】ABD

【解析】《二手车流通管理办法》(商务部 公安部 工商行政管理局 国家税务总局令2005年第2号)规定,二手车经销企业销售二手车时,应当向买方开具税务机关监制的统一发票。因二手车销售统一发票不是有效的增值税扣税凭证,为维护购买方纳税人的进项抵扣权益,《国家税务总局关于明确二手车经销等若干增值税征管问题的公告》(国家税务总局公告2020年第9号)规定,从事二手车经销业务的纳税人除按规定开具二手车销售统一发票外,购买方索取增值税专用发票的,纳税人应当为其开具征收率为0.5%的增值税专用发票。甲应当向乙开具一张二手车销售统一发票。如果乙索取增值税专用发票,甲应当再开具一张征收率为0.5%的增值税专用发票交给乙。发票可以开两张,但增值税只缴纳一份。

6.【参考答案】BD

【解析】根据国家税务总局办公厅关于印发《税务机关政府信息公开申请办理规范》的通知(税总办发〔2020〕35号)的规定,补正期限一般不超过15个工作日。申请人补正后仍无法明确申请内容的,税务机关应当通过与申请人当面或者电话沟通等方式明确其所需获取的政府信息,经沟通,税务机关认为申请内容仍不明确的,可以根据客观事实作出无法提供的决定。

7.【参考答案】BD

【解析】本题考核行政强制措施与行政强制执行。《行政强制法》第九条规定,行政强制措施的种类:(1)限制公民人身自由;(2)查封场所、设施或者财物;(3)扣押财物;(4)冻结存款、汇款;(5)其他行政强制措施。《行政强制法》第十二条规定,行政强制执行的方式:(1)加处罚款或者滞纳金;(2)划拨存款、汇款;(3)拍卖或者依法处理查封、扣押的场所、设施或者财物;(4)排除妨碍、恢复原状;(5)代履行;(6)其他强制执行方式。故BD项当选。行政强制措施的特征有预防性、制止性、临时性、中间性的特点。其目的在于预防、制止或控制危害社会行为的发生或扩大,常常是行政机关作出最终处理决定的前奏和准备。扣押财物属于行政强制措施,拍卖财物属于行政强制执行。

8.【参考答案】BD

【解析】选项B，在零售环节缴纳消费税的金银镶嵌首饰不得扣除外购珠宝玉石的已纳消费税税款，选项D，酒类产品一般不允许抵扣以前环节已纳的消费税税额（葡萄酒除外）。

9.【参考答案】ABD

【解析】根据《个人所得税专项附加扣除暂行办法》第十七条的规定，纳税人在主要工作城市没有自有住房而发生的住房租金支出。根据《个人所得税专项附加扣除暂行办法》第二十条的规定，纳税人及其配偶在一个纳税年度内不能同时分别享受住房贷款利息和住房租金专项附加扣除。

10.【参考答案】BD

【解析】根据《国家税务总局关于发布〈纳税信用管理办法（试行）〉的公告》（国家税务总局公告2014年40号）第二十条规定，有下列情形之一的纳税人，本评价年度直接判为D级：①存在逃避缴纳税款、逃避追缴欠税、骗取出口退税、虚开增值税专用发票等行为，经判决构成涉税犯罪的；②存在①所列行为，未构成犯罪，但偷税（逃避缴纳税款）金额10万元以上且占各税种应纳税总额10%以上，或者存在逃避追缴欠税、骗取出口退税、虚开增值税专用发票等税收违法行为，已缴纳税款、滞纳金、罚款的；③在规定期限内未按税务机关处理结论缴纳或者足额缴纳税款、滞纳金和罚款的；④以暴力、威胁方法拒不缴纳税款或者拒绝、阻挠税务机关依法实施税务稽查执法行为的；⑤存在违反增值税发票管理规定或者违反其他发票管理规定的行为，导致其他单位或者个人未缴、少缴或者骗取税款的；⑥提供虚假申报材料享受税收优惠政策的；⑦骗取国家出口退税款，被停止出口退（免）税资格未到期的；⑧有非正常户记录或由非正常户直接责任人员注册登记或者负责经营的；⑨由D级纳税人的直接责任人员注册登记或者负责经营的；⑩存在税务机关依法认定的其他严重失信情形的。

11.【参考答案】ACD

【解析】转让旧房地产及建筑物的扣除项目包括：取得土地使用权时按国家统一规定缴纳的有关费用，旧房及建筑物的评估价格，支付的评估费用，转让环节缴纳的税款。

12.【参考答案】ABD

【解析】根据《财政部 税务总局关于支持小微企业融资有关税收政策的通知》（财税〔2017〕77号）、《财政部 税务总局关于延长部分税收优惠政策执行期限的公告》（财政部 税务总局公告2021年第6号）的规定，自2018年1月1日至2023年12月31日，对金融机构与小型企业、微型企业签订的借款合同免征印花税，《财政部 国家税务总局关于调整房地产交易环节税收政策的通知》（财税〔2008〕137号）规定，对个人销售或购买住房暂免征收印花税。《中华人民共和国印花税法》第十二条规定，无息或者贴息借款合同免征印花税。

13.【参考答案】ABD

【解析】税务机关在通知纳税人缴纳税款、滞纳金，要求当事人提供有关资料，办理有关涉税事项时均可使用《税务事项通知书》。

14.【参考答案】B

【解析】本题考查涉税犯罪。主流观点认为虚开增值税专用发票或者虚开用于骗取出口退税、抵扣税款发票罪侵犯的客体是复杂客体，既侵犯了国家对增值税专用发票和其他发票的监督管理制度，又破坏了国家对税收的征管制度。所以选项A错误。伪造、出售伪造的增值税专用发票罪的客观方面要求伪造增值税专用发票，或者明知自己所持有的是伪造的增值税专用发票，而仍然出售，数量在25份以上或者票面额累计在10万元以上的行为。所以选项C错误。非法购买增值税专用发票罪的客观方面表现为行为人违反增值税专用发票管理规定，从合法或者非法拥有增值税专用发票的单位或者个人手中购买增值税专用发票，数量在25份以上或者票面额累计在10万元以上的行为。所以选项D错误。

15.【参考答案】CD

【解析】授权性规范是规定人们可以为一定的行为或者不为一定的行为，或者可以要求他人为一定的行为或者不为一定的行为的法律规范。命令性规范是规定人们必须为一定行为的法律规范。禁止性规范是规定人们不应当为一定行为的法律规范。强制性规范是指必须依照法律适用，不能依个人意志予以变更和排除适用的规范。命令性规范通常属于强制性规范。

16.【参考答案】BC

【解析】《千户集团名册管理办法》规定，千户集团是指年度缴纳税额达到国家税务总局管理服务标准的企业集团，包括全部中央企业、中央金融企业以及达到上述标准的单一法人企业等。其中，年度缴纳税额为集团总部及其境内外全部成员企业境内年度纳税额合计，不包括关税、船舶吨税以及企业代扣代缴的个人所得税，不扣减出口退税和财政部门办理的减免税。

17.【参考答案】ABC

【解析】选项AC，属于特殊的销售行为，应缴纳增值税；选项BE，无偿提供服务属于视同销售行为，但用于公益事业或以社会公众为对象的，不视同销售服务；选项D，单位或者个体工商户（不含其他个人）向单位或个人无偿提供服务，属于增值税视同销售行为，但其他个人无偿提供服务不属于增值税视同销售行为，不缴纳增值税。

18.【参考答案】AD

【解析】选项B，纳税人提供旅游服务，可以选择以取得的全部价款和价外费用，扣除向旅游服务购买方收取并支付给其他单位或者个人的住宿费、餐饮费、交通费、签证费、门票费和支付给其他接团旅游企业的旅游费用后的余额为销售额；选项 C，经纪代理服务，以取得的全部价款和价外费用，扣除向委托方收取并代为支付的政府性基金或者行政事业性收费后的余额为销售额；选项 E，航空运输企业的销售额，不包括代收的机场建设费和代售其他航空运输企业客票而代收转付的价款。

19.【参考答案】ABC

【解析】依据《中华人民共和国企业所得税法》及其实施条例规定，实际管理机构，是指对企业的生产经营、人员、财务、财产等实施实质性全面管理和控制的机构。

20.【参考答案】AB

【解析】企业搬迁收入扣除搬迁支出后为负数的，应为搬迁损失。搬迁损失可在下列方法中选择其一进行税务处理：（1）在搬迁完成年度，一次性作为损失进行扣除。（2）自搬迁完成年度起分 3 个年度，均匀在税前扣除。

三、判断题（判断各题正误，正确的打"√"，错误的打"×"。每小题 1 分，共计 10 分）。

1.【参考答案】×

【解析】《财政部 税务总局关于广告费和业务宣传费支出税前扣除有关事项的公告》（财政部 税务总局公告 2020 年第 43 号）第三条规定，烟草企业的烟草广告费和业务宣传费支出，一律不得在计算应纳税所得额时扣除。

2.【参考答案】√

【解析】"免、抵调增增值税"是实行"免、抵、退"办法，按免、抵数额并根据有关政策规定办理的免抵调库增值税，为中央与地方各 50% 的共享收入。

3.【参考答案】√

【解析】根据《国家税务总局关于发布〈企业境外所得税收抵免操作指南〉的公告》（国家税务总局公告 2010 年第 1 号）规定："本项所称共同支出，是指与取得境外所得有关但未直接计入境外所得应纳税所得额的成本费用支出，通常包括未直接计入境外所得的营业费用、管理费用和财务费用等支出。企业应对在计算总所得额时已统一归集并扣除的共同费用，按境外每一国（地区）别数额占企业全部数额的下列一种比例或几种比例的综合比例，在每一国别的境外所得中对应调整扣除，计算来自每一国别的应纳税所得额。（1）资产比例；（2）收入比例；（3）员工工资支出比例；（4）其他合理比例。上述分摊比例确定后应报送主管税务机关备案；无合理原因不得改变。"

4.【参考答案】×

【解析】根据国家税务总局关于发布《国际运输船舶增值税退税管理办法》的公告（国家税务总局公告 2020 年第 18 号）第十一条的规定，运输企业购进船舶取得的增值税专用发票，已用于进项税额抵扣的，不得申报船舶退税，已用于船舶退税的，不得用于进项税额抵扣。因此这句话的前半句是正确的，但结论是错误的，运输企业购进船舶申报退税应取得增值税专用发票。

5.【参考答案】×

【解析】国民生产总值英文缩写是 GNP。

6.【参考答案】√

【解析】根据《财政部 税务总局关于明确无偿转让股票等增值税政策的公告》（财政部 税务总局公告 2020 年第 40 号）第三条的规定，土地所有者依法征收土地，并向土地使用者支付土地及其相关有形动产、不动产补偿费的行为，属于《营业税改征增值税试点过渡政策的规定》（财税〔2016〕36 号附件1）第一条第（三十七）项规定的土地使用者将土地使用权归还给土地所有者的情形，可以按规定享受增值税免税政策。

7.【参考答案】√

【解析】根据《财政部 税务总局关于资源税有关问题执行口径的公告》（财政部 税务总局公告 2020 年第 34 号）第七条的规定，纳税人以自采原矿洗选加工为选矿产品（通过破碎、切割、洗选、筛分、磨矿、分级、提纯、脱水、干燥等过程形成的产品，包括富集的精矿和研磨成粉、粒级成型、切割成型的原矿加工品）销售，或者将选矿产品自用于应当缴纳资源税情形的，按照选矿产品计征资源税，在原矿移送环节不缴纳资源税。

8.【参考答案】×

【解析】根据《国家税务总局关于简并税费申报有关事项的公告》（国家税务总局公告 2021 年第 9 号）的解读，对于耕地占用税、印花税、资源税等一次性税源，纳税人可以在发生纳税义务后立即填写税源明细表，也可以在申报时填报所有税源信息。

9.【参考答案】√

【解析】《国家税务总局大企业税收管理司关于千户集团名册管理办法修订意见的通知》（税总企便函〔2020〕33 号）指出：税务总局将依托税收大数据、第三方数据，直接筛选出千户集团企业名单，由各省级大企业管理部门组织核实确认，并及时补充推荐符合条件的集团。

10.【参考答案】×

【解析】卷烟在生产（委托加工）进口环节征收消费税的基础上，在批发环节加征消费税。生产（委托加工）进口环节和批发环节都采用复合计税方法，零售环节不征消费税。

11.【参考答案】√

【解析】根据中共中央办公厅、国务院办公厅印发《关于进一步深化税收征管改革的意见》的规定，2023 年基本实现信息系统自动提取数据、自动计算税额、自动预填申报，纳税人缴费人确认或补正后即可线上提交。

12. 【参考答案】√

【解析】该项目的单位开发成本 = 20 000 ÷ (50 000 + 2 000) = 0.3846 万元。该项目的住宅可扣除开发成本 = 50 000 × 0.3846 = 19 231 万元。

13. 【参考答案】×

【解析】根据《财政部 国家税务总局关于规范个人投资者个人所得税征收管理的通知》(财税〔2003〕158号)的规定，个人独资企业、合伙企业的个人投资者以企业资金为本人、家庭成员及其相关人员支付与企业生产经营无关的消费性支出及购买汽车、住房等财产性支出，视为企业对个人投资者利润分配，并入投资者个人的生产经营所得，依照"经营所得"项目计征个人所得税。

14. 【参考答案】×

【解析】根据国家税务总局关于印发《土地增值税管理规程》的通知（国税发〔2009〕91号）的规定，房地产开发企业将开发的部分房地产转为企业自用或用于出租等商业用途时，如果产权未发生转移，不征收土地增值税，在税款清算时不列收入，不扣除相应的成本和费用。

15. 【参考答案】×

【解析】向关联方借款的利息支出，税前扣除应满足2个条件：①不能超过同期银行同类贷款利率计算的利息支出；②非金融企业实际支付给关联方的利息支出，最多不能超过权益性投资的2倍计算的利息金额。准予扣除的利息支出 = 200 × 2 × 7% = 28（万元）。

16. 【参考答案】√

【解析】略。

17. 【参考答案】√

【解析】根据《中华人民共和国耕地占用税法》第十条的规定，耕地占用税的纳税义务发生时间为纳税人收到自然资源主管部门办理占用耕地手续的书面通知的当日。纳税人应当自纳税义务发生之日起30日内申报缴纳耕地占用税。

18. 【参考答案】√

【解析】2023年4月至9月的利息应作为资本性支出计入厂房的成本，不再发生当期扣除。当年准予扣除的利息支出 = 300 × 6% × 3/12 = 4.5（万元）。

19. 【参考答案】×

【解析】根据《企业所得税税前扣除凭证管理办法》（国家税务总局公告2018年第28号）第十七条规定，除发生本办法第十五条规定的情形外，企业以前年度应当取得而未取得发票、其他外部凭证，且相应支出在该年度没有税前扣除的，在以后年度取得符合规定的发票、其他外部凭证或者按照本办法第十四条的规定提供可以证实其支出真实性的相关资料，相应支出可以追补至该支出发生年度税前扣除，但追补年限不得超过5年。

20.【参考答案】√

【解析】略。

四、综合实务题（共5小题，每小题8分，共计40分）。

1. (1)【参考答案】A

【解析】该工厂5月土地增值税清算时可以扣除的印花税 = 13 000 × 0.05% = 6.5（万元），该工厂5月计算土地增值额时可以扣除的城市维护建设税和附加合计 = 13 000 ÷ (1 + 9%) × 9% × (7% + 3% + 2%) = 128.81（万元），该工厂5月土地增值税清算时可以扣除的税金 = 128.81 + 6.5 = 135.31（万元）。

(2)【参考答案】C

【解析】该工厂5月土地增值税清算时可以扣除的取得土地使用权所支付的金额 = (3 000 + 3 000 × 3%) × 90% = 2 781（万元），精装修房屋的装修费用，准予作为房地产开发成本在计算土地增值税时扣除，可以扣除的开发成本 = 4 500 × 90% = 4 050（万元），可以扣除的开发费用 = 800 × 70% × 90% + (2 781 + 4 050) × 5% = 845.55（万元）。

(3)【参考答案】D

【解析】该工厂5月土地增值税清算时的扣除项目合计金额 = 2 781 + 4 050 + 845.55 + 135.31 = 7 811.86（万元）。

(4)【参考答案】B

【解析】增值额 = [13 000 − 13 000 ÷ (1 + 9%) × 9%] − 7 811.86 = 4 114.75（万元），增值率 = 4 114.75 ÷ 7 811.86 × 100% = 52.67%，适用税率40%，速算扣除系数5%。该工厂5月清算应纳的土地增值税 = 4 114.75 × 40% − 7 811.86 × 5% = 1 255.31（万元）。

(5)【参考答案】D

【解析】单位建筑面积成本费用 = 清算时的扣除项目总金额 ÷ 清算的总建筑面积该工厂10月打包销售厂房的成本费用 = 7 811.86 ÷ (10 000 × 90%) × 10 000 × 10% = 867.98（万元），增值额 = [1 200 − 1 200 ÷ (1 + 9%) × 9%] − 867.98 = 232.94（万元），增值率 = 232.94 ÷ 867.98 × 100% = 26.84%，适用30%税率。该工厂10月打包销售厂房应纳的土地增值税 = 232.94 × 30% = 69.88（万元）。

(6)【参考答案】ACD

【解析】选项B，利息支出不能提供金融机构证明或不能按项目分摊的，应按（取得土地使用权所支付的金额 + 房地产开发成本）× 10%以内计算扣除；选项E，该工厂进行土地增值税清算时准予扣除的税金包括城市维护建设税、教育费附加、地方教育附加、印花税，不包括增值税。

2.【参考答案】(1) ABCD；(2) B；(3) D；(4) ABC

(1)《税收违法行为检举管理办法》，检举人检举税收违法行为应当提供被检举人的名称（姓名）、地址（住所）和税收违法行为线索；尽可能提供被检举人统一社会信用代码（身份证件号码），法定代表人、实际控制人信息和其他相关证明资料。鼓励检举人提供书面检举材料。

（2）《税收违法行为检举管理办法》第十二条规定，12366 纳税服务热线接收电话检举后，应当按照以下分类转交相关部门：（一）符合本办法第三条规定的检举事项，应当及时转交举报中心；（二）对应开具而未开具发票、未申报办理税务登记及其他轻微税收违法行为的检举事项，按照有关规定直接转交被检举人主管税务机关相关业务部门处理；（三）其他检举事项转交有处理权的单位或者部门。税务机关的其他单位或者部门接到符合本办法第三条规定的检举材料后，应当及时转交举报中心。

（3）住房出租，按月租金判定是否免征增值税；对个人出租住房，不区分用途，按 4% 的税率征收房产税。2022 年 1 月 1 日至 2024 年 12 月 31 日，在 50% 额度内减征。

（4）A 项正确，根据《中华人民共和国发票管理办法》规定，该条正确。B、C 项正确，首违不罚需要满足如下三个条件：（1）行为人首次违法；（2）行为人造成的损害后果轻微；（3）行为人有及时改正行为。不予行政处罚的情形有：（1）首次违法，情节轻微未造成损害后果，及时纠正；（2）非首次违法，情节轻微未造成损害后果，及时纠正。根据规定，初次违法且危害后果轻微并及时改正的，可以不予行政处罚。《中华人民共和国行政处罚法》第三十三条规定，违法行为轻微并及时改正，没有造成危害后果的，不予行政处罚。初次违法且危害后果轻微并及时改正的，可以不予行政处罚。D 项错误。《税收违法行为检举管理办法》第十二条规定，12366 纳税服务热线接收电话检举后，应当按照以下分类转交相关部门：（一）符合本办法第三条规定的检举事项，应当及时转交举报中心；（二）对应开具而未开具发票、未申报办理税务登记及其他轻微税收违法行为的检举事项，按照有关规定直接转交被检举人主管税务机关相关业务部门处理；（三）其他检举事项转交有处理权的单位或者部门。税务机关的其他单位或者部门接到符合本办法第三条规定的检举材料后，应当及时转交举报中心。

3.【参考答案】（1）CDE；（2）ABC；（3）BC

（1）《中华人民共和国税收征收管理法实施细则》第四十二条规定，纳税人需要延期缴纳税款的，应当在缴纳税款期限届满前提出申请，并报送下列材料：申请延期缴纳税款报告，当期货币资金余额情况及所有银行存款账户的对账单，资产负债表，应付职工工资和社会保险费等税务机关要求提供的支出预算。

（2）《中华人民共和国税收征收管理法实施细则》第三十二条规定，纳税人未按照规定期限缴纳税款的，扣缴义务人未按照规定期限解缴税款的，税务机关除责令限期缴纳外，从滞纳税款之日起，按日加收滞纳税款万分之五的滞纳金。

（3）《中华人民共和国税收征收管理法》第四十四条规定，欠缴税款的纳税人或者他的法定代表人需要出境的，应当在出境前向税务机关结清应纳税款、滞纳金或者提供担保。未结清税款、滞纳金，又不提供担保的，税务机关可以通知出境管理机关阻止其出境。

第七十二条规定，从事生产、经营的纳税人、扣缴义务人有本法规定的税收违法行为，拒不接受税务机关处理的，税务机关可以收缴其发票或者停止向其发售发票。

第十一条规定，欠税发生后，除依照本办法公告外，税务机关应当依法催缴并严格按日计算加收滞纳金，直至采取税收保全、税收强制执行措施清缴欠税。任何单位和个人不得以欠税公告代替税收保全、税收强制执行等法定措施的实施，干扰清缴欠税。各级公告机关应指定部门负责欠税公告工作，并明确其他有关职能部门的相关责任，加强欠税管理。

企业、单位纳税人欠缴税款200万元以上（含200万元），个体工商户和其他个人欠缴税款10万元以上（含10万元）的，由地（市）级税务局（分局）公告。

4.【参考答案】

（1）业务（1）不需要缴纳增值税。理由：纳税人取得的财政补贴收入，与其销售货物、劳务、服务、无形资产、不动产的收入或者数量不直接挂钩的，不属于增值税应税收入，不征收增值税。

（2）业务（1）应调减应纳税所得额300万元。

（3）业务（2）取得的股息收入不需要缴纳企业所得税。理由：居民企业直接投资于上市居民企业取得的股息、红利等投资收益，持股时间超过12个月的，免征企业所得税。

（4）业务（3）子公司接受无偿划转设备的计税基础 = 800 - 200 = 600（万元），对100%直接控制的居民企业之间按账面净值划转股权或资产，符合规定进行特殊性税务处理的，划入方企业取得被划转股权或资产的计税基础，以被划转股权或资产的原账面净值确定。

（5）①企业重组特殊性税务处理的备案要求：企业发生符合规定的特殊性重组条件并选择特殊性税务处理的，当事各方应在该重组业务完成当年企业所得税年度申报时，向主管税务机关提交书面备案资料，证明其符合各类特殊性重组规定的条件。②不履行备案手续的相关后果：企业未按规定书面备案的，一律不得按特殊重组业务进行税务处理。

（6）企业的固定资产由于技术进步等原因，确需加速折旧的，可以缩短折旧年限或者采取加速折旧的方法。采取缩短折旧年限方法的，最低折旧年限不得低于规定折旧年限的60%，故税法计提折旧的年限 = $10 \times 60\% = 6$（年），税法2023年计提的折旧额 = $1\,600 \times (1 - 5\%) \div 6 \div 12 \times 6 = 126.67$（万元），会计2023年计提的折旧额 = $1\,600 \times (1 - 5\%) \div 10 \div 12 \times 6 = 76$（万元），业务（4）应调减应纳税所得额 = $126.67 - 76 = 50.67$（万元）。

（7）业务（5）不需要调整应纳税所得额。理由：甲企业的实际税负不高于境内关联方,且按照同期同类金融企业贷款利率支付的利息支出,在计算应纳税所得额时准予据实扣除。

(8) ①职工福利费扣除限额 = 4 000 × 14% = 560(万元) < 实际发生额 600 万元,应调增应纳税所得额 = 600 - 560 = 40(万元)。

②职工教育经费扣除限额 = 4 000 × 8% = 320(万元) < 实际发生额 400 万元,应调增应纳税所得额 = 400 - 320 = 80(万元)。

③工会经费扣除限额 = 4 000 × 2% = 80(万元) = 实际发生额 80 万元,无须纳税调整。综上,业务(6)应调增应纳税所得额 = 40 + 80 = 120(万元)。

(9) 扣除限额$_1$ = 400 × 60% = 240(万元),扣除限额$_2$ = 65 000 × 5‰ = 325(万元),业务(7)应调增应纳税所得额 = 400 - 240 = 160(万元)。

(10) 用于目标脱贫地区的扶贫捐赠支出,准予在税前据实扣除。剩余捐赠支出 = 700 - 100 = 600(万元) < 扣除限额 = 5 400 × 12% = 648(万元),无须纳税调整。

(11) 甲企业弥补亏损前的应纳税所得额 = 5 400 - 300 - 20 - 50.67 + 120 + 160 = 5 309.33(万元),可以弥补的以前年度亏损额 = 1 500 + 400 = 1 900(万元)。

(12) 甲企业 2023 年应缴纳的企业所得税 = (5 309.33 - 1 900) × 25% = 852.33(万元)。

5.【参考答案】(1) B;(2) ABCD;(3) C;(4) D;(5) B;(6) B

【解析】(1) ①劳务报酬所得以每次收入额为预扣预缴应纳税所得额,每次收入不超过 4 000 元的,减除费用 800 元后的余额为收入额。②孙某 2023 年取得兼职收入被预扣预缴个人所得税 = (3 500 - 800) × 20% = 540(元)。

(2) ①纳税人不能提供合法、完整、准确的财产原值凭证,不能正确计算财产原值的,按转让收入额的 3% 征收率计算缴纳个人所得税;拍卖品为经文物部门认定是海外回流文物的,按转让收入额的 2% 征收率计算缴纳个人所得税。②应纳个人所得税 = 40 000 × 3% = 1 200(元)。ABCD 四个选项全部错误。

(3) ①限售股原值无法确认,应按转让收入的 15% 作为限售股原值及合理税费。②转让限售股应缴纳的个人所得税 = 100 000 × (1 - 15%) × 20% = 17 000(元)。

(4) ①一次卖出债券应扣除的买价及相关费用 = (1 000 × 10 + 150) ÷ 1 000 × 600 + 110 = 6 200(元),卖出债券应缴纳的个人所得税 = (600 × 12 - 6 200) × 20% = 200(元);②债券利息收入应缴纳的个人所得税 = 2 500 × 20% = 500(元);③孙某卖出债券及取得的债券利息收入应缴纳个人所得税 = 200 + 500 = 700(元)。

(5) 纳税年度收入 = 20 000 × 12 + 3 500 × (1 - 20%) + 20 000 × (1 - 20%) × 70% + 2 000 × (1 - 20%) = 255 600(元)。

(6) 孙某全年综合所得的应纳税所得额 = 255 600 - 60 000 - 4 000 × 12 - 2 000 × 2 × 12 = 99 600(元)。

模拟试卷（二）

一、单项选择题（下列各题的备选答案中，只有一个正确选项，请将正确选项的字母填写在括号中，多选、错选、不选均不得分。每小题1.5分，共计20分）。

1. 扣缴义务人不按规定扣缴税款，造成税款流失的，税务机关应（　　）。（用于1-7级测试）

    A. 向扣缴义务人追缴应扣未扣税款

    B. 向扣缴义务人追缴税款，并处少缴税款一倍以上五倍以下的罚款

    C. 向纳税人追缴税款，对扣缴义务人处应扣未扣税款百分之五十以上三倍以下的罚款

    D. 向纳税人追缴税款，对扣缴义务人处未扣税款百分之五十以上五倍以下的罚款

2. 按现行税收政策，下列关于消费税的说法，错误的是（　　）。（用于8-11级测试）

    A. 酒类生产企业向商业销售单位收取"品牌使用费"应缴纳消费税

    B. 用于投资入股的应税消费品，按同类产品的平均销售价格作为消费税计税依据

    C. 用于抵偿债务的应税消费品，按同类产品的最高销售价格作为消费税计税依据

    D. 自产自用应税消费品的计税依据为应税消费品的同类销售价格或组成计税价格

3. A公司账证健全，未在规定期限内进行纳税申报，经税务机关责令限期改正，逾期仍未申报，根据《税收征管法》的规定，税务机关有权（　　）。（用于1-7级测试）

    A. 采取税收保全措施　　　　　　B. 责令提供纳税担保

    C. 直接征收税款　　　　　　　　D. 核定应纳税额

4. 未达到起征点的定期定额户连续（　　）个月达到起征点，应当向税务机关申报，提请重新核定定额。（用于8-11级测试）

    A. 2　　　　　　B. 3　　　　　　C. 4　　　　　　D. 5

5. 成品油不包括（　　）。（用于8-11级测试）

    A. 汽油　　　　　B. 柴油　　　　　C. 煤油　　　　　D. 原油

6. 下列各项中，需要缴纳个人所得税的是（　　）。（用于8-11级测试）

    A. 集体所有制企业在改制为股份合作制企业时，职工个人以股份形式取得的拥有所有权的企业量化资产

    B. 企业对累积消费达到一定额度的顾客，给予额外抽奖机会，个人的获奖所得

    C. 个人取得的教育储蓄存款利息

D. 军人的转业费、复员费、退役金

7. 根据税收征管法及有关规定，下列说法中正确的是（　　）。（用于1-7级测试）

　A. 纳税人享受减税、免税待遇的，在减税、免税期间可以不办理纳税申报

　B. 纳税人采取邮寄方式办理纳税申报的，以税务机关收到申报日期为实际申报日期

　C. 纳税人通过银行缴纳税款的，税务机关可以委托银行开具完税凭证

　D. 担保书须经纳税人、纳税担保人签字盖章后方为有效

8. 下列财产中，不属于税务机关采取税收保全措施时应当包括的财产是指（　　）。（用于1-7级测试）

　A. 高档消费品

　B. 易腐烂的商品

　C. 个人及其所抚养家属维持生活必需的住房和用品

　D. 金银首饰

9. 小王为部队退役士兵，自主就业从事个体经营。2023年，其经营主体当年实际应缴纳的增值税为30 000元，根据相关优惠政策，其实际缴纳的增值税应该是（　　）元。（用于8-11级测试）

　A. 10 000　　　　B. 15 600　　　　C. 6 000　　　　D. 20 000

10. 非境内注册居民企业发生重大变化的，应当自变化之日起（　　）日内报告主管税务机关。（用于8-11级测试）

　A. 7　　　　B. 10　　　　C. 15　　　　D. 30

11. 某电器生产企业，2024年1月投入1 000万元用于研发新产品，其中600万元形成了无形资产，并于5月取得专利证书正式投入使用，该无形资产摊销期限为10年，未形成无形资产的研发支出400万元已计入费用扣除，该电器生产企业投入使用的研发费用形成的无形资产5月的摊销费用为（　　）万元。（用于8-11级测试）

　A. 1 200　　　　B. 80　　　　C. 60　　　　D. 10

12. 下列行为应视同销售货物征收增值税的是（　　）。（用于1-7级测试）

　A. 企业将上月购进的办公用品转移至分支机构使用

　B. 企业将购进的酒发给职工作为福利

　C. 将委托加工收回的卷烟用于赠送客户

　D. 将自产货物用于换取生产资料

13. 2023年8月，某省会城市居民李某出租自有商铺取得当月含税租金收入93 000元，李某出租商铺应缴纳的增值税为（　　）元。（用于8-11级测试）

　A. 0　　　　B. 900　　　　C. 1 834.95　　　　D. 5 380.95

14. 某企业签订进料加工复出口货物合同，2022年9月进口料件到岸价格折合人民币300万元，当月将部分完工产品出口，FOB价折合人民币400万元，该企业进料加工计划分配率为70%，完工产品内销时适用的增值税征税率为13%，退税率为9%，则当期不得免征和抵扣的税额为（　　）万元。（用于8-11级测试）
    A. 11.2　　　　　B. 4.8　　　　　C. 3.2　　　　　D. 8.4

15. 在进行税（费）种认定的过程中，按照（　　）的管理理念，由纳税人根据自身生产经营范围和发生的应税行为，依法选择相应税费种申报缴纳税费。（用于8-11级测试）
    A. 加强事中事后监管
    B. 优化纳税服务
    C. 方便税务机关管理
    D. 还责还权于纳税人

16. 下列选项中，属于行政处罚公示制度要求的是（　　）。（用于1-7级测试）
    A. 某省税务局在其官方网站公示各执法单位名单
    B. 某市税务局稽查局执法人员制作现场笔录
    C. 某市税务局稽查局执法人员用执法记录仪记录留置送达文书的过程
    D. 某县税务局第一税务分局制作笔录，记载纳税人陈述、申辩内容

17. 税务行政处罚决定依法作出后，当事人逾期既不申请行政复议也不向法院起诉、经催告仍不履行的，税务机关依法可以采取的措施是（　　）。（用于1-7级测试）
    A. 将查封、扣押的财物拍卖以抵缴罚款
    B. 每日按罚款数额的5%加收罚款
    C. 申请公安机关强制执行
    D. 与当事人达成执行和解协议，约定分阶段履行或者减免罚款

18. 下列符合企业所得税佣金扣除规定，可以在企业所得税税前全额扣除的佣金是（　　）。（用于8-11级测试）
    A. 甲企业销售给乙企业1 000万元货物，签订合同并收取款项后，甲企业支付乙企业采购科长40万元
    B. 甲生产企业委托丁中介公司介绍客户，成功与丁介绍客户交易300万元，甲企业以18万元转账支票支付丁公司佣金
    C. 丙生产企业委托丁中介公司介绍客户，成功与丁介绍客户交易500万元，丙企业以20万元现金支付丁公司佣金
    D. 乙企业支付某中介个人0.5万元佣金，以酬劳其介绍成功10万元的交易（签订合同）

19. 下列关于我国居民企业实行股权激励计划有关企业所得税税务处理的表述中，不正确的是（　　）。（用于8-11级测试）
    A. 对股权激励计划实行后立即可以行权的，上市公司可以根据实际行权时该股票

的公允价格与激励对象实际行权支付价格的差额和数量,计算确定作为当年上市公司工资、薪金支出,依照规定在企业所得税前扣除

B. 对股权激励计划实行后,需待一定服务年限或者达到规定业绩条件方可行权的,上市公司在等待期内会计上计算确认的相关成本费用准予在企业所得税前扣除

C. 对股权激励计划实行后,需待一定服务年限或者达到规定业绩条件方可行权的,上市公司在等待期内会计上计算确认的相关成本费用,不得在对应年度计算缴纳企业所得税时扣除

D. 股票实际行权时的公允价格,以实际行权日该股票的收盘价格确定

20. 甲公司对市税务局稽查局作出的不予行政奖励的决定不服,向市税务局申请复议。市税务局审理后认为,市税务局稽查局已经履行了相应职责,决定驳回甲公司的复议申请。甲公司不服,决定向人民法院提起诉讼,按照规定,被告应当是( )。(用于 1 - 7 级测试)

  A. 市税务局稽查局　　　　　　　　B. 市税务局
  C. 市税务局和市税务局稽查局　　　D. 省税务局

二、多项选择题（下列各题的备选答案中,至少有两个正确选项,请将正确选项的字母填写在括号中,多选、少选、错选、不选均不得分。每小题 1.5 分,共计 30 分）。

1. 税务机关对当事人的生产经营场所实施执法行为时,应当制作勘验笔录的情形包括( )。(用于 8 - 11 级测试)

  A. 查封（扣押）财产　　　　　　　B. 用电用水数据采集
  C. 仓库原材料、成品盘点　　　　　D. 实施冻结存款

2. 下列企业应纳入千户集团管理的有( )。(用于 8 - 11 级测试)

  A. 国资委管理的中央企业
  B. 财政部管理的中央金融企业
  C. 世界 500 强企业
  D. 年缴纳税额高、组织架构复杂、行业代表性强等特征的其他龙头企业

3. 2023 年 1 月 1 日至 2027 年 12 月 31 日,对增值税小规模纳税人、小型微利企业和个体工商户按照 50% 的税额幅度减征的税种有( )。(用于 8 - 11 级测试)

  A. 资源税　　　　　　　　　　　　B. 房产税
  C. 印花税　　　　　　　　　　　　D. 城镇土地使用税
  E. 耕地占用税

4. 税务机关信息公开机构应当建立台账、对收到政府信息公开申请及办理情况逐一记载。应登记的内容主要包括( )。(用于 1 - 7 级测试)

  A. 收到申请的时间　　　　　　　　B. 申请情况

C. 办理情况 D. 申请人的家庭住址信息

E. 复议诉讼情况

5. 税务机关起草的政府信息公开答复文书，其类型主要包括（　　）。（用于1-7级测试）

   A. 予以公开　　B. 不予公开　　C. 部分公开　　D. 无法提供

   E. 不予处理

6. 下列选项中，属于自用于应当缴纳资源税情形的有（　　）。（用于1-7级测试）

   A. 非货币性资产交换　　　　　B. 样品

   C. 连续生产非应税产品　　　　D. 偿债

   E. 开采耗用

7. 某公司是专业物流企业，占地9 000平方米，自有仓储设施主要用于储存蔬菜、水果等农产品，其中，仓房占地6 500平方米，道路、装卸搬运区域占地1 500平方米，办公、生活区用地1 000平方米。2023年该公司可以享受税收优惠的面积有（　　）。（用于8-11级测试）

   A. 仓房6 500平方米用地

   B. 道路、装卸搬运区域1 500平方米用地

   C. 办公、生活区用地1 000平方米

   D. 总占地9 000平方米

   E. 没有享受税收优惠的面积

8. 下列关于企业所得税收入确认的表述，符合规定的有（　　）。（用于8-11级测试）

   A. 企业受托加工大型机械设备，持续时间超过12个月的，按照纳税年度内完工进度或者完成的工作量确认收入的实现

   B. 广告的制作费，应在相关的广告出现于公众面前时确认收入

   C. 销售货物采用托收承付方式的，在办妥托收手续时确认收入

   D. 包含在商品售价内可区分的服务费，在提供服务的期间分期确认收入

   E. 销售商品需要安装和检验的，均在发出商品时确认收入

9. 下列税务机关首次发现的纳税人行为，适用"首违不罚"的事项有（　　）。（用于1-7级测试）

   A. 纳税人丢失账簿和记账凭证

   B. 纳税人违规以收取手续费方式替人代开发票

   C. 纳税人未按规定将其全部银行账号向税务机关报送

   D. 纳税人未按规定向主管税务机关报送开具发票的数据且没有违法所得

10. 《国家税务总局关于纳税信用管理有关事项的公告》（国家税务总局公告2020年第15号）中推出四项优化纳税信用管理的措施，新措施的具体内容可以概括为

(   )。(用于1-7级测试)

A. 增加非独立核算分支机构自愿参与纳税信用评价

B. 增加纳税信用评价前指标复核机制,满足纳税人合理需求

C. 调整纳税信用起评分的适用规则

D. 调整D级评价保留2年的措施,适当放宽有关标准

11. 企业在各个纳税期末,提供劳务交易的结果能够可靠估计的,可以按照完工进度法确认提供劳务收入。下列各项属于税法规定可选用的完工进度法有(   )。(用于8-11级测试)

A. 发生成本占总成本的比例　　B. 合同约定的完工进度

C. 已收到价款占总造价的比例　　D. 已提供劳务占总劳务的比例

E. 已完成工作的测量

12. 某增值税一般纳税人购买车辆,在申报缴纳车辆购税前发现发票开具错误,如该纳税人已抵扣增值税,申请开具红字发票时,应退还给4S店的发票联次包括(   )。(用于1-7级测试)

A. 发票联　　B. 报税联

C. 注册登记联　　D. 抵扣联

E. 存根联

13. 以下选项说法正确的有(   )。(用于8-11级测试)

A. 《中华人民共和国消费税暂行条例》属于税收法律

B. 税收法律的实施细则或实施条例,一般是以税收行政法规的形式出现的

C. 税务规章以国家税务总局令发布

D. 各级税务机关的内设机构,可以以自己名义独立制定税务规范性文件

E. 税务规范性文件可以设定退税事项

14. 税务违法当事人在对税务机关作出的税务行政处罚决定不服时,其享有的权利有(   )。(用于1-7级测试)

A. 申请行政复议权　　B. 要求行政赔偿权

C. 提起行政诉讼权　　D. 暂停缴纳税款权

15. 企业固定资产的大修理支出作为长期待摊费用的条件是必须同时满足(   )。(用于1-7级测试)

A. 修理支出达到取得固定资产时的计税基础50%以上

B. 修理后固定资产的使用寿命延长2年以上

C. 修理支出达到原值的20%以上

D. 修理后改变用途

16. 根据增值税的相关规定,企业(一般纳税人)下列项目的进项税额不得从销项税

额中抵扣的有（　　）。（用于 8–11 级测试）

A. 外购白酒用于交际应酬　　　　B. 生产免税产品购入的原材料

C. 购进娱乐服务　　　　　　　　D. 购进货物的合理损耗

E. 提供保险服务的纳税人以实物赔付方式承担机动车辆保险责任的，自行向车辆修理劳务提供方购进的车辆修理劳务

17. 直接抵免主要适用于（　　），以及就（　　）在境外被源泉扣缴的预提所得税。（用于 8–11 级测试）

A. 企业就来源于境外的营业利润所得；在境外所缴纳的企业所得税

B. 来源于境外的股息、红利等权益性投资所得；利息，租金，特许权使用费，财产转让等所得

C. 发生于境外的股息、红利等权益性投资所得；利息，租金，特许权使用费，财产转让等所得

D. 全部所得

18. 根据《中华人民共和国企业所得税法》的相关规定，下列固定资产不得计提折旧在税前扣除的有（　　）。（用于 1–7 级测试）

A. 已足额提取折旧但仍在使用的旧设备

B. 以经营租赁方式租入的生产线

C. 以融资租赁方式租入的机床

D. 与经营活动无关的小汽车

E. 已建成未投入使用的办公楼

19. 纳税人取得下列旅客运输服务凭证中，可以计算抵扣进项税额的有（　　）。（用于 1–7 级测试）

A. 北京至香港的航空运输电子客票行程单

B. 滴滴公司开具的增值税电子普通发票

C. 神州出租车公司开具的增值税普通发票

D. 注明旅客身份信息的广州至武汉的高铁车票

20. 税务总局、省税务机关结合计算机扫描结果，开展人工专业复评，形成千户集团税收风险分析报告。人工专业复评主要包括（　　）。（用于 1–7 级测试）

A. 常规风险分析　　　　　　　　B. 税收经济分析

C. 行业重点剖析　　　　　　　　D. 重大事项分析

三、判断题（判断各题正误，正确的打"√"，错误的打"×"。每小题 0.5 分，共计 10 分）。

1. 烟草企业实际发生的，不超过当年销售收入 15% 的广告费和业务宣传费，准予在计

算应纳税所得额时扣除。 （　　）（用于1-7级测试）
2. 在将企业所得税与相关经济指标对比分析时，应将汇算清缴收入作为非即期收入从企业所得税中剔除。 （　　）（用于8-11级测试）
3. 充分发挥税收大数据作用，依托税务网络可信身份体系对发票开具、使用等进行全环节即时验证和监控，实现对虚开骗税等违法犯罪行为惩处从事后打击向事前事中精准防范转变。 （　　）（用于1-7级测试）
4. 对企业境外所得的实现年度的确定，企业来源于境外的股息、红利等权益性投资收益所得，若实际收到所得的日期与境外被投资方作出利润分配决定的日期在同一纳税年度的，应按被投资方作出利润分配日所在的纳税年度确认境外所得。
　　　　　　　　　　　　　　　　　　　　（　　）（用于8-11级测试）
5. 对于按照集成电路生产企业享受企业所得税税收优惠政策的，优惠期自获利年度起计算。 （　　）（用于1-7级测试）
6. 实行核定征收的个体工商户，不适用年应纳税所得额不超过100万元的部分，在现行优惠政策基础上，再减半征收个人所得税政策。 （　　）（用于1-7级测试）
7. 税务总局将逐步建立名册信息"收集——应用——反馈——更新"的质量管理闭环，由各级大企业管理部门及时收集千户集团税收服务管理各环节的成员企业变更信息，反馈至税务总局定期更新调整，持续提升名册信息质量。
　　　　　　　　　　　　　　　　　　　　（　　）（用于8-11级测试）
8. 已按软件产品享受增值税退税政策的电子出版物，可以再申请享受增值税先征后退政策。 （　　）（用于1-7级测试）
9. 油库应按月分析成品油损溢原因，报计量主管部门审核，履行审批程序审批后，财务部门进行账务处理。 （　　）（用于8-11级测试）
10. 税务可信身份认证体系是以各省为单位进行建设，各省数据并不互通。
　　　　　　　　　　　　　　　　　　　　（　　）（用于8-11级测试）
11. 以前欠缴的土地闲置费、城镇垃圾处理费，由原执收（监缴）单位负责征缴入库。
　　　　　　　　　　　　　　　　　　　　（　　）（用于1-7级测试）
12. 二手车所有人不通过二手车经销商和二手车拍卖企业等将车辆直接出售给买方的。应当由二手车交易市场经营者按规定向买方开具二手车销售统一发票。
　　　　　　　　　　　　　　　　　　　　（　　）（用于1-7级测试）
13. 根据最新的税收征管要求，为防止职务犯罪风险，办税服务厅将取消人工现金收付通道，不提供收取现金、找零服务。 （　　）（用于1-7级测试）
14. 购置已征车辆购置税的车辆，不再征收车辆购置税。（　　）（用于1-7级测试）
15. 纳税人到外县（市）销售自产应税消费品的，于应税消费品销售后，向销售地主管税务机关申报缴纳消费税。 （　　）（用于1-7级测试）

16. 出口退税是指出口退消费税和出口退增值税。　　　　（　　）（用于 8 - 11 级测试）

17. 根据《中华人民共和国印花税法》的规定，没有单独列明的增值税税款应当作为应税合同的计税依据。　　　　　　　　　　　　　（　　）（用于 1 - 7 级测试）

18. 纳税人应纳的资源税，应当向机构所在地主管税务机关申报缴纳资源税。
　　　　　　　　　　　　　　　　　　　　　　　　（　　）（用于 1 - 7 级测试）

19. 某公司获准占用耕地建造厂房，应当在收到自然资源主管部门办理耕地手续的书面通知之日起 15 日内缴纳耕地占用税。　　　（　　）（用于 1 - 7 级测试）

20. 内地居民王某是香港某公司的实际控制人，经常代表该公司签订合同。2023 年 1 月代表该公司与内地企业签订采购代理合同，不含税代理费 900 万元，分 3 年等额收取。香港公司取得来源于内地的收入，内地企业应代扣代缴企业所得税 90 万元。
　　　　　　　　　　　　　　　　　　　　　　　　（　　）（用于 8 - 11 级测试）

四、综合实务题（共 5 小题，每小题 8 分，共计 40 分）。

1. 某机动车制造股份公司为增值税一般纳税人，2024 年 5 月有关业务如下：

（1）销售 A 型小轿车 80 辆，不含税单价 8 万元/辆；销售货车 32 辆，不含税单价 3.4 万元/辆；销售农用汽车取得不含税销售额 71.18 万元。

（2）国内采购原材料，取得增值税专用发票，注明销售额 1 000 万元、增值税税额 130 万元，材料已验收入库；购货过程中发生不含税运输费用 20 万元，取得一般纳税人运输单位开具的增值税专用发票；购进一台机械设备作为加工车间固定资产入账，取得一般纳税人开具的增值税专用发票上注明不含税价款 15 万元，同时支付不含税运费 1 万元，取得一般纳税人运输企业开具的增值税专用发票。

（3）进口特制材料，境外成交价格 110 万元，运抵我国境内输入地点起卸前发生的运费 20 万元、保险费 0.5 万元，委托某一般纳税人运输公司将材料从海关运抵公司入库，支付不含税运费 2 万元，取得增值税专用发票；进口一辆小轿车公司自用，关税完税价格 55 万元（消费税税率为 12%）；进口环节均取得海关进口增值税专用缴款书。

（4）将 10 辆自产的 A 型小轿车奖励给对公司有突出贡献的人员；自产货车 3 辆对外投资；捐赠给汽车拉力赛 4 辆特制越野车（消费税税率 20%），生产成本 23.75 万元/辆（本公司近期同类越野车的不含税平均售价为 35 万元/辆）。

（5）将 110 辆 A 型小轿车移送给外省的非独立核算销售机构用于销售。

（6）销售给某公司 B 型小轿车 200 辆，不含税单价 12 万元/辆，因购货量大，该公司给予 5% 的优惠，销售额和折扣额开具在同一张发票的金额栏；另外取得优质费 0.5 万元/辆。

（7）将 1 辆自产的 A 型小轿车无偿赠送给希望工程。

（8）本月购进汽车辅助配件取得增值税专用发票，注明价款 300 万元、增值税 39 万元，支付购货时的不含税运费 15 万元，取得一般纳税人运输企业开具的增值税专用发票。

(9) 从自来水公司购进自来水，取得增值税专用发票，注明增值税税额 18 万元，其中职工浴室使用 10%；本年以前月份购进材料因自然灾害造成损失，该原材料购进时取得 增值税专用发票上注明不含税价款 3 000 元，同时支付一般纳税人运输单位不含税运费 150 元（取得符合规定的增值税专用发票且已抵扣进项税额）。

(10) 当月从一般纳税人处购进再生资源，取得对方开具的增值税专用发票，注明税款 10 万元。

(11) 本公司符合条件的研发机构采购一台为新车研发提供必要条件的国产实验设备，取得增值税专用发票，注明价款 50 万元、税款 6.5 万元（未申报进项税额抵扣）。（其他相关资料：关税税率均为 10%；除特殊说明外，本月购进货物取得的相关发票均符合税法规定且申报抵扣；A、B 型小汽车消费税税率 9%；所售货车均为同一型号货车；越野车成本利润率为 8%）

要求：根据上述资料，回答下列问题。

(1) 该公司进口环节应纳的关税和增值税合计为（   ）万元。（用于 8－11 级测试）
A. 45.08   B. 92.34   C. 91.23   D. 46.15

(2) 该公司国内采购环节可以抵扣的进项税额为（   ）万元。（用于 8－11 级测试）
A. 158.26   B. 200.39   C. 200.57   D. 194.07

(3) 该公司销售及视同销售 A 型小轿车的销项税额为（   ）万元。（用于 8－11 级测试）
A. 208.00   B. 209.04   C. 257.28   D. 189.56

(4) 该公司销售 B 型小轿车的销项税额为（   ）万元。（用于 8－11 级测试）
A. 302.36   B. 296.40   C. 307.90   D. 323.50

(5) 该公司实际负担增值税为（   ）万元。（用于 8－11 级测试）
A. 472.56   B. 340.63   C. 325.19   D. 512.25

(6) 关于该公司上述业务的税务处理，下列说法不正确的有（   ）。（用于 8－11 级测试）

A. 捐赠 A 型小轿车要依法计算销项税额
B. 本年以前月份购进材料因自然灾害造成损失，需要做进项税转出处理
C. 进口自用小轿车进口环节的增值税可以抵扣内销销项税额
D. 折扣销售，销售额和折扣额在同一张发票的金额栏分别注明的，可以按折扣后的销售额作为计税依据计算增值税销项税额
E. 对研发机构采购国产设备，按 50% 比例退还增值税

2. 位于县城的中药生产企业甲为上市公司（以下简称"甲企业"），是增值税一般纳税人。2023 年甲企业实现营业收入 86 000 万元，投资收益 4 000 万元，发生营业成本

43 000万元，税金及附加2 200万元，管理费用4 600万元，销售费用28 000万元，财务费用1 200万元，营业外支出800万元。甲企业自行计算当年实现利润10 200万元。2024年4月甲企业进行2022年所得税汇算清缴时聘请了某会计师事务所进行审核，发现如下事项：

（1）6月将一批自产药品分配给股东，该药品的成本为300万元，市场不含税销售价格为450万元，企业未做任何账务处理。

（2）11月采用预收款方式销售药品，该药品成本1 000万元，市场不含税销售价格1 300万元；协议约定的发货时间为2023年1月，截至2022年底未发货。甲企业收到预收款即确认销售收入并结转成本，未开具增值税发票，增值税未缴纳。

（3）年初持有乙公司10%股权，11月底全部转让，转让收入2 000万元，该股权取得成本为1 200万元，截至11月底乙公司账面累计未分配利润300万元，甲企业以770万元计入投资收益。

（4）1月对120名高管授予股票期权，约定2023年年末业绩增长达到20%后每人可以8.5元/股价格购买2 000股公司股票，授予日股票公允价格为17.5元/股，12月31日甲企业按照企业会计准则进行如下会计处理：

借：管理费用　　　　　　　　　　　　　　　　　1 080 000
　　贷：资本公积——其他资本公积　　　　　　　　　　1 080 000

（5）成本费用中含实际发放职工工资15 000万元，按照合同约定直接给接受派遣的生产车间员工工资800万元。

（6）成本费用中含发生职工福利费1 000万元、职工教育经费1 280万元；拨缴工会经费320万元，已经取得相关收据。

（7）自行研发产生费用1 800万元，受关联方委托进行研发，收取研发费用1 000万元。

（8）发生广告费和业务宣传费25 000万元，业务招待费500万元。

（其他相关资料：2022年各月月末"应交税费——应交增值税"科目均无借方余额）

要求：根据上述资料，按照下列顺序计算回答问题，如有计算需计算出合计数。（用于8-11级测试）

（1）计算业务（1）应缴纳的增值税税额、城市维护建设税税额、教育费附加及地方教育附加。

（2）计算业务（1）应调整的会计利润。

（3）业务（2）处理是否正确，如错误，计算应调整的会计利润。

（4）业务（3）处理是否正确，如错误，计算应调整的会计利润。

（5）业务（4）应调整的企业所得税应纳税所得额。

（6）支付给劳务派遣人员的工资能否计入企业的工资薪金总额基数，请说明原因。

（7）计算职工福利费、职工教育经费、工会经费应调整的企业所得税应纳税所得额。

（8）回答收取受托研发的研发费用能否税前扣除，并计算研发费用应调整的企业所得税应纳税所得额。

（9）计算广告费和业务宣传费应调整的企业所得税应纳税所得额。

（10）计算业务招待费应调整的企业所得税应纳税所得额。

（11）计算调整后的会计利润（不考虑税收滞纳金）。

（12）计算应缴纳的企业所得税。

3. 位于我国境内某市的一家电子产品生产企业，为增值税一般纳税人，拥有自己的核心自主知识产权，2020年至2024年经相关机构认定为高新技术企业，2023年度有关经营情况如下：

（1）全年取得销售电子产品的不含税收入7 000万元，取得2015年建造的房屋租金收入200万元（不含税）。

（2）全年购进与生产电子产品相关的原材料取得增值税专用发票，注明价款3 200万元、进项税额416万元并通过主管税务机关认证；购进安全生产专用设备（属于企业所得税优惠目录规定）并投入使用，取得增值税专用发票，注明价款50万元、进项税额6.5万元，并通过主管税务机关认证。

（3）全年与销售电子产品相关的销售成本4 150万元；全年发生销售费用1 400万元，其中含广告费1 100万元；全年发生管理费用600万元，其中含新技术研究开发费320万元、业务招待费75万元。

（4）计入成本、费用中的实发工资400万元、发生的工会经费支出9万元、职工福利费支出70万元、职工教育经费支出13万元。

（5）全年营业外支出300万元，其中支付合同违约金6万元。

（注：该企业适用增值税税率13%，城市维护建设税税率7%，教育费附加征收率3%，企业所得税税率15%，不考虑其他税费。）

根据上述资料，回答下列问题：

（1）2023年度该企业应缴纳的增值税、城市维护建设税、教育费附加共计是（　　）万元。（用于8-11级测试）

A. 487.5　　　　B. 497.5　　　　C. 547.25　　　　D. 721.6

（2）2023年度该企业实现的会计利润是（　　）万元。（用于8-11级测试）

A. 299.25　　　　B. 325.25　　　　C. 675.25　　　　D. 700.25

（3）计算2023年企业所得税应纳税所得额时，下列各项支出可据实扣除的有（　　）。（用于8-11级测试）

A. 广告费　　　　　　　　　　B. 业务招待费

C. 合同违约金　　　　　　　　D. 教育费附加

E. 新技术研究开发费

(4) 计算2023年度应纳税所得额时，职工福利费、职工工会经费、职工教育经费共计应调增应纳税所得额（　　）万元。（用于8－11级测试）

A. 14　　　　　B. 15　　　　　C. 18　　　　　D. 30

(5) 2023年度该企业应纳税所得额为（　　）万元。（用于8－11级测试）

A. 469.25　　　B. 614.25　　　C. 774.25　　　D. 454.25

(6) 2023年度该企业应缴纳企业所得税（　　）万元。（用于8－11级测试）

A. 77.99　　　 B. 68.14　　　 C. 63.14　　　 D. 83.84

4. 江苏省A市某企业是增值税小规模纳税人，主管税务机关是国家税务总局A市B区税务局，2022年9月30日停止生产经营，11月1日开始进行解散清算，2023年4月30日清算结束后向主管税务机关申请即办注销。税务机关审核时发现该企业存在以下情况：

(1) 该企业系按季申报的纳税人，2022年10月全部税种未申报，主管税务机关依法催报但企业由于已经解散，无人办理。后因其所有税种连续三个月未申报被认定为非正常户。

(2) 该企业停止生产经营之日的资产负债表记载：企业股东2人，均为自然人，各出资10万元占50%，企业未分配利润余额为－120万元，无其他所有者权益。资产的账面价值3 360万元、资产的计税基础3 890万元、资产的可变现净值4 230万元，负债的账面价值3 750万元、负债的计税基础3 700万元、最终清偿额3 590万元，企业清算期内支付清算费用70万元，支付职工安置费、法定补偿金100万元，清算过程中发生的相关税费为20万元，以前年度可以弥补的亏损100万元。企业解散时无发票结存。

(3) 税务机关在受理注销申请时，予以解除非正常户并按照裁量基准给予简易程序处罚。

(4) 企业依法办理清算申报，缴清税款、滞纳金、罚款后，税务机关同意其依法注销。

长江三角洲区域申报发票类税务违法行为行政处罚裁量基准（节选）

序号	违法行为	处罚依据	处罚标准
1	纳税人未按照规定的期限办理纳税申报和报送纳税资料的，或者扣缴义务人未按照规定的期限向税务机关报送代扣代缴、代收代缴税款报告表和有关资料	《中华人民共和国税收征收管理法》第六十二条规定，纳税人未按照规定的期限办理纳税申报和报送纳税资料的，或者扣缴义务人未按照规定的期限向税务机关报送代扣代缴、代收代缴税款报告表和有关资料的，由税务机关责令限期改正，可以处二千元以下的罚款；情节严重的，可以处二千元以上一万元以下的罚款	1. 个人每次处20元的罚款，单位每次处50元的罚款 2. 被认定为非正常户的，无未缴销发票且无欠缴税款、滞纳金、罚款的，个人处200元的罚款，单位处500元的罚款；未缴销发票不满200份且欠缴税款、滞纳金、罚款金额不满20万元的，个人处500元以上2 000元以下的罚款，单位处1 000元以上2 000元以下的罚款 3. 纳税人有其他严重情节的，或者被认定为非正常户的纳税人未缴销发票200份以上或者欠缴税款、滞纳金、罚款金额20万元以上的，处2 000元以上10 000元以下的罚款

根据上述资料，回答下面问题：（用于 8－11 级测试）

（1）该企业按季申报，2022 年 10 月全部税种未申报，最早应在（　　）认定为非正常户。（单选）

  A. 2022 年 11 月　　　B. 2022 年 12 月　　　C. 2023 年 1 月　　　D. 2023 年 2 月

  E. 2023 年 3 月

（2）税务机关解除非正常户并按照裁量基准给予简易程序处罚，下列说法正确的有（　　）。（多选）

  A. 税务机关应按照未按规定期限办理纳税申报予以处罚 1 000 元

  B. 税务机关简易税务行政处罚应当由 2 名具有行政执法资格的执法人员实施，可出示执法证件

  C. 执法人员当场作出税务行政处罚决定的，填写预定格式、编有号码的《税务行政处罚决定书（简易）》，并当场交付当事人

  D. 执法人员当场作出的行政处罚决定，应当报所属行政机关备案

  E. 当事人拒绝签收《税务行政处罚决定书（简易）》的，应当在行政处罚决定书上注明

（3）计算企业清算所得及应缴纳的企业所得税。

（4）计算企业清算应代扣代缴的个人所得税。

5. A 公司 2022 年 4 月 1 日在市场监督管理局领取营业执照，2022 年 5 月 12 日其法定代表人李某至办税服务厅办理信息确认，大厅工作人员因其超过 30 日才来办理涉税事宜，便对其进行了处罚。2022 年 5 月 25 日，A 公司办税人员王某至办税服务厅申领发票，法定代表人及办税人员均进行过实名采集，大厅工作人员为其核定增值税专用发票十万元版 25 份，增值税普通发票十万元版 60 份。

2023 年 1 月 17 日，A 公司未按规定期限办理申报，其主管税务分局 B 分局制作《责令限期改正通知书》，当天下午送达至 A 公司，由 A 公司办税人员王某签收。2023 年 1 月 18 日，A 公司至办税服务厅办理了申报，同时登记为一般纳税人，B 分局因其首次逾期申报且情节轻微，对其处以 50 元罚款。

2023 年 4 月 7 日，A 公司由安徽省迁移至浙江省，其法定代表人李某在市场监督管理局办结住所变更登记后，至办税服务厅办理跨省迁移事项，同时申请开具了《增值税一般纳税人迁移进项税额转移单》。请根据以上资料，回答下列问题。（用于 8－11 级测试）

（1）若办税人员王某在企业迁移前离职，向税务机关申请解除其与 A 公司关联关系且要求变更该公司与其相关的所有信息，请问王某该如何申请？税务机关该如何处理？

（2）A 公司申请变更其与法定代表人关联关系的，税务机关该如何处理？

（3）请指出案例中错误之处，并说明原因。

（4）请列举至少 4 项纳税人迁移后在迁入地可以承继的信息。

模拟试卷（二）参考答案及解析

一、单项选择题（下列各题的备选答案中，只有一个正确选项，请将正确选项的字母填写在括号中，多选、错选、不选均不得分。每小题1.5分，共计20分）。

1. 【参考答案】C

【解析】扣缴义务人不按规定扣缴税款，造成税款流失的，税务机关应向纳税人追缴税款，对扣缴义务人处应扣未扣税款百分之五十以上三倍以下的罚款。

2. 【参考答案】B

【解析】纳税人自产的应税消费品用于换取生产资料和消费资料、投资入股和抵偿债务等方面，应当以纳税人同类应税消费品的最高销售价格作为计税依据。

3. 【参考答案】D

【解析】《税收征管法》第三十五条规定，纳税人有下列情形之一的，税务机关有权核定其应纳税额：

（1）依照法律、行政法规的规定可以不设置账簿的；

（2）依照法律、行政法规的规定应当设置账簿但未设置的；

（3）擅自销毁账簿或者拒不提供纳税资料的；

（4）虽设置账簿，但账目混乱或者成本资料、收入凭证、费用凭证残缺不全，难以查账的；

（5）发生纳税义务，未按照规定的期限办理纳税申报，经税务机关责令限期申报，逾期仍不申报的；

（6）纳税人申报的计税依据明显偏低，又无正当理由的。

4. 【参考答案】B

【解析】未达到起征点的定期定额户连续3个月达到起征点，应当向税务机关申报，提请重新核定定额。

5. 【参考答案】D

【解析】成品油是指汽油、煤油、柴油等。

6. 【参考答案】B

【解析】选项A，集体所有制企业在改制为股份合作制企业时，对职工个人以股份形式取得的拥有所有权的企业量化资产，暂缓征收个人所得税；选项CD，个人取得的教育储蓄存款利息、军人的转业费、复员费、退役金免征个人所得税。

7.【参考答案】C

【解析】《税收征管法实施细则》第四十六条规定，税务机关收到税款后，应当向纳税人开具完税凭证。纳税人通过银行缴纳税款的，税务机关可以委托银行开具完税凭证。

8.【参考答案】C

【解析】《税收征管法》第三十八条规定，个人及其所扶养家属维持生活必需的住房和用品，不在税收保全措施的范围之内。

9.【参考答案】C

【解析】《财政部 税务总局 退役军人事务部关于进一步扶持自主就业退役士兵创业就业有关税收政策的公告》（财政部 税务总局 退役军人事务部公告2023年第14号）规定，自2023年1月1日至2027年12月31日，自主就业退役士兵从事个体经营的，自办理个体工商户登记当月起，在3年内按每户每年最高24 000元为限额依次扣减其当年实际应缴纳的增值税、城市维护建设税、教育费附加、地方教育附加和个人所得税。

10.【参考答案】C

【解析】非境内注册居民企业发生重大变化的，应当自变化之日起30日内报告主管税务机关。

11.【参考答案】D

【解析】《财政部 税务总局关于进一步完善研发费用税前加计扣除政策的公告》（财政部 税务总局公告2023年第7号）规定，企业开展研发活动中实际发生的研发费用，未形成无形资产计入当期损益的，在按规定据实扣除的基础上，自2023年1月1日起，再按照实际发生额的100%在税前加计扣除；形成无形资产的，自2023年1月1日起，按照无形资产成本的200%在税前摊销。应扣除的摊销费用=600×200%÷10÷12=10（万元）。

12.【参考答案】C

【解析】选项A，属于内部处置，所以不缴纳增值税；选项B，属于将外购的货物用于集体福利，不得抵扣进项税，不属于视同销售的情况；选项D，是特殊销售方式，不是视同销售。

13.【参考答案】A

【解析】自2023年1月1日起，其他个人，采取一次性收取租金形式出租不动产取得的租金收入，可在对应的租赁期内平均分摊，分摊后的月租金收入未超过10万元的，免征增值税。

14.【参考答案】B

【解析】计划分配率指的就是进料加工业务中的进口免税料件，由于这部分进口材料是免税的，所以在计算出口退税时要扣除。进料加工出口货物耗用的保税进口料件金额=400×70%=280万元，当期不得免征和抵扣税额抵减额=280×(13%-9%)=11.2万元，当期不得免征和抵扣税额=400×(13%-9%)-11.2=4.8万元。

【提示】11.2万元是当期不得免征和抵扣税额抵减额,而不是当期不得免征和抵扣的税额。

15.【参考答案】D

【解析】按照《税收征管操作规范》税(费)种认定的相关规定,按照还责还权于纳税人的管理理念,由纳税人根据自身生产经营范围和发生的应税行为,依法选择相应税(费)种申报缴纳税费。税务机关仅负责维护征收属性相关内容。

16.【参考答案】A

【解析】选项A是行政处罚公示制度的要求;选项B、C、D是行政处罚全过程记录制度的要求。

17.【参考答案】C

【解析】税务行政处罚决定依法作出后,当事人逾期既不申请行政复议也不向法院起诉、经催告仍不履行的,税务机关依法可以采取的措施是选项C,申请公安机关强制执行。

18.【参考答案】D

【解析】A选项不属于佣金支出;B选项超过了5%佣金支出的标准;C选项采用现金方式支付给非个人佣金,不符合佣金支付方式,不得在税前扣除;D选项符合税法扣除规定。

19.【参考答案】B

【解析】对股权激励计划实行后,需待一定服务年限或者达到规定业绩条件方可行权的,上市公司等待期内会计上计算确认的相关成本费用,不得在对应年度计算缴纳企业所得税时扣除。在股权激励计划可行权后,上市公司方可根据该股票实际行权时的公允价格与当年激励对象实际行权支付价格的差额及数量,计算确定作为当年上市公司工资、薪金支出,依照税法规定进行税前扣除。

20.【参考答案】C

【解析】经复议的案件,复议机关决定维持原行政行为的,作出原行政行为的行政机关和复议机关是共同被告;复议机关改变原行政行为的,复议机关是被告。复议机关驳回复议申请或者复议请求的,属于"复议机关决定维持原行政行为",但以复议申请不符合受理条件为由驳回的除外。

二、多项选择题(下列各题的备选答案中,至少有两个正确选项,请将正确选项的字母填写在括号中,多选、少选、错选、不选均不得分。每小题1.5分,共计30分)。

1.【参考答案】BC

【解析】勘验笔录是指稽查人员对物品现场进行勘察、检验后所做的能够证明案件情况的记录。依法实施查封(扣押)财产或者实施冻结存款等行政强制措施时,应当制作《现场笔录》。

2. 【参考答案】ABCD

【解析】千户集团是国家税务总局管理服务的重点大企业集团,按照税务总局管理服务标准,下列企业应纳入千户集团管理:国资委管理的中央企业、财政部管理的中央金融企业、其他中央企业;总部在境内的《财富》世界500强企业或其全球总部属于世界500强企业;符合年缴纳税额高、组织架构复杂、行业代表性强等特征的其他龙头企业。

3. 【参考答案】BDE

【解析】《财政部 税务总局关于进一步支持小微企业和个体工商户发展有关税费政策的公告》(财政部 税务总局公告2023年第12号)规定,2023年1月1日至2027年12月31日,对增值税小规模纳税人、小型微利企业和个体工商户按照50%的税额幅度减征资源税(不含水资源税)、城市维护建设税、房产税、城镇土地使用税、印花税(不含证券交易印花税)、耕地占用税和教育费附加、地方教育附加。

4. 【参考答案】ABCE

【解析】根据国家税务总局办公厅关于印发《税务机关政府信息公开申请办理规范》的通知(税总办发〔2020〕35号)第二条的规定,政府信息公开申请应登记的内容主要包括:收到申请的时间、申请情况、办理情况和复议诉讼情况。

5. 【参考答案】ABCDE

【解析】根据国家税务总局办公厅关于印发《税务机关政府信息公开申请办理规范》的通知(税总办发〔2020〕35号)第五条第(一)项的规定,答复书主要分为予以公开、不予公开、部分公开、无法提供、不予处理5种类型。

6. 【参考答案】ABCD

【解析】根据《财政部 国家税务总局关于资源税有关问题执行口径的公告》(财政部 国家税务总局公告2020年第34号)第二条的规定,纳税人自用应税产品应当缴纳资源税的情形,包括纳税人以应税产品用于非货币性资产交换、捐赠、偿债、赞助、集资、投资、广告、样品、职工福利、利润分配或者连续生产非应税产品等。

7. 【参考答案】AB

【解析】《财政部 税务总局关于继续实施物流企业大宗商品仓储设施用地城镇土地使用税优惠政策的公告》(财政部 税务总局公告2023年第5号)规定,自2023年1月1日至2027年12月31日,对物流企业自有(包括自用和出租)或承租的大宗商品仓储设施用地,减按所属土地等级适用税额的50%计征城镇土地使用税。所以该公司仓房6 500平方米用地,以及道路、装卸搬运区域1 500平方米用地,属于政策规定的大宗商品仓储设施用地,可以享受税收优惠;办公、生活区用地1 000平方米,不属于政策规定的优惠范围,应按规定缴纳城镇土地使用税。

8.【参考答案】ACD

【解析】选项B，广告的制作费，应根据制作广告的完工进度确认收入。选项E，销售商品需要安装和检验的，在购买方接受商品以及安装和检验完毕时确认收入的实现。如果安装程序比较简单，可在发出商品时确认收入的实现。

9.【参考答案】ACD

【解析】根据国家税务总局关于发布《税务行政处罚"首违不罚"事项清单》的公告（国家税务总局公告2021年第6号）的规定，"首违不罚"清单包括：纳税人未按照《中华人民共和国税收征收管理法》及实施细则等有关规定设置、保管账簿或者保管记账凭证和有关资料；纳税人未按照《中华人民共和国税收征收管理法》及实施细则等有关规定将其全部银行账号向税务机关报送；纳税人未按照《中华人民共和国税收征收管理法》及实施细则、《发票管理办法》等有关规定缴销发票且没有违法所得；纳税人使用税控装置开具发票，未按照《中华人民共和国税收征收管理法》及实施细则、《发票管理办法》等有关规定的期限向主管税务机关报送开具发票的数据且没有违法所得。纳税人违规以收取手续费方式替人开发票不适用"首违不罚"是因为收取手续费属于违法所得。

10.【参考答案】ABCD

【解析】根据《国家税务总局关于纳税信用管理有关事项的公告》（国家税务总局公告2020年第15号）的规定，国家税务总局推出"两增加，两调整"的完善措施，即增加非独立核算分支机构自愿参与纳税信用评价，增加纳税信用评价前指标复核机制，满足纳税人合理需求，调整纳税信用起评分的适用规则，调整D级评价保留2年的措施，适当放宽有关标准。

11.【参考答案】ADE

【解析】提供劳务完工进度的确定，可选用下列方法：已完工作的测量；已提供劳务占总劳务的比例；发生成本占总成本的比例。

12.【参考答案】AC

【解析】根据关于发布《机动车发票使用办法》的公告（国家税务总局 工业和信息化部 公安部公告2020年第23号）的规定，如该纳税人已抵扣增值税，在申请开具红字发票时，应将其所持的机动车销售统一发票的发票联、报税联、注册登记联退还给4S店。因该纳税人已抵扣增值税，不回退抵扣联。而存根联留存在销售方，并未交给购货方。

13.【参考答案】BC

【解析】选项A，我国现行税法体系中，属于税收法律的实体税种包括企业所得税、个人所得税、车船税、环境保护税、烟叶税、船舶吨税、车辆购置税、资源税、耕地占用税、城市维护建设税、契税、印花税；其余税种（如增值税、消费税）暂时还未以税收法律形式发布实施。选项D，各级税务机关的内设机构，不得以自己名义制定税务规范性文件。选项 E，税务规范性文件不得设定税收开征、停征、减税、免税、退税、补税事项，不得设定行政许可、行政处罚、行政强制、行政事业性收费以及其他不得由税务规范性文件设定的事项。

14.【参考答案】AC

【解析】税务违法当事人在对税务机关作出的税务行政处罚决定不服时，其享有的权利有申请行政复议权、提起行政诉讼权。

15.【参考答案】AB

【解析】税法所指固定资产的大修理支出，是指同时符合下列条件的支出：

（1）修理支出达到取得固定资产时的计税基础50%以上；

（2）修理后固定资产的使用年限延长2年以上。

16.【参考答案】ABC

【解析】选项 A，外购货物用于个人消费（含交际应酬），进项税额不得抵扣；选项 B，生产免税产品购入原材料，其进项税额不得抵扣；选项 C，购进娱乐服务，进项税额不得抵扣；选项 D，购进货物合理损耗，其进项税额准予抵扣；选项 E，提供保险服务的纳税人以实物赔付方式承担机动车辆保险责任的，自行向车辆修理劳务提供方购进的车辆修理劳务，其进项税额可以按规定从保险公司销项税额中抵扣。

17.【参考答案】ABC

【解析】根据《企业境外所得税收抵免操作指南》，直接抵免主要适用于企业就来源于境外的营业利润所得在境外所缴纳的企业所得税，以及就来源于或发生于境外的股息、红利等权益性投资所得，利息，租金，特许权使用费，财产转让等所得在境外被源泉扣缴的预提所得税。

18.【参考答案】ABD

【解析】根据《中华人民共和国企业所得税法》规定，在计算应纳税所得额时，企业按照规定计算的固定资产折旧，准予扣除。下列固定资产不得计算折旧扣除：（1）房屋、建筑物以外未投入使用的固定资产；（2）以经营租赁方式租入的固定资产；（3）以融资租赁方式租出的固定资产；（4）已足额提取折旧仍继续使用的固定资产；（5）与经营活动无关的固定资产；（6）单独估价作为固定资产入账的土地；（7）其他不得计算折旧扣除的固定资产。

19.【参考答案】BD

【解析】A 选项属于国际运输服务，只有国内运输服务才能计算抵扣；C 选项的增值税普通发票不能计算抵扣，只有增值税电子普通发票才可以。

20.【参考答案】ACD

【解析】根据国家税务总局关于印发《千户集团税收风险管理工作规程（试行）》的通知第二十一条规定，人工专业复评主要包括常规风险分析、行业重点剖析和重大事项分析。

三、判断题（判断各题正误，正确的打"√"，错误的打"×"。每小题0.5分，共计10分）。

1. 【参考答案】 ×

   【解析】《财政部 国家税务总局关于广告费和业务宣传费支出税前扣除有关事项的公告》（财政部 国家税务总局公告2020年第43号）第三条规定，烟草企业的烟草广告费和业务宣传费支出，一律不得在计算应纳税所得额时扣除。

2. 【参考答案】 √

   【解析】非即期收入因素即非本期经济对应产生的税收，在将企业所得税与相关经济指标对比分析时，应将汇算清缴收入作为非即期收入从企业所得税中剔除。

3. 【参考答案】 √

   【解析】《中共中央办公厅 国务院办公厅关于进一步深化税收征管改革的意见》提出，充分发挥税收大数据作用，依托税务网络可信身份体系对发票开具、使用等进行全环节即时验证和监控，实现对虚开骗税等违法犯罪行为惩处从事后打击向事前事中精准防范转变。

4. 【参考答案】 ×

   【解析】《国家税务总局关于发布〈企业境外所得税收抵免操作指南〉的公告》（国家税务总局公告2010年第1号）规定："企业应根据实施条例第二章第二节中关于收入确认时间的规定确认境外所得的实现年度及其税额抵免年度。企业来源于境外的股息、红利等权益性投资收益所得，若实际收到所得的日期与境外被投资方作出利润分配决定的日期不在同一纳税年度的，应按被投资方作出利润分配日所在的纳税年度确认境外所得。企业来源于境外的利息、租金、特许权使用费、转让财产等收入，若未能在合同约定的付款日期当年收到上述所得，仍应按合同约定付款日期所属的纳税年度确认境外所得。"

5. 【参考答案】 √

   【解析】略。

6. 【参考答案】 ×

   【解析】根据《国家税务总局关于落实支持小型微利企业和个体工商户发展所得税优惠政策有关事项的公告》（国家税务总局公告2021年第8号）第二条第（一）项的规定，对个体工商户经营所得年应纳税所得额不超过100万元的部分，在现行优惠政策基础上，再减半征收个人所得税。

7. 【参考答案】 √

   【解析】《国家税务总局大企业税收管理司关于千户集团名册管理办法修订意见的通

知》（税总企便函〔2020〕33号）指出：强化名册信息质量管控。逐步建立名册信息"收集——应用——反馈——更新"的质量管理闭环，由各级大企业管理部门及时收集千户集团税收服务管理各环节的成员企业变更信息，反馈至税务总局定期更新调整，持续提升名册信息质量。

8.【参考答案】×

【解析】《财政部 税务总局关于延续宣传文化增值税优惠政策的公告》（财政部 税务总局公告2021年第10号）第五条规定，已按软件产品享受增值税退税政策的电子出版物不得再按本公告申请增值税先征后退政策。

9.【参考答案】√

【解析】油库应按月分析成品油损溢原因，报计量主管部门审核，履行审批程序审批后，财务部门进行账务处理。

10.【参考答案】×

【解析】税务网络可信身份最主要的特点是一地采集，各地互认，一次认证，政务互信，一地注销，多地注销。实现统一的身份管理，多省企业、人员数据的归集。税务网络可信身份体系是电子发票服务平台等"金四"系统的公共基础支撑，为其用户提供统一身份、权限管理和在线身份认证服务。

11.【参考答案】×

【解析】根据《国家税务总局 财政部 自然资源部 住房和城乡建设部 中国人民银行关于土地闲置费、城镇垃圾处理费划转有关征管事项的公告》第四条的规定，划转税务部门征收以前欠缴的土地闲置费、城镇垃圾处理费，由税务部门负责征缴入库。原执收（监缴）单位和税务部门要加强部门协同，做好征管资料交接、欠缴金额确认等工作。

12.【参考答案】√

【解析】略。

13.【参考答案】×

【解析】根据《国家税务总局办公厅关于税费征收过程中人民币现金收付有关事项的通知》（税总办函〔2021〕7号）第一条的规定，线下办税缴费服务场所（含办税服务厅、代办机构等）应设置人工现金收付通道，提供收取现金、找零服务。

14.【参考答案】√

【解析】车辆购置税实行一次性征收。购置已征车辆购置税的车辆，不再征收车辆购置税。

15.【参考答案】×

【解析】纳税人到外县（市）销售或者委托外县（市）代销自产应税消费品的，于应税消费品销售后，向机构所在地或者居住地主管税务机关申报纳税。

16.【参考答案】√

【解析】出口货物退税是对报关出口货物退还在国内各生产环节和流转环节按税法规定已缴纳的增值税和消费税（主要是增值税）。

17.【参考答案】√

【解析】根据《中华人民共和国印花税法》的规定，应税合同的计税依据，为合同所列的金额，不包括列明的增值税税款。

18.【参考答案】×

【解析】纳税人应纳的资源税，应当向应税产品的开采或者生产所在地主管税务机关缴纳。

19.【参考答案】×

【解析】根据《中华人民共和国耕地占用税法》第十条的规定，耕地占用税的纳税义务发生时间为纳税人收到自然资源主管部门办理占用耕地手续的书面通知的当日。纳税人应当自纳税义务发生之日起30日内申报缴纳耕地占用税。

20.【参考答案】×

【解析】非居民企业委托营业代理人在中国境内从事生产经营活动的，包括委托单位或者个人经常代其签订合同，或者储存、交付货物等，该营业代理人被视为非居民企业在中国境内设立的机构、场所。故王某构成代理型常设机构，应自主申报缴纳企业所得税，应纳税额 = 900÷3×25% = 75（万元）。

四、综合实务题（共5小题，每小题8分，共计40分）。

1.（1）【参考答案】D

【解析】进口环节应纳的税金包括：进口特制材料关税 = (110 + 20 + 0.5)×10% = 13.05（万元），进口小轿车关税 = 55×10% = 5.50（万元），进口特制材料增值税 = (110 + 20 + 0.5 + 13.05)×13% = 18.66（万元），进口小轿车增值税 = (55 + 5.50)÷(1 - 12%)×13% = 8.94（万元），进口环节增值税和关税合计 = 13.05 + 5.50 + 18.66 + 8.94 = 46.15（万元）。

（2）【参考答案】C

【解析】业务（2）：可抵扣的进项税额 = 130 + 20×9% + 15×13% + 1×9% = 133.84（万元）；业务（3）：除进口业务外，还存在一笔国内采购环节的支出，即将材料从海关运抵公司入库支付的运费2万元，其进项税额准予抵扣。可抵扣的进项税额 = 2×9% = 0.18（万元）；业务（8）：可抵扣的进项税额 = 39 + 15×9% = 40.35（万元）；业务（9）：购进自来水用于职工浴室，属于将购进的货物用于集体福利，其进项税额不得抵扣；本年以前月份购进材料因自然灾害造成损失，购进材料及相关的运费进项税额准予抵扣，不需要做进项税额转出处理。可抵扣的进项税额 = 18×(1 - 10%) =

16.2（万元）；业务（10）：购进再生资源，凭票抵扣进项税额，即增值税专用发票上注明的税额10万元为进项税额。该公司国内采购环节可以抵扣的进项税 = 133.84 + 0.18 + 40.35 + 16.2 + 10 = 200.57（万元）。

(3)【参考答案】B

【解析】A型小轿车，涉及业务（1）、（4）、（5）、（7）。业务（1）：销售80辆，应确认增值税销项税额（不含税单价8万元/辆）；业务（4）：10辆奖励给对公司有突出贡献的人员，属于增值税视同销售行为，应确认增值税销项税额；业务（5）：110辆移送给外省的非独立核算销售机构用于销售，属于增值税视同销售行为，应确认增值税销项税额；业务（7）：1辆无偿赠送给希望工程，属于将自产的货物对外赠送，为增值税视同销售行为，应确认增值税销项税额；A型小汽车的销项税额 = (80 + 10 + 110 + 1) × 8 × 13% = 209.04（万元）。

(4)【参考答案】C

【解析】B型小轿车，涉及业务（6）：销售200辆（不含税单价12万元/辆），同时有5%的商业折扣，准予按减除折扣后的金额确定销售额计算销项税额。同时优质费作为价外费用，应并入销售额计算销项税额。B型小汽车的销项税额 = [200 × 12 × (1 − 5%) + 200 × 0.5 ÷ (1 + 13%)] × 13% = 307.90（万元）。

(5)【参考答案】C

【解析】除A型小轿车和B型小轿车以外，还存在货车、农用汽车、越野车的销售及视同销售业务，主要集中在业务（1）、（4）。业务（1）销售货车和农用汽车，应确认增值税销项税额；业务（4）货车3辆对外投资以及捐赠越野车，均属于增值税视同销售行为，应确认增值税销项税额；除A型小轿车和B型小轿车以外的其他车辆应确认增值税销项税额 = [(32 + 3) × 3.4 + 71.18 + 35 × 4] × 13% = 42.92（万元），销项税额合计 = 209.04 + 307.90 + 42.92 = 559.86（万元），进项税额合计 = 200.57 + 18.66 + 8.94 = 228.17（万元），本月应纳增值税 = 559.86 − 228.17 = 331.69（万元）。另外，业务（11）：自2021年1月1日至2027年12月31日，对研发机构采购国产设备，全额退还增值税。实际负担增值税 = 331.69 − 6.5 = 325.19（万元）。

(6)【参考答案】BE

【解析】选项B，购进材料因自然灾害造成损失的，不属于非正常损失，无须作进项税转出处理；选项E，自2021年1月1日至2027年12月31日，对研发机构采购国产设备，全额退还增值税。

2.【参考答案及解析】

(1) 应缴纳的增值税 = 450 × 13% = 58.5（万元），应缴纳的城建税、教育费附加和地方教育附加 = 58.5 × (5% + 3% + 2%) = 5.85（万元），应缴纳的增值税、城建税、教育费附加和地方教育附加合计 = 58.5 + 5.85 = 64.35（万元）。

（2）业务（1）应确认收入450万元，结转成本300万元。缴纳的城建税、教育费附加和地方教育附加5.85万元，准予在计算会计利润时扣除。

业务（1）应调增的会计利润 = 450 – 300 – 5.85 = 144.15（万元）

（3）业务（2）处理不正确，2023年药品未发出，不应确认收入，不应结转成本。

业务（2）应调减的会计利润 = 1 300 – 1 000 = 300（万元）

（4）业务（3）处理不正确，股权转让不得扣除被投资企业未分配利润等股东留存收益中按该项股权所能分配的金额。

业务（3）应调增会计利润 = 2 000 – 1 200 – 770 = 30（万元）

（5）上市公司在等待期内会计上计算确认的相关成本费用，不得在对应年度计算缴纳企业所得税时扣除。

业务（4）应调增企业所得税应纳税所得额108万元。

（6）支付给生产车间劳务派遣人员的工资可以计入企业的工资薪金总额基数。

理由：企业接受外部劳务派遣用工所实际发生的费用，应分两种情况按规定在税前扣除：按照协议（合同）约定直接支付给劳务派遣公司的费用，应作为劳务费支出；直接支付给员工个人的费用，应作为工资薪金支出和职工福利费支出。其中属于工资薪金支出的费用，准予计入企业工资薪金总额的基数，作为计算其他各项相关费用扣除的依据。

（7）职工福利费扣除限额 = (15 000 + 800) × 14% = 2 212（万元） > 实际发生额1 000万元，无须纳税调整。

职工教育经费扣除限额 = (15 000 + 800) × 8% = 1 264（万元） < 实际发生额1 280万元，应纳税调增 = 1 280 – 1 264 = 16（万元）。

工会经费扣除限额 = (15 000 + 800) × 2% = 316（万元） < 实际发生额320万元，应纳税调增 = 320 – 316 = 4（万元）。

职工福利费、职工教育经费、工会经费合计应调增企业所得税应纳税所得额 = 16 + 4 = 20（万元）

（8）收取受托研发费用，对于受托方而言是"收入"，不涉及在税前扣除的问题。对于委托方，支付委托研发费用，在税前据实扣除的基础上还可以享受加计扣除。企业自行研发发生的研发费用应加计扣除 = 1 800 × 100% = 1 800（万元），所以调减应纳税所得额1 800万元。

（9）广告费和业务宣传费税前扣除限额 = (86 000 + 450 – 1 300) × 30% = 25 545（万元） > 实际发生额，无须调整应纳税所得额。

（10）业务招待费扣除限额$_1$ = 500 × 60% = 300（万元） < 业务招待费扣除限额$_2$ = (86 000 + 450 – 1 300) × 0.5% = 425.75（万元），应调增应纳税所得额 = 500 – 300 = 200（万元）。

（11）调整后的会计利润 = 10 200 + 144.15 - 300 + 30 = 10 074.15（万元）

（12）应纳税所得额 = 10 074.15 + 108 + 20 - 1 800 + 200 = 8 602.15（万元），应纳税额 = 8 602.15 × 25% = 2 150.54（万元）。

3.（1）【参考答案】C

【解析】应缴纳的增值税 = 7 000 × 13% - (416 + 6.5) + 200 × 5% = 497.5（万元），应缴纳的城市维护建设税和教育费附加 = 497.5 × (7% + 3%) = 49.75（万元），该企业应缴纳的增值税、城市维护建设税、教育费附加 = 497.5 + 49.75 = 547.25（万元）。

（2）【参考答案】D

【解析】该企业实现的会计利润 = 7 000 + 200 - 4 150 - 1 400 - 600 - 300 - 49.75 = 700.25（万元）。

（3）【参考答案】CD

【解析】选项A，企业发生的符合条件的广告费，除国务院财政、税务主管部门另有规定外，不超过当年销售（营业）收入15%的部分，准予扣除；超过部分，准予结转以后纳税年度扣除。选项B，企业发生的与生产经营活动有关的业务招待费支出，按照发生额的60%扣除，但最高不得超过当年销售（营业）收入的5‰。选项E，企业为开发新技术、新产品、新工艺发生的研究开发费用，未形成无形资产计入当期损益的，在按照规定据实扣除的基础上，按照研究开发费用的100%加计扣除。

（4）【参考答案】B

【解析】税前允许扣除的职工福利费 = 400 × 14% = 56（万元） < 实际发生额70万元，应调增应纳税所得额 = 70 - 56 = 14（万元）；税前允许扣除的职工工会经费 = 400 × 2% = 8（万元） < 实际发生额9万元，应调增应纳税所得额 = 9 - 8 = 1（万元）；税前允许扣除的职工教育经费 = 400 × 8% = 32（万元） > 实际发生额13万元；职工福利费、职工工会经费、职工教育经费共计应调增应纳税所得额 = 14 + 1 = 15（万元）。

（5）【参考答案】D

【解析】税前允许扣除的广告费 = (7 000 + 200) × 15% = 1 080（万元） < 实际发生额1 100万元，应调增应纳税所得额 = 1 100 - 1 080 = 20（万元）；业务招待费的扣除限额 = (7 000 + 200) × 5‰ = 36（万元） < 实际发生额的60% = 75 × 60% = 45（万元），应调增应纳税所得额 = 75 - 36 = 39（万元）；新技术研究开发费用可以加计扣除100%，所以应调减应纳税所得额 = 320 × 100% = 320（万元）；该企业应纳税所得额 = 700.25 + 15 + 20 + 39 - 320 = 454.25（万元）。

（6）【参考答案】C

【解析】该企业应缴纳企业所得税 = 454.25 × 15% - 50 × 10% = 63.14（万元）。

4.【参考答案】(1) C；(2) CDE；(3) 8 万元；(4) 13.2 万元

【解析】(1) 金税三期中，按季申报的纳税人连续三个月未申报，是指在下一季度申报期时认定满三个月。

(2) 选项 A 错误，根据《中华人民共和国税收征收管理法》规定，纳税义务人未按规定的期限申报税务的，由税务机关责令限期改正，可以处二千元以下的罚款；情节严重的，可以处二千元以上一万元以下的罚款。选项 B 错误，税务机关简易税务行政处罚应当由 2 名具有行政执法资格的执法人员实施。执法人员当场作出行政处罚决定的，应当向当事人出示执法证件，填写预定格式、编有号码的行政处罚决定书，并当场交付当事人。

(3) 清算所得 = 4 230 - 3 890 - 70 - 100 - 20 + (3 700 - 3 590) - 100 = 160（万元）
清算所得税 = 160 × 25% × 20% = 8（万元）

(4) 计算企业清算应代扣代缴的个人所得税 4 230 - 3 890 - 70 - 100 - 20 + (3 700 - 3 590) - 8 - 120 = 132（万元）

两位股东应纳个人所得税 = 132 × 50% × 20% = 13.2（万元）

5.【参考答案】(1) 对于办税人员（不含法定代表人、负责人、业主）因离职或身份信息被冒用等向税务机关申请解除其与纳税人关联关系且要求变更核心征管系统内信息的，应当提交个人声明，税务机关应同步删除该纳税人税务登记表或领用发票票种核定表中办税人员信息，删除前办税人员仅有一人的，用该纳税人法定代表人相关信息予以替换，打印《信息变更确认表》交申请人员签字确认。税务机关应当将申请人员签字确认后的《信息变更确认表》送达至纳税人，并按照《税收征管法》及其实施细则有关规定对纳税人进行处理。

(2) 税务机关应根据登记机关登记信息的变化情况，更改纳税人与该法定代表人的关联关系，并同步办理税务登记变更。

(3) 对于领取"一照一码"营业执照后 30 日内未到税务局办理涉税事宜的纳税人，不予进行"逾期办理税务登记"的处罚。

首次申领增值税发票的新办纳税人办理发票票种核定，增值税专用发票最高开票限额不超过 10 万元，每月最高领用数量不超过 25 份；增值税普通发票最高开票限额不超过 10 万元，每月最高领用数量不超过 50 份。

受送达人是法人或者其他组织的，应当由法人的法定代表人、其他组织的主要负责人或者该法人、组织的财务负责人、负责收件的人签收。受送达人有代理人的，可以送交其代理人签收。

对于首次发生未按照《税收征管法》及实施细则等有关规定的期限办理纳税申报和报送纳税资料事项且危害后果轻微，在税务机关发现前主动改正或者在税务机关责令限期改正的期限内改正的，不予行政处罚。

纳税人迁移前尚未抵扣的增值税进项税额，可在迁入地继续按规定抵扣，无须申请开具《增值税一般纳税人迁移进项税额转移单》。

（4）纳税人下列信息在迁入地承继：纳税人基础登记、财务会计制度备案、办税人员实名采集、增值税一般纳税人登记、增值税发票票种核定、增值税专用发票最高开票限额、增值税即征即退资格、出口退（免）税备案、已产生的纳税信用评价等信息。

纳税人迁移前预缴税款，可在迁入地继续按规定抵缴；企业所得税、个人所得税尚未弥补的亏损，可在迁入地继续按规定弥补；尚未抵扣的增值税进项税额，可在迁入地继续按规定抵扣，无须申请开具《增值税一般纳税人迁移进项税额转移单》。

模拟试卷（三）

一、单项选择题（下列各题的备选答案中，只有一个正确选项，请将正确选项的字母填写在括号中，多选、错选、不选均不得分。每小题1分，共计20分）。

1. 停业登记必须报送的资料是（ ）。（用于1-7级测试）

    A. 停业复业报告书

    B. 停业复业报告书与发票领购簿

    C. 发票领购簿

    D. 税务登记证件

2. 税务机关发现纳税人多缴税款办理退税的，税务机关应在（ ）日内办结。（用于1-7级测试）

    A. 5　　　　B. 10　　　　C. 20　　　　D. 30

3. 关于非正常户认定与解除，做法错误的是（ ）。（用于1-7级测试）

    A. 纳税人负有纳税申报义务，但连续三个月所有税种均未进行纳税申报的，税收征管系统自动将其认定为非正常户，并停止其发票领用簿和发票的使用

    B. 对欠税的非正常户，税务机关依照《税收征管法》及其实施细则的规定追征税款及滞纳金

    C. 已认定为非正常户的纳税人，就其逾期未申报行为接受处罚、缴纳罚款，并补办纳税申报的，税收征管系统自动解除非正常状态，无须纳税人专门申请解除

    D. 对于欠税的非正常，必须在纳税人缴纳欠税后，税务机关才能解除非正常状态

4. 税法上所说的直接控制，是指居民企业直接持有外国企业（ ）以上股份。（用于8-11级测试）

    A. 10%　　　　B. 20%　　　　C. 30%　　　　D. 40%

5. 对于办税人员（不含法定代表人、负责人、业主）因离职或身份信息被冒用等向税务机关申请解除其与纳税人关联关系且要求变更核心征管系统内信息的，应当提交（ ）。（用于1-7级测试）

    A. 个人声明　　　　B. 公安机关报案回执

    C. 身份证明　　　　D. 申请表

6. 加油站利润总额不包括（ ）。（用于8-11级测试）

    A. 成品油业务利润　　　　B. 油库运输损耗

    C. 资产减值损失　　　　　　　　D. 营业外收支净额

7. 下列关于个人所得税减免税优惠的表述中，正确的是（　　）。（用于 8—11 级测试）

    A. 个人转让自用 5 年以上且是家庭唯一居住用房取得的所得，减半征收个人所得税

    B. 个人购买体育彩票，一次中奖收入 2 万元的，暂免征收个人所得税

    C. 个人取得的教育储蓄存款利息，免征个人所得税

    D. 外籍个人以现金形式取得的住房补贴，暂免征收个人所得税

8. A 地某独立矿山企业到 B 地收购未税铁矿石（收购的铁矿石与本单位矿种相同），在 C 地销售，则收购的铁矿石（　　）。（用于 1—7 级测试）

    A. 适用 A 地的税率标准　　　　　B. 适用 B 地的税率标准

    C. 适用 C 地的税率标准　　　　　D. 由税务机关核定征收

9. 放弃适用退（免）税政策的出口企业，应向主管税务机关办理备案手续。自备案次日起（　　）个月内，其出口的适用增值税退（免）税政策的出口货物劳务，适用增值税免税政策或征税政策。（用于 1—7 级测试）

    A. 6　　　　B. 12　　　　C. 24　　　　D. 36

10. 下列违法行为中，由税务机关责令限期改正，可以处二千元以下的罚款的是（　　）。（用于 1—7 级测试）

    A. 未按照规定将其全部银行账号向税务机关报告的

    B. 纳税人、扣缴义务人编造虚假计税依据的

    C. 涉嫌重大违法违规行为

    D. 非法印制、转借、倒卖、变造或者伪造完税凭证的

11. 为深入落实《关于进一步深化税收征管改革的意见》文件要求，确保税费优惠政策直达快享，H 省税务局采取了一系列创新工作措施，下列措施中存在问题的是（　　）。（用于 8—11 级测试）

    A. 结合 H 省税收工作实际，制定发布了小微企业增值税优惠政策的征管操作办法

    B. 精简相关税种优惠政策办理流程和手续，实现了个体工商户增值税税收优惠备案改为资料留存备查

    C. 按照税务总局的统一部署，增值税即征即退税收优惠取消备案制

    D. 优化 H 省电子税务局，对符合条件的纳税人提供税费优惠享受事前提醒

12. 某省甲市政府根据新一轮的城市规划，决定征收黄某居住的棚户区，并提供了改造安置住房。黄某根据自身经济水平第一次购买改造安置住房，在办理减征契税申报提交证明时，工作人员提醒黄某可以适用告知承诺制。针对上述业务，下列说法不正确的是（　　）。（用于 8—11 级测试）

    A. 黄某可免于提供户口簿、结婚证（已婚的提供）

    B. 黄某可免于提供家庭住房情况书面查询结果

C. 黄某可免于提供房屋征收（拆迁）补偿协议原件及复印件

D. 如黄某不选择适用告知承诺制的，应当提供该事项需要的证明材料

13. 某企业 2023 年成立，从事国家非限制和禁止行业，2024 年一季度季初、季末的从业人数分别为 120 人、200 人，一季度季初、季末的资产总额分别为 2 000 万元、4 000 万元，一季度的应纳税所得额为 290 万元，应纳税额为（　　）万元。（用于 8 – 11 级测试）

  A. 72.5   B. 58   C. 24   D. 14.5

14. 某企业为增值税一般纳税人，2024 年 3 月外购一批货物直接捐赠给甲县某扶贫项目，该批货物购买价格 80 万元；通过公益性社会团体将自产康复器材一批捐赠给某老年福利院，成本价 30 万元，同类货物售价 50 万元。上述价格均不含税，成本利润率均为 10%。甲县属于目标脱贫地区国家扶贫开发工作重点县，该企业当月应计算增值税销项税额是（　　）万元。（用于 8 – 11 级测试）

  A. 15.73   B. 6.5   C. 17.94   D. 16.9

15. 按照最新增值税小规模纳税人相关征管政策规定，下列关于《增值税及附加税费申报表（小规模纳税人适用）》（以下简称《申报表》）的填报要求说法不正确的是（　　）。（用于 8 – 11 级测试）

A. 适用增值税差额征税且月销售额不足起征点的小规模纳税人，如选择享受免征增值税政策，应在《申报表》中的"免税销售额"相关栏次填写差额前的销售额

B. 小规模纳税人发生增值税应税销售行为且合计月销售额不足起征点的，免征增值税的销售额等项目应填写在《申报表》"小微企业免税销售额"或者"未达起征点销售额"相关栏次

C. 小规模纳税人发生增值税应税销售行为适用减按 1% 征收率征收增值税的销售额应填写在《申报表》"应征增值税不含税销售额（3% 征收率）"相应栏次

D. 小规模纳税人发生增值税应税销售行为适用减按 1% 征收率征收增值税的，其对应减征的增值税应纳税额按销售额的 2% 计算填写在《增值税及附加税费申报表（小规模纳税人适用）》"本期应纳税额减征额"及《增值税减免税申报明细表》减税项目相应栏次

16. 某首饰商店为增值税一般纳税人，2024 年 2 月采取以旧换新方式向消费者销售金项链 3 000 条，新项链每条零售价 0.55 万元，旧项链每条含税作价 0.48 万元，每条项链取得的差价款 0.07 万元，将上述旧项链翻新后，当月向消费者销售 600 条，每条零售价 0.53 万元。该首饰商店当月增值税销项税额是（　　）万元。（用于 8 – 11 级测试）

  A. 36.59   B. 41.35   C. 60.74   D. 226.41

17. 根据增值税进项税额加计抵减政策规定，下列说法正确的有（ ）。（用于 8 – 11 级测试）

    A. 小规模纳税人不适用增值税加计抵减政策

    B. 加计抵减政策执行到期后，结余的加计抵减额可以继续抵减

    C. 未抵减完的当期可抵减加计抵减额，不得结转下期继续抵减

    D. 出口货物对应的进项税额可以计提加计抵减额

18. 下列关于数电发票试点纳税人税务网络可信身份实名核验的相关表述，错误的是（ ）。（用于 8 – 11 级测试）

    A. 实名核验的信息包括姓名、身份证件、手机号码、人像以及税务机关要求提供的其他信息

    B. 税务网络可信身份最主要的特点是"一地采集，各地互认，一次认证，政务互信"

    C. 法定代表人和财务负责人默认拥有最高的权限，可通过电子税务局设置办税人员

    D. 法人实名等级采用五级实名等级管理，等级逐级提升

19. 某纳税信用等级为 A 级的外贸企业因出口货物首次申报出口退税 50 万元，主管税务机关按规定审核后即为其办理了退税，后续再进行实地核查。该税务机关依据的原则是（ ）。（用于 8 – 11 级测试）

    A. 先准后核原则　　　　　　　　B. 信用激励原则

    C. 容缺办理原则　　　　　　　　D. 简化流程原则

20. 根据现行最新税收征管政策规定，下列关于"优化变更登记、跨省迁移等环节税费服务"的说法正确的是（ ）。（用于 8 – 11 级测试）

    A. 自 2023 年 4 月 1 日起，处于非正常、非正常户注销等状态的纳税人变更登记信息的，根据市场监管部门共享的变更登记信息，在金税三期核心征管系统自动同步变更登记信息

    B. 2023 年 4 月 1 日之前已在市场监管部门办理变更登记、尚未在税务部门变更登记信息的纳税人，由主管税务机关根据市场监管部门共享信息分类分批完成登记信息变更工作

    C. 纳税人跨省迁移的，在市场监管部门办结住所变更登记后，向迁出地主管税务机关填报《跨省（市）迁移税收征管信息确认表》

    D. 纳税人迁移前尚未抵扣的增值税进项税额，可在迁入地继续按规定抵扣，无须申请开具《增值税一般纳税人迁移进项税额转移单》

二、多项选择题（下列各题的备选答案中，至少有两个正确选项，请将正确选项的字母填写在括号中，多选、少选、错选、不选均不得分。每小题 1.5 分，共计 30 分）。

1. D 市沙河区的 A 稽查局对顺口区的昭阳公司做出行政处罚决定，昭阳公司未在规定

的期限内缴纳罚款。A稽查局拟对该公司位于D市庄海区的一处厂房进行查封，下列说法中，正确的有（ ）。（用于8－11级测试）

  A. 若昭阳公司对查封厂房的行为不服，应当向不动产所在地，即D市庄海区人民法院提起行政诉讼

  B. 在行政诉讼中，A稽查局若申请延期提供证据，应当在收到起诉状副本之日起十五日内以书面方式向人民法院提出

  C. 在行政诉讼中，A稽查局只能在一审程序中提出管辖异议

  D. 昭阳公司若对行政强制执行不服可以依法提起行政诉讼，但查封厂房属于行政强制措施，因此本案不属于人民法院受案范围

  E. 昭阳公司若拒绝履行人民法院判决书，税务机关可以向终审人民法院申请强制执行，或者由税务机关依法强制执行

2. 关于欠税公告的期限，以下说法正确的有（ ）。（用于1－7级测试）

  A. 企业或单位欠税的，每季度公告一次

  B. 个体工商户和其他个人欠税的，每半年公告一次

  C. 走逃、失踪的纳税户以及其他经税务机关查无下落的非正常户欠税的，随时公告

  D. 个体工商户和其他个人欠税的，每季度公告一次

3. 实名办税采集的办税人员包括（ ）。（用于1－7级测试）

  A. 法定代表人（负责人、业主）   B. 财务负责人

  C. 办税员   D. 税务代理人

4. 根据刑法理论，伪造、出售伪造的增值税专用发票罪，必须有伪造、出售伪造的增值税专用发票的行为，且应达到立案追诉标准，方可构成本罪。下列行为中，属于伪造、出售伪造的增值税专用发票行为或者按照该行为处理的有（ ）。（用于8－11级测试）

  A. 变造增值税专用发票

  B. 公司擅自印制增值税专用发票

  C. 个人私自印制增值税专用发票

  D. 明知系伪造的增值税专用发票仍购买

5. 欠缴税款的纳税人（ ），对国家税收造成损失的，税务机关可以行使代位权。（用于8－11级测试）

  A. 放弃到期债权

  B. 无偿转让财产

  C. 怠于行使到期债权

  D. 以明显不合理的低价转让财产而受让人知道该情形

6. 2019年1月1日至2027年12月31日，对农产品批发市场、农贸市场（包括自有和承租）

专门用于经营农产品的房产、土地，暂免征收的税种有（ ）。（用于 8-11 级测试）

A. 增值税
B. 房产税
C. 印花税
D. 城镇土地使用税
E. 耕地占用税

7. 甲服装厂为增值税一般纳税人，2024 年 3 月销售给乙企业 300 套服装，不含税价格为 700 元/套。由于乙企业购买数量较多，甲服装厂给予乙企业 7 折的优惠，并按原价开具了增值税专用发票，折扣额在同一张发票的"备注"栏注明。由于货款收回及时给予乙企业 2% 的现金折扣。甲服装厂当月的销项税额为（ ）元。（用于 8-11 级测试）

A. 26 754
B. 27 300
C. 18 727.8
D. 19 110

8. 以下不符合境外旅客购物离境退税适用条件和退税方式的有（ ）。（用于 8-11 级测试）

A. 同一境外旅客同一日在同一退税商店购买的退税物品金额达到 200 元人民币
B. 退税物品尚未启用或消费
C. 离境日距退税物品购买日不超过 183 天
D. 所购退税物品由境外旅客本人随身携带或随行托运出境
E. 退税额超过 10 000 元的，以银行转账方式退税

9. 下列关于跨市提供建筑服务、转让不动产增值税征收管理的规定，表述正确的有（ ）。（用于 8-11 级测试）

A. 一般纳税人跨市提供建筑服务，选择适用简易计税方法计税的，以取得的全部价款和价外费用扣除支付的分包款后的余额，按照 2% 的预征率计算应预缴税款
B. 小规模纳税人跨市提供建筑服务，以取得的全部价款和价外费用扣除支付的分包款后的余额，按照 3% 的征收率计算应预缴税款（不考虑优惠政策）
C. 一般纳税人转让其 2016 年 5 月 1 日后购买的不动产，适用一般计税方法计税，以取得的全部价款和价外费用为销售额计算应纳税额
D. 一般纳税人转让其 2016 年 4 月 30 日前自建的不动产，可以选择适用简易计税方法计税，以取得的全部价款和价外费用为销售额，按照 5% 的征收率计算应纳税额
E. 一般纳税人转让其 2016 年 5 月 1 日后购买的不动产，可选择适用简易计税方法计税

10. 深化税收征管改革的工作原则，除坚持党的全面领导以外，还包括（ ）。（用于 1-7 级测试）

A. 坚持依法治税
B. 坚持为民便民
C. 坚持问题导向
D. 坚持改革创新、坚持系统观念

11. 根据企业所得税法的相关规定，下列关于长期待摊费用的表述，正确的有（　　）。（用于8－11级测试）

   A. 外购房屋发生的装修费用不得作为长期待摊费用计算摊销在税前扣除

   B. 已足额提取折旧的固定资产的改建支出应作为长期待摊费用计算摊销在税前扣除

   C. 租入固定资产的改建支出应作为长期待摊费用计算摊销在税前扣除

   D. 固定资产的大修理支出应作为长期待摊费用计算摊销在税前扣除

   E. 企业的筹办费用支出只能作为长期待摊费用计算摊销在税前扣除

12. 为贯彻落实《关于进一步深化税收征管改革的意见》，国家税务总局加强顶层设计，推出的重要举措有（　　）。（用于8－11级测试）

   A. 强化国际税收合作，印发《关于"十四五"时期进一步健全合作共赢的国际税收体系的意见》

   B. 加强智能化税收大数据分析，以分析产品为导向，搭建"1＋4"的分析产品框架体系

   C. 优化纳税服务职责和力量，推动修订纳税人分类分级管理办法，坚持专业化、集约化、差异化管理

   D. 推进税收大数据分析指标体系建设，系统梳理各类高频统计分析指标，编制《常用税收统计标准和分析指标口径手册》

   E. 强化跨境税源管理，召开第一届"一带一路"税收征管合作论坛，正式建立"一带一路"税收征管合作机制

13. 下列关于非货币性资产投资的被投资对象的表述中，正确的有（　　）。（用于8－11级测试）

   A. 非货币性资产出资设立新的居民企业

   B. 非货币性资产注入现存的居民企业

   C. 非货币性资产注入现存的非居民企业

   D. 非货币性资产出资设立新的非居民企业

   E. 非货币性资产出资设立新的合伙企业

14. 某税务局党员干部王某，春节期间接受管理服务对象赠送的5 000元购物卡，可对其进行的党的纪律处分有（　　）。（用于8－11级测试）

   A. 警告　　　　　　B. 记过　　　　　　C. 记大过　　　　　　D. 严重警告

   E. 诫勉谈话

15. 下列各项中，关于税收强制执行中抵税财物的拍卖、变卖行为的说法中正确的包括（　　）。（用于8－11级测试）

   A. 对于抵税财物无法委托拍卖或者不适于拍卖的，应当由主管税务机关变价处理

   B. 变卖鲜活、易腐烂变质或者易失效的商品、货物时，经县以上税务局（分局）

局长批准，可由县以下税务机关进行

C. 税务机关应当在作出拍卖决定后30日内委托拍卖

D. 拍卖一次流拍后，税务机关经与被执行人协商同意，可以将抵税财物进行变卖；被执行人不同意变卖的，应当进行第二次拍卖

E. 经拍卖流拍的抵税财物，其变卖价格应当不低于最后一次拍卖保留价的2/3

16. 根据国家税务总局《委托代征管理办法》的相关规定，下列说法正确的有（　　）。（用于8－11级测试）

A. 税务机关可以与代征人签订代开发票书面协议并委托代征人代开增值税专用发票、增值税普通发票

B. 《委托代征协议书》有效期最长不得超过5年

C. 《委托代征协议书》有效期满需要继续委托代征的，应当签订延长有效期的《补充协议》

D. 终止委托代征协议的，代征人应自委托代征协议终止之日起5个工作日内，向税务机关结清代征税款，缴销代征业务所需的税收票证和发票

E. 对拒绝代征人依法代征税款的纳税人，代征人应自纳税人拒绝之时起24小时内报告税务机关

17. 纳税人办理涉税事项选择容缺服务的，以下列举的税务事项和容缺资料均正确的是（　　）。（用于8－11级测试）

A. 办理车辆购置税申报，容缺二手车销售统一发票复印件

B. 办理建筑业项目报告，容缺中标通知书等建筑业工程项目证书复印件

C. 办理居民企业（查账征收）企业所得税年度申报，容缺与境外所得相关的完税证明或纳税凭证

D. 纳税信用级别为M级的纳税人办理注销清税时，容缺建筑项目验收证明

E. 非居民企业企业所得税预缴申报，容缺工程作业决算报告或其他说明材料

18. 根据企业所得税法的相关规定，下列各项税金，在发生当期计入相关资产的成本，在以后各期分摊扣除的有（　　）。（用于8－11级测试）

A. 占用耕地缴纳的耕地占用税　　B. 购置车辆使用缴纳的车辆购置税

C. 印花税　　　　　　　　　　　D. 转让房地产缴纳的土地增值税

E. 房产税

19. 根据《国家税务总局退税减税政策落实工作领导小组办公室关于开展组合式税费支持政策红利账单全国推广工作的通知》，下列应推送红利账单的企业有（　　）。（用于8－11级测试）

A. 非居民企业

B. 工商联执常委企业

C. 季节性停产的重点税源企业

D. 账单生成数据为零的省级"专精特新"小企业

E. 纳税信用级别为 A 级但只缴纳社保费的小微企业

20. 根据《纳税担保试行办法》的有关规定，下列说法不正确的有（   ）。（用于 8 - 11 级测试）

A. 法人或其他经济组织财务报表资产总额超过需要担保的税额及滞纳金 2 倍以上的，为具有纳税担保能力

B. 企业法人的职能部门有法人书面授权的，可以在授权范围内提供纳税担保

C. 纳税担保书须经纳税人、纳税保证人签字盖章同意方为有效，纳税担保从纳税人、纳税保证人在纳税担保书签字盖章之日起生效

D. 税务机关自纳税人应缴纳税款的期限届满之日起 60 日内有权要求纳税保证人承担保证责任，缴纳税款、滞纳金

E. 纳税保证期间内税务机关未通知纳税保证人缴纳税款及滞纳金以承担担保责任的，纳税保证人免除担保责任

三、判断题（判断各题正误，正确的打"√"，错误的打"×"。每小题 0.5 分，共计 10 分）。

1. 纳税人对计划单列市税务局的具体行政行为不服的，应向该计划单列市所属省份的省级税务局申请行政复议。   （   ）（用于 1 - 7 级测试）

2. 在税收预测工作过程中，既要考虑宏观经济发展速度及宏观税收政策的变化影响，也要考虑到微观领域税源变化所带来的影响。   （   ）（用于 8 - 11 级测试）

3. 税务机关需要将已开具的发票调出查验时，应当向被查验的单位和个人开具发票换票证。发票换票证仅限于在本县（市）范围内使用。需要调出外县（市）的发票查验时，应当提请上一级税务机关调取发票。   （   ）（用于 8 - 11 级测试）

4. 境外中资企业被判定为非境内注册居民企业的，按照企业所得税法第四十五条以及受控外国企业管理的有关规定，不视为受控外国企业，但其所控制的其他受控外国企业仍应按照有关进行税务处理。   （   ）（用于 8 - 11 级测试）

5. 资源税纳税人以外购原矿与自产原矿混合为选矿产品销售的，在计算应税产品销售额或者销售数量时，直接扣减外购原矿产品的购进金额或者购进数量。

（   ）（用于 8 - 11 级测试）

6. 甲公司 2023 年 2 月向相应税务机关申请延期缴纳税款，税务机关收到甲公司申请后应启动重大执法决定法制审核，对其提供的生产经营和货币资金情况进行核实，情况属实且符合法定条件的，通知纳税人延期缴纳税款。

（   ）（用于 8 - 11 级测试）

7. 大企业税收服务和管理部门要定期归集整理税收风险,适时推送,助力企业防范风险。（　　）（用于8－11级测试）

8. 某跨省经营企业,可以在全国范围内就近选择税务机关申请开具完税证明。（　　）（用于8－11级测试）

9. 纳税人开具电子专票后,发生销货退回需要开具红字电子专票的,购买方已将电子专票用于申报抵扣的,由购买方在增值税发票管理系统中填开并上传《开具红字增值税专用发票信息表》,填开《开具红字增值税专用发票信息表》时应填写相对应的蓝字电子专票信息。（　　）（用于8－11级测试）

10. 非居民企业在中国境内设立两个或者两个以上机构、场所的,可以选择由其主要机构、场所汇总缴纳企业所得税,被汇总机构、场所不申报缴纳企业所得税。（　　）（用于1－7级测试）

11. 预备党员张某可以参加党组织的有关会议,但没有对党的工作提出建议和参与党的政策问题讨论的权利。（　　）（用于8－11级测试）

12. 税务信息系统建设至关重要,无须考虑成本费用,应建尽建。（　　）（用于8－11级测试）

13. 税务网络可信身份实名核验的信息包括：姓名、身份证件、手机号码、人像以及税务机关要求提供的其他信息。（　　）（用于8－11级测试）

14. 被清算企业的股东分得的剩余资产的金额,其中相当于被清算企业累计未分配利润和累计盈余公积中按该股东所占股份比例计算的部分,应确认为投资所得。（　　）（用于8－11级测试）

15. 通过电子发票服务平台开具数电发票,在开具金额总额度内,没有发票开具份数和单张开票限额限制。（　　）（用于8－11级测试）

16. 习近平总书记强调,生存是享有一切人权的基础,最大的人权是人民幸福生活。（　　）（用于8－11级测试）

17. 某房地产开发企业欠税2 000万元,由所在省税务机关进行欠税公告。（　　）（用于8－11级测试）

18. A公司（增值税一般纳税人、纳税信用A级纳税人）2022年2月从B公司处取得的增值税专用发票被税务机关认定为异常增值税扣税凭证,A公司取得的该增值税进项发票已经申报抵扣增值税,则A公司可以自接到税务机关通知之日起10个工作日内,向主管税务机关提出核实申请。经税务机关核实,符合现行增值税进项税额抵扣相关规定的,可不作进项税额转出。（　　）（用于8－11级测试）

19. 纳税人开采或者生产同一税目下适用不同税率应税产品的,应当分别核算不同税率应税产品的销售额或者销售数量；未分别核算或者不能准确提供不同税率应税产品的销售额或者销售数量的,由主管税务机关核定其销售额或者销售数量。（　　）（用于8－11级测试）

20. 被投资企业将股权（股票）溢价所形成的资本公积转为股本的，不作为投资方企业的股息、红利收入，但投资方企业需要增加该项长期投资的计税基础。

（　　）（用于 8 – 11 级测试）

四、综合实务题（共 2 小题，每小题 20 分，共 40 分）。

1. 某房地产开发集团有限公司所属子公司甲房地产开发有限公司，于 2021 年 1 月 4 日在 A 市注册登记成立，注册资本金为 1.3 亿元，经营范围包括房地产开发经营、物业管理、市政工程及园林绿化。该公司于 2021 年 3 月 8 日至主管税务机关办理了信息确认，于 2021 年 4 月 9 日办理了增值税一般纳税人登记（当月生效），因该企业主附税缴款期限不一致而被省税收征管质量 5C 监控评价系统下发预警提示任务，主管税务机关于当月完成了修改。该企业适用企业所得税适用税率 25%，该市销售未完工开发产品的企业所得税计税毛利率为 10%，房产税计算房产余值的扣除比例为 30%。土地增值税预征率如下：普通住宅 2%，普通住宅之外的其他商品房 4%。土地增值税预缴方式依据国家税务总局 2016 年第 70 号公告执行。

2023 年 4 月，A 市税务局对该公司进行税收风险分析，发现企业财务核算和涉税信息如下：

（1）2021 年 5 月 5 日，支付土地价款 7 000 万元，契税 210 万元。会计分录为：

借：开发成本——土地成本——出让金　　　　　　　　　　70 000 000
　　　　　　　　　　　　——契税　　　　　　　　　　　　 2 100 000
　　贷：银行存款　　　　　　　　　　　　　　　　　　　 72 100 000

经与企业财务人员沟通，了解到该单位于 5 月 1 日拍得土地一块，面积 0.8 万平方米，土地出让合同约定交付土地的日期为 2021 年 5 月 15 日，该公司于 7 月 15 日取得了土地使用权证。该项目均为普通住宅，总建筑面积为 2 万平方米，可售建筑面积为 1.8 万平方米。

（2）2021 年 8 月支付前期工程费，取得增值税专用发票等有效凭证。会计分录为：

借：开发成本——前期工程费　　　　　　　　　　　　　　14 000 000
　　应交税费——应交增值税（进项税额）　　　　　　　　　　840 000
　　贷：银行存款　　　　　　　　　　　　　　　　　　　 14 840 000

（3）2021 年 10 月小区会所竣工，工程造价 350 万元，工程款项已支付，取得增值税普通发票。该公司对会所进行装修，作为售楼中心使用，发生装修支出 150 万元，取得增值税普通发票，10 月会所投入使用。按照规划，该会所为不可售房产，属于非营利性且产权属于全体业主所有，会计分录为：

借：开发成本——公共配套设施费　　　　　　　　　　　　 3 500 000
　　贷：银行存款　　　　　　　　　　　　　　　　　　　　3 500 000
借：销售费用　　　　　　　　　　　　　　　　　　　　　 1 500 000

　　　　贷：银行存款　　　　　　　　　　　　　　　　　　　　1 500 000
（4）2021年11月收取购房款9 156万元，会计分录为：
　　借：银行存款　　　　　　　　　　　　　　　　　　　　91 560 000
　　　　贷：预收账款　　　　　　　　　　　　　　　　　　　　91 560 000

经与企业财务人员沟通，了解到2021年11月1日公司取得《商品房预售许可证》，项目正式开盘，本月共预售房屋1.44万平方米，按照合同约定，剩余款项在房屋办理竣工验收手续后15日内付清。

（5）2021年12月8日预缴增值税、城建税、土地增值税，会计分录如下：
　　借：应交税费——预交增值税　　　　　　　　　　　　　2 520 000
　　　　　　　　　——预交城建税　　　　　　　　　　　　　176 400
　　　　　　　　　——预交土地增值税　　　　　　　　　　1 680 000
　　　　贷：银行存款　　　　　　　　　　　　　　　　　　　　4 376 400

（6）12月31日支付销售费用，取得增值税专用发票等有效凭证，会计分录如下：
　　借：销售费用　　　　　　　　　　　　　　　　　　　　3 500 000
　　　　应交税费——应交增值税（进项税额）　　　　　　　210 000
　　　　贷：银行存款　　　　　　　　　　　　　　　　　　　　3 710 000

（7）全年管理费用发生210万元，其中业务招待费105万元。

（8）2021年度利润表如下所示。

2021年利润表　　　　　　　　　　　　　　　　　　　　单位：万元

项目	本期金额
一、营业收入	0
减：营业成本	0
税金及附加	0
销售费用	500
管理费用	210
财务费用	0
二、营业利润	−710
三、利润总额	−710
减：所得税费用	32.5
四、净利润	−732.5

（9）2022年5月8日，办理企业所得税汇算清缴申报，销售未完工开发产品预计毛利额调增应纳税所得额840万元，调整后应纳税所得额130万元。

（10）2022年10月，该项目已办理竣工验收手续，支付基础设施建设费、公共配套设施费、建筑安装工程费，取得增值税专用发票等有效凭证，会计分录如下：

借：开发成本——基础设施建设费 14 000 000
　　　　　——公共配套设施费 7 000 000
　　　　　——建筑安装工程费 45 500 000
　　应交税费——应交增值税（进项税额） 5 985 000
　　贷：银行存款 72 485 000

（11）2022年10月，支付委托境外机构销售房屋的销售费用1 050万元，委托销售合同最终确定的委托销售收入（不含增值税）为7 000万元，该境外机构在我国未设立经营机构。会计分录为：

借：销售费用 10 500 000
　　贷：银行存款 10 500 000

（12）2022年10月按照合同约定，收取已预售的1.44万平方米商品房剩余房款13 734万元。

借：银行存款 137 340 000
　　贷：预收账款 137 340 000

（13）2022年10月9日将房屋交付业主。售楼中心公司不再使用，会所产权移交给全体业主。

（14）2022年11月13日按照规定确认了增值税的销售收入，在计算增值税销售额时，当期允许扣除的土地价款为5 600万元，计算应纳增值税为769.96万元（经核实计算正确）。企业按照规定申报缴纳增值税、城建税，并预缴了土地增值税。

借：应交税费——未交增值税 7 699 600
　　　　　——应交城建税 539 000
　　　　　——预交土地增值税 2 520 000
　　贷：银行存款 8 062 200
　　　应交税费——预交增值税 2 520 000
　　　　　　——预交城建税 176 400

（15）2022年12月结转开发成本，会计分录为：

借：开发产品——房屋开发 156 100 000
　　贷：开发成本——基础设施建设费 14 000 000
　　　　　　——公共配套设施费 10 500 000
　　　　　　——建筑安装工程费 45 500 000
　　　　　　——前期工程费 14 000 000
　　　　　　——土地成本 72 100 000

（16）2022年发生管理费用700万元。

（17）2022年1—12月利润表如下所示。

2022 年 1—12 月利润表　　　　　　　　　　　　　　　单位：万元

项目	本期金额
一、营业收入	0
减：营业成本	0
税金及附加	53.90
销售费用	1 050
管理费用	700
财务费用	0
二、营业利润	-1 803.84
三、利润总额	-1 803.84
减：所得税费用	0
四、净利润	-1 803.84

（18）2022 年 5 月办理企业所得税汇算清缴申报，销售未完工开发产品预计毛利额调增应纳税所得额 1 260 万元，申报应纳税所得额 -543.84 万元，缴纳企业所得税 0 万元。

（19）2023 年 2 月该企业将 0.18 万平方米的房屋向个人出租，取得一年含税租金 50 万元，选择简易计税方法。

（20）　　　　　　　　　　　　　　纳税申报表

行次	类别	项目	金额
1	利润总额计算	一、营业收入（填写 A101010 \ 101020 \ 103000）	
2		减：营业成本（填写 A102010 \ 102020 \ 103000）	
3		减：税金及附加	
4		减：销售费用（填写 A104000）	
5		减：管理费用（填写 A104000）	
6		减：财务费用（填写 A104000）	
7		减：资产减值损失	
8		加：公允价值变动收益	
9		加：投资收益	
10		二、营业利润（1-2-3-4-5-6-7+8+9）	
11		加：营业外收入（填写 A101010 \ 101020 \ 103000）	
12		减：营业外支出（填写 A102010 \ 102020 \ 103000）	
13		三、利润总额（10+11-12）	

续表

行次	类别	项目	金额
14	应纳税所得额计算	减：境外所得（填写 A108010）	
15		加：纳税调整增加额（填写 A105000）	
16		减：纳税调整减少额（填写 A105000）	
17		减：免税、减计收入及加计扣除（填写 A107010）	
18		加：境外应税所得抵减境内亏损（填写 A108000）	
19		四、纳税调整后所得（13－14＋15－16－17＋18）	
20		减：所得减免（填写 A107020）	
21		减：弥补以前年度亏损（填写 A106000）	
22		减：抵扣应纳税所得额（填写 A107030）	
23		五、应纳税所得额（19－20－21－22）	
24	应按税额计算	税率（25%）	
25		六、应纳所得税额（23×24）	
26		减：减免所得税额（填写 A107040）	
27		减：抵免所得税额（填写 A107050）	
28		七、应纳税额（25－26－27）	
29		加：境外所得应纳所得税额（填写 A108000）	
30		减：境外所得抵免所得税额（填写 A108000）	
31		八、实际应纳所得税额（28＋29－30）	
32		减：本年累计实际已预缴的所得税额	
33		九、本年应补（退）所得税额（31－32）	
34		其中：总机构分摊本年应补（退）所得税额（填写 A109000）	
35		其中：财政集中分配本年应补（退）所得税额（填写 A109000）	
36		其中：总机构主体生产经营部门分摊本年应补（退）所得税额（填写 A109000）	
37	实际应按税额计算	本年民族自治地区地方分享部分优惠方式	
38		十、实际应补（退）所得税额（33－37）	

根据上述资料回答下列问题：（不考虑教育费附加、地方教育附加、印花税、城镇土地使用税。下列题目中至少有一个选项正确。）（用于 8－11 级测试）

（1）主管税务机关完成征管质量预警提示任务体现了税收征管质量 5C 监控评价体系的具体运用，下列关于税收征管质量 5C 监控评价体系说法中错误的有（　　）。（多选）

A. 税收征管质量 5C 监控评价是指以大征管、大数据为立足点，基于税务机关、税务人员行为视角，以税款征收、纳税服务、风险管控、税务检查、自我纠正

及法律救济 5 个维度为核心，建立监控指标和评价模型，以服务政策制定、制度完善和领导决策为目的的管理活动

B. 5C 质量监控指标体系包括总局指标、省局指标和市局指标

C. 评价单位根据评价期间各模型得分，利用模型权重组合计算各被评价单位 5C 得分，并按四分位区间分布给予 A、B、C、D 四级评级

D. 5C 质量评价按照指标设计、监控分析、预警提示、业务修正和结果反馈的流程开展

E.《税收征管质量评价报告》全面展示 5C 评级结果及分模型分指标评价结果，用于被评价单位对照检查、研究制定征管质量提升措施

（2）下列关于该房地产开发公司税款计算的说法中正确的有（　　）。（多选）

A. 该房地产开发公司 2021 年应补缴房产税 0.49 万元

B. 该房地产开发公司 2022 年应补缴房产税 3.5 万元

C. 该房地产开发公司 2021 年应补预缴土地增值税 10.08 万元

D. 该房地产开发有限公司支付境外机构销售房屋的销售费用，应代扣代缴企业所得税金额为 105 万元

E. 该房地产公司支付境外销售费用应代扣代缴增值税为 30.58 万元

（3）下列关于该房地产开发公司 2022 年度企业所得税相关申报表填列的说法中正确的有（　　）。（多选）

A. 营业收入填写 126 000 000
B. 利润总额填写 63 361 000
C. 纳税调整增加额填写 3 500 000
D. 纳税调整减少额填写 6 435 800
E. 应纳税所得额填写 65 270 500

（4）如该项目达到土地增值税清算条件，下列关于该房地产开发公司土地增值税征收管理的相关说法中，正确的是（　　）。（单选）

A. 纳税人清算土地增值税时无须提供《土地增值税清算税款鉴证报告》

B. 主管税务机关按照规程进行项目管理时，对符合税务机关可要求纳税人进行清算情形的，应当作出评估，与纳税人确定清算的时间

C. 清算审核包括案头审核、数据审核及实地审核

D. 审核公共配套设施费时应当重点关注发生的费用是否与决算报告、审计报告、工程结算报告、工程施工合同记载的内容相符

E. 在土地增值税清算中可实行核定征收的条件包括五种

（5）下列关于该房地产公司主管税务机关对其管理的说法中正确的是（　　）。（单选）

A. 其主管税务机关可以要求该房地产公司进行土地增值税清算

B. 该公司出租住房后需先预缴增值税

C. 该公司欠缴的税款及滞纳金可分别缴纳

D. 税务机关要求该公司在一定期限内缴纳欠缴的税款，该公司拒不缴纳的，税务机关可以采取税收保全措施

E. 若该公司欠缴税款，税务机关可以申请法院强制执行

2. 某上市公司主要提供信息技术服务，自2016年起被认定为高新技术企业，2023年度取得主营业务收入48 000万元、其他业务收入2 000万元、营业外收入1 000万元、投资收益500万元，发生主营业务成本25 000万元、其他业务成本1 000万元、营业外支出1 500万元、税金及附加4 000万元、管理费用3 000万元、销售费用10 000万元、财务费用1 000万元，实现年度利润总额6 000万元。当年发生的相关具体业务如下：

（1）广告费支出8 000万元。

（2）业务招待费支出350万元。

（3）实发工资4 000万元。

（4）拨缴职工工会经费150万元，发生职工福利费900万元、职工教育经费160万元。

（5）专门用于新产品研发的费用2 000万元，独立核算管理（未形成无形资产）。

（6）计提资产减值损失准备金1 500万元，该资产减值损失准备金未经税务机关核定。

（7）公司取得的投资收益中包括国债利息收入200万元，购买某上市公司股票分得300万元，该股票持有8个月后卖出。

（8）获得当地政府财政部门补助的具有专项用途的财政资金500万元，已取得财政部门正式文件，支出400万元。

（9）通过市民政部门捐赠800万元用于建造希望小学。

（其他相关资料：各扣除项目均已取得有效凭证，相关优惠已办理必要手续）

要求：根据上述资料，按照下列顺序计算回答问题，如有计算需计算出合计数。

（用于8-11级测试）

（1）计算广告费支出应调整的应纳税所得额。

（2）计算业务招待费支出应调整的应纳税所得额。

（3）计算应计入成本、费用的工资总额。

（4）计算工会经费、职工福利费和职工教育经费应调整的应纳税所得额。

（5）计算研发费用应调整的应纳税所得额。

（6）计算资产减值损失准备金应调整的应纳税所得额并说明理由。

（7）计算投资收益应调整的应纳税所得额。

（8）计算财政补助资金应调整的应纳税所得额并说明理由。

（9）计算通过市民政部门捐赠应调整的应纳税所得额。

（10）计算该公司2023年应缴纳企业所得税税额。

模拟试卷（三）参考答案及解析

一、单项选择题（下列各题的备选答案中，只有一个正确选项，请将正确选项的字母填写在括号中，多选、错选、不选均不得分。每小题1分，共计20分）。

1. 【参考答案】A

   【解析】征管操作规范停业登记资料报送。

2. 【参考答案】B

   【解析】征管操作规范误收多缴退抵税。

3. 【参考答案】D

   【解析】根据《国家税务总局关于税收征管若干事项的公告》（国家税务总局公告2019年第48号）第三条有关规定。

4. 【参考答案】B

   【解析】根据《中华人民共和国企业所得税法实施条例》（中华人民共和国国务院令第512号）第八十条规定："企业所得税法第二十四条所称直接控制，是指居民企业直接持有外国企业20%以上股份。企业所得税法第二十四条所称间接控制，是指居民企业以间接持股方式持有外国企业20%以上股份，具体认定办法由国务院财政、税务主管部门另行制定。"

5. 【参考答案】A

   【解析】对于办税人员（不含法定代表人、负责人、业主）因离职或身份信息被冒用等向税务机关申请解除其与纳税人关联关系且要求变更核心征管系统内信息的，应当提交个人声明。税务机关应同步删除该纳税人税务登记表或领用发票票种核定表中办税人员信息，删除前办税人员仅有一人的，用该纳税人法定代表人相关信息予以替换，打印《信息变更确认表》交申请人员签字确认。

6. 【参考答案】B

   【解析】加油站利润包括成品油业务利润、加气业务利润、非油品业务利润、资产减值损失、资产处置损益、其他收益、营业外收支净额等。

7. 【参考答案】C

   【解析】选项A，个人转让自用达5年以上，并且是唯一的家庭生活用房取得的所得，免征个人所得税；选项B，个人购买的体育彩票，一次中奖收入超过1万元的，全额征收个人所得税；选项D，外籍个人以非现金形式取得的住房补贴、伙食补贴、搬迁费、洗衣费，暂免征收个人所得税。

8.【参考答案】A

【解析】独立矿山、联合企业收购未税矿产品的，按照本单位应税产品税额、税率标准，依据收购的数量（金额）代扣代缴资源税；其他收购单位收购未税矿产品的，按照税务机关核定的应税产品税额、税率标准，依据收购的数量（金额）代扣代缴资源税。

9.【参考答案】D

【解析】放弃适用退（免）税政策的出口企业，应向主管税务机关办理备案手续。自备案次日起36个月内，其出口的适用增值税退（免）税政策的出口货物劳务，适用增值税免税政策或征税政策。

10.【参考答案】A

【解析】根据《税收征管法》第六十条、第六十一条、第六十四条和《税收征管法实施细则》第九十一条相关规定。

11.【参考答案】A

【解析】根据《国家税务总局办公厅关于印发贯彻落实〈关于进一步深化税收征管改革的意见〉任务分工的通知》（税总办发〔2021〕27号）规定，坚持加强顶层设计与鼓励基层创新相结合，正确处理税务总局统一要求、统一标准与调动各地积极性、主动性的"统与分"关系，确保分类有序推进。

12.【参考答案】C

【解析】根据《国家税务总局关于部分税务证明事项实行告知承诺制进一步优化纳税服务的公告》（国家税务总局公告2021年第21号）文件规定，自2021年7月1日起，在全国范围内对6项税务证明事项实行告知承诺制。纳税人不选择适用告知承诺制的，应当提供该事项需要的证明材料。其中对于棚户区被征收人首次购买改造安置住房，申报享受减征契税政策免予提供：出生医学证明、户口簿、结婚证（已婚的提供）等家庭成员信息证明；家庭住房情况书面查询结果。

13.【参考答案】D

【解析】《财政部 税务总局关于小微企业和个体工商户所得税优惠政策的公告》（财政部 税务总局公告2023年第6号）、《财政部 税务总局关于进一步支持小微企业和个体工商户发展有关税费政策的公告》（财政部 税务总局公告2023年第12号）规定，自2023年1月1日至2027年12月31日，对小型微利企业年应纳税所得额减按25%计入应纳税所得额，按20%的税率缴纳企业所得税。所以该企业应纳税额为 = 290 × 25% × 20% = 14.5（万元）。

14.【参考答案】B

【解析】（1）自2019年1月1日至2025年12月31日，对单位或者个体工商户将自产、委托加工或购买的货物通过公益性社会组织、县级及以上人民政府及其组成部门和直属机构，或直接无偿捐赠给目标脱贫地区的单位和个人，免征增值税。（2）将货物捐赠给老年福利院，属于增值税视同销售行为，应确认增值税销项税额。该企业当月应计算增值税销项税额＝50×13%＝6.5（万元）。

15.【参考答案】A

【解析】根据《财政部 税务总局关于明确增值税小规模纳税人减免增值税等政策的公告》（财政部 税务总局公告2023年第1号，以下简称"1号公告"）规定，适用增值税差额征税政策的小规模纳税人，以差额后的销售额确定是否可以享受1号公告第一条规定的免征增值税政策。《增值税及附加税费申报表（小规模纳税人适用）》中的"免税销售额"相关栏次，填写差额后的销售额。

16.【参考答案】C

【解析】以旧换新方式销售金银首饰，应以实际收取的不含增值税价款为销售额计算销项税额。零售价默认为含增值税价格，需价税分离处理。该首饰商店增值税销项税额＝0.07×3 000÷(1＋13%)×13%＋600×0.53÷(1＋13%)×13%＝60.74（万元）。

17.【参考答案】A

【解析】选项A，增值税加计抵减政策适用于增值税一般纳税人采用一般计税方法的，小规模纳税人不适用增值税加计抵减政策；选项B，加计抵减政策执行到期后，纳税人不再计提加计抵减额，结余的加计抵减额停止抵减；选项C，未抵减完的当期可抵减加计抵减额，结转下期继续抵减；选项D，纳税人出口货物劳务、发生跨境应税行为不适用加计抵减政策，其对应的进项税额不得计提加计抵减额。

18.【参考答案】D

【解析】根据《全面数字化的电子发票常见问题即问即答（适用税务人）》，实名核验的信息包括：姓名、身份证件、手机号码、人像以及税务机关要求提供的其他信息。税务网络可信身份最主要的特点是一地采集，各地互认，一次认证，政务互信。建立税务网络可信身份后，法定代表人和财务负责人默认拥有最高的权限，可通过电子税务局设置办税人员，或通过设置系统管理员为办税人员授予办税权限以及办税权限有效期。统一身份管理平台参照《国家政务服务平台可信身份等级定级要求（ZWFW C0114-2018）》进行实名等级定级。其中，自然人实名等级采用五级实名等级管理，等级逐级提升，法人用户不使用实名等级，仅标识"已实名核验"和"未实名核验"。

19.【参考答案】C

【解析】根据《国家税务总局关于进一步便利出口退税办理促进外贸平稳发展有关事项的公告》对于纳税人按照现行规定需实地核查通过方可办理的首次申报的出口退（免）税以及变更退（免）税办法后首次申报的出口退（免）税，税务机关经审核未发现涉嫌骗税等疑点或者已排除涉嫌骗税等疑点的，应按照"容缺办理"的原则办理退（免）税；在该纳税人累计申报的应退（免）税额未超过限额前，可先行按规定审核办理退（免）税再进行实地核查。上述按照"容缺办理"的原则办理退（免）税，包括纳税人出口货物、对外提供加工修理修配劳务等应税行为涉及的出口退（免）税。上述累计申报应退（免）税额的限额标准为：外贸企业（含外贸综合服务企业自营出口业务）100万元。

20.【参考答案】D

【解析】根据《国家税务总局关于优化若干税收征管服务事项的通知》（税总征科发〔2022〕87号）规定，自2023年4月1日起，纳税人在市场监管部门依法办理变更登记后，无须向税务机关报告登记变更信息；各省、自治区、直辖市和计划单列市税务机关根据市场监管部门共享的变更登记信息，在金税三期核心征管系统自动同步变更登记信息。处于非正常、非正常户注销等状态的纳税人变更登记信息的，核心征管系统在其恢复正常状态时自动变更。2023年4月1日之前已在市场监管部门办理变更登记、尚未在税务部门变更登记信息的纳税人，由各省税务机关根据市场监管部门共享信息分类分批完成登记信息变更工作。并非由"主管税务机关"完成；纳税人跨省迁移的，在市场监管部门办结住所变更登记后，向迁出地主管税务机关填报《跨省（市）迁移涉税事项报告表》；纳税人迁移前预缴税款，可在迁入地继续按规定抵缴；企业所得税、个人所得税尚未弥补的亏损，可在迁入地继续按规定弥补；尚未抵扣的增值税进项税额，可在迁入地继续按规定抵扣，无须申请开具《增值税一般纳税人迁移进项税额转移单》。

二、多项选择题（下列各题的备选答案中，至少有两个正确选项，请将正确选项的字母填写在括号中，多选、少选、错选、不选均不得分。每小题1.5分，共计30分）。

1.【参考答案】BC

【解析】《最高人民法院关于适用〈中华人民共和国行政诉讼法〉的解释》（法释〔2018〕1号）第九条规定："行政诉讼法第二十条规定的'因不动产提起的行政诉讼'是指因行政行为导致不动产物权变动而提起的诉讼。"查封属于行政强制措施的一种。因此，选项A错误。《中华人民共和国行政诉讼法》第十二条规定："人民法院受理公民、法人或者其他组织提起的下列诉讼：（二）对限制人身自由或者对财产的查封、扣押、冻结等行政强制措施和行政强制执行不服的。"因此，选项D错误。《中华人民共和国行政诉讼法》第九十五条规定："公民、法人或者其他组织拒绝履行判决、裁定、调解书的，行政机关或者第三人可以向第一审人民法院申请强制执行，或者由行政机关依法强制执行。"因此，选项E错误。

2.【参考答案】ABC

【解析】欠税公告期限为企业或单位欠税的,每季公告一次;个体工商户和其他个人欠税的,每半年公告一次;走逃、失踪的纳税户以及其他经税务机关查无下落的非正常户欠税的,随时公告。

3. 【参考答案】ABCD

【解析】办税人员,包括纳税人的法定代表人(负责人、业主)、财务负责人、办税员、税务代理人和被授权的其他人员。

4. 【参考答案】ABC

【解析】本题考查伪造、出售伪造的增值税专用发票罪。选项BC正确,增值税专用发票由国家税务总局指定的企业印制,其他单位或个人私自印制的,即构成"伪造增值税专用发票行为"。选项A正确,变造增值税专用发票的,按照"伪造增值税专用发票行为"处理。选项D错误,明知是伪造的增值税专用发票仍购买的,构成"购买伪造的增值税专用发票行为",不属于"伪造、出售伪造的增值税专用发票行为"。

5. 【参考答案】ABCD

【解析】《税收征管法》第五十条规定,欠缴税款的纳税人因怠于行使到期债权,或者放弃到期债权,或者无偿转让财产,或者以明显不合理的低价转让财产而受让人知道该情形,对国家税收造成损害的,税务机关可以依照合同法第七十三条、第七十四条的规定行使代位权、撤销权。

6. 【参考答案】BD

【解析】《财政部 税务总局关于继续实行农产品批发市场、农贸市场房产税、城镇土地使用税优惠政策的通知》(财税〔2019〕12号)、《财政部税务总局关于延长部分税收优惠政策执行期限的公告》(财政部 国家税务总局公告2022年第4号)、《财政部 税务总局关于继续实施农产品批发市场和农贸市场房产税、城镇土地使用税优惠政策的公告》(财政部 税务总局公告2023年第50号)规定,2019年1月1日至2027年12月31日,对农产品批发市场、农贸市场(包括自有和承租)专门用于经营农产品的房产、土地,暂免征收房产税和城镇土地使用税。

7. 【参考答案】B

【解析】(1)纳税人采取折扣方式销售货物,如果销售额和折扣额在同一张发票的"金额"栏分别注明,可以按折扣后的销售额征收增值税;未在同一张发票"金额"栏注明折扣额,而仅在发票的"备注"栏注明折扣额的,折扣额不得从销售额中减除。(2)现金折扣是为了鼓励购货方及时偿还货款而给予的折扣优惠,不得从销售额中减除现金折扣额。(3)甲服装厂当月的销项税额 = 300 × 700 × 13% = 27 300(元)。

8. 【参考答案】AC

【解析】选项A,退税条件之一是同一境外旅客同一日在同一退税商店购买的退税物品金额达到500元人民币;选项C,退税条件之一是离境日距退税物品购买日不超过

90天。

9.【参考答案】BCD

【解析】选项A，一般纳税人跨市提供建筑服务，选择适用简易计税方法计税的，以取得的全部价款和价外费用扣除支付的分包款后的余额，按照3%的征收率计算应预缴税款；选项E，一般纳税人转让其2016年5月1日后购买的不动产，只能按照一般计税方法计税。

10.【参考答案】ABCD

【解析】中共中央办公厅、国务院办公厅《关于进一步深化税收征管改革的意见》提出，坚持党的全面领导，确保党中央、国务院决策部署不折不扣落实到位，坚持依法治税，善于运用法治思维和法治方式深化改革，不断优化税务执法方式，着力提升税收法治化水平，坚持为民便民，进一步完善利企便民服务措施，更好满足纳税人缴费人合理需求，坚持问题导向，着力补短板强弱项，切实解决税收征管中的突出问题，坚持改革创新，深化税务领域"放管服"改革，推动税务执法、服务、监管的理念和方式手段等全方位变革，坚持系统观念，统筹推进各项改革措施，整体性集成式提升税收治理效能。

11.【参考答案】ABCD

【解析】选项E，企业从事生产经营之前进行筹办活动期间发生筹办费用支出，不得计算为当期的亏损，企业可以在开始经营之日的当年一次性扣除，也可以按照新税法有关长期待摊费用的处理规定处理，但一经选定，不得改变。

12.【参考答案】ABD

【解析】根据贯彻落实《关于进一步深化税收征管改革的意见》（以下简称《意见》）问题解答口径（第九批），为深入贯彻《意见》关于"强化国际税收合作"要求，国家税务总局印发《关于"十四五"时期进一步健全合作共赢的国际税收体系的意见》，推动构建现代化国际税收体系，更好服务高水平对外开放和合作共赢新局面。为进一步深化税收大数据应用，税务总局以分析产品为导向，按照经济学逻辑框架，兼顾"自上而下"的顶层设计和"自下而上"的产品支撑，搭建"1+4"的分析产品框架体系。为贯彻落实《意见》关于"优化征管职责和力量"要求，2022年，税务总局将推动修订纳税人分类分级管理办法，坚持专业化、集约化、差异化管理方向，优化分类分级管理职责，完善分类分级管理机制，进一步完善"四个有人管"机制。选项优化纳税服务职责和力量，推动修订纳税人分类分级管理办法，坚持专业化、集约化、差异化管理表述为"优化纳税服务职责和力量"，应为"优化征管职责和力量"。为贯彻落实《意见》关于"深化税收大数据共享应用"要求，税务总局着眼于深化数据分析应用，系统梳理各类高频统计分析指标，目前已初步形成一套定义准确、口径清晰的税收统计分析指标体系，编制完成《常用税收统计标准和分析指标口径手册》。

第一届"一带一路"税收征管合作论坛 2019 年 4 月召开，正式建立"一带一路"税收征管合作机制，不是落实《意见》的举措。

13.【参考答案】AB

【解析】非货币性资产投资，限于以非货币性资产出资设立新的居民企业，或将非货币性资产注入现存的居民企业。

14.【参考答案】AD

【解析】根据《中国共产党章程》及《中国共产党纪律处分条例》第八条规定，对党员的纪律处分种类有：警告；严重警告；撤销党内职务；留党察看；开除党籍。第八十八条规定，收受可能影响公正执行公务的礼品、礼金、消费卡和有价证券、股权、其他金融产品等财物，情节较轻的，给予警告或者严重警告处分；情节较重的，给予撤销党内职务或者留党察看处分；情节严重的，给予开除党籍处分。根据题意，王某属于情节较轻的，可以给予警告或者严重警告处分。根据第四十条，坚持惩前毖后、治病救人，执纪必严、违纪必究，抓早抓小、防微杜渐，按照错误性质和情节轻重，给予批评教育、责令检查、诫勉直至纪律处分。选项诫勉谈话不属于纪律处分。根据《行政机关公务员处分条例》第六条，记过、记大过是行政处分的种类，不属于纪律处分。

15.【参考答案】BDE

【解析】根据《抵税财物拍卖、变卖试行办法》（国家税务总局令〔2005〕第 12 号）（以下简称《办法》）第五条规定，税务机关按照拍卖优先的原则确定抵税财物拍卖、变卖的顺序：（1）委托依法成立的拍卖机构拍卖；（2）无法委托拍卖或者不适于拍卖的，可以委托当地商业企业代为销售，或者责令被执行人限期处理；（3）无法委托商业企业销售，被执行人也无法处理的，由税务机关变价处理。《办法》第七条规定，拍卖、变卖抵税财物，由县以上税务局（分局）组织进行。变卖鲜活、易腐烂变质或者易失效的商品、货物时，经县以上税务局（分局）局长批准，可由县以下税务机关进行。《办法》第十五条规定，税务机关应当在作出拍卖决定后 10 日内委托拍卖。《办法》第十八条规定，拍卖一次流拍后，税务机关经与被执行人协商同意，可以将抵税财物进行变卖；被执行人不同意变卖的，应当进行第二次拍卖。不动产和文物应当进行第二次拍卖。第二十一条第三款，经拍卖流拍的抵税财物，其变卖价格应当不低于最后一次拍卖保留价的 2/3。

16.【参考答案】DE

【解析】根据国家税务总局《委托代征管理办法》（以下简称《办法》）第八条规定，税务机关可以与代征人签订代开发票书面协议并委托代征人代开普通发票。代开发票书面协议的主要内容应当包括代开的普通发票种类、对象、内容和相关责任；不包括增值税专用发票。《办法》第十二条规定，《委托代征协议书》有效期最长不得超过3年。有效期满需要继续委托代征的，应当重新签订《委托代征协议书》。《办法》第十四条规定，终止委托代征协议的，代征人应自委托代征协议终止之日起5个工作日内，向税务机关结清代征税款，缴销代征业务所需的税收票证和发票；税务机关应当收回《委托代征证书》，结清代征手续费。《办法》第十八条规定，税收委托代征工作中，代征人应当履行以下职责：……（6）对拒绝代征人依法代征税款的纳税人，自其拒绝之时起24小时内报告税务机关。

17.【参考答案】AE

【解析】根据《国家税务总局关于部分税务事项实行容缺办理和进一步精简涉税费资料报送的公告》，选项A和选项E，办理车辆购置税申报，容缺二手车销售统一发票复印件、非居民企业企业所得税预缴申报，容缺工程作业决算报告或其他说明材料为《容缺办理涉税费事项及容缺资料清单》内容。选项B，办理建筑业项目报告，容缺中标通知书等建筑业工程项目证书复印件为取消报送涉税费资料，选项C，办理居民企业（查账征收）企业所得税年度申报，容缺与境外所得相关的完税证明或纳税凭证为改留存备查涉税费资料。根据《国家税务总局关于进一步优化办理企业税务注销程序的通知》，纳税信用级别为A级和B级的纳税人，在办理税务注销时，若资料不齐，可在其作出承诺后，税务机关即时出具清税文书。选项D，纳税信用级别为M级的纳税人办理注销清税时，容缺建筑项目验收证明错误。

18.【参考答案】AB

【解析】进口关税、耕地占用税、车辆购置税、契税在发生当期计入相关资产的成本，在以后各期分摊扣除。

19.【参考答案】BC

【解析】根据《国家税务总局退税减税政策落实工作领导小组办公室关于开展组合式税费支持政策红利账单全国推广工作的通知》，各省税务局退税减税办纳税服务组会同统计分析组于8月10日前确定全省推送企业名单，主要包括"专精特新"中小企业（包括国家级、省级、地市级"专精特新"中小企业）、重点税源企业、纳税信用级别为A级和B级的小微企业以及各地工商联执常委企业等。其中，非居民企业和只缴纳社保费的企业暂不列入红利账单推送范围。对于账单生成数据为零的（包括仅有免税收入、减税收入、加计扣除等所得税税基类减免的）不予推送。

20.【参考答案】ABC

【解析】《纳税担保试行办法》（国家税务总局令第11号）第八条规定，纳税保证人，是指在中国境内具有纳税担保能力的自然人、法人或者其他经济组织。法人或其他经济组织财务报表资产净值超过需要担保的税额及滞纳金2倍的，自然人、法人或其他经济组织所拥有或者依法可以处分的未设置担保的财产的价值超过需要担保的税额及滞纳金的，为具有纳税担保能力。《办法》第九条第二款规定，企业法人的职能部门不得为纳税保证人。企业法人的分支机构有法人书面授权的，可以在授权范围内提供纳税担保。《办法》第十一条规定，纳税担保书须经纳税人、纳税保证人签字盖章并经税务机关签字盖章同意方为有效。纳税担保从税务机关在纳税担保书签字盖章之日起生效。

三、判断题（判断各题正误，正确的打"√"，错误的打"×"。每小题 0.5 分，共计 10 分）。

1.【参考答案】×

【解析】根据《税务行政复议规则》的规定，对计划单列市税务局的具体行政行为不服的，向国家税务总局申请行政复议。

2.【参考答案】√

【解析】本题表述正确，根据税收预测相关规定，在税收预测工作过程中，既要考虑宏观经济发展速度及宏观税收政策的变化影响，也要考虑到微观领域税源变化所带来的影响。

3.【参考答案】×

【解析】《中华人民共和国发票管理办法》第三十二条规定，税务机关需要将已开具的发票调出查验时，应当向被查验的单位和个人开具发票换票证。发票换票证与所调出查验的发票有同等的效力。被调出查验发票的单位和个人不得拒绝接受。《中华人民共和国发票管理办法实施细则》第三十二条规定，《中华人民共和国发票管理办法》第三十二条所称发票换票证仅限于在本县（市）范围内使用。需要调出外县（市）的发票查验时，应当提请该县（市）税务机关调取发票。

4.【参考答案】√

【解析】根据《国家税务总局关于境外注册中资控股企业依据实际管理机构标准认定为居民企业有关问题的通知》（国税发〔2009〕82号）规定："境外中资企业被判定为非境内注册居民企业的，按照企业所得税法第四十五条以及受控外国企业管理的有关规定，不视为受控外国企业，但其所控制的其他受控外国企业仍应按照有关规定进行税务处理。"

5.【参考答案】×

【解析】根据《国家税务总局关于资源税征收管理若干问题的公告》（国家税务总局公告2020年第14号）第一条规定，纳税人以外购原矿与自采原矿混合洗选加工为选矿产品销售的，在计算应税产品销售额或者销售数量时，按照下列方法进行扣减：准予扣减的外购应税产品购进金额（数量）＝外购原矿购进金额（数量）×（本地区原矿适用税率÷本地区选矿产品适用税率）。

6.【参考答案】×

【解析】《国家税务总局关于优化纳税人延期缴纳税款等税务事项管理方式的公告》（国家税务总局公告 2022 年第 20 号）规定，"对纳税人延期缴纳税款的核准"，税务机关收到纳税人延期缴纳税款申请后，对其提供的生产经营和货币资金情况进行核实，情况属实且符合法定条件的，通知纳税人延期缴纳税款。对该事项不再实行重大执法决定法制审核。

7.【参考答案】√

【解析】根据《国家税务总局大企业税收管理司关于印发〈关于加强大企业税收服务和管理工作的指导意见〉的通知》（税总企便函〔2018〕67 号文），大企业税收服务和管理部门要定期归集整理税收风险，适时推送，助力企业防范风险。

8.【参考答案】√

【解析】根据《国家税务总局关于跨省经营企业涉税事项全国通办的通知》，全国通办是指跨省（自治区、直辖市、计划单列市）经营企业，可以根据办税需要就近选择税务机关申请办理异地涉税事项。全国通办的涉税事项范围确定为 4 类 15 项，包括完税证明开具。

9.【参考答案】×

【解析】《国家税务总局关于在新办纳税人中实行增值税专用发票电子化有关事项的公告》（国家税务总局公告 2020 年第 22 号）第七条规定，纳税人开具电子专票后，发生销货退回、开票有误、应税服务中止、销售折让等情形，需要开具红字电子专票的，按照以下规定执行：购买方已将电子专票用于申报抵扣的，由购买方在增值税发票管理系统（以下简称"发票管理系统"）中填开并上传《开具红字增值税专用发票信息表》（以下简称《信息表》），填开《信息表》时不填写相对应的蓝字电子专票信息。购买方未将电子专票用于申报抵扣的，由销售方在发票管理系统中填开并上传《信息表》，填开《信息表》时应填写相对应的蓝字电子专票信息。

10.【参考答案】×

【解析】非居民企业在中国境内设立两个或者两个以上机构、场所的，可以选择由其主要机构、场所汇总缴纳企业所得税。主要机构、场所和被汇总机构、场所，除国家税务总局另有规定外，都应在机构、场所所在地分季度预缴和年终汇算清缴企业所得税。

11.【参考答案】×

【解析】根据《中国共产党章程》第四条规定，党员享有下列权利：（1）参加党的有关会议，阅读党的有关文件，接受党的教育和培训。（2）在党的会议上和党报党刊上，参加关于党的政策问题的讨论。（3）对党的工作提出建议和倡议。第七条规定，预备党员的预备期为一年。党组织对预备党员应当认真教育和考察。预备党员的义务同正式党员一样。预备党员的权利，除了没有表决权、选举权和被选举权以外，也同正式党员一样。

12.【参考答案】×

【解析】随着税收数字化转型深入推进，税收信息化建设与管理面临新局面、新课题：落实中央部署，贯彻"过紧日子"指示精神，推进集约建设。

13.【参考答案】√

【解析】根据《全面数字化的电子发票常见问题即问即答（适用税务人）》，实名核验的信息包括：姓名、身份证件、手机号码、人像以及税务机关要求提供的其他信息。

14.【参考答案】×

【解析】被清算企业的股东分得的剩余资产的金额，其中相当于被清算企业累计未分配利润和累计盈余公积中按该股东所占股份比例计算的部分，应确认为股息所得；剩余资产减除股息所得后的余额，超过或低于股东投资成本的部分，应确认为股东的投资转让所得或损失。

15.【参考答案】√

【解析】根据《全面数字化的电子发票常见问题即问即答（适用税务人）》，通过电子发票服务平台开具数电发票，在开具金额总额度内，没有发票开具份数和单张开票限额限制。通过电子发票服务平台开具纸质发票，最高开票限额和每月最高领用数量仍按照现行有关规定办理。

16.【参考答案】√

【解析】习近平在主持中共中央政治局第三十七次集体学习时强调，坚持以生存权、发展权为首要的基本人权。生存是享有一切人权的基础，人民幸福生活是最大的人权。

17.【参考答案】×

【解析】根据《税收征管操作规范（2022年版）》欠税公告相关规定，欠税公告机关为县以上（含县）税务局。企业、单位纳税人欠缴税款200万元以下（不含200万元），个体工商户和其他个人欠缴税款10万元以下（不含10万元）的，由县级税务局（分局）在办税服务厅公告；企业、单位纳税人欠缴税款200万元以上（含200万元），个体工商户和其他个人欠缴税款10万元以上（含10万元）的，由地（市）级税务局（分局）公告；对走逃、失踪的纳税户以及其他经税务机关查无下落的纳税人欠税的，由各省、自治区、直辖市和计划单列市税务局公告。

18.【参考答案】√

【解析】《国家税务总局关于异常增值税扣税凭证管理等有关事项的公告》（国家税务总局公告2019年第38号）第三条第四项规定，纳税信用A级纳税人取得异常凭证且已经申报抵扣增值税、办理出口退税或抵扣消费税的，可以自接到税务机关通知之日起10个工作日内，向主管税务机关提出核实申请。经税务机关核实，符合现行增值税进项税额抵扣、出口退税或消费税抵扣相关规定的，可不作进项税额转出、追回已退税款、冲减当期允许抵扣的消费税税款等处理。

19.【参考答案】×

【解析】根据《财政部 税务总局关于资源税有关问题执行口径的公告》(财政部 税务总局公告2020年第34号)第六条的规定：纳税人开采或者生产同一税目下适用不同税率应税产品的，应当分别核算不同税率应税产品的销售额或者销售数量；未分别核算或者不能准确提供不同税率应税产品的销售额或者销售数量的，从高适用税率。

20.【参考答案】×

【解析】被投资企业将股权（股票）溢价所形成的资本公积转为股本的，不作为投资方企业的股息、红利收入，投资方企业也不得增加该项长期投资的计税基础。

四、综合实务题（共2小题，每小题20分，共计40分）。

1.【参考答案】（1）BDE；（2）BC；（3）DE；（4）E；（5）C

【解析】（1）根据《国家税务总局税收征管质量5C监控评价工作规程（试行）》（以下简称《工作规程》）第二条规定，税收征管质量5C监控评价（以下简称"5C监控评价"）是指以大征管、大数据为立足点，基于税务机关、税务人员行为视角，以税款征收、纳税服务、风险管控、税务检查、自我纠正及法律救济等5个维度为核心，建立监控指标和评价模型，以服务政策制定、制度完善和领导决策为目的的管理活动。选项A说法正确；《工作规程》第八条规定，5C质量监控指标体系包括总局指标和省局指标。选项B说法错误；《工作规程》第十七条规定，评价单位根据评价期间各模型得分，利用模型权重组合计算各被评价单位5C得分，并按四分位区间分布给予A、B、C、D四级评级。《工作规程》第十三条规定，5C质量评价按照模型设计、分析评价、结果发布、跟踪反馈的流程开展。《工作规程》第十八条规定，5C质量评价结果以《税收征管质量评价报告》《征管质量5C质检表》《重点关注事项征管质量分析》等形式定期发布，同时报送至各级领导及其他相关部门。其中：（1）《税收征管质量评价报告》对税收征管质量进行多维度综合分析评价，并提出相应的管理决策建议；（2）《征管质量5C质检表》全面展示5C评级结果及分模型分指标评价结果，用于被评价单位对照检查、研究制定征管质量提升措施；（3）《重点关注事项征管质量分析》用以展示改革任务落实、重大征管质量问题修正等重点、热点事项的评价结果，分析业务问题原因，提出相应管埋要求。

（2）根据《国家税务总局关于房产税城镇土地使用税有关政策规定的通知》（国税发〔2003〕89号）第一条规定，鉴于房地产开发企业开发的商品房在出售前，对房地产开发企业而言是一种产品，因此，对房地产开发企业建造的商品房，在售出前，不征收房产税；但对售出前房地产开发企业已使用或出租、出借的商品房应按规定征收房产税。第二条第四项规定，房地产开发企业自用、出租、出借本企业建造的商品房,自房屋使用或交付之次月起计征房产税。甲房地产开发有限公司 2021 年应补缴的房产税金额 = (350 + 150) × (1 - 30%) × 1.2% × 2 ÷ 12 = 0.7 万元。根据《财政部 国家税务总局关于房产税城镇土地使用税有关问题的通知》第三条的规定,纳税人因房产、土地的实物或权利状态发生变化而依法终止房产税、城镇土地使用税纳税义务的,其应纳税款的计算应截至房产、土地的实物或权利状态发生变化的当月月末。甲房地产开发有限公司 2022 年应补缴的房产税金额 = (350 + 150) × (1 - 30%) × 1.2% × 10 ÷ 12 = 3.5 万元;依据《国家税务总局关于营改增后土地增值税若干征管规定的公告》(税务总局公告 2016 年第 70 号)第一条规定,营改增后,纳税人转让房地产的土地增值税应税收入不含增值税。适用增值税一般计税方法的纳税人,其转让房地产的土地增值税应税收入不含增值税销项税额;适用简易计税方法的纳税人,其转让房地产的土地增值税应税收入不含增值税应纳税额。为方便纳税人,简化土地增值税预征税款计算,房地产开发企业采取预收款方式销售自行开发的房地产项目的,可按照以下方法计算土地增值税预征计征依据:土地增值税预征的计征依据 = 预收款 - 应预缴增值税税款。2021 年预缴土地增值税计算错误。应补预缴土地增值税 = (9 156 - 252) × 2% - 168 = 10.08 万元;根据《营业税改征增值税试点实施办法》(财税〔2016〕36 号)规定,境外单位或者个人在境内发生应税行为,在境内未设有经营机构的,扣缴义务人按照下列公式计算应扣缴税额:应扣缴税额 = 购买方支付的价款 ÷ (1 + 税率) × 税率。根据《中华人民共和国企业所得税法》第三条第三款规定,非居民企业在中国境内未设立机构、场所的,或者虽设立机构、场所但取得的所得与其所设机构、场所没有实际联系的,应当就其来源于中国境内的所得缴纳企业所得税。非居民企业取得本法第三条第三款规定的所得,适用税率为 20%。根据《中华人民共和国企业所得税法实施条例》第九十一条规定,非居民企业取得企业所得税法第二十七条第(五)项规定的所得,减按 10% 的税率征收企业所得税。甲房地产开发有限公司支付境外机构销售房屋的销售费用,应代扣代缴企业所得税金额 = 1 050 ÷ (1 + 6%) × 10% = 99.06 万元;根据《财政部 国家税务总局关于全面推开营业税改征增值税试点的通知》(财税〔2016〕36 号)(附件 1:《营业税改征增值税试点实施办法》)第一条,在中华人民共和国境内(以下称"境内")销售服务、无形资产或者不动产(以下简称"应税行为")的单位和个人,为增值税纳税人,应当按照本办法缴纳增值税,不缴纳营业税。第六条规定,中华人民共和国境外(以下称"境外")单位或者个人在境内发生应税行为,在境内未设有经营机构的,以购买方为增值税扣缴义务人。财政部和国家税务总局另有规定的除外。应代扣代缴增值税 = 1 050 ÷ (1 + 6%) × 6% = 59.43 万元。

(3)【参考答案】DE

【解析】2022 年应确认主营业务收入 = (9 156 + 13 734) ÷ (1 + 9%) = 21 000 万元。售楼中心装修支出计入销售费用,2021 已调增应纳税所得额 150 万元,应调增开发成本 150 万元，调增后开发产品金额为 15 760 万元，因此 2018 年可结转主营业务成本 = (15 750 ÷ 1.8) × 1.44 = 12 600 万元，土地款抵减销售额减少增值税，冲抵主营业务成本金额 = (7 000 × 1.44 ÷ 1.8) ÷ (1 + 9%) × 9% = 462.39 万元，确认企业所得税成本 = 12 600 - 462.39 = 12 137.61 万元，销售费用 1 050 ÷ (1 + 6%) = 990.57 万元，管理费用 700 万元，税金及附加填写 2022 年度实际缴纳金额，城市维护建设税 = 53.9 - 17.64 = 36.26 万元，房产税 3.5 万元，土地增值税 252 万元，合计 36.26 + 3.5 + 252 = 291.76 万元，利润总额 = 21 000 - 12 137.61 - 990.57 - 700 - 291.76 = 6 880.06 万元，根据《国家税务总局关于印发〈房地产开发经营业务企业所得税处理办法〉的通知》（国税发〔2009〕31号）第二十条规定，企业委托境外机构销售开发产品的，其支付境外机构的销售费用（含佣金或手续费）不超过委托销售收入 10% 的部分，准予据实扣除。委托销售费用扣除限额 = 7 000 × 10% = 700 万元，实际发生 1 050 ÷ (1 + 6%) = 990.57 万元，超列 = 990.57 - 700 = 290.57 万元，应调增应纳税所得额。房地产开发企业特定业务纳税调整减少 = 840 - 17.64 - 0.7 - 178.08 = 643.58 万元。调整后应纳税所得额 = 6 880.06 + 290.57 - 643.58 = 6 257.05 万元。

（4）根据《国家税务总局关于印发〈土地增值税清算管理规程〉的通知》第十二条第（四）项规定，纳税人委托税务中介机构审核鉴证的清算项目，还应报送中介机构出具的《土地增值税清算税款鉴证报告》。第十四条规定，主管税务机关按照本规程第六条进行项目管理时，对符合税务机关可要求纳税人进行清算情形的，应当作出评估，并经分管领导批准，确定何时要求纳税人进行清算的时间。对确定暂不通知清算的，应继续做好项目管理，每年作出评估，及时确定清算时间并通知纳税人办理清算。第十六条规定，清算审核包括案头审核、实地审核。第二十五条规定，审核建筑安装工程费时应当重点关注：发生的费用是否与决算报告、审计报告、工程结算报告、工程施工合同记载的内容相符。第三十四条在土地增值税清算中符合以下条件之一的，可实行核定征收：（1）依照法律、行政法规的规定应当设置但未设置账簿的；（2）擅自销毁账簿或者拒不提供纳税资料的；（3）虽设置账簿，但账目混乱或者成本资料、收入凭证、费用凭证残缺不全，难以确定转让收入或扣除项目金额的；（4）符合土地增值税清算条件，企业未按照规定的期限办理清算手续，经税务机关责令限期清算，逾期仍不清算的；（5）申报的计税依据明显偏低，又无正当理由的。

（5）根据《国家税务总局关于印发〈土地增值税清算管理规程〉的通知》第十条第（一）项规定，第十条对符合以下条件之一的，主管税务机关可要求纳税人进行土地增值税清算：已竣工验收的房地产开发项目，已转让的房地产建筑面积占整个项目可售建筑面积的比例在 85% 以上，或该比例虽未超过 85%，但剩余的可售建筑面积已经出租或自用的；该公司已售 80%，未将剩余全部可售面积出租或自用，故不能要求清算。根据《财政部 国家税务总局关于全面推开营业税改征增值税试点的通知》（财税〔2016〕36号）附件2第（九）项第1点规定，一般纳税人出租其2016年4月30日前取得的不动产，可以选择适用简易计税方法，按照5%的征收率计算应纳税额。纳税人出租其2016年4月30日前取得的与机构所在地不在同一县（市）的不动产，应按照上述计税方法在不动产所在地预缴税款后，向机构所在地主管税务机关进行纳税申报。二者在同一县市，无须预缴。根据《国家税务总局关于税收征管若干事项的公告》（国家税务总局公告2019年第48号）第一条第（一）项，对纳税人、扣缴义务人、纳税担保人应缴纳的欠税及滞纳金不再要求同时缴纳，可以先行缴纳欠税，再依法缴纳滞纳金。选项C正确。根据《中华人民共和国税收征收管理法》第四十条规定，从事生产、经营的纳税人、扣缴义务人未按照规定的期限缴纳或者解缴税款，纳税担保人未按照规定的期限缴纳所担保的税款，由税务机关责令限期缴纳，逾期仍未缴纳的，经县以上税务局（分局）局长批准，税务机关可以采取下列强制执行措施：（1）书面通知其开户银行或者其他金融机构从其存款中扣缴税款；（2）扣押、查封、依法拍卖或者变卖其价值相当于应纳税款的商品、货物或者其他财产，以拍卖或者变卖所得抵缴税款。第四十一条规定，本法第三十七条、第三十八条、第四十条规定的采取税收保全措施、强制执行措施的权力，不得由法定的税务机关以外的单位和个人行使。

2.【参考答案及解析】

（1）广告费支出扣除限额的计算基数 = 48 000 + 2 000 = 50 000（万元），广告费扣除限额 = 50 000 × 15% = 7 500（万元），广告费应调增应纳税所得额 = 8 000 - 7 500 = 500（万元）。

（2）业务招待费扣除限额1 = 50 000 × 5‰ = 250（万元），业务招待费扣除限额2 = 350 × 60% = 210（万元），业务招待费应调增应纳税所得额 = 350 - 210 = 140（万元）。

（3）计入成本、费用的工资总额 = 4 000 + 500 × （10 - 6） = 6 000（万元）

（4）工会经费扣除限额 = 6 000 × 2% = 120（万元），应调增应纳税所得额 150 - 120 = 30（万元）。

职工福利费扣除限额 = 6 000 × 14% = 840（万元），应调增应纳税所得额 900 - 840 = 60（万元）。

职工教育经费扣除限额 = 6 000 × 8% = 480（万元），无须调整应纳税所得额。

应调增应纳税所得额合计 = 30 + 60 = 90（万元）

（5）研发费用可加计100%扣除，应调减应纳税所得额 = 2 000 × 100% = 2 000（万元）。

（6）资产减值损失准备金应调增应纳税所得额 1 500 万元。理由：税法规定，未经核定的准备金支出不得扣除。

（7）投资收益应调减应纳税所得额 200 万元。

（8）财政补助应调减应纳税所得额 = 500 - 400 = 100（万元）

具有专项用途的财政资金属于不征税收入，其形成的支出也不得在税前列支。符合规定的不征税收入要在收入总额中剔除。

（9）捐赠的扣除限额 = 6 000 × 12% = 720（万元），捐赠应调增应纳税所得额 = 800 − 720 = 80（万元）。

（10）企业所得税应纳税额 = (6 000 + 500 + 140 − 2 000 + 90 − 2 000 + 1 500 − 200 − 100 + 80) × 15% = 601.50（万元）

模拟试卷（四）

一、单项选择题（下列各题的备选答案中，只有一个正确选项，请将正确选项的字母填写在括号中，多选、错选、不选均不得分。每小题1分，共计20分）。

1. 纳税人无法提供房屋原值凭证、不能正确计算原值的，税务机关可以根据转让收入（　　）的范围内核定应纳个人所得税额。（用于1-7级测试）

    A. 0.5%—1%　　　B. 1%—3%　　　C. 2%—4%　　　D. 3%—5%

2. 对纳税人延期缴纳税款核准，是指因不可抗力，导致纳税人发生较大损失，正常生产经营活动受到较大影响的；当期货币资金在扣除应付职工工资、社会保险费后，不足以缴纳税款的，经省、自治区、直辖市税务局批准，可以延期缴纳税款，但最长不得超过（　　）个月。（用于1-7级测试）

    A. 1　　　　　　B. 2　　　　　　C. 3　　　　　　D. 4

3. "放管服"改革深刻改变了治税理念和方式，目前保留的税务行政许可事项数量是（　　）项。（用于1-7级测试）

    A. 1　　　　　　B. 3　　　　　　C. 5　　　　　　D. 6

4. 全面改进办税缴费方式，以下突破性地改变了传统申报模式的是（　　）。（用于8-11级测试）

    A. 邮寄申报　　　　　　　　　　B. 电子申报
    C. 免填单申报　　　　　　　　　D. 自动预填申报

5. 某科技服务业企业，2023年发生了1 000万元研发费用计入当期损益，可在税前扣除的研发费用金额是（　　）万元。（用于8-11级测试）

    A. 500　　　　　B. 1 000　　　　C. 1 500　　　　D. 2 000

6. 对于白酒生产企业销售给销售单位的白酒，生产企业消费税计税价格低于销售单位对外销售价格（不含增值税）（　　）以下的，税务机关应核定消费税最低计税价格。（用于1-7级测试）

    A. 50%　　　　　B. 60%　　　　　C. 70%　　　　　D. 80%

7. 某物业管理企业为增值税一般纳税人，2024年3月向业主收取物业管理费220万元，收取自来水水费35万元，同时向自来水公司支付水费30万元，已取得发票。为业主提供装修服务，取得装修费50万元，当月可抵扣进项税额8万元。上述价格均为含税价格。该企业当月应缴纳的增值税是（　　）万元。（用于8-11级测试）

A. 10.17　　　　B. 8.73　　　　C. 7.43　　　　D. 7.57

8. 甲公司为增值税一般纳税人，2024年3月将本年购入商铺对外出租，每月含增值税租金10.9万元，本月一次性收取3个月的含增值税租金32.7万元。甲公司当月出租商铺增值税销项税额为（　　）万元。（用于8－11级测试）

　　A. 2.70　　　　B. 0.98　　　　C. 0.90　　　　D. 2.94

9. 甲食品加工厂（增值税一般纳税人）2024年5月从农民手中收购玉米，开具的农产品收购发票上注明买价500万元，从小规模纳税人手中购入玉米，取得增值税专票注明金额600万元、增值税税额18万元，领用当月从农民手中收购玉米的80%和从小规模纳税人手中购入玉米的60%生产膨化食品。甲食品加工厂当月准予从销项税额中抵扣的进项税额（　　）万元。（用于8－11级测试）

　　A. 63　　　　B. 68　　　　C. 106.6　　　　D. 110

10. 纳税人被列入非正常户超过（　　）个月的，税务机关可以宣布其税务登记证件失效。（用于1－7级测试）

　　A. 1　　　　B. 2　　　　C. 3　　　　D. 6

11. 下列各项中，关于税务文书送达方式的说法正确的是（　　）。（用于8－11级测试）

　　A. 某县税务局采用直接送达方式向甲公司送达税务文书，甲公司法定代表人张某不在，可由张某同住成年家属签收

　　B. 某县税务局采用公告方式送达限期15日缴纳税款文书，公告之日为2022年3月1日，则纳税人在2022年4月12日缴纳税款并不属于逾期

　　C. 某县税务局采用电子送达方式送达税务文书，应以电子版式税务文书到达特定系统受送达人端且受送达人查阅的日期为送达日期

　　D. 某市税务局采用电子送达方式送达《税务行政复议决定书》给复议申请人乙公司

12. 根据现行税收征管政策规定，下列关于税务事项容缺办理的说法中正确的是（　　）。（用于8－11级测试）

　　A. 纳税人在办理存款账户账号报告事项时，可以容缺提供账户账号开立证明复印件

　　B. 纳税人可选择采取现场提交、邮政寄递或税务机关认可的其他方式补正容缺办理资料，补正时限为10个工作日

　　C. 重大税收违法失信案件当事人不适用容缺办理，但当事人已履行相关法定义务后即可适用容缺办理

　　D. 对符合容缺办理情形的纳税人，税务机关须以纸质书面形式一次性告知纳税人需要补正的资料及具体补正形式、补正时限和未履行承诺的法律责任

13. 税务机关持续加强与公安等部门在信息共享、联合办案等方面的协同，开展打击"三假"等涉税违法犯罪行为活动，构建税收共治新体系。下列不属于"三假"内容的是（　　）。（用于8－11级测试）

A. "假发票"　　B. "假企业"　　C. "假申报"　　D. "假出口"

14. 根据《国家税务总局关于落实小型微利企业所得税优惠政策征管问题的公告》（国家税务总局公告 2023 年第 6 号）的有关规定，下列选项中说法中不正确的是（　　）。（用于 8－11 级测试）

　　A. 企业设立不具有法人资格分支机构的，应当先汇总计算总机构及其各分支机构的从业人数、资产总额、年度应纳税所得额，再依据各指标的合计数判断是否符合小型微利企业条件

　　B. 小型微利企业应准确填报基础信息，包括从业人数、资产总额、年度应纳税所得额、国家限制或禁止行业等，信息系统将为小型微利企业智能预填优惠项目、自动计算减免税额

　　C. 小型微利企业预缴企业所得税时，从业人数、资产总额、年度应纳税所得额指标，暂按上一年度相同申报所属期末的情况进行判断

　　D. 按月度预缴企业所得税的企业，在当年度 4 月、7 月、10 月预缴申报时，若按相关政策标准判断符合小型微利企业条件的，下一个预缴申报期起调整为按季度预缴申报，一经调整，当年度内不再变更

15. 国内的某陶瓷制造企业，2023 年实际发生合理的工资支出 300 万元，另外直接支付给劳务派遣公司 20 万元，直接支付给劳务派遣人员的工资 10 万元，职工福利费支出 50 万元，2023 年该企业计算应纳税所得额时，应调整应纳税所得额（　　）万元。（用于 8－11 级测试）

　　A. 6.6　　　　B. 2.5　　　　C. 6　　　　D. 3.5

16. 关于税收风险指标和模型建设中各级税务机关的工作任务，下列说法错误的是（　　）。（用于 8－11 级测试）

　　A. 国家税务总局风险办按计划逐步建立具有代表性的覆盖重点行业、税种及特定类型纳税人的风险分析识别指标体系及模型库

　　B. 省级税务机关负责改进、优化风险管理特征库、模型和指标体系

　　C. 市级税务机关负责适时发布风险管理模型和指标体系

　　D. 各级税务机关应运用政策分析、案例分析和经验分析等风险分析方法，寻找税收风险领域，提取用以识别风险领域的风险特征，向上级提报优化风险特征库完善建议

17. 为大力推行优质高效智能税费服务，确保税费优惠政策直达快享，税务系统 2022 年以来推出了若干土地增值税优惠政策办理流程和手续方面的精简措施。下列关于系列措施的描述错误的是（　　）。（用于 8－11 级测试）

　　A. 制发了《国家税务总局关于实施〈中华人民共和国印花税法〉等有关事项的公告》

　　B. 将土地增值税原核准类优惠政策，改为实行纳税人"自行判别、申报享受、有

关资料留存备查"的办理方式

C. 纳税人在土地增值税纳税申报时按规定填写申报表相应减免税栏次即可享受备案类优惠政策

D. 纳税人享受备案类优惠政策此前需要提供的不动产权属资料复印件等有关资料，改为自行留存备查

18. 某公司 2023 年实际支出的工资、薪金总额为 200 万元（包括支付给季节工的工资 10 万元），实际扣除的三项经费合计 40 万元，其中福利费本期发生 32 万元（包括支付给季节工的福利费 1 万元），拨缴的工会经费 5 万元，已经取得工会拨缴款收据，实际发生职工教育经费 21 万元，该企业在计算 2023 年应纳税所得额时，应调整的应纳税所得额为（　　）万元（用于 8－11 级测试）。

　　A. 0　　　　　　B. 5　　　　　　C. 10　　　　　　D. 21

19. 2023 年 4 月 1 日以后，纳税人在市场监管部门依法办理变更登记后，通过与市场监管部门信息共享，无须向税务机关报告的登记变更信息不包括（　　）。（用于 8－11 级测试）

　　A. 纳税人名称　　B. 经营地址　　C. 国标行业　　D. 注册地址

20. 2023 年政府工作报告指出，过去五年我们深入贯彻以习近平同志为核心的党中央决策部署，坚持实施积极的财政政策。下列关于五年来税收工作成果说法错误的是（　　）。（用于 8－11 级测试）

　　A. 彻底完成营改增任务、取消营业税

　　B. 将增值税收入占比最高、涉及行业广泛的税率从 17% 降至 13%

　　C. 小微企业所得税实际最低税负率从 25% 降至 2.5%

　　D. 五年累计减税 5.4 万亿元、降费 2.8 万亿元

二、多项选择题（下列各题的备选答案中，至少有两个正确选项，请将正确选项的字母填写在括号中，多选、少选、错选、不选均不得分。每小题 1.5 分，共计 30 分）。

1. 下列税务主体中，可以采用查封、扣押等税收保全措施的有（　　）。（用于 8－11 级测试）

　　A. A 市税务局　　　　　　　　B. A 市税务局稽查局

　　C. A 市设区的税务局　　　　　D. A 市设区的税务局的税务所

2. 各级税务机关应按照《大企业税务风险管理指引（试行）》对企业税务风险内控体系状况进行调查、评价，某市税务局在税收风险应对过程中，采取的应对手段正确的有（　　）。（用于 8－11 级测试）

　　A. 以短信方式提醒大山建筑公司 2015 年利润表和所得税申报表中的数字存在明显笔误

B. 存在多项涉税疑点的大庆公司进行纳税评估

C. 评估管理分局因人手不足，请中通会计师事务所对大华钢铁集团进行评估

D. 大企业管理分局对大湖贸易公司的跨国关联交易采取反避税调查

E. 大厦房地产公司因涉嫌偷税由该市地税稽查局进行税务稽查

3. 以下文书，不可以采用电子送达方式的有（　　）。(用于1－7级测试)

　　A. 税收保全措施决定书

　　B. 《税务事项通知书》（发票票种核定通知）

　　C. 税收强制执行决定书

　　D. 准予变更行政许可决定书

4. 按照国家或省级地方政府规定的比例缴付的下列专项基金或资金中，存入银行个人账户所取得利息收入免征个人所得税的有（　　）。(用于8－11级测试)

　　A. 住房公积金　　　　　　　　B. 医疗保险金

　　C. 基本养老保险金　　　　　　D. 失业保险金

5. 关于增值税纳税人的规定，下列说法正确的有（　　）。(用于8－11级测试)

　　A. 单位以承包方式经营的，承包人以发包人名义对外经营，由发包人承担法律责任的，应以发包人为增值税纳税人

　　B. 资管产品运营过程中发生的增值税应税行为，以资管产品投资人为增值税纳税人

　　C. 对代理进口货物，以海关开具的完税凭证上的纳税人为增值税纳税人

　　D. 境外单位或个人在境内销售服务，以销售方为扣缴义务人

　　E. 建筑企业与发包方签订建筑合同后，以内部授权或者三方协议等方式，授权集团内其他纳税人（第三方）为发包方提供建筑服务，并由第三方直接与发包方结算工程款的，第三方为增值税纳税人

6. 下列各项符合房产税纳税义务发生时间规定的有（　　）。(用于1－7级测试)

　　A. 将原有房产用于生产经营，从生产经营之月起计税

　　B. 自行新建房产用于生产经营，从建成之月起计税

　　C. 委托施工企业建设的房产，从办理验收手续之月起计税

　　D. 委托施工企业建设的房产，在办理验收手续前已经使用的，从使用当月起计税

7. 下列进出口货物法定予以减征或免征关税的有（　　）。(用于8－11级测试)

　　A. 关税税额在100元以下的一票货物　　B. 海关放行前遭受损失的货物

　　C. 无商业价值的广告品　　　　　　　　D. 盛装货物的容器

　　E. 对公众开放的科技馆为从境外购买自用科普影视作品播映权而进口的拷贝、工作带、硬盘

8. 下列各项中，不能作为业务招待费税前扣除限额计提依据的是（　　）。(用于1－7级测试)

A. 转让无形资产使用权的收入

B. 因债权人原因确实无法支付的应付款项

C. 转让无形资产所有权的收入

D. 盘盈固定资产收入

9. 下列关于增值税特殊销售方式的说法中，表述正确的有（　　）。（用于1-7级测试）

   A. 纳税人采取折扣方式销售货物，如果销售额和折扣额在同一张发票上的"金额"栏分别注明，可以按折扣后的销售额征收增值税

   B. 直销企业通过直销员向消费者销售货物，直接向消费者收取货款，直销企业的销售额为其向消费者收取的全部价款和价外费用

   C. 纳税人采取以旧换新方式销售货物的，应按照新货物的同期销售价格减去旧货物作价作为计税依据

   D. 纳税人采取还本销售货物的，不得从销售额中减除还本支出

10. 关于农产品进项税额的抵扣，下列说法正确的有（　　）。（用于8-11级测试）

    A. 提供餐饮服务的一般纳税人购进农产品取得一般纳税人开具的增值税专用发票的，以发票上注明的税额为进项税额

    B. 提供餐饮服务的一般纳税人从农业生产者购进其自产农产品开具农产品收购发票的，以收购发票上注明的买价和9%的扣除率计算进项税额

    C. 提供餐饮服务的一般纳税人从批发、零售环节购进适用免征增值税政策的蔬菜、部分鲜活肉蛋而取得普通发票的，其进项税额不得抵扣

    D. 提供餐饮服务的一般纳税人从依照3%征收率计算缴纳增值税的小规模纳税人购进农产品取得增值税专用发票的，以发票上注明的金额和9%的扣除率计算进项税额

    E. 提供餐饮服务的一般纳税人从依照1%征收率计算缴纳增值税的小规模纳税人购进农产品取得增值税专用发票的，以发票上注明的金额和9%的扣除率计算进项税额

11. 根据增值税发票开具的相关规定，下列各项属于应当开具不征税发票项目的有（　　）。（用于8-11级测试）

    A. 销售自行开发的房地产项目预收款

    B. 代收的印花税、车船税

    C. 融资性售后回租业务中承租方出售资产

    D. 与销售行为挂钩的财政补贴收入

    E. 有奖发票奖金支付

12. 下列说法符合企业所得税关于保险公司缴纳的保险保障基金规定的有（　　）。（用于8-11级测试）

A. 投资型财产保险业务，有保证收益，缴纳的保险保障基金不得超过业务收入的 0.08% 准予据实扣除

B. 财产保险公司的保障基金余额达到公司总资产的 5%，其缴纳的保险保障基金不得在税前扣除

C. 保险公司按规定提取的未到期责任准备金，准予在税前扣除

D. 保险公司实际发生的各种保险赔偿，可以直接在所得税前扣除

E. 已发生已报案未决赔偿准备金，按最高不超过当期已经提出的保险赔偿款或者给付金额的 100% 提取

13. 下列关于关联企业借款利息的说法中，正确的有（　　）。（用于 8-11 级测试）

    A. 企业的实际税负不高于境内关联方的，其实际支付给境内关联方的利息支出，在计算应纳税所得额时准予扣除

    B. 企业如果能够按规定提供相关资料，并证明相关交易活动符合独立交易原则的，不需要计算债资比例，其实际支付给境内关联方的利息支出，在计算应纳税所得额时均准予扣除

    C. 企业向股东或其他与企业有关联关系的自然人借款的利息支出应视为股息分配，不能税前扣除

    D. 企业自关联方取得的不符合规定的利息收入应并入应纳税所得额缴纳企业所得税

    E. 企业同时从事金融业务和非金融业务，其实际支付给关联方的利息支出，一律按 2∶1 的比例计算准予税前扣除的利息支出

14. 纳入纳税信用管理的企业纳税人，可在规定期限内向主管税务机关申请纳税信用修复的情形有（　　）。（用于 8-11 级测试）

    A. 纳税人履行相应法律义务并由税务机关依法解除非正常户状态的

    B. 纳税人因税务行政复议未结案未参加当年评价，现行政复议已经办结的

    C. 纳税人发生未按法定期限办理纳税申报、税款缴纳、资料备案等事项且已补办的

    D. 破产企业在重整程序中，已依法缴纳税款、滞纳金、罚款，并纠正纳税信用失信行为的

    E. 纳税人未按税务机关处理结论足额缴纳税款、滞纳金和罚款，未构成犯罪，纳税信用级别直接判为 D 级的纳税人，在税务机关处理结论明确的期限期满后 60 日内足额缴纳、补缴的

15. 下列关于企业筹建期间相关业务的税务处理，正确的是（　　）。（用于 8-11 级测试）

    A. 筹建期应确认为企业的亏损年度

    B. 筹办费应作为长期待摊费用在不低于 2 年的时间内进行摊销

    C. 筹建期发生的广告费和业务宣传费可按实际发生额计入筹办费

D. 筹建期发生的业务招待费不可按实际发生额全部计入筹办费

16. 根据国家税务总局《跨地区经营汇总纳税企业所得税征收管理办法》的相关规定，下列有关"二级分支机构是否就地分摊缴纳企业所得税"的说法不正确的有（　　）。（用于8-11级测试）

    A. 汇总纳税企业内就地分摊缴纳企业所得税的总机构、二级分支机构之间，发生合并形成的新设二级分支机构，应视同当年新设立的二级分支机构，设立当年不就地分摊缴纳企业所得税

    B. 汇总纳税企业当年由于重组原因从其他企业取得重组当年之前已存在的二级分支机构，并作为本企业二级分支机构管理的，该二级分支机构应视同当年新设立的二级分支机构，设立当年不就地分摊缴纳企业所得税

    C. 上年度认定为小型微利企业的，其二级分支机构不就地分摊缴纳企业所得税

    D. 当年撤销的二级分支机构，自办理注销税务登记之日所属企业所得税预缴期间起，不就地分摊缴纳企业所得税

    E. 汇总纳税企业在中国境外设立的不具有法人资格的二级分支机构，不就地分摊缴纳企业所得税

17. 税务系统开展的下列重点工作中，属于落实进一步深化税务领域"放管服"改革，助力打造市场化法治化国际化营商环境举措的是（　　）。（用于8-11级测试）

    A. 建设全国规范统一的电子税务局移动端

    B. 完善税费优惠政策与征管操作办法同步发布、同步解读机制

    C. 下发《税务巡视巡察工作规范（4.0）》，进一步提升税费服务质效

    D. 下发《国家税务总局关于优化若干税收征管服务事项的通知》优化跨省迁移税费服务流程

    E. 下发《国家税务总局关于部分税务事项实行容缺办理和进一步精简涉税费资料报送的公告》将13项涉税费资料纳入容缺办理范围，34项涉税费资料进行精简

18. 某出口企业为一般纳税人，因业务发展需要经营地点由甲省迁至乙省，2023年2月6日该企业向甲省税务机关申请办理跨省迁移涉税事项，下列业务处理正确的有（　　）。（用于8-11级测试）

    A. 甲省税务机关按照撤回出口退（免）税备案的流程办理清算，出口退（免）税备案信息的撤回状态设置为"迁出"，并采集迁入地乙省税务机关代码

    B. 该企业可在乙省税务机关办理2022年度企业所得税汇算清缴

    C. 该企业在甲省尚未勾选抵扣的海关进口增值税专用缴款书信息可在乙省勾选抵扣

    D. 该企业尚未核销的跨区域涉税事项报告，须在迁移前完成跨区域涉税事项反馈

    E. 该企业在迁移前已发生的出口业务尚未申报办理出口退（免）税的，由甲省税务机关受理并按规定办理出口退（免）税事项

19. 依据现行异常增值税扣税凭证管理有关事项的政策规定，下列情形中的增值税专用发票需要列入异常凭证范围的包括（   ）。（用于8-11级测试）

   A. 甲公司（增值税一般纳税人）2022年3月丢失税控专用设备，该设备中已开具未上传的增值税专用发票11份

   B. 非正常户纳税人未向税务机关申报或未按规定缴纳税款的增值税专用发票

   C. 增值税发票管理系统稽核比对发现"比对不符"的增值税专用发票

   D. 生产能耗与销售情况严重不符的走逃（失联）企业存续经营期间对外开具的增值税专用发票

   E. 增值税一般纳税人申报抵扣的异常凭证进项税额累计占同期全部增值税专用发票进项税额70%以上的

20. 根据《欠税公告办法（试行）》的规定，欠税公告的数额实行欠税余额和新增欠税相结合的办法，税务机关对纳税人的欠税可不公告的情形包括（   ）。（用于8-11级测试）

   A. 已宣告破产且经法定清算后，依法注销其法人资格的企业欠税

   B. 被责令撤销、关闭，经法定清算后，被依法注销或吊销其法人资格的企业欠税

   C. 已经连续停止生产经营一年（按日历日期计算）以上的企业欠税

   D. 失踪两年以上的纳税人的欠税

   E. 对走逃、失踪的纳税户以及其他经税务机关查无下落的纳税人的欠税

三、判断题（判断各题正误，正确的打"√"，错误的打"×"。每小题0.5分，共计10分）。

1. 税收计划执行情况的日常检查，是税务机关采用一定的方式对税收计划完成进度、增减收情况等进行的定期监控、反映、报告或通报。（   ）（用于8-11级测试）

2. 聚焦重点发票、重点行业，梯次采取"推送风险提示信息""送达风险提示函""提醒式约谈""调查核实"等风险应对方式，是税务机关优化税务执法的重要举措。
（   ）（用于8-11级测试）

3. 《非居民金融账户涉税信息尽职调查管理办法》中规定，高净值账户是指截至2017年6月30日账户加总余额超过一百万美元的账户。（   ）（用于8-11级测试）

4. 张三共持有甲公司（非上市公司）40%的股权，在2022年6月转让所持有的甲公司20%的股权，截至转让前甲公司的土地使用权、房屋等资产占总资产比例为35%，主管税务机关参照张三提供的具有法定资质的中介机构出具的资产评估报告核定股权转让收入。2022年10月，张三转让剩余20%的股权，截至再次转让前被投资企业净资产未发生重大变化，则主管税务机关仍可参照6月股权转让时被投资企业的资产评估报告核定此次股权转让收入。（   ）（用于8-11级测试）

5. 企业主管税务机关应参与企业战略规划和重大经营决策的制定，并跟踪和监控相关税务风险。（　　）（用于 8-11 级测试）

6. 建筑企业总机构直接管理的跨地区设立的项目部，应按项目实际经营收入的 0.2% 按月或按季由总机构向项目所在地预分企业所得税，并由项目部向所在地主管税务机关预缴。（　　）（用于 8-11 级测试）

7. 根据《成品油零售加油站增值税征收管理办法》（国家税务总局令〔2002〕2 号）规定，符合该规定或当地税务部门相关规定并经主管税务机关确定的加油站自有车辆自用油等，作为视同销售处理，计算销项税额。（　　）（用于 8-11 级测试）

8. 税务机关对纳税人采取冻结银行存款的税收保全措施的期限一般不得超过 30 日。情况复杂的，经行政机关负责人批准，可以延长，但是延长期限不得超过三十日。（　　）（用于 8-11 级测试）

9. 甲公司 2016 年 2 月采用虚列成本费用方式偷税 12 万元，主管税务机关于 2023 年 4 月接到举报并依法对其作出追缴税款 12 万元、滞纳金 11.6 万元和罚款 6 万元的处理决定。（　　）（用于 8-11 级测试）

10. 中国式现代化，是中国共产党领导的社会主义现代化，既有各国现代化的共同特征，更有基于自己国情的中国特色。（　　）（用于 8-11 级测试）

11. 我国居民李某的综合所得、经营所得既有来自境内，也有来自境外。缴纳个人所得税时，应当分别境内外和所得项目单独计算应纳税额。（　　）（用于 8-11 级测试）

12. 纳入纳税信用管理已满 12 个月但因不满一个评价年度而未参加年度评价的纳税人可申请纳税信用复评。（　　）（用于 8-11 级测试）

13. 纳税人自结算缴纳税款之日起三年内发现多缴税款的，可以向税务机关要求退还多缴的税款并加算银行同期存款利息，税务机关及时查实后应当立即退还。退税利息按照税务机关办理退税手续当天中国人民银行规定的同期贷款利率计算。（　　）（用于 8-11 级测试）

14. 企业逾期一年以上，单笔数额不超过五万元或者不超过企业年度收入总额万分之一的应收款项，会计上已经作为损失处理的，可以作为坏账损失，但应说明情况，并出具专项报告。（　　）（用于 8-11 级测试）

15. 两证整合个体工商户《清税证明》开具超过 30 天，主管税务机关仍未收到市场监督管理部门注销信息的，应将该个体工商户纳入税收风险管理。（　　）（用于 8-11 级测试）

16. 企业发行的永续债，可以适用股息、红利企业所得税政策，即，投资方取得的永续债利息收入属于股息、红利性质，按照现行企业所得税政策相关规定进行处理，其中，发行方和投资方均为居民企业的，永续债利息收入可以适用企业所得税法规定的居民企业之间的股息、红利等权益性投资收益免征企业所得税规定，同时发行方支付的永续债利息支出也可以在企业所得税税前扣除。

（　）（用于 8 - 11 级测试）

17. 加强重大税收违法失信主体信息动态管理，积极开展信用修复工作，引导市场主体规范健康发展是"春雨润苗"专项行动的重要举措。（　）（用于 8 - 11 级测试）

18. 发行永续债的企业对每一永续债产品的税收处理方法一经确定，不得变更。企业对永续债采取的税收处理办法与会计核算方式不一致的，发行方、投资方在进行税收处理时须做出相应纳税调整。（　）（用于 8 - 11 级测试）

19. 使用电子发票服务平台的试点纳税人发起冲红流程后，开票方或受票方需在 48 小时内进行确认，未在规定时间内确认的，该流程自动作废，需开具红字发票的，应重新发起流程。（　）（用于 8 - 11 级测试）

20. 对已在市场监管部门办理注销，但在核心征管系统 2018 年 5 月 1 日前已被列为非正常户注销状态的纳税人，主管税务机关可直接进行税务注销。

（　）（用于 8 - 11 级测试）

四、综合实务题（共 2 小题，每小题 20 分，共 40 分）。

1. 某石化生产企业为增值税一般纳税人，主要从事境内开采销售原油、加工提炼柴油等经营业务。最近时期同类原油的平均不含税销售单价为 800 元/吨，同类原油的最高不含税销售单价为 850 元/吨。2024 年 4 月生产经营业务如下：

（1）开采原油 10 万吨，当月销售 3 万吨，收取不含税价款 2 400 万元；开采原油过程中耗用 1 万吨用于加热。

（2）开采原油的同时开采了 200 万立方米的天然气。当月全部销售，含税销售单价为 2.18 元/立方米。

（3）将本月开采的 6 万吨原油继续加工为柴油 5 万吨。当月将生产出的柴油销售给 A 加油站 2 万吨，每吨不含税售价 4 000 元；销售给 B 加油站 1 万吨，每吨不含税售价 4 300 元；0.5 万吨用于换取生产资料；0.8 万吨用于投资某油田企业；0.7 万吨用于抵债。

（4）购置炼油机器设备一台，取得一般纳税人开具的增值税专用发票，注明价款 160 万元，支付运输费用取得一般纳税人开具的增值税专用发票，注明运费 10 万元。（其他相关资料：天然气、原油的资源税税率为 6%，柴油的消费税税率为 1.2 元/升，柴油 1 吨 = 1 176 升）

要求：根据上述资料，回答下列问题。

（1）业务（1）应缴纳资源税（　　）万元。（用于 8 - 11 级测试）

A. 192　　　　　B. 195　　　　　C. 144　　　　　D. 147

(2) 业务 (2) 应缴纳资源税（　　）万元。(用于 8-11 级测试)
A. 0 B. 24 C. 23.15 D. 26.16

(3) 业务 (3) 应缴纳资源税（　　）万元。(用于 8-11 级测试)
A. 0 B. 288 C. 306 D. 300

(4) 业务 (3) 应缴纳消费税（　　）万元。(用于 8-11 级测试)
A. 7 056 B. 2 822.4 C. 4 233.6 D. 8 467.2

(5) 该企业当月应缴纳增值税（　　）万元。(用于 8-11 级测试)
A. 2 336.09 B. 2 770.76 C. 2 786.76 D. 2 991.3

(6) 关于该企业上述业务的税务处理，下列说法正确的有（　　）。(用于 8-11 级测试)

A. 开采原油过程中用于加热的原油，免征资源税

B. 将原油移送用于生产加工柴油，不征增值税

C. 将原油移送用于生产加工柴油，不征资源税

D. 销售柴油，征收消费税

E. 销售柴油，征收增值税不征收资源税

2. 某设备生产企业为增值税一般纳税人，持有 2019—2021 年高新技术企业资质证书，2023 年不再符合高新技术企业的认定条件。2023 年会计利润 160 000 万元，该企业占地面积 120 000 平方米（均拥有土地使用权），经营用房的房产原值 24 000 万元。2023 年发生的业务如下：

(1) 全年销售设备 34 000 套，销售合同记载取得不含增值税销售收入 680 000 万元。

(2) 全年外购的原材料均取得增值税专用发票，购货合同记载支付不含增值税价款共计 440 000 万元，增值税进项税额 57 200 万元。原材料运输合同记载支付不含增值税运输费用 19 600 万元，取得运输公司开具的增值税专用发票注明增值税 1 764 万元。

(3) 全年发生销售费用 20 000 万元，财务费用 8 000 万元，管理费用 26 000 万元。管理费用中包含业务招待费 1 800 万元、新技术研究开发费 10 000 万元（其中含委托境外机构开展研发活动所发生的研发费用 4 000 万元）。

(4) 全年发生营业外支出 6 000 万元，其中通过公益性社会团体捐赠 1 800 万元并取得合规票据。

(5) 于 2022 年购置一台符合抵免条件的安全生产专用设备，投资额为 1 600 万元，已于 2022 年抵免企业所得税应纳税额 120 万元。

(6) 2023 年度会计上对甲公司的应收账款 2 400 万元以及乙公司的预付账款 2 800 万元进行核销。其中，对甲公司的应收账款账龄为 3 年，债务人已被依法吊销营业执照且其清算财产不足清偿；对乙公司的预付账款账龄为 2 年，该公司的自然人股东行

踪不明，但公司仍在艰难维持经营。2022 年，企业已对上述两笔账款全额计提坏账准备，并已于 2022 年进行了纳税调增。

（其他相关资料：城镇土地使用税年税额为 10 元/平方米，计征房产税时计算房产余值的扣除比例为 30%。）

要求：根据上述资料，按照顺序计算回答问题，如有计算需计算出合计数。（用于 8-11 级测试）

（1）计算该企业 2023 年应缴纳的城镇土地使用税。

（2）计算该企业 2023 年应缴纳的房产税。

（3）计算该企业 2023 年应缴纳的增值税。

（4）计算业务招待费应调整的应纳税所得额。

（5）计算研发费用应调整的应纳税所得额。

（6）计算捐赠支出应调整的应纳税所得额。

（7）计算该企业当年可以确认为资产损失税前扣除的金额，以及应调整的应纳税所得额，并说明理由。

（8）计算 2022 年购置的安全生产专用设备可在 2023 年度抵免的企业所得税应纳税额。

（9）计算该企业 2023 年应缴纳的企业所得税。

模拟试卷（四）参考答案及解析

一、单项选择题（下列各题的备选答案中，只有一个正确选项，请将正确选项的字母填写在括号中，多选、错选、不选均不得分。每小题1分，共计20分）。

1. 【参考答案】B

   【解析】纳税人无法提供房屋原值凭证、不能正确计算原值的，税务机关可以根据转让收入的1%—3%的范围内核定应纳个人所得税额。

2. 【参考答案】C

   【解析】对纳税人延期缴纳税款核准，是指因不可抗力，导致纳税人发生较大损失，正常生产经营活动受到较大影响的；当期货币资金在扣除应付职工工资、社会保险费后，不足以缴纳税款的，经省、自治区、直辖市税务局批准，可以延期缴纳税款，但最长不得超过3个月。

3. 【参考答案】A

   【解析】依据是2022年9月28日发布的《国家税务总局关于全面实行税务行政许可事项清单管理的公告》（国家税务总局公告2022年第19号）。

4. 【参考答案】D

   【解析】根据中共中央办公厅、国务院办公厅印发《关于进一步深化税收征管改革的意见》的规定，全面改进办税缴费方式。2021年基本实现企业税费事项能网上办理，个人税费事项能掌上办理。2022年建成全国统一规范的电子税务局，不断拓展"非接触式""不见面"办税缴费服务。逐步改变以表单为载体的传统申报模式，2023年基本实现信息系统自动提取数据、自动计算税额、自动预填申报，纳税人缴费人确认或补正后即可线上提交。

5. 【参考答案】D

   【解析】《财政部 税务总局关于进一步完善研发费用税前加计扣除政策的公告》（财政部 税务总局公告2023年第7号）规定，企业开展研发活动中实际发生的研发费用，未形成无形资产计入当期损益的，在按规定据实扣除的基础上，自2023年1月1日起，再按照实际发生额的100%在税前加计扣除。该企业2023年发生研发费用1 000万元，未形成无形资产计入当期损益的，可在税前据实扣除1 000万元的基础上，在税前按100%比例加计扣除，合计在税前扣除2 000万元。

6. 【参考答案】C

【解析】对于白酒生产企业销售给销售单位的白酒，生产企业消费税计税价格低于销售单位对外销售价格（不含增值税）70%以下的，税务机关应核定消费税最低计税价格。

7. 【参考答案】B

【解析】提供物业管理服务的纳税人，向服务接受方收取的自来水水费，以扣除其对外支付的自来水水费后的余额为销售额，按照简易计税方法依3%的征收率计算缴纳增值税。该企业应缴纳的增值税 =（35 – 30）÷（1 + 3%）×3% +［220 ÷（1 + 6%）×6% + 50 ÷（1 + 9%）×9% – 8］= 8.73（万元）。

8. 【参考答案】A

【解析】纳税人提供租赁服务采取预收款方式的，其纳税义务发生时间为收到预收款的当天；因此，本月一次性收取的3个月租金均应在本月申报缴纳增值税。甲公司当月出租商铺增值税销项税额 = 32.7 ÷（1 + 9%）×9% = 2.70（万元）。

9. 【参考答案】C

【解析】（1）从农民手中收购的玉米计算抵扣的进项税额 = 500×9% + 500×80%×1% = 49（万元）；（2）从小规模纳税人手中购入的玉米计算抵扣的进项税额 = 600×9% + 600×60%×1% = 57.6（万元）；（3）甲食品加工厂当月准予从销项税额中抵扣的进项税额合计 = 49 + 57.6 = 106.6（万元）。

10. 【参考答案】C

【解析】纳税人被列入非正常户超过3个月的，税务机关可以宣布其税务登记证件失效。

11. 【参考答案】B

【解析】根据《中华人民共和国税收征收管理法实施细则》第一百零一条规定，税务机关送达税务文书，应当直接送交受送达人。受送达人是公民的，应当由本人直接签收；本人不在的，交其同住成年家属签收。受送达人是法人或者其他组织的，应当由法人的法定代表人、其他组织的主要负责人或者该法人、组织的财务负责人、负责收件的人签收。受送达人有代理人的，可以送交其代理人签收。国家税务总局关于发布《税务文书电子送达规定（试行）》的公告（以下简称《规定》）（国家税务总局公告〔2019〕39号）第五条规定，税务机关采用电子送达方式送达税务文书的，以电子版式税务文书到达特定系统受送达人端的日期为送达日期，特定系统自动记录送达情况。《规定》第八条规定，税务处理决定书、税务行政处罚决定书（不含简易程序处罚）、税收保全措施决定书、税收强制执行决定书、阻止出境决定书以及税务稽查、税务行政复议过程中使用的税务文书等暂不适用本规定。

12. 【参考答案】A

【解析】根据《国家税务总局关于部分税务事项实行容缺办理和进一步精简涉税费

资料报送的公告》（国家税务总局公告2022年第26号）规定，符合容缺办理情形的纳税人，可以选择《容缺办理涉税费事项及容缺资料清单》（附件1）所列的一项或多项税费业务事项，按照可容缺资料范围进行容缺办理。附加1中关于办理存款账户账号报告事项时，可以容缺提供账户账号开立证明复印件；纳税人可选择采取现场提交、邮政寄递或税务机关认可的其他方式补正容缺办理资料，补正时限为20个工作日；重大税收违法失信案件当事人不适用容缺办理。相关当事人已履行相关法定义务，经实施检查的税务机关确认的，在公布期届满后可以适用容缺办理。并非履行相关法定义务即可适用，须经检察机关确认且公布期届满后方可适用容缺办理；对符合容缺办理情形的纳税人，税务机关以书面形式（含电子文本）一次性告知纳税人需要补正的资料及具体补正形式、补正时限和未履行承诺的法律责任。

13.【参考答案】A

【解析】国家税务总局新闻发言人在2022年1月26日的新闻发布会上指出，将常态高效打击"假企业""假出口""假申报"，特别是对团伙化、暴力式虚开发票等严重涉税违法行为，对骗取税费优惠和在逐步推开电子发票中的涉税违法犯罪行为，一律严查严办。

14.【参考答案】C

【解析】根据《国家税务总局关于落实小型微利企业所得税优惠政策征管问题的公告》（国家税务总局公告2023年第6号）第四条规定，小型微利企业预缴企业所得税时，从业人数、资产总额、年度应纳税所得额指标，暂按当年度截至本期预缴申报所属期末的情况进行判断。

15.【参考答案】A

【解析】直接支付给劳务派遣公司的属于劳务费用不计入工资薪金总额，不作为三项经费的扣除基数；直接支付给劳务派遣人员的费用属于工资支出，计入工资总额，作为三项经费的扣除基数。故应调增的应纳税所得额＝50－（300＋10）×14%＝6.6（万元）。

16.【参考答案】C

【解析】根据《税收征管操作规范》风险识别相关规定，风险指标模型建设包括方案制定、业务描述文档编写、技术转换（部署）、验证、评审、发布使用等步骤。（1）税务总局负责建立健全全国或者区域范围的风险管理特征库、模型和指标体系。风险办统筹风险分析识别模型建设工作。按计划逐步建立具有代表性的覆盖重点行业、税种及特定类型纳税人的风险分析识别指标体系及模型库。各业务部门结合自身工作特点，承担分管税种或本部门业务的分析识别模型建设。（2）省级税务机关负责改进、优化风险管理特征库、模型和指标体系，适时发布。（3）各级税务机关应运用政策分析、案例分析和经验分析等风险分析方法，寻找税收风险领域，提取用以识别风险领域的风险特征，向上级提报优化风险特征库完善建议。

17.【参考答案】B

【解析】为落实《关于进一步深化税收征管改革的意见》第十二条,确保税费优惠政策直达快享的相关规定,进一步精简享受优惠政策办理流程和手续,持续扩大"自行判别、自行申报、事后监管"范围,确保便利操作、快速享受、有效监管。2022年6月28日,税务总局制发《国家税务总局关于实施〈中华人民共和国印花税法〉等有关事项的公告》(国家税务总局公告2022年第14号)及解读,《公告》实施后,土地增值税优惠事项办理流程进一步优化,备案类优惠事项改为实行纳税人"自行判别、申报享受、有关资料留存备查"。纳税人办理原备案类优惠事项时,此前需要提供的不动产权属资料复印件、房地产转让合同(协议)复印件、扣除项目金额相关材料(如评估报告、发票)等有关资料,改为自行留存备查,纳税人只需填报申报表相应减免税栏次即可享受相关优惠。选项B将土地增值税原核准类优惠政策,改为实行纳税人"自行判别、申报享受、有关资料留存备查"的办理方式应为原备案类优惠政策,改为留存备查,表述错误。

18.【参考答案】C

【解析】支付给季节工的工资可以作为基数。福利费扣除限额为200×14%=28(万元),实际发生32万元,准予扣除28万元;工会经费扣除限额=200×2%=4(万元),实际发生5万元,准予扣除4万元;职工教育经费扣除限额=200×8%=16(万元),实际发生21万元,准予扣除16万元;应调增应纳税所得额=(32-28)+(5-4)+(21-16)=10(万元)。

19.【参考答案】B

【解析】根据《国家税务总局关于优化若干税收征管服务事项的通知》,自2023年4月1日起,纳税人在市场监管部门依法办理变更登记后,无须向税务机关报告登记变更信息;各省、自治区、直辖市和计划单列市税务机关(以下简称"各省税务机关")根据市场监管部门共享的变更登记信息,在金税三期核心征管系统(以下简称"核心征管系统")自动同步变更登记信息。处于非正常、非正常户注销等状态的纳税人变更登记信息的,核心征管系统在其恢复正常状态时自动变更。市场主体自动同步变更登记信息数据项共32个,不含经营地址。

20.【参考答案】C

【解析】根据2023年3月5日在第十四届全国人民代表大会第一次会议上的《2023年政府工作报告》,坚持实施积极的财政政策。彻底完成营改增任务、取消营业税,将增值税收入占比最高、涉及行业广泛的税率从17%降至13%,阶段性将小规模纳税人增值税起征点从月销售额3万元提高到15万元、小微企业所得税实际最低税负率从10%降至2.5%。减税降费公平普惠、高效直达,五年累计减税5.4万亿元、降费2.8万亿元。

二、多项选择题（下列各题的备选答案中，至少有两个正确选项，请将正确选项的字母填写在括号中，多选、少选、错选、不选均不得分。每小题1.5分，共计30分）。

1. 【参考答案】ABCD

【解析】考察实施行政强制措施的主体范围。《税收征管法》第十四条规定，"本法所称税务机关是指各级税务局、税务分局。税务所和按照国务院规定设立的并向社会公告的税务机构"。

2. 【参考答案】ABDE

【解析】《国家税务总局关于加强税收风险管理工作的意见》（税总发〔2014〕105号）规定，税收风险管理贯穿于税收工作的全过程，是税务机关运用风险管理理论和方法，在全面分析纳税人税法遵从状况的基础上，针对纳税人不同类型不同等级的税收风险，合理配置税收管理资源，通过风险提醒、纳税评估、税务审计、反避税调查、税务稽查等风险应对手段，防控税收风险，提高纳税人的税法遵从度，提升税务机关管理水平的税收管理活动。

3. 【参考答案】AC

【解析】税务处理决定书、税务行政处罚决定书（不含简易程序处罚）、税收保全措施决定书、税收强制执行决定书、阻止出境决定书以及税务稽查、税务行政复议过程中使用的税务文书等暂不适用本规定。

4. 【参考答案】ABCD

【解析】《财政部 国家税务总局关于住房公积金 医疗保险金 基本养老保险金 失业保险基金个人账户存款利息所得免征个人所得税的通知》（财税字〔1999〕267号），明确按照国家或省级地方政府规定的比例缴付的下列专项基金或资金存入银行个人账户所取得利息收入免征个人所得税：住房公积金、医疗保险金、基本养老保险金、失业保险金。

5. 【参考答案】ACE

【解析】选项B，资管产品运营过程中发生的增值税应税行为，以资管产品管理人为增值税纳税人。选项D，境外单位或个人在境内销售服务、无形资产、不动产，以购买者为扣缴义务人。

6. 【参考答案】AD

【解析】B、C选项应从次月发生纳税义务。

7. 【参考答案】BC

【解析】选项A，关税税额在人民币50元以下（非100元）的一票货物，法定免税；选项D，属于暂时免纳关税范畴；选项E，属于特定减免税范畴。

8. 【参考答案】BCD

【解析】选项BC，应该计入营业外收入；选项D，固定资产盘盈应作为前期差错记入"以前年度损益调整"科目。

9. 【参考答案】ABD

【解析】纳税人采取以旧换新方式销售货物的，应按照新货物的同期销售价格确定销售额，但是金银首饰除外。

10. 【参考答案】ABCD

【解析】选项 E，提供餐饮服务的一般纳税人从依照 1% 征收率计算缴纳增值税的小规模纳税人购进农产品取得增值税专用发票的，以发票上注明的税额为进项税额，不能以发票上注明的金额和 9% 的扣除率计算抵扣进项税额。

11. 【参考答案】ABCE

【解析】根据财税〔2016〕36 号、国家税务总局公告 2016 年第 18 号文件的规定，销售自行开发的房地产项目预收款应开具不征税增值税发票；根据国家税务总局公告 2016 年第 77 号、国家税务总局公告 2013 年第 24 号、国家税务总局公告 2016 年第 51 号文件规定，代收印花税、车船税应开具增值税不征税发票；根据国家税务总局公告 2010 年第 13 号、财税〔2016〕36 号文件规定，融资性售后回租业务中承租方出售资产应当开具增值税不征税发票；根据国家税务总局公告 2019 年第 45 号规定，与销售行为不挂钩的财政补贴收入应当开具增值税不征税发票；根据税总函〔2017〕158 号文件规定有奖发票奖金支付开具增值税不征税发票。

12. 【参考答案】ACE

【解析】财产保险公司的保障基金余额达到公司总资产的 6%，其缴纳的保险保障基金不得在税前扣除；保险公司实际发生的各种保险赔偿、给付，应首先冲抵按规定提取的准备金，不足冲抵部分，准予在当年税前扣除。

13. 【参考答案】ABD

【解析】选项 C，符合规定的条件，企业向股东或其他与企业有关联关系的自然人借款的利息支出可以所得税前扣除；选项 E，企业同时从事金融业务和非金融业务，其实际支付给关联方的利息支出，应按照合理方法分开计算；没有按照合理方法分开计算的，一律按前述有关其他企业的比例计算准予税前扣除的利息支出，按 2∶1 的比例计算。

14. 【参考答案】ACDE

【解析】根据《税收征管操作规范（2022 年版）》规定，纳税信用修复纳入纳税信用管理的企业纳税人，符合下列条件之一的，可在规定期限内向主管税务机关申请纳税信用修复，并对纠正失信行为的真实性作出承诺：（1）纳税人发生未按法定期限办理纳税申报、税款缴纳资料备案等事项且已补办的（尚未纳入纳税信用评价的，纳税人无须提出申请，税务机关按照《纳税信用修复范围及标准》调整纳税人该项纳税信用评价指标分值并进行纳税信用评价）。（2）未按税务机关处理结论缴纳或者足额缴纳税款、滞纳金和罚款，未构成犯罪，纳税信用级别直接判为 D 级的纳税人，在税务机关处理结论明确的期限期满后 60 日内足额缴纳、补缴的。(3) 纳税人履行相应法律义务并由税务机关依法解除非正常户状态的。(4) 破产企业或其管理人在重整或和解程序中,已依法缴纳税款、滞纳金、罚款,并纠正纳税信用失信行为的。选项 ACDE 均属于纳税信用修复的范围。选项 B 纳税人因税务行政复议未结案未参加当年评价,现行政复议已经办结的属于纳税信用补评范围,应申请纳税信用补评。

15.【参考答案】CD

【解析】选项 A,企业筹办期间不计算为亏损年度;选项 B,筹办费可以在开始经营之日的当年一次性扣除,也可以按照长期待摊费用在不低于 3 年的时间内进行摊销;选项 D,企业在筹建期间发生的与筹办活动有关的业务招待费支出,可按实际发生额的 60% 计入企业筹办费。

16.【参考答案】AB

【解析】根据国家税务总局《跨地区经营汇总纳税企业所得税征收管理办法》第五条规定,以下二级分支机构不就地分摊缴纳企业所得税:(1) 不具有主体生产经营职能,且在当地不缴纳增值税、营业税的产品售后服务、内部研发、仓储等汇总纳税企业内部辅助性的二级分支机构,不就地分摊缴纳企业所得税。(2) 上年度认定为小型微利企业的,其二级分支机构不就地分摊缴纳企业所得税。(3) 新设立的二级分支机构,设立当年不就地分摊缴纳企业所得税。(4) 当年撤销的二级分支机构,自办理注销税务登记之日所属企业所得税预缴期间起,不就地分摊缴纳企业所得税。(5) 汇总纳税企业在中国境外设立的不具有法人资格的二级分支机构,不就地分摊缴纳企业所得税。同时,上述《办法》第十六条第二款和第三款规定,汇总纳税企业当年由于重组等原因从其他企业取得重组当年之前已存在的二级分支机构,并作为本企业二级分支机构管理的,该二级分支机构不视同当年新设立的二级分支机构,按本办法规定计算分摊并就地缴纳企业所得税。汇总纳税企业内就地分摊缴纳企业所得税的总机构、二级分支机构之间,发生合并、分立、管理层级变更等形成的新设或存续的二级分支机构,不视同当年新设立的二级分支机构,按本办法规定计算分摊并就地缴纳企业所得税。

17.【参考答案】ABDE

【解析】根据《国家税务总局关于进一步深化税务领域"放管服"改革培育和激发市场主体活力若干措施的通知》(税总征科发〔2021〕69 号)税务总局决定推出 15 条新举措,进一步深化税务领域"放管服"改革,助力打造市场化法治化国际化营商环境。选项 ABDE 均为落实 15 条举措的具体工作措施。选项 C 下发《税务巡视巡察工作规范(4.0)》,是税务系统内部落实全面从严治党要求、加强党内监督的工作措施。

18.【参考答案】ACD

【解析】根据《税收征管操作规范(2022 年版)》跨省(市)迁移涉税事项报告,

出口企业申请跨省迁移的，应按照撤回出口退（免）税备案的流程办理清算，出口退（免）税备案信息的撤回状态设置为"迁出"，迁出地税务机关采集迁入地所在省（市）税务机关代码。在企业所得税汇算清缴期内迁移的，需在迁出地办结上一年度汇算清缴。纳税人在迁出地尚未勾选抵扣的增值税专用发票、海关进口增值税专用缴款书信息可在迁入地勾选抵扣。迁移纳税人尚未核销的跨区域涉税事项报告，须在迁移前完成跨区域涉税事项反馈。纳税人在迁移前已发生的出口业务尚未申报办理出口退（免）税的，由迁入地税务机关受理并按规定办理出口退（免）税事项。

19.【参考答案】ABCD

【解析】《国家税务总局关于异常增值税扣税凭证管理等有关事项的公告》（国家税务总局公告2019年第38号）规定，符合下列情形之一的增值税专用发票，列入异常凭证范围：（1）纳税人丢失、被盗税控专用设备中未开具或已开具未上传的增值税专用发票；（2）非正常户纳税人未向税务机关申报或未按规定缴纳税款的增值税专用发票；（3）增值税发票管理系统稽核比对发现"比对不符""缺联""作废"的增值税专用发票；（4）经税务总局、省税务局大数据分析发现，纳税人开具的增值税专用发票存在涉嫌虚开、未按规定缴纳消费税等情形的；（5）属于《国家税务总局关于走逃（失联）企业开具增值税专用发票认定处理有关问题的公告》（国家税务总局公告2016年第76号）第二条第（一）项规定情形的增值税专用发票。增值税一般纳税人申报抵扣异常凭证，同时符合下列情形的，其对应开具的增值税专用发票列入异常凭证范围：（1）异常凭证进项税额累计占同期全部增值税专用发票进项税额70%（含）以上的；（2）异常凭证进项税额累计超过5万元的。应同时符合比例和金额的要求，才可以将对应开具的增值税专用发票列入异常凭证范围。

20.【参考答案】AB

【解析】根据《欠税公告办法（试行）》第九条规定，欠税一经确定，公告机关应当以正式文书的形式签发公告决定，向社会公告。欠税公告的数额实行欠税余额和新增欠税相结合的办法，对纳税人的以下欠税，税务机关可不公告：（1）已宣告破产，经法定清算后，依法注销其法人资格的企业欠税；（2）被责令撤销、关闭，经法定清算后，被依法注销或吊销其法人资格的企业欠税；（3）已经连续停止生产经营一年（按日历日期计算）以上的企业欠税；（4）失踪两年以上的纳税人的欠税。

三、判断题（判断各题正误，正确的打"√"，错误的打"×"。每小题0.5分，共计10分）。

1.【参考答案】√

【解析】税收计划执行情况的日常检查，是税务机关采用一定的方式对税收计划完成进度、增减收情况等进行的定期监控、反映、报告或通报。

2. 【参考答案】×

【解析】根据《深化征管改革激活力 建设智慧税务促发展——〈关于进一步深化税收征管改革的意见〉学习资料》，精准实施税务监管的举措包括：优化日常监管。将申报管理从单重心向日常管理与申报管理并重的双重心转变，聚焦重点发票、重点行业，梯次采取"推送风险提示信息""送达风险提示函""提醒式约谈""调查核实"等风险应对方式，逐步压实责任，引导纳税人强化自查自纠。这是精准实施税务监管的举措。

3. 【参考答案】√

【解析】《非居民金融账户涉税信息尽职调查管理办法》（国家税务总局公告2017年第14号）中规定，高净值账户是指截至2017年6月30日账户加总余额超过一百万美元的账户。

4. 【参考答案】√

【解析】《股权转让所得个人所得税管理办法（试行）》（国家税务总局公告2014年第67号）第十四条规定，主管税务机关应依次按照下列方法核定股权转让收入：净资产核定法股权转让收入按照每股净资产或股权对应的净资产份额核定。被投资企业的土地使用权、房屋、房地产企业未销售房产、知识产权、探矿权、采矿权、股权等资产占企业总资产比例超过20%的，主管税务机关可参照纳税人提供的具有法定资质的中介机构出具的资产评估报告核定股权转让收入。6个月内再次发生股权转让且被投资企业净资产未发生重大变化的，主管税务机关可参照上一次股权转让时被投资企业的资产评估报告核定此次股权转让收入。

5. 【参考答案】×

【解析】《国家税务总局关于印发〈大企业税务风险管理指引（试行）〉的通知》（国税发〔2009〕90号）规定，企业税务部门应参与企业战略规划和重大经营决策的制定，并跟踪和监控相关税务风险。

6. 【参考答案】√

【解析】《国家税务总局关于跨地区经营建筑企业所得税征收管理问题的通知》（国税函〔2010〕156号）第三条规定，建筑企业总机构直接管理的跨地区设立的项目部，应按项目实际经营收入的0.2%按月或按季由总机构向项目所在地预分企业所得税，并由项目部向所在地主管税务机关预缴。

7. 【参考答案】×

【解析】根据《成品油零售加油站增值税征收管理办法》（国家税务总局令〔2002〕2号）规定，符合该规定或当地税务部门相关规定并经主管税务机关确定的加油站自有车辆自用油等，不作为视同销售处理，无须计算销项税额。

8. 【参考答案】√

【解析】根据《中华人民共和国行政强制法》第三十二条规定，自冻结存款、汇款之日起三十日内，行政机关应当作出处理决定或者作出解除冻结决定；情况复杂的，经行政机关负责人批准，可以延长，但是延长期限不得超过三十日。法律另有规定的除外。由于《行政强制法》第十条规定冻结银行存款和限制公民人身自由的行政强制措施只能由法律设定，因此《税收征管法实施细则》第八十八条规定"依照税收征管法第五十五条规定，税务机关采取税收保全措施的期限一般不得超过 6 个月；重大案件需要延长的，应当报国家税务总局批准"。所称的税收保全不再包含冻结银行存款，《征管法实施细则》属于行政法规，无权设定冻结银行存款强制措施。

9. 【参考答案】×

【解析】根据《中华人民共和国税收征收管理法》第八十六条规定，违反税收法律、行政法规应当给予行政处罚的行为，在五年内未被发现的，不再给予行政处罚。对纳税人偷税、骗税、抗税行为不受追征期的限制，但对于罚款需遵守 5 年的追责时效限制。

10. 【参考答案】√

【解析】根据《高举中国特色社会主义伟大旗帜为全面建设社会主义现代化国家而团结奋斗——在中国共产党第二十次全国代表大会上的报告》，中国式现代化，是中国共产党领导的社会主义现代化，既有各国现代化的共同特征，更有基于自己国情的中国特色。

11. 【参考答案】×

【解析】居民个人从中国境内和境外取得的综合所得、经营所得，应当分别合并计算应纳税额；从中国境内和境外取得的其他所得，应当分别单独计算应纳税额。

12. 【参考答案】√

【解析】根据《国家税务总局关于开展2024年"便民办税春风行动"的意见》（税总纳服发〔2024〕19号）的规定，纳入纳税信用管理已满 12 个月但因不满一个评价年度而未参加年度评价的纳税人可申请纳税信用复评，税务机关在次月依据其近 12 个月的纳税信用状况，确定其信用级别，并提供查询服务帮助新设立经营主体更快积累信用资产。

13. 【参考答案】×

【解析】根据《中华人民共和国税收征收管理法》第五十一条，纳税人超过应纳税额缴纳的税款，税务机关发现后应当立即退还；纳税人自结算缴纳税款之日起三年内发现的，可以向税务机关要求退还多缴的税款并加算银行同期存款利息，税务机关及时查实后应当立即退还；涉及从国库中退库的，依照法律、行政法规有关国库管理的规定退还。《中华人民共和国税收征收管理法实施细则》第七十八条第三款规定，退税利息按照税务机关办理退税手续当天中国人民银行规定的活期存款利率计算。

模拟试卷（四）参考答案及解析

14.【参考答案】√

【解析】依据《企业资产损失所得税税前扣除管理办法》第二十四条规定，企业逾期一年以上，单笔数额不超过五万元或者不超过企业年度收入总额万分之一的应收款项，会计上已经作为损失处理的，可以作为坏账损失，但应说明情况，并出具专项报告。

15.【参考答案】√

【解析】根据《税收征管操作规范（2022年版）》相关规定，两证整合个体工商户清税申报《清税证明》开具超过30天，主管税务机关仍未收到市场监督管理部门注销信息的，应将该个体工商户纳入税收风险管理。

16.【参考答案】×

【解析】（1）企业发行的永续债，可以适用股息、红利企业所得税政策，即，投资方取得的永续债利息收入属于股息、红利性质，按照现行企业所得税政策相关规定进行处理，其中，发行方和投资方均为居民企业的，永续债利息收入可以适用企业所得税法规定的居民企业之间的股息、红利等权益性投资收益免征企业所得税规定；同时发行方支付的永续债利息支出不得在企业所得税税前扣除。（2）企业发行符合规定条件的永续债，也可以按照债券利息适用企业所得税政策，即，发行方支付的永续债利息支出准予在其企业所得税税前扣除；投资方取得的永续债利息收入应当依法纳税。

17.【参考答案】×

【解析】根据《2022年助力小微市场主体发展"春雨润苗"专项行动方案》，加强重大税收违法失信主体信息动态管理，积极开展信用修复工作，引导市场主体规范健康发展是2023年"便民办税春风行动"第二批接续措施，"春雨润苗"是助力小微企业发展，与题意不符。

18.【参考答案】√

【解析】发行永续债的企业对每一永续债产品的税收处理方法一经确定，不得变更。企业对永续债采取的税收处理办法与会计核算方式不一致的，发行方、投资方在进行税收处理时须做出相应纳税调整。

19.【参考答案】×

【解析】根据《全面数字化的电子发票常见问题即问即答（适用税务人）》，发起冲红流程后，开票方或受票方需在72小时内进行确认，未在规定时间内确认的，该流程自动作废，需开具红字发票的，应重新发起流程。

20.【参考答案】×

【解析】根据《国家税务总局关于优化若干税收征管服务事项的通知》，对已在市场监管部门办理注销，但在核心征管系统2019年5月1日前已被列为非正常户注销状态的纳税人，主管税务机关可直接进行税务注销。

四、综合实务题（共 2 小题，每小题 20 分，共计 40 分）。

1. （1）【参考答案】C

【解析】资源税的计税依据包括向购买方收取的全部价款，不包括增值税税额。开采原油过程中用于加热的原油，免征资源税。销售原油应纳资源税 = 2 400 × 6% = 144（万元）。

（2）【参考答案】B

【解析】天然气增值税税率为 9%，销售天然气应纳资源税 = 200 × 2.18/(1 + 9%) × 6% = 24（万元）。

（3）【参考答案】B

【解析】纳税人开采或者生产应税产品自用于连续生产非应税产品的，视同销售缴纳资源税。首先按纳税人最近时期同类产品的平均销售价格确定计税价格。业务（3）应缴纳资源税 = 6 × 800 × 6% = 288（万元）。

（4）【参考答案】A

【解析】原油不属于应税消费品，柴油属于应税消费品，且柴油从量计征消费税。将自产柴油销售给 A 加油站和 B 加油站应缴纳消费税 = (2 + 1) × 1 176 × 1.2 = 4 233.6（万元）。将自产应税消费品用于换取生产资料、投资入股和抵偿债务，均属于消费税视同销售，缴纳消费税（因柴油从量计征，不需要最高价计算消费税），将自产柴油用于换取生产资料、投资入股和抵偿债务应缴纳消费税 = (0.5 + 0.8 + 0.7) × 1 176 × 1.2 = 2 822.4（万元）。业务（3）共计应缴纳消费税 = 4 233.6 + 2 822.4 = 7 056（万元）。

（5）【参考答案】D

【解析】业务（1）：销售原油销项税额 = 2 400 × 13% = 312（万元）。业务（2）：销售天然气销项税额 = 200 × 2.18/(1 + 9%) × 9% = 36（万元）。业务（3）：销售柴油销项税额 = (2 × 4 000 + 1 × 4 300) × 13% = 1 599（万元）。将自产货物用于换取生产资料、投资入股和抵偿债务，按照同类货物平均售价计算增值税。加权平均价格 = (4 000 × 2 + 4 300 × 1)/(2 + 1) = 4 100（元/吨），销项税额 = (0.5 + 0.8 + 0.7) × 4 100 × 13% = 1 066（万元）。业务（4）：准予抵扣的进项税 = 160 × 13% + 10 × 9% = 21.7（万元）。该企业当月应缴纳增值税 = 312 + 36 + 1 599 + 1 066 − 21.7 = 2 991.3（万元）。

（6）【参考答案】ABDE

【解析】将原油移送用于生产加工柴油征收资源税（选项 C 错误），不征收增值税（选项 B 正确），且柴油属于消费税应税消费品，但不属于资源税的征税范围，销售柴油征收增值税和消费税，不征收资源税（选项 DE 正确）。

2. 【答案及解析】

（1）该企业 2023 年应缴纳的城镇土地使用税 = 120 000 × 10 ÷ 10 000 = 120（万元）

（2）该企业 2023 年应缴纳的房产税 = 24 000 × (1% − 30%) × 1.2% = 201.6（万元）

（3）该企业2023年应缴纳的增值税 = 680 000 × 13% − 57 200 − 1 764 = 29 436（万元）

（4）业务招待费扣除限额$_1$ = 1 800 × 60% = 1 080（万元）< 扣除限额$_2$ = 680 000 × 5‰ = 3 400（万元），因此扣除限额为1 080万元，则业务招待费应调增的应纳税所得额 = 1 800 − 1 080 = 720（万元）。

（5）委托境外研发费用的80% = 4 000 × 80% = 3 200（万元），低于境内研发费用的2/3，即［(10 000 − 4 000) × 2/3 = 4 000万元］，则研发费用应调减的应纳税所得额 = (10 000 − 4 000 + 3 200) × 100% = 9 200（万元）。

（6）捐赠支出扣除限额 = 160 000 × 12% = 19 200（万元），实际发生的公益性捐赠支出1 800万元未超过限额，不需要调整应纳税所得额。

（7）可以确认为资产损失税前扣除的金额 = 2 400（万元）。确认资产损失应调减的应纳税所得额 = 2 400（万元）。理由：企业的应收、预付账款，债务人被依法注销、吊销营业执照，其清算财产不足清偿的，或债务人逾期3年以上未清偿的，且有确凿证据证明已无力清偿债务的，可以作为坏账损失在计算应纳税所得额时扣除。对甲公司的应收账款，符合资产损失确认条件；对乙公司的预付账款，因账龄仅为2年，且乙公司仍在维持经营，没有证据证明无力清偿债务，所以不符合资产损失确认条件。

（8）安全生产专用设备可在2023年度抵免的企业所得税应纳税额 = 1 600 × 10% − 120 = 40（万元）

（9）应纳税所得额 = 160 000 + 720 − 9 200 − 2 400 = 149 120（万元）

2023年应缴纳的企业所得税 = 149 120 × 25% − 40 = 37 240（万元）